本文集由晨讯科技集团、暨南大学211工程第三期项目赞助出版

鄧喬彬學術文集

第一卷

文化与文艺

邓乔彬 著

安徽师范大学出版社

责任编辑：汪鹏生
装帧设计：丁奕奕

图书在版编目（CIP）数据

文化与文艺/邓乔彬著.—芜湖：安徽师范大学出版社，2013.8
（邓乔彬学术文集；1）
ISBN 978－7－5676－0143－7
Ⅰ.①文…　Ⅱ.①邓…　Ⅲ.①文化—文集　②文艺—文集　Ⅳ.①G－53　②I 0－53

中国版本图书馆 CIP 数据核字（2012）第 300065 号

文化与文艺
邓乔彬　著

出版发行：安徽师范大学出版社
芜湖市九华南路 189 号安徽师范大学花津校区　　邮政编码：241002
网　　址：http：//www. ahnupress. com/
发 行 部：0553－3883578　5910327　5910310（传真）　E－mail：asdcbsfxb@126. com
经　　销：全国新华书店
印　　刷：安徽芜湖新华印务有限责任公司
版　　次：2013 年 8 月第 1 版
印　　次：2013 年 8 月第 1 次印刷
规　　格：787×1092　1/16
印　　张：25. 25　　插　　页：4
字　　数：538 千
书　　号：ISBN 978－7－5676－0143－7
定　　价：52. 00 元（平装）　62. 00 元（精装）

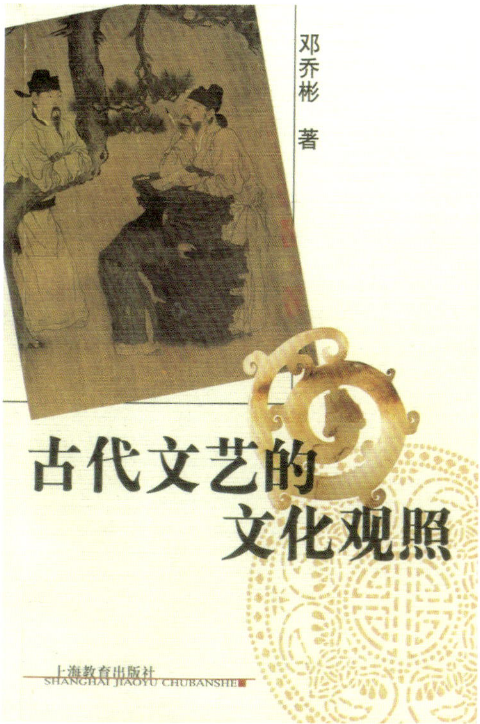

2003年版封面

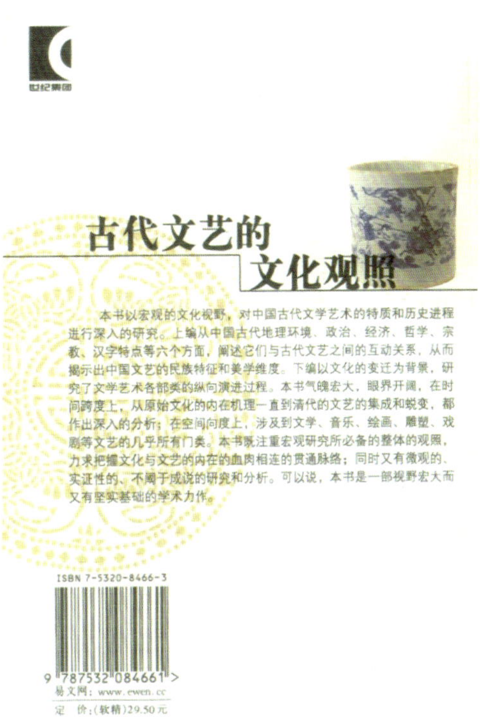

封　底

本书获广东省社科奖证书

2003年，广州家中

2003年，神农架

2003年，武汉

2003年，兰州

2003年，宁夏

2004年，玉门关

总 序

孔子说："吾十有五而志于学，三十而立，四十而不惑，五十而知天命，六十而耳顺，七十而从心所欲，不逾矩。"我今年七十周岁，应以之对照反省并思考其中原因了。

孔子以六艺授徒，实行全才式教育，我于1956年考入华东师大附中，勉强可算"十有五而志于学"，却已开始偏科。试前突击可考数、理、化优良，日常所好却为文哲、史地与艺术。高中再入师大附中，不久就被调到区体校，虽安排就读于同是名校的复兴中学，兴趣使然，偏科更为严重。直到高三，情况始变：体校为兼顾运动会得分和高考录取率，全班仅剩十七人，在最小的教室上课，一流老师讲课，我虽近视未戴眼镜，仍看得清又听得明，能集中思想学习。我不仅是文、史课代表，空间解析几何、有机化学等课程的测验、考试也几为全优。学业之进，使我误以为自己能做到文理兼长，因看到了历年对《红楼梦》研究、对胡适思想、对诸多文艺现象和人物的批判，深感"文科危险"，于是，在高考的选择上，决定报考理工科。我有绘画之长，又爱制作船模，原欲报考同济大学建筑系或上海交大造船系，后来却突然生变。原因是：在六月举行的上海市中学生运动会体校组比赛中，我获得跳高冠军和三项全能亚军，被观战的华东师大体育老师相中，劝我报考师大。他告以师大物理系毕业生多分配至高校或科研单位，到中学的仅百分之五。而因经济困难，我曾对父母许诺读大学不要家里负担，师范生由国家提供膳食，能不爽所约，故而听从所劝，改以华东师大物理系为第一志愿，并被录取。

入学后，开始还信心满满，但随着时间推移，却对学习越来越不感兴趣。尤其是高等数学，常布置几十道题，有时竟然半天也解不了一题，使我深感烦恼。有次实验，一女同学失手损坏了仪器配件，被命赔偿，她的痛哭使我难以平静，就此视实验为畏途。我住在运动员宿舍，见文科生毫无作业、实验负担，同室一位羽毛球队员读中文系，是印尼归侨，曾说："我们的同学真厉害，高中就读过《三国演义》、《水浒传》、《红楼梦》!"听此叹慕，我心中暗笑："这些小说，鄙人小学时就读过了，岂止读过，人物和情节都能随口说出！”我深感文理科的苦乐不同，心想：“毕业后拿一样的工资，何必要读物理系？学得如此之苦！”为此，因高考弃长取短、选择了理科而后悔，开始有转系之念。

那时的高校，转系极难。我先向物理系提出转读中文系的申请，未得理睬。后听说，有一数学系转中文系的学生，曾向市委书记柯庆施写信，历尽周折才得批准，且必须从一年级读起。我当然不愿去中文系“留级”，更不愿在物理系勉强升级，决定破釜沉舟、“舍命”一搏。于是，所有的专业课都亮起“红灯”，以证我不宜在物理系学习；同时，正式提出转读中文系二年级的申请。在受阻于物理系、教务处之后，我决定写信给校党委书记兼副校长常溪萍，申明要求转系的理由。常溪萍抗战时入党，曾是山东的模范专员，保持老八路本色，经常出现在学生宿舍、食堂和运动场，爱打篮球，曾多次看我跳高，认识我。我刚入学，就在新生运动会上破了校纪录。1963 年参加高校运动会，所有高度都一次过杆，最有希望夺冠，却在跳 1 米 86 时，心想过此高度将集冠军、高校纪录和一级运动员于一身，杂念一生，三跳失败，仅获亚军。虽如此，我仍是华东师大田径队的“希望之星”。我候在丽娃河桥畔，见他经过，把信交他手上，只说：“常校长，这是我要求转系的信。”转身就走。不久，教务处约我谈话，认真听取我要求转系的理由，后又同意我参加中文系考试，以决定能否转读二年级。事后得知，这是奉常校长所命而办，而常校长之所以同意我转系，主要不在于我是学校的优秀运动员，而是通过查阅高考作文卷，知我所写《雨后》一文似是得了理科生的最高分，这是可以转读中文系的重要理由和依据。

因期终考试已过，我被安排参加中文系一年级的补考，所有课程都通过，优多良少，我终于没成为“留级生”，在 1963 年下半年转到中文系二年级就读。这年冬天，成为一级运动员，自感学习上驾轻就熟，大有余力读书。次年春，我以 1 米 92 打破 1 米 86 的上海高校跳高纪录，距新的运动健将标准仅 3 厘米，是全校最有希望成为健将的人选。我开始酝酿学习与体育双优的计划，期待毕业能留校工作，走上高校教学和文学研究的道路。

但是，在中文系仅读了一年，1964 年 10 月，全年级同学就被命参加“社教”工作队，到安徽农村搞“四清”。先是“访贫问苦”、“扎根串连”，后是“整那些走资本主义道路的当权派”，从全椒县到定远县，先后参加了三期运动。1966 年 5 月，结束“社教”，恢复了大学生身份，回到学校。但随即“五一六”通知下达，“无产阶级文化大革命”真正拉开序幕，我在无“学”、不“学”的大学度过了“乱也看惯了，篡也看惯了”的两年多。好不容易在被拖一年后，于1968年毕业分配。五年制的大学六年毕业，我实际上只读了一年物理系，一年中文系，在“四面向”（厂矿、农村、基层、边疆）的潮流中，被分到甘肃永登水泥厂。服从建材部安排，我于1968年9月到江苏南通长江边的东方红农场，接受解放军的再教育。战天斗地，劳动一年半，于1970年3月结束锻炼。5月初到甘肃永登水泥厂报到，开始在黄土高原的山沟接受工人阶级的永久性再教育。

我先被安排随政工组挖防空洞，后到原料车间，每天推小车，数月后，再被分到班组，当了三班倒工人。一年多后，职工子弟小学一位体育教师调回老家，厂政工组找我谈话，令去学校顶缺，理由是我不久前获兰州市首届运动会跳高冠军，教体育很合适。我认为自己虽能当专业教练却教不了小学体育，在压力之下还是顺从了。每天面对小麻雀般的一二年级小学生，和“我们今天玩什么”的发问，我只能摇头苦笑，唯求不出意外，何有教学可言！一年后，我改任职工子弟中学的军体课，课馀还曾满怀热忱训练学生田径队。后被同事告知：校长对我教体育穿运动鞋和运动服、戴太阳帽（均自费购置）很不满，认为是资产阶级作风，差点过不了转正一关。在教了近两年军体课后，我“归队”当语文教师，而因“阶级”的嫌疑，冷却了对学校体育事业的热心。

很快就到了“而立”之年。难出于时代之外，此时的我是不“学”又未“立”。应付每周十二节语文课兼一个班的班主任，每周三个晚上的学习毛选、马列，是极其容易的。在“知识越多越反动”的年代，不必“给人一杯水，自己要有一桶水”，此时除了马列、毛选，实在无书可读，我仅是利用为厂文艺宣传队创作节目的机会，借口找参考书，在厂图书馆发现了几本藏在角落的外国小说，读了以前未读过的梅里美《嘉尔曼》、《高龙巴》等书。

黄土高原的杨树叶生生落落，我的生活在“看人儿女大，为客岁年长”中循环……终于到了1976年，周恩来、朱德先后逝世，唐山大地震，毛泽东逝世……不久，传来了一举粉碎“四人帮”的消息，举国欢庆之后，很快就是一系列的拨乱反正。终于，在1977年听到了恢复高考的喜讯，不久又传来研究生招生的消息。“伤痕文学”的出现，促使人们反思“文革”，陈景润攻克“哥德巴赫猜想”的报告文学，更鼓舞了许多人，“志于学”的时代终于来临了！我在1978年春报考了古代文学研究生，以母校华东师大为第一志愿，在永登县城参加考试，除俄语外，其他三门课自感较好。在等待中得到了复试通知，却因夏天的洪水冲断宝天铁路，只能向厂领导申请乘飞机回沪，且不顾只准飞兰州到西安的批示而直飞上海，参加复试。9月，收到录取通知，我成为了“文革”后“黄埔一期”研究生，得以从中年开始“志于学”。

三年研究生，是我真正的读书期。深感本科六年、毕业十年的无学，蹉跎岁月之痛，激起了学习的热情。我尽废以前所好，停止了体育锻炼，渐入学术之门。1981年，研究生毕业，留校工作，既是我学术研究的继续，又是逐渐开拓的起始。很快就进入“不惑”之年，对于人生之途自无所“惑”，而对学术问题则“惑”者甚多，因之而兴趣渐广。我先是为写研究吴梅的硕士论文而用力于戏曲和曲论，后因兴趣主要在词而转向唐宋词与词学批评，以上研究领域的相关成果分别是《吴梅研究》与《唐宋词美学》二书及参撰的《中国词学批评史》，还有多篇词学论文。而因唐宋词与词学批评分别被同事设为选修课，且作为科研主攻方向，我就避之而将研究转到了古代诗画比较。这一转向并非有意作跨界研究，而是或因我青年时对诗画皆有所好的“情结”所致，此时因浸淫学术而多了几分中年的理性，虽未能用力于诗画创作，却对研究二者尤其是比较其异同感兴趣。遂从钱锺书先生的两篇论文及所提出的问题出发，写出了古代诗画比较的讲稿，以此稿开了多年的选修课，并据此而写成、出版了《有声画与无声诗》一书。此书被一书评称为“中国的《拉奥孔》”，虽或过誉，但也确是点出了构建中国古代诗画比较理论体系，揭示民族特色的意旨。

《吴梅研究》初稿成于1981年，出版于1990年底，历时近十年；《有声画与无声诗》成稿五年后，才于1993年出版。《唐宋词美学》1993年出版，《中国词学批评史》1994年出版。以上四种著作，都出在五十岁左右。而因前两者的出版历尽艰难，使我真正懂得学术研究成果的面世受制于市场，这就改变了以前的观念，大概可算是我的“五十而知天命”了！

虽然上述的专著、合著都出版于二十世纪九十年代，却是我八十年代“学”之所成，所以这十年之所“治”，主要是词曲与诗画之学。

1988年起，我受命参与华东师大文科第一个复合型硕士专业的筹建，开始指导这一名为“中国文化建设”方向的硕士生，又有授课的任务，遂用了很多时间阅读文化学、文化史著作，结合我国古代的文学与艺术，写成《中国文化与文艺》讲稿。除了为这一方向的硕士生授课外，又在中文系各层次、范围的学生中以选修课讲过多次。在讲述十年后，写成《古代文艺的文化观照》一书，作为我主持的教育部项目成果，在2003年出版。在研读文化学、文化史的过程中，我一度对图腾、民俗颇感兴趣，曾费时费力地借助放大镜阅读影印版《二十五史》，企图从古史记载中寻找图腾制的遗迹，欲写《中国图腾艺术史》。此事虽未行，却因对文化学、文化史及中国古代史著作的阅读，引发出对史前文艺与神话研究的兴趣。适逢中文系有人主持撰写二十世纪中国美学研究丛书，以人为题，确定了十位对象，将其中的闻一多研究交给我，我虽因读了俞兆平的《闻一多美学思想论稿》而自感难以再作全新之论，却因对闻一多用文化人类学方法研究神话、《诗经》的兴趣，而将论题扭转到对闻氏的古代文学研究作文化的观照，与赵晓岚合作，写成了《学者闻一多》。

与上述研究几乎同时，我又延续了对诗、画的研究兴趣。《有声画与无声诗》出版后，因感到西方是力图拉开诗与画的距离，而我国古代却着力于诗画的融合，可是，诗与画毕竟所属不同，艺术介质、手段有异，虽可比又不可比，为此而生分写《中国诗歌思想史》与《中国绘画思想史》之念。我以先生后熟为原则，先作后者，全书百万字，始于1994年，因有集体项目和教学任务，主要用暑假写作，耗时四年才完成，也同《有声画与无声诗》一样，经历了曲折的过程，才在成稿三年多后出版。此时，已入新世纪，同事萧华荣的《中国诗学思想史》已出多年，使我只能将另一选题调整为《中国诗歌艺术思想史》，却因对能否出版的疑虑，令我不敢贸然动笔。而因2002年接受暨南大学之邀担任古代文学学科带头人，则更使我的生活发生了很大改变，这一写作计划终未能实施。近十年之后，出版拙著《中国绘画思想史》的贵州人民出版社要我自报选题，争取国家出版基金资助，而此时经历了一场大病，我的健康状况已不允许再写大部头著作。于是，我的诗画之学就只能终止于这种跛腿的状态了。

九十年代的十年，我的治学既延续了诗画之学而偏在绘画，又新辟了文化与文艺的宏观关系研究，还在学术史范畴以学者为对象继作“研究之研究”。以上三方向的成果，就是分别出版于2001年的《中国绘画思想史》，2003年的《古代文艺的文化观照》，2001年的《学者闻一多》。三著的出版，在我六十岁左右，此时的辨识力已较前为高，虽非和光同尘，却听到的多能泰然入耳，看到的也见怪不怪，虽无反潮流的勇气，却能不跟风而动，此或为我的“六十而耳顺”之义。

2002年底，为申报古代文学博士点及中文一级学科博士点，我被借调到暨南大学，担任学科带头人，次年，前者得批，后者未就，我正式调入暨大。河南大学出版社的《宋代研究丛书》已出多种，或因我有《中国绘画思想史》之作，向我约写《宋代绘画研究》。成约于2002年6月，而因我的调动，应对多事，虽只用了半年多撰稿，成书却已在2004年8月，出版则是2006年10月了。我的学术兴趣屡转，虽不怕“学书不成学画，学画不成学塑”之讥，却因只问耕耘、不问收获，从未在各界求取认同，故似只有词学界还将我看作“自己人”，因此而有回归词界之想。我先应上海古籍出版社之约写了《宋词与人生》，又在该社出了《词学廿论》，在齐鲁书社再版了《唐宋词美学》，以维持先入为主的词学学者形象。2004年，国家社科基金项目“唐宋词的形式与艺术发展史”获批，为应对考核而发表了30多篇论文后，我在2007年一年内完成了《唐宋词艺术发展史》的百万字书稿，三年后正式出版。

我曾有二十年的体育锻炼和体力劳动史，自三十五岁重回大学以来，为追回岁月，就停止了锻炼，虽自感体能退化，却无明显的不适，为之还自我调侃：“青年时应是狮子老虎，老年时要像乌龟王八。”而实际上我不应提前进入“乌龟王八”状态，故从中年起已因久坐不动而疾病暗生。1999年，第一个验血指标高出临界，此后各指标逐年飘红，渐成“三高”人员，本应重启体育锻炼，却停不下高强度研究的脚步。因多年的连轴转，健康严重透支，终在2009年大病一场，躺上了手术台。此时，我才意识到体育锻炼确应是一生之事，对于运动员出身的人尤应如此。悔之晚矣，亡羊补牢，却已非其时！我只能停止了将要进行的研究，为自己的学术生涯不情愿地划上休止符。

从前曾流行过“为祖国健康工作五十年”的口号，我的真正为学始于三十五岁，应工作到八十五岁，但因健康亮起红灯，身患多种疾病，我只能止于七十。这本是“从心所欲，不逾矩”之年，我虽不逾法度规矩，却受制于健康而不能从心所欲了。有了这一清醒认识，我只能中止原先计划，仅在出版《唐宋词艺术发展史》后，于2011年再版了《中国绘画思想史》插图本，旋即开始整理三十多年的著作、论文，拟在七十周岁时出版自己的学术文集，就此将“换一种活法”，以度余生。这样，原先计划要写的几种著作都不能付之实施了。按先后，这些著作是：《进士文化与唐诗》、《中国诗歌艺术思想史》、《中国韵文学概论》，以及力图构建新体系、体现“一代之所胜”的《中国文化史纲》，此外，还有一或两种词籍别集的校笺。

新著写作未成，旧作整理已就，如今，名之为《邓乔彬学术文集》的十二卷本将正式出版。十二卷文集分别是：

第一卷：《文化与文艺》，包括专著《古代文艺的文化观照》和相关论文七篇。

第二卷：《比较诗学》，包括平行比较与影响比较两个专题。前者是：专著《有声画与无声诗》，古代诗画比较论文一篇，中外比较诗学论文六篇。后者是：与陈学祖合作的影响比较研究书稿《现代新诗与古典诗词》三章。

第三卷：《文化诗学》，包括四组论文：文化与诗，十二篇论文；进士文化与唐诗，十二篇论文；诗歌美学，十篇论文；曲学及其他，十一篇论文。

第四卷：专著《唐宋词艺术发展史（上）》。

第五卷：专著《唐宋词艺术发展史（下）》。

第六卷：《词学三著》，分别是《唐宋词美学》、《宋词与人生》、《爱国词人辛弃疾》。

第七卷：《词学论文集》，包括：词学总论，十三篇；词人词作论，十三篇；词论研究，十篇；其他，八篇。

第八卷：专著《中国绘画思想史（上）》。

第九卷：专著《中国绘画思想史（下）》。

第十卷：《宋画与画论》，包括《宋代绘画研究》及研究绘画与画论的论文六篇，访谈一篇。

第十一卷：《学者研究》，包括《吴梅研究》与《学者闻一多》二著，及论述二人学术成就或研究方法的论文二篇。

第十二卷：《杂缀集》，包括六部分：第一部分是为古代六十种画论著作所写的提要，第二部分是九十二篇古文的提要，第三部分为序跋后记，第四部分为学习笔谈，第五部分为发言、讲座稿，第六部分为作品赏析。最后附有作者分年度的著作、论文、文章目录。

回顾七十年的人生，恰以 1978 年三十五周岁为界：此前是在中学、大学偏科、移易的“志于学”与不能“学”之十多年，学工、学农、学军的数年，不能给人以学、自己亦不能学的工厂子弟学校教师的七年；

此后则是真正在高校的为学、治学，经历了不惑、知天命、耳顺、从心所欲而不逾矩的生命历程、节点。十多年的蹉跎岁月，即使放弃体育锻炼及诸般爱好，也难以追回！若老天能再给我以十多年的健康岁月，本应有逾千万的文字用于结集的，如今却只能止于古稀之年而仅得六百多万字。不过，人们常说，学问是做不完的，念此也就不必自责、自叹了。

本文集的出版，先得暨南大学第三期211工程经费的资助，所缺的大半费用由晨讯科技董事长杨文瑛女士赞助，在我筹款无门、不得已而向这位从无联系的初中同学求助时，立即就得到她的无条件应允，随即将钱款打入出版社账户。对此，实在是难以表达我内心的感激之情！本文集的整理、出版，得我沪、穗两地历届的博士生、博士后助力甚多，分别负责各卷的整理、校核者是：

第一卷：刘兴晖、金国正

第二卷：陈学祖

第三卷：彭国忠

第四、五卷：刘兴晖、昌庆志

第六卷：吴思增、王毅

第七卷：杨柏岭、仲冬梅

九卷：李杰荣、刘兴晖、王嘉、陈建穰

第十卷：何平华、汪涤

第十一卷：李俊（委托刘晓亮）

第十二卷：程刚、夏令伟

文集能顺利出版，衷心感谢他们！

安徽师范大学出版社将本文集列为重点图书，社领导统筹安排，诸位编辑兢兢业业，特此致谢！

围绕为学主题，回顾五十多年人生历程，权以为序。啰嗦之至，望读者谅之！

邓乔彬

2013年5月22日

本卷提要

本卷收入专著《古代文艺的文化观照》及论文7篇。

专著共分十二章，各章的主要内容是：

第一章 论述中国的地理环境与农业文化的关系。描述了中国农业文化的发生和发展，地理形势与文化性质的关系，对比古代中国与埃及、西亚、印度、希腊、罗马，探究了中国农业文化长期延续的地理原因，与海洋文化的不同，及中国文化的优缺点。

第二章 论述中国的农业经济与文艺的民族特征。总论我国古代土地所有制的发展与农业自然经济，及这种经济所造就的若干文化特点。认为农业文化的劳动对象造就的主要民族特征是“天人合一”导致的情景交融，以及阴阳刚柔与传神写意；而农业文化的劳动主体则造就出情理和谐、美善相兼、尚古意识、传世观念、忧患意识与乐感文化。

第三章 论述中国的封建政治所决定的文艺的民族特征。先从“封建”与封建社会，封建社会的君主专制，封建社会与宗法制度及伦理观念，封建政治与政治型文化四方面论述封建政治的主要特征。次从文艺为封建政治服务的功能论，及文艺的伦理教谕与道德批评两方面论封建政治对文艺的主要影响。再从创作主体着眼，认为古代文艺有主于“性理”与主于现实之别，又有为君与为民的不同。

第四章 论述中国各代哲学与文艺美学的关系。先秦诸子：孔子与兴观群怨、中和之美，墨子的节用、非乐，老子的大音希声、有无相生与玄览、静观，孟子的知言养气与知人论世，庄子的假象见义、以天合天，荀子的言志、明道观。两汉经学：天人感应、山水比德、风动教化、雅正文质。魏晋玄学：名教与自然、有无之争、言意之辨、形神之鉴。隋唐佛学：直觉灵感、顿悟所得、韵外之致。宋明理学：作诗观物、达意得理、理一分殊、童心与性灵。清代朴学：经世致用、义理与考据。

第五章 论述中国的宗教与文艺的关系。从纵向的前期、隋唐五代、宋金元明时期，论述道教对文艺的影响。从横向分论佛教与诗、散文、志怪、传奇小说、变文、戏剧、魔术、音乐、绘画、雕塑、建筑艺术的关系。

第六章 论述汉语、汉字与文艺的关系。认为汉语的单音节性造成了词汇的不定性、多义性，词法缺少形态变化，句法相对简单，修辞也有显著的民族性。汉语的特点决定了汉文学具有形象性、直观性、联想性、简约性、整一性、抒情性等特性。论述了汉字及与之相关的艺术——书法，论书法美学的基础与内涵，书法艺术的要素，书法与其他艺术的结合。

第七章　论述中国原始文艺及其文化内涵。论图腾艺术（舞蹈、音乐与美术），上古主要神话和神话人物及其深层含义。分从原始文艺的文化起因，龙图腾的形成、发展，中国神话与古希腊神话的文化基础，我国文化神话先于、高于创世神话的现象及其原因等四方面论原始文艺的文化内涵和意义。

第八章　论先秦文艺及其文化背景。就诗经、楚辞、历史散文、诸子散文论先秦文学，乐舞与戏剧、书法、绘画、青铜、建筑论先秦艺术。再从内向的农业文化与外向的商业文化，重在天人合一的群体意识与重在人的个体意识；物质文化与精神文化，神学文化与理性文化，再现与表现，对先秦文艺与古希腊文艺作比较。

第九章　论秦汉以后的文化变迁与文艺发展规律。从时间与空间结合的角度看，内外交融、雅俗循环、南北易位、代有所胜是四则规律。而从内容之变的角度看，儒道相济、情理互制、天人合一、古今并出为另四则规律。

第十章　用“从一统到多元”作整体性概括，论述秦汉、魏晋南北朝的文化与文艺。先就汉乐府诗、汉赋、司马迁与《史记》、古诗十九首论秦汉的文学成就及其文化意义。次就宗教思想、社会生活及“天人合一”论汉代绘画艺术及其文化成因。再从人的主题与文艺的自觉论魏晋南北朝。最后就多元文化与文艺的多元，及胡汉文化与南北文艺，论多元文化、南北文化与文艺。

第十一章　用“从广纳外来到固守传统”概括，论述隋唐、五代、宋、辽、金的文化与文艺。从隋唐文化的内变与外受论其包容性，就盛唐边塞诗与山水诗、李杜、中晚唐诗、韩柳古文及隋唐绘画、雕塑、书法、乐舞，论文艺的繁盛。论宋文化的内倾性及其成因与历史进程，宋代文艺的士大夫化与尚雅之风，以及市民化与趋俗之势。

第十二章　用“冲突、融汇、沉暮、蜕变”概括元明清的文化与文艺之变。元代是四等民族、九儒十丐，汉族知识分子以柔克刚、用夏变夷，实现了文化反征服。明初文化专制，王李之学冲决封建秩序，文艺从复古、拟古走向求变求新，重真情、轻教化，小说戏曲创获尤多。清前期民族、文化从冲突到融合，多感伤文艺，因经世思潮之起而有文艺的求实致用之变，雍乾是古典文化的集成与文艺的大成期，而嘉道的文化与文艺则面临近代前夜的蜕变。

本卷还收入了七篇论文：《古代文化与古代文学》、《中国哲学与古典文学》、《先秦诸子的地域文化特征》、《简论先秦历史散文的文化特性》、《董仲舒天人感应论对文学的积极影响》、《宋代文学的雅俗变化及成因》、《宋代文学的文化学研究》。另有几篇论文，限于篇幅，不收入本集而仅存其目。

目　录

古代文艺的文化观照

论 文

古代文艺的文化观照

引　言

文艺是什么？这是不需要思考的问题，当然就是文学与艺术。

文化是什么？应当先从古代典籍中关于这个词汇的来源探究其最初的意义。

文化一词，是“文”与“化”的结合。《易·系辞下》云：“物相杂，故曰文。”疏：“正义曰：言万物递相错杂，若玄黄相间，故谓之文也。”《礼·乐记》云：“五色成文而不乱。”《说文解字》中“文”字作“文”，即“错画”，段注引《考工记》说“错画”即青与赤色相交；又说黄帝之史仓颉见鸟兽的蹄爪印迹不同，依类象形以造字，故称之“文”。以上各说的意思都差不多，都将“文”解释为色彩、纹理相杂而不乱。“化”字，《说文》解作“教行”，段注云：“教行于上，则化成于下。”其实，“化”字还有变化（《庄子·逍遥游》：“北溟有鱼，其名为鲲，……化而为鸟，其名为鹏。”）、造化（《素问·五常政大论》：“化不可代，时不可违。”）、化生（《礼·乐记》：“和，故百物皆化。”《易·系辞下》：“男女构精，万物化生。”）、风气（《汉书》叙传下《述货殖传》：“侯服玉食，败俗伤化。”）等意。“文”与“化”合用，较早见于《易·贲卦》的《象传》：“天文也。文明以止，人文也。观乎天文，以察时变；观乎人文，以化成天下。”这里的“天文”指天道自然的规律、秩序，“人文”则指人类社会的规律、秩序。观察天道之变，总结顺应和改造自然的经验，同时又总结出改造和管理人类社会的经验，两者相辅相成，教化人民，改造社会。这应是这段话的全部意思。但是，在天人之间，古人毕竟还是将重心放在了后者，因为从词序言，“观乎人文，以化成天下”，是“文化”合乎原意的最初表述。古代中国人是将“人文”放在首位的，“观乎天文，以察时变”似乎是从属于后者的。到了西汉时期，“文化”开始成为专用名词，刘向《说苑·指武》云：“圣人之治天下也，先文德而后武力。凡武之兴，为不服也，文化不改，然后加诛。夫下愚不移，纯德之所不能化，而后武力加焉。”这段话体现了以“人文”“化成天下”的意思，而将武力看成是德之不能“化”，文之不能“改”的辅助手段。

在欧洲走出中世纪之后，“文化”的概念发生了很大的变化。经历了文艺复兴运动，人本主义的思想蓬勃发展，在既有人文传统、又善于思辨的德国，首先对“文化”的涵义作出了新的解释。如哲学家康德在其名著《判断力批判》中，强调了文化的本质在于人的社会价值，人对于自然的能力。大文豪歌德也认为，文化是人类在对自然长期斗争中产生的结果，在这一斗争中，不同民族或集团形成了自己特殊的思想和行为方式，这就是文化。半个多世纪之后，著名的英国人类学家泰勒在其名著《原始文化》中，为文化下了一个著名的定义：文化是复合的整体，包括知识、信仰、艺术、道德、法律、风俗，以及人类在社会生活里获得的一切能力与习惯。而欧美的学者对于文化涵义的讨论，又产生了许多不同的派别和众多的学说。

在西方的影响下，“五四”以来的中国学者，在新文化运动的论战中，也纷纷表达了自己对于文化的定义：

> 文化者，人类心能所开积出来之有价值的共业也。易言之，凡人类心能所开创，历代积累起来，有助于正德、利用、厚生之物质的和精神的一切共同的业绩，都叫做文化。①
>
> 文化，就是吾人生活所依靠之一切。②
>
> 所谓文化就是经过人类精神陶铸过的自然。③
>
> 文化是人类为着满足生存的需要，凭借语言系统、技术发明、社会组织与习惯。累世承袭创造出来的有价值的“工具实在”。④

就具体而言，梁启超《中国文化史目录》认为朝代、种族、政治、法律、教育、交通、国际关系、饮食、服饰、宅居、考工、农事等项，都属于文化的范围。蔡元培《何谓文化》一文将衣食住行、医疗卫生、政治、经济、道德、教育、科学等“人生发展的状况”视作文化的内容。陈独秀《新文化运动是什么》一文认为：“文化底内容，是包含着科学、宗教、道德、美术、文学、音乐这几种。”⑤ 梁漱溟《中国文化要义》认为文化涵盖了人类各民族如何进行生产、及其器具、技术及相关的社会制度、宗教信仰、道德习惯、教育设施、以至于语言、衣食、家庭生活等等。

中国是世界的文明古国之一，古代的文艺堪称源远流长，尽管文艺的发生与国家的历史都稍后于古埃及、古巴比伦、古印度，但是，与这三大文明古国相比，中国的历史没有中断过，文艺也是在持续的发展。柳诒徵《中国文化史》的《绪论》曾征引浮田和民的《西洋上古史》，在对比中见中国与其他文明古国历史的“连”与“断”之别：“迦勒底王国，始于公元前四千年以前，至一千三百年而亡。亚述兴于公元前一千三百年，至六百零六年而亡。巴比伦兴于公元前六百二十五年，至五百三十八年，为波斯所灭。……埃及旧帝国兴于公元前四千年，中帝国当公元前二千一百年，新帝国当公元前一千七百年，至五百二十七年，为波斯所灭。”又高桑驹吉的《印度五十年史》：“印度吠陀时代，始于公元前二千年，公元后七百十四年，为回教徒所征服。”尽管柳著所用材料已旧，仍可证中国是世界文明古国中唯一未被异族征服的国家。其他的文明古国因为外族的入侵与征服，其文化也随征服

---

① 梁启超：《什么是文化》，见《饮冰室合集》第14册，中华书局1989年版，第97页。

② 梁漱溟：《中国文化要义》第一章，路明书店1949年版，第1页。

③ 贺麟：《文化的体和用》，《文化与人生》，商务印书馆1947年版，第32页。

④ 黄文山：《文化学体系》，中华书局（台湾）1971年版，第89页。

⑤ 陈独秀：《新文化运动是什么》，《陈独秀文章选编》上册，三联书店1984年版，第512页。

者的征服而发生改变，中国历史上虽有过北方地区的“五胡乱华”，中州士女南迁，但北方的胡族政权却渐被汉族文化所同化，后来又有过蒙古族建立的元朝，和女真族建立的清朝，武力征服并不能代替文化征服，固有的文化传统依然同化了征服者。所以从历时性的意义而言，中国历史上只有政权更替，而没有真正的异族入侵，因为在当时虽是汉族与异族的民族纷争，但随着民族融凝过程的进行，最后都汇入到了中华民族的大家庭中。而民族的融凝，又有赖于文化的融合。

我们可以认为，中国古代文化的发展始终是在中华文化的体系中进行的，只是到了鸦片战争以后，近代历史的开始，使得中国文化的发展同世界文化真正发生了关系。资本主义列强以其坚船利炮打开了老大中华帝国的大门，在落后而挨打的过程中，中国的有识之士开始了“睁开眼睛看世界”的历程，先看到了师夷之长技以制夷的必要，然后又从思想、制度层面探求效法西方的可能，洋务运动和戊戌变法就是这两种探索的集中体现。辛亥革命结束了两千多年的封建帝制，五四新文化运动更对封建主义的文化发动了全面的清算，至此，中国开始了近代化的进程。本书所讨论的范围是此前的中华文化史体系中，中国文艺与其他主要文化部类间的关系，近代以来不在此范围之内。

在中华民族与中华文化绵延不绝的今天，世界各国的学者与中国学者对文化的论述与概念的定义已经发表了许多的看法，仅学派而言，就有古典进化论学派、历史地理学派、传播学派、功能学派、新进化论学派、文化形态史观学派、结构学派、符号—文化学派，以及苏联学派等诸多不同的派别，对文化的讨论已形成了令人眼花缭乱的态势。我们无意于介入到讨论中去，而是意在繁中求简，写作本书时想在文化这个大筐（俗话说“文化是个筐，什么东西都可往里装”）中先单独剔出文艺来，然后拣出几个与文艺关系最为密切的内容，以求对它们之间的对应与制约关系作出论证。

在中国古代史的进程中，以往都习惯于按照朝代的更替来分段，思想史、哲学史、文学史的写法往往都是如此，这当然有其合理性。但是，封建王朝的政权更迭并不等于文化的更替，广义文化的分期应有自己的标准和规律。

本书希望通过对文艺与文化各主要部类横向关系的纵览，对中国古代文艺与文化作出宏观的描述，又希望这种描述能体现出历史的进程，故分为上下编。笔者对于这一课题只是有意于作一尝试，诚恳地希望能得到同好与广大读者的批评。

第一章　中国的地理环境与农业文化

地理是历史的基础，面对着悠久的中国历史，我们首先应当看到中国的地理特征对中国文化形成的制约作用。

地球上最大的大陆是亚欧大陆，这一大陆的分界线主要是乌拉尔山，并不像其它的大陆有着明显的海洋分隔，中国就在这一大陆的东侧。早在《尚书·禹贡》中就有“东渐于海，西被于流沙”之说。其实，在中国的东边，逾越了大陆架的近海后，是地球上最大、最深，且风浪最为险恶的太平洋；而西部、北部的流沙之外，分别是有“世界屋脊”之称的青藏高原和素以严寒著称的西伯利亚原始森林。即使是西南面横断山脉向东呈阶梯式的递降，但高山、峡谷、大河的地形仍然使南向的道路充满了艰辛。这样的东西南北都有巨大的自然屏障的地理形势，使得中华文化的形成、发展构成了独特的机制。

按一般的说法，人类文化的源头分为三大类型：农业文化、游牧文化、商业文化。而工业文化和未来的后工业文化，或产生在最近，或产生在未来。可以认为，最早的独立发展的几大文明在其前阶段多属于农业文化，而它们或由于农业文化自身的发展，或被游牧文化征服，或商业文化取代了农业、游牧文化，并发展为工业文化，诸多的变化有众多的原因，其中不可忽略的一个重要原因就在于地理条件。

第一节　最早的世界文化与中国文化

一　六大文明的文化属性

我们先就一些权威论述，看看人类进入到有文字的历史——文明时代之始，全世界最古老的独立发展的“六大文明”分属于何种文化？据英国剑桥大学丹尼尔教授1968年所说，这最古老的、独立发展的“六大文明”是埃及、两河流域、印度、中国、墨西哥（包括奥尔密克文化和玛雅文化）和秘鲁。而由于埃及和两河流域，印度河流域和两河流域都互相有影响，考古资料不乏证明，故此在二十世纪五十年代初，荷兰的考古学家法兰克福就化繁为简地认为，全世界独立发展的文明可能只有三个，即包括埃及和两河流域的近东文明，中国文明和包括墨西哥、秘鲁的中、南美文明。

埃及文化

埃及文明出现得很早，其“前王朝时期”在公元前4500年到前3100年间，而在“古王国”时代（约前2686年—前2181年）已广泛使用铜制工具，并有双牛牵引的木犁，能用木耙平地，注重兴修水利，农作物有小麦、大麦、黄瓜、亚麻、椰枣等，农业生产有较高的发展水平。北部的三角洲有畜牧业，饲养羊、牛和驴等牲畜。并有众多的手工业部门，如石材、木材、纸草、纺织、金属、皮革等，尤其是以石头为主的建筑业已达到了很高的水平。当时的商品交换方式主要是以物易物，也有用铜块作媒介的。埃及文明的基础是农业文化，尤其是下埃及扇形的尼罗河三角洲，承接了大河定期泛滥造就的灌溉和肥沃淤泥的恩惠，使这状如带茎的百合花的古埃及，诞生在农业文明的基础上。在农业发达之后，以农产品为主的商业交换也随之兴盛起来，手工业品也加入到商品交换中。军事掠夺常伴随对外贸易进行，埃及的远征军与商队相伴，开赴到地中海沿岸的国家和地区，如腓尼基、叙利亚、黎巴嫩、努比亚和西奈半岛，用农产品和手工业品换回金、银、铜、矿产、象牙、木材以至于奴隶。

在经历了第一次奴隶大起义而古王国崩溃后，埃及长期分裂，到公元前二十一世纪末，重新统一，开始了“中王国”时期。在这一时期的鼎盛期，农业和手工业有了较大的发展，农民用农产品换取生产工具和生活品，而在对外贸易中，不仅有同巴比伦、腓尼基的来往，而且同地中海的克里特岛也有贸易关系。

在亚洲入侵者统治一百多年后，喜克索斯人被赶出了埃及，公元前十六世纪建立起埃及第十八王朝，开始了历时近四百年的新王国时期。埃及国王频繁对外用兵，先后征服了叙利亚、巴勒斯坦、腓尼基，并分别对西边、南边的邻国利比亚、努比亚进行侵略，将埃及变成了一个地跨北非和西亚的奴隶制大帝国。此时，埃及的奴隶制经济有很大的发展，与非洲、亚洲、欧洲的许多地区进行贸易往来，输出粮食、皮革、纸草、服装等，输入金、银、象牙、木材、油类、马匹、奴隶等，多以金属块为价值标准。

可以认为，古埃及的文化是商业文化。

两河流域文化

两河是指幼发拉底河和底格里斯河，这一流域是西亚文明的源头。古时候，两河流域的北部称亚述，南部称巴比伦尼亚。两河流域属于干旱区，但每年的三月至七月河水定期泛滥，有利于灌溉，其南部土地肥沃，盛产大麦、小麦、黍、椰枣、芦苇和鱼类。从公元前5000年后期起，两河流域的苏美尔人已进入金石并用时代，锄耕发展为犁耕。农业和畜牧业发达后，纺织、陶器和车船制造等手工业也得到了发展。伴随着交流的发生，出现了商人。公元前3000年代初，两河流域南部先后产生了许多奴隶制城邦国家。到公元前2371年，建立了统一的阿卡德王国，经过长期战争，统一了巴比伦尼亚，东征西讨，征服了许多国家和地区，实行了强有力的管理、统治，使农业、手工业都得到了很大的发展，对外贸易一直到达印度河流域。

在经历了战乱后，巴比伦尼亚重新得到了统一，史称乌尔第三王朝（公元前2113年—前2096年）时期。此时，青铜器已广泛使用，兴修水利，农业、手工业和独立的园艺业都有很大发展，商业贸易很兴盛，多用银块作为交换的媒介。公元前1894年，阿摩利人在巴比伦城建国，史称巴比伦王国第一王朝，到其第六代王汉谟拉比时，达到了极盛。王朝除了维护奴隶主利益以外，还严格保护商人和高利贷者的利益。此时，生产力有很大发展，手工业多达二三十种。《汉谟拉比法典》规定了大宗的贸易由国家和神庙垄断，允许私人合伙经营商业。主要输出谷物、织物、油类、皮革和陶器等，输入金、银、铜、锡、象牙、宝石、木材、盐、酒、奴隶等，以银和铜作为交换的媒介物。

显然，两河流域文化也是商业文化。

印度文化

印度的北面是喜马拉雅山，此山将其与亚洲大陆隔开，形成了南亚次大陆。印度的古文明先产生在印度河流域，公元前3000年代中期起，印度河流域已建立了一些城市国家。前2500年—前1750年的哈拉巴文化已进入青铜时期，但农具仍以石器为多，农作物有大麦、小麦、稻子、甜瓜、胡麻、椰枣等，且有了全世界最早的植棉业，此外还有畜牧业、渔猎业和手工业，商业贸易开始出现。公元前2000年代后期，操印欧语的雅利安人（游牧部落）通过印度西北的山口进入印度河流域，接着又向恒河领域发展。在土著的影响下，雅利安人由游牧转向农耕。由于农业生产技术的提高，手工业和农业有了分工，商品交换有了发展，并出现了商人和高利贷者。

到公元前七至六世纪的“列国时代”，城市经济繁荣，恒河流域形成了一批城市。到孔雀王朝时期（前324—前187年），奴隶制有很大发展，奴隶们从事各种劳动和杂役，经济水平得到很大提高。广泛使用铁器，农业和手工业很发达，种棉和棉纺业尤其著名。甚至有了对外贸易，除与临近的南亚国家从事贸易外，阿拉伯的马匹和中国的丝绸都输入到此。

但是，印度的经济基本上还是农业经济，又由于印度东面的孟加拉湾和西面的阿拉伯海，比起地中海、红海难以跨越，贸易远非古埃及、两河领域可比，可以认为，印度文化基本上属于农业文化。

墨西哥文化

墨西哥文化发生在太平洋沿岸和墨西哥湾南部的墨西哥、危地马拉、洪都拉斯。公元前3000—前2000年，从这一带到南美安第斯山中部高原，出现了原始农业，公元前1000年开始有灌溉系统。美洲印第安人的祖先从野生植物中培养出玉米、马铃薯、西红柿、南瓜、豆类、烟草、可可等。公元前2000年前后有了陶器、磨制石器、编织物、玉雕和象形文字等。玛雅文化在天文、历法、建筑、美术、城市建设上都有过很高的成就，但仅有千余年的历史，就突然奇迹般地消失了。因此，墨西哥文化虽曾发展到较高的水平，但因不似地中海沿岸国家那样有广泛的文化交流、对外贸易，所以基本上属于农业文化。

秘鲁文化

秘鲁文化发生在现在的秘鲁、玻利维亚，最初没有文字，只有结绳记事。居民们种植玉米、马铃薯、豆类，后来又懂得种植棉花，驯养骆马和羊驼，还修建了巨大的灌溉系统。尽管他们能制作精美的陶器、青铜器、金银器，还有许多奇特的石垒建筑，但由于没有显见的对外交流和商品交换，秘鲁文化也属于农业文化。

以上五大古文明区，可以作出商业文化和农业文化的区分。如果按三大文明来区分，近东文明属于商业文化，中南美文明属于农业文化。我们再来侧重分析、考察中国文化的性质及其形成的地理基础。

二　中国新石器时代的诸多文化系统

中国古代文化的构成与上述五大文明区不同，其显著特征在于埃及、巴比伦、甚至印度文化都产生在较为狭小的地域，即使是墨西哥、秘鲁文化地域较广，但并非呈大片的分布。而中国的古代文化却产生在较大的区域。我们知道，埃及的尼罗河流域，巴比伦的美索不达米亚平原都不很大，印度河流域发展到恒河流域较前二者为大，但仍然比中国小得多。以前一般都说黄河是中华民族的摇篮，后来又加上了长江，其实中国的新石器时代中晚期的考古遗址发现极多。即以黄河、长江两大水系论，在距今六千到一万年前，至少有三大文化区。

一是以仰韶文化为代表的黄河中上游文化

在仰韶文化之前，有华北早期新石器文化，主要分布在黄河中游和汉水上游地区，大致在距今7500年至6800年，包括裴李岗文化、磁山文化、大地湾文化和李家村文化。在二十世纪50年代末60年代初的陕西华县的几个遗址发掘中，发现了比仰韶文化更早的新石器文化遗存。70年代中期，发掘出河北武安的磁山、河南新郑的裴李岗等遗址，经测定，年代较早，属于早期新石器文化。磁山·裴李岗文化的经济以农业为主，种植粟，饲养猪、狗，并从事渔猎、采集和制陶，陶器为受制，较简单粗糙。居民们居住在半地穴式的建筑物中。一般认为，这一文化与后出的仰韶文化之间有传承关系。更值得一提的新石器早期文化是甘肃秦安县的大地湾新石器文化，此遗址于上世纪五十年代末发现，1978年开始发掘，其最早的文化遗存要比仰韶文化早1000多年。首次发现了近似于殿堂式的建筑，出土的文物中有十多种以直线或曲线并列的符号，不同于装饰图案，而有记事意义。

仰韶文化发现于河南西北部的渑池县仰韶村，1921年瑞典学者安特生对这一遗址进行了发掘。后来，在黄河的中游和上游地区，又发现了不少类似的文化遗址。这些遗址的文化遗存都含有若干的彩陶，所以又被统称为“彩陶文化”。从1926年起，我国的考古学者先后对山西、河南等地的该型文化遗址作了发掘。1931年，梁思永在河南安阳的后冈首次发现了商代文化、龙山文化和仰韶文化上下堆积的“三叠层”，使得仰韶文化的相对年代得到了初步肯定。中华人民共和国成立后，对仰韶文化的诸多遗址进行了发掘，其中有代表性的是半坡文化（1954年在西安半坡发现），临潼姜寨文化，河南陕县的庙底沟文化，另有宝鸡北首岭、洛阳王湾、郑州大河村等。根据考古学家石兴邦先生的意见，仰韶文化可以分为四个时期，四个主要地区，并有八个类型。

其中的第一期是距今7000年—6500年的半坡（关中晋南豫西）类型和下王岗（豫西南鄂西北）类型，第二期是距今6500年—6000年的史家（关中晋南豫西）类型和后冈（豫北冀南）类型，第三期是距今6000年—5600年的庙底沟（跨关中晋南豫西和豫中）类型，第四期是距今5600年—5000年的西王村（关中晋南豫西）、姜王寨、大河村（豫中）和大司空村（豫北冀南）类型。

仰韶文化是比较发达的定居农业文化遗存。其居住的聚落、房屋发掘以半坡、北首岭、姜寨最为清楚、完整，聚落的面积较大，其中的半坡遗址大约5万平方米，姜寨遗址因有中心广场，面积更大。在两千年的发展过程中，仰韶文化的住房有较大的变化，房基由半地穴到地面式，平面形状由圆形到方形、再到长方形，房屋由单间到双间和多间，筑墙由平地起墙到挖地筑墙。房屋面积一般10多平方米到20平方米左右，其中个别的方形半地穴房子的复原面积可达160平方米。当时的居民们在河谷的阶地上营建聚落，过定居生活。主要从事农业生产，也饲养家畜，还狩猎、采集和捕鱼，并进行手工业生产。农业以种植粟类为主，另有耐旱的作物黍，个别地区有稻谷，还种植蔬菜，所用的农具是木器和石器。饲养的家畜有猪和狗，鸡可能已成为家禽。采集的有各种树木的果实和植物的块根，还有鸟蛋、昆虫、蜂蜜等。捕鱼活动较多，狩猎则有各种中小体型的兽类和鸟类。从事的手工业主要有制陶，此外还有制革、制石、纺织、编织和制造骨器等。

与仰韶文化相近的是马家窑文化，因甘肃临洮的马家窑遗址而得名。主要分布在以陇西平原为中心的甘肃省，西及青海东北部，北达甘肃北部和宁夏南部，南至甘南、川北。一般认为，它是仰韶文化的一个地方性分支，故又称为甘肃仰韶文化。马家窑文化经历了1000年的发展，也以彩陶为特征，一般被分为马家窑、半山、马厂三个类型，代表三个不同的发展期。马家窑类型主要分布在甘、宁、青而以甘肃为主，距今5300年—4900年。马家窑文化的居民以种植旱地作物粟与黍为主，饲养猪、狗、羊和鸡，也从事狩猎，手工业有石器制作和制陶、纺织、木作。房屋建筑为半地穴式，面积一般为10—50平方米。由于马家窑文化的居民已经养羊，而后来“羌”的本义是牧羊人，所以他们当是戎、羌人的祖先。

二是以大汶口文化为代表的黄河下游文化

大汶口墓地在山东泰安，1959年发现，距今约5800年—6400年。有不同于仰韶的彩陶，其经济以农业为主，同黄河流域其他新石器文化遗址相同，也以种粟为主。其家畜饲养比较发达，养猪、狗、牛、鸡，可见有用猪或狗随葬的。渔猎在经济生活中也占有较重要的地位，居民们除了能从事狩猎，捕获兽类外，还能抓到扬子鳄之类的大型水生动物。大汶口文化的手工业有制陶、制石、制玉等。其陶器的制作呈现明显的发展阶段性。早期多为手制，简单粗糙，中期有了轮制陶器，器类颇多，后期用快轮制陶，有大件陶器，并有白陶和黑陶。石器、玉器、骨器都很精美，可以认为一部分手工业已从农业中分离出来，有了独立的地位。从墓葬情况看，到这一文化的晚期，墓的规模、葬具和随葬品已有很大的区别，可见因手工业的独立后，出现了贫富分化，私有制正在逐渐形成。

20世纪50年代，发掘出黄河中下游新石器时代晚期文化的代表——龙山文化，主要分布在山东省中部，距今约4500年—4000年。60到70年代，又发掘出滕县北辛庄和平度县东岳石，前者比大汶口文化更早，距今约7300年—6300年，后者较晚，距今约3900年—3600年。从滕县北辛遗址的发掘看，学术界就其层位和文化面貌，初步确定了大汶口文化与它之间的传承关系。而龙山文化则是大汶口文化的后续。岳石文化较龙山文化要晚，可谓填补了龙山文化与商文化间的空缺。以上这些在山东半岛出土的新石器晚期文化，形成了完整的发展链环：北辛文化——大汶口文化——龙山文化——岳石文化。

龙山文化以原始农业为主，还饲养家畜，又从事渔猎及原始手工业。农业主要是种植粟类，家畜除猪、狗外，还有牛、羊，比起大汶口文化，羊的饲养明显增多。手工业中的制玉工艺尤见突出，有不少精美的玉器发现。制陶非常发达，其中的黑陶工艺达到了古代制陶史的顶峰。金属冶炼是当时新兴的手工业。其社会性质属于原始社会晚期。

值得注意的是岳石文化已出现了小件青铜器，标志着青铜时代的到来。陶器上印压有云雷纹和变体夔纹。

可以认为，创造大汶口文化的部落群是商（殷）人的祖先。

综上，据夏鼐、苏秉琦等先生之见，黄河中游与黄河下游是东西相对的两个文化圈，即：磁山·裴李岗——半坡——仰韶——周文化；北辛庄——大汶口——龙山——岳石——商文化。

前者属于黄河中游的文化系统，以陕西、山西、河南为中心，西至甘肃，北至内蒙河套，东到河北东部，南达湖北的西北，是母系氏族公社时期的文化遗存。后者属于稻作文化区与粟作文化系统的交界区，为黄河下游文化系统，以山东为中心，及于江苏、安徽北部、河南东部和中部，故实又属于河、淮地带，其早期属母系氏族制的尾声，中晚期则是父系氏族社会。

三是以河姆渡为代表的长江下游江南文化系统

河姆渡在浙江余姚，1976年发现其新石器时代的文化遗存，距今约7000年—5300年，主要分布在杭州湾南岸的宁（波）绍（兴）平原。河姆渡文化是稻作文化区，居民种植水稻，出土的稻谷，经鉴定是世界上最古老的人工栽培水稻。古文献称神农氏“断木为耜，楺木为耒”，但黄河流域几十年的发掘中，出土的只有石斧、石镰、石铲等物，河姆渡则发现了不少骨质的耜（犁铧），其与木柄用绳索捆绑的痕迹尚清晰可见。家畜主要是猪和狗，牛也可能已被驯养。河姆渡文化的渔猎较发达，渔猎工具很丰富，而且可能已将舟楫用于交通和渔猎。陶器制作的水平不及黄河流域，但骨器和木作的工艺很高。出土的各种骨器表明了它们已被广泛用于生产和生活中，少数的有柄骨匕有精美的雕刻花纹，刻有鸟形图象的象牙制品更显示出当时精湛的工艺水平。木作工艺尤见突出，除大量的木制生产工具外，值得一提的是木构建筑。过去北方发现的许多古老建筑遗址都是木骨泥墙，有的还有用火烧过，以成整个屋壁，但没有木构建筑的痕迹，因此尽管我国很早就有了榫铆结构的建筑，但是这一技术起于何时却是一个不解之谜，直到河姆渡文化的发现，才解决了这一问题。在河姆渡遗址，发现了大型木构干栏式建筑，用几千根木构件横竖咬合而成，室内地板离地一米多，木板间用企口衔接，七千年前能有这样的建筑真是不容易。此外，还有立柱式建筑，用木板垫放在柱洞底部作基础。河姆渡文化的居民还懂得用木构建筑来支撑水井。

属于河姆渡文化系统的还有马家浜文化和良渚文化，明显与中原、山东的文化不同。马家浜文化主要分布在太湖地区，南到浙江的钱塘江北岸，西达江苏常州一带。始于7000年前，到6000年前发展为崧泽文化、良渚文化。马家浜文化的陶器以红陶为多。农业以种植水稻为主，籼稻比粳稻要多。饲养猪、狗和水牛。也从事渔猎和采集。陶器制作水平不高，但石器的磨制技术不错。马家浜文化发展为崧泽文化（上海青浦东），距今约5900年—5300年，有的学者以之为独立的文化，而有的只将它作为马家浜文化的晚期，称之为崧泽类型或崧泽期。

良渚文化在1934年已发现，距今约5300年—4200年。在1936年良渚遗址的发掘中发现了黑陶，故也被认为是杭州湾地区的龙山文化，后因判断其黑陶与山东龙山文化的黑陶有别，且陶器、石器有自己的独特型制，到1959年，始有良渚文化的命名。良渚文化的居民种植水稻，农业工具较精细，手工业发达，其中的玉器制作尤见突出，玉琮的制造水平很高，手工纺织业有很大发展，出土有丝麻织品。木器制作和竹器编织都有很高的水平。

以前人们一般都认为黄河是中华文明的发祥地，认为其他地区的文化都是从此处扩散、发扬的，其实，长江下游的文明甚至超过了黄河中下游。有的著名考古学家、历史学家如徐中舒先生，就认为河姆渡文化与仰韶文化、大汶口文化虽各有特点，但前者比起后者来要更为先进。

除三大文化区外，新石器时代还有许多的文化遗存。北京东部平谷县的上宅、北埝头文化，距今7000—8000年，早于西安半坡文化。辽东后洼、辽西牛河梁一带属红山文化系统，有大型的祭坛、女神庙和积石冢遗址，距今5000多年。甘、青地区黄河及其支流流域的齐家文化，上承马家窑文化，下启青铜时代，学术界一般认为这一文化处于原始社会即将崩溃时的军事民主制阶段。长江中游地区有距今6400年—5300年的大溪文化，还有距今5000年—4600年的屈家岭文化。湖南醴县也有十八处新石器时代的早期遗址，有黑陶、灰陶和薄胎彩陶，建房于烧土的土台上。

星星之火，可以燎原。中华文化的星星之火在新石器时代就是这样各自燃起，而最终又成燎原之势，汇成了覆盖整个中华大地的由原始走向进步的文化。

三　中国农业文化的发生和发展

从以上可知，中华文化并非一个源头，从一个中心向外扩展、蔓延，而是多源的，其地域较埃及、巴比伦、印度要广阔得多。诚然，早期文明的诞生都凭借共同的地理基础——有河流经过的灌溉区，周围要有山脉一类的天然屏障，此区域不太大，可使居民达到一定的密集程度。尼罗河流域、美索不达米亚平原、印度河流域都如此。相比之下，中国较为特殊，黄河流域的文化并非凭借黄河本身，而是产生在黄河各支流。钱穆《中国文化史导论》说得很对："（黄河）每一支流之西岸和其流进黄河时两水相交的那一个角里，却是古代中国文化之摇篮地。那一种两水相交而形成的三角地带，这是个水桠杈，中国古书里称之为汭，汭是在两水环抱之内的意思，中国古书里常称渭汭泾汭洛汭，即指此等三角地带而言。"① 如前述仰韶文化系统的马家窑文化在洮河流域和渭河上游，半坡文化在长安八水之一的浐河，仰韶文化所在的渑池县在涧水（渭河支流），大汶口文化当然在汶水流域，龙山文化在小清河，其中之一在安阳洹河流域。钱穆又说："我们若把中国古史上各个朝代的发源地和根据地分配在上述的地理形势上，则大略可作如下之推测：唐虞文化是发生在现在山西省之西南部，黄河大曲的东岸及北岸，汾水两岸及其流入黄河的桠杈地带。夏文化则发生在现在河南省之西部，黄河大曲之南岸，伊水洛水两岸及其流入黄河的桠杈地带。周文化则发生在现在陕西省之东部，黄河大曲之西岸，渭水两岸及其流入黄河的桠杈地带。这一个黄河的大隈曲，两岸流着泾渭伊洛汾涑几条支流，每一条支流的两岸，及其流进黄河的三角桠杈地带里面，都合宜于古代农业的发展。"②

那么，这些小文化区又是怎样联结成巨大的中华文化呢？从地理的角度言，钱穆又说："黄河的几个渡口，在今山西省河津、临晋、平陆诸县的，则为他们当时相互交通的孔道。据中国古史传说，虞夏文化极相密切，大概夏部族便从洛水流域向北渡过黄河（其主要的为平陆的茅津渡，稍东有孟津，亦为渡口）而与汾水流域的虞部族相接触。周部族之原始居地，据旧说乃自今陕西渭河上流逐步东移，但据本书作者之意见，颇似有从山西汾河下流西渡黄河转到陕西渭河下流之可能。无论如何，周部族在其定居渭河下游之后，常与黄河东岸汾水流域居民交通接触，则为断无可疑之事。因此上述虞夏周三系的文化，很早便能融成一体，很难再分辨的了。"③

钱穆上说描述了中国农业文化的发生发展。他还将中国放到了世界上，同其他的文明古国相对照，以求见出其间的不同："中国古代的农业文化，似乎先在此诸

---

① 钱穆：《中国文化史导论》，上海三联书店1988年版，第2页。

② 钱穆：《中国文化史导论》，上海三联书店1988年版，第2页。

③ 钱穆：《中国文化史导论》，上海三联书店1988年版，第2—3页。

小水系上开始发展，渐渐扩大蔓延，弥漫及于整个大水系。我们只要把埃及、巴比伦、印度及中国的地图仔细对看，便知其间的不同。埃及和巴比伦的地形，是单一性的一个水系与单一性的一个平原，印度地形较复杂，但其最早发展，亦只在印度河北部的印度河流域与恒河流域，它的地形仍是比较单纯，只有中国文化开始便在一个复杂而广大的地面上展开，有复杂的大水系，到处有堪作农耕凭藉的灌溉区域，诸区域相互间都可隔离独立，使在这一个区域里面的居民，一面密集到理想适合的浓度，再一面又得四围的天然屏障而满足其安全要求。如此则极适合于古代社会文化之酝酿与成长。但一到其小区域内的文化发展到相当限度，又可藉着小水系进到大水系而相互间有亲密频繁的接触。因此中国文化开始便走进一个大局面，与埃及、巴比伦、印度始终限制在小面积里的情况大大不同。若把家庭作譬喻，埃及、巴比伦、印度是一个小家庭，他们只备一个摇篮，只能长育一个孩子。中国是一个大家庭，他能具备好几个摇篮，同时抚养好几个孩子。这些孩子成长起来，其性情习惯自与小家庭中的独养子不同。这是中国文化与埃及、巴比伦、印度相异原于地理背景之最大的一点。”①

由以上所论可知，中国古代农业文化的特点是由小水系发展到大水系，形成了较广的地域，通过交流，造就了许多共同特点。

论者认为黄帝炎帝联盟战胜了蚩尤，黄帝再战而胜炎帝，被公推为“天子”，黄帝始以玉（坚石）作兵，造舟车弓矢，染黄色衣裳，令臣下仓颉造文字，大挠作干支，伶伦制乐器，其妻嫘祖教人养蚕。这些虽多出自秦汉学者的附会，但黄帝的确是华族的始祖，是“人文初祖”，一切的文物制度都推原到黄帝，而此时“中国”的范围远较埃及、巴比伦、印度为大，且在较大的范围内形成了有不少共同点的民族文化。

其次，中国农业文化之未转型为商业文化，与地理相关的是气候的原因，这种气候条件决定了农产品难以达到富足的地步，故难以向商业文化转化。

诚如钱穆所说：“埃及、巴比伦、印度全都相近热带，全在北纬三十度左右，物产比较丰富，衣食易给，他们的文化大抵从多量的闲暇时间里产生。只有中国已在北温带的较北地带，在北纬三十五度左右，黄河流域的气候，是不能和埃及印度相比的，论其雨量，也远不如埃及印度诸地之丰富，古代中国北部应该和现在的情形相差不远，我们只要看周初时代《豳风·七月》诗里所描写那时的节令物产以及一般农民生活，便知那时情形实与现在山西陕西一带黄河渭水附近甚相类似，因此中国人开始便在一种勤奋耐劳的情况下创造他的文化，较之埃及、巴比伦、印度之闲暇与富足的社会，又是绝不相似了。”②

---

① 钱穆：《中国文化史导论》，上海三联书店 1988 年版，第 4—5 页。

② 钱穆：《中国文化史导论》，上海三联书店 1988 年版，第 5 页。

第二节　地理形势与文化性质

一　中国、西亚与欧洲的地理形势

前面说过，中国的东南西北都有巨大的自然屏障。这里特别要讲的是海洋问题，因为文化之是否能发展、转型同这一问题关系较大。

中国所在的东亚，面对着太平洋，作为大陆架的近海，自北往南有渤海、黄海、东海、南海，其中黄海、东海、南海在半圆形的海岸线以外，只有渤海在辽东半岛和山东半岛的包围中深入内陆。但是，倘将大连与青岛连成一条直线，渤海之切入内陆，其东西向仅三百多公里。而作为新石器时代主要文化代表的，除大汶口、河姆渡两地文化离海不远外，其余的马家窑、半坡、仰韶及河套、辽东、辽西、川东（大溪）、湖北（天门、石家河）等，都距海较远。

我们不妨将眼光投向西方。古埃及、巴比伦、印度与我国明显不同。埃及的尼罗河三角洲靠近地中海，巴比伦两河流域近波斯湾，即使印度河流域上古文明城市摩亨佐—达罗同哈拉巴相距五六百公里，但比起我国的川陇地区，要靠近海洋多了。古代埃及、腓尼基（今黎巴嫩）都得地中海航行之便，且二者相距不远，即使是波斯帝国也同西亚古文明发生地的巴比伦、腓尼基距离不太远。印度虽东临孟加拉湾，西濒阿拉伯海，印度河的入海口距波斯湾的入口大体只相当于上海到日本的九州、长琦。从陆路言，西亚与印度之间要越过的伊朗高原只有900—1500米高，且大部分平坦。正由于这种地理形势可造就南亚次大陆同西亚、地中海的联系，所以早期的埃及文化与西亚文化之间，西亚文化与印度文化之间，都有相互影响，正由于这样，荷兰考古学家法兰克福认为早期独立的文明只有三个：近东、中国、中南美，非仅将埃及与两河流域视为一体，甚至连印度也被包括在其中。

再看西亚与欧洲的地理形势。

欧亚虽然是一个大陆，但东亚的海洋很少深入陆地以形成半岛，著名的半岛只有堪察加半岛、朝鲜半岛和我国的辽东半岛和山东半岛。而欧亚大陆的西部，除阿拉伯半岛是世界最大的半岛外，土耳其在小亚细亚半岛上，从地中海从东往西有巴尔干半岛，亚平宁半岛，比利牛斯半岛，北欧则有斯堪的纳维亚半岛，日德兰半岛，而整个欧洲，其实就是一个最大的半岛。除西亚的波斯湾、红海和界于欧亚大陆之间的黑海以外，欧洲由东、南向西、北的方向，分别有亚速海、黑海、爱琴海、地中海及地中海伸入半岛周围所形成的许多海与海湾：南斯拉夫与意大利之间的亚德里亚湾，意大利与科西嘉、撒丁岛之间的第勒尼安海，法国与西班牙之间的比斯开湾，挪威与丹麦之间的斯卡格拉克海峡，瑞典与波兰、俄罗斯之间的波罗的海，芬兰与瑞典间的波的尼亚湾，以及直布罗陀海峡，英吉利海峡等。由于海洋的深入陆地，所以即使是今天欧洲腹地的城市，距离海洋都不到五百公里，一般只有三四百公里，即使是东欧的内陆城市，最远的距海也不会超过一千公里。

与欧洲相比，中国大部分的地区都距海较远。如果连接现在银川—西安—宜昌—遵义—西昌一线，其以西地区都距海一千公里以上，其面积占全国版图的一大半，兰州、重庆、成都等城市都离海很远，酒泉、乌鲁木齐等地距海更远。以新石器时代相揆，其中仰韶文化中的半坡、马厂、马家窑和巴蜀文化都在此线之西，即使是中原、三晋、荆楚，都距海较远。

二　古代埃及、西亚、印度的兴衰与地理的关系

从世界文明最早的发祥地古埃及到巴比伦，其直线距离只有一千多公里，其间并无巨大的自然屏障。埃及在古王国时期（约前2686年—前2181年）就将对外贸易与军事掠夺结合起来，以远征队的形式到西亚的西奈半岛、腓尼基、叙利亚一带进行掠夺性交换。中王国时期（约前2040年—前1786年）与地中海的克利特就有了贸易联系，向东则直达巴比伦。1935年，在埃及第十二王朝的神庙废墟中，曾发现四个铜箱子，其中的护身符、印章是两河流域的产物，而此时正当中国传说中的夏朝（之所以说是“传说”，是因为夏朝尚无明确的文物考古发现）。到埃及的新王国时期（约前1567年—前1085年，与我国的商朝大致相当），由于青铜器的广泛使用，铁器开始出现，轮耕制、梯形犁被应用，骡马等畜力用于农业，又因普遍采用桔槔提水灌田，农业生产有较大发展，彩陶、彩色玻璃、悬式纺锭、立式织布机出现，及脚踏式风箱之用于金属冶炼，使手工业也有了较大发展。伴随着叙利亚、巴勒斯坦、腓尼基、利比亚、努比亚的被征服，埃及成为跨北非、西亚的奴隶制大帝国，其对外贸易极其发达。直到公元前525年和前343年，波斯帝国两度征服埃及，和公元前332年马其顿亚历山大征服埃及，埃及的对外贸易、对外交往一直都在进行。被亚历山大征服后，埃及的历史中断，托勒密王国、罗马、拜占庭长期统治埃及，到公元七世纪起，埃及再度被阿拉伯帝国征服。

古巴比伦在公元前五千年后期起，已能冶炼铜、银，农业、畜牧业、手工业都有相当规模和水平。公元前2371年—前2316年，萨尔贡一世建立了阿卡德王国，经过三十四次征战，统一了巴比伦尼亚，继而东侵埃兰，西进叙利亚、巴勒斯坦、小亚细亚，北征苏尔巴图（古代亚述），自称“天下四方之王”。此时，对外贸易一直达到两千公里以外的印度河流域。前1792年—前1750年的史称巴比伦第六代王的汉谟拉比，经过了三十五年的征战，大致完成了两河流域的统一。此时，青铜器已广泛使用，手工业已达二三十种，对外贸易有很大发展，银和铜成为一般交换的媒介物。此后，巴比伦王朝兴衰更替，最后在公元前689年被亚述灭亡，亚述统一了两河流域，后来，新巴比伦王朝（前626年—前538年）虽曾强大一时，但终于在前538年被波斯灭亡。

古代印度在前2500年—前1750年之间的哈拉巴文化时期，已有对外贸易，在哈拉巴遗址的发掘中，曾发现了许多外来物品。雅利安人入侵之后，到公元前四世

纪，印度北部得到统一，历史的重心转到了恒河流域，佛经中称这一带有八大城市。孔雀帝国时代（约前273年—前236年），对外贸易很发达，不仅与南亚邻近地区商业来往密切，而且中国丝绸、阿拉伯马匹也输入到此。由于印度幅员广大，以农业、手工业为主，又不像埃及那样远征侵略伴随着贸易，所以贵霜帝国能与罗马帝国、安息帝国和我国东汉并称世界四大强国，但对外贸易并不如前此的埃及、巴比伦和西亚诸国发达。其中，大海的阻隔大概也是一个主要的原因。

除埃及、巴比伦、印度及西亚诸小国外，古代波斯也曾建起显赫一时的大帝国。古代波斯人大概在公元前550年灭掉米底后，建立起了阿合门尼德王朝统治的波斯国家，波斯人在步出野蛮阶段后，先进军小亚细亚，征服希腊城邦，此后不战而胜巴比伦，解放“巴比伦之囚”的犹太人，让他们回到耶路撒冷，重建犹太国。在征服了埃及后，又东进印度河流域，占领色雷斯和爱琴海上的一些岛屿，在前513年建立了横跨欧、亚、非的波斯大帝国。大流士一世虽进行了许多重大改革，但由于波斯帝国并非有机的经济整体，其西部的埃及、腓尼基、亚述、巴比伦属商品经济发达地区，而伊朗和中亚一带还以农业、畜牧业为主，靠武力建立的帝国并不巩固，在历时半个世纪的希波战争后，波斯终遭失败，最后在公元前330年被马其顿亚历山大帝国灭亡。

从以上可见，西亚文明古国的兴衰同地理相关，其好处在于地理的联系便于贸易的往来，其坏处在于强国的易于入侵。

三 古代希腊、罗马的兴亡与航海业

如果说地中海是人类文明的摇篮，其南部有埃及文明，东部有西亚文明，那么其北部就以希腊文明为代表。

希腊文化之成为欧洲文化之源，与自然气候，尤其是地理形势有密切的关系。

古希腊的主体是希腊半岛，位于巴尔干半岛的南端，古希腊还包括爱琴海诸岛屿和小亚细亚西部沿岸。古希腊处于非常重要的地理位置上，往南经过克里特岛可达埃及，往东经过小亚细亚半岛可达两河流域，这样的地理条件对希腊的历史发展无疑有决定性作用。从公元前2000年代起，北希腊人逐渐进入中希腊、南希腊，各种不同语言的希腊人逐渐混居同化。古希腊人创造的早期文化是爱琴文明（前2600年—前1125年），又称克里特·迈锡尼文明，在公元前1700年—前1125年，达到最盛时期。由于古希腊文明源于克里特这样的岛屿（其面积大概相当于我国台湾的三分之一），在兴盛之后必然要向外发展，控制爱琴海中岛屿和希腊本土地区，因而造船业兴起得较早。在此期间，克里特除金、银、青铜制品以外，尤以大型陶缸和坚固轻巧的远航船制造而著称。克里特岛及希腊皆多山，可耕地少，仅种少量的谷物，主要产橄榄和葡萄，但矿产丰富，有金、银、铜、铁、大理石等，因而，手工业及商业的发展可谓必然。此时，克里特以及希腊半岛、小亚细亚、埃及和地中海西部的商业贸易相当兴盛（注意，此时正当我国的夏朝后期和商朝前期）。至迈锡尼灭掉克里特城邦及其控制的小国后，约在公元前十二世纪初，迈锡尼各城邦组织联军攻打小亚细亚的特洛亚城，迈锡尼在经过十年战争后虽然取得了胜利，但也开始走向衰落，约在公元前1125年被消灭，希腊就进入到荷马时代。在公元前八至六世纪进入城邦制后，希腊与西亚各国贸易往来密切。古代埃及铭文将腓尼基人、希腊人称为“海上民族”，不无道理。一方面是经商的船队对外贸易，一方面是战舰之用于战争，公元前560年，庇斯特拉图统治雅典时，大力发展造船业和海外贸易，工商业迅速发展，公元前六世纪后，不断向海外移民，建立了商业殖民地，垄断了地中海的贸易。利害冲突引发了希腊战争，希腊舰队两次全歼波斯海军。在取得战争胜利后，希腊打通了小亚细亚、爱琴海东部直到黑海的商路。从幅员上看，希腊是陆地小国，却是海上大国。尤其是在打败波斯、垄断了地中海地区的贸易之后，为公元前五世纪希腊（尤其是雅典）经济、政治、文化的全面繁荣奠定了基础。

在公元前338年征服希腊城邦的马其顿，位于希腊半岛北部，本以畜牧业和农业为主，但在腓力二世仿效希腊进行了改革之后，发展了工商业，并形成了强大的军事力量，迫使希腊成为附庸。亚历山大继承父位后，在公元前334年侵入波斯的战争中，就以160艘战舰横渡赫勒斯滂海峡，海上力量可见。

罗马原是一个很小的城邦国家，从公元前五世纪开始对外扩张，先征服意大利半岛，然后向地中海东西两方面扩张。它战胜了腓尼基人建立的迦太基，占领了西西里岛，接着又占领了属于迦太基的科西嘉岛和撒丁尼亚，终于取代了迦太基而得到西部地中海的霸权。通过扩张战争获得了北非和西西里的廉价谷物，罗马的农业转向了葡萄、橄榄、园艺和畜牧业。在军事征服之后，意大利商人的足迹遍及地中海，由于罗马手工业产品比不上各个行省所出的精良，贸易逆差就依靠战争掠夺来弥补。战争既获得财富，又获得奴隶，当然大大地刺激了罗马的统治者。在不断的对外战争和贸易中，罗马的舰队和商船的发展水平是不难想象的。其中如公元前31年屋大维与安东尼及埃及女王克里奥帕特拉在希腊附近亚克兴海湾的海战，就有很大的规模。到罗马帝国的奥古斯都（屋大维的尊称）统治时，有更强的海军力量。罗马的对外贸易远达阿拉伯、印度甚至中国。

综上所述，无论是希腊、马其顿，还是罗马，都因本土面积较小而要向外发展，得地中海的航行之便，较早地兴起造船业，掌握航海科学和手段，使军事扩张和商业贸易成为孪生兄弟，并使原生的农业文化、畜牧文化向商业文化转化。

四　中国农业文化长期延续的地理原因

我们再回过头来看中国。

中国的海陆形势前面已说。值得注意的是：中国没有如同地中海那样的深入到内陆的海，不具备那样的航行条件。尽管在中国的东面也有一个由中国大陆、朝鲜半岛、日本列岛、琉球群岛等陆地围成的不完整的内海，即日本海和中国大陆架上的渤海、黄海、东海，被称为“东方地中海”，但是并没有出现古代地中海周围国家那样的情况。地中海周围的国家，在各自发展起来后，又有了航海业的兴盛。在隔海航行后，面对的是不同的民族、不同的文化，有交流、交换甚至是侵凌、征服。因为那些北非、西亚的古国，其文明产生在较小的土地上，一方面较优越的自然条件有较好的产出，另一方面需要贸易作经济的互补。中国古代的文明产生在广大的幅员之上，在古代人口尚未广为增殖时，也堪称地大物博，产品的交流似乎没有西方那样必要，所以自然经济长期存在。而且，“东方地中海”的航行条件远远不及地中海，加上中国古人的聪明才智并未运用到航海上，所以，古代中国虽然也与文明后出的日本有往来，但与地中海沿岸国家相比，确实是不可同日而语。据《周易·系辞下》称，黄帝、尧舜时代，已能以木为舟楫，“以济不通”，但那时的驾舟航行，是在江河湖泊，汉代以前的航海只限于“裨海”，即近海和内海，直到唐宋以后才开辟了“海上丝绸之路”。

在中华民族的形成过程中，在改朝换代、国力强盛之后，中国有不少统治者，都发动过开边拓土的战争。可以认为，在中国土地上不但有过不少规模很大的战争，对战争的研究在世界上也堪称领先（如《孙子兵法》）。但应看到，由于埃及、腓尼基、希腊等古代文明多发源于地中海沿岸，军事开拓与对外贸易多越海而行，而非向大陆的腹地进行。随着这种开拓与贸易的发展，地中海与西亚古文明区的城市建设逐渐地移向了海边。中国古代的文明并不直接发源于黄河、长江的河流主干区域，而是在它们的支流、流域区，尤其不在入海口的三角洲地区，除河姆渡文化区距杭州湾较近外，其余的文化区都离海较远。秦始皇北逐匈奴，南开五岭，基本奠定了中国的版图，后来历代的“拓边”都是指向亚洲大陆的腹地，多向西、向北进行，汉朝如此，唐朝如此，元、明、清亦复如此。汉武帝逐匈奴于漠北（蒙古高原大沙漠以北），平定东南诸越，汉朝的强大使华夏族被称为汉族，在军事进攻之后，即是开通丝绸之路，而此路的开辟并不是通向海上，而是通向中亚。由于东部是浩瀚的大洋，不似地中海沿岸国家那样的可以进行跨海的航行，所以中国到了唐、元、明、清的强盛时期，“拓边”仍无改以前的通向大陆腹地的格局。唐代的鉴真东渡、玄奘西游，都是文化交流。若谓大规模的出征海外，大概只有元世祖忽必烈（1215—1294）企图征服日本列岛这一次了。

五　中国与海洋文化国家的不同

在文明的演进过程中，地中海、西亚古文明区的城市建设逐渐移向海边，如埃及古王朝的首都孟斐斯（今开罗附近）距海近200公里，古巴比伦的中心距离波斯湾的直线距离近500公里，到了希腊、罗马兴盛时，则雅典、罗马都移到了海边，其变化可见。中世纪时期，西欧城市逐渐兴起，十一世纪后的著名城市有意大利的威尼斯、热那亚、比萨，葡萄牙的里斯本等，它们都是滨海城市。而中国，在春秋战国时期已不乏城市，但都是山地型、丘陵型和平原型的，只是到了唐宋时期才出现海岸型的城市，直到近代才有了上海、天津、青岛、大连等滨海型的城市，而这又是伴随着帝国主义列强的侵略和不平等条约才出现的。[①]

在欧洲人进行航海的“地理大发现”之前，中国的明朝政府曾组织过大规模的航海活动，即明成祖时的郑和下西洋之举，前后共远航七次，航程十余万里，最远时到达了东非的卜勒哇（今索马里）与阿拉伯半岛的天方（今麦加城），航经三十多个国家与地区。郑和率领的船队，常有大船六十多艘到一百艘，加上小船二百余艘，最大的船长达四十四丈许（合今140多米），宽十八丈（合今近58米），九桅十二帆，其航海的规模和技术在当时都是其他国家所不及的。诚然，郑和所率船称为“宝船”，载有丝绸、茶叶、瓷器、金银等，以换取象牙、香料、药材、染料等，但船队的主要任务却是扬威通好，所谓“振纲常以布中外，敷文德以及四方”，属于政治性的航行。这样的航海活动是由皇帝的支持所决定的，并不具备迪亚士、达·伽马、哥伦布那种渴求财富的愿望和那种通过掠夺而进行资本原始积累的热情。所以明成祖一死，郑和下西洋即告终止，而不像葡萄牙、西班牙那样，会形成持续不断的高潮。而且后来更是实行“海禁”、“闭关”政策，导致了对外部世界的全然不了解。等到西方列强用大炮打开我们的大门时，才知道同欧洲有多大的距离，因为当人家在进行工业革命的时候，我们还沉醉在中华帝国过去辉煌的美梦中，在挨打之后，才有了“睁开眼睛看世界”的痛苦过程。

西方海洋民族并非全然是对外武装劫掠，也有很多的文化交流。早在公元前七世纪，希腊人就在爱琴海东岸、小亚细亚的梅安德河河口建立了米利都城。腓尼基、希腊的商船云集于此，水手和商人给这个城市带来了许多外面的信息。既有黑海北岸大陆的情况，东方亚洲的人情风俗和各种物产，埃及以南的非洲地区的奇闻异事等。当然，也有更为高级的文化交流，如埃及、巴比伦的文学、艺术、哲学和科学技术。这样的交流使米利都成为希腊最古老的学术文化中心之一，造就出著名的“米利都学派”。也大概由于通商与学术交流的热情，希腊人在地中海沿岸建设了一系列著名的城市，如拜占庭（今伊斯坦布尔）、那帕勒斯（今那不勒斯）、尼克（今尼斯）、马西利亚（今马赛）、亚历山大等。

诚然，中国古代在国与国之间并不缺乏交流，秦始皇统一全国之前是如此，统一以后也是如此。比如齐国有学术上著名的“稷下学派”，孔子“弟子三千，贤者七十”，虽然只有一个南方人，但北方各国都有。而在公元前138年，就有汉武帝派张骞出使西域之举，开通了丝绸之路，使后代的东西方经济、文化交流得以持续进行。但是，在对比中，我们是不难看出陆路的交流比起海上的交流来要困难得多。丝绸之路路途极长，穿越的地区大多自然与气候条件很差，充满了艰辛，物资交流只能靠大牲畜驮运，当然远不及航海优越。所以，中国古来虽然并不缺乏对外交流，

① 关于中西城市的类型及发展的情况，参照了冯天瑜的论文《中华文化“隔绝机制”的地理基础》，见《学术月刊》1989年1月号，第53—59页。

但由于东方是太平洋，难以开通对外航路，而陆上的物资交流又由于路途遥远，艰苦异常，在未获得较大的机动手段的条件下，这种交流是极其有限的。又由于中国长期以农业经济为主干，自然经济的自给自足绵延久远，且中国的幅员辽阔，有他国所无的内部回旋余地，对外的互通有无似乎没有其他文明古国那样必要。而且，在长期的发展过程中，中国又始终处在世界的前列，在中外物资交流中，中国的丝绸、瓷器、茶叶似乎比汗血马、葡萄、石榴有更高的品位。在中外文化交流中，除传入的印度佛教经改造后深刻影响了中国人的思想与社会外，汉字、儒学、禅宗的输出，使“东方地中海”周围的国家受益，“四大发明”的远行，更使西方国家得利。

在郑和下西洋时，中国的确是扬威于海外，但经明清的“海禁”、“闭关”后，一旦我们的海上大门被西洋的坚船利炮打开，中国人才发现“世界中心”、“天朝大国”同“蛮夷”之间的差距。于是，在统治者，是从夜郎自大到卑躬屈膝，在爱国者，则在痛苦中觉醒过来，“求新知于异域”，开始了近代中国的艰难历程，也揭开了爱国主义的历史新篇章。

六　中国地理造就的中国文化的优点与缺点

我们不是地理决定论者，但又承认地理对文化有决定性的影响。前一个“决定”大于后一个“决定”。在“决定性影响”以外还有其他的因素，而“决定论”则是排他的。我们在此暂不论其他，而就地理的“决定性影响”，略论中国地理所造就的中国文化的优点和缺点。

前面说过，中国的中原文化是产生在黄河诸水所形成的“汭”上，由小而推衍、连缀成大，更经战国之后，秦始皇形成了大一统，由此基本奠定了中国的版图。较之其他的文明古国，这种取决于地理环境的文化有什么显著的优点呢？对此，钱穆总结得很好：

> 第一，古代文化发展，皆在小环境里开始，其缺点在于不易形成伟大的国家组织，独有中国文化自始即在一大环境下展开，因此易于养成并促进其对于政治社会凡属人事方面的种种团结与处理之方法与才能，遂使中国人能迅速完成为一内部统一的大国家，为世界同时任何民族所不及。
>
> 第二，在小环境里产生的文化社会，每易遭受外围文化较低的异族之侵凌，而打断或阻隔其发展，独有中国文化因在大环境下展开，又能迅速完成国家民族内部之团结与统一，因此对于外来异族之抵抗力量特别强大，得以不受摧残，而保留其文化进展之前程逐渐发展，直至现在成为世界上文化绵历最悠久的国家，又为世界任何民族所不及。
>
> 第三，古代文明多在小地面的肥沃区域里产生，因此易于到达其顶点，很早便失却另一新鲜向前的刺激，使其活力无地使用，易于趋向过度的奢侈生活，

而招致社会内部之腐败与退化，独有中国文化因在较苦瘠而较广大的地面产生，因此不断有新刺激与新发展的前途，而在其文化生长过程下，社会内部亦始终能保持一种勤奋与朴素的美德，使其文化常有新精力，不易腐化。直到现在，只有中国民族在世界史上仍见其有虽老尚新之气概，此又为并世诸民族所不逮。

钱穆在论列以上三点以外，又总结道：

> 因于上述三点，所以中国文化经过两三千年的发展，完成了他的上古史之后，一到秦汉统一时代，正为中国文化走上新环境，渐渐由黄河流域扩展至长江流域的时代，而与他同时的几个文明古国，如埃及、巴比伦、印度等，皆已在世界文化史上开始退出他们重要的地位，而让给其他的新兴民族来扮演另一幕的主角了。①

这就是我们在前面所说的延续与中断问题。

同时，又由于中国所处的地理环境，东临浩瀚无际的太平洋，北近蒙古草原——戈壁和“瀚海”的西伯利亚寒带原始森林，西方是盆地沙漠与雪山高峰，西南是全世界最大最高的青藏高原，因此，在中国历史上虽也受到匈奴的威胁，并有晋朝的五胡乱华，后来又有蒙古族和满族建立的元朝和清朝政权，但并未有类似于西方的十字军东征，欧洲和中亚的强权并未能越过巨大的自然屏障，侵略和占领中国。而在中华民族的内部斗争中，蒙、满等民族建立的政权，最终都因汉族文化远远要高于他们而使之同化。

这与欧洲相比，情况是很不同的。如欧洲早期，在希腊衰落以后，是罗马的兴起，而到了中古时期，罗马民族衰落，日耳曼民族兴起。可以认为，在欧洲是民族与文化的“取代”，而在中国，则是在原有的汉族文化中加进了新的成分，是“发展”。因此，这样的地理基础形成了牢固的文化传统，使中华文化从未面临生死抉择，以中原文化为主体的中华文化一直保持着自己的系统和风格，形成了具有鲜明特色的民族传统，并前后嬗递，绵延发展，而且不断出现高峰。如学术上的先秦诸子学——两汉经学——魏晋玄学——隋唐佛学——宋明理学——清代朴学；文学上的先秦诗经、楚辞——汉赋、汉文与乐府诗——六朝骈文——唐诗——宋词——元曲——明清小说；书法上的甲骨文——金文——秦篆——汉隶——晋人行书——魏碑——唐代楷书及狂草；绘画上的汉代砖石刻画——六朝的壁画、佛雕——唐代的佛道人物画——宋元的山水花鸟画等等。

我们不妨看看其他的文明古国，埃及、巴比伦、印度、希腊、罗马的历史，都

① 钱穆：《中国文化史导论》，上海三联书店1988年版，第6—7页。

因其他民族的兴起与入侵而被迫中断。而且，埃及文化因亚历山大的占领而希腊化，又因阿拉伯人入侵而伊斯兰化，印度文化因雅利安人入侵而雅利安化，希腊、罗马文化因日耳曼、蛮族的入侵而中断，并形成了欧洲漫长的中世纪黑暗。

中国传统的农业文化虽受到游牧文化的武装入侵，又吸收了南亚次大陆佛教文化的成分，明清之际又与欧洲文化有所沟通，但在鸦片战争前，中华文化的传统是牢固的。

以上是好的方面。有没有坏的方面呢？当然有。同地理机制相关的，最主要的在于因相对的隔绝，而缺少与外界的交流，在自身文化的发展中，容易在与“四夷”的比较时产生优越感，所以长期以来形成了以“天朝大国”自居，以自我为中心的痼疾，妨碍了对外部先进文化的吸收，以至造成了近代的落后。

中国的农业文化发生、发展得较早，诸夏之邦的发展水平高于其他地区，故有“中国”之称，此称呼具有文化的与地理的两重意义和自豪感。在先秦时代，“中国”指黄河中下游两岸至江淮地区的中原地域。秦汉大一统的局面形成后，东、南至于东海、南海，北至于长城，西至于流沙大漠，都入于“中国”。其后，中国人关于“九州”、“四海”、“天下”的观念也在逐渐扩大，但由于对地理所知的局限，又受到传统的“中国”与“四夷”观、“化内”与“化外”观的影响，直到十九世纪中叶以前，中国人一直都是以“天朝上国”和世界主体、中心自居的。

意大利著名的传教士利玛窦在明朝万历年间进入我国传教时，曾带来世界地图，地图中有四大洋和除了大洋洲以外的其他大洲，图中的中国并不在世界的中心而偏在东方，这引起了中国士大夫的极大惊异和不满，为了迎合中国人的感情，他不得不通过转移地图上的第一条子午线的投影位置，而将中国绘在了地图的正中。在利玛窦进行学术传教活动时，固然有如徐光启那样的善于学习者，成为了明清之际经世实学的先驱人物，使长期以来自我封闭的文化壁垒有了一个突破口。但是，不少人仍然坚守“夷夏之防”，与徐光启等人的“兼收并蓄”方针形成了尖锐的对立。

在清朝的君主中，顺治与康熙皇帝热衷于西学，而此后则情况有变。在顺治帝之前，是多尔衮在掌握实权，他曾召见传教士汤若望并委任他主编新历。顺治也高度评价汤若望的“精于象纬，闳通历法”，对他礼遇有加。康熙对于西方文化的兴趣更浓，他在亲政之初就任命传教士南怀仁主持钦天监，又招聘西方各种专门人才来华工作，他自己也热衷于学习天文、几何、代数、物理、解剖等知识。但是，在康熙后期发生了“礼仪之争”以后，由于罗马教廷的粗暴干涉，使利玛窦为代表的西学在中国遭到了失败，也重新激起了中国文化的保守性，不少官员纷纷上疏要求禁止基督教，随着这一思潮的日益高涨，雍正、乾隆、嘉庆朝严令禁教，中国对外部世界重新关闭。

如果说在明朝以前，中国人对于西方世界的不了解是由于地理的隔绝导致缺少交往，那么到了清朝且已有了顺、康时期的重视西学，清政府因对外来的潜在威胁作出反应，自有道理在，但是，回到闭关自守的政策，关上了国门，却不能不说是长期农业文化封闭心理的反映。

在驱逐了传教士，关闭了国门后，老大的中华帝国似乎又太平无事，可以瓜瓞绵绵地永远相传不息了。中国人并不知道，此时的西方已经经历了工业革命，正如《共产党宣言》所说：“它第一次证明了，人的活动能够取得什么样的成就。它创造了完全不同于埃及金字塔、罗马水道和哥特式教堂的奇迹；它完成了完全不同于民族大迁移和十字军东征的远征。”① 由于“不断扩大产品销路的需要，驱使资产阶级奔走于全球各地。它必须到处落户，到处创业，到处建立联系。”② 所以，古老的中国所面对的是这样的形势：“资产阶级使乡村屈服于城市的统治。……它使未开化和半开化的国家从属于文明的国家，使农民的民族从属于资产阶级的民族，使东方从属于西方。”③ 然而，中国人却对此毫不知晓。

在十八世纪末，英国已经过了产业革命，经济、政治和文化已在世界上领先，在海上霸权的争夺中已领先于老牌的海上强国葡萄牙和西班牙，在海外的殖民活动中已经将非洲、美洲和南亚的许多地区占为己有，而且有了向东亚扩张的打算，但是此时的中国，从上到下，对此却一无所知。《共产党宣言》写道：“资产阶级在它的不到一百年的阶级统治中所创造的生产力，比过去一切世代创造的全部生产力还要多，还要大。自然力的征服，机器的采用，化学在工业和农业中的应用，轮船的行驶，铁路的通行，电报的使用，整个整个大陆的开垦，河川的通航，仿佛用法术从地下呼唤出来的大量人口，——过去哪一个世纪能够料想到有这样的生产力潜伏在社会劳动里呢?”④ 尽管《共产党宣言》是1848年写成的，但是它所说的工业革命的成就在此前的半个世纪，就已显现出来了。而中国人却对此全然不了解，对外部世界毫不知情。

乾隆五十八年（1793年），英国国王以祝贺乾隆皇帝八十寿辰为名，派马戛尔尼勋爵为特使到中国，其实他的真正任务是到中国来要求进一步开放口岸，降低税率，派遣公使长驻中国。但是，清朝官吏却将人家看成是向“天朝大国”进贡，不但将“英吉利贡使”的旗帜插在使团的车船上，而且在马戛尔尼一行到达热河行宫时，清朝官员要求英国的“贡使”在觐见乾隆时要行三跪九叩之礼，以见蛮夷小国对上国皇帝的归顺之意和恭敬之心，最终遭到了拒绝，只是行了屈膝礼。对此，不少官员为之愤愤不平，而乾隆帝在他给英王的“敕谕”中保持“天朝”藐视“夷狄”的姿态，另一方面对英国的通商希望兜头浇上一盆冷水，说自己的“天朝”“物产丰盈，无所不有”，根本用不着“外夷”的货物来互通有无。

到“康乾盛世”已过，清朝气数渐衰之时，他的儿子嘉庆，也以与他老子相同

---

① 《马克思恩格斯选集》第一卷，人民出版社1972年版，第254页。
② 《马克思恩格斯选集》第一卷，人民出版社1972年版，第254页。
③ 《马克思恩格斯选集》第一卷，人民出版社1972年版，第255页。
④ 《马克思恩格斯选集》第一卷，人民出版社1972年版，第256页。

的口气对外发出类似的“上谕”，以“富有四海”自傲，对“小国”的“些微货物”表示不屑。终至他的孙子道光皇帝，被英国人打破了国门，自此，中国的官员们又前倨后恭，畏洋人如虎。晚清的谴责小说将他们的嘴脸已作了很好的刻画，“老百姓怕官，官怕洋人，洋人怕老百姓”的民谚，又准确地写出了当时的独特现象。

直到现在，在锁国之后又实行改革开放的年代里，依然会冒出这种对洋人过于“恭敬”的劣根性。

总结以上所说，地理是历史的基础，中国独特的地理环境造就出独特的农业文化体系，既有值得我们自豪的优点，也有引起我们深思的缺点。这些，对于中国的文艺来说，也有积极和消极的影响，下面，我们将分别论述之。

第二章　中国的农业经济与文艺的民族特征

在上一章中，我们从中国的地理特征出发，论述了中国文化的独特体系。中国文化是农业文化，其基础当然在农业经济，长期的封建制度建立在这个农业经济基础之上，使中国古代社会成为一个基本封闭（相对于北非、西亚、欧洲而言，但强于美洲）的农业社会。作为农业文化形态重要组成部分的中国古代文艺，是植根在农业经济之上的，二者关系极为密切，所以这一章专讲中国农业经济与文艺的民族特征之关系。

第一节　中国农业经济所造就的文化特点

论述这一问题，当从我国的土地制度说起，然后再论长期的封建土地制度，及在这一土地制度上生成的农业经济所造就的文化特点。

一　我国古代土地所有制的发展与农业自然经济

如对我国古代社会的发展采取五种社会形态说，那么我国古代的土地所有制大致经历了三个发展阶段：第一阶段的原始社会氏族公社所有制，第二阶段的奴隶社会奴隶主贵族的国有制，第三阶段的封建社会封建地主所有制。

原始公社时期，每个氏族公社实行氏族内部的土地公有，成员们一起耕作，所得的产品也一起消费。当生产工具有了发展后，生产力得到了提高，就变为由三五家一起组成的家庭或家族公社，土地由氏族公社所有并进行分配，家庭公社没有所有权，每年收成后要交还土地，到来年再分配，以保证土地的公有性质。

到殷商和西周的奴隶社会时期，氏族公社所有的土地被国有制所取代。成汤灭夏，将土地收归国有，并以国家的名义分给各级贵族使用，贵族驱使“众”（奴隶，也有认为是商人平民的集体名词）集体耕作，卜辞里对这类史实有所记载，他们在贵族的统治下，平时务农，战时打仗，也有“裒田”（即“寄田”，到别国去耕种）之举。西周之初，土地仍是国有，《诗·小雅·北山》的名句“溥天之下，莫非王土；率土之滨，莫非王臣。”就是这种田制的写照。《诗·周颂·思文》的“贻我来牟，帝命率育，无此疆尔界，陈常于时夏。”（程俊英译为：“留给我们麦种，天命充民供养。农政不分疆界，全国普遍推广。”）可以让人看到当时农业之大概。梁启超《先秦政治思想史》据此诗推断，认为作诗时“必已有彼我疆界，故追念古迹而重言其特色也。此诗假定为周成康时作，则其时土地私有权当已成立。”不过，此时的私田并非私有财产，不能买卖。天子将土地的所有权转移给诸侯，诸侯又可以转于卿大夫，使之有“采地”、“食邑”，所有权发生了变化，有了私田。在有疆界之前，实行“井田制”，《孟子·滕文公上》对井田制有理想化的概括：“方里有井，井九百亩，其中为公田。八家皆私百亩，同养公田。公事毕，然后敢治私事，所以别野人也。”土地划为方块，井田之中既有公田，又有私田，《诗·小雅·大田》的“雨我公田，遂及我私”说明了农人先要提供力役地租，种公田养活领主，然后才能种私田养自己。“三代井田”的土地公有制和集体生产劳动方式对后世很有吸引力，当因土地兼并造成社会分配极为不均时，常有恢复井田制之倡议。

到春秋战国之际，因为实行牛耕和使用铁器，生产力得到了发展提高，而生产关系却发生了变化。奴隶们的怠工及逃亡使公田为之荒芜，《诗·齐风·甫田》的“无田甫田，维莠骄骄”就说明了当时公田抛荒、野草丛生的情况。土地制度于是又不得不再次发生了改变，奴隶主放弃了共耕公田的办法，以实物税相替代，遂将土地分到耕种者手中，从中收取实物地租和劳役，奴隶主也就相应地转化为地主。但因各国、各地的情况不尽相同，在相当长的时期内，土地的国有与私有制应是并存、而后者又渐居主导的。随着井田制的瓦解，新兴的地主阶级很快地就掌握了政治、经济上的特权，封建地主的土地所有制得到了推广。鲁国的“初税亩”是用“履亩而税”代替传统的徭役地租，商鞅变法以“制土分民”的促进土地私有作为主要的改革内容。

战国以后，我国的土地制度虽各朝各代有具体的不同，但就总体而言，是实行封建地主的土地所有制，其具体内容就不作详说了。简要而言，秦汉时期的土地权与皇权是统一的，皇帝是最大的地主。三国以后，情况有变，因战乱出现了大量的无主荒地，所以曹操实行屯田制，是国家干预土地私有制最为突出的一个特例。西晋实行“占田制”，“占田”不向国家交纳地租，“课田”要交纳。北魏行“均田制”，所授“露田”种粮，不能买卖，年满七十交还国家；所授“桑田”种树，不必交还国家。受田的农户要向国家交纳实物地租。唐朝改变了均田制的内容，“露田”改称“口分田”，不能买卖，“桑田”改称“永业田”，可以传代。受田者要交纳定量的粮食和绢、绵，每丁还要每年服役二十天。唐中叶，均田制遭到破坏，农民的土地被大量地转为官僚地主所有，土地私有化以买卖的形式进行，形成了民田为主、官田为辅的情况。到北宋时，官田已为数很少，大批的自耕农、半自耕农破产，在成为佃农（庄客）后，通过租种地主的土地而遭受沉重的地租和高利贷剥削。明清两代的初期，自耕农还能占有一半的耕地，而到后来，只能占到十之一二，大量的土地成为地主所有。

“三代井田制”的土地公有和集体生产劳动，持续的时间并不长，从土地私有以来，农民们一直过着小农户的男耕女织生活，并因此而造就了长期的农业自然经济。

《诗·周颂·噫嘻》表现了成王时期的农业劳动情景，“率时农夫，播厥百谷。

骏发尔私，终三十里，亦复尔耕，十千维耦。”三十里地的范围，万人出动的耕作，可见出当时集体农业劳动的规模。同样，《周颂·载芟》的“千耦其耘，徂隰徂畛。侯主侯伯，侯亚侯旅，侯疆侯以。”千对的人一起锄草，每家的家长同老大、老二以及众多的兄弟同时劳动，也可见之。

可是到春秋时代，由于公田渐荒而私田起，农业劳动的规模随之而变，小规模的集体耕作成了主体。战国时代，土地买卖成风，贫富迅速分化，大量的是孟子所说的小农，实行家庭耕作制，《孟子·尽心上》云：“百亩之田，匹夫耕之，八口之家，可以无饥。”很准确地说出了当时的情况。秦汉以后，进而以小家庭的耕作为主，据《汉书·食货志》载，西汉时多五口之家的农户，种地百亩，年收粟一百五十石，男耕女织成为农民普遍性的生存、生活方式。正如《盐铁论·园池》所说：“匹夫之力，尽于南亩，匹妇之力，尽于麻枲。”从《孔雀东南飞》诗中可见，东汉后期，连焦仲卿这样“汝是大家子，仕宦在台阁”的家庭，其妻刘兰芝还要从事家庭纺织业，“鸡鸣入机织，夜夜不得息。三日断五匹，大人故嫌迟。”后来各朝的土地制度虽有一些变化，但男耕女织、养家糊口的生产与生活方式却没有什么改变。

这就是自给自足的农业自然经济。北宋王禹偁在《畬田词》中写道：“自种自收还自足，不知尧舜是吾君。”可谓道出了这种经济的一般特点。

二　我国长期自然经济所造就的若干文化特点

农业自然经济造就出许多文化特点，与我们的论题相关的，约有以下几点。

第一，长期的“自种自收还自足”生活，容易造成封闭的文化心理结构和循环图式的历史观。

我国的先民们长期过着“日出而作，日落而息，凿井而饮，耕田而食”的生活，他们生活的空间是广阔的大陆，但自己的生活圈子却相对狭窄，且多世代相袭，很少流动，年复一年、一代又一代地从事简单的农业再生产。尽管在汉族农业区的周边，尤其是西北和北方曾有过一代又一代的不同游牧民族，游牧文化与农业文化曾多次发生过激烈的冲突、碰撞，但是，即便是游牧民族以其强悍的武力战胜了汉族所代表的农业民族，却最终依然被较为先进的农业文化所同化。逐水草而居的生活也发生了变化，“动”的文化变成了“定”的文化。农业文化确实是中华文化的主流，而“自种自收还自足”则是农业自然经济的生动写照。农业自然经济的主要特点，就是劳动生产的产品是用于劳动者或封建领主、地主们的消费，而不是用于交换。产品不成为商品，也无须开辟市场，抢占商机，所以也就不存在向外拓展和考虑市场需要的问题。因此，这一文化的创造者就不像海洋民族那样，有走出较为狭窄的土地而向外开拓、发展的迫切愿望。也不像游牧民族那样不屑于锁定一地，有志于从天苍苍、野茫茫的草原，凭借马快弓硬的优势向农业区扩张，而是满足于自己所辛勤耕作的土地，守着家园和老井。长期“面朝黄土背朝天”的从土地中刨食，除了食盐和铜铁器以外，几乎什么都可以依靠自己的力量来生产，不须向外、反躬自求的生活方式，使得人们无从了解外部世界，也无须竭力地向外部求知。所以，长此以往，就会在封闭的生产方式和生活方式中，相应造就出封闭的文化心理结构。

农业劳动者所面对的是年复一年的从春天、夏天到秋天、冬天，是春天的燕子飞来，秋天的大雁飞去，而长期的寒来暑往中，又是春耕夏种、秋收冬藏，亘古不变的生产方式、劳动技术和消费观念，很容易形成循环图式的历史观。《周易》的主要精神之一在于强调“生”与“变”，孔颖达《周易正义》说得好：“夫‘易’者，变化之总名，改换之殊称。自天地开辟，阴阳运行，寒暑往来，日月更出，孚萌庶类，亭毒群品，新新不停，生生相续，莫非资变化之力、换代之功。……谓之为‘易’，取变化之义。”但是，《周易》的变化观又包含着循环意识。如《泰卦》有“无平不陂，无往不复”，其《象》曰：“‘无往不复’，天地际也。”《蛊卦》之《彖》曰：“终则有始，天行也。”《丰卦》之《彖》曰：“日中则昃，月盈则食；天地盈虚，与时消息，而况于人乎？况于鬼神乎？”都可见之。《系辞下传》云：“《易》曰：‘憧憧往来，朋从尔思。’子曰：‘……日往则月来，月往则日来，日月相推则明生焉；寒来则暑往，暑往则寒来，寒暑相推则岁成焉。往者屈也，来者信也，屈信相感则利生焉’。”更是将天道与历史统一为一体。

在农业生产的长期实践中，人们发现了自然界中最为常见的五种元素，即金、木、水、火、土，以及其间的相生相克现象，《尚书》中的《洪范》对“五行”及相互间的作用有所概括，而哲学上的“五行说”在春秋战国时得以确立。战国末年的邹衍秉承此说，改作用以解释历史上的兴亡，认为黄帝尚土德，夏尚木德，商尚金德，周尚火德，而木胜土，金胜木，火胜金，所以有各朝的代胜，继周而兴者，应尚水德。到董仲舒，终于为封建大一统王朝提供了“三统”、“三正”说的循环论历史观。他认为，夏为黑统，商为白统，周为赤统，三者依次循环，改朝换代；而夏商周又分别以不同的月份为正月，所以在换代时必须“改正朔”。他还从五行相克提出了相应的五官相克论，形成了完整的循环系统。后代的论者多受此影响，“三王之道若循环”几成共识，而如《三国演义》开头所说的“天下大势，分久必合，合久必分”也为人所认同。

第二，在“民以食为天”的朴素信仰中，造就了重视实际和眼前，不尚虚幻和未来的处世观念与思想方法，政治理想、生活信念单纯，“不知尧舜是吾君”不只是诗人的感叹，而应是对农人的真实写照。

农民是最讲实际的，他们在自己的农耕实践中懂得“人误地一时，地误人一年”的简单道理，他们对挨饿的滋味有最真切的感受，他们对“国以民为本”或许没有多少体会，但对于“民以食为天”的感受却是最为真切的。植根在农业经济基础上的文化精神，也具有崇尚实际的特点。《管子·小称》云：“务为不久，盖虚不长。”是从反面肯定了“实”，而《礼记·中庸》的“无征不信”则是对“征”之“实”的强调。汉人荀悦《申鉴·俗嫌》更说得全面：“不受虚言，不听浮术，不采华名，不兴伪事。”宋人苏辙《民赋叙》从当政者的角度总结出最简单的六个字：“为国者当务实。”

“重实际而黜玄想”所造就的是实用理性精神。诚如李泽厚所说：“中国实用理性的传统既阻止了思辨理性的发展，也排除了反理性主义的泛滥。它以儒家思想为基础构成了一种性格——思想模式，使中国民族获得和承续着一种清醒冷静而又温情脉脉的中庸心理：不狂暴，不玄想，贵领悟，轻逻辑，重经验，好历史，以服务于现实生活，保持现有的有机系统的和谐稳定为目标，珍视人际，讲求关系，反对冒险，轻视创新……”① 农民们对于政治理想的追求可能会感到过于遥远，但对于身边的、感性的一切却有实实在在的体会。他们满足于在风调雨顺条件下的耕耘劳作，为丰收而高兴，为租税不多而窃喜。杜甫的诗句：“安得务农息战斗，普天无吏横索钱。”（《昼梦》）可谓真正道出了最广大农民的愿望。陆游则说：“但得官清吏不横，即是村中歌舞时。”（《春日杂兴》）农民不需要懂得那么多，他们考虑的是最实际、最直观的东西。因为“天高皇帝远”，即使在走投无路的情况下被迫反抗，也如斯大林所说，是反对贪官却拥护好皇帝，所以“不知尧舜是吾君”确实是对农民的真实写照。

第三，向往和平、热爱故土、思静而不好动的普遍性性格。

我们在前面曾比较过农业文化与商业文化的区别，这里可以继续这一问题，而具体、形象的比较则可以通过古代希腊与西周的史诗来观之。

恩格斯在《家庭、私有制和国家的起源》中曾说：“在荷马的诗中，我们可以看到希腊的各部落在大多数场合已联合成为一些小民族：……各个小民族，为了占有最好的土地，也为了掠夺战利品，进行着不断的战争；以俘虏充作奴隶，已成为公认的制度。”而这种战争之被歌颂，是由于“财富被当作最高福利而受到赞美和崇敬”，所以“古代氏族制度被滥用来替暴力掠夺财富的行为辩护。”我们在《伊利亚特》中，可以清楚地看到战争的目的是在于掠夺财富、女奴和奴隶。而荷马史诗中的战争、征服和英雄主义的主题，也可以说是欧洲各民族史诗的共同主题。为此，被认为是欧洲比较文学理论先驱的伏尔泰，在其《论史诗》中阐明史诗的界说：“就史诗本身来看，它是一种用诗体写成的关于英雄冒险事迹的叙述。”虽然在欧洲各民族的历史演进中有侵略与反侵略的区别，但真正体现欧洲精神的，正是与英雄主义、冒险精神相伴的征服和扩张。可以认为，荷马史诗中已体现出的这种可称之为海洋文化的特点。欧洲从好奇、冒险、航海，到侵略、扩张、占领的历史延续，海外殖民活动的持续不已，其实就是荷马史诗精神和克里特文化的继续。

反观中国，夏商两代并未留下史诗作品，西周的五首史诗可谓硕果仅存。其中《皇矣》、《大明》是分别歌颂文王、武王所指挥的战争，但并非掠夺性战争，尤其

---

① 李泽厚：《中国古代思想史论》，人民出版社1986年版，第306页。

武王伐纣更是奴隶对暴政的反抗。而其余三首，即《公刘》、《生民》和《绵》，却是农业劳动者的创业史诗，除赞美周人祖先的灵迹、功德以外，更多的是首领的智慧、毅力和领导才干，尤其赞美他们勤劳的美德，并歌颂了群众的辛勤劳动，从劳动的喜悦中又可看见对生活的满足心理。而这种发祥于渭水、黄河流域的农业文明和文化心理对后世影响至巨，其勤劳、简朴的精神形成了人民稳定的自给自足心理和热爱土地、家园，希求和平的情感。在我们这个多民族国家的形成、发展过程中，尽管有过众多的战争，但是，不仅是《诗经》中可见周人对战争的普遍怨恨，从最早的《破斧》、《东山》，到《采薇》、《伯兮》、《陟岵》、《击鼓》、《君子于役》等等，都是厌战、怀乡、怀人，相应的是对耽误农时、庄稼无获、父母无养的沉痛。欧洲史诗中那种只求财富和英雄冒险的主题，对掠夺性战争的颂扬，在我国是见不到的，即使是后来的边塞诗也是反战的色彩要浓于对战争的歌颂。

所以，我国植根于农业经济的黄土地文明是全然不同于西方的蓝色海洋文明的、自给自足的生活和心理，与重视农田中的产出密切相关，所以恋土怀乡也成了一种重要的遗传，对离乡背井、别老抛亲常是满怀悲痛，不是因无限的幻想、无厌的追求，而喜爱在海外冒险，在新土地上开拓。“民安土重迁，不可卒变，易以顺行，难以逆动”（《三国志·魏书·袁涣传》），确实是对我国农业经济背景下的国民性格的极好概括。

第四，同大自然的相安而处，对命运的满足与顺应。

这一问题又可以从刚才史诗的话题说起。如果说，荷马史诗中的《伊利亚特》是歌颂征服、扩张的英雄主义，那么《奥德赛》歌颂的就是对抗自然力，并进而与命运作坚强斗争的英雄主义。英雄俄底修斯航经七海，漂流十年，大海成了自然力的代表，也是决定命运的力量。他凭借刚毅的意志，过人的勇敢和无穷的智慧，终于征服了大海，战胜了厄运，在回到家中杀死霸占者而与妻子团聚后，并未安于逸乐，却听从了神的意志，准备再度离家，表现出进取不息，奋斗到底的精神。

在西周史诗中，可以看到先民努力耕作，向自然界索取生活资料，而大自然对于人类的劳动也慈爱地给予了报偿，《生民》中神灵对后稷的庇佑和庄稼的丰收、《公刘》、《绵》的迁徙，都表现出对自然环境的愉悦之情。所以，后来的先秦哲学中虽儒道有别，但无论是孔子还是庄子，都对大自然怀着亲和与愉悦。

在与自然相安而处之中，从西周史诗又可看到在一个阶段的追求后，会有明显的满足感，而这种满足感又常常上升为宗教情绪，为求得永恒的满足，这种情绪又诉诸于行动：祭祀。《生民》就有祭祀活动的描绘。但是，由于周人的宗教情绪是建立在自然基础上的，终于“敬鬼神而远之”，趋于淡化，在《公刘》和《绵》中已不复见。《诗经》的众多作品所表现出的祭祀场面，多将对神的敬畏、服从变成了人伦礼仪。魏晋以后，虽有游仙诗的产生，但那是中古时代诗人对现实的苦闷所致，同佛教渐入、道教流行有关，这正是消失了对现实的满足感，而希求在非现实中得到满足，可是在中华民族的情感——心态历史上，在文学史上，这只是小小的交流，“知足常乐”却近于具有永恒的意义。

我们祖先这种善与自然相安而处的精神和对命运的满足感，同西方确有很大的区别，作为儒家对立面和补充的老庄思想，更能代表我国的天道自然观（因为儒家“入世”，故代表社会政治观），那种向往无穷、无限之心，终又回归于自我和有限，老庄和后来的禅宗的共同点，都是在于静观寂照之中的，以心灵去熨贴宇宙、自然，求得统一而非对立。宗白华先生曾这样比较中西之别：

> 中国人与西洋人同爱无尽空间（中国人爱称太虚太空无穷无涯），但此中有很大的精神意境上的不同。西洋人站在固定地点，由固定角度透视深空，他的视线失落于无穷，驰于无极。他对这无尽空间的态度是追寻的、控制的、冒险的、探索的。近代无线电、飞机都是表现这无穷空间的欲望。而结果是彷徨不安，欲海难填。中国人对于这无尽空间的态度却如古诗所说的：“高山仰止，景行行止，虽不能至，而心向往之。”人生在世，如泛扁舟，俯仰天地，容与中流，灵屿瑶岛，极目悠悠。①

所说的是中西绘画的空间意识，但又何尝不是对于中西人与自然关系的宏观概括？

第二节　农业文化的劳动对象与文艺的民族特征

农业经济作为劳动对象和劳动主体的两端分别是“天”（自然界）和“人”，故此我们也着眼于这两端，而分两部分论述它们与文艺民族特征的联系。这里先论前者。

农业经济的特点首先在于它的劳动对象是“天”——自然界，而它又对农业生产具有很大的制约性：要长出庄稼须凭藉土地，要庄稼长得好，须风调雨顺，这与开采、制作、交易、劫掠……当然不同。所以，我国先民很早就从经验中懂得对大自然采取亲和的态度，《诗经》中固有怨天之语，但祈祷神灵、祈求丰年，《楚辞》中的媚神之作，都是将天作为人格神来亲和的体现。反映在文艺作品中，先是对原始宗教的认同，发展到后来是对自然神的多神崇拜（日、月、星辰、河伯、雷公、电母之类），在理性渐进之后，则是在文艺创作中出现了普遍性的情景交融。我们将在下编论述原始文艺和先秦文艺时讲前者，这里重点讲后者。

一　“天人合一”导致的情景交融

情景交融对于中国文艺来说，几乎是“用之一切而皆准”的、不成其为特点的

① 宗白华：《美学散步》，上海人民出版社1981年版，第94页。

特点，可看成为中国古代文艺的主要民族特征。

这一普遍性的民族特征其实源于天人合一观。“天人合一”是我国哲学史上的重要论题，且较长时期以来又一直被曲解和误解。其实，这一观念显然与农耕生活的顺应自然（四季气候之“天时”、地势、土壤、水肥之“地利”）有关。在经验中，靠天吃饭的体验使先民们产生出对“天”的两重理解：一是自然意义的天，一是具有命定、主宰意义的至高无上的人格神意义的天。但二者并非截然分开，在人与“天”的关系上，一方面要寻找其对应的神圣关系，一方面在顺从其主宰的同时，也主动地适应着天。

先秦时代的哲人们已表述了对天人对应关系及人之应天而行的看法，子产如此论曰：“则天之明，因地之性，生其六气，用其五行。……为六畜、五牲、三牺，以奉五味；为九文、六采、五章，以奉五色；为九歌、八风、七音、六律，以奉五声；为君臣、上下、以则地义；为夫妇、外类、以经二物……”①《国语·周语》所记伶州鸠关于音乐之论已有人神相和之论。孟子关于“浩然之气”“充塞于天地之间”，“君子”可以“上下与天地同流”；庄子的“天地与我并生”；《周易》的“大人者与天地合其德”等，都是“天人合一”思想的体现。倘不言政治哲学，而是讲文艺美学，那么，我们可以关注从原始的人格神崇拜，演而为先秦理性精神之下的“山水比德”，即在自然中发现人格力量和人格映照。《国语·晋语八》引师旷语：“夫乐以开山川之风也，以耀德于广远也。风德以广之，风山川以远之，风物以听之，修诗以咏之，修礼以节之。”孔子则云：“知者乐水，仁者乐山。知者动，仁者静。知者乐，仁者寿。”（《论语·雍也》）从对自然的顺应中，又发现了自然本身的美，《诗经》、《楚辞》都有对于自然景物的描写，及因物而兴之情。

马克思、恩格斯在《德意志意识形态》中曾说分工有精神劳动和物质劳动的分工形式，从《楚辞》时代起就有了专业的诗人从事精神劳动，但是物质劳动的农业生产的“天人合一”观已成为一种文化因子的遗传，被诗人所继承。“生产不仅为主体生产对象，也为对象生产主体。”② 作为生产对象的大自然，不仅是山川土地，而且有在其上变幻无端的风云雨雪，生生不已的草木花卉，生机盎然的鸟兽虫鱼，感受到它们的活力和美丽，从而也为这一客观的对象创造出从生产到审美的主体。较为系统的认识从汉代就开始了，《淮南子·俶真训》云：“且人之情，耳目应感动，心志知忧乐，……今万物来擢拔吾性，攓取吾情。”“吾性”沿“比德”而发展，“写物以附意，扬言以切事”，③ 终有比体诗画以寓志意。更多的是“吾情”则因“春秋代序，阴阳惨舒，物色之动，心亦摇焉。……岁有其物，物有其容；情以

① 《左传·昭公二十五年》。
② 马克思：《政治经济学批判导言》，《马克思恩格斯选集》第二卷，人民出版社 1972 年版，第 95 页。
③ ［南朝齐］刘勰：《文心雕龙·比兴》。

物迁，辞以情发。”[①] 是情因物感而发。至王夫之讲得最完备：“关情者景，自与情相为珀芥也。情景虽有在心在物之分，而景生情，情生景，哀乐之触，荣悴之迎，互藏其宅。”[②] “情景名为二，而实不可离。神于诗者，妙合无垠。”[③] 也有合“性”、“情”而言者：“诗人以月露风云花鸟为其性情”。[④]

“情景交融”并非诗之所独得，歌德在读了大概是《玉娇梨》或《好逑传》这类中国小说后，对爱特曼说：“中国人思维、行动、感觉，和我们几乎完全一样。”“但又有不同之点，那就是在他们那里，自然外境总是和人物形象相联系。你总是听见金鱼在池子里的戏水声，鸟在枝头不断啼鸣，白天总是那样晴朗，夜色总是那么皎洁。”[⑤] 可以认为，“情景交融”涵盖我国所有的文艺样式。诗体文学的诗、词、曲固不待言，与诗相交叉的赋（主要是抒情小赋）、骈文亦然，戏曲之从元杂剧直到现在的京剧，都不乏抒情与写景相结合之笔和登山赏水之举。绘画之在顾恺之的时代，已懂得将谢幼舆置身丘壑中，[⑥] 在评嵇康画像时虽指出“容悴不似中散”，但又说：“林木雍容调畅，亦有天趣”。[⑦] 至元明清的人物画，多为渊明把菊、雪夜访戴、柳阴高士、山斋客至、踏雪寻梅等，均系情景交融之作，且不说山水、花鸟、竹木等作品了（后者情寓景中）。同样，乐舞亦然，尤其是唐宋乐舞，因与诗关系密切，不仅是以舞姿动人，更能创造情景交融的意境，试看今日《唐声诗》、《全宋词》中所存之舞及歌词，不难体会柘枝舞、春莺啭、采莲舞等的意境。试看乐曲的题目，如《高山流水》、《梅花三弄》、《潇湘水云》、《醉渔唱晚》、《夕阳箫鼓》、《平沙落雁》等，直到今天江南丝竹，尤其是广东音乐，何处不是情景交融！又：在建筑艺术中，我国明显不同于外国之以宗教建筑唤起人们的罪感心理、崇拜神灵，亭台楼阁、湖桥山石，“小园香径独徘徊”，固给人以情景交融的诗的意境，即使是禅寺、道观，也依山凭水而建，入而庄严肃穆的神界，出而山水清音的自然，即使是皇宫，亦有御花园，显宦如大观园中固有怡红快绿、潇湘、蘅芜，也有甚得田园之气的稻香村，给人们昭示着农业文化集体无意识的积淀。有些以人为建筑为主体的园林，也深知借景的重要（有小借，如窗中映现蕉、竹、花、木；有大借，如颐和园之借玉泉山塔），以兴其情，使游人得情景交融之意境。

我国文艺的普遍性情景交融与欧洲文艺有什么不同呢？且将视线移向欧洲。荷马史诗的冒险业绩，希腊古雕塑的健美人体，及展示命运、性格的悲剧，都非情景交融之作。而古代希腊的理论家们，无论是米利都学派、毕达哥拉斯学派，还是柏

---

① ［南朝齐］刘勰：《文心雕龙·物色》。
② ［清］王夫之：《薑斋诗话》卷一。
③ ［清］王夫之：《薑斋诗话》卷二。
④ ［清］黄宗羲：《景州诗集序》。
⑤ 伍蠡甫：《西方文论选》，上海译文出版社1979年新一版，第468—469页。
⑥ ［南朝宋］王义庆：《世说新语·巧艺》。
⑦ ［唐］张彦远：《历代名画记》卷五。

拉图、亚里士多德，都重视现实的人生与人性，而对大自然却是作不动情的理智解剖。罗马文艺是希腊文艺的延续，是模仿希腊的喜剧、悲剧和史诗。可以认为，古希腊、罗马的文艺的主要精神是对人的命运的关注，是在酒神崇拜中的人生酣醉。欧洲的中世纪是神权全盘统治下的漫漫黑夜，直到但丁的《神曲》才在关注祖国和人类命运，复兴理性与道德的同时，唤起了人们对大自然美的感受。文艺复兴之后，是人的颂歌，从庄严到狂飚突进，古典——浪漫——批判现实主义的“三级跳”，都是人的主题。进入工业文化的现代社会之后，文艺则又发生了一定的蜕变，纷乱、惊恐、错愕、甚至疯狂，传统的艺术手法被抛弃，黑色幽默、后现代文学、无标题音乐、非具象绘画等风行一时，文艺是跳跃、变形、叠合、分裂、难于了解、不可理喻，这难道不是工业社会、商业社会所导致的文化、文艺变异？当然，古希腊、罗马也有过《牧歌》和《田园诗》，稍后于但丁的意大利学者彼特拉克真正发现了自然美，古典主义时代的欧洲也先后有过荷兰的乡村风景画，浪漫主义的文艺家提出“回到自然”的口号，以及从卢梭的实践到一系列文豪的创作，还有过华兹华斯这样的“湖畔诗人”，表现出身处近代社会而对自然的怀归之感，但这只是欧洲文艺的一个角落。没有长期的、居于主导地位的农业经济，就不会与大自然产生亲切的生命共感，也不会有遍及所有文艺样式的情景交融。而且，西方文艺家是站在大自然的对面去发现它精确、具体的“真”和“美”，而我国的文艺家却是与大自然主客相融合，用心灵、情感熨贴宇宙的生命节奏，在情景交融中体会天人合一的境界。

二 阴阳刚柔与传神写意

海洋民族以贸易为主，有相当的随机性和冒险性，精于算计，重视技术，使他们有较强的科学观念，欧几里德的几何学、亚几米德的力学、德谟克利特的经验自然科学，都是追求精确的表现，亚里斯多德是百科全书式的学者，其所著有《形而上学》、《物理学》、《伦理学》、《工具篇》、《修辞学》、《诗学》等，更见分类齐全、逻辑严密的科学精神。在文艺复兴的人文主义时代之后，更讲究思辨、逻辑、科学、准确。我国作为大陆农耕民族，从先秦的理性精神得以确立后，其重政务、重实用的主要面，即表现在实用文化上，前者如政、史、兵，后者如农、医、艺。这六方面的成就恐怕为世所公认。但是，我们应该看到，中国由于长期农业文化的影响，形成了自己独特的自然观和方法论，从而也给文艺予以巨大的历史规定性，形成了与西方有极大差异的民族特征。大致说来，自然观导致阳刚阴柔说及相关的正变说的产生，并造成了普遍性影响，而方法论则使中国文艺具有传神写意的特殊性。

第一，自然观与刚柔说。

中国古代由于农业生产之与气象、农时关系密切，历法、天文等科学都发达得较早（天文之发达同历代帝王“受命于天”观念有关，天文、历法为皇家所掌握）。但是，由于是建立在观测、经验的基础上，古人重视天象、自然、气候等各个方面相互间的联系，而非各别的精确研究（当然也有，如观察太阳黑子、彗星、日、月食之类），所以，长期以来形成了整体性（或称“有机”）的自然观，从中进一步抽象概括，则产生了阴阳概念。比如太阳为阳，月亮为阴；白天为阳，黑夜为阴；夏天为阳，冬天为阴；光热为阳，阴冷为阴；晴天为阳，雨天为阴。进而如生长为阳，停滞为阴；高处为阳，低处为阴；干者为阳，湿者为阴；运动为阳，静止为阴；上升为阳，下降为阴。又发展为男性为阳，女性为阴；强者为阳，弱者为阴；刚劲为阳，柔弱为阴……由自然而推之于人，进而文艺，就产生了阴阳刚柔的概念。阴阳与“五行”相配，是秦汉的重要思想，早在卜辞中已有“五方”、“五臣”等语，春秋前有“五材”（金木水火土）之说，春秋则有“五味”、“五色”、“五声”、“五则”（天地民时神）、“五星”、“五神”等，此处不详述，因与我们论题关系密切的是“阴阳”，所以我们还是集中到阴阳上来讲。尽管中国始终未把“阴阳”上升为哲学中的“矛盾”概念的抽象性格，尚与具体性、经验性相联系，但无疑是对于文艺有很大影响。

《左传·襄公二十九年》所记载的季札观乐，明显流露出对《齐》之“泱泱大风”、《韶》“德至而大”的称颂“大”、“刚”的思想。孔子进而在推崇“大”时赞美崇高。孔子以后，开始了从审美主体的人向审美客体的转移（如庄子的河海相较），汉赋的主体仍在于“大”。从魏晋开始，真正有了阳刚、阴柔说，在创作实践上，则有互相补充。曹丕《典论·论文》的“文气”说开启了魏晋所盛的人物品评，评价时人文章已有刚柔之分，使后来的沈约、刘勰得到启迪。《世说新语》无论是评人的“岩岩清峙，壁立千仞”和“濯濯如春月柳”；形容山水的“千岩竞秀，万壑争流”与“翳然林木”，“日月清朗”亦有刚柔之别。从古代的“观变于阴阳而立卦，发挥于刚柔而生爻”的对立统一自然观，到曹丕的“气之清浊有体”，沈约的“刚柔迭用，喜愠分明”，刘勰的“才有庸俊，气有刚柔”都根源于此。南宋朱熹以《易经》谈文，认为阴阳说可观人事文章。直到清之姚鼐，摒弃了朱熹所论的道学色彩，针对历代区分风格的愈趋细密（如二十四诗品），以《易经·系辞》“一阴一阳之谓道”，将众多风格纳入阳刚、阴柔两类，指出二者的区别、联系，既对举成文，又调剂为用。清末王国维《人间词话》的“境界有大小，不以是而分优劣”，仍是这一精神的延续。

从创作实践言，秦汉之后，汉大赋多阳刚，抒情小赋多阴柔；司马迁文为阳刚，六朝骈文为阴柔；魏晋诗多阳刚，《十九首》多阴柔（亦有刚者）；北朝乐府为阳刚，西曲、吴声为阴柔；唐诗刚中有柔，宋词柔中有刚；金元杂剧刚多于柔，明清传奇柔多于刚；讲史演义多刚，人情小说多柔；《水浒》为刚，《红楼》为柔。武舞多刚，文舞多柔；健舞为刚，软舞为柔；立部伎为刚，坐部伎为柔；兰陵入阵、秦王破阵为刚，霓裳羽衣、抛球乐队为柔。汉画像石为刚，帛画为柔（行乐）；云冈、龙门、北朝佛雕为刚，麦积山、晋祠宋塑为柔；阎立本多刚，张萱、周昉为柔而吴道子兼有刚柔；北宋画全景多刚，南宋小品多柔；北派山水多刚，南派山水多柔；

篆隶魏碑为刚，二王行草为柔（王羲之“铁划”为刚，“银钩”为柔）；颜筋柳骨为刚，松雪（赵孟頫）笔划为柔。商鼎周彝为刚，明清瓷器为柔；铁画为刚，织绣为柔；大雁塔为刚，小雁塔为柔；同为园林，颐和园、避暑山庄多刚，寄畅园、苏州园林为柔。

从阴阳又发展出中国文艺的对称性特点。前面已讲过，阴阳是从多种事物的矛盾、对称中抽象出来的，所以，回归于文艺，又表现出对称性：如诗之对仗、文之骈俪，戏曲小说之起承转合、有头有尾，乐舞表演之队形、编排对称，绘画之讲阴阳向背、立意取势，建筑之中轴对称（宫殿尤甚，下至四合院）。

当然，刚柔并非中国的特产，欧洲的崇高、优美说亦与之接近，但二者不同。其一，阳刚、阴柔是中国农业文化的古代自然观的产物，从阴阳相生相对出发认识事物，推之于文艺，在对事物的深化认识中，又回归于自然观的阐释。如从朱熹到姚鼐都联系《易经》阐释，姚氏并认为阳刚、阴柔并行而不容偏废，从文艺回到自然观。这与欧洲从语言学、修辞学开始的崇高说不同，且西方一直偏于崇高，优美根本无法与之匹配，而处于从属地位。其二，阳刚、阴柔说是从文艺的创作实践出发，是总结审美经验，表达审美感受的理论，因而体现出我国古代文艺理论实践性、形象性的特点，由于表达的是对审美特征的体会、把握，故以归纳法为特征。而崇高、优美说虽有经验派、唯心派、唯物派等三大派别，但多从理论研究出发，注重审美心理探究，以思辨性、抽象性为特征，又因侧重于审美关系的研究，故以分析法为主。由于有以上两点主要的不同，所以我们可以将阳刚阴柔说看作我国文艺及理论的民族特征。

与阳刚阴柔说相关的是正变观。战国时的《乐记》发挥了季札“观乐知政”说的精神，导致正变观的产生。《乐记·乐礼篇》说：“地气上齐，天气下降，阴阳相摩，天地相荡，鼓之以雷霆，奋之以风雨，动之以四时，暖之以日月，而百化兴焉，如此，则乐者，天地之和也。”《乐言篇》云：“合生气之和，道（导）五常之行，使之阳而不散，阴而不密，刚气不怒，柔气不慑，四畅交于中而发于外，皆安其位而不相夺也。”简言之，阴阳平衡、和顺时，乐（诗）为正，反之则不正。汉儒《毛诗序》承其说，提出下说：“治世之音安以乐，其政和；乱世之音怨以怒，其政乖；亡国之音哀以思，其民困。”并在解释“六义”之后说：“至于王道衰，礼义废，政教失，国异政，家殊俗，而变风、变雅作矣。”天之阴阳失衡，人世亦生变异，文艺之“正”成为“变”。后人有以赞美称颂者为正，讽刺怨愤者为变，朱熹在《诗集传序》中也以“邪正是非之不齐”释“变风”，“贤人君子，悯时病俗之所为”释“变雅”。也有将论《诗经》之正、变而推及其他。

当然，“正变说”不似刚柔之普遍，因与阴阳哲学相关，故附带过之。

第二，方法论所导致的传神写意。

由于农业社会的稳定性、封闭性，先民们固然认识到人与自然的关系，但诚如对阴阳的抽象和归纳一样，对自然总持一种注重体验、模糊直观和整体把握的态度，形成综合性、辩证性、全局性、模糊性的传统思维模式，而非西方的重视例证、形而上学、具体分析、精确论述。所以，西方文艺从古希腊时代起，就强调“模仿”说，无论雕塑、喜剧、悲剧都如此，并推及其他文艺形式。正是精确的、建立在几何学、解剖学、色彩学、黄金分割的基础上，才有那些被后世推为典范的人体雕塑，屹立数千年的神殿，美妙的音乐和戏剧，一直到后来，西方文艺都是以建立在科学性基础上的忠实模仿为第一品格（近现代又当别论）。而中国古代文艺，却由于传统思维的综合性、辩证性、全局性、模糊性，从未有“模仿说”、“典型论”，却是出于“物感”之抒情，表现情感的同时也表达感受，形成对传神写意的追求。

在《诗经》的时代，未必从理论上懂得传神写意，但诚如《文心雕龙·物色》篇所说：“岁有其物，物有其容；情以物迁，辞以情发。”此是物感而情发之意。其又接云：“一叶且或迎意，虫声有足引心。”已有典型物象引发情感之意（这些出于大自然，当然与农业社会相关），其下又说：“是以诗人感物，联类不穷，流连万象之际，沉吟视听之区；写气图貌，既随物以宛转；属采附声，亦与心而徘徊。故灼灼状桃花之鲜，依依尽杨柳之貌，杲杲为日出之容，瀌瀌拟雨雪之状，喈喈逐黄鸟之声，喓喓学草虫之韵。皎日嘒星，一言穷理；参差沃若，两字穷形。”这岂非在模糊直观之中得其最主要、最本质、最能现其生命活力、表现个性特征的东西？这就不是忠实模仿、细节全合，而是传神写意，得其要者。

庄子的思想中，从重道轻物，进而重神轻形，是一个重要的内容。《淮南子·说山训》继而有“画西施之面，美而不可说（悦）；规孟贲之目，大而不可畏，君形者亡焉”之说。当然，传神论是在六朝受玄学、佛学影响而广泛流行的，但如果说顾恺之讲“神”还是针对人而言，到宋人邓椿《画继》所说：“世徒知人之有神，而不知物之有神。”其范围显然是扩大了。而对物之有“神”的认识，岂非透露出农业文化所积累的信息？对农作物和树木花草生长发育的观察和认识，有理性，也有感性，尤其是那种特有的生命共感，使之虽非原始人的泛灵论认识，却感受到“物”所蕴之“神”。古代的传神说，除了指人的精神以外，更广而指事物的本质、规律，“传神”即对事物本质特性的形象把握和传递。

我国古代文艺中关于传神的理论甚多，此处不作详述，而仅将传神写意在艺术手法和表现形式上的特点作些归纳。

首先是形式的简约凝炼。诗之句式从四言始，发展了二千年，仍以五、七言为主，杂言固有十字以上者，但极为少见，以句数言，四、八句为多。后起之词、曲，虽是杂言体，后者更有套曲形式，但仍是简约凝炼的。即使是受到汉大赋善作铺排的影响，而有被称为古今第一长诗的《孔雀东南飞》，也不过1700多字。中国绝无西方的长诗，散文、骈文也都是如此，从语录体、格言体开始，后来虽然篇幅较长了，但是写人状物，多是寥寥几笔，绝少周到细致的描写刻划。小说和戏剧出现得较晚，且不像诗词曲那样有着明确的形式规范，但小说的章回目录、诗词串连，史体结构而非性格结构，叙事之简炼，描述之概括，不重在心理刻划，仅寥寥数言的性格描写或身份交代，都远较西方小说简炼，更不必说从唐宋传奇到《聊斋志异》之类的文言短篇小说了。戏剧从元剧的四折一楔子到明清传奇的多达数十出，固是由短变长，但由于不服从三一律，打破时空限制，开放式结构中的凝缩性情节等，也体现出中国戏剧的简洁凝炼。

中国绘画中，无论是人物、山水、花鸟画，都因“传神”的原则要表其要者，去其细节。人物之重在线条勾勒，只画出简略的背景，不用光、色的表现手段；山水不是焦点透视，而取特有的“三远法”，用皴法、点法，作点线“交响乐”式的表现，以“留白”的手段来“计白当黑”，厚积而薄发，慢游而速写，花鸟竹木之善表其精神活力等，都是简洁凝炼的体现，更不必说专名之为“写意”之作和诸多小品了。

乐舞之在古时，可能倒是较为繁复（如编钟、编磬之类乐器，多人的舞队），但发展到后来之转向戏曲，因演出的流动性等原因，变得简单了，如京剧乐器仅四大件（京胡、京二胡、月琴、琵琶），较之西方交响乐要简单多了，民乐也较西乐简单。建筑亦由一个个小单位（如院落）连缀成群体，很少见西方建筑的个体性的复杂、精细。

其次，是艺术手法的特点。赋、比、兴之以“兴”为贵，是一个主要特点。外国文艺也讲描写、比喻，故“赋”、“比”并不能体现简洁（当然，外国之比喻为多个比喻，复合比喻者为多），而“兴”（或先言他物，或兼作暗喻）则为我国所特有，用之可以启动、激发人的联想，“言传”不多而让人“意会”为多。另外，是用典、双关、对偶等修辞手法。造型艺术则是简练的笔法，文学性的借喻，以诗点题等。戏剧是在时空表现、舞台道具、布景上的虚拟性（以简代繁，以少代多，以无代有）和写意性，三两人代千军万马，几步路行万水千山，挥动一根鞭子就可代替赶马前行，做几个摇橹动作就可以表示行船……

第三，规范性与程式性。

商业文化是处于永恒的变动（对象、市场、产品、营销方式等），农业文化是循环之中的不绝绵延。前面曾说，农业小生产所面对的是一个变而不变的自然天地和劳动过程：日出日落、月缺月圆、寒来暑往、春华秋实；春播夏种、秋收冬藏、抗旱排涝、男耕女织。劳动的形式、对象、久而久之的周而复始，使先民对世界的认识形成一种循环图式，积淀着农业文化因素的中国古代文艺也就表现出特有的规范性和程式性。

先说规范性。

如《诗经》，十五国风、二雅、二南、三颂，时间既长，产地亦广，却具有不少共同点，可以看到一定的规范（当然，这也是经过加工的证明）。如句子以四言为主，手法以赋为主而兼有比兴，多用重章叠句的方式，修辞手法中以复叠、对偶、示现、呼告、设问、顶真等用得较多。复叠已见前引刘勰语；对偶如“螓首蛾眉”、“绿衣黄裳”、“南山烈烈，飘风发发”、“女曰鸡鸣，士曰昧旦”；表现为想象活动中追述过去、预言未来，纯属悬想者，如《桑中》、《东山》、《大东》等；呼告用第二人称，如《将仲子》、《硕鼠》、《鸱鸮》。《楚辞》杂言，然而也有规范（如共用“兮”字，多神游、巫降等内容）。汉赋如枚乘《七发》出后，纷纷仿作，成为“七体”，司马相如设主客问答，汉大赋亦多用主客问答式。南朝乐府的西曲、吴声都有独特的规范。律诗、绝句的规范更为明确（如平仄、对仗、用韵）。骈文的骈四俪六。散文虽曰“散”，亦有一定的对称、均衡。词、曲更有严格的词牌、曲牌和联套方式。戏曲中如元杂剧的四折一楔子成为定例，每剧的上场诗，明清传奇的开头用一首词介绍内容大要，各有上下场诗等。小说中的章回体，仿说话人口吻的“欲知后事如何，且听下回分解”。八股文的起承转合更是规范。

艺术部类也讲规范性。如不同时代的不同书法艺术，甲骨、钟鼎、石鼓、大、小篆、汉隶、魏碑……都是规范，甚至在楷书、行、草中也有规范。建筑如《考工记》记周代宫殿、明堂、宗庙，都有严格的标准和规范，秦汉亦然（仅从发掘的兵马俑看，其排列次序就有严格的规范），后代的宫苑台榭都有严格规范。受“五行”观念影响，古代的装饰艺术有严格规范，如《考工记》所记《画缋之事》：“画缋之事，杂五色：东方谓之青，南方谓之赤，西方谓之白，北方谓之黑。天谓之玄，地谓之黄。青与白相次也，赤与黑相次也，玄与黄相次也……”至于后来的服饰，制式与用色等成为礼制，更有严格的规范，王维因伶人舞黄狮子而致罪就是有违于规范。宗教建筑从整体布局到佛像、神像的排列都有严格规范，以致我们今天如连看几个佛殿，常会张冠李戴，因为面目相近，连园林建筑也有一定的规范（整一、均衡、对称、钩连、回抱）。乐舞的规范性更强，从配乐到人数、队形、舞姿、唱曲等，都有严格规定。戏曲的规范除文学上的成分已如上述外，还有行当、剧种、声腔、唱念做打、手眼身法步、身段、走台、宾白、科诨、服饰等方面的严格规范。以至当年的昆曲有“可穿破，不穿错”的行话。曲艺如不同形式者：鼓子词、诸宫调、挡弹词、缠令、唱赚、平话、鼓词、宝卷、子弟书、大鼓、琴书、道情、渔鼓等，从其文学脚本到表演方式、伴奏、技巧，都有不同规范。绘画的技法如白描、勾勒、点垛、没骨、青绿、金碧、吴带曹衣，到题跋、落款，也都有自己的规范。工艺美术如纹饰、图案、用色、制作，都有一定规范。

当然，并不是说外国的文艺没有规范，但既无中国文艺那样普遍，那样严格，那样代代相承、自觉接受，亦无其悠久而深远的文化积累、思维定势的内涵。

再说程式性。

程式性其实是与规范性密切相关的，由于严格的规范，终于形成了表现上的程式。

先看形式上的程式。倘不说文体，诗中的唱和、赋得、联句、集句、限韵、和韵、次韵、分韵、和诗、分题等作法，离合、回文、辘轳、藏头、宝塔诗、八音歌等形式；曲中巧体的叠韵、犯韵、顶真、叠字、嵌字、反复、回文、重句、连环、集古、集剧名等；音乐舞蹈的形式分类，在某种意义上也是程式的分类（如大曲、法曲、鼓曲；羽舞、干舞、旄舞）；绘画中如青绿山水、浅绛山水、水墨山水、四君子，进而题材分类的仕女、绣像、鞍马、兰竹等，也有一定的程式意味；书法中的各体写法，也可看作一定的程式（如隶有汉隶、八分，草有章草、狂草、今草），篆刻的阳文、阴文、穿带印、象形印、子母印、回文印、九叠篆等形式，也可看作是表现程式。工艺美术之形成规范的图案纹饰，如饕餮纹、折枝花、宝相花、团花等，也应是程式。

再看技巧上的程式。如诗中的浮声切响（平仄律）、用事、切对、叶韵、拗救、粘对、双声叠韵、一三五不论、二四六分明；词中创调的偷声、减字、促拍、转调；曲中带过、重头、么篇、南北合套、集曲、犯调、板眼、清浊、尖团、五音、四呼、开口张唇、穿牙缩舌、阴出阳收、头尾腹等（曲因涉及唱，故技巧方面的程式颇多）。戏曲中题目正名、自报家门、宾白科诨；行当的副末、副净、孤、正末、孛老、卜儿、俫、细酸、邦老、生、旦、净、丑及各类细分之行当（如小生、老生、武生、须生、正旦、青衣、花旦、彩旦、刀马旦、贴旦、老旦、花脸、大面、铜锤花脸、架子花、二花脸、黑头……）表演的身段、台步、圆场、走边、起霸、亮相、云手、趟马；服饰的袍、靠、披、衣、盔、领、髯口、把子、水袖；脸谱：红表忠勇，黑表刚直（包公、张飞），黄表残暴，紫表果敢，白表权诈，金银色为仙灵鬼怪。音乐中宫调、板眼、坐部伎、立部伎的演唱，以及各种演奏程式；舞蹈中的各种编排、配器、舞法、连接程序等，连现在民间舞蹈的彩茶灯、花鼓灯、跑旱船等都有一定程式。曲艺中的各曲连接、说唱顺序、伴奏方式，直到今天尚流传的说谑弹唱（评弹）、说学逗唱（相声），都是程式的归纳。绘画中的技巧，如墨法的破、泼、积，虽各有不同，但作为程式同，皴法如山石的披麻、雨点、卷云、牛毛、解索、荷叶、折带、括铁、大小斧劈、树皮的鳞皴、绳皴、横皴等，衣纹的十八描（琴弦、铁线、钉头鼠尾、柳叶、枣核、竹叶、行云流水等）。书法中技巧如执笔的擫、压、钩、格、抵“五字法”，正楷点划用笔的“永字八法”（点“侧”、横“勒”、直“努”、钩“趯”、仰横“策”、长撇“掠”、短撇“啄”、捺笔“磔”）。此外，如行笔运腕、分行布白也有一定的程式规范。篆刻中用刀十三法（主要为切刀、冲刀）等。工艺美术中的各种操作规范必定形成各种技巧程式。建筑中的木作、石作、竹作、瓦作、砖作、泥作、雕作，亦因规范而有程式，建筑物中的墙、院、殿、堂、亭、台、楼、榭，以至飞檐、斗拱、藻井等，都有一定程式。

以上是农业经济在人与“天”的关系上，所长期形成的集体文化心态造成的几个文艺共性特征的表现。下面再看人与人关系的一面。

第三节　农业文化的劳动主体与文艺的民族特征

农业文化确与商业文化有许多不同。商业文化从来就是变动不羁的，商品的生产、销售、市场的扩大、变动，季节性的贸易与持续性的需求，从小商贩到托拉斯，从内部“圈地”的“羊吃人”，到外部掠夺的“人吃人”（抢占殖民地的杀死土著，填补劳力空缺的贩卖黑奴），从跨海的武装远征到跨洋的发现新大陆……与之相伴的是人与人之间的盘剥、欺骗、奸诈、作恶、掠夺，当然也有内部某种程度的平等、自由、或相互救助。（航海者在遇到大风浪后，倘若淡水和食物都已耗光，水手们为了避免大家都饿死，甚至定下了抽签吃人的“行规”，也可以算是内部的“平等”吧。）恩格斯曾说过：“最卑下的利益——庸俗的贪欲、粗暴的情欲、卑下的物欲、对公共财产的自私自利的掠夺——揭开了新的、文明的阶级社会，最卑鄙的手段——偷窃、暴力、欺诈、背信——毁坏了古老的没有阶级的氏族制度，把它引向崩溃。……”① 西方阶级社会之开始就是如此，难怪西方的罪感文化、宗教心理会成为“集体无意识”了。

中国在开始阶级社会以来，也避免不了这一阶段。但是，由于农业文化与商业文化有很大的不同，在人与人的关系上，中国的农业经济提供了许多特点，从而也影响到文艺的特性。

一　情理和谐　美善相兼

由血缘推出的社会生活结构和伦理结构，使得我国古代的文艺以情理和谐，美善相兼为特色。莱布尼兹说：“如果任用哲人担任裁判，不是裁判女神的美，而是裁判人民的善，他一定会把金苹果奖与中国人。”② 就很能代表西方人的看法。

我国长期的农业经济造就出来的，还有由血缘关系形成的社会生活结构和伦理核心。

中国在新石器时代就以农业为基础了，氏族社会的组织结构发展得很充分，血缘亲属成为社会的基础，进入阶级社会之后，虽然经历了不少政治、经济和社会生活的变化，但由于农业经济基本上是家庭经营，农业家庭小生产组合成社会的横向结构，血缘相承成为纵向的传递，则是两千多年来几无变化的。古老的氏族传统，如聚族而居、长幼有序、举室共食、主客尊卑，到称谓细密（较之西方），都一直得以保存，其形成并延续之中，岂不积淀着全家日出而作、日入而息，强者劳作、弱者送饭，劳作之余则是家中的亲情融洽、天伦之乐吗？从单个的家庭推及社会交往，由亲属、邻里到同姓、同乡，是亲和、谦让、容忍、扶助、协同，所以阶级之间固然有压迫、剥削，但亲属、家族的关系似乎又冲淡了它们。人与人之间的关系主要不是竞争、斗争，而是协调、平衡、谐和、稳定，甚至将人与人的关系看成超过人与天的关系（俗话说“天时不如地利，地利不如人和”）。所以在人生价值观上，并不以追求财富为最高目标，而以对家庭承担的义务为至死难忘，我们至今还可以在报纸上看到社会学学者的调查，认为中国人死前心态之首要者在于反省对亲

---

① 《马克思恩格斯选集》第四卷，人民出版社 1972 年版，第 94 页。

② ［德］利奇温著，朱杰勒译：《十八世纪中国与欧洲文化的接触》，商务印书馆 1991 年版，第 31 页。

人的义务，与西方很不相同。在心理结构上，则是追求人与人关系的和谐稳定，在“修身、齐家、治国、平天下”的同心圆辐射中，也形成由“父父、子子”推之“君君、臣臣”的伦理核心观念。

这种从血缘根基、家庭小生产推衍出的社会生活结构和社会心理结构的伦理核心，既成为封建宗法社会的基础，又导致了中国文艺以情理和谐、美善相兼为特征。

我们不妨对中西文艺在情感与道德上作一简单的比较。

正如前面所说，欧洲的史诗，多以英雄冒险为主题，歌颂战斗、征服，甚至劫掠、杀戮，而中国的英雄则是率众迁徙、带头劳动、辛勤规划。在欧洲中世纪的神学统治的黑暗时期，几无文学可言，骑士文学、破晓歌之还可以提到，是因为以爱情为中心而有其价值，此后或是爱情至上，或是理性第一，或是高唱人道，或是反对异化。总之，西方文艺虽也讲和谐，却多是艺术形式的和谐，而内容上却由于有突出的思想、主题而入于偏至、执着。我国则显然不同，古人将血缘关系看得高于爱情婚姻，《三国演义》中的刘备说，“兄弟如手足，妻子如衣服”，虽见极端，却有一定的代表性。没有特定的“情”的高张，当然只有以“理”去和谐了，这虽与文艺发展中的情理互制似有矛盾，但相对于西方来说，是无可置疑的。

当然，中国文艺并非无“情”，然而诚如钱锺书先生所说：“爱情，尤其是在封建礼教眼开眼闭的监视之下那种公然走私的爱情，从古体诗里差不多全部撤退到近体诗里，又从近体诗里大部分迁移到词里。”[①] 虽云“眼开眼闭”，毕竟“监视”、“走私”，试看中国有哪部伟大作品像欧洲那样公然在扉页上写明“献给亲爱的某某夫人（或小姐）”？中国诗中正统的“情”多是伤政、悯农、生不逢时、感士不遇、愤匈奴戎狄、哀民生多艰……即使如此，也受制于“思无邪”，“发乎情，止乎礼义”，“乐而不淫，哀而不伤”。虽然文学上的“发愤抒情”、“狂狷之作”较之“中正和平”更有价值，但孔子就说过：“不得中行而与之，必也狂狷乎？狂者进取，狷者有所不为也。”还是以“中道”为高。政治功利和人群伦理使“情”受到制约，从而，文艺的批评标准都以美善相兼为原则。较之西洋文学，尤其显得节制、含蓄、素淡、平和、温文尔雅。诗歌、小说且不说，这些我们都熟悉，不必展开。以绘画言，那些雪夜访戴、渊明采菊、柳荫高士之类的作品，与米开朗琪罗的英雄主义，籍里柯的《梅杜萨之筏》，德拉克洛瓦的《希阿岛的屠杀》、《自由领导人民》，列宾的《伊凡雷帝杀子》等相较，其区别极为显见。即使连建筑，既有正殿、侧殿、碑廊等建筑个体，又有其间的主次关系和连接的次序，使人有长幼有序的伦理之感，中国建筑不似西方之重在个体而是群体，不是制造强化罪感心理、宗教情绪的高耸、回响、圣像，而是培育人情、享乐或祖宗崇拜……

情理和谐、美善相兼，一方面其“情”、其“善”将文艺引向恋乡、怀人、亲

① 钱锺书：《宋诗选注》“序”，人民文学出版社1992年版，第8页。

情以至劝政、爱国的题材；另一方面，其“理”、其“美”，将文艺引向追求雍容平淡的中和之美，消减真挚、直陈、深刻、热烈、浪漫，多比兴、寄托、委婉、典雅、冲淡、超诣、飘逸的手法和风格；再一方面，则是文学的道德主题，绘画的托物写心，乐舞的雅正之分……

在与西洋文艺的比较中，我们可以看出中国古典文艺（封建文艺）因其情理和谐、美善相兼而高于欧州中世纪文艺，但也因此难以走向近现代（当然，首先是受制于农业经济）。即使是在光辉的希腊史诗神话中，也充溢着人的受难和神的惩罚内容，中世纪文学更被“原罪”观念所笼罩，末日审判、天国召唤、地狱惩罚，使人们战栗在宗教神权的威势之下。而中国的重在人生而不重神鬼，言今生而不言来世的理性精神，使文艺未入于全民族的宗教迷狂。但是，“文艺复兴”后，已不是但丁被地狱所惊怖、困扰，通过人与魔鬼的斗争，人与神的抗争之后，西方文艺对社会人生有深刻的哲理探索，巴尔扎克、托尔斯泰等更在对人生现象的深刻解剖中，艺术地展现出他们的成熟理性、卓越政见和历史意识，“真”压倒了一切，而中国，却依然在“性理”的复兴中，压抑了晚明的性灵，而无法走向近代，依然的忠孝节义、惩恶扬善、高台教化……当然，在冲击中世纪禁欲主义同时，西方文艺也产生了对道德的过量否定，《十日谈》的纵欲，延续到拜伦笔下的唐璜，莱蒙托夫的毕巧林等。至于强调个人主义，超人意识，鄙弃道德等，在资本主义发展时期有过积极作用，却毕竟不合乎社会发展的终级目标。倘这样看，中国的情理和谐、美善相兼仍可以为世界文艺的价值追寻提供某种启示，当然，内涵是可以不同的。

二　尚古意识　传世观念

先看尚古意识产生的原因。

前面说到小农生产方式所奠定的血缘根基和产生的宗法制度，此处接着讲。德国社会学家恩斯特·卡希尔《人论》：“中国是标准的祖先崇拜的国家，在那里我们可以研究祖先崇拜的一切基本特征和一切特殊意义。”① 血缘、宗法除了由个人、家庭作同心圆的扩展到家族、地区、社会、国家，并由亲子之爱推而人群互助的社会伦理，使中国古代文艺具有情理和谐、美善相兼的民族特征（或作为官方标准）之外，从纵向而言，则使文艺受到影响而以传世观念和尚古意识为特征。

由氏族时代人群推举共主，到“家天下”的传子的夏朝开始，血缘继承关系就已开始了。到西周时代，产生了最重要的事件，即分封诸侯之举（封建制）。钱穆《中国文化史导论》说：“西周封建，实在包含着两个系统和两种意味。一个是家族系统的政治意味，一个则是历史系统的文化意味。前一系统，属于空间的展拓，后一系统，属于时间的绵历。此后中国文化的团结力，完全栽根在家族的与历史的两

---

① ［德］恩斯特·卡希尔著，甘阳译：《人论》，上海译文出版社 1985 年版，第 109 页。

大系统上。”① 关于“家族”，前面已小有涉及，此处不想展开，而且家族可以附着于历史之上，与历史结合。往后看，是对祖先的崇拜，往前看，是对子孙的期许。马克思、恩格斯在《德意志意识形态》中说：“统治阶级的思想在每一时代都是占统治地位的思想。……支配着物质生产资料的阶级，同时也支配着精神生产的资料，因此，那些没有精神生产资料的人的思想，一般的是受统治阶级支配的。”从物质生产来说，商业民族、游牧民族逐利而行，傍水草而居，马上征伐，不似农业民族的稳定，一家厮守，以致“父母在，不远游”。试看马可·波罗在青年时尚未见到自己的父亲，这样的生活和关系，当然是重在个人而非家族。从精神生产来说，农业文化所产生的家族、历史观念，又是一种“集体无意识”，使尊敬祖先的感情导向文艺的尚古意识，而爱护子孙的感情则导向文艺的传世观念。

次看尚古意识的普遍性、两面性与进步性。

商代敬神祭天，周朝以祖配天（其实商已有），既有祭天的郊祀制，又有祭祖的宗庙制。一族之始祖，身份可以配天，故只许天子祭，而不许诸侯卿大夫祭。如鲁之君主只能祭周公，而不许祭文王，后世沿之。孔子对礼崩乐坏不满，要“复礼”而推崇周礼，常“梦见周公”，自云“吾从周”。儒者的尊古意识一直沿袭到康有为的标榜“大同”。在战国杀伐的乱世中，老庄也希望回到小国寡民、葛天氏的社会。《诗经》、《离骚》都有尚古、怀旧的意识和情绪，尧舜、羲皇也屡被后人追怀和陈述。历代的文学革新家，往往不是举起向前看的旗帜而是纷纷向后看，如王充、刘勰、陈子昂、李白、韩愈、北宋从柳开到欧阳修，又如严羽以汉、魏、晋、盛唐诗为高，中唐以后等而下之，明七子“文必秦汉，诗必盛唐”……一直到近代，还是以“明星牌花露水，越陈越香”的眼光看待历代文艺。即以近代的常州词派言，总是追踪到温庭筠，认为他的词有“离骚初服之意”，“同祖风骚”。在创作题材上，则尚古而造成古今并出的情况，除题材之外，在创作构思、艺术手法、表现手段上也有尚古意识的潜在作用。如沿用不已的意象，一再运用的典故、成语，现成的思路，规范的表达模式，沿袭不已的命题，以至形成表现程式。中国诗歌之能有集句体，如同己出，就颇能说明其综合效应如何。“熟读唐诗三百首，不会吟诗也会吟”，创作的个性化、风格的形成似不如西方显见，而假古董之多，也是民族文学的一个特点。

当然，尚古之中有一个重要的内容是值得肯定的：推尊“三代之治”的反对剥削、压迫和人的异化，“忆昔开元全盛日”的怀念太平盛世，都体现出文艺家的民本思想。围绕而生的从诸多政论诗到政治讽谏诗、新乐府诗、叙事诗，直到明清的风俗画（甚至画乞丐），都本于“悯民”、“伤农”的同情心。立足于“歌食歌事”的农业文化的重农之“民生”思想，同另一个反民族压迫、反侵略的“民族”文

① 钱穆：《中国文化史导论》，上海三联书店1988年版，第25页。

艺，实际上也形成了古代现实主义文艺的重要两翼。“怀古”、“咏史”几乎是中国的专利，看似陈陈相因，其实每每有新的现实内容，故继作不休，且有其突出的思想价值，值得肯定。

再看闲情逸致与静观情趣。

另一方面，追求老庄所描绘的无知无欲、不争不斗的社会，也是尚古意识的体现，所以又造成那种以田园诗、山水画为代表的闲情逸致和静观情趣。在古代的文艺作品中，可以看到多少陶醉在山居野趣中的文人身影？踏苍苔、观落花、数游鱼、听禽声，看竹影斑驳、松杉迷离，从容山径、卧听清泉、品茗赏菊、调弦弄管，倚柴门、对夕阳、捧“三玄”、读“国风”，谈禅论道、小酌从容……其背后岂非“老牛车水慢悠悠”的缓慢的农业生产节奏？“卧龙”诸葛亮有大志，却躬耕南阳，不求闻达，“草堂春睡足，窗外日迟迟”（当然这是装样子给刘备看的）。对人生前面的诸多问题，不求理解、深入、认知、征服……也就难以造就改造自然、社会，发展人类本身的动力了。在这方面，庄禅、陶谢的精神确又亚于浮士德精神。

尚古意识的相反指向是传世观念。

传世观念也早已有之。《左传·襄公二十四年》中已有“立德、立功、立言”的“三不朽”之说。并非待到曹丕始有以文章为“经国之大业，不朽之盛事”，有“不假良史之辞，不托飞驰之势，而声名自传于后”之说，在其前，司马迁《报任安书》已表忍辱含垢写成《史记》以期传世之念：“藏之名山，传之其人，通邑大都，则仆偿前辱之责，虽万被戮，岂有悔哉！”陆机《文赋》将“俯贻来叶”与“仰观古人”作为文学延续性的两个方面。刘勰也有关于文学传世的论述。唐代文艺发达，诗圣杜甫《偶题》：“文章千古事，得失寸心知。作者皆殊列，名声岂浪垂？”其又叹：“百年歌自苦，不见有知音。”都可见传世观念之深。韩愈虽以古文为工具，但“传道”又岂非“传世”？直到清人赵翼论诗，仍云：“李杜诗篇万古传”。

传世观念造成了文史结合、文史难分的现象，不但对《史记》有是史是文之争，且直到章太炎，还在探讨文学的义界（前已云，较之西方，中国文学缺少想象，这从史诗中就可看出）。另一方面，传世又要求实录，故中国乏史诗却又有特殊的“诗史”，顾炎武在《日知录》中说：“文之不可绝于天地间者，曰明道也，纪政事也，察民隐也，乐道人之善也。”因而传世观就推助现实主义传统之得以生成和延续，这是区别于“神学奴婢”的，但缺点则在缺少想象，缺少浪漫……

传世观念非但造就了将疏奏、奏议、上书、时务策等政论视作文学的观念，贾谊、晁错到王安石、二苏的传世之作有不少属于此类，而且对墓志、行状之重视，也是一个特点。在体裁上，则使文体具有相对稳定性。绘画如功臣画像之传世，贤主与淫主的鉴戒作用，女史箴之类。雅乐的代代延袭，郊祀的传绵不息。连戏剧演员之作为毫无身份的“优伶”，也以特有的勇敢和幽默讥刺朝政和权贵（如“二圣环”之讽刺秦桧、“三十六计”讽刺童贯之类），虽死亦传。

这里还要补充讲一下，事情总是一分为二的，传世与入世、经世紧密相关，在

“尚古”意识下，中国知识分子最高理想是“应帝王”、“作宰辅”，他们不能冲破伦理纲常，只能依附于皇权，在“学而优则仕”的路上蹒跚，即使在鸦片战争之后，中国知识分子也难以建立起近代的独立人格观念，如康有为是公车上书的勇士，却难以挣脱因相知而产生的忠君观念，终于逆历史潮流而动，成为“保皇派”的代表。不少知识分子说是“尚古”，却不能追踪孟子，以求人格精神的回归。

三 忧患意识 乐感文化

李泽厚先生在《中国古代思想史论》中说：“因为西方文化被称为‘罪感文化’，于是有人以‘耻感文化’（‘行已有耻’）或‘忧患意识’（‘作易者其有忧患乎’）来相对照以概括中国文化。我以为这仍不免模拟‘罪感’之意，不如用‘乐感文化’为更恰当。《论语》首章首句便是，‘学而时习之，不亦悦乎，有朋自远方来，不亦乐乎’。孔子还反复说，‘发奋忘食，乐以忘忧，不知老之将至云耳’，‘饭蔬食饮水，曲肱而枕之，乐亦在其中矣’。这种精神不只是儒家的教义，更重要的是它已经成为中国人的普遍意识或潜意识，成为一种文化——心理结构或民族性格。”① 此说固然有理，但我个人认为对中国文化作“一元”的论定，未免有些简单化，诚如说西方文化是“罪感文化”片面一样，因为构成西方文化的至少有“三原色”：古希腊的人文和科学精神，古罗马的政治、法律传统，希伯莱的宗教意识。相对说来，“忧患”与“乐感”似乎可看成是中国文化的二元耦合。

“忧患”与“乐感”都源于农业经济。从寥寥可数的原始神话中，补天、治水、射日、填海，岂非怀有对大自然的忧患？而在悲壮的斗争中，战而能胜之，岂无乐感？农业经济的恒久持续的日出而作，日入而息，凿井而饮，耕田而食，才能提供从蔬食饮水到不厌精、不厌细的“食”和“脍”；但天灾、人祸、地力减退、人口增殖，政权更迭，使民非时，征兵服役，旱涝多灾，从对“饥者歌食、劳者歌事”的忧患，到荒政误国，奸臣弄权，外族入侵，百姓流亡的忧患，从家到国，又从国回到家，依然是无居、无食、无衣，以至妻离子散的忧患。先秦的无名氏之作且不计，从屈原的“哀民生之长勤”、“长太息以掩涕兮，哀民生之多艰”，经曹操的“不戚年往，忧世不治”，诸葛亮的“鞠躬尽瘁，死而后已”，到杜甫的“穷年忧黎元，叹息肠内热”，再到陆游的“但悲不见九州同”，一脉延伸到龚自珍的“四海变秋气，一室难为春”，鲁迅的“救救孩子”……深重的忧患意识正是产生在农业经济背景的人与人关系上，因为人要得其食、得其所、得其太平，安定、幸福，所谓“一要生存、二要温饱，三要发展”，而非个人的灵魂挣扎，灵魂拷问，道德自我完善。确实，忧患从初民的人与天关系进而推至人与人关系，是对他人、对群体、对社会、对国家、民族的忧患，而非对上帝的忏悔，对魔鬼的恐惧。同样，中国的文

① 李泽厚：《中国古代思想史论》，人民出版社1986年版，第311页。

艺家虽然有自己的个性，但他所表达的“忧患”却具有较大的共性，即基于伦理、道德的推己及人之心，忧国忧民之意。而不似西方的从诱惑、谴罚、拯救、冲突（人神），到哈姆莱特的延宕、反省，陀思妥也夫斯基笔下的灵魂拷问，和简·爱的自尊自强的个性大于共性。

应该说，忧患意识是笼罩、贯串在中国文艺之上、之中的。但相对说来，多集中在文学上，而艺术中较少。我个人认为，中国诗画的思想基础分别在儒与道，构成互补。所以曾有人批判中国传统绘画，说它的中心思想只有两种：封建思想和出世思想，认为不如西洋绘画。非但是绘画（绘画中如马一角、夏半边，也有北方沦陷的忧虑，清之风俗画《群盲图》、《乞丐图》，也有社会的忧患，但此类太少），音乐也缺少贝多芬那样的对人生、命运的思考，对正义、英雄的歌颂，二胡曲如《光明行》、《二泉映月》，虽有忧伤中的忧患，但已是本世纪的作品，古乐中极难见到。

不过，李泽厚以“乐感”概括中国文化，也不无道理，因为“乐感”的确是构成了中国文艺的另一面。《九歌》固然是乐神之作，《诗经》中也有祈神、乐神之颂诗，也有劳动中群歌互答之乐（相对较少）。中国农业生产固要交租、课税、进贡，但其实质仍在自给自足。在这种长期的经济史中，“三十亩地一头牛，老婆孩子热炕头”式的“乐感”，是不必待到五十年前的“土改”胜利之时才有，而应是早已渗入了中国古人的思想情感，当然也渗入了古代文艺。所以，古代文艺固有其经世、干政的一面，但也有自娱、自足的一面。欧洲奴隶社会、封建时期、工业文明时代，分别有文艺得不到贵族赏识，难以取悦教会，无法成为高价值商品的烦恼；中国古代则不然，文艺一面有功利性，另一面却是自娱之物。汉代实行推举制，六朝是门阀制，文艺都无用，明清以八股取士，只有唐宋时代较为有用，也还是较有限。在这种心态下，缪斯不会染上冠带气和铜臭味。无论是受挫于庙堂后的宣泄，还是隐居山林的自乐，都同样要归于乐感。陶渊明就是一个很好的例子，在“真风告逝，大伪斯兴”之时，他三仕终又三隐，最后退而躬耕，终老田园，却仍有众鸟欣托、采菊东篱之乐，诗中常见是植根于农业生产却又超越人生事障的自足心情，且“蓄无弦琴一张”，不求知音，但求自适，这是最典型的例子了。李白举杯邀月，“对影成三人”。杜甫未免忧国忧民，愤激不平，但在成都草堂的临流垂钓、养鸡种药的生活中，却是异常恬静，“长夏江村事事幽”。辛弃疾在被迫闲退之时，虽不忘北方失地，却也对农村风光、山居生活充满爱意。即使不直接居于庄园，躬耕垄亩，作为集体无意识，同样是“衔杯赋诗，以乐其志”，同样抚琴令众山欲响，得卧游之乐。试看历代诗论、文论、画论，不乏“娱宾遣兴”、“怡情自适”、“怡神”、“畅神”等说法，就足可说明了。

从孔子嘉许曾点的风雩浴沂，颜回的瓢饮之乐，到后代多少人的“穷则独善其身”，儒者虽不得世用，亦不为世弃，庄园经济、山林之美，农业经济可给他们以乐感。更不必说从庄子的濮上濠梁之想，山林皋壤之叹到后代多少隐逸之士，谈玄问道，玩味禅宗，更得田园、山水之乐了。“天行健，君子以自强不息”和“处士能静”是荀子的两面，中国历代的文士何尝不是如此？内圣外王，儒道互补，以理性精神区别于宗教迷狂，以从农业之出而用世回到农业的退而避世，忧国忧民不得则隐居乐闲，忧患的另一面则是乐感。二者都与农业经济关联，农村始终是可进可退、可亲可爱的温馨家园。

还是回到文艺上吧：白居易是一个颇典型的例子，“新乐府”的忧患终于回到了“闲适诗”的乐感，且后者胜于前。范成大颇有政绩和业绩，出使金国而不屈其节，却以田园诗著称。陆游更有两面性，既是上马杀贼的勇士，但钱锺书又以之有类似“老清客”的一面。中国诗中有多少遣兴、娱情、闲退之作？文中的游记、小品都立足于乐。戏剧中少不了插科打诨，既有“十大悲剧”，又有“十大喜剧”，况且中国的悲剧亦以大团圆为结局（《桃花扇》除外）。绘画中的主体山水画、花鸟画以至仕女之类，都是“乐感”的基调。音乐亦近于绘画。

可否这样归纳呢？中国古代忧患意识形成严肃主题，乐感心态形成愉悦情调，换成西方说法，即净化的悲剧与诙谐的喜剧（不尽同），这就是根源于农业经济的中国文艺的二元耦合。

第三章　中国的封建政治与文艺的民族特征

封建制度及其相关问题是史学界长时期以来的一个重要研究课题。一方面，西方的史学界在对欧洲封建制度的研究中，产生了对东方类似现象的兴趣，使对比性的研究成为可能，但从而也出现了用什么标准来判断的问题；另一方面，由于马克思主义的经典著作认为人类社会的发展都经历五种社会形态，其中第三种即封建社会，所以二十世纪上半叶以来，我国的史学界就有人以这种史学观研究我国的古代史，论证我国的封建社会及其起始的时段。

但是，在研究中发生了不少矛盾现象。除了用什么标准来判断封建社会以外，对中国的封建社会起于何时的问题，在学术上也同样是有争议的问题。如用“封土建国”的标准，那么柳宗元的《封建论》是从史前说起的，而有的史学家也以太古为封建之始。如用马克思主义的生产力与生产关系理论来看，综括史学界所论，也有西周说、春秋说、战国说、秦统一时说、东汉说及魏晋说等多种，且都有根据。我们这里不想介入，反正不管怎样，中国的封建社会终于1840年鸦片战争，则无争议。即使是魏晋封建说，封建社会也长逾十五个世纪，如果取上限的西周封建说，则更长近三千年。

中国封建社会之长显为世界之最，而全部中国古典文艺，如取西周封建说，则全为封建社会的文艺，即使是魏晋封建，也占了绝大部分。如此漫长的封建社会，其政治与文艺的关系当然至为密切，这一章就专门讨论中国封建社会政治所决定的文艺的民族特征。

第一节　封建社会的主要特征

一　关于“封建”与封建社会

正如“文化”一词，既有我国古已有之的涵义，又有来自西方的不断发展着的涵义一样，“封建”本是我国古代所固有的词语，但“封建制度”却有译介外来语所具有的特定涵义。

我国古代的“封建”是“封土建国”的简称，即最高统治者将爵位和土地赐给诸侯，让他们在封定的区域内建立邦国。《说文》：“封，爵诸侯之土也。”“建，立朝律也。”二者相合，可以说是对“封建”基本涵义的精要说明。一般认为，“封建”自周公始。《左传·僖公二十四年》云：“昔周公吊二叔之不咸，故封建亲戚，以蕃屏周。”《疏》：“故封立亲戚为诸侯之君，以为藩篱，屏蔽周室。”很正确地说出了“封建”的目的。秦统一中国后，实行郡县制。后来虽有汉高祖在建立汉朝后的分封，但自汉景帝平定七国之乱以后，尽管封王建国仍得以继续，但政权已归中央，武帝时，“诸侯惟得衣食租税，不与政事”，①情况发生了变化。

就“封建”的本义而言，周公有感于夏、商二朝因疏于亲戚而导致灭亡，所以大封诸侯以求屏蔽周室；秦始皇却认为“周制微弱，终为诸侯所丧，故不立尺土之封，分天下为郡县，荡灭前圣之苗裔，靡有孑遗矣。”②采取了完全不同的举措。后来的各朝虽有分封之举，但被封者都被规定对封土只有经济权而无政治权，同初时的“封建”已很不相同。

对“封土建国”来说，在秦汉以后，“封建制度”已被郡县制度所代替，“封建”的原有意义已发生了变化，而在中国，资本主义制度却远没有能够出现，“封建制度”与一般所说的“封建社会”之间形成了巨大的时间差。所以，分封制到底应划归于奴隶社会还是封建社会，就成了一个难题。其实，“封建制度”有自己的特定涵义。

《简明不列颠百科全书》对“封建主义”（即封建制度）是这样解释的：

> 一种以土地占有权和人身关系为基础的关于权利和义务的社会制度。在这种制度中，封臣以领地的形式从领主手中获得土地。封臣要为领主尽一定的义务，并且必须向领主效忠。在更广泛的意义上，封建主义一词指“封建社会”，这是特别盛行于闭锁的农业经济中的一种文明形式。在这样的社会里，那些完成官方任务的人，由于同他们的领主有私人的和自愿的联系，接受以领地形式给予的报酬，这些领地可以世袭。封建主义的另外一个方面是采邑制或庄园制，在这种制度中，地主对农奴享有广泛的警察、司法、财政和其他权利。③

显然，这是欧洲中世纪所实行的封建制的定义，对日本也比较适用，除了“封建社会”“特别盛行于闭锁的农业经济中的一种文明形式”以外，其余的对于中国都不是很适合。

就中国而言，作为五种社会形态之一的封建社会，其主要的定义是什么呢？当是指封建地主占有土地，以剥削农民（或农奴）剩余劳动为基础的社会制度。在封建制度下，封建地主阶级拥有最大部分的土地，农民（或农奴）则没有土地或只有很少的土地，他们被束缚在封建制度下，耕种地主的土地，发生对地主不同程度的人身依附关系，受地主的压迫剥削，向地主缴纳地租。由于封建社会中的农民比起

---

① 《汉书》卷十四《诸侯王表》。

② 《汉书·地理志》。

③ 《简明不列颠百科全书》，中国大百科全书出版社1985年版。

奴隶制中的奴隶有一定程度的人身自由，有自己的生产工具，收成同自己的利益有关，所以对生产有一定的兴趣，使生产力得到了发展。封建社会的基本阶级是地主阶级和农民阶级，主要矛盾也是这两个阶级的矛盾。

冯天瑜、何晓明、周积明的《中华文化史》很正确地指出，中国的封建制度具有双重的文化意义，即经济上较早地确立了地主——自耕农土地所有制，在政治上较早地确立中央集权的专制体制，和文化上较早地确立实用理性体系①。由于我们不是从经济学和历史学的角度讨论马克思主义的经典论著，讨论东西方封建主义的不同，所以此处不作展开，而只想在稍后的论述中，尽量切题地探讨中国在封建社会中的政治对于文艺的影响。当中会涉及中国与欧洲在古代原始氏族公社解体后，从中国与古希腊之别，探讨“宗法”制在中国的遗留，以及在中国封建社会中的决定作用，所造就的政治与文艺的关系，而中国与欧洲的封建社会的不同就不作论列了。

二 封建社会的君主专制

我们首先要讨论的是封建政治的基本特征。

封建政治有哪些基本特征呢？这也是一个涵括非常广的问题，我们同样不打算参与全面的讨论，而想就与本论题有关的问题谈谈自己的看法。

实行君主专制是我国封建社会的一个重要特征。

据梁启超《先秦政治思想史》的看法，先秦时代（起于唐虞迄于春秋中叶）可分为部落期、封建期和霸政期。部落期是唐虞迄殷末大约千余年时间，封建期是西周约三百年，霸政期是周东迁后至孔子出生前约二百年。这里所说的“封建”是其本义，即狭义的封建。梁氏认为，在部落期，“每部落人数似甚少，其生活似甚简单，其智识似未脱半开之域。因地广人稀之故，各部落相互的斗争，似不甚烈。”在封建期，“所封建之国，以巡狩及朝觐等关系，常受中央指挥以增长其文化。”到了霸政期，“各国以会盟征伐等关系，交通盛开，……此期中之政治组织，虽各国不尽从同，然大率少数贵族以合议制（?）行之。”② 但是，在争霸的过程中，诸侯们看到了军事权威的作用，随着军事征服的成功，对专制的信奉也就成了顺理成章的事情了。

梁启超此书认为，从古代政教合一的社会发展到“抽象的天意政治”时，天道思想逐渐成熟，而到了天的观念与家族的观念互相结合时，在政治上就产生了一个新名词“天子”，《洪范》中的“天子作民父母以天下王”一语最能代表各代“天子”理想的全部。“天子”即天之子，又是民之父母，“天子政治”认定一人以执行天意，与此同时，“皇天上帝，改厥元子”一语又说明“元子”与“众子”的地位

---

① 冯天瑜等：《中华文化史》，上海人民出版社 1990 年版，第 230 页。

② 梁启超：《先秦政治思想史》，东方出版社 1996 年版，第 17—18 页。

不是绝对的，这就是后世民本思想的根源。但是，即使在先秦时代尚有“改厥元子”的理想，有采纳舆论的具体措施，却正如梁启超所说：“我先民极知民意之当尊重，惟民意如何而始能实现，则始终未尝当作一问题以从事研究。故执政若违反民意，除却到恶贯满盈群起革命外，在平时更无相当的制裁之法。此吾国政治思想中之最大缺点也。”① 其实，在先秦时代，君主的专制还只是在初始阶段，随着封建政治体制的建立、巩固和发展，秦汉以后，对君主非但没有制裁之法可言，而且君权越来越大，根本就没有限制，专制主义发展到了极端。

我国的君主之所以能在专制的政体中起如此作用，与我国上古时期的生产发展大有关系。由于夏、商、周三代的活动区域都在黄河流域，生产力水平不高，剩余产品的交换不发达，加上地理条件的阻隔，对外贸易难于进行，一直都是农业经济的继续，未能产生出商业文化。工商业的未能充分发展，使得地缘关系难以形成，而血缘纽带仍牢牢地支配着社会，从氏族首领到家族首领，形成了原始国家的贵族统治集团，并得到了世袭的传承。所以，古代的希腊、罗马和后来的日耳曼人，因工商业发达的原因而能建立起以地缘为基础的奴隶制，而我国却一直都是血缘的纽带维系着社会和政权，从奴隶社会到封建社会都是如此。

夏、商、周三代且不论，如采用春秋、战国封建说，我国进入到真正的封建社会以来，郡县制代替了分封制，官僚制代替了世袭制，除君主以外，官员是不断更换的。但是，封建的中央集权制，封建君主专制的政体，凭借传统的宗法血缘纽带，使君主的权力达到了无以复加的地步。在秦期，皇帝是国家元首，大权独揽，中央实行三公九卿制，直接向皇帝负责。鉴于皇帝政务过重，汉代形成了以丞相为主的统治核心，丞相会聚百官处理政务，然后上奏皇帝，批准后再行实施。到汉武帝，开始设尚书令，对丞相分权。三国、两晋、南北朝、隋唐时期，行三省六部制，相权更为削弱，君权进一步加强。宋代因防范地方割据，设枢密使处理军务，军、政、财权统归于朝廷，辽、金、元也是如此，皇帝的权力更大。到明朝，朱元璋废除丞相和中书省，大臣只有奉旨照办，明成祖以后的“内阁”只是办事机构而已。清朝设军机处以代替内阁，宫内设值班房，皇帝的独裁达到了顶峰。如此的极权主义当然就使得上古时代曾有过的原始民主精神为之荡然无存。皇帝权力的至高无上，对于意识形态领域来说，“统治阶级的思想就是统治的思想”体现得特别明显，当然也就对文艺产生了决定性的影响。

由于专制政体与宗法制紧密结合，只重视皇位的血缘世袭继承，即使开国皇帝具有治国能力，其后代却并不一定如此，尤其在皇帝荒淫腐化或健康不佳的情况下，很容易形成宦官或外戚专权的弊政，至于年幼的皇帝登基，不能治理朝政时，情况更甚。这在许多朝代都发生过，东汉、中唐、明朝尤其可见。在这样的时期，往

---

① 梁启超：《先秦政治思想史》，东方出版社 1996 年版，第 39 页。

往都是朝政昏浊，争权夺利，以致天下大乱，城门失火、殃及池鱼的现象屡见不鲜。

三 封建社会与宗法制度及伦理观念

就像其他文明古国一样，我国社会形态的发展也并无历史的大跨越（如某些太平洋岛国，一下子从原始社会进入近现代），也经由了原始社会向奴隶社会的转变。但是，在中国与古希腊相较中，可以明显看到在这一转变过程中所走道路的不同。

古希腊是以奴隶主土地私有制代替了原始氏族公有制，家庭奴隶制又转变为劳动奴隶制，地域性的社会结构代替了以血缘为基础的社会结构，建立起“城邦式”国家。由于城邦经济的繁荣，工商业奴隶主起而与贵族奴隶主（土地占有者）竞争统治地位，伴随着自由民阶层的兴起，民主改革取得了胜利，建成了奴隶主民主制。奴隶的地位低下，处境悲惨，但由于自由民阶层的存在，由于他们享有政治权力，且为自身权利继续斗争，加以工商业的竞争，航海业的兴盛，人的自我意识得以张扬，整个社会意识迈向自觉的时代，终于迎来文艺、哲学、科学的兴盛，且与后期的罗马一起代表了奴隶制时代的最高成就。

中国则不然，原始社会跨入阶级社会，并没有发生革命和斗争，氏族首领直接转化为奴隶主贵族，土地从氏族公有转为奴隶主最高统治者的“国有”，家族奴隶制发展为宗族奴隶制，以氏族血缘为基础的社会结构进而成为“家邦”式国家。在这“家国一体”的宗法社会中，又由于长达千余年的夏、商两朝生产力低下，商品生产、商品交换不如地中海沿岸的文明古国那样发达，城乡一体，未能产生古希腊那样的自由民和个体私有经济，所以宗法制度和观念特别强大、牢固。

侯外庐先生《中国思想通史》论述道：“如果我们用‘家族、私有、国家’三项来做文明路径的指标，那末，‘古典的古代’是从家族到私产再到国家，国家代替了家族；‘亚细亚的古代’是由家族到国家，国家混合在家族里面，叫做‘社稷’。因此，前者是新陈代谢，新的冲破了旧的，这是革命的路线；后者却是新陈纠葛，旧的拖住了新的，这是维新的路线。前者是人惟求新，器亦求新；后者却是‘人惟求旧，器惟求新’。前者是市民的世界，后者是君子的世界。”① 这里所说的“古典的古代”指希腊，而“亚细亚的古代”指中国，后者“维新”的“新陈纠葛”尤使宗法制及其意识形态残余，伴随着历史的惯性，进入了封建社会。

我国的封建社会与宗法制度有着密不可分的天然联系。

宗法的“宗”字，《说文》解为“尊祖庙也”，此字由上下两部分组成，上部“宀”是屋顶，下部“示”即神主，上下相合指供奉神主的庙宇。所以宗法制是用血缘关系的亲疏来定同宗者尊卑等级关系的制度，目的是维系宗族的团结。

---

① 侯外庐：《中国思想通史》，人民出版社1957年版，第11—12页。

宗法制起源于原始社会的父系氏族时期，到西周时得以确立。王国维在《观堂集林》卷十的《殷周制度论》中曾指出：

周人制度之大异于商者，一曰立子立嫡之制，由是而生宗法及丧服之制，并由是而有封建子弟之制，君天子臣诸侯之制；二曰庙数之制；三曰同姓不婚之制。此数者，皆周之所以纲纪天下，其旨则在纳上下于道德，而合天子诸侯卿大夫士庶民以成一道德之团体。

对王国维所说的内容，我们可以不必作全部诠释，这里特别要强调的是与我们的论题相关者，即宗法制所推及到的政治权力，在“家国同构”起极大的作用，以及“纳上下于道德”，合上下“以成一道德之团体”的情况。而正是这两点，对于我国封建时代的文艺有重要的影响。

先说宗法制及有关问题。

周朝的宗法制实行严格的嫡长子继承制度，后来的历代王朝都遵循之，从“王”而到“皇帝”，从先秦时代而到明清，国家最高统治者的权力越来越大，不但掌握了全面的大权，而且形成了绝对的权威。宗法制的另一个特点是实行严格的宗庙祭祀制度，在“尊祖敬宗”的同时，因血缘的亲疏而产生出嫡庶与尊卑的问题，从而形成了无可置疑的等级制；与此同时，宗庙祭祀制度对于维系家族以至于巩固政权都起到了很大的作用，后来的宗庙与社稷相并，成为了国家权力的象征，而人民也在长期的被统治中难生疑义，对一姓而治百姓、一族而统全国认为是天经地义之事。宗法社会的一个最显著的特征就是“家国同构”，即家庭中的父亲家长制，进而演化为国家的君主专政制，父权演化为君权，“家”与“国”具有相同的结构，“君君，臣臣”就是“父父，子子”的升级和放大。对“家”而言，形成了族权，与“国”代表的政权一起，不仅起了维护封建秩序、巩固封建政权的作用，而且凭借血缘的优势，在宣扬封建伦理和执行封建礼法上，有着难以替代的功能。

中国的封建社会之留有宗法制残余究竟是好是坏，实难以作这种是非式断定。不妨可以与他国比较一下。诚然，希腊城邦民主制比之中国的家邦宗法制要革命和先进，所以，古希腊的文化代表了奴隶社会的最高成就。但进入封建社会之后，欧洲的中世纪僧侣、贵族、平民的三大等级差别显著（贵族中尚有五级差）；印度种姓制度延袭三千年，至今仍有千万计的“不可接触贱民”，而中国封建社会却未有那样森严的等级制，父子、夫妇、君臣，宗法原则建立起社会组织。欧洲中世纪已将古希腊的人之自主精神异化为神的奴婢，且人之间差别显著，相较之下，中国的人的自我意识更强些，这也是中国文化成为封建时代最高成就的原因之一吧！

再说与宗法制相关的“纳上下于道德”的问题。

从宗法奴隶制到宗法封建制，由家到国，是父亲的“家长制”到放大的君主

"家长制"。这种制度的基础在于血缘关系，"孝弟也者，其为人之本欤?"① "弟子入则孝，出则弟，谨而信，泛爱众，而亲仁……"② "仁之实，事亲是也。"③ 孔子以"仁"释"礼"，就是以血缘为基础，维护相对温和的远古氏族统治体制，在他看来，道德观念甚至要高于法律制约："道（导）之以政，齐之以刑，民免而无耻；道（导）之以德，齐之以礼，有耻且格"。④

当封建社会确立，儒学占据统治地位后之后，"仁"、"礼"、"孝"、"悌"等敬祖、尊长、孝亲、友爱等宗法观念被演化为系统的"三纲五常"：君为臣纲，父为子纲，夫为妻纲，及仁、义、礼、智、信。其中的"君为臣纲"是明显的"家国同构"的产物，即将对"亲"的孝演化为对"君"的忠。当然，这一观念也不是单方面的，尊者和长者并非自然地受到卑者和幼者的尊敬，他们理应成为道德的榜样，才能有相应的回报，正如《礼记·礼运》所说："父慈，子孝；兄良，弟悌；夫义，妇听；长惠，幼顺；君仁，臣忠。"否则就像《颜氏家训·治家》所云："父不慈则子不孝，兄不友则弟不恭，夫不义则妇不顺。"

我们知道，欧洲在希腊、罗马的时代，科学与法律曾占据了重要的地位，但到了中世纪，宗教就成了维系社会秩序的精神支柱。而中国，虽然在汉代已有道教，不久又传入了佛教，但是，人们并没有陷入于宗教而不能自拔，更未出现过全民族的宗教迷狂。人们不是凭借宗教使人向善，而是靠着三纲五常这准宗教性质的伦理道德学说来维系社会，换言之，欧洲中世纪是神学世界观占统治地位，而中国封建社会是伦理世界观为主导。先秦时代，百家争鸣，歧见迭出，但孔之"仁学"，孟之条理化："仁义礼智"，"孝悌忠信"，"父子有亲，君臣有义，夫妇有别，长幼有序，朋友有信"，⑤ 与《管子》所说"礼义廉耻"，韩非的"臣事君，子事父，妻事夫"为"天下之常道"，⑥ 并无区别。后来虽有魏晋的"名教自然之辨"，宋明的"天理人欲之辨"，但直到明清之际反对封建蒙昧主义的启蒙思想家，仍在肯定"人欲"的同时，肯定个人对社会、国家的伦理义务，仍然未能移易伦理中心主义的柱石。

四　封建政治与政治型文化

以农业经济为基础的中国封建社会，"重实际而黜玄想"确成为无可争议的民族性格，诚如章炳麟所说："国民常性，所察在政事日用，所务在工商耕稼。"⑦ 务

---

① 《论语·学而》。
② 《论语·学而》。
③ 《孟子·离娄上》。
④ 《论语·为政》。
⑤ 《孟子·离娄上》。
⑥ 《韩非子·忠孝》。
⑦ 章太炎：《驳建立孔教议》，《章太炎政论选集》（下），中华书局1977年版，第689页。

实精神使中国士人对人生取入世态度，由察举到科举的文官制，使他们向往从政，“入世”与“入仕”相结合，文化精英们遂创造出政治型文化。

在我国的历史上曾有过一定数量的隐士，他们“不事王侯，高尚其事”，在尘世之外，以渔樵自给，其中有传说中的巢、由，非但不接受让位之议，甚至认为此说有污自己的耳朵而为之洗耳，也有如严光那样，谢绝汉光武帝为官之请，而宁可在富春江畔钓鱼为生。但是，更多的人却是对政治、对事业感兴趣。在孔子以前就不乏贤相良臣，而后来对中国文化影响巨大的孔子，更是积极入世的人物。在汉代奠定了儒家和孔子的地位以后，入世精神、经世观念就成了后代士人主导性的人生方向。

对于士人的“入世”和“经世”意识，统治者也作出了相应的回应，他们当然也懂得选拔有用之才的重要性。所以，在周朝时就有选官之举：养士于“庠”“序”，择优而进“国学”，再选贤者授予官职。春秋战国时，官吏的世袭制被打破，不少人通过“选贤任能”的途径而当官。汉代实行“察举”制，又以“征辟”相辅，充分发挥了有声望的行政长官考察、任用人材的作用。魏晋南北朝时期，行“九品中正制”，重门第而不重才学，“寒门”难入仕途，所以此期在历史上是相对落后、停滞，分裂而黑暗的时期。隋唐实行科举制度，士人通过科举取得了做官的资格，然后再经“铨选”得到官职。此后各代，都是通过科举选官，虽考试的科目、内容、方式不同，但这一制度可谓一直不变。

知识分子们通过“入仕”达到了“入世”的目的，他们在封建君主独揽大权的政体结构中，为“人君”所用，同时也发挥了自己的才干，由于对“仕”的重视完全压倒了科学技术，所以“文官政治”所造就的当然只能是政治型文化，其主要特点当是以追求政治事功为目标，并建立起与之相关的学说、理论。

因而，政治型文化必然地带来了对文艺政治功利性的要求。这种政治功利性，从先秦诸子时代已经开始了，到后来则愈甚。其中如唐宋时期，高官又常是优秀的文人和理论家，在其位，谋其政，写其所写，发其所论，很难避免从实践到理论的对文艺政治性、功利性的介入。

古希腊也重政治学说，但其他学说相对独立，如探索哲理是为了求知，哲学从自然哲学发端，哲学家是自然科学家，所以后来欧洲文化史有“纯科学”，有分工渐细的门类。中国则不然，在春秋战国这一大变革的时代，在政治斗争和学术大辩论中，政治学、伦理学、历史学、社会学最先发达起来，政治学说成为各派学术的共同主题，且由于后来的儒家、法家都压倒了较重自然科学的墨家，秦汉以后更使学术文化为封建政治服务，清代甚至有“文字狱”的严重干预，所以中国古代文化一直具有封建政治化的性质。中国的这种政治型文化似与罗马的政治型文化为近，但又与罗马的政治主义不同，因为罗马法治文化是希腊科学文化的继续，中国的政治文化从宗法制度而生，与伦理中心相伴生的道德批评标准之外，就是文艺为封建政治服务的功能论。

第二节　封建政治对文艺的主要影响

一　文艺为封建政治服务的功能论

在政治型文化的封建社会中，封建政治对文艺的主要影响是什么呢？恐怕当首推功能论。

我们可以从习惯的春秋战国之交的封建社会起点前说起。在被称为我国诗论“开山的纲领”的“诗言志”三字中，已蕴涵着表现文艺政治功能的意思。《汉书·艺文志》对此阐述道：“《书》曰：‘诗言志，歌咏言。’故哀乐之声感，而歌咏之声发。诵其言谓之诗，咏其声谓之歌。故古有采诗之官，王者所以观风俗，知得失，自考正也。”在诗人是赋诗言志，在统治者则有采诗观志之用。《诗经》中的不少作品都自道创作意图，其中如《小雅·节南山》有云：“家父作诵，以究王讻，式讹尔心，以畜万邦。”明确地道出了作诵（诗）的目的在于揭露周王的罪恶，并希望他能改变心思，以抚养万国。《诗经》中道及创作目的、意图的作品超过十首，“讽”多于“颂”，可见出在创作者自言其喜怒哀乐同时，也涉及到对政治的评判，所以才会有“王者”通过采诗来“观风俗，知得失，自考正”之举。郑玄《诗谱序》云：“论功颂德，所以将顺其美；刺过讥失，所以匡救其恶。”则从“美”与“刺”两方面概括了诗歌的政教功能。后来，刘知几《史通·载文》云：“观乎《国风》以察兴亡，是知文之为用远矣，大矣。”不少论家都对此有所发挥。

孔子作为儒家学说的创始人，因汉代以后的“独尊儒学”，其理论对后世有巨大的影响。其论诗者有云：“诵《诗》三百，授之以政，不达（不能通达于政事）；使于四方，不能专对；虽多，亦奚以为？”（《论语·子路》）“小子何莫学乎诗？诗可以兴，可以观，可以群，可以怨。迩之事父，远之事君，多识于鸟兽草木之名。”（《论语·阳货》）很显然，他是将文学的认识、教育作用，看成是实现道德和社会目的之基础，而最终还是为了实现政治目的，即达于政事和使于四方。而“迩之事父，远之事君”则能让人看到政教功能在“家国同构”中的推衍。关于“兴观群怨”之说，后面还将再论，此处不作展开了。

先秦儒家的又一位思想家荀子也很重视文艺的政教功能，《荀子·富国》较全面地论礼乐文章之用，并引《诗》为之总结：“‘雕琢其章，金玉其相，亹亹我王，纲纪四方。’此之谓也。”这“纲纪四方”四字，实有画龙点睛的作用。

自公元前二世纪确立了儒家的正统地位以后，奠基于先秦、形成于两汉之后，一直发展延伸不已的实用主义、政治功利的文艺观，一直被奉为不可悖逆。这种情况尽管曾几度发生过较小的偏转（如晋陆机，明末李贽、公安三袁，清袁枚），但仍然一直持续到近现代。“温柔敦厚”的“诗教”，“发乎情，止乎礼义”的创作态度，“文以载道”的创作目的，“乐而不淫，哀而不伤，怨而不怒”的审美批评标准，都是服从于维护封建政治的目的。

不妨可以看看《诗大序》，它对文艺为封建政治服务的功能论阐述最力。文中从《关雎》的个案说起，“后妃之德也，风之始也，所以风天下而正夫妇也。”由此而推之，“故用之乡人焉，用之邦国焉。风，风也，教也；风以动之，教以化之。”所以尽管有情感的表现和抒发：“情动于中而形于言，言之不足故嗟叹之，嗟叹之不足故咏歌之，……”但最终还是将“在心为志，发言为诗”的表现性文艺，变成了“正得失，动天地”，“经夫妇，成孝敬，厚人伦，美教化，移风俗”的教育感化、经世致用的思想工具，将具有独立意义的文艺依附于封建政治，为了政治功利而不惜牺牲文艺的本质特征和审美价值。对“六义”的阐释同样是立足于政教：“是以一国之事，系一人之本，谓之风。言天下之事，形四方之风，谓之雅。雅者，正也，言王政之所由废兴也。政有小大，故有小雅焉，有大雅焉。”总之，《诗大序》可谓全篇都贯注着为统治阶级政治服务的精神。

功能论问题是儒家文艺观的重心，在后来的各代理论家那里，得到了继续不断的表述，我们难以尽赅于此，仅择要作些引述。

如果说，前人对政治教化已论述得不少，那么汉代以后则在明道、贯道上多有阐述。

早在《荀子·正名》中，已有“道也者，治之经理也”，“以正道而辨奸，犹引绳以持曲直”的思想，到刘勰的《文心雕龙》就将“原道、征圣、宗经”作为灵魂。唐宋时期，王通的“贯乎道”、“济乎义”，柳冕的“文道（教）合一”，韩愈的“为文志乎古道”，柳宗元的“文以明道”，欧阳修的“道胜文至”，邵雍的“以道观性”，周敦颐的“文以载道”，程颐的“作文害道”，苏轼的“文与道俱”，朱熹的“道文一贯”……“道”在各人的手中好象成了接力棒。一直延续到清代、近代诗文评的“格调说”、“肌理说”、和桐城义法、常州词论。即使连李贽的“童心说”、公安三袁与袁枚的“性灵说”也不能说与明道、贯道说完全没有关系。

文学如此，艺术亦然。

如音乐，《左传·襄公二十九年》所载的季札观乐事，很清楚地表现出观乐而知政的思想，如杜预注所说，是“依声以参时政‘或’论声以参时政”，目的在于“知其兴衰”。而《国语·周语下》记录的伶州鸠论乐，则是从理论上对音乐的与政治的关系作了系统的论述。伶州鸠认为，音乐的“和”与天地、政治有对应的关系：“夫政象乐，乐从和，和从平。……阴阳序次，风雨时至，嘉生繁祉，人民和利，物备而乐成，上下不疲，故曰乐正。”

孔子论乐的“礼乐不兴则刑罚不中，刑罚不中则民无所措手足。”① “兴于《诗》，立于礼，成于乐。”② 也可见出乐与政事相关之意。“乐则《韶》、《武》，放

① 《论语·子路》。
② 《论语·泰伯》。

郑声”,[①]“子谓《韶》,‘尽美矣，又尽善也’。谓《武》,‘尽美矣，未尽善也’”,[②]“恶郑声之乱雅乐也”,[③] 则都体现了“乐”为“礼”服务的思想。荀子的《乐论》全面深入地表达了“声乐之入人也深，其化人也速”的思想，并推而至于“乐行而志清，礼修而行成，耳目聪明，血气和平，移风易俗，天下皆宁，美善相乐。”《乐记》所说的“礼以导其志，乐以和其声，政以一其行，刑以防其奸。礼乐刑政，其极一也，所以同民心而出治道也”，更将“礼乐”看作与“刑政”一致，其“声音之道，与政通”的思想对后代更有很大影响。

到汉代，司马迁的文学观与正统儒家有别，但其论乐，却与前面观点相合。阮籍关于名教、自然之说及其所行，正背离了儒家教义，但他论乐，仍以“和”为基本精神。后人之论乐，多难出“中”“和”之外。

再看绘画的情况。在画之前的青铜纹饰，《左传》有“铸鼎象物”，“使民知神奸”之说，这是最早的功能论：知善恶。《孔子家语》记载孔子观明堂，看到尧舜和桀纣的画像，云：“明镜所以察形，往古者所以知今。”与其论诗、论乐的思想一致，都是着眼于服务政治者。对于绘画的功能，以曹植、陆机说得最透。曹植《画赞序》所说是立足于道德的教谕，而绘画与政治的关系，则用了“是知存乎鉴戒者图画也”数字来表达，这“鉴戒”二字，对后来的人物画功能的表述，影响甚大。陆机则云：“丹青之兴，比雅颂之述作，美大业之馨香。”所重在“颂”而非“讽”，这也符合汉代图画功臣之举。到唐人张彦远，对绘画之为封建政治服务，可谓言之最详尽：“以忠以孝，尽在于云台；有烈有勋，皆登于麟阁。见善足以戒恶，见恶足以思贤，留乎形容，式昭盛德之事；具其成败，以传既往之踪。”[④] 明初宋濂曾总结绘画史上的“三变”：即古代的“附经而行”，汉魏晋梁“助名教而翼群伦”，及后来“溺志”降而“临神”、“游情”，可见前二者都是服务于封建政治，即使有后来之变，顾炎武仍感慨文之切世务，画应写故实，“使观者可法可戒”。直到民国之初的松年还在祖述着“古人左图右史”，“实有益身心之作”，“或传忠孝节义，或传懿行嘉言”的功能论，以斥“后人图绘淫冶美丽以娱目”之作。

由于文艺与封建政治有如此密切的关系，其本身的价值，实现自我人格的完成和艺术审美，都不被重视，所以，如以西方的人本主义、现实主义、浪漫主义、唯美主义、艺术至上来衡量，常显得不相符合（当然，并非不可以用这些概念）。

与对功能论的认识紧密相关，我国封建社会的文艺体制也有其特殊性。西方历来以纯文艺为正宗，亚里士多德将诗分作史诗、悲剧和喜剧、酒神颂和日神颂及箫乐和竖琴乐三大类，后来的西方文艺在形式上有所发展，但也是纯文艺。我国则不

---

① 《论语 · 卫灵公》。
② 《论语 · 八佾》。
③ 《论语 · 阳货》。
④ ［唐］张彦远：《历代名画记 · 叙画之源流》，浙江人民美术出版社 2011 年版，第 3 页。

然，文艺的体制相对显得驳杂不纯。

尽管春秋时代有“三不朽”之说，曹丕《典论·论文》甚至说过“盖文章，经国之大业，不朽之盛事”，但实际上，统治阶级并不重视纯文学、纯艺术。他们出于对文艺的功能要求，重视的不是抒情状物价值，而是应用性。挚虞《文章流别论》的十二体之分，大多是应用文，《文心雕龙》论文体的部分共二十篇，除诗、赋、乐府三篇外，十七篇大抵属于此类。明人吴讷《文章辨体》和徐师曾《文体明辨》，分别辨古今文体为59类和127类，但主体仍是谕告、玺书、批答、诏、册、制、诰、露布、论谏、章表、奏疏、赞、颂、箴、铭、碑记、墓志之类，多为承旨奉命的朝廷之文或代人立言之作，并非言志抒情的文学作品。在中国文学的系统中，朝廷之文、庙堂所制属于第一等，出于治国平天下之需的“经济”文章为第二等，然后才是散文辞赋。对大臣来说，诗词歌赋只是游戏笔墨，至如小说、戏曲，只能叨陪末座。虽然今天我们多以“代有所胜”的观点看待文学史的流变，所读到的并非如此，但当时确是以文体分尊卑，甚至造成八股文一度极为显赫的反常状态。在文学观念发生变化后，这种与政治过于密切的所谓文学已被大部分淘汰，但由于长期居于正统、主流，导致中国文学在记叙性、描述性上的欠缺，在塑造人物形象上，其成熟期也被大大推迟。

文艺服务于政治，除了文体上的直接服务，以至使中国文学成为“杂文学”的体制外，试看其他文艺形式也一样。如雅乐之被推重，在于祀祖、祭天、歌功颂德，直到康熙时，还创作了宫廷乐舞《圣武雄》，表现康熙三征厄普特，平定沙俄策动的叛乱（准噶尔部首领噶尔丹）。绘画亦然。据《汉书·苏武传》载：汉宣帝甘露三年，“上思股肱之美，乃图画其人于麒麟阁”，计十一人，王充曾说：“宣帝之时，画图汉烈士，或不在画上者，子孙耻之。”此举后代多沿之。此即“美大业之馨香”，而“存乎鉴戒”者亦不少。“各有善恶之形”且不计，即如“六朝三杰”之一的顾恺之，其《女史箴图》就是据张华《女史箴》创作的，《女史箴》原是用妇德“饬劝”贾后南风，可谓典型的劝戒之作。阎立本据唐太宗之旨令，画《秦府十八学士图》、《凌烟阁功臣二十四人图》、《历代帝王图》、《步辇图》以及其弟阎立德的《文成公主降番图》，都直接服务于政治。直到清代，康熙诏画《南巡图》、《万寿图》，雍正令画《雍正平准战图》，乾隆诏画《南巡盛典图》、《平定伊犁受降图》、《呼尔满大捷图》等，都是记录功绩、供奉太平之作。诚然，欧洲绘画有过神权下的黑夜，但前此的希腊理想之美，罗马的求实之美，文艺复兴之后，从人本主义开始，欧洲绘画挣脱了神权和御用，能阶段性地焕发异彩，而中国绘画除了直接为封建政治服务，或以宫廷画供声色之娱外，文人画家只能走自我发抒、寄物写心之路，民间绘画难以产生高水平的作品，的确缺少欧洲绘画的现实精神、浪漫风格和震撼力量。

文艺服务于封建政治，有“美”“刺”两方面。“美”者是通过“豢养文士”（鲁迅语）以歌功颂德、制礼作乐。如汉武帝的司马相如、东方朔、李延年，曹氏父子的建安七子，陈后主的徐陵、江总，唐玄宗时，连大诗人李白都被召进宫，以“供奉翰林”，南唐、北宋亦不少。统治者需要赞颂和谀词，李白不满于弄臣地位，想在政治上有所作为，李隆基背后说“此人固穷相”，当面却说“卿非廊庙具”，以“赐金还山”之举，将他撵出京城。当然，这对文学倒是幸事了，因为穷而后工几乎是文学发展的铁的规律。“刺”者，从汉乐府的“感于哀乐，缘事而发”到元白新乐府“惟歌生民事”都是，但刺的结果往往是“欲讽反谀”，故扬雄悔其少作，白居易由讽谏而遭冷遇，终于趋于消极。如果说，李白不愿作弄臣、吟颂诗而被撵，而见其傲骨，那么，阎立本则颇见可怜了。《唐书》卷一百谓：一日，太宗与侍臣泛舟春苑池，见异鸟容与波上，诏在座者赋诗，并诏阎立本作画，立本不得已，“伏惟池左，研吮丹粉，望坐者羞怅流汗”，归家告诫儿子：“吾少读书，文辞不减侪辈，今独以画见名，与厮役等，若曹慎勿习。”其实，不仅画师“见用而不重”，文士亦然，为封建政治服务，确是丧失了文艺家的独立人格。这就难怪会形成强大的离心力量了。

文艺的道德批评标准，文艺为政治服务的功能论，是封建政治对文艺的主要的历史规定。陈独秀曾批评中国“政治型”文化的积弊：“中国学术不发达之最大原因，莫如学者自身不知学术独立之神圣。譬如文学自有其独立价值也，而文学家自身不承认之，必欲攀附《六经》，妄称‘文以载道’，‘代圣人立言’，以自贬抑。史学亦自有其独立之价值也，而史学家自身不承认之，必欲攀附《春秋》，着眼大义名分，甘以史学为伦理学之附属品。音乐亦自有其独立之价值也，而音乐家自身不承认之，必欲攀附圣功王道，甘以音乐家为政治学之附属品。……学者不自尊其所学，欲其发达，其可得乎？”① 其实，并非都是“学者不自尊其所学”，“一成文人，便无足观”也是不得已之事，此处不详作分辩了。

由于封建政治对文艺有工具论的需要，而中国文士又以做官从政作为人生目标，以“学成文武艺，货与帝王家”为职志，所以自下而上与自上而下相结合了。中国文士的人生道路被《大学》作如此概括：“致知在格物，格物而后知至，知至而后意诚，意诚而后心正，心正而后身修，身修而后家齐，家齐而后国治，国治而后平天下。”这是一个以“修身”为本、为核心，以“治国平天下”为目标的系统公式，两千多年来，中国知识分子都走着这条道路：格物——致知——诚意——正心——修身——齐家——治国——平天下。上下结合，遂形成中国封建文艺服从于封建政治需要的民族特征。

二　文艺的伦理教谕与道德批评

前面曾引王国维《殷周制度论》，认为宗法制“其旨则在纳上下于道德，而合

---

① 陈独秀：《随感录·学术独立》，《陈独秀著作选》第一卷，上海人民出版社 1984 年版，第 389 页。

天子诸侯卿大夫士庶民以成一道德之团体”，此文又论道：“周之制度典礼，实皆为道德而设”，“周之制度典礼，乃道德之器械。”由宗法意识奠定的天人交互，强调个人对宗族、社会、国家义务的伦理学说，在区别于自我意识、个性解放、人文主义而形成宗法集体主义（封建集体主义）的同时，也积淀为中国封建时代士大夫文艺家的共识，使自上而下，又为下所受的道德教谕成为文艺的内容，同时也成为文艺的批评标准。

早在《左传·桓公二年》中，已有“文物昭德”思想的表述，尽管所举“文物”并非全然是文艺，但其中不少都属于文艺的前身，而“君人者将昭德塞违，以临照百官，犹惧或失之。故昭令德以示子孙”的思想则无疑是具有宗法色彩。《左传·文公六年》又有“九功之德皆可歌”之说，所谓的“九功”是指水、火、金、木、土、谷这“六府”和“正德、利用、厚生”这“三事”，尽管这里的“德”是一个宽泛的概念，但其中的“正德”又岂非我们这里所说的本义？《左传·襄公十一年》还有“乐以安德”的思想表述：“……夫乐以安德，义以处之，礼以行之，信以守之，仁以厉之，而后可以殿邦国，同福禄，来远人，所谓乐也。”“襄公二十四年”记穆叔语，即著名的“太上有立德，其次有立功，其次有立言”“三不朽”说，以“立德”为最上，对后来的文艺批评产生了重要的影响。而“襄公二十九年”所载的著名的“季札观乐”，也鲜明地贯注了以德相观的思想。孔子的“尽美尽善”思想，是将“美”与“善”联系在一起，可见对“德”的重视，而“兴、观、群、怨”，其中“兴”、“群”就立于德，“温柔敦厚”的“诗教”又何尝不体现出道德的内容？《论语·述而》的“志于道，据于德，依于仁，游于艺”，很清楚地表达出孔子的文艺观是建立在道德的基础之上的。孟子的“养气”说，以理性凝聚（集义）为意志，较孔子更强调“内圣”的道德修养，其所倡“知人论世”的批评方式，更多道德内容。

恩格斯在《诗歌和散文中的德国社会主义》一文中，曾对歌德的评价提出了著名的原则：“我们决不是从道德的党派的观点来责备歌德，而只是从美学和历史的观点来责备他；我们并不是用道德的、政治的、或‘人的’尺度来衡量他。”而中国封建主义文艺的前期，恰恰没有美学和历史的批评，而是道德的、政治的批评。试看《诗序》所说的“诗”：“先王以是经夫妇，成孝敬，厚人伦，美教化，移风俗。”“变风发乎情，止乎礼义。”“《关雎》，后妃之德也，风之始也。”“《鹊巢》、《驺虞》之德，诸侯之风也，先王之所以教，故系之召公。”司马迁以《史记》为“谤书”著称，有“发愤著书”，“怨”而写作的著名观点，但仍引刘安的话称道屈原“其志洁，故其称物芳。其行廉，故死而不容自疏”，仍立足于道德批评。坚持正统的班固，在《离骚序》中提出不同看法，以屈原“露才扬己”，“责数怀王，怨毒椒、兰”，“亦贬洁狂狷景行之士”，也是从道德立论。王逸《楚辞章句序》驳班固之见，云“今若屈原，膺忠贞之质，体清洁之性，直若砥矢，言若丹青，进不隐其谋，退不顾其命，此诚绝世之行，俊彦之英也。”更就道德而申辩。扬雄《法言·吾子》的“足言足容，德之藻矣”，《君子》篇的“君子言则成文，动则成德”，以“劝”多于“讽”否定“辞人之赋”，亦见以“德”为主要内容的批评标准。王充《论衡》表现出的文学观之一是“尚用”，其中的主要内容在于劝善惩恶，《佚文篇》云：“夫文人文章岂徒调墨弄笔为美丽之观哉？载人之行，传人之名也。……然则文人之笔，劝善惩恶也。”班固《两都赋序》所说的“或以抒下情而通讽谕，或以宣上德而尽忠孝”，前述文艺的政治功用，后述其道德作用，颇有代表性。

在魏晋以后，伴随着“人的觉醒”，是“文的自觉”，主观情感的抒发和对客体美的关注，成了文艺新的题材，道德教谕退至次席，甚至不断递降。玄言诗、游仙诗、山水诗、山水画、宫体诗、仕女画、花鸟画、花间词……大多与道德无关。面对这种情形，总会有论家出来表明自己的看法，向文艺的政治、社会功能和道德内涵回归。挚虞《文章流别论》云“颂之所美者，圣王之德也”，明确标举“德”，《文心雕龙》以原道、征圣、宗经、正纬开头，道德是重要内容。而“怊怅述情，必始于风；沉吟铺采，莫先于骨”的“风骨”说；以及钟嵘《诗品序》之肯定诗可以群、可以怨，“使穷贱易安，幽居靡闷，莫尚于诗”；裴子野《雕虫论》重提古时诗“既形四方之风，且彰君子之志，劝美惩恶，王化本焉”，批评后来的“靡曼容与”，“弃指归而无执”，“摈落六艺”，都可见出论家的努力。隋朝的王通作《中说》批判了六朝的文士和文风，开中唐古文家“文以贯道”的先声，其孙王勃认为文章应该“甄明大义，矫正末流”，以六朝以来的缘情体物之作是“雕虫小技”，而有唐一代，在对文艺的阐释论述中，真是难以尽说论者们对道德问题的认同和回归。

针对唐末五代文艺向“洞房蛾眉、神仙诡怪”的递降，北宋诗文革新运动的代表人物重提文艺的道德教谕感化问题，柳开《应责》对古文倡以“古其里，高其意”，即以“仁义道德”之“理”超越“今人之文”，王禹偁的“传道而明心”说，[①] 欧阳修的分言“三不朽”而高度评价德行之士颜渊[②]等，皆其著者。到王安石、苏轼、黄庭坚的推崇杜甫，不但在于杜诗的艺术性，而更在杜甫的忠君爱国，是他人难以相比的“道德诗人”。而欧阳修与苏轼这样的文艺大家，其“文”与“德”是得到论者并称的。道学兴盛之后，高谈义理，更以“载道”论文，对各家所论，可以不作论列了，直到明末清初的顾炎武，仍以“乐道人之善”[③] 论诗。

正统的诗文已如上述，新兴文体如何呢？宋元时，对小说、戏曲开始时还重在其娱乐功能，但后来就被贯注进道德教谕的内容，明清时尤甚。如冯梦龙，虽有推尊民间文学的进步观点，但仍以小说有惩恶扬善、于人心世道有补的“喻世”、“醒世”、“警世”作用，认为小说可“与康衢、击壤之歌，并传不朽”，可为“六国经

① ［宋］王禹偁：《答张扶书》。
② ［宋］欧阳修：《送徐无党南归序》。
③ ［清］顾炎武：《日知录》卷十九。

史之辅”，比《孝经》、《论语》动人。对小说人物的邪正、善恶、忠奸等评判标准，都立足于道德，直到《红楼梦》出来，才以家族兴衰、儿女之情，打破了讲史、演义甚至神怪小说中的伦理观念和道德标准。戏曲情况亦大体相似，“不关风化体，纵好也徒然”，[①] 是典型代表。直到二十纪初，仍大讲“高台教化”，“移风易俗”。

艺术部类可以用绘画来说明。曹植《画赞序》认为：“观画者，见三皇五帝，莫不仰戴；见三季暴主，莫不悲惋；见篡臣贼嗣，莫不切齿；见高节妙士，莫不忘食；见忠臣死难，莫不抗首；见放臣逐子，莫不叹息；见淫夫妒妇，莫不侧目；见令妃顺后，莫不嘉贵。是知存乎鉴戒者，图画也。”贯串其中的，就是道德标准。唐人张彦远更以“成教化，助人伦”明人物画之功能。创作如顾恺之的《女史箴图》固在人伦，即使南北朝佛教艺术压倒一切，仍在于“益仁智之善性”。阎立本画《历代帝王图》，今存十三，为两汉至南北朝、隋代的十三个帝王，其中汉光武、魏文帝、吴主、蜀主等开国之君画得“貌宇堂堂”，“威武英明”，而陈后主、隋炀帝则萎靡不振，其主要标准就在于“德”。后来山水、竹石、花鸟的地位压倒了人物画，但如“岁寒三友”、“四君子”之屡见不鲜，仍立足于“德”，且沿“山水比德”，山水画中仍体现着德性，坚持道德批评的标准。

书法不同于绘画，不具备以形象起“鉴戒”的直接作用，应用性、表现性较强，但是，古人之论书、评书，仍难以摆脱道德论。扬雄的《法言·问神》提出了著名的“心画说”：“言，心声也；书，心画也。声画形，君子小人见矣。声画者，君子小人之所以动情乎？”后来的许多论书者，遂将此论入于对书家的评判。唐人张怀瓘将书法提到了极端的政治高度：“纪纲人伦，显明君父尊严而爱敬尽礼，长幼班列而上下有序，是以大道行焉。阐典坟之大猷，成国家之盛业者，莫近乎书。”[②] 如果说上面所说还是侧重在书法的功用，那么宋人所论就发生了评书实为评人、且以道德相取的变化。如欧阳修在《集古录跋尾》中，称道颜真卿“忠义之节皎如日月，其为人尊严刚劲，象其笔画。”“斯人忠义出于天性，故其字画刚劲独立，不袭前迹，挺然奇伟，有似其为人。”[③] 苏轼也有类似的看法。后来的不少人（如清初的傅山），对颜真卿与赵孟頫作了截然不同的评价，因为前者人与字相同，其书法成为了刚正坚毅，“正色立朝，临大节而不可夺”的人格象征，后者则因以赵氏宗亲而事元，大节有亏，故字亦被视之软媚，体现出“艺之至，未始不与精神通”，[④] 这都是从人品、道德出发的评判。

中国古代文艺之受制于血缘宗法观念，重在群体的、共性的道德与感情，而不重个性，“言志”虽始于个人，却经《诗大序》、刘勰、韩愈、周敦颐、朱熹等人阐

---

① ［元］高明：《琵琶记》第一出。

② ［唐］张怀瓘：《法书要录》卷四，转引自北京大学哲学系美学教研室编：《中国美学史资料选编》，中华书局1980年版，第254页。

③ ［宋］欧阳修：《欧阳修全集》，中国书店1986年影印本，第1173、1177页。

④ ［宋］姜夔：《续书谱》。

释，终成为群体的“载道”，且成为正统理论，公安、竟陵、袁枚等的反叛已在明末、在清代了。重在伦理道德的文艺，在群体性的感情，中国文艺创造的类型似乎多于典型（这也可解释戏曲的人物行当程式及脸谱作用）；而且忠孝甚至重于爱情，朋友交谊比异性交往要多。朱光潜先生认为除了伦理观念不同外，还由于西方侧重个人，恋爱史几近生命史，中国侧重兼善主义，且奔波于仕宦羁旅，接触多为同僚；西方女子地位及教育水准较高是由于中世纪骑士风影响，中国女子地位低，且侧重功名，在中国得之于朋友的乐趣，西方得之于女子；其三，西方“恋爱至上”，在恋爱中实现人生，中国真正的爱情在“桑间陌上”，故只求在恋爱中消遣人生。因篇幅关系，许多详细的东西难于展开了。

第三节　文艺家对封建政治的矛盾态度与文艺的分化及多元

诚然，统治阶级的思想就是统治的思想，但是，由于文艺家并非都是统治阶级甚至统治集团的成员，有的甚至还站到了它的反面；又由于维护封建政治的“道统”思想的内在矛盾，也造成了文艺家对封建政治的矛盾态度。所以，封建政治之下的文艺，并非只是维护统治的工具，并非只是道德说教，它呈现了分化与多元的特点，故而又造成了“现实性”、“民主性”、“人民性”等过去惯用的批评概念的精华。

一　主于“性理”的文艺与主于现实的文艺

封建社会文艺的分化，既与封建政治对文艺的要求有关，又与文艺家对待封建政治的态度有关。前者是因为政教功能论立足于“外”，而道德教谕原本于“内”，两者可以是统一的，也可能会导致分离以至分裂；后者则与文艺家对待封建政治有正反方向相关，尤其与重心分别落在君或民相关。而这两者，又牵涉到传统的内圣外王之说。

我们知道，孔、孟生前都不得志，一个栖栖遑遑奔走列国，一个好辩不已游说君王，但都不为世用，只得退而授徒、著述，成为学者。他们的学说固然有维护统治者利益和旧秩序的一面，但原始的人道主义和民主思想也是重要的内容。前者当然是统治者所赞赏的，所以在他们死后，身世大为显赫，而且每在改朝换代后就更被“加官进爵”，一个被推为“至圣先师”，有“素王”之称，一个则是“亚圣”，试看今日曲阜的那些御碑亭，孔府、孔林的规模，就不难想象孔子的地位了。对于后者，我们只要看看孟子对君主的劝喻、失望和批评，就可知道统治者对人民和仁政是什么态度了。孔、孟只是理想中的“圣人”，他们的“仁政”、“王道”只是被作为招牌，历代统治者并不行仁政，有的是王、霸杂用，有的是外儒内法，“道统”和“治统”是分离的。

既然都标榜孔孟和儒学，封建政权下的知识分子对“道统”的态度当然应是大体一致。不过，他们不同于统治者之将儒学只作为统治工具，他们对待儒学至少兼及“内圣”与“外王”两方面。“致知”、“修身”属“内圣”，“齐家”、“治国”、“平天下”属“外王”，前者在自我修养，后者在经世致用。如果说，前者成为文艺“德化”、“德育”、道德标准的基础的话，后者则在以孔孟的“治道”思想权衡封建政治，甚至在从政之时，文艺的工具论与现实精神共体而伴生。

“内圣”是“仁”的基础，品德修养当然极为重要，对此，孔子有不少论述：“弟子入则孝，出则悌，谨而言，泛爱众，而亲仁”是最典型说法。但孔子又颇能变通，如管仲不知“礼”，又不死君难，却因事业的成功而被孔子赞为“如其仁，如其仁”。孟子则不同，孟子在仁义扫地的时代，“无道桓文之事”，更强调知礼识仁、修身治家，才能平天下，问题的重心全落于“内圣”方面了。所以，孟子的性善论、仁政论、养气说，都立足于“内”，并与“外王”所离异。到汉代“独尊儒学”之后，文艺中的“宗经”观念产生，围绕着对屈原的评价，就牵涉到“内圣”的道德批评标准问题，不少论者都在其所论中标举道德的内容，而文艺创作中如画像石中的孝子节女如曾参、闵子骞、老莱子、丁兰及代赵夫人、梁节姑姐、京师节女等，以及孔子问礼、荆轲刺秦等，都涉忠、孝、节、义。

至于理学家之重视道德，就更不用说了。宋明理学是以继承孟子自许的，它片面地发展了“内圣”学说，并推之于极。周敦颐的心性——伦理学说以“立诚”、“去欲”、“中正”、“主静”为主要内容；张载有“尽心”、“尽性”、“尽命”之说；程颐倡“识仁”、“定性”的修养方法，以达心、养性、制情、养气、节欲相号召；朱熹重“庄敬涵养”，以“涵咏”而得“气象”，实则人格精神的体现，主“静”而倡“心虚理明”。他们重视心性修养，甚至不讲事功，否定文艺。有人认为，宋以后为官不问政绩、才能，只以忠孝、廉洁、奉公为标准，一旦危亡之际，只能“平时袖手谈心性，临危一死报君王。”这样一来，正统文艺的主题就是谈忠说孝，忠孝且不说，光说一个“节”字，“饿死事极小，失节事极大”已是历来引用不已的名言，以此观之，所以李清照在赵明诚生时已被讥为不遵闺训，改嫁之举更遭谴责。明代节妇极多，文艺常标“风化”。直到《红楼梦》中，贾宝玉还对“禄蠹”、“文死谏”、“武死战”恨恨不已，当然，那是另一种“节”了。

但是，文艺毕竟主要不在于讲“内修”、“性理”，文艺家或从政，或布衣，他们更多的是注目于“外王”，注目于政治，而这对于现实政治的关注和干预（美刺而偏在刺），使现实主义文艺得以在封建政治体系中生长，并形成传统。

这似是一个矛盾的问题，而且关于中国古代文艺是否有现实主义还颇有争议。为什么会有争议呢？主要在于以西方关于现实主义的定义和标准来衡量，共同性很少。所以，此处讲这一问题，必须从中国的实际出发。

照恩格斯的说法，现实主义是在“人类迄今所经历的一次空前伟大的进步变革”完成的时候，是在“新的一批现代文学产生”的时候形成的。若严格按照这一标准，无论是以杜甫开始，还是以南宋话本小说开始，恐怕都难以立足。若照恩格斯所说："据我看来，现实主义的意思是，除细节的真实外，还要真实地再现典型环境中的典型人物"，[①] 以之衡量中国封建政治之下的文艺，又确实存在着现实主义传统。从《诗经》开始，往下历数各文艺部类，确实可以看到现实主义道路的延伸。那么，这又与封建政治有何关系呢？如果不是从现实主义的概念出发，而就"真实"、反映"现实"等角度而言，确实不无关系。

由于宗法思想的制约，宗法社会秩序的需要，实用功利、政治功利的要求，封建政权对巫史文化中的原始文艺进行了改造，为现实主义奠定了基础。这突出地表现在对神话的改造，史诗的删选。神话中的血缘繁衍序列被连接在现实君王的血缘繁衍序列之前，"怪、力、乱、神"被排斥或被改造，如黄帝的四张脸和三百年寿命被解释为"黄帝取合己者四人，使治四方"，"生而民得其利百年，死而民畏其神百年，亡而民用其教百年，故曰三百年"。史诗则明显地从民间文学被改造为庙堂文学。为了有利于封建统治，祭祀诗和怨刺诗作为维护统治的两极而被倡导，相应的采诗制的建立。"观风俗，知得失"，这些都可谓奠定了现实主义的基础。

此后，又由于历代封建统治者无不奉儒学为正统，通过自己的思想家而代有阐发，"事父事君"、"兴观群怨"的功能论不断地将偏离现实的玄言、游仙、山水、艳情等拉回到现实政治的道路，所谓"以复古为革新"，主要就表现在对政治功利、实用精神的体认，而回到现实道路上。"风雅比兴外，未尝著空文"可谓典型的说法。前面多有引述论证，此不赘。

处于封建政权统治下的文艺家，是一个很复杂的队伍，他们的共同点仅是由于时间而生活在封建时代，他们的不同点则表现在地位、身份、教养、经历、政治态度、文艺修养、风格技巧等不同方面，但是，若略去诸多的不同，亦可以找到一个共同点：即我们常说的"时代的局限，阶级的局限"（其实后者取决于前者，因为那个时代没有无产阶级，也就没有这个阶级的世界观），使他们都希望政权巩固、稳定，政治清明，老百姓能过上好日子，而真正对封建政治拿起"批判的武器"，甚至作"武器的批判"的，毕竟是少数。正因为这样，文艺就不仅有对上的服务于封建政治，关怀"国计"，亦有对下的关注普通百姓，关怀"民生"。

这又应追述到孔子。面对着促使历史前进的阶级剥削和阶级分化，孔子明显持反对态度，那种"铸刑鼎"、"作竹刑"、"初税亩"、"作丘甲"，他都感到痛心疾首。政治上，他主张维护"礼"而反对"政"、"刑"；经济上，他反对追求财富（聚敛），号召门徒鸣鼓而攻击"聚敛"者，反对贫富不均（不患寡而患不均，不患贫而患不安）。他求"礼制"而反"法治"，确实不合历史潮流，但"泛爱众，而亲仁"，"君子笃于亲，则民兴于仁"，"宽则得众，惠则足以使民"，"百姓足，君

① 恩格斯：《致玛·哈克奈斯》。

孰与不足？百姓不足，君孰与足？”“老者安之，朋友信之，少者怀之”，“近者悦，远者来”，“修文德以来之”，这种原始人道精神和原始民主，反对过分压迫剥削的“中庸”和“仁”，难道不值得肯定吗？

到了战国时期，孔子的人道精神，更演化为孟子的仁政、民本思想，经济上的恢复井田制，“为民制产”：“仰足以事父母，俯足以畜妻子，乐岁终身饱，凶年免于死亡”；“五亩之宅，树之以桑，五十者可以衣帛矣。鸡豚狗彘之畜，无失其时，七十者可以食肉矣”等；政治上是“尊贤使能，俊杰在位”。他强烈谴责“庖有肥肉，厩有肥马，民有饥色，野有饿殍，此率兽而食人也”，“今之所谓良臣，古之所谓民贼也”，以“保民而王”为总目标，高举“民为贵，社稷次之，君为轻”的旗帜，向往着“乡田同井，出入相友，守望相助，疾病相扶持”的友爱。当然，在战国的征伐声中，“仁政”之倡被视为“迂阔”，但孟子的思想和主张难道不值得推崇吗？

尽管在后代，先秦儒学被改造成董仲舒的天人合一儒学，或隋唐时的三教合一，宋代程朱的理学，甚至到当代东亚文化圈的新儒学。但孔孟的人道主义、人格理想、民本思想和仁政学说，无疑为进步政治家和文艺家所推崇和追求。

上面所述重在“民生”，在古代难以侈谈“民权”，“生的权利”就是民权，所以，在“民生”之外，尚可注意“民族”。从仁政出发，孔孟都反对杀戮，反对不义战争。孔子将“去兵”置于“去食”前，告诫季康子“子为政，焉用杀！”他尽管反对管仲在礼仪上的“僭越”和破坏，数度叱责他不知“礼”，却赞许其“九合诸侯，不以兵车，管仲之力也！如其仁，如其仁！”“管仲相桓公，霸诸侯，一匡天下，民到如今受其赐。微管仲，吾其披发左衽矣。”孟子的眼光狭窄一些：“可使制梃以挞秦楚之坚甲利兵。”所以，孔孟都在反对不义战争的同时，却赞同在“攘夷”正统观念支配下的反侵略战争、正义战争。

正是孔孟的民生、民族观，积淀在进步文艺家的思想中，就以他的创作来“兴观群怨”，干预政治，造就了绵延不绝的现实主义作品。现实主义主题在中国文艺史上可以有因时、因地、因事之不同，但共同的则是反对“残民”、“疟民”，从“爱民”、“恤民”出发，表现“民怨”、“民苦”，希望不要水翻舟覆或“城门失火，殃及池鱼”；另一方面，则是主张“非攻”、“兼爱”，向往“四夷宾服”，遭受侵略后，则从“恢复中原”到“驱除鞑虏”。

前者如屈原的“哀民生之多艰”，汉乐府的“感于哀乐，缘事而发”，司马迁的推原治乱，建安的“不戚年往，忧世不治”，即使是六朝诗歌离现实较远，但阮籍之忧生，左思的激愤，陶潜的诉贫，鲍照的劲健，庾信的苍凉，都与现实相关，虽不重在民生，却关乎个人。初唐陈子昂标举“风骨”、“兴寄”，开元、天宝、元和、长庆之高峰迭出，正是现实主义诗风占据了统治地位，李白的建功立业之想，杜甫的“穷年忧黎元”，白居易的“惟歌生民病”，柳宗元的“种树郭橐驼”、“捕蛇者说”，聂夷中、杜荀鹤的橡媪、田家之叹，寡妇、村叟之悲。宋代诗人倡“有补于世”，王禹偁、梅尧臣、欧阳修、王安石、王令、苏轼、张耒都不乏反映民生疾苦之作。明的刘基、高启、于谦，清的吴伟业、吴嘉纪、郑板桥、龚自珍直到黄遵宪，都一仍关怀民生疾苦，企盼政治清明（甚至希望实行改革）的精神。而作为新兴文体的戏曲、小说、元杂剧、明清传奇，反映民生疾苦者尤多，小说亦然，此处不作详述了。相较之下，艺术领域弱些。但明清之际表现下层民众生活的风俗画，民间的各种山歌小调，以至敦煌乐舞所保留的反映人民生活的曲辞调子等，仍可看到现实主义精神。

表现民族精神的，如刘琨的诗，唐代的边塞诗，南宋的李清照、陈与义、范成大、陆游、辛弃疾、文天祥、汪元量，或悲怆，或凄凉，“至今思项羽，不肯过江东”，“王师北定中原日，家祭无忘告乃翁”，“看试手，补天裂”等，一直为后人所传唱。而金之元好问，明末陈子龙、夏完淳，清初顾炎武、王夫之、屈大均，一直到清末的秋瑾和南社文人，都表现了民族斗争的主题。

总之，以上所说，固然与“现实主义”的定义不尽相合，但从“真实”角度言，是值得肯定的。封建政治要求文艺奉行“美善相兼”的原则，而实际上，文艺家常有违背而做到“真”“善”结合，至于“美”，则留给了庄、释去作建树了。“善”根源于“内圣”，“真”根源于“外王”，儒家的经世致用观，压倒了“内圣”，从而也造就了现实主义文艺。

二　为君、为民的文艺与相关的矛盾现象

与“内圣”“外王”对立相关的，至少还有两种对立、分裂，并相应产生对立、分裂的文艺。

我们先看专制主义与民本思想的对立，所造成的封建文艺中为君的官方文艺与为民的个人创作、民间文艺；及相关的言志与缘情，正统与非正统，得意与失意等多元双向结构。

中国封建社会的经济基础是农业自然经济。一方面，分散的、自给自足的、结构相似的村落和城镇结合成社会，其上，则是君临一切、拥有至高权力、不可动摇权威的集权政体和统治思想，这就是“东方专制主义”，中国早在先秦时期就确立了这种将政、军、财、文等大权集于朝廷甚至皇帝手中的君主政体，而欧洲直到中世纪晚期才出现。另一方面，农业社会要得以生存、发展，必须使农民得以生存和安定，这就是前面所说的民本思想、民本主义，要让鸡生蛋，而不能杀鸡取卵。

这样一来，封建政治的两极都要权利——皇权和民权，实际上民权可怜得很，仅是最起码的生存条件而已。文艺家对待两极的不同态度，前者是为君的官方文艺，后者是为民的个人创作和民间文艺；前者是汉大赋、郊祀歌、功臣画、雅乐、朝廷文武舞、宫殿、皇家园苑，奉制诗、试帖诗、策论、时事论，直到八股文和官方规定的各类戏曲……或者并非真正的文艺的前述各种应用文。它们是歌功颂德、粉饰太平，以至庸俗应酬、迂腐说教、瞒和骗的文艺，尽管雍容、华贵、典雅，却缺乏

生气甚至面目可憎。如果说，奏疏、章表、谕告、诏敕、制诰、赞颂、碑铭是非文学，这些就是伪文学了。而那些或写民生疾苦，或写穷通出处的，则多为个人创作和民间文艺。先秦不论，历代诗人、文人、词人、曲家、小说家、画家、音乐家的创作，当不在少数，此处不作列举了。那些民间创作，更起到瓦解、推翻封建政权的作用，试看民歌如“天高皇帝远，民少相公多。一日三遍打，不反待如何”，足可见之（元散曲中亦颇多）。

古代有不少为皇权服务，希望入于统治行列的文艺创作，而中国大抵有“言志”的特定含义，因为“志”专指怀抱，关涉政治，“言志”是自言怀抱，通过讽颂美刺，而有裨益于政事，故“‘言志’的本义原跟‘载道’差不多，两者并不冲突”,[①] 所言“言志”关涉政治，不管是颂、美、讽、刺，都在于政，这是一个侧面。另一个侧面，就是感情生活的“缘情”，包括山水、田园和生活中的闲情，尤其是特定的爱情。这两个侧面在文艺各部类都有表现，甚至后者更多，这样，封建时代的文艺才不会是主题单一，面目可憎，而见内容丰富，多姿多彩。

关于正统问题，中国重经史，不重文艺，但“六经”之一即《诗经》，又不是真正贬低文艺。作为文艺的正统，代有所变，“非文学”不算，大抵前述官方文艺即正统文艺，或将下层民间之作变为正统（采诗即是），而后出的俗文学，形成代有所胜的局面。以至我们今天对古代文艺的认同，宋代以后就多被视为非正统的通俗文艺了。

至于得意与失意的文艺，倒是颇值得深究的。前者与封建官僚制度及科举取士制度密切相关。“春风得意马蹄疾，一日看尽长安花”，“十年窗下无人问，一举成名天下知”，从汉之以文学辅贤良方正，到隋唐的以诗赋杂文为进士科必试项目，到宋的经术策论，及复诗赋，明清的八股制艺，以及乐人进宫、大晟提举、供养画院——博得功名利禄后，得意者的文艺大概在规章程式上不差，可只有技巧法则而无活的灵魂，所以得意者的文艺最终因庙堂文艺而成为伪文艺。相反，失意者文艺摆脱了功利性和道德律，表现出主体性、独立性，从发愤抒情，经“穷而后工”，到“童心”、“性灵”之论，屈原、阮籍、左思、鲍照、李白、杜甫、刘禹锡、柳宗元、李贺、李商隐、苏轼、辛弃疾、关汉卿，直到蒲松龄、曹雪芹，画中的元四家、徐文长、石涛、八大、扬州八怪等，都创造出远远高于得意者的文艺。他们的反抗意识、逆反心理，造成惊世骇俗、出人意表的效果，其中不乏走向人民、走向大众、从民众中汲取营养、给艺术带来新生命者。以往经常说到的“人民性”并非无由，但得意者的文艺决难言人民性，它只能是失意者的专利。

我们再看“内圣”与“外王”的对立，这种对立导致文化心理的分裂，形成文艺家的双重人格，表现出文艺创作的种种不协调或矛盾。

---

① 朱自清：《诗言志辨》，广西师范大学出版社2004年版，第23—37页。

当注重事功、干预政治的“外王”尚未施行或遭到碰壁后，在注重自我修养的“内圣”的人格建设中，文艺家常有理性的、正统的宗法集体主义的道德人格标准与非理性冲动、个性意识、潜意识的矛盾，所以文化心理的分裂，终于形成双重人格，表现出创造上的不协调或矛盾现象。

先说双重人格问题。人们常说“言为心声”，又将文艺家的文品与人品等观，其实，“心”与“言”，文品与人品常常并不一致，甚至是完全背离。就拿创立“言为心声，书为心画”说的扬雄来说吧，他固然有积极入世、不断抗争的一面，但在外戚当政、朝政黑暗的情况下，他怕惹杀身之祸，卑弱自守，还曾写《剧秦美新》称颂王莽。此后，我们可以看到“竹林七贤”的分化，和嵇康在《与山巨源绝交书》中对山涛的斥责；潘岳作《闲居赋》，似是闲淡清高，而实际上性轻躁、趋世利，望权臣的车尘而拜，为此，元好问在《论诗三十首》中写道：“心画心声总失真，文章宁复见为人。高情千古《闲居赋》，争信安仁拜路尘。”而像萧纲，是宫体诗的代表作家，宫体诗一直以淫荡而受挞伐，但梁代宫廷并不比其他宫廷更堕落，他曾有著名的“放荡”之倡，但本人并非专注声色的“花花太岁”。唐宋时期，文艺家文化心理与人格较为统一，但从一些名家身上，依然可以看到分裂的现象。如韩愈，在文学上可谓至刚至大，“韩潮苏海”，而《原道》、《原毁》诸作，更可见其人的凛然难犯，但现实中，却是贪财好色。他善作谀墓文章，刘禹锡《祭韩吏部文》称其“公鼎侯碑，志隧表阡。一字之价，辇金如山。”他不仅有姬妾，而且人谓其因好色而丧身：“昌黎公愈晚年颇亲脂粉，故事：服食用硫磺末搅粥饭啖鸡男，不使交千日，烹庖，名火灵库，公间日进一只焉。始亦见功，终致绝命。”① 吴道子有“画圣”之称，所画僧、道都应在“劝善”吧，但他出名之后，画寺壁，只就大处“落笔便去”，非常傲慢，如说傲慢并非恶德，但其因皇甫轸在宣阳坊、净城寺三阶院门里南壁“画鬼神雕，雕势若脱。轸与吴道子同时，吴以其势迫己，募人杀之。”② 就见其人品之一斑了。南宋的赵孟坚，人以为与赵孟頫不同，是能坚持民族气节的画家，所画“清而不凡，秀而雅淡”，③ 但他向权臣贾似道献了不少阿谀奉承的诗文，是得到贾的援引而得升迁的。

次说创作的不协调或矛盾。如白居易，是古典现实主义文学理论的主要代表，他将文学创作的理性控制强调到绝对的程度：“惟歌生民病，愿得天子知”，“救济人病，裨补时阙”，这些理论一直为人激赏。但他在现实中碰壁之后，就去写闲适诗、感伤诗，他的《新乐府》、《秦中吟》，只能看作历史阶段性的创作，从数量言，比例极小，以致后来袁枚对他颇多讥刺。至于宋人，在文与道、德的关系上颇多阐释，在庙堂上也一本正经地做着经世致用、兴邦建国的奏章诗文，但在歌筵上、酒

---

① ［宋］陶榖：《清异录》卷二。
② ［唐］段成式：《京洛寺塔记》。
③ ［元］夏文彦：《图绘宝鉴》卷四。

席中，却吟着闲情和恋情的词。欧阳修就是一个典型的例子，以致有人认为他词集中的恋情之作是坏人栽赃。但是，生活是多侧面的、丰富的，这种矛盾也造就出多姿多彩的创作。《古今词话》曾说，“范文正公、司马温公、韩魏公，皆一时明德众望。”但又举范《御街行》的“残灯明灭枕头攲，谙尽孤眠滋味。”韩《点绛唇》的“惆怅前春，谁向花间辞！愁无际，武陵凝睇，人远波空翠。”司马光《西江月》的“宝髻松松挽就，铅华淡淡妆成……相见争如不见，有情还似无情。”认为“人非太上，未免有情，当不以此类其白璧也。”倒是承认人的多重性格与人生角色，看法比较通达的。又如钱谦益，论诗最宗杜甫，满口忠君爱国，曾云：“古之君子笃于诗教者，其深情感荡必著见于君臣朋友之间。”但清兵渡江，其前往迎降，前为崇祯的礼部侍郎，福王时的礼部尚书，清时又为礼部侍郎，终于以贪富贵、轻名节留下骂名。所以袁枚《题柳如是画像》诗云：“一朝九庙烟尘起，手握刀绳劝君死。百年此际盍归乎，万论从今都定矣。可惜尚书寿正长，丹青让与柳枝娘。”

创作的不协调或矛盾又体现出政治观与文艺观的矛盾。如韩愈在政治上是恪守儒家传统的保守派，对永贞革新大加诋毁，在文学上却勇于革新，虽在理论上也强调原道、宗经、征圣的传统观点，但他的诗奇特雄伟，硬语盘空，独辟境界，自成高格，和重质轻文，“辞达而已”的传统理论格格不入。司空图贬斥元白，追求风流倜傥、潇洒飘逸的审美境界，但现实中又有类似杜甫追随肃宗的追随僖宗、昭宗而护跸西奔的经历，是一个“葵藿倾太阳”的忠君典型。类似情况，在欧阳修、苏轼身上也有表现。这些人在政治上是清醒的理性主义者，有明确的目标和锲而不舍的追求；文学上，则在理性的一面之外，常常抒发飘忽不定的情绪波动，沉浸于细腻微妙的审美境界，从而造成理性创作与非理性创作在功利、目的和情感色彩上的巨大反差。

人们并不要求玫瑰花与紫罗兰放出同样香气，应该说，分裂与多元，对于封建政治下的文艺思想是好事而不是坏事。

由于篇幅所限，难以展开，有些则留待今后学术思想、宗教时再作讲述。①

---

① 张碧波、吕世纬：《中国文学基本特质及其形成原因的探讨》，《文学遗产》1988年第6期，第1—12页。

第四章　中国哲学与文艺美学

中国古代的哲学思想非常丰富，在殷周之际，已有原始的“五行”说与“阴阳”说出现，前者是将自然现象和人的活动归结为五种物质元素——金、木、水、火、土，这是哲学思维的开端。而原始的阴阳说则用阴爻（－－）和阳爻（—）表示阴阳两极的对立，以阴阳为基本矛盾组成八卦，并进而演变。这二者从宗教、神话中挣脱而出，开始了哲学解释自然的历程。

由于社会生产力的发展，社会形态的演变，文化的积累，春秋战国之际出现了百家争鸣的繁荣景象，与希腊、印度相辉映，他们先后创立各派学说，并成为后代学术的先河。

秦灭六国，统一中国，很快二世而亡，汉朝建立后，经初期的各派争胜，至汉武帝时“罢黜百家，独尊儒术”，真正产生了汉代经学，先是古文经学，后是今文经学。魏晋之际，玄学思潮兴起，对汉代经学进行了玄学唯心主义的改造，开创了思辨哲学。佛教自东汉末从印度传入后，经六朝的流传和改造，在隋唐两代已达到佛教哲学的极盛，非仅解决了天国与尘世、出世与入世的统一，且在本体论、认识论等方面，都发展了哲学思维。两宋时期，重新回到儒学的道路，并吸收了道、玄、佛思想，建立起理学，延续至明代。清初对理学进行了批判，在经世致用观与文网渐密的双重作用下，以考据为特点的清代朴学随之出现，在乾嘉时期达到高峰（但梁启超认为这是“方法运动”而非“主义运动”）。

如除去哲学萌生期的“五行”、阴阳学说，那么，先秦诸子学——两汉经学——魏晋玄学——隋唐佛学——宋明理学——清代朴学，正是我国以哲学为主的学术链构成的各个环节，是“代有所胜”的体现。

文化各部类有自己的独立性，但我们亦不应忽略其间的影响，所以这一章就企图阐明这六个阶段中哲学思想与文艺美学的关系，因这一论题太大，难以将各家各派尽赅于内，所以只能是就以上“代有所胜”的“主潮”而简要论之。

第一节　先秦诸子学与文艺美学

先秦诸子中，儒、墨是显学，但这两家的学术思想，尤其是文艺思想，可谓严重对立，且墨家与儒家的对立同道家与儒家的对立很不相同。这一节，主要讲述孔、墨、老、庄、孟、荀各家哲学思想导致的不同的文艺美学。

一　孔子之前的主要哲学观及相关的美学思想

孔子是先秦时代学术的主要代表人物，是儒家思想的创始人，而孔子的思想并不是凭空而来的，其中包含了对此前思想的吸收，所以在讲孔子之前，有必要先讲在他前面的主要哲学思想与美学观。

商朝是政教合一的时代，殷人的意识中宗教具有至高无上的地位，“国之大事，在祀与戎”，尊神、事神是经济生活以外的主要内容，况后者也与前者紧密相连，除了与农业密切相关的历法外，是难以言其学术与思想的。

周朝建立后，不仅在农业生产上有了很大进步，在政治思想、哲学思想上也开始奠定基础。对西周政治制度的特点，我们已在上一章引王国维的《殷周制度论》以明其要。这里再作一些补充。周人的“事鬼敬神而远之”虽与殷人有别，但其政治仍然是宗教化的，所以宗教、政治与王国维所强调的道德，三者为一体，对后来的文艺发生了影响。而随着历史的前进，将神灵崇拜与祖宗崇拜结合起来的原生宗教的影响已渐渐消减，除在某些特定的形式（如用于郊祀的诗乐）外，宗教对文艺的影响主要体现在后起的道教与外来的佛教中。相较而言，政治与道德却似一直不变，永远与文艺相伴。

西周的学术思想中对文艺有显著影响的，当推《周易》，但因此书是经长期加工而成，不属个人著作，且难以在较短的篇幅中概述，所以这里不讲。孔子之前的学术与文艺美学之关系，主要当从《左传》、《国语》和《尚书》中寻找。这几种古籍中所透露出的哲学思想，能形成美学论题的大致有“五行”说及进而所讲的“和”，有“美”与“德”、诗乐与“政”的关系等。

《左传·昭公元年》记载了医和从病理的角度言“和”之论，而所论即可见在《洪范》五行说影响下产生的“美”的初始观念。《洪范》是《尚书》中的一篇，据《史记·周本纪》说，是箕子对周武王询问天道的回答，文中认为，五行对应而成五味：“水曰润下，火曰炎上，木曰曲直，金曰从革，土曰稼穑。润下作咸，炎上作苦，曲直作酸，从革作辛，稼穑作甘。”尽管牵强，却将五行与五味相联系，不仅开启了唯物主义的哲学观，而且对“美”与“味”的关系开始了探索。《左传》记载医和所论的核心是“天有六气，降生五味，发为五色，徵为五声”，将《洪范》所论进而推及“色”与“声”，而这，是对感官感受客体美的唯物论表述。《左传·昭公二十五年》记载的子产论礼思想，在第二章中已引，此不赘。医和与子产所表达的重要思想是“和”，医和认为“烦手淫声，慆堙心耳，乃忘平和”，倘不“和”而“过”，就会“淫生六疾”。子产则从“牧民”的角度论“礼”之用在于“节”、“制”，认为“气为五味，发为五色，章为五声。淫则昏乱，民失其性。是故为礼以奉之。……民有好、恶、喜、怒、哀、乐，生于六气。是故审则宜类，以制六志。”

《国语·周语下》所载伶州鸠关于乐“和”的思想，更为丰富、深刻。他将

“和”与“中”相联系，以阴阳平衡、神人合一的观点看待“乐”，又导致观乐知政思想的生成。他说：“夫政象乐，乐从和，和从平。……阴阳序次，风雨时至，嘉生繁祉，人民和利，物备而乐成，上下不疲，故曰乐正。……夫有和平之声，则有蕃殖之财。于是道之以中德，咏之以中音，德音不愆，以合神人，神是以宁，民是以听。”《国语·郑语》有史伯论“和”之语，表现出对事物的多样性统一为“和”，“和”而遂有“美”的看法，他通过众多事例说明“声一无听，物一无文，味一无果”的道理，认为周朝的统治者“弃和而取同”，是对“先王”以土与金木水火相杂而成百物的背弃，在失去“美”的同时，也将“弊”而失政。《左传·昭公二十年》中的晏子论“和”，进而与“德”“政”相联系。他认为“声”与“和”相成相济，“君子听之，以平其心。心平德和。”终又与“政”相关：“先王之济五味，和五声也，以平其心，成其政也。”由以上可知，“和”的思想对后来我国文艺的崇尚中和之美有很大影响，而且不仅限于“乐”本身，与政治也有不可分割的联系。

乐和政兴，又与统治者重“德”大有关系。《左传·襄公十一年》的“乐以安德，义以处之，礼以行之，信以守之，仁以厉之”，所言之德尚无特定的主体对象，《国语·楚语上》的伍举论美所言之德则是对统治者而言的。伍举在同楚灵王关于“章华之台”是否美的对答中，提出了自己的观点：劳民伤财所建的台，“是聚民利以自封而瘠民也，胡美之为？……且夫私欲弘侈，则德义鲜少，……其有美名也，唯其施令德于远近，而小大安之也。”显然，他是将为政者的道德、善行看成真正的美，这也开启了后世美善相兼之见。

将“美”与“政”结合，体现在诗乐之中，成为后世屡被称道的“观乐知政”思想的，是《左传·襄公二十九年》所载的季札观乐。文中对季札观乐的评论作了详尽的记录，每观一地之乐，这位吴公子都用“美哉”的感叹语开头，而他所称道的“美”，绝大多数的都是对“德”的赞颂，且如杜预注所说，是以声参政，目的是“知其兴衰”。这一思想后来在《乐记》中得到更为完备的发挥。

二　孔子思想与兴观群怨、中和之美

孔子是儒家思想的创始人，在我国以至世界上都堪称影响深远，我们不宜在此详细、完整地论其哲学与美学思想，而只能择要地论其兴观群怨说与崇尚中和之美的思想。

孔子生活的年代，“礼乐征伐自诸侯出”，正是礼崩乐坏之时。他谴责“八佾舞于庭”，反对晋铸刑鼎，反对“初税亩”之承认私田合法化。他主张恢复周礼，“克己复礼为仁”，主张兼及上下的“爱人”。他的哲学思想中关于天道自然者较少，主要还是属于政治、社会内容。从政治目的出发，他提倡文艺的实用性、功利性，他兼顾上下、宽猛相济的调和思想又导致了中和之美之被推崇。

孔子文艺观的核心是“诗教”，即主张文艺为政治教化服务，其主要组成部分为主于道德修养之“兴于诗，立于礼，成于乐”，和“尽善”的内容与“尽美”的形式之结合；以及主于外的政治活动与社会作用的“诵诗”、从政、出使、事父、事君、“兴观群怨”。而“诗教”之“温柔敦厚”，及孔子本人所说的“诗三百，一言以蔽之，曰：思无邪。”则体现出推尊中和的美学思想。所以，我们将其中与政治功利联系过紧的暂置不顾，择要分析“兴观群怨”与“中和之美”二点。

“兴观群怨”四字兼顾到文艺的美学作用与社会作用，言简意赅，在中国文艺史上影响深远。其原文见《论语·阳货》：“子曰：小子何莫学夫诗？诗可以兴，可以观，可以群，可以怨；迩之事父，远之事君；多识于鸟兽草木之名。”后面所说的是学以致知和致用（事父、事君），不须解释，且可置而不顾，这里，重点解释“兴观群怨”四字。

何曰“兴”？朱熹《四书集注》释为“感发意志”，在《诗传纲领》中，朱熹又释为“托物兴辞”，《论语集解》引孔安国注说是“引譬连类”。其实，合起来说，就是通过“托物兴辞”、“引譬连类”而感发意志，使人因诗之艺术感染力而产生美感，产生联想，对现实作审美掌握。“可以兴”是诗歌作为艺术的特有的美学作用。

何曰“观”？《论语集解》引郑玄注为“观风俗之盛衰”，朱熹《四书集注》谓“考见得失”，这就是从诗中观察到政治得失、社会风尚之好坏，此其一。二是“观志”，即从诗中见诗人的作诗目的、意图，从诵诗之中见诵诗人之志。可见，“观”既包括了文艺所反映的现实生活，也包括了作者的创作意图和思想，还包括诵诗者的思想感情。后来何休所说的“饥者歌其食，劳者歌其事”，班固所说的“感于哀乐，缘事而发”，到白居易的“直歌其事”，都可见“可以观”的影响。

何曰“群”？孔安国注为“群居相切磋”，朱熹注为“和而不流”。佐以诸家注《论语·卫灵公》“君子矜而不争，群而不党”的“群而不党”，“和以处众曰群”（《论语集注》朱熹语），可见“群”为人们互相交往中以诗交流感情，以道义相聚，相互了解，增进团结之意。

何曰“怨”？孔安国注为“怨刺上政”，即批评和讽刺黑暗的政治。孔子倡“仁”，提出忠恕之道，以“恭、宽、信、敬、惠”为美德而否定“怨”，曾云：“在邦无怨，在家无怨。”① 他之能肯定“可以怨”，是由于看到三百篇中有许多怨刺之诗，而既然为政之道要“尽知天下所苦”，要考见得失，故肯定怨刺上政之作。后世颇有怨刺之作，白居易“惟歌生民病”就继承了这一思想，而《诗序》的“发乎情，止乎礼义”，朱熹的“怨而不怒”，就对孔子“怨”的局限性一面（中和）加以引申发挥了。

“兴观群怨”对文艺的美学作用和社会教育作用有很深认识，对后世也影响极

---

① 《论语·颜渊》。

大。汉代的《诗大序》，刘勰的《文心雕龙》，钟嵘《诗品序》，直到唐代以白居易为代表的不少论者的看法，都是孔子思想的延续与发展。至清初黄宗羲，甚至将其推衍至内容、形式范畴，在《汪扶晨诗序》中以咏怀、游览、咏物为“兴”，吊古、咏史、行旅、祖德、郊庙为“观”，公宴、赠答、送别为“群”，哀伤、挽歌、遣谪讽喻为“怨”。当然，这已超出孔子本意了。

再看“中和之美”。

孔子对中庸之道非常推崇，曾说：“中庸之为德也，其至矣乎!”[①] 可见他将中庸看成是最高的政治原则，倘能使社会的各种矛盾统一为和谐的整体，当是为政者的最大本事，也是自己一生所追求的理想。以此施之于文艺，他标举中和之美。传为孔子之孙子思所作的《中庸》对“中和”作了如此的解释：“喜怒哀乐之未发，谓之中；发而皆中节，谓之和。致中和，天地位焉，万物育焉。”“天地位焉，万物育焉”是孔子“至矣”的发挥和具体化，而对“中和”的分而释之，又见有“在心”与“发之”之别。尽管学者以其观点为孟子学说的发挥，疑为秦汉时孟子学派的儒者所作，但其既肯定人的真情，又主张以“礼”相节的思想，却是与孔子相符的。孔子推尊中和之美，可见于称道《关雎》的“乐而不淫，哀而不伤”，对人们的自然情感给予肯定，允许“怨”与“情”，但又认为发抒时应有所节制，不能太过。如果说“乐而不淫，哀而不伤”是取其合度中节；那么《论语·为政》所说：“诗三百，一言以蔽之，曰：诗无邪。”“无邪”就是对其反面——“正”的强调。孔子既云“雅颂各得其所”，又保留了怨刺之作与情诗，二方面共存，体现出他的兼容并包、力求和谐的思想。与此同时，《关雎》“乐而不淫，哀而不伤”是“言其和”，共存而中和；而诗三百的“无邪”是“归于正”，是“止僻防邪，大抵皆归于正”，要符合政治道德标准。后来的文学创作中虽有“发愤抒情”这一传统，但孔子的中和思想仍有极大影响。孔子又说过：“质胜文则野，文胜质则史。文质彬彬，然后君子。”[②] 对于文质关系的看法，同样体现出对中和之美的推崇，是对内容与形式关系的颇富辩证思想的看法。

孔子的中和思想又见于“温柔敦厚”的“诗教”说。《礼记·经解》：“孔子曰：‘入其国，其教可知也。其为人也敦厚，诗教也。……’”尽管汉儒作《礼记》所引的未必是孔子的原话，却与他的思想相符。朱自清曾说：“‘温柔敦厚’是‘和’，是‘亲’，也是‘节’，是‘敬’，也是‘适’，是‘中’。这代表殷周以来的传统思想，儒家重中道，就是继承这种传统思想。”[③] “诗教”常为后世所强调，其影响可见，而此处难以细说了。

---

① 《论语·雍也》。

② 《论语·雍也》。

③ 朱自清：《诗言志辨》。

三　墨子的节用、非乐

墨子和孔子都主张“爱人”，但对象不同，孔子兼及统治者（尤其是没落的奴隶主）和被统治者，墨子却是“兼爱”老百姓。墨子出身贫寒，自称“贱人”，可能属庶民阶级。大概当过工匠，上升为“士”后，力图代表劳动者、小生产者利益。他认为当时老百姓有“三患”，即“饥者不得食，寒者不得衣，劳者不得息”，[①]要解决“三患”；他以“非攻”反对侵略战争，并以“兼爱”倡不同阶级之爱。他认为百姓生活困难，所以主张“节用”，反对统治阶级的奢侈淫乐，反对礼节仪式，对儒家所倡的仁义礼乐，针锋相对地提出“非乐”，认为“仁之事者，必务求兴天下之利，除天下之害；将以为法乎天下，利人乎即为，不利人乎即止。且夫仁者之为天下度也，非为其目之所美，耳之所乐，口之所甘，身体之所安；此所以亏夺民衣食之财，仁者弗为也。”[②]他认为“乐”不切实用、有害，认为文艺会使人心变坏而出弊政、失天下。当然，“节用”、“非乐”是出于狭隘的功利，除了在批判统治者的骄奢淫逸上还有积极作用外，对文艺美学无正面建树可言。墨子同情老百姓的动机虽好，倘照此办理，岂有文艺的繁荣？岂有遗产之丰富？但墨子的“三表法”亦有积极作用，此不作讲述。

四　老子的大音希声、有无相生与玄览、静观

老子其人究竟是谁？在何年代？是有争议的问题，我们不作介入，不妨取通行的说法，且将其看作与孔子同时代（或略早者），看作道家思想的奠基人。

老子的“小国寡民”政治思想此处不讲，而讲其哲学思想与文艺美学的关系。

老子哲学思想的核心是以“道”为世界本源，任何事物都是“道”的体现，不以人的意志为转移：“有物混成，先天地生。寂兮寥兮，独立而不改，周行而不殆。可以为天下母。吾不知其名，字之曰道，强名之曰大。”[③]他认为，“道”是宇宙万物的本源，又是宇宙万物的本体，任何事物都是“道”的体现，有自己的发生发展规律，人的力量既不能、也无力改变其法则，所以人与外部世界的关系被他概括为：“人法地，地法天，天法道，道法自然。”[④]他强调人要顺应自然，要“无为”、“清静”，而不要人为，所以反对人为的文艺。

老子又认为，“道之为物，惟恍惟惚。惚兮恍兮，其中有象。恍兮惚兮，其中有物。”[⑤]“道”不具备具体的形态和固定的形象，不被人的感官所感知，“视之不见

---

① 《墨子·非乐》。
② 《墨子·非乐》。
③ 《老子》二十五章。
④ 《老子》二十五章。
⑤ 《老子》二十一章。

名曰夷，听之不闻名曰希，搏之不得名曰微”。[1] 既然万物都是“道”的体现，所以反映在文艺美学上，老子不像墨子那样不要文艺，而是提倡完全顺乎自然、合乎“道”的文艺，即“大音希声，大象无形”。王弼注“大音希声”云：“听之不闻名曰希，不可得而闻之音也。有声则有分，有分则不宫而商矣。分则不能统众，故有声音，非大音也。”有具体、有部分就不能有整体，也就伤了自然。他又认为，“大巧若拙，大辩若讷”，[2] 所以人为的声音、语言、色彩造就的文艺作品破坏了自然美。这同样是反对人为的文艺。

老子的学说中，朴素的辩证法是很重要的组成部分。其中的“有无相生，难易相成，长短相形，高下相倾，声音相和，前后相随”，更是对诸多现象的准确概括，是对立统一规律的具体描述。他认为，“道”不但具有“有”和“无”两种性质，而且“有生于无”，有形的事物是由无形的事物构成的。他以车辐、制器、作室为例，说明“有无相生”的观点，及“有”与“无”的辩证关系。所以，他虽然反对人为的文艺，但因其朴素辩证法的思想，也就给文艺创作带来了并非出于他本意的积极影响。后来陶渊明的蓄无弦琴，音乐中的“此时无声胜有声”，诗歌中的简约、含蓄，绘画中的虚实相生、知白守黑，书画的“布白”，造园的借景，戏曲的不重布景等，都受到了老子思想的启发和影响。

老子在认识论上的独特之处是提出对事物的“玄览”、“静观”。他认为，人的认识事物，是由感觉到思维、理解，由感官所得的感觉经验并不能认识事物的本质，所以应从感觉经验中解脱出来，进行理性的思考，此即“涤除玄览”。要认识事物，还要排除干扰，冷静观察。“致虚极，守静笃”，[3] 冷眼旁观，安静思考，即“静观”与“玄览”相结合。这一认识论在后人关于文艺的论述中得到了应用、发展，此即文论史上的“虚静说”，在下面讲庄子时再论。

五　孟子的知言养气与知人论世

孟子与孔子一样，其哲学思想主要也是属于政治、社会体系。他在文艺美学上的贡献主要在对主体的道德人格之张扬，与之相关，在文艺批评上提出了“知言养气”和“知人论世”说，对后来有较大的影响。

与推行“仁政”的思想互为表里，孟子之学具有显著的“内圣”性质，从而很注重人格修养。“居天下之广居，立天下之正位，行天下之大道。得志，与民由之，不得志，独行其道。富贵不能淫，贫贱不能移，威武不能屈，此之谓大丈夫。”[4] “故天将降大任于斯人也，必先苦其心志，劳其筋骨，饿其体肤，空乏其身，行弗

① 《老子》十四章。
② 《老子》四十五章。
③ 《老子》十六章。
④ 《孟子·滕文公下》。

乱其所为，所以动心忍性，曾益其所不能。”① 皆其所论之著名者。“知言养气”是孟子立足于主观的的哲学思想，对文艺批评有很大影响。“养气”之所养者是“浩然之气”。《公孙丑》上篇云：“我知言，我善养吾浩然之气。”“其为气也，至大至刚，以直养而无害，则塞乎天地之间。其为气也，配义与道。无是，馁也。”“知言”即懂得何为错误言论，错在何处；“养气”指要有正义感很强的精神状态。“知言”与“养气”关系密切，有了浩然之气就能分辨和认识错误言论，并驳倒它，即“养气”而后才能“知言”。“浩然之气”有明确的政治道德内容，“配义与道，集义所生”，“无是，馁也”，道德修养与“浩然之气”成正比。由“知言养气”说可知：要创造好的文艺作品，先要有充分的道德基础。这些，无疑对审美和文艺创作主体的人格修养，产生了积极的结果，后世的文艺家多讲人格、人品，而不是只讲艺品，与此大有关系。魏晋的文气说、韩愈的“气盛”说、苏辙对“养气”的扩大，都可以看到“知言养气”说的影响。文天祥《正气歌》更是“浩然之气”的形象演绎，可以说一直到无产阶级革命烈士留下的不少诗歌，对此都有继承。

孟子认为，人的内在人格、精神、道德应与外在的形体、面貌是一致的，其心中的仁义礼智会现于身体而尤其见于眼睛，“胸中正，则眸子瞭焉；胸中不正，则眸子眊焉”，② 这一说法后来在汉魏的“形神之鉴”中得到了进一步发挥，对以顾恺之为代表的人物画有很大影响，且为世代相承。

孟子针对读《诗》出现的偏差而提出“以意逆志”、“知人论世”的方法，《孟子·万章下》：“颂其诗，读其书，不知其人，可乎？是以论其世也，是尚友也。”此系论交友事，而非论文学批评，但因说了颂诗、读书与“知其人”“论其世”的关系，所以也就确立了文学批评的方法。《孟子·万章上》真正谈了文学批评方法：“故说诗者，不以文害辞，不以辞害志；以意逆志，是为得之。”他认为要正确理解文艺作品的内容，在此基础上分析作者的目的意图，不要解得太死、太实。而要对内容有正确理解，就要知人论世，了解当时的情况、时代背景。“以意逆志”、“知人论世”对纠正春秋以来评论《诗经》的断章取义现象有积极作用，对后来影响很大，可以说至今还在沿用（当然孟子自己解诗有时也解错，就另当别论了）。

关于对美感的普遍性认识，见于《告子上》：“口之于味也，有同嗜焉；耳之于声也，有同听焉；目之于色也，有同美焉。”此处不作论析了。

六 庄子的假象见义、以天合天

庄子在文艺美学上的贡献，要较儒家大得多。如果说，儒家的贡献主要还限在功能论或涉及批评论，那么在创作论上则让庄子所独尊。庄子哲学的基础是“道”，他同样将“道”看成是宇宙的本体和万物变化发展之源，而这类似于宇宙精神的

---

① 《孟子·告子下》。

② 《孟子·离娄上》。

“道”又能与人的主观精神相融合。在上述基础上，庄子哲学的核心是反对人的异化，他和孔子一样，也具有原始的人道精神，也将“仁”理解为“爱人”，但他生活在孔子死后一百五十多年，看到仁义之道在现实中行不通，在主张回到原始社会的同时，反对人为物役，“丧己于物”，通过“重生”、“养生”、“保身”，最终将个体人格扩展为“天地与我并生，万物与我为一”。至于如何达到这样的境界，他也和老子一样否定人的主观能动性，而认为无知无欲、无为自在才能达到。

在庄子的思想中，哲学与美学交融统一，这里我们无法细讲，只能粗线条地讲他的美学。庄子的美学思想极其丰富，关于“美”，他主要有这样一些思想：以“圣人法天贵真”论美与真的关系，以“素朴而天下莫能与之争美”论自然美，以“天地有大美而不言”论美在于“无为”，以海河、鹏雀之较论“大美”——无限美，以多次阐述美丑的相对性，甚至挖掘出“德有所长而形有所忘”的丑中美。在审美感受的理论上，更有独到处，如以“乘物游心”言审美之超功利性，以“徇耳目内通而外于心知”言审美的心理特征，并经验性且艺术性地描述了“身与物化”的审美境界。由于庄子的美学思想太丰富，限于篇幅，我们只能极简略地带过。

关于文艺美学的艺术创造问题，主要讲“假象见义”、“以天合天”两点。

先看“假象见义”。庄子也讲“道”，要获得“道”，在精神上与“道”合一，只能通过“心斋”、“坐忘”来实现（前即虚静养心，绝思绝虑，后即抛弃一切知识的混沌状态），他也肯定了通过心斋、坐忘可以创造合乎自然的艺术。“道”是全的，包括了一切的客观真理，人的认识只能是“偏”的部分，为获得“全”的“道”，就要排斥一切“偏”而“不全”的认识，艺术也是这样，所以反对一切人为造作的艺术，而主张“天籁”、“天乐”。但如果因不可知论而成了取消主义，庄子对文艺美学就无所贡献了，他在树立标准的同时，实际上已讲到创造了：那就是“天乐”——与自然同趣、无丝毫人为造作痕迹的音乐，和“解衣般礴”的“真画”。如果说“天乐”是“听之不闻其声”，“真画”就有所示形，所以毕竟还产生了“假象见义”问题，在文学上则是“言意之表”。其主要观点是：“可以言论者，物之粗也。可以意致者，物之精也。”[①]“知者不言，言者不知。”[②]“言者所以在意，得意而忘言。”[③]郭象解释说：“求之于言意之表，而入乎无言无意之域，而后至焉。”这就启发了后人不拘于语言文字，而重在言外之意，重在意境。后来文艺理论中的“义生文外”，[④]“情在言外”、“旨冥句中”，（皎然语）“义得而言丧”、“境生于象外”，（刘禹锡语）“象外之象”、“景外之景”、“味外之味”，（司空图语）“美在酸咸之外，可以一唱而三叹”，（苏轼语）“空中之音，相中之色，水中之月，

---

① 《庄子·秋水》。

② 《庄子·天道》。

③ 《庄子·外物》。

④ ［南朝齐］刘勰：《文心雕龙·隐秀》。

镜中之象”，（严羽语）直到王士祯神韵说、王国维境界说等，都是“言意之表”的延续和发展。音乐的含蓄不尽，余音袅袅，绘画的有无相生，计白当黑，文学的意余于象，短小深隐，都与此有关。

再看“以天合天”。如果说，以“言意之表”为核心的“假象见义”还并未落实于创造，那么，“以天合天”则是真正的艺术创作论了。庄子在《养生主》和《达生》等篇中，通过不少寓言故事，阐述了艺术创作的规律，即《养生主》中的庖丁解牛，《达生》中的梓庆削木为鐻，痀偻者承蜩，吕梁丈人蹈水，津人操舟，《天道》中的轮扁斫轮等。其中的劳作并非只是简单的熟能生巧，而是“心斋”、“坐忘”，主观上与“道”合一。尤其是梓（木工）庆为鐻，人们疑为鬼斧神工，其实是在“斋以静心”之后，入山林，择天性最合者而为鐻（乐器），这就是“以天合天”——“因于天性，顺其自然”（成玄英释）。综合这几个故事而言，一是要长期的实践，完全掌握客观规律；二是专心致志于创造，不能分散心思。合于自然的文艺要因于自然而创造，要专心于此，最后掌握规律，达到出神入化。

以上二者之外，庄子对形神关系的论述启发了后来的“形神之鉴”，在理论及相关创作上有很大影响，这里也简单说说。老子关于“有”与“无”的看法，到庄子那里就出现了“形”与“神”一对概念，由于他重“道”轻“物”，在评价人物时，取重神不重形的观点，肯定了“德有所长而形有所忘”；而在讲“坐忘”时的“堕肢体”“离形去知”，又可见出“神”对“形”的独立性。《养生主》的薪火之喻是形亡而神存思想的体现。经《淮南子》的发展，到魏晋时因察举制而引发的人物识鉴，使“形神之鉴”与“言意之辩”大行，而“形神之鉴”对我国的绘画理论有很大的影响，对文学创作的传神说也差近之。

七　荀子的言志、明道观

荀、孟都是儒家，但荀子唯物主义思想多，而孟子唯心，荀子生活在战国后期，志在建立自己的理论体系，以适应社会的发展，所以在批判各家思想的同时也作了综合，将儒家思想推进到一个新阶段。他不像孔孟那样重仁义道德，而是充分肯定人对功利的追求和欲望的满足，认为是生于人的性情。他极力批驳墨子的“非乐”，认为为了显示人主的威势，满足他们的愿望，应追求最好的物质享受，欣赏最好的歌舞。他还针对庄子认为声色味等五者是“生之害”、“使人失性”的看法，提出五者分养口、鼻、目、耳、体的“礼者，养也”之论。[1] 与此同时，他作为儒家人物，毕竟也没有忘记提出礼义对欲望的制约，认为个人出于自然人性的需求，应同社会对伦理道德的要求统一起来。

荀子在文艺美学上的建树也不少，如以“全”、“粹”为美，观乐知政，礼以节

---

① 《荀子·礼论》。

外，乐以和内等，是其主要观点，这些我们都不讲。而侧重讲其言志、明道观。荀子与孔子一样重视美善相结合，《乐论》中有“美善相乐”一语，他明确提出文艺的目的是“明道”，一切学术文化最终都应阐明“道”。《儒效》篇云：“圣人也者，道之管（枢纽、总汇）也。天下之道管是矣。百王之道一是矣。故《诗》、《书》、《礼》、《乐》之道归是矣。《诗》言是其志也，《书》言是其事也，《礼》言是其行也，《乐》言是其和也，《春秋》言是其微也。”这既可见荀子面对精神文化的积累，已表现出一种“自觉”的分类意识，导魏晋诸家之先，又可从他对“明道”的“五经”中，分言诗“言其志”，乐“言其和”，看出他继承“中和之美”的思想。

关于韩非以功用为标准、重质不重文，和《易经》模仿自然、讲变化发展，以及《吕氏春秋》等美学思想，我们都不作讲述了。与北方各国不同，屈原在南方创作了瑰丽的《楚辞》，作品中表现出独特的哲学观与美学思想，在此也不作讲述，而留待后面讲先秦文艺时再讲。

总之，先秦诸子虽有百家之称，但对后世的影响而言，则主要是“儒道互补”。从对文艺的作用而言，如果说孔子的积极入世思想，知其不可为而为的从政态度，经孟子的人格理想补充，对后世文艺家合从政与创作于一身，以兼济天下为己任有决定性作用的话；那么，老子的无为自化思想和庄子的独立人格精神，则成为独善其身的行事原则，成了前者的积极补充。如果诗文主要表现为入世，绘画主要是出世（山水），如果唐诗可以概言为入世、进取，元曲则为叹世、归隐。如果说儒家造就了现实主义的文艺传统，道家则影响了浪漫主义文艺，前者的理性精神和关注人生的态度，影响了汉乐府、建安诗，以至杜甫、白居易、陆游、辛弃疾，后者的热烈想象和浪漫风格，又给楚辞、汉赋、游仙诗、李白、李贺、苏轼直到龚自珍留下了巨大的身影，形成中国文艺双峰并峙、二水分流之势。先秦诸子哲学思想所决定的文艺美学，对后代的理论和创作影响极大，可以认为，汉代、魏晋南北朝、隋唐、南北宋、明清各代都源于此，仅是侧重点不同和阐发角度、方法有异，在不同的论题上有各自的发展罢了。

第二节　两汉经学与文艺美学

两汉时代的文艺美学有以道家思想为基础的《淮南子》美学，后又有司马迁、王充等人的重要美学思想，但由于两汉的显学是“儒学”之学——经学，故此节专讲两汉经学及相关的美学，其余略而不讲。据皮锡瑞《经学历史》之见，孔子删定六经是经学的开辟时代，而经学传于孔门，则开始了流传的时代。此书引《史记·儒林传》所说，以见当时经学之繁荣，并认为：“经学至汉武始昌明，而汉武时代之经学为最纯正。”汉武帝时期，两汉经学家是个庞大的队伍，且经学有古文、今文之别，正如皮氏所说：“前汉今文说，专明大义微言；后汉杂古文，多详章句训诂。”这里不依人而立，也不涉经学历史，主要讲与两汉经学有关的文艺美学思想。

一　天人感应说

前面我们在论述古代中国农业经济与文艺的关系时，曾涉及天人合一的思想，并认为这一思想的产生同农业生产活动中的顺应自然有关，到汉代，又有天人感应的思想产生，其代表人物是董仲舒。在董仲舒之前，与“天人感应”相关的，是《中庸》所明确提出的“天人合一”思想。《中庸》是《礼记》中的一篇，成书在秦统一之后，有的哲学史家认为是未被官方采纳的地主阶级学说。《中庸》认为，人的本性是天命决定的，顺着这种天赋的本性的行为才算作“道”，遵循这个原则的行为才算作教化，即：“天命之谓性，率性之谓道，修道之谓教。”它反复申述天赋道德，而天赋的道德观念又天然地符合封建的伦理秩序，这天赋道德是“诚”，“惟天下至诚为能化。”董仲舒的天人感应说就吸收了它的唯心主义、神秘主义，使之更为系统、全面。

董仲舒是最主要的经学家，现存著作有《春秋繁露》，为改革秦时弊政，提倡德治，主张“更化”，推崇孔孟学说，配之以修郊祀、改正朔、建封禅、礼百神，而将儒学神秘化。董仲舒哲学思想主要有：世界观的天人感应目的论，思想方法的形而上学，即“天不变道亦不变”，以及认识论的“以名正实”，再就是历史观的“三统”、“三正”循环论，和道德观的神权、皇权、族权、夫权的合理性。而对文艺美学影响至大的是天人感应说。

天人感应说的主要内容是：一，将“天”解释为至高无上的人格神，并提出了“天志”和“天意”的概念，将自然现象按目的论而加上道德属性和感情表现（如“春，爱志也；夏，乐志也；秋，严志也；冬，哀志也”），而天，则“仁之美者在于天，天，仁也”。二，认为天生万物是为人，天之生人是实现天之意志。人是天的缩影，“人副天数”（天以终岁之数成人之身，故小节三百六十六，副日数也；大节十二分，副月数也；内有五藏，副五行数也；外有四肢，副四时数也。）人如违反天意，就会引起天的震怒，出现灾异。三，天不但创造了自然和生活，还给人类社会设立“君主”代天赏罚，此即“君权神授”，同时又假天地之威，以限制皇帝。显然，董仲舒的理论确实是将儒学神学化了，但他的给自然意义的天加上了仁、德的属性，要君主顺天行事，并以天的权威来节制君主的权力，无疑又是对孔孟仁政思想的发扬。但是，董仲舒的天人感应论又成了两汉经学谶纬化的先导，尤其是今文经学大讲符瑞灾异，使立足于民的先秦儒学变而为神学、宗教，在使经学丧失了自身的学术价值同时，也给文艺带来了神学化的广泛影响。

从天人感应出发，推之于文艺，董仲舒认为“礼乐”及以“仁义”为内容的“诗”都体现了天意，故“王者”“受命应天制礼作乐”，这一思想在班固撰集的《白虎通义》中仍得以继续和发展。进而指导创作则是《郊祀歌》中的君权神授内容，和天人感应的大赋，如西汉王褒《圣主得贤臣颂》、《甘泉宫颂》，东汉班固的《两都赋》、《终南山赋》、《东巡赋》、《南巡赋》，傅毅的《洛都赋》等（尤其《两都赋》)。绘画亦多神的内容。就建筑言,《白虎通义》解释宫廷建筑的“辟雍”、“明堂”:“辟者,璧也,象圆,以法天也。”“明堂者,所以通神灵,感天地,正四时,出教化,宗有德。”“上圆法天,下方法地,四闼法四时,九室法九州,十二座法十二月。”对音乐,“通乎鬼神”,“郑卫之音”是邪恶的“淫声”,而“雅乐”是神圣的。所以我们可以认为,天人感应说对汉朝的代表皇权威势、利益的文艺是有推助作用的,与大一统封建王朝建立后的需要是一致的。随着谶纬的流行,在后来的发展中,文艺也相当程度地发生了神学化的蜕变,也就失落了文艺本身的价值和最可宝贵的人民性。

董仲舒对于音乐上的共振、谐和现象也作了天人感应的解释,并推而广之地将人的身体变化同自然现象的变化联系起来。《春秋繁露》中称之为“同类相动”,以此为名而论之:“百物去其所与异,而从其所与同,故气同则会,声比则应,其验皦然也。试调琴瑟而错之,鼓其宫,则他宫应之,鼓其商,则他商应之,五音比而自鸣,非有神,其数然也。”他就此还作进一步的推论:“美事召美类,恶事召恶类,类之相应而起也。如马鸣则马应之,牛鸣则牛应之。帝王之将兴也,其美祥亦先见;其将亡也,妖孽亦先见。……天将阴雨,人之病故为之先动,是阴阳相应而起也。……非独阴阳之气可以类进退也,虽不祥祸福所从生,亦由是也。无非已先起之,而物以类应之而动者也。故聪明圣神,内视反听,言为明圣,内视反听,故独明圣者,知其本心皆在此耳。”本着天人感应的认识,他将人的感情变化与天相联系,《阳尊阴卑》云:“夫喜怒哀乐之发,与清暖寒暑,其实一贯也。喜气为暖而当春,怒气为清而当秋,乐气为太阳而当夏,哀气为太阴而当冬。……人生于天,而取化于天。喜气取诸春,乐气取诸夏,怒气取诸秋,哀气取诸冬,四气之心也。”尽管在今天看来,董仲舒的看法很缺乏科学性,但“同类相动”的原则毕竟不是完全的唯心主义,他还看到了人与自然界的联系,和自然界各种事物间的联系。后来的许多论者都对董仲舒的观点有所继承和发展。陆机《文赋》的“悲落叶于劲秋,喜柔条于芳春”,刘勰《文心雕龙·物色》所论的四季变化同人的感情变化的诸般对应关系,摒弃了董仲舒的神秘主义色彩,却仍继承了他正确的人天相应看法,而宋代以后随着山水画的发展,画家对山水自然的移情,也使之常有以人的感情看待山水四季景色变化之论。

二 山水比德说

山水比德本是孔子之论:“知者乐水,仁者乐山;知者动,仁者静;知者乐,仁者寿。”① 而在孔子之前,已有《诗·周颂·般》、《诗·鲁颂·閟宫》将山与国之德相联系的诗句,孔子之后,孟子和荀子也有进一步的发挥。如孟子说:“孔

---

① 《论语·雍也》。

子登东山而小鲁，登泰山而小天下，故观于海者难为水，游于圣人之门而难为言。……流水之为物也，不盈科不行；君子之志于道也，不成章不达。”[1] 荀子更给流水赋予了德、义、道、勇、法、正、察、善化、志等道德精神上的属性。[2]

由于董仲舒以仁、德推之于天，屡谈天地之“仁”，故对山水比德说又有发展。他在《王道通三》中写道：“仁之美者在于天。天者，仁也。天覆育万物，既化而生之，有养而成之，事功无已，终而复始，凡举归之以奉人。察于天之意，无穷极之仁也。”尤以天“不阿党偏私，而美泛爱兼利”。以此推之于山水，他论道：“山则宠嵷㠑崔，摧嵬嶵巍，久不崩陁，似乎仁人志士。……且积土成山，无损也，成其高，无害也，成其大，无亏也。小其上，泰其下，久长安，后世无有去就，俨然独处，惟山之意。《诗》云：‘节彼南山，惟石岩岩，赫赫师尹，民具尔瞻。’此之谓也。”“水则源泉混混沄沄，昼夜不竭，既似力者；盈科后行，既似持平者；循微赴下，不遗小间，既似察者；循溪谷不迷，或奏万里而必至，既似知者；鄣防山而能清净，既似知命者；不清而入，洁清而出，既似善化者；赴千仞之壑，入而不疑，既似勇者；物皆因于火，而水独胜之，既似武者；咸得之而生，失之而死，既似有德者。孔子在川上曰：‘逝者如斯夫，不舍昼夜。’此之谓也。”[3]“山水比德”并非董仲舒一人之论，刘向释“知者乐水，仁者乐山”亦从德、仁、义、知、勇、察、正、度、力、持平、有礼、知命、善化等各种美德而拟水；又从“万民之所观仰”，“育群物而不倦，四方并取而不限”说明“乐山”之缘由。他还言“玉之六美”：德、智、义、勇、仁、情。[4] 可以认为，“山水比德”对文艺批评的道德标准之重视起了很大作用，对后来文艺创作之比兴、象征、寓意都有影响，如诗之写芳草贞禽之类，尤其是绘画的“岁寒三友”、“四君子”，清初石涛在其《苦瓜和尚画语录·资任》章中，还从自己作为山水画家的角度，对山水比德说作了很生动形象的、新的表达与发挥。

三　风动、教化说

刘向《说苑·修文》提出“乐者德之风”的观点：“凡从外入者莫深乎声音，变人最极，故圣人因而成之以德，曰‘乐’。乐者德之风。《诗》曰：‘威仪抑抑，德音秩秩。’谓礼乐也。故君子以礼正外，以乐正内。内须臾离乐则邪气生矣，外须臾离礼则慢行起矣。……乐之动于内，使人易道而好良；乐之动于外，使人温恭而文雅。雅颂之声动人而正气应之，……郑卫之声动人而淫气应之。是以君子慎其所以动人也。”显然，这些论述有些似曾相识，因为在《国语》中已有“乐以风德”

---

① 《孟子·尽心上》。
② 《荀子·宥坐》。
③ ［汉］董仲舒：《山川颂》。
④ ［汉］刘向：《说苑》卷十七《杂言》。

的说法，我们在前面已引，只是刘向作了新的发展罢了。

《毛诗序》表现出更为系统的风动、教化说：“《关雎》，后妃之德也，风之始也，所以风天下而正夫妇也。……风。风也，教也；风以动之，教以化之。”“上以风化下，下以风刺上，主文而谲谏，言之者无罪，闻之者足以戒，故曰风。”“然则《关雎》、《麟趾》之化，王者之风，故系之周公。……《鹊巢》《驺虞》之德，诸侯之风也，先王之所以教，故系之召公。”这风动教化说，可谓汉代经学关于文艺功能论的最重要的总结，即以德感动、感化之说，与“经夫妇，成孝敬，厚人伦，美教化，移风俗”一起，既是孔子“思无邪”、“兴观群怨”说的发展，又成为后代的创作批评准则，影响深远。从郑玄《诗谱序》、经《文心雕龙》而直到清人，都代有阐发。

四　雅郑、文质说

两汉经学的从章句之学转为训诂之学，扬雄是关键性人物。尽管他没有司马迁突破儒家思想束缚的勇气和异端色彩，却已在《易经》象数学的基础上提出了“太玄”哲学，以其朴素唯物主义的自然观和认识论，表现出对主流的神学目的论的批判精神，使其哲学呈现二元论倾向。

这种二元论倾向不但见于其自然哲学，也推及其政治哲学。一方面，他抨击“虐政虐世”[①]，主张改革弊政；另一方面，又认为人性中有善有恶，应通过礼乐教化来治理。后者反映到文艺上，就是对乐倡以雅正而辨雅、郑之音。《法言·吾子》：“或问：‘交五声十二律也，或雅或郑，何也？’曰：‘中正则雅，多哇则郑。’‘请问本？’曰：‘黄钟以生之，中正以平之，确乎郑卫不能入也。’”又《寡见》：“或曰：‘君子听声乎？’曰：‘君子惟正之听；荒乎淫，拂乎正，沈而乐者，君子弗听也。’”董仲舒曾说：“中者，天下之终始也，而和者天地之所生成也。夫德莫大于和，而道莫正于中。”[②] 其中和之论是天人观的体现，却显得较“虚”，而扬雄所论，则将中和观导向了音乐的实处。

扬雄对西汉的重质轻文也提出了自己见解。他的《太玄》本自然之道而多有阐发，可见重“质”的倾向。但是，他又认为，文采是自然之道的表现：“或曰：‘良玉不雕，美言不文，何谓也？’曰：‘玉不雕，玙璠不作器；言不文，典谟不作经。’”[③] “或问圣人表里。曰：威仪文辞，表也；德行忠信，里也。”[④] 这又可见对“文”的重视。他还进一步表明了对文质关系的见解：“或问：‘君子尚辞乎？’曰：‘君子事之为尚。事胜辞则伉，辞胜事则赋，事辞称则经，足言足容，德之藻矣。’”[⑤]

---

① ［汉］扬雄：《法言·吾子》。
② ［汉］董仲舒：《春秋繁露·循天之道》。
③ ［汉］扬雄：《法言·寡见》。
④ ［汉］扬雄：《法言·重黎》。
⑤ ［汉］扬雄：《法言·吾子》。

“圣人，文质者也。车服以彰之，藻色以明之，声音以扬之，诗书以光之。笾豆不陈，玉帛不分，琴瑟不铿，钟鼓不抎，则吾无以见圣人矣。”① 总之，扬雄发挥了孔子“文质彬彬”之论，对东汉王充、张衡、蔡邕等人的重文理论有较大影响。

诚如郑振铎所说，两汉是“诗思最为衰竭的时代”，在文艺上虽有赋、诗、乐、画、书、建筑等诸方面贡献，但因缺少“诗思”，在文艺美学上的创获较为有限，其中心可谓神学美学，次则功能论。经学家的美学其实并不能代表汉代文艺美学的全部精华，由于我们只讲“朝代之显学”及相关的美学，非经学家者不讲，而像桓谭、王充，则因他们的学说是对谶纬神学的批判，难以作为传统的经学看待，所以他们的哲学思想及相关的美学观也不在此论述了，故本章只能择要讲述至此。

第三节　魏晋玄学与文艺美学

魏晋玄学的产生是中国哲学史上的一个重大转折，它将汉代的宇宙论转向本体论，其核心是在挣脱汉儒的神学观之后，努力探求理想的本体人格之建构，这就是常说的“人的觉醒”，随之则伴生了“文的自觉”。过去对魏晋玄学一直评价不高，原因在于丢弃了儒学，且空谈误国。但是，鲁迅就肯定了玄学对传统的大胆批判精神，宗白华更指出“汉末魏晋六朝史中国政治上最混乱、社会上最苦痛的时代，然而却是精神史上极自由、极解放、最富于智慧、最浓于热情的一个时代。因此也就是最富于艺术精神的时代。”“这也是中国周秦诸子以后第二度的哲学时代。”② 魏晋南北朝在文艺美学上颇有建树，如建安的文气说，西晋的陆机《文赋》，葛洪的《抱朴子》，刘宋佛学的影响，齐梁至陈的《文心雕龙》、《诗品》、《画品》等，都有很大影响，但这一节一仍前面所说的与一代之学术相联系的精神，只紧扣与玄学有关的文艺美学而言之。玄学也有不同的派别和观点，此处不讲，亦如经学一样，统而论之。集中起来，主要讲四个问题：名教、自然，有无之争，言意之辩，形神之鉴。

一　名教与自然

名教与自然是玄学讨论的一个重要问题。“名教”即以正名定分为中心的封建礼教，自然当然与之相对。在汉末社会大动乱中，“名教”受到了冲击，但又不能根本否定，关于二者关系的讨论，实质是批判名教之虚伪和不近人情，而企图建立与新的历史时代相适应的伦理道德。在司马篡魏的正始时期，政治黑暗，杀戮不断，建安时复兴起来的儒家“入世”精神渐渐销减，对人性压抑的反抗使玄风独畅，纵酒谈玄成为时尚，名教与自然的讨论遂为之出现，由于以司马氏为代表的门阀氏族

① ［汉］扬雄：《法言·先知》。
② 宗白华：《美学散步》，上海人民出版社1981年版，第177页。

借“名教”进行罪恶活动，所以反对名教的实质是政治斗争。这一讨论经历了三个阶段。第一阶段的王弼主张“名教”应建立在“自然”的基础上，认为“万物以自然为性，故可因而不可为也，可通而不可执也。”[①]。第二阶段的阮籍、嵇康主张“越名教而任自然”，这是最激进、也是与美学关系最密切的阶段。阮籍在《大人先生传》中宣称“汝君子之礼法，诚天下残贼乱危死亡之术耳。”嵇康认为六经“抑引为主”，而人性“以纵欲为欢”，主张超越外在的束缚而确立个体的价值。第三阶段的郭象主张“名教”即“自然”，合乎“名教”即合乎“自然”，很显然，前期的批判精神已消失了。

与“名教”、“自然”的命题相关的是玄学关于有情与无情的讨论。据《魏志·钟会传》注中说，何晏认为圣人无喜怒哀乐，王弼则认为“圣人茂于人者神明也，同于人者五情也。神明茂，故能体充和以通无；五情同，故不能无哀乐以应物。然则，圣人之情，应物而无累于物者也。”其实何晏并不是主张真正的无情，而是主张道家所说的合于自然无为之“道”的“至情”。在这一论辩中，王弼的圣人有情论更代表玄学的主要倾向（非禁欲和寡情），其主张有情，却“应物而无累于物”，即能超脱事物束缚，达到无限与自由之境。嵇康的看法也与王弼为近，其《释私论》论君子的特点是“气静神虚”“心不存于矜尚”，“体亮心达”，“情不系于所欲”，所以“物情顺通，故大道无违；越名任心，故是非无措也”。

“名教”与“自然”，有情与无情的讨论，比以往的哲学更为突出个体人格、情感，超出于外物、伦理、欲望，这就使人格、情感成为玄学的主题。在将其价值提升到至高之境同时，亦将汉儒以道德、教化为中心的审美，转为审美活动与文艺题材的真正中心——情感，这在中国文艺史上具有重大的意义。“情之所钟，正在我辈”，王戎此语在《世说新语》中可找到许多例子，如阮籍率意驾车，车迹所穷，痛哭而返；桓子野每闻清歌，辄唤奈何；张翰为顾彦先吊丧，鼓琴大恸……在向内发现自己的深情后，又向外发现人格美、风度美。当时，人们的高级社交颇为兴盛，其著名者有竹林之游、兰亭之会，在这些场合抒发个性，表现感情。同时，人物品藻成风，高度赞扬人的风度、言辞之美。推之于外，则是对山水美的发现，不仅是《世说新语》中有不少“山水赏会”的记录，而且山水诗创作逐渐兴盛。总之，由于文艺挣脱了长期以来的教化工具说，“自觉”的结果是出现了纯文艺。

二 有无之争

有、无之争的实质是贵“无”，正如裴頠《崇有论》所说：“虚无之言，日以广衍。”“上及造化，下被万事，莫不贵无。”“贵无”说的产生同当时的政治形势有关，由于在曹氏与司马氏的斗争中，贵族大臣们互相倾轧，在对时代感到悲观失望

① ［三国魏］王弼：《老子》二十九章注。

同时，“贵无”不无逃避政治灾祸之意。由何晏奠基，王弼反复发挥，奠定此说，亦即奠定了玄学的宗旨。“无”源于道家哲学，但所重并非宇宙万物之生成或自然规律，而在于“圣人”的有名无名，即理想人格。何晏说：“天地万物，皆以无为本。”“阴阳恃以化生，万物恃以成形，贤者恃以成德，不肖恃以免身。”（《晋书·王衍传》）据刘卲《人物志》，认为“圣人”的最大特点是“平淡”、“无名”、“无味”，此即不似“偏至之材”只具一方面的才能、德行，无味之水可和众，非举出一名以名之。何晏将政治学同道家哲学联系起来，提出以“无”为本，成为高度抽象的玄学问题。王弼进而指出无形、无名表现在有形、有名的东西中（四象：天地日月；五声：宫商角徵羽），否则“无形”、“无名”（即无限）无以呈现，但人们不应执着于有名、有形，否则就不能把握无限，即达到无限就要抛弃有限。王弼又从这看法出发，提出了“本”、“末”及相互关系的问题：“母，本也。子，末也。得本以知末，不舍本以逐末也。”① 在他看来，“无”是“本”、是“母”，“有”是“末”、是“子”，只有抓住“本”，才能得到“末”。王弼还说：“自然者，无称之言，穷极之辞也”②，“自然”是事物的本体，“有为”不是第一性，故不及无为，本体无形无相，却高于万有。总之，“无”在“有”之上，所以应以无为本。

有、无、本、末之争，本是哲学上的问题，却对文艺美学的构建起到很大作用。一是因为“无”是超越有限的本体，故摆脱束缚，达到精神自由，就能认识美、创造美。这与文艺创造之距离说、非功利说，关系极为密切。二是认识到美是无限的表现，不应停留在形色音声之上，而应超越它们，如此突出了美的超感性的精神内容，加深了对美的本质的认识，虽有脱离现实之消极面，却因超越有限而契合无限，表现出更为高深、纯净的境界。三是不重外在美，而追求永恒的素朴的美，故推崇真实、自然、平淡、高洁为至高之美。

这样的美学观，既造就了陶潜既真意盎然又平淡朴素的诗歌，又形成了以宗炳、王微为代表的澄怀观道的山水画和一片神机，无法而有法，心手相应、天马行空的二王行草。这些，都是玄学精神在艺术上的体现。

三　言意之辨

“言意之辨”起于庄子和周易，但真正成为具有重要地位的学说则在魏晋。汤用彤先生认为，此说当起于汉魏间的名学，而名理之学又源于评论人物，进而从名学的原则变成了玄学家的方法论。玄学家王弼以《庄子·外物篇》的筌蹄之说作《周易略例·明象章》，对此很有发挥。他认为汉人解《易》重象数，以不变的眼光看待卦爻辞代表的事物，过于刻板、机械，所以提出了应体会蕴含的意义，要“得意而忘象”，“得象而忘言”。他在《周易略例·明象章》中说：“意以象尽，象以

---

① ［三国魏］王弼：《老子》五十二章注。
② ［三国魏］王弼：《老子》二十五章注。

言著。故言者所以明象，得象而忘言；象者所以存意，得意而忘象。”这种看似“过河拆桥”的理论，其实在于指出应超脱于有限的“象”和“言”而领会无限的“意”，对于批判机械论无疑是合理的。但他进而强调到另一端：“忘象者乃得意者也，忘言者乃得象者也。得意在忘象，得象在忘言。故立象以尽意，而象可忘也；重画以尽情，而画可忘也。”认为忘象才可得意，忘言才能得象，则又因走极端而失去其合理性。

尽管王弼所认为的只有忘象才能得意，只有忘言才能得象，是过犹不及式的错误，但是，在“言不尽意”以达无限，重在“忘言”、“忘象”的内心体验上，玄学沟通了美学的桥梁，却是他的贡献。由于语言、形象难于完全表达心中所领悟之“意”，所以就要在借助于语言和形象的同时，又要超越其局限，达到内心的真正体验、领悟，这无疑又可从人们的经验中得到验证。所以，陆机在《文赋序》中道出了自己的体会，即“恒患意不称物，文不逮意”；陶渊明会在欣赏自然美景时感叹“此中有真意，欲辨已忘言”；《文心雕龙·神思》认为“意授于思，言授于意，密则无际，疏则千里”；连后来黄庭坚写品茶之乐，也会感叹“口不能言，心下快乐”。确实，只能在心中领会、而难以用语言表达的情况是常见的，这就使人们在感叹语言表达的“力拙”同时，又要努力于探求如何通过有限的语言去传递更多的“意”。“言不尽意”对文艺美学有积极、深远的影响，尤其见于诗歌理论中。如《文心雕龙·隐秀》所说的“义生文外，秘响傍通，伏彩潜发”，“深文隐蔚，余味曲包”，钟嵘《诗品序》的“文已尽而意有余”，及皎然《诗式》的“不顾词彩，而风流自然”，“但见情性，不睹文字”，司空图的“不著一字，尽得风流”，梅尧臣的“状难写之景，如在目前，含不尽之意，见于言外”，苏轼的“萧散简远，妙在笔墨之外”，姜夔的“句中有余味，篇中有余意，善之善者也”，严羽的“羚羊挂角，无迹可求”，一直到后人的诸多理论，都是对“言不尽意”的继承、发展。尽管从司空图的“不着一字”，到王夫之所说的“无字处皆其意”，并非真正是“不着一字”和“无字”，但是，文艺创作中的文外之意、象外之旨却是常见的现象，可以认为，我国文学作品普遍性的简约、含蓄，与“言不尽意”说大有关系。表现在具体的创作中，诗歌的以少概多和因小见大可谓是应用得较多的两种方法。前者如王维的《杂诗》第二首：“君自故乡来，应知故乡事。来日绮窗前，寒梅著花未?”钱锺书先生在他著名的论文《中国诗与中国画》中，曾将它与王绩的《在京思故园见乡人问》对照，认为王维“削多成一”“略具笔墨”的写法，是更得论家所称道的“诗家三昧”。后者如杜甫的诗句“花覆千官淑景移”，以官员立于花下见日影慢慢移动，透视出唐帝国的威仪和气象，所以王夫之《薑斋诗话》称道其“以小景传大景之神”。

四　形神之鉴

形神之鉴也起于老子重道轻物和庄子重神不重形的思想，在《淮南子》中继有阐发。魏晋时再兴，与言意之辨关系密切，且都与察举制有关。汤用彤先生说："汉世以察举取士，而天下重名节。""然言貌取人，多名实相乖，由之乃忽略'论形之例'而竞为'精神之谈'，其时玄风适盛，乃益期神游，轻忽人事，而理论上言意之辨，大有助于实用上形神之别。"① 汉代的察举，多在人的形貌语言，由此推知其体内五行的不同，往往失之于皮相，转为识鉴就要通过外形而得其神理，评量人物就可以减少错误。因此，"汉代相人以筋骨，魏晋识鉴在神明"是很大的变化。

何晏以"深"、"几"、"神"许人，且以"神"自况，王弼继而指出"神"的"无形无方"，到嵇康特别讲"养生"，在《养生论》中提出"形恃神以立，神须形以存"，主张"修性以保神"，养神重于养形。王弼是忘"形"以得"神"，嵇康是养"神"以兼"形"。出于对"神"的重视，非但在《世说新语》中可见许多人物识鉴的"品藻"记录，表现出对一些知名人物风神的赞叹；而且以"神"为核心，构成很丰富的人物品藻用语，如神色、神气、神情、神明、神姿、神隽、神貌等，以见出人的精神、风姿、气概、韵致，并逐渐入之于文艺美学，形成了对传神的普遍性要求。

南北朝时期，因为佛学流行，在慧远等人关于形尽神不灭的讨论中，非但丰富了此期的哲学思想，而且对形神关系的认识又在文艺理论领域内得以深化。陆机、刘勰、钟嵘等人的文学理论都将"神"置于重要地位。在艺术上，更有卫夫人《笔阵图》关于书法的骨、肉、筋的概念，南齐王僧虔《书法钩玄》所说的"书之妙道，神采为上，形质次之"，和顾恺之的画论"以形写神"，善于在画人物时通过"点睛"以传神，谢赫"六法"的"气韵生动"更树起了人物画的重要审美标准。在创作实践上，六朝不似汉代文艺那样铺天盖地，应有尽有，以气势、古拙、求全见长，却是在以少见多、含蓄蕴藉的基础上，极重神思、传神，书画如此，诗文亦如此，从山水、田园诗到山水小文均沿着这一道路发展，渐渐做到脱略形似，到唐朝，终有文艺高潮的全面出现。

第四节　隋唐佛学与文艺美学

大体说来，隋唐的文艺美学有两条路线，一条是从王通开始的批判六朝文学而开"文以贯道"的先声，陈子昂、李白、杜甫、韩愈、白居易到晚唐现实主义一派，都沿儒家的政治功利路线，应该说，此派缺乏真正的美学贡献，至多只是发展了孔子及汉儒之说。另一条路线则与佛学相关，相对说来，建树较多。我们这里讲后者。

佛教自东汉末传入之后，经过六朝而到隋唐，可谓达到鼎盛。统治者需要这一

---

① 汤用彤：《汤用彤学术论文集》，中华书局1983年版，第226页。

宗教思想武器而多加以扶植。佛教为巩固宗教势力，一方面保护寺院经济，另一方面以封建宗法制度为榜样，建立了僧侣世袭制。佛教沿着南北朝发展出的流派，形成不同宗派，按时间先后，有天台宗（成于陈、隋之际）、法相宗（唐太宗、高宗时）、华严宗（武则天大力提倡）、禅宗（武则天时期，广泛传播则在中唐、唐末五代）。另有密宗（宗教法术）、净土宗，但没有理论。天台宗以地命名，华严宗以经典命名，法相宗以学说内容为名，禅宗以修养方法命名。

天台宗的主要理论是止观学说，即定（止）慧（观）并重的修养原则，“介尔（一点点）有心，即具三千”的世界是心的幻想之唯心世界观，肯定精神实体的“真如”而否定客观物质世界的“三谛圆融”说，和“无情有性”的泛神论倾向。法相宗为玄奘所创，主要理论是唯识（抹煞外境），和唯心的“种子”构成世界说，此宗理论极为繁琐，它在印度已成为经院哲学，由于距离现实太远，不久就消落了。华严宗盛行约一百七十年，其唯心主义范畴极其复杂，难以尽说，其宇宙观也很复杂，对宋明理学颇有影响。

相较而言，四宗之中，禅宗影响最大，以致后来几乎成为佛教的代名词。由于唐宋两代都兴禅悦之风，禅宗与士夫文人关系最为密切，尤其是它的认识论和思想方法，既不同于儒学理性思维、也有别于庄、玄的非理性思维，所以对文艺美学也影响最大。下面分别论述之。

一　直觉灵感

有人认为禅宗与庄子共性很多，如李泽厚就指出：“确乎两者有许多相通、相似以至相同处，如破对待、空物我、泯主客、齐死生、反认知、重解悟、亲自然、寻超脱……等等，特别是在艺术领域中，庄禅更常常浑然一体，难以区分。”[①] 但也正如他所说，“庄子的破对待齐死生等等，主要仍是相对主义的理性论证和思辨探讨。禅则完全强调通过直观领悟。禅竭力避开任何抽象性的论证，更不谈抽象的本体、道体，它只讲眼前的生活、境遇、风景、花、鸟、山、云……这是一种非分析又非综合，非片断又非系统的飞跃性的直觉灵感。”[②] 直观感悟、直觉灵感加上静观默照，或生动活泼的“禅悟”，使艺术的非理性思维挣脱了理性，在形象的营建上特别活跃，而有的论家也注重禅宗对文艺理论影响的总结，促进了理论的繁荣。

在诗论上，皎然《诗式》所说“至如天真挺拔之句，与造化争衡，可以意冥，难以言状，非作者不能知也。”其中《取境》讲神思的“有时意静神王，佳句纵横，若不可遏，宛若神助。”托名王昌龄的《诗格》说，在“久用精思”之后有“心偶照镜，率然而生”的“生思”，都有直觉灵感的意味。在画论上，有符载评张璪画

① 李泽厚：《中国古代思想史论》，人民出版社 1986 年版，第 213 页。
② 李泽厚：《中国古代思想史论》，人民出版社 1986 年版，第 213 页。

画的“遗去机巧，意冥玄化，而物在灵府，不在耳目”，“气交冲漠，与神为徒”，[1]白居易论画也说“措一意，状一物，往往运思，中与神会”，[2]都不是理性的说法。从创作结果言，由于不是凭藉理性逻辑思维，潜意识活跃，常是忽天忽地，忽今忽古，空间和时间都有极大的随意性。在诗中，有视、听、触、嗅、味相通的“通感”现象，在画中，则是“雪中芭蕉”，不问四时。连辟佛的韩愈，在论张旭草书时，也可以崇尚直觉灵感：“观于物，见山水崖谷，鸟兽虫鱼，草木之花实，日月列星，风雨水火，雷霆霹雳，歌舞战斗，天地事物之变，可喜可愕，一寓于书。故旭之书，变动犹鬼神，不可端倪。”[3]也是忽天忽地、忽此忽彼。而杜牧的《李贺集序》之称道李贺诗，所说的“云烟绵联，不足为其态也；水之迢迢，不足为其情也；春之盎盎，不足为其和也；秋之明洁，不足为其格也；风樯阵马，不足为其勇也；瓦棺篆鼎，不足为其古也；时花美女，不足为其色也……”在诸多的取物拟象中，难道不也像李贺诗歌本身一样的上下左右、腾挪跌宕吗？这里又有多少理性的东西？我们看到的不是形象思维的极端活跃吗？隋唐艺术之受益于直观领悟、直觉灵感甚多，故极具创造力，所以毛泽东与陈毅论诗，有“唐人用形象思维”，“宋人一反唐人规律，味同嚼蜡”之说。当然，形象思维并非与禅宗相等，在非理性思维上，却颇见一致。

二　顿悟所得

作为宗教修养，禅宗原来也讲“渐修”，神秀的著名偈语“时时勤拂拭，莫使惹尘埃”就是“渐”的表现，而本来并不被人看好的惠能，其“本来无一物”，却是“顿悟”。待到后来，神秀所传的北宗渐衰，禅宗成了南宗的天下，顿悟也就很自然地成了禅宗的修养途径。与神秀所教禅法的“凝心入定，住心看净，起心外照，摄心内证”相比，《坛经》所记惠能语；“汝若不得自悟，当起般若观照，刹那间，妄念俱灭，即是自真正善知识，一悟即至佛地。”则无疑是“直了见性，不言阶渐”的顿悟法。李泽厚《中国古代思想史论》载，人们很形象地将禅宗修养的阶段拟为三境界：第一境是“落叶满空山，何处寻行迹”，此为寻禅之本体而不得；第二境是“空山无人，水流花开”，此已破法执我执，似悟而未悟；第三境是“万古长空，一朝风月”，顿悟而得。李泽厚认为这第三境是描写“瞬刻中得到了永恒，刹那间已成终古”，“在时间是瞬刻永恒，在空间则是万物一体，这也是禅的最高境地了”，[4]这瞬刻永恒带来了极度的精神愉悦，如强光所照，一片明澈。《人间词话》所说的做学问三境界似即套此而来，最后的“蓦然回首，那人却在灯火阑珊处”也

---

① ［唐］符载：《观张员外画松石序》。
② ［唐］白居易：《白居易集》卷四十三，中华书局1979年版，第937页。
③ ［唐］韩愈：《送高闲上人序》，《韩昌黎文集校注》，古典文学出版社1957年版，第158页。
④ 李泽厚：《庄玄禅宗漫述》，《中国古代思想史论》，三联书店2008年版，第208页。

是一种“顿”的境界。

宗教之通往艺术审美，其间共性颇多。从理论上来讲的，如皎然《诗式》论取境：“取境之时，须至难至险，始见奇句。成篇之后，观其气貌，有似等闲，不思而得，此高手也。”“盖由先积精思，因神王而得乎?”岂非近于顿悟？王昌龄《诗格》的“率然而生”，“神会于物，因人而得”也近之。当然，唐人成就主要在创作，理论上的体现，尚多留待宋人，如“活法”、“参活句”等等，都在宋，讲作诗之顿悟境界，也在宋。因这里讲隋唐佛学，故不讲了。近年来关于禅宗与文艺关系的论著较多，如葛兆光《禅宗与中国文化》、张伯伟《禅与诗学》等，皆可参。

三 韵外之致

早在竺道生以玄学家式的语言传播佛教时，就表现出与经院式佛学的极大不同，《高僧传》卷七载其所说的学佛方法是：“象以尽意，得意则象忘。言以诠理，入理则言息。……若忘筌取鱼，始可与言道矣。”禅宗在初立时，已是不拘守经文字句，“贵领宗得意”。六祖惠能在从学于弘忍时，是不识字的行者，所以他的教人方法是不念经，不坐禅，认为“道由心悟，岂在坐也?”所以南宗禅的“微妙法门”是“不立文字，教外别传”。[①] 禅宗讲“不立文字”，讲难以言传的领悟、感受，比道家和玄学的“言不尽意”、“得意忘言”又推进了一大步。为什么“不立文字”呢?禅宗认为文字有群体共遵的普遍规律，而悟性在个人，要真正到达或把握本体，只有靠自己的感受、体会、领悟。这样一来，很容易形成在语言、形象之外体悟其余的思想方法。

在禅的影响下，对艺术的创作、鉴赏都不执着于“象”，而要领会文字、形象之外的“意”，所以，唐代的文艺美学都讲“韵外之致”。从创作角度言，要自然，要“著手成春”，自然天成之外还应有想象。为此，皎然认为诗应该“但见情性，不睹文字”才是“发皆造极”，“诗道之极”；深受禅学影响的刘禹锡在《董氏武陵集记》中有“义得而言丧，故微而难能，境生于象外，故精而寡和”之说；司空图更以“近而不浮，远而不尽，然后可以言韵外之致”相标举，提倡“味外之旨”、“妙在咸酸之外”，而非意尽句中，要“近而不浮，远而不尽”，他又从“象外之象”、“景外之景”发展到“不著一字，尽得风流”。以上这些，都可以看到受益于禅宗之处。到后来，则有严羽《沧浪诗话》和王士祯“神韵说”。就绘画言，张彦远说吴道子画“笔不周意周”，也是这一思想的反映。影响到后世，我国文艺都以有“余味”、“余意”作为最高境界，其远祖在老、庄，近则在禅宗。

总的说来，佛教对隋唐文艺的影响主要还是在创作的题材、形式上，可用“天魔乱舞，花雨弥空”来形容，此留待下一章再讲。从文艺美学言，似是创作实践强

---

① ［宋］普济：《五灯会元》卷一，中华书局1984年版，第55页。

于理论，如王维受佛学影响至深，却表现在创作中的禅理、禅意、禅趣、禅味上，在理论上，则是不发一言，不同于宋人的既有创作，又有理论。

第五节　宋明理学与文艺美学

理学，尤其是宋代理学，在中国哲学史上有重要地位，但由于理学家不似文人之多为高官，且又对文艺多取贬斥态度，所以对文艺理论和创作实践的影响是比不上欧、苏、江西诗派及南宋诸诗人的。但由于我们专讲作为此朝显学的理学与文艺美学的关系，故将非理学家的重要理论家和文艺家置于外而不作涉及。

宋代理学其实渊源于唐，中唐啖助等师弟三人治《春秋》，批判汉唐的训诂之学，开启了宋人治经研求义理之先，且援道释入于儒，成就了新的学说。理学包含很广，从内容而言，既有宇宙论，又有伦理学，简言之，是天—命—性—心，而由“理”贯串起来，“在天为命，在义为理，在人为性”，“性即是理”，这是理学家自己的解释，故称“理学”，其实是吸收了佛、道思想的新儒学。理学代表人物颇多，有张载、周敦颐、邵雍、二程、朱熹、陆九渊，明则是王守仁及泰州学派。概言之：周敦颐是理学的开山，最先将宇宙观导入伦理学；邵雍以象数学之长将“天”与“人”相统，并开“天理”“人欲”对立之先；张载在宇宙论的基础上探讨天人关系，以人性相沟通，真正建立理学；二程将“理”贯穿诸多范畴、概念，“穷理、尽性、至命，只是一事”，故称“理学”；朱熹的“理”类似于老庄的“道”，是最高的范畴，以“理”的运动建立起“理”—“气”—“物”—“理”图式，沟通了宇宙论和伦理学，而核心仍在伦理学本体，集理学之大成；陆象山承程颢所论，倡“心即理”、“心外无理”说，将“心”与天地万物相通，建立起主观唯心主义体系，而不同于前面以“理”为本体的客观唯心主义；演至明代，王守仁继承陆象山之学，并强调“工夫”，以之即“本体”，既存留了理学重修养的一面，又论证了“知行合一”，“致良知”是他一切学说的核心，却最终非本愿地使理学瓦解。

以上是宋明理学发展演进的简单过程，我们这里不讲理学本身，而是择要讲述一些与理学命题有关的文艺美学思想。

一　作诗观物

理学家对文艺的态度不同，有的肯定，有的否定，如二程就认为学诗妨事，作文害道，而邵雍就颇喜作诗，朱熹颇擅谈诗。所谓“作诗观物”说，主要出于邵雍。邵雍提出了“以物观物”与“以我观物”的命题：“以物观物，性也；以我观物，情也。性公而明，情偏而暗。”“人得中和之气则刚柔均，阳多则偏刚，阴多则偏柔。”① 这一说法其实与玄学中的圣人有情无情说颇有渊源。他又很有针对性地

---

① ［宋］邵雍：《皇极经世书·观物外篇下》，中州古籍出版社 2007 年版，第 528—529 页。

说：近世诗人“身之休戚，发于喜怒，时之否泰，出于爱恶，殊不以天下大义而为言者，故其诗大率溺于情好也。”这是很明确地反对感情对文艺创作的主导作用，既反对了淫佚之“情”的作品，又反对司马迁“发愤著书”、韩愈“不平之鸣”、欧阳修“穷而后工”一类的情感。而是提出“以道观道，以性观性，以身观身，以物观物”，作诗则是“因闲观时，因静照物，因时起志，因物寓言，因志发咏，因言成诗，因咏成声，因诗成音。是故哀而未尝伤，乐而未尝淫，虽曰吟咏情性，曾何累于性情哉！”①

应该说，邵雍作诗虽不高明，但他的作诗、观物之论，却并非没有影响，可惜研究者似乎注意不够。从创作言，宋代最著名的诗人苏、黄，以前人仅看到苏轼的不执于物，不溺于情，达观旷放，随遇而安，都从佛、道思想上找根源。其实，也不可忽略这种观物作诗论的影响，其《超然台记》有“君子可以寓意于物，而不可以留意于物”之说，大可与邵雍所说相通。黄庭坚更认为“东坡文章妙天下，其短处在好骂”，② 推崇杜甫夔州诗，自己诗中也极少激愤不平，极少感情痕迹。他将历代诗人之诗分为三种，即国风雅颂的和谐之声，楚骚的不平之声和末世诗人喜荣怨衰的候虫之声。虽不抹煞后二者，但以寂寞无声，动而中律为极致，提倡“不怨之怨”，他之所以批评苏轼“好骂”，就是因为反对“怨刺”，所以近于程氏“吟咏性情，涵畅道德”之说。而理学家黄震也认为黄庭坚诗多“消遣世虑之为”，思想为儒，确看到了苏、黄之别。而理学家之所以有“观物”说，与文字狱、思想控制有关，邵雍本人就是力图脱离斗争而躲进安乐窝作“击壤吟”的。连“亘古男儿一放翁”的陆游，在他被迫闲退之时，那些被目为似于“老清客”的诗，也是“吟咏性情”，修身养性之作。相较之下，画家更见“以物观物”，极少动情，宋画无唐代那种热烈狂放的风格，如李公麟画当时名人的西园雅集图，是表现他们的闲情雅趣外，还曾以杜甫诗《缚鸡行》为画，诗人因社会矛盾而有犹如鸡虫得失无了时之感，李公麟却将画中人物凭依山阁、注目寒江，消失了杜甫的忧愤之情。

北宋的社会矛盾不可谓不激烈，南宋民族矛盾不可谓不尖锐，但两宋诗词绘画中，却颇多“万物静观皆自得，四时佳兴与人同”③ 之风，实与理学家所倡的“以物观物”、“静观自得”有关。

二　达意得理

邵雍诗云：“诗者人之志，非诗志莫传。人和心尽见，天与意相连。”④“不止炼其辞，抑亦炼其意。炼辞得奇句，炼意得余味。”⑤ 可见出他论诗颇重“意”。演至

---

① ［宋］邵雍：《伊川击壤集序》，《邵雍集》，中华书局2010年版，第180页。
② ［宋］黄庭坚：《答洪驹父书》。
③ ［宋］程颢：《秋日偶成二首》。
④ ［宋］邵雍：《谈诗吟》，《邵雍集》，中华书局2010年版，第489页。
⑤ ［宋］邵雍：《论诗吟》，《邵雍集》，中华书局2010年版，第356页。

朱熹，因倡有用于世的要求而提出“意”“理”之说。其《答曾景建》云：“文字之设，要以达吾之意而已。政使极其高妙而于理无得焉，则亦何所益于吾身，而何所用于斯世?”明确标举“达意得理”的创作要求。“理”的内涵很广，在不同场合可能不同义，但“达意得理”之说并非理学家之见，苏轼就颇有论意、理之论。如《答谢民师书》：“言止于达意，则疑若不文，是大不然。”评吴道子画的“出新意于法度之中，寄妙理于豪放之外”，论书法的《跋君谟飞白》“物一理也，通其意则无适而不可”等，都兼涉“意”、“理”。至如论画所说的事物“虽无常形而有常理”，要求画者要得其“常理”，更可见对“理”的表达、追求（尽管此“理”非彼“理”，但因理学之“理”本身具有宇宙论、伦理学的双重性，“常理”之说也并非与之完全无关），在苏轼文艺美学思想中有很重要地位，他并非理学家，而理学的影响可见。另外，如董逌论画，也讲“见理”、“求理”，“索于理不索于形似”。朱熹的“达意得理”，与苏轼所讲“常理”意义不同，但“理学”之以“理”名，包括宇宙观，包括寻求事物的共同规律，苏轼“常理”之说，董逌“见理”、“求理”，亦为探求规律，未出理学之外。

朱熹的“理”有其特定含义，即“义理”，他在“载道”、“明道”观制约下，认为苏、韩及今人之文“与圣贤本意，义理实处，了无干涉”，[①] 同一篇文章中又说“用力于文词，不若穷经观史以求义理”。而宋人所作，“理”或并非如此之狭，但“言理而不言情”，却是后人对宋诗的评价，诗文多如此，只有词作为“小道”可以“缘情”。身居高位者常要板起脸来扮演尊严的人生角色，连诗人、词人、音乐家、书法家而一生布衣的姜夔，其《诗说》都认为“喜词锐，怒词戾，哀词伤，乐词荒，爱词结，恶词绝，欲词屑”，可见连正当的感情都被制约得“达意得理”而“合度中节”，其自作也只有向“清空”发展了。即使以言情为本位的词，也因柳、秦、黄、周之入于冶荡，在南宋出现“风雅”词派以作反拨，理学的制约可见。

三　理一分殊

理学对文艺美学的制约是事实，但宋代文艺是继唐代后又一高峰，诗几可与唐并肩，文逾唐而上（八大家而居其六），词胜于唐，小说也胜过唐，书法不在唐之下，绘画中的山水花鸟胜于唐，雕塑别具面貌，成就也不低于唐，乐舞不及唐人的刚劲大气而转向清婉轻柔，别具面貌。总之，在气势、规模上，宋不及唐，但在细腻、优美上，宋代文艺更胜于唐。当然，这种兴盛，是与理学思想之影响无关，但是，理学也有积极影响，“常理”“得理”之说已见于上，朱熹的“理一分殊”虽是哲学的论题，也可以用来说明文艺的多种风格、面貌，有时还可见出其直接的积极作用。

---

① ［宋］朱熹：《沧洲精舍谕学者》。

其实，“理一分殊”并非理学自产，而是汲取了华严宗、禅宗思想的结果。《五灯会元》载有一偈：“处处逢归路，头头达故乡。本来成现事，何必待思量。”与《坛经》“菩提只向心觅，西方只在眼前”的思想颇为接近，而“分殊”的诗不难见到，如：“崆峒访道至湘湖，万卷诗书看转愚。踏破铁鞋无觅处，得来全不费功夫。”某尼悟道诗：“尽日寻春不见春，芒鞋踏破陇头云。归来拈把梅花嗅，春在枝头已十分。”这都证明了事理为一而表达多样的道理。朱熹说：“万物皆有此理，理皆同出一源，但所居之位不同，则其理之用不一”，“如为君须仁，为臣须敬，为子须孝，为父须慈。物物各具此理，而物物各异其用，然莫非一理之流行也。”① 这一理与万理的关系，即“理一分殊”。佛教所说“月印万川”的比喻他常用之，他说：“释氏云：‘一月普现一切月，一切水月一月摄。’这是那释氏也窥见得这些道理。”② 华严宗讲“一即一切”，其“四法界”说与朱熹“理一分殊”一致，禅宗“一法遍含一切法”更与之近，可见朱熹从中的汲取和发展。

大概宋人比汉人通达，不会被统死在一个思想模子里，而宋学的基本精神之不同于汉学，是在于不死守章句，而勇于自寻义理，有显见的疑古精神。所以，即使不直接得之于朱熹，甚至宋代的文艺家多生于其之前，但他们对“理一分殊”都有感性认识，随之也会有文艺美学和创作上的众多成就。以诗论言，光是以禅论诗就各人各说，苏轼、韩驹、吴可、杨万里，直到严羽，可谓新说迭出，精彩时见。南宋系统的诗话很盛，一般都顾及到思想内容（理、道之传统在诗文革新运动中已奠定，理学又为之加强），但如叶梦得《石林诗话》就从具体艺术特征入手而兼谈思想内容，而张戒《岁寒堂诗话》却主要着眼思想内容而涉及艺术特色。宋代画论极为丰富，对山水的观察尤见心得，郭熙可以作“山形步步移”、“山形面面看”之论，苏轼却出之以诗：“横看成岭侧成峰，远近高低各不同”，都知道移步换形之理，实际上也是“理一分殊”，只是未及道出而已。此类例子甚多，难以一一例举，以上数例已可证之。

四　童心与性灵

前面说过，真正的理学以张载始建，二程广其学说，朱熹集其大成，而王守仁却不自觉地使其瓦解，这是历史与理论的逻辑秩序使然。

朱熹讲兼及主客的“格物致知”，到王阳明，则集中到主观的“致良知”上了，他的宇宙观可概言为“心外无理”、“心外无物”，可见，程朱以“理”为本体，而陆王以“心”为本体，此即理学与心学之界。王阳明以自己镇压农民暴动的亲身经历，深知平息“山中之贼”易，而“心中之贼”难，所以其《传习录 · 上》云：“身之主宰便是心，心之所发便是意，意之本体便是知，知之所在便在物。”原意是

---

① ［宋］朱熹：《朱子语类》卷十八。

② ［宋］朱熹：《朱子语类》卷十八。

将心理伦理化，目的在于将封建秩序直接装在人心中，但结果却是种瓜得豆，其学说流播而变，竟然与初衷截然不同。他的弟子王艮（心斋），创泰州学派，为王学左派，竟然片面地推衍出“任心之自然”，以心理即伦理。发展到李贽，这一王学左派的思想家汲取了禅宗思想，不是从心学中接受“天理”，而是以“良知”即在“本心”，以此作为挣脱伦理纲常对个性束缚的思想工具。他在王阳明“良知”、“本心”论的基础上，提出了崭新的“童心”说：“童心者，真心也。若以童心为不可，是以真心为不可也，夫童心者，绝假纯真，最初一念之本心也。若失却童心，便失却真心；失却真心，便失却真人，人而非真，全不复有初矣。”① 这实在又成了王派的异教徒，更是理学的叛逆了。李贽的“童心说”，不仅是天赋道德观，又高扬自然人性论，且含个人的自觉，在吸取禅宗呵佛骂祖、破除权威和人人都有佛性的思想后，公开宣称“自私”出于天性，不讳言“功”、“利”。

由李贽又带出了公安三袁的“性灵说”：袁宏道所说的“独抒性灵，不拘格套，非从自己胸臆流出，不肯下笔”，“真人所作，故多真声”，“任性而发”和“物贵其真”；袁中道所说的“以发抒性灵为主”，“不为中行，则为狂狷，效颦学步，是为乡愿耳”等等，皆此说的主要论点。这些，对于出现以汤显祖《牡丹亭》为代表的讲情而不讲性的震撼人心的文艺作品，对催生出一股表现资本主义思想萌芽的文艺潮流，是有很大作用的。“情至则生者可以死，死可以生”，并非孤立现象，抒情写意汇成一股巨大力量，传奇戏曲、三言二拍、山歌小曲、徐文长、唐伯虎到陈老莲的画，从杨状元的佯狂到张岱的享受人生……都是“童心”、“性灵”的体现。直到现代的林语堂，不但描画出享受人生的苏东坡形象，而且津津以道的“娶日本妻，住英国房，拿美国薪水，吃中国饭菜”，而非娶美国妻，住日本房，拿中国薪水，吃英国饭菜，都可见其影响。天赋道德观和自然人性论的张扬，标志着理学的结束，在王学左派埋葬了理学自己之时，“存天理，灭人欲”，“饿死事小，失节事大”终于走到了反面，完成了它的历史进程。

总之，理学的“作文害道”、“作诗妨事”观对文艺发展不利，但理学对文艺创作的正面作用也不应抹煞，以上的择要而言，已可见之。至于理学思想的直接演化为诗，在特殊情况下，有时也会有特殊的效果，如文天祥《正气歌》就是，其传唱几百年不息，鼓舞了许多的仁人志士，让我们也看到了理学所树立的气节和人格力量。

第六节　清代朴学与文艺美学

据梁启超所说，清代朴学与前述五学不同，是“方法运动”而非“主义运动”，

---

① ［明］李贽：《焚书》卷三《童心说》。

它在研究学问、整理古籍上，成就显著，“乾嘉学派”至今仍有生命力，但其本身并非哲学，故此节从略。大体说来，其对文艺美学的影响我们只讲两点。

一 经世致用

理学作为讲“内圣”之学，纯然为学者所创，且有着改革教育制度的原因。宋仁宗和宋神宗都对教育和考试制度有所改革，但是，官学教育毕竟是以追求功利为目的，后来的黄宗羲在《明夷待访录》中就曾作过“科举嚣张，富贵熏心”的批判。为改变官学缺乏道德、人格教育的状况，名儒渐开私家讲学之风，先是胡瑗在苏州、湖州开德化之教，然后是周敦颐、张载、二程使私学更盛。来自各方的学子以追求道德和知识为旨趣，使风气为之一变。南宋时，朱熹、陆九渊也兴办书院，学派不同，修身明理、推己及人之旨却并无二致。由于理学有这样的产生背景，及教人明理躬行的目的，所以现代一些学者还认为理学本身并无缺点，只是落实在具体政治上才见出问题的。这正如玄学是思辨的哲学，却导致清谈误国一样，宋明理学大兴，也使空谈性理、轻视务实之风弥漫社会，到明亡以后，有人将理学与玄学相拟，从顾炎武到颜元等正统儒家，都沉痛地反对心性空谈，斥责程朱，这与五百年前陈亮、叶适所说甚似。于是，清初的民族主义的思想家在抗清反满失败之后，受经世致用观的指导，反对空谈，转而治学，通过考订古书，引导人们正视现实，以反抗清朝专制统治。他们所治之学兼及经、史、音韵，成就可观，遂成为清代朴学的开山。晚于顾炎武、黄宗羲的有阎若璩、胡渭，由于文网之严，统治严酷，他们开始由“经世”转为“避世”，其后又有以惠栋为首的吴派和以戴震为首的皖派。

黄宗羲、顾炎武在经世致用观指导下，都不重空文，既承认文学的价值，又深恨空文之无用，所以重新树立功利主义的文学观，如顾炎武认为“君子之为学以明道也，以救世也，徒以诗文而已，所谓雕虫篆刻亦何益哉!”① 黄宗羲也主张文与道合，文与学合。同时，黄又认为“凡情之至者，其文未有不至者也”,② 特以忠臣义士为可歌可泣。

大体说来，三大思想家中，以王夫之哲学成就最高，体现其文艺美学思想的《薑斋诗话》也最得文艺学、批评史论家的重视，是较为纯粹的艺术论，尤对前人的情景说有总结作用，但因与朴学无关，故不述。他们那些与朴学有关的讲经世致用的文艺观，则随着对晚明王李之学的批判，而带有复古主义的特点。如黄宗羲说：“诗以道性情，……盖有一时之性情，有万古之性情。夫吴歈越唱，怨女逐臣，触景感物，言乎其不得不言，此一时之性情也。孔子删之，以合乎兴、观、群、怨、思无邪之旨，此万古之性情也。吾人诵法孔子，苟其言诗，亦必当以孔子之性情为

---

① ［清］顾炎武：《与人书》二十五，《顾亭林诗文集》，中华书局1983年版，第98页。

② ［清］黄宗羲：《明文案序》上，《南雷文约》卷四，《黄宗羲全集》第十册，浙江古籍出版社2005年版，第19页。

性情。”[①] 就有一定的代表性。显然，在总结明亡的沉痛历史同时，他们从政治领域延伸到文化、思想领域，对明人挑战封建伦理道德的禁锢是作了否定之否定，这样看来，清初持经世致用观的学者可以说在某种意义上是回归于程朱理学，所以他们的文艺观也有两面性（尽管黄宗羲《原君》对封建君权的批判是非常深刻的）。

二　义理与考据

顾、黄二氏身为学人，又创考据之学，其论文已肇启了以义理、考据、词章三位一体的文艺观。黄说：“自有宇宙以来，凡事无不可假，唯文为学力才禀所成，笔才点牍，则底里上露。”[②] 顾所说也同此意。其实，正如郭绍虞《中国文学批评史》所说，以著述为文，重在考据，以明道为文，重在义理，以语录为不文，则又重在词章。黄就明确主张文与学合。后起的戴震、钱大昕都主张三结合，到桐城派就明确提出三者的结合，诗论中的翁方刚“肌理说”，也极重考据，一直到晚清，都有“学人之诗”。所以，兼顾义理、考据、辞章虽是桐城派所明确标举，但实际上在清初黄、顾等人创立朴学之时，已肇其端。

总之，清代学术成就之高为历代所不及，很大程度上是得力于朴学，而清代文艺美学和创作实践的建树则与朴学关系不大，《红楼梦》、《聊斋》、《长生殿》、《桃花扇》、神韵派诗以及从四王、四僧的山水画到扬州八怪……直至后人诸多创作成就，都与朴学无关，故此处不讲了。对清代朴学与文艺美学关系，即此简单带过。

由于我国学术思想极其丰富，我们只能按“代有所胜”观点，讲每代学术主潮与文艺美学的对应关系，择要而论，未免挂一漏万，具体各朝代的文艺成就及与文化的关系，我们将在下编具体讲述。

---

① ［清］黄宗羲：《马雪航诗序》，《南雷文约》卷四，《黄宗羲全集》第十册，浙江古籍出版社2005年版，第95—96页。

② ［清］黄宗羲：《郑禹梅刻稿序》，《南雷文约》卷四，《黄宗羲全集》第十册，浙江古籍出版社2005年版，第66页。

第五章　中国的宗教与文艺

宗教与文艺的关系颇为密切，我国的宗教非常复杂，历史悠久，难以在一章中都涉及，考虑到各宗教的影响面有大小，时间有长短，只能取其主要者。所以本章主要讲中国本土生成的道教及外来的佛教，以及它们对中国文艺的的影响。

在进入正题前，不妨先将历史上曾出现过的宗教配角作一扫描，然后再让道、佛二教登台。

在我国旧石器时代中期以前的文化遗址发掘中，还没有宗教活动遗迹的发现。进入新石器时代以后，先民们在对诸多自然现象的观察中，开始萌生了“万物有灵论”思想，原始宗教随之出现。夏朝的文物发现较少，难知其宗教情况。到商朝，宗教观念和形式都已较为完备，其崇拜对象有天帝、日月星辰、河流山川等自然神和祖先，占卜术非常盛行，各地的商代遗址发掘都有卜骨发现。战国时期，荆楚的宗教巫术很盛，《九歌》、《招魂》等都与此相关。汉代有神仙思想流行，至汉末发展为道教，佛教也在汉代传人。

正如汉代的对外开放，佛教得以进入我国一样，唐代的对外交流也带来了宗教的新发展，除佛、道的继续兴盛之外，新传入的宗教有波斯人琐罗亚斯德所创的祆教，又称火祆教和拜火教，此教在十六国时已传入，北魏、北齐、北周的皇帝都曾带头奉祀，唐时遍及长安、洛阳、凉州等地，因为信奉此教的波斯及中亚商人多在彼地。另外，叙利亚人聂斯脱利斯所创的景教（基督教的别支，其特点是不拜圣母），原流行在波斯，在贞观年间传入长安，后来曾发展到“寺满百城”，玄宗天宝年间将景教的波斯寺更名为大秦寺。此外，波斯人摩尼所创的摩尼教（又称明教），原流行在中亚及地中海沿岸，武则天时，此教传入中国，安史乱后，摩尼师与回鹘使者同来长安，大历时始建大云光明寺于长安，后又在荆、扬、浩、越诸州及洛阳、太原建摩尼寺，在祆教、景教衰落后，摩尼教仍在江淮一带流传。伊斯兰教也在唐代传入，此教在七世纪初由为阿拉伯人穆罕默德所创，七世纪中叶开始传入我国，唐时许多信伊斯兰教的阿拉伯人留居广州（相传穆罕默德的舅舅的墓就在广州），商业发达的泉州、扬州也有教徒。唐武宗曾禁断佛教，连带尽废天下摩尼寺，因该教能互助，且易为人接受，转入地下，信者仍不少，直到北宋方腊起义，还用摩尼教（已合其他教义）来发动。禁佛时，祆教也遭禁止。

元代的外来宗教有基督教。唐时的景教是基督教的一派，由波斯传入，宋以后寂寞无闻，元代传入罗马派基督教，称“也里可温”。此派的传入与蒙古西征欧洲、教徒被俘有关，他们随使节到和林的日多，罗马教皇也派教士到和林，蒙古人、色目人多居燕京，基督教徒也到达内地，基督教随之流传，到明初衰落。伊斯兰教与并立的辽、宋政权关系都很密切，与大食通使，辽走陆路，宋走海路，来往较频繁，大食人到中国的也多。元人称回鹘为畏兀儿，称伊斯兰教徒为答失蛮，伊斯兰教徒中还出现了一些有名的文学家。在西方文艺复兴之后，以马丁·路德为代表的宗教革命随之兴起，北欧各国很快就传播起新教，引起罗马教廷的紧张，为与新教抗衡，以扶助教皇为宗旨的耶苏会成立，并派遣教士到南美、非洲和亚洲，中国成了耶苏会扩张的重点地区，明朝嘉靖以后，西洋教士开始进入我国进行传教活动，以利玛窦为代表的教士给古老的中国带来了文艺复兴后的自然科学成就，“西学”的输入开始改变有识之士的观念，而天主教信徒也在明亡前夕达到近四万之众，这种情况一直持续到清初。但由于明清两代大部分时期实行闭关锁国政策，西来的宗教已不似唐、元二代那样有广泛影响了。

由于以上这些外来宗教没有持久的影响，而伊斯兰教虽明末清初出现过一批该教学者，发展起经堂教育，因主要在我国的西北少数民族地区流行，难以形成全国性的影响。

第一节　道教与文艺

道教是我国的本土宗教，成于东汉，得名于道家，而道家之名起于西汉，其学说却是先秦时代的老子和庄子所奠定。倘若再追溯其起源，则又与原始宗教有关。闻一多先生在《道教的精神》一文中指出，东汉以来流行的道教奉老子为祖师，以精深的老庄思想作为理论根据，但其实质是巫术的宗教，以历史的眼光看，“我常疑心这哲学或玄学的道家思想必有一个前身，而这个前身很可能是某种富有神秘思想的原始宗教，或更具体一点讲，一种巫教。……这个不知名的古代宗教，我们可暂称为古道教，因之自东汉以来道教即可称之为新道教。”① 他还从《庄子》中作了查证。民族学家刘尧汉教授继续了当年闻一多所作《伏羲考》的工作，对云南哀牢山彝族遗留的习俗调查分析，清理出了这样一条线索：彝族现在所保留的葫芦崇拜和虎宇宙观，是远古伏羲氏部落自然崇拜和图腾信仰的遗存，也是伏羲和炎、黄二帝时代的原始宗教，经夏、商、周以至秦汉，流落各族民间，阴阳家、道家分别有所继承，老子将其抽象为道家哲学体系，庄子吸收民间材料加以完善，到后汉时，张陵等将道家和原始宗教糅合为道教。② 自道教建立起，就同文艺有了联系，下面按时代先后而论之。

一　前期道教及其对文艺的影响

倘若不是像上面那样从少数民族地区寻找道教的起源，道教作为宗教，严格地

---

① 闻一多：《闻一多全集》第 9 卷，湖北人民出版社 1993 年版，第 448 页。

② 刘尧汉：《中国文明源头新探——道家与彝族虎宇宙观》，云南人民出版社 1985 年版，第 97 页。

讲应是始于黄老道。“黄”指黄帝，“老”即老子，这是假托黄、老思想而成的宗教。黄老学派起于战国，在西汉初很盛行，是“无为而治”的政治思想基础，原不是宗教。东汉初，楚王刘英“更喜黄老学，为浮屠斋戒祭祀”，① 始具宗教性质。顺帝时，“琅玡宫崇诣阙，上其师于吉于曲阳泉水上所得神书百七十卷”，号为《太平清领书》，“其言以阴阳五行为宗，而多巫觋杂语”。②“延熹中，桓帝事黄老道，悉毁诸房祀”，③ 明显具有宗教仪式。顺帝时，张陵学道于蜀地鹄鸣山，奉老子为教主，以《老子五千文》为主要经典，以符书招致信徒，信道者出米五斗，后世以张陵为教主的天师道，即从五斗米道发展而来。灵帝时，张角奉《太平清领书》，在冀州传教，号为太平道，“以善道教化”，符水治病，徒众数十万，遍布八州。后来张角发动的黄巾起义失败了，但道教还在流传，符水、符咒都有颇大影响，尤其是南方的于吉，还在江南传道，信奉者甚众。据《三国志·孙策传》注引《江表传》，孙策曾在郡城门楼上与诸将宾客集会，于吉着盛服，杖漆画之小函，名为仙人铧，趋度门下，诸将宾客竟有三分之二下楼迎拜，孙策以其妖妄，不顾诸人劝阻而杀之。西蜀的张陵死后，子张衡、孙张鲁传其道，据险而治，政教合一，社会安定，故从者甚众，张鲁被曹操灭后，五斗米道未受公开限制，得以继续流传。后曹丕鉴于黄巾起义的威胁，对道教组织和活动都有所防范，五斗米道因移民北迁而自行解体，但随着原来的骨干分散各地，客观上促使了向北方及江南各地的传播，后来发展为影响极大的天师道。两晋时期，道教在民间很有基础，因其具有聚众起事的传统，其信众往往成为参加农民暴动的成员。

鉴于上述原因，为避免危及封建统治的根本利益，在统治阶级内部酝酿着对道教的改造。与民间道教不同，改造者从外在的祈禳、符箓、禁咒之类转向注重内在，尤其对长生方术、炼丹服食、怡情养性倍加青睐。如两晋之际的葛洪，是三国时从学于左慈的葛玄（世称“葛仙翁”）之从孙，他反对牺牲祭祀、巫祝祈祷和符水治病，继承了秦汉以来祈求长生的神仙思想，主张采炼丹药，配以颐神养心，以求益寿延年；同时又从政治上反对民间道教的“假托小术”“诳眩黎庶，纠合群愚”，“招集奸党，称合逆乱”。葛洪著有《抱朴子》，分内篇二十篇，外篇五十篇，含多门类学科知识，对后世影响颇大，而“道者儒之本也，儒者道之末也”，则是他对儒道关系的总体看法。南朝时刘宋的著名道士陆修静，是弃儒学道而对道教发展起过较大作用的人物。他整理道经，制定斋仪，以“洗心静行”为斋戒本义，扩大了道教在上层的影响。齐梁之间的陶弘景，也是道教史上一个重要人物，他通阴阳五行及星算、医术、本草、地理，将宋齐间顾欢所编道教经典《真迹》，重新编次增饰成《真诰》，他隐居茅山，创上清道团，完成了葛洪以来对民间道教的改造。他

---

① 《后汉书·楚王英传》。

② 《后汉书·襄楷传》。今存《太平经》残本，是道教主要经典，即从此书演化而来。

③ 《后汉书·王涣传》。

采药炼丹，多次向梁武帝进丹，且不忘政事。总之，两晋南北朝时期，在南方，道教广泛传播，以滨海地区最盛，形成了以葛洪、陶弘景为代表的丹鼎派和以杨羲、许谧为代表的符箓派。东晋士族大姓中不乏世奉道教者，如王羲之同道士许迈“共修服食，采药石不远千里”,[①] 就是很有名的一例。

道教无论在南方和北方都广为流传。在北方的十六国时期，除民众托言老君当治、起而反对胡族统治外，北魏道武帝信道，置仙人博士并有大肆炼药之举。尤其是太武帝和司徒崔浩都敬道士寇谦之，使改造道教之举得到了真正的施行。寇谦之是南北朝时期对五斗米道进行改造的第一人，“清整道教，除去三张伪法，租米钱税及男女合气之术”，“专以礼度为首，而加之以服食闭炼”,[②] 真正达到了葛洪改革道教的目的。经改造后的新天师道，合于“佐国扶命”目的，而且寇谦之为太武帝统一中原积极出谋划策，在完成统一后，太武帝登坛受箓，成为道教信徒。此后，北魏佛教复兴，诸帝虽奉佛，却仍以躬受符箓为传统。北齐时期，寺观遍各地，除齐文宣帝、北周武帝二度禁道外，道教一直流传发展。

应该说，道教建立前后，似与文艺并无多少直接联系，而作为道教前身的巫术、神话、神仙思想，则与文艺关系较密切。汉文化对楚文化有沿袭、吸收，而楚文化的一个重要组成部分是巫觋文化，其中的神和鬼怪被汉代文化汲取、改造，使之更为丰富；而巫术也被吸收、整理、扩充、改造；又由于阴阳五行相生相克之说的渗入，产生出较楚国装神弄鬼更为繁复的宗教仪式，如祈禳、厌胜、祥瑞、辟谷、炼丹、服食等。求长生是统治阶级的共同追求，遗存的汉宫瓦当有“千秋万岁”、“长生无极”、“永受嘉福”、“长乐未央”等字样，就是这一思想的反映。迷信方士、法术之外，图画神仙之风很盛，如帝王生时图之于明堂、灵台，死后刻之于墓室、享堂。那些神仙，除原始神话中的伏羲、女娲较多见外，还有泰一、西王母及天上神灵、神物。“泰一”曾见于老子书中，即“道”的别名，有云《楚辞·九歌》中的巫神“东皇太一”即此，据《汉书·郊祀志》所载，汉武帝作甘泉宫，“中为台室，画天地泰一诸鬼神，而置祭具，以致天神”，“泰一”后成为道教最大的神。西王母原状为蓬发虎须的似人怪物，如司芬克斯，但传说有使人不死的神通，故常见于汉画中，逐渐演化为女神，后又配上男神东王公。此外，王充的《论衡·无衡篇》提到：“图仙人之形，体生毛，臂变为翼，行于云，则年增矣，千岁不死”，《雷虚》篇提到“一人若力士之容，谓之雷公。”除雷公外，还有风伯、雨师、织女、北斗等，将自然现象视为神灵，与道术的占风祈雨结合在一起。所画保护死者的神物有四灵和饕餮，四灵即苍龙、白虎、朱雀、玄武，守四方，辟不祥，汉墓发掘物中有附有文字者，所书为驱邪护魂词句。

以上是汉代道教的前身，即巫术、神话、神仙思想影响文艺的情况。大体说来，

---

① 《晋书·王羲之传》。
② 《北魏书·释老志》。

对文学及乐舞影响较少（天人感应另作别论），主要集中在造型艺术上。在《太平经》中，除了其主体是语录文字外，也有一些用诗歌体写成的口诀、歌谣，有一定的文学性，其中有三首句式整齐的七言诗，可看作七言诗的雏形。

魏晋南北朝时期道教已不同于汉末的只在下层传播，上层人士纷纷信奉，并开始向文学渗透。其原因有两点：一是随着乱世之中"人的觉醒"，生命意识张扬，人生苦短，悲伤长存，成为士夫文人吟咏的主调，悲哀与旷达的耦合构成文化心理氛围，道教思想也随之有了借文学形式以表达的基础。二是推动道教改造、使之适合上层人士需要的葛洪、陶弘景，都是士大夫文人，葛洪《抱朴子·内篇》为神仙家言，而外篇之"言人间得失，世事臧否"，不少涉及文学，此书在中国文论史上有重要地位。陶弘景有"山中宰相"之称，其《诏问山中何所有赋诗以答》是齐梁名篇："山中何所有，岭上多白云。只可自怡悦，不堪持赠君。"他们无疑给人提供了榜样。这二者的结合使道教与士大夫发生密切关系，道教对文学发生影响也是必然之事。道教内容直接用文学形式表达的有魏晋时期的炼丹诗，《黄庭内景经》、《黄庭外景经》中颇多此类诗，而魏晋南北朝的道教咒语中，也有借助诗歌形式来表现的。至于道教对文学的影响，在这一时期主要表现在两方面：游仙诗和志怪小说。

先看游仙诗。道教中人以葛玄写游仙诗为最早，他既有写轻举时对人生的体会："吾今获轻举，修行立功尔。三界尽稽首，从容紫宫里。停驾虚无中，人生若流水。"① 又有在游仙中对神仙之术的真正信仰："散诞游山水，吐纳和灵津。竦气同希夷，静咏道德篇。至心宗玄一，冥感今乃宣。飞驾御九龙，飘飘乘紫烟。华景耀空衢，红云拥帝前。……体固无终劫，金颜随日鲜。"② 东晋时，因道教灵宝派和上清派之兴，此中人士所作的游仙诗也为之大增，其中杨羲和许谧、许翙所作最有名，在《真诰》中收有数十篇之多，但多为说教，并无多少艺术性可言。文人的游仙诗在三曹时已有不少，而曹氏父子所表达的主旨则有不同。曹操仰慕"真人"的养性延年、长生不老，其游仙诗对此有所表现，但又曲折地寄寓了现实的社会内容。曹氏二子中，曹植所作更可称道，其《仙人篇》："仙人揽六著，对搏太山隅。湘娥拊琴瑟，秦女吹笙竽。玉樽盈桂酒，河伯献神鱼。……万里不足步，轻举凌太虚。飞腾逾景云，高风吹我躯。……俯视五岳闲，人生如寄居。潜光养羽翼，进趋且徐徐。不见轩辕氏，乘龙出鼎湖。徘徊九天上，与尔长相须。"倘不论其中的思想内涵，浪漫主义的色彩与屈原颇有几分相似。此后如嵇康有明题为"游仙"的诗，阮籍虽非如此，但其著名的《咏怀诗》中也有一些作品是以游仙形式寄托情怀的。两晋文人继续前人所作而自出机杼。如果说陆机的《前缓声歌》："游仙聚灵族，高会层城阿。长风万里举，庆云郁嵯峨。宓妃与洛浦，王韩起太华。北征瑶台女，南要湘川

---

① 《历世真仙体道通鉴》卷二十三《葛仙公传》引诗第一首。

② 《历世真仙体道通鉴》卷二十三《葛仙公传》引诗第三首。

娥。”还是沿袭汉魏神仙思想，并非特定的道教所提供的意象的话，那么，郭璞所作游仙诗十四首就显为改变。且看：“青谿千馀仞，中有一道士。云生梁栋间，风出窗户里。借问此何谁？云是鬼谷子。”“圆丘有奇草，钟山出灵液。王孙列八珍，安期炼五石。长揖当途人，去来山林客。”郭璞及其他游仙诗都可概言为“道人读丹经，方士炼玉液”，“永期安期术，岂愁濛汜迫”，厌倦尘嚣，赞美仙境，希求长生，是此类诗歌的主题。当然，郭璞的作意在自己诗中是可以明确看出的：“京华游侠窟，山林隐遁栖。朱门何足荣，未若托蓬莱。临源挹清波，陵冈掇丹荑。灵溪可潜盘，安事登云梯。漆园有傲吏，莱氏有逸妻。进则保龙见，退则触藩羝。高蹈风尘外，长揖谢夷齐。”显然，这是全身远祸的遁世隐逸思想体现，钟嵘《诗品·中》很正确地评之曰：“但游仙之作，词多慷慨，乖远玄宗”，“乃是坎壈咏怀，非列仙之趣也。”可见，文人所作的游仙诗毕竟与道教中人所作不同。

在尘世作神仙梦而希冀长生，从魏晋直到南朝，游仙诗的创作可谓代不乏人。如阮籍《咏怀》：“焉见王子齐，乘云翔邓林。独有延年术，可以慰我心。”何劭《游仙诗》：“迢递陵峻岳，连翩御飞鹤。……长怀慕仙类，眩然心緜邈。”谢灵运《登江中孤屿》：“始信安期术，得尽养生年。”鲍照《升天行》：“从师入远岳，结友事仙灵。”“风餐委松宿，云卧恣天行。”沈约《游道士馆》：“锐意三山上，托慕九霄中。”江淹《谢光禄诗》：“始整丹泉术，终觌紫芳心。”都贯串着赞美仙境、希冀长生的精神，从中也透露出时代与现实的苦闷。这条线索贯至唐代，终使李白的游仙诗达到艺术的高峰。

再看志怪小说。魏晋南北朝时期，道教给诗歌创造出诸多幻想中的仙境，如昆仑、蓬莱、方丈、瀛洲、阆苑等，还有诸多的神仙，如老君、西王母、赤松子、王子齐、安期生等，而神仙鬼怪之类还在民间流传，为口头文学提供了不少与道教相关的形象。《汉书·艺文志》云：“小说家者流，盖出于稗官。街谈巷语、道听途说者之所造也。孔子曰：‘虽小道必有可观焉，致远恐泥，是以君子弗为也。’然亦弗灭也，……”而到魏晋时，文人士大夫好清谈，以显示博学或风趣，谈玄固然是主要内容，民间故事、妖精鬼怪也是他们的谈资，改变了“君子弗为”的传统，诚如《抱朴子·外篇·疾谬》所说，“鬼神之情状、万物之变化、殊方之奇怪”，都在此列。《列仙传》、《神仙传》、《真诰》等书中的记神、记怪故事，以及《老君玉策记》、《五岳真形图》、《九鼎记》、《青灵经》等书的不少内容，都用于他们的清谈。而文人一旦对此类东西感兴趣，也势必促使小说的发展。《四库全书总目提要》言小说之源，谓张衡《西京赋》有“小说九百，本自虞初”，而虞初是汉武帝时方士，可知小说兴于汉武之时；却又说：“然屈原《天问》，杂陈神怪，多莫知所出，意即小说家言。”则将小说之出推早至屈原之时。胡应麟《少室山房笔丛》卷二十八分小说为“志怪”、“杂录”两类，《四库提要》则云：“凡有三派：其一叙述杂事，其一记录异闻，其一缀辑琐语也。”“记录异闻”一类，即志怪小说，其发展兴盛同道教大有关系。

鲁迅先生在《中国小说史略》中说：“中国本信巫，秦汉以来，神仙之说盛行，汉末又大畅巫风，而鬼道愈炽；会小乘佛教异入中土，渐见流传。凡此皆张皇鬼神，称道灵异，故自晋迄隋，特多鬼神志怪之书。”其实，鬼神志怪之书恐怕受道教影响要大于佛教。两汉以来，先有刘向的《列仙传》，再有葛洪的《神仙传》，后者尽管是从史传脱胎而出，但因作者有广博的知识和注重艺术手法，颇见文学价值。许多故事经文人不断的加工、转述、改造，遂成了“志怪小说”。《艺文志》著小说15家，共1380篇，后仅存《青史子》一卷，到隋朝连这一卷也没了。魏晋南北朝志怪小说现存有30多种，据考，其中《西京杂记》、《汉武帝内传》、《汉武故事》，都可能出于葛洪之手（也有不同意见）。《列异传》三卷，托名曹丕或张华所撰，多叙鬼物怪异之事。此外，还有《博物志》（张华）、《拾遗记》（王嘉）等，其中以干宝《搜神记》成就最高。干宝“性好阴阳术数，留思京房、夏侯胜等传”，[①] 而据其本传，谓其家中曾有父兄所历异事，使之“以此撰集古今神祇灵异、人物变化”，写成《搜神记》。此书中不少作品都是讲神仙鬼怪、道术殊方的，作者自言作意是为了“足以明神道之不诬”，所以大部分是表现对巫鬼的迷信和对神仙道术的信仰。馀如《神异记》、《十洲记》（托名东方朔）、《博物志》（托名张华）、《搜神后记》（托名陶潜）等，大多为谈神说鬼之作，或述山川草木之奇。有论者认为，志怪小说中有一类可称为地理博物体，其中的《博物志》与道教的关系大约有四端：一是对上古神话传说人物的进一步仙化，二是搜罗方士作法“变形”资料及上古异人遗闻，三是杂记药物属性以及服食、辟谷之偏方趣谈，四是写山水之貌，显神居之灵。[②] 志怪小说对唐传奇及宋元小说戏曲直到《聊斋志异》、《阅微草堂笔记》都有很大影响。

在艺术上，此期道教影响主要一是道观的建筑，二是道教绘画，但相较之佛画，却差得很远，故略而不讲。

二 隋唐五代道教对文艺的影响

前面已说，魏晋南北朝时期，道教对文学的影响主要在游仙诗和志怪小说，但是，这一时期还很难说已有真正的道教文艺，充其量只是文艺成了道教的副产品，游仙诗是借用了道教的意象，志怪小说是在汇录神怪故事时附带演绎了道教的教义或精神。而到隋唐以后，情况发生了很大变化，在宗教性向文学性转移同时，前者开始“内化”于后者，二者有机结合，产生并发展出真正的道教文艺。

北周武帝行灭佛之举，却重视儒学，推尊道教。隋朝继周而立，并重三者，先后下令修道观和禁止毁坏佛像、天尊像。隋炀帝亦尊道教，欲求金丹而得长生，道士多以方术得宠。唐代由于皇帝姓李，学习了前代惯用的“君权神授”，搞宗教神

---

① 《晋书》本传。

② 詹石窗：《道教文学史》，上海文艺出版社1992年版，第147—149页。

秘主义，认道教教祖李耳为祖先，大力提倡道教。唐高祖幸终南山谒老子庙，唐太宗曾下诏令："朕之本系，起自柱下（指李耳），……道士女冠，可在僧尼之前。"唐高宗追尊老子为太上玄元皇帝，唐玄宗在开元29年（741）令两京及诸州各置玄元皇帝庙，亲注《道德经》，崇玄学。后来的宪宗、穆宗、武宗都服道士金丹。睿宗女儿金仙、玉真二公主出家，造金仙、玉真观。长安城内有道观三十所，据统计，李唐一代建筑道观的总数为1900多所，度道士15000多人。① 玄宗对以法术著称的道士张果、叶法善很宠信。武宗亲受法箓，因迷信仙丹，竟在后来服道士所炼丹药而死。唐宪宗之死也与服丹药有关，连韩愈也死于服硫磺。不过，炼丹术是化学的先驱，道士的采药，对医药也有贡献，药王孙思邈就笃信道教。

在唐朝，道教和文艺都高度发达，又由于有前代的积累，后出转精，二者的互相渗透、结合可谓必然。之所以是"有机"的"化合"，而不是一般的结合，似另有几个原因。一是由于统治者对道教的重视和尊崇，使"统治阶级的思想就是统治的思想"这一原理发生了作用，文艺家不但对道教感兴趣，而且道教的教义能很深入的进入到他们的思想，成为他们在文艺中表现的主题，道教宣扬的内容成为文艺中的题材，宗教形象也随之逐渐化为文艺意象，且递相沿袭，走向成熟。二是唐代（尤其是盛唐）的时代精神与道教精神有不少共同的地方，尽管宗教不提倡建功立业、积极进取，但如富于幻想、追求享乐、希冀长生，则既见于道教之所宣扬，又见于文士之所爱，所以道教易于被文士接受，也为他们所善于表现。三是文士与道士的交往成为一种普遍的风气，在交往中，他们互相了解、彼此倾慕，使道教与文艺的结合成为很自然、很深入的现象，而不止是停留在文士仅通过阅读来汲取道教内容、借用意象的层面。

魏晋南北朝的著名道教人士，如葛洪、寇谦之、陆修静、陶宏景主要是学者，文学对他们来说并不占事业的主要地位，即使是干宝，也主要是历史学家，曾著《晋纪》、《春秋左氏义外传》等著。而唐朝却有显著的不同，道教徒中不乏文人，却缺少学者。从道教理论的角度而言，唐朝的内丹理论有较大发展，且可分为无为和以有为求无为两派，但这两派的代表人物在理论上的真正建树并不多。如无为派的孙思邈主要是医学家，有《千金要方》、《千金翼方》等著，又建立了系统的养生术理论；成玄英为《老子》、《庄子》作注疏，主要是研究道家学说的理论家；司马承桢用佛学思想阐释老庄修行法，融道释于一炉，仍重在道家理论；吴筠批判佛教的轻形重神论，将老庄的"道"与有神论相结合，建立起自己的无为派修仙理论。以上四人是无为派的代表，各有自己的理论成就，但就道教本身的宗教理论而言，他们的成就和影响是不能同葛、寇、陆、陶等人相比的，尤其在以自己的理论改造道教上作用，更是不可比拟。有为派出现的时间比无为派晚，大致在唐末五代到宋

① 卿希泰：《中国道教》（一）引《历代崇道记》，知识出版社1994年版，第39—40页。

初。尽管此派也重内丹学，却与无为派不同，他们多用外丹派的炼丹术语阐释其内炼说，代表人物是钟离权、吕洞宾和施肩吾，后又有陈抟，再传为宋代的张君房、张伯端等，而直到白玉蟾。钟离权、吕洞宾都有关于炼丹的歌诀传世，施肩吾撰《钟吕合道集》，在反映二人思想同时，发展了《参同契》，并提出了系统的修行原则、方法。但此派偏重在“术”的层面，理论成就更是难以同魏晋南北朝的上述代表相比。

然而，唐朝的道教中人，却不乏长于文学者，司马承桢、吴筠都爱好文学，并有相当的文学才能，吕洞宾、施肩吾更是重要的诗人；而文学家中，更有大量倾心于道教者，其中最著名的当数贺知章、李颀、李白等人。从隋末以来，文人似乎就同道教有了紧密的联系。王绩是著名隐士，喜《周易》、《道德经》、《庄子》等“三玄”，有游仙诗，不少诗都写到道教活动，王绩的侄孙王勃也有表现道教和神仙理想的诗。“初唐四杰”的其他人也多对道教感兴趣，如杨炯的诗写到仙人、道士和法力、方术，卢照邻虔诚地信仰道教，与道士李荣交，贫病交加而企慕神仙，向方士、道人求丹药，他的信仰和幻想都可见于诗中，骆宾王也作诗投赠道士，其《代女道士王灵妃赠道士李荣》是长达百句的七言歌行，既写了神仙世界，又代言而表达了女道士的内心感情。盛唐时期，诗人与道士的交往非常普遍，据詹石窗《道教文学史》所说，他们间的交往表现在五方面：互赠诗书，登门拜访，磋商道法，临别饯行，哭丧送终。① 到中晚唐时期，文学与道教的关系依然紧密，使得道教文学出现了不少新的表现形式。简约而言，盛唐以来文学与道教的结合，不仅在诗歌领域产生了广泛的影响，作者身份和创作形式也有很大改变和发展，在传奇小说上，也达到了很高的成就。其中的重要作家除最有名的李白外，还有宋之问、沈佺期、张九龄、贺知章、张说、王昌龄、孟浩然、李颀、王维、储光羲、岑参、刘长卿等，中晚唐则有韦应物、白居易、李贺、卢仝、李商隐等，此外，中唐还出现了一批道姑诗，《全唐诗》所收的“女仙诗”即多为道姑所作。似与魏晋南北朝相对应，诗歌以外，志怪小说发展出传奇小说，诚如鲁迅所说：“小说亦如诗，至唐代而一变，虽尚不离于搜奇记逸，然叙述宛转，文辞华艳，与六朝之粗陈梗概者较，演进之迹甚明，而尤显者乃在是时则始有意为小说。”② 在艺术水准提高同时，其“搜奇记逸”与道教的结合也远较志怪小说发展。

由于前代的积累，本朝文艺的发达，道教所提供的宗教意象发展成文艺意象，从仙境描写与宗教意旨的两不相融变为有完整的意境，不但是诗歌，道教还促进了小说、绘画、乐舞、建筑的全面发展，它对文艺的积极作用不可低估。我们这里不沿魏晋六朝之旧，换个角度来论述，道教对文艺的积极影响至少表现在三方面，即：超越现实、追求理想的主题，特有的道家风骨、气象和浪漫主义的艺术手法、风格。

---

① 詹石窗：《道教文学史》，上海文艺出版社 1992 年版，第 236—245 页。

② 鲁迅：《鲁迅全集》第 9 卷，人民文学出版社 1981 年版，第 70 页。

道教的确是促进了文艺超越现实、追求理想的主题之发展。

六朝“人的觉醒”是时代的主旋律，但由于门阀制度的影响，人的自主意识、人格精神还难以高扬。唐代则不同了，南北统一，东西交汇，对外交往的增多，无疑是扩大了人们的眼界，“九品中正制”的退出历史舞台，让士人看到了希望，建立边功，应试科举，给人以从政之路，施展抱负、报效国家成了新的主题。他们在向往着“天生我材必有用”之时，道教的宗教精神虽与儒家的现实理想相悖，但其超越现实的宗教品格却能给人昭示着希望。现实并非坦途，文人经常碰壁，在现实中的失落，需要得到精神上的自我调节或补偿。所以，无论是向往实现理想之时，还是理想破灭之后，道教对高远境界的追求，飞升腾越的愿望，以及相关的种种意象，给文人以超越现实、追求自由的文学基础。施之于创作，遂造就出以李白为代表的诗歌的高峰。从个人的理想而言，李白本着“达则兼济天下，穷则独善其身”的信念，希望能“申管、晏之谈，谋帝王之术。奋其智能，愿为辅弼，使寰区大定，海县清一。事君之道成，荣亲之义毕，然后与陶朱、留侯，浮五湖，戏沧州，不足为难矣。”[①] 由于他的个性，加上“十五游神仙”，与元丹丘、司马承桢、胡紫阳等道士的来往，深受影响，他不想通过科举走上仕途，而欲在隐居学道中出名，如上清派道士那样在名动京城后受诏入宫，以干出一番事业。但虽经吴筠推荐，得任翰林，最终却被“赐金还山”，理想破灭。无论是入京以前，还是出京之后，前者的追求理想，后者的向往自由，他的作品都与道教关系密切。这方面材料颇多，李白也为人所熟悉，这里不作引述了。中晚唐的李贺、李商隐对道教的信奉虽不如李白，但也有借助道教来排遣苦闷、希冀超越的诗。李贺曾写过一些讽喻求仙的作品，可见他并不是道教徒，但他常借与道教相关的典故、材料来表达内心的苦闷，以求对现实的超越，他的《梦天》、《天上谣》就是这样的代表作。李商隐曾奉母命学道，对道教文献有研究，也熟悉道人的生活，与道姑有交往，所以有人认为他的无题诗寄托了与道姑的恋情，由于他生活在党争的阴影中，无法施展抱负，常以朦胧的诗歌寄托自己情怀，同时也有不少作品写到仙道内容，还曾模仿李贺写过《天上谣》和《梦天》，也同样可看出他对超越现实的希冀。连著名政治家张九龄，在被李林甫排挤去相后，诗中也表达了脱离现实、希冀长生之志，自称“腐儒”的杜甫，在他充满理想的年代，也曾对道教倾心，

道教又造就了唐诗特有的风骨与气象。

以庄子为代表的道家，主张顺天而动、合于自然、而反对人的异化，在“法天”同时，又倡“贵真”，以神人、真人为理想人格，追求“乘天地之正，而御六气之辨，以游无穷”的绝对精神自由境界。这样的人格精神见于人物，外现为风神、骨相，见于文学作品，就形成了特有的“风骨”：“辞之待骨，如体之树骸；情

① ［唐］李白：《代寿山答孟少府移文书》。

之含风，犹形之包气"。[①] 李白初见司马承祯，就被称道"有仙风道骨，可与神游八极之表"，[②] 这"第一感觉"所见的是李白精神世界的外现，其内蕴发之于诗篇，又令贺知章发出"天上谪仙人"的赞叹。而提倡"风骨"的陈子昂和李白，都是道家思想的信奉者，所以对"风骨"的理解恐怕不能只限在汉魏"入世"而关注人生一面，因为"虽登洛阳殿，不屈巢由身"[③] 的为人"风骨"是更起决定作用的，而且陈子昂《感遇诗》中不乏"宇宙意识"，李白进一步发展，此类超越人世而直追天地本原的意识，不来自儒、佛，而只能源于老庄。唐诗中除了联系现实，表达建功立业的一类以外，表现真情、崇尚自由、追求理想、张扬人性的另一倾向，也可看作是风骨的表现。李白如此，被他称为"红颜弃轩冕""迷花不事君"的孟浩然又何尝不是如此？储光羲《杂诗二首》之一有句："达士志寥廓，所在能忘机"，志存高远而不执着于官场得失，忘去机心而保持赤子之心，才有诸多的笑傲王侯、纵酒放歌、棋亭赌唱、携妓而游……本然、率真、纵情、任性，难道不是道家"自然"的体现？不可看作是"风骨"吗？

如果说唐诗的风骨与道家思想大有关系，那么唐诗的气象则与道教颇有亲缘。与六朝诗歌相比，唐诗确实呈现出总体性的雄壮、开阔、浑厚、劲健风貌，尤以"盛唐气象"著称，如果再作推扩却又不是仅指风格，那么，中唐以后从韩、孟、李贺到李商隐的奇诡、险怪、瑰丽飘忽等，也能算是气象。而盛唐以李白为代表的"雄"中见飘逸的气象，和中晚唐的"奇"中见瑰丽的气象，除了时代和创作个性的原因外，又与道教大有关系。因为自庄子创造出藐姑射之山吸风饮露、乘云御龙的"神人"，和展翅万里的鲲鹏形象以来，道家思想就很能将人的视野引向开阔、高远，到道教成立并发展后，则更甚。葛洪整理出道教的神仙谱系，构成了一个庞大的天国，三界三十六天、三岛十洲说更在空间上诱发人们的想象，升天俯视人间成了诗人的一种构思方式，神界仙境常常奔赴笔下，岂能不形成上述的"气象"？

道教还促进了文艺浪漫主义方法、风格之成熟。

现实生活的不如意，文艺家只能在自己的作品中追求理想、自由与幸福，道教的想象就助之而行。李白对朝廷失望："我欲攀龙见明主，雷公砰訇震天鼓，帝旁投壶多玉女。三时大笑开电光，倏烁晦冥起风雨。阊阖九门不可通，以额扣关阍者怒。"[④] 转而自道："尧舜之事不足惊，自馀嚣嚣直可轻。巨鳌莫载三山去，我欲蓬莱顶上行。"[⑤] 海外蓬莱不可行，则登庐山而向往仙境："早服还丹无世情，琴心三叠道初成。遥见仙人彩云里，手把芙蓉朝玉京。先期汗漫九垓上，愿接卢敖游太清。"[⑥]

---

① ［南朝齐］刘勰：《文心雕龙·风骨》。

② ［唐］李白：《大鹏赋并序》。

③ ［唐］李白：《送岑征君归鸣皋山》。

④ ［唐］李白：《梁甫吟》。

⑤ ［唐］李白：《怀仙歌》。

⑥ ［唐］李白：《庐山谣寄卢侍御虚舟》。

李贺云："我当二十不得意，一心愁谢如枯兰"，[1] 只得梦游天上："黄尘清水三山下，更变千年如走马。遥望齐州九点烟，一泓海水杯中泻。"[2] 而李商隐却将天上更换为水中龙宫："初梦龙宫宝焰燃，瑞霞明丽满晴天。旋成醉倚蓬莱树，有个仙人拍我肩。"[3] 在想象的世界中，可以挣脱现实的羁绊，消除人神之间的阻隔，自由的交往甚至恋爱。李白《古风》是现实主义的基调，但其中一首却是明星（仙女）"素手把芙蓉，虚步蹑太清"，"邀我登云台，高揖卫叔卿"，在高空中俯视人寰。在见到女道士时，进而想到"寻仙向南岳，应见魏夫人"。[4] 李商隐"玉郎会此通仙籍，忆向天阶问紫芝"[5] 写了仙人之隔，但"蓬山此去无多路，青鸟殷勤为探看"[6] 却努力于借助神鸟来沟通，白居易更写了道士为冲破人鬼隔阂的努力："临邛道士鸿都客，能以精神致魂魄"。[7] 如果说李贺《兰香神女庙》对所塑造的仙女并未表示爱意，到了唐人传奇中，人神之恋已成为重要的题材。《游仙窟》中的自叙奉使河源，投宿仙窟，与仙女邂逅相交，《任氏传》中的郑生同美丽多情的狐女任氏相爱，《柳毅传》的柳毅仗义传书，终得与龙女结合，《裴航》中的裴航偶得白玉杵捣药，既得佳人，又登仙界，《离魂记》的倩娘魂灵追随王宙……无论是天上的玉女、仙女、上元夫人，还是龙女、狐女、女魂，都正直善良、温柔可爱。这些，难道不是在现实之外的追求吗？难道与道教的神仙鬼怪故事没有关系吗？《云笈七签》记卢杞受上元夫人垂青，马上成为宰相，《玉堂闲话》中章乙遇到白金之精，就"富盛无比"，即是说他们还凡心太重，那种改变自身命运的幻想不是在曲折表达愿望吗？

道教宣扬的历代仙人故事，给诗人提供了想象的丰富库藏，那些麻姑献寿、弄玉升天、赤松伴游、曼倩偷桃、令威化鹤、王乔登仙、王质烂柯、徐甲枯骨等故事，在诗人笔下变幻多姿，交织成奇丽无比的境界。又由于从庄子"心斋""坐忘"以来，到道教的一系列讲内观、守静、存思的"守真术"，功力未至者在实际上很难做到真正的"守"，反而会诱发人的想象力。至于服用丹药后的使人神经兴奋，有飘飘欲仙之感，能使人进入幻想状态，即使诗人得之于间接，也会代为设想。咒语、符箓、占卜、斋醮、乘跻等神秘的道教法术，加上音乐、绘画的刺激，更激发人对非现实世界的想象力，这也就难怪李白、李贺这些受道教影响较深的诗人，会写出那样变幻超忽或光怪陆离的诗篇，有如此成熟的艺术技巧、手段，成为屈原之后最出色的浪漫主义诗人。

在艺术领域，值得注意的是道教神仙的造型艺术。葛洪《抱朴子·杂应》已开

---

① ［唐］李贺：《开愁歌》。

② ［唐］李贺：《梦天》。

③ ［唐］李商隐：《七月二十八日夜与王郑二秀才听雨后梦作》。

④ ［唐］李白：《江上送女道士褚三清游南岳》。

⑤ ［唐］李商隐：《重过圣女祠》。

⑥ ［唐］李商隐：《无题》。

⑦ ［唐］白居易：《长恨歌》。

始用文字描写老君的形象，后来，无论是南朝还是北朝，都有天尊的塑像。唐朝因上下重道，道观建筑非常兴盛，所以神仙塑像不仅多，且达到了很高的水平，著名的雕塑家杨惠之就是唐人。至于绘画，阎立本画过《老子西升》、《十二真君像》，张孝师有《传法太上像》，吴道子佛画多，道画也不少，他在长安的太清宫、兴龙观、咸宜观，画有玄元真神、真人等，在洛阳弘道观画东封图，《历代名画记》提到的“城北老君庙”，在吴道子作画时已经修整，被称为“玄元皇帝庙”，杜甫诗中就写到所见吴道子所画“五圣联龙衮，千官列雁行。冕旒俱秀发，旌旆尽飞扬。”他的《八十七神仙图卷》也是有名的作品，而且流传至今，实为不易。吴道子的弟子翟琰、杨庭光也画了不少神仙像。杰出的人物画家周昉不仅以画仕女知名，也画过道教画。晚唐还出了一个著名的道士画家张素卿，在成都和青城山画过许多天尊、神仙星官像，被人奉为典范。

另外，唐代音乐中的“法曲”，原以佛教音乐为主而掺入清商乐，到唐，又杂入道曲，著名法曲有《赤白桃李花》，《霓裳羽衣》，唐玄宗极爱法曲，令梨园弟子学习，称为“法部”。

至于追求道教清静高雅、养性延年的一面，在中唐以后尤甚，其实回到了老庄情趣，且又与禅宗结合，使文艺弃盛唐时那种热烈浪漫而转向恬淡平和，但应该说，这并非道教本质的一面，亦非道教对文艺的主要影响，主要还应归之于禅宗。

三　宋金元明清的道教与文艺

北宋时对道教也很重视，宋太祖、宋太宗都与道士关系甚深。太祖征太原，曾在行宫召见道士，太宗厚待来朝的陈抟，既信神仙，又派人寻访道经。真宗自称梦见神人，大修道观，礼遇道士，使原来远远落后于佛教势力的道教势力大增。仁宗、神宗时，因国库虚空，修道观一事为之降温。北宋最崇道教的是宋徽宗，他为道教做了一系列大事：建宫观、颁郊祀、安九鼎、访道经，并置道官二十六等，形成非常完整的阶梯结构。在得到道士林灵素后，对之极为宠信，赏赐不断。又纳蔡京之议，编写《道史》。徽宗行崇道抑佛政策，并要群臣推戴其为道君皇帝。靖康事变后，南宋道教稍衰，但高宗曾接见两代张天师，还请他们为皇室祈福驱病。孝宗、宁宗、理宗也是尊奉道教，诸多名山遍布宫观，文官领取半退休的祠禄就依靠主管宫观的名义，朱熹、辛弃疾都曾为此，终宋一代，并未改变。

道教的旧派正一教，亦称天师道，天师世住江西龙虎山，此是道教中心。金兵入中原后，黄河以北有三个新的道教：全真教、大道教（亦称真大道教）、太一教。这三教彼此不相干，亦与正一教无涉，是北宋遗民自发讲道形成。全真教祖师是王喆，大道教初祖刘德仁，太一教初祖萧抱珍，三教同时并出于陕西、河南、河北。金政权曾一度禁全真、太一两教，但到蒙古灭金前后，全真教流传极广，王喆的弟子丘处机（长春真人）受到成吉思汗尊崇，被封为国师。元并江南后，正一教天师亦被召入京，元对四个道教都兼容并蓄，但政治地位仍次于佛教。明朝对道教也很重视，正一、全真两大教派，继续流传，对内丹修炼法和三教合一的理论仍有发展。清朝不重道教，逐渐衰落。

道教对宋代文学的影响还在继续，虽无六朝和唐代那样有形式上的新创获，但在运用积累下来的道教典故上，却更为熟练。宋初西昆派诗人与道教的关系较为密切，杨亿、张咏都有与道士唱和之作，还到宫观中静思默想，在他们吟咏与道教相关的题材中，常用仙道故事的原型写眼前所见。真宗朝著名的政治家寇准，常陪同皇帝到道观，唱和之诗不少。北宋诗文革新运动的代表人物和一些开明的政治家，对道教的态度有所不同，但如王禹偁的一些诗还是受到道教思想的影响，流露出类似于《枕中记》的勘破世幻的情绪。范仲淹是“先天下之忧而忧”的人物，但也写了不少与道教有关的诗歌，既有借游仙而另有寄托之作，又有游嵩山时写下的一组作品。欧阳修辟佛，对道教也如此，他写过神仙题材，却是持怀疑、批判的态度，不过到晚年时，也如自称“六一居士”一样，对道教也渐渐接近，并作诗投赠道人。大文豪苏轼早年也是重儒而反对佛、道的，但在“乌台诗案“以后，态度有变，加上后来曾奉诏到道观祭祷，与道教活动有关的作品写了不少，与他娴熟地运用老庄话头可以共读。在词的领域，道教同样留下了不可磨灭的痕迹，詹石窗《道教文学史》认为，词中的神仙意象很多，可分为四种情况：一，不少作者常常在咏物、咏怀之际，触景生情，并在情景的诱发下产生神仙下降的幻象性感受。二，神仙的意象在言情的词中常常被作为意中人或美人的喻体。三，神仙在北宋文人咏物、言情词作中有时也成为美人歌女的模拟对象。四，随着神仙意象在咏物、咏怀、言情题材中的渗透，有关神仙居住的“洞天福地”、神仙用以陶冶性情的音乐以及所服食的药物等等，也作为派生意象在北宋文人词里充当了引人注目的角色。所言在理，分析也可信。

金元时期，道教与“一代之文学”的戏曲、散曲有特别的联系。元好问、王恽与全真道士结交，相处和谐，元好问、商挺、姚燧、王恽诸曲家都曾为全真师写过墓铭碑记，元好问甚至作过数十篇，他们间的关系可见一斑。金元词曲创作与全真教关系都很密切，原因在于此教派影响很大，元好问《紫微观记》说：“南际淮，北至溯漠，西向秦，东向海，山林城市，庐舍相望，什佰为隅，甲乙授受，牢不可破。”词、戏曲、散曲都可以看到与全真道有关的内容。教派领袖如王喆、丘处机等人写了不少宣扬教义、表现修炼心得的词，《全金元词》收录了大量的此类作品，虽文学色彩不浓，大多枯燥无味，但也可让人通过形象了解全真派的教理和丰富的宗教思想，也可看作是学习古代的道教歌诀的一种新的创造。尤其元杂剧中不少作品都涉及全真教。前者可以不讲，我们侧重讲后者。

元散曲中，有不少作品写及全真教，不仅提到全真“五祖”之一的钟离权，而且标出“养全真”的宗教纲领。邓玉宾、王伯成、冯子振、张养浩等人的作品，都与全真教有关。至如受到宗教影响，则几乎每个曲家的作品都可举出一两首。而《道藏》所收《自然集》中，还有出自道士之手，宣扬教义的作品。

元杂剧中的神仙道化剧在朱权《太和正音谱》中，居“杂剧十二科”之首，写神仙度脱凡人，使之得以成仙，因当时的道教信仰较普遍，此类剧影响颇大。当时有多少已不可知，目前可查的有马致远的《开坛阐教黄粱梦》、《吕洞宾三醉岳阳楼》、《太华山陈抟高卧》、《王祖师三度马丹阳》、《马丹阳三度任风子》、郑廷玉的《风月七真堂》、李寿卿的《鼓盆歌庄子叹骷髅》、纪君祥《韩湘子三度韩退之》、史樟《破莺燕蜂蝶庄周梦》、岳伯川《吕洞宾度铁拐李岳》、赵明道《韩湘子三赴牡丹亭》、范子安《陈季卿悟道竹叶舟》、赵文敬《张果老度脱哑观音》等十余种，这是爱情剧之外的第二大题材。在这些作品中，全真教的影响主要有两点：其一，主角配角或为全真教的“五祖”（东华帝君、钟离权、吕洞宾、刘海蟾、王重阳）“七真”（即王重阳的七个徒弟马丹阳、谭处端、孙不二、郝大通、刘处玄、王处一、丘处机），或此教尊奉者（庄子、陈抟、八仙中钟、吕以外诸仙）；其二，剧中情节据全真教传说来敷演，表现了全真教的思想观念、宗教意识和故事传说。有人研究，认为现存道教故事剧可分为五类：全真教度脱故事，符箓派道士驱鬼降妖故事，名士隐居修炼故事，神仙庆会故事，经典寓言故事。所说合理。

全真道之与元曲的结缘，除了特定的历史、社会条件外，与全真教弃妖妄而近世俗的修养方式有关，亦与此教倡导行善有关，此不赘述。

道教的影响除沿用不已的意象外，到明清传奇中也有据道教故事创作的作品，如《偷桃记》、《秦楼萧史引凤》等，小说《东游记》写八仙，《张道陵七试赵升》也以道教为原型，而《三国》、《水浒》、《封神演义》等都不乏与道教相关的内容。《三国演义》中的于吉索孙策命，左慈戏弄曹操，非但人物是真实的，而且可以看出作者对道教的推崇，人们熟悉的诸葛亮的许多半人半仙的法术，如筑坛借东风、摆八阵图、五丈原禳星，都与道教有关。《水浒传》的一开头就是张天师祈禳瘟疫，引出了洪太尉误走妖魔，水浒英雄投生各地的故事，书中的公孙胜及其师罗真人，法力最大，可见出对道教的尊崇。《西游记》写西天取经的故事，无疑是立足于佛教，但书中所写到的天上世界与西天的佛是两个系统，前者主要由道教神仙组成。尤其是《封神演义》，书中主要写阐教帮助周武王伐纣事，阐教的教主是道法原始天尊，门下十二弟子多是道教中的神仙，周武王打败了商朝，统治天下，其背后实际是道教对旁门左道的胜利。《红楼梦》是伟大的现实主义小说，但也不排除道教，书中一僧一道叫人勘破世幻，甄士隐听了《好了歌》而悟道，柳湘莲与瘸道士问答后即割发随之而去，可见作者受道教影响的一斑，不但开头是空空道人将“石头记”抄传到人间，而且书中的太虚幻境、警幻仙姑，也是道教的神仙与境界。《聊斋》的狐、《何典》的鬼亦与道教有关。当然，道教有浪漫主义的正效应，也有道教说教的负效应，总之，后期的意象与程朱理学有关，不如前期之积极面多了。

艺术方面，道教绘画仍很活跃。宋真宗建玉清昭应宫，应征画工有三千人之多，中选者百馀人，列第一的是武宗元，其传世作品《朝元仙仗图》即道教内容。宋代著名人物画家李嵩画过《骷髅戏幻图》，表现庄子“齐生死”观念，以画佛教人物著称的梁楷也画过水墨写意的《泼墨仙人》，龚开以画钟馗著称。元代的道教绘画很兴盛，颜辉画有《铁拐仙》、《刘海蟾》等，任仁发的《张果见明皇图》至今仍存。元代重道，道观修建颇见规模，壁画常得名手描绘，现存的山西永乐宫壁画，就是当时道教绘画的代表。永乐宫壁画有纯阳殿描写吕洞宾故事的《纯阳帝君仙游显化之图》，有重阳殿中描绘全真祖师王重阳的故事图，而最突出的是主殿三清殿的《朝元图》，此画描绘朝谒道教最高的原始天尊的神仙队伍，以玉皇为中心，共包括286个人物，人物高两米，轮廓线劲挺，设色鲜明而端庄和谐，姿态表情各异，表现出很高的水平，继承、发展了吴道子、武宗元的传统，是我国古代道教绘画的范例。明清两代的道教画主要在民间继续，其中八仙的故事画得较多，直到晚清时“海上画派”的代表任渭长、任伯年，都画过八仙，而且很有创造性。从绘画思想讲，道家思想对山水画影响很大。而且山水画的“元四家”黄公望、王蒙、吴镇、倪瓒都与全真教有关，这是别的朝代很少见的现象。

从建筑而言，道教的著名宫观至今仍遗存较多，其中南方的有江西龙虎山的上清宫，湖北武当山紫霄宫、太和宫，四川青城山常道观、祖师殿，成都的青羊宫，江苏的茅山道院，广东罗浮山的冲虚古观；北方的主要有山东泰山的碧霞祠等，青岛崂山四宫一洞，陕西华山的玉泉院，河南嵩山的中乐庙，辽宁千山的无量观等。

总之，道教对文艺的影响主要在文学上，艺术较少、较小。大致情况即如上述。

第二节　佛教与文艺

佛教是外来宗教，却又能战胜了道教，同样，佛教对文艺的影响也远较道教为大。这里难以探讨为何佛教有这样大的影响，也无法将佛教诸多宗派的历史概述于此，而先是将中国人接受佛教的几个特点作一简单概括之后再转入正题。这些特点是：在中国传统文化基础上批判地吸收；义理佛教与民俗信仰佛教的分流；在佛教与中国传统学术融合中，形成儒、释调和或“三教调和”的特点。对于第三点，宗炳说：“孔、老、如来虽三训殊路，而习善共辙。”[①] 宋孝宗作《原道辨》（后改为《三教论》）提出“以佛养心，以道养生，以儒治世可也，又何惑焉？”到清代雍正皇帝，还重复这一分工论：“佛以治心，道以治身，儒以治世。”

佛教对中国文艺的影响主要有以下几个大的方面：佛典与佛典翻译文学，佛教文学与佛教艺术，佛教对文艺家的生活、思想、文艺观、人生态度的影响，各种体裁形式的演变，语言、意象、原型、技巧、手法的影响。限于篇幅，我们不能一一道及，想不依前面论道教所取的纵向结构，而横向地从九方面讲述佛教对文学的影响，佛教带来的新的文艺形式以及佛教艺术。

---

① ［南朝梁］僧祐:《弘明集》卷二。

一 佛教与诗

佛教传入中国之后，最早被混同于神仙思想学说中，魏晋南北朝则逐渐深入到文人士大夫里面，而佛教也就逐渐与诗歌携手。此期受佛教影响最著的诗人当推谢灵运，传说谢灵运曾申请加入名僧慧远所创的白莲社，慧远认为他“心杂”而未予接纳，此虽传说，却可见人们的一般看法，因为他在儒学以外，受老庄玄学影响最大。但谢灵运对佛理是颇有研究的，他曾作《辨宗论》，支持竺道生的“顿悟”观，很有影响。他的诗不仅有佛国意象，更有佛理表达。经过宋、齐、梁、陈四朝后，到隋唐时代，佛教发展到高峰，诗歌与佛教相结合，使原先如玄言诗那样带着个尾巴的“禅语”渐渐融入诗中，化为禅意，进而营造出禅境。孟浩然、王维、常建、韦应物、刘禹锡、柳宗元、白居易、贾岛等，都明显受到佛学影响，尤其是王维，更有“诗佛”之称。如果说唐代的诗僧还仅是皎然、灵澈等数人，宋代则有宋初之九僧，至宋中后期又有道潜、仲殊、惠洪等，诗人与僧人交往极多，诗禅结合，达到高潮，机锋应对，不少偈语就是诗。

若不言佛学对文艺美学的关系，我们且论禅对诗的两方面影响：

第一是以禅入诗。

在佛教进入诗歌领域的初期，宗教的意蕴还比较外露、生硬。如谢灵运《登石室饭僧诗》，前六句写景，经七、八句“同游息心客，暧然若可睹”的过渡，后八句转写自己对佛教的信念：“清霄飏浮烟，空林响法鼓。忘怀狎鸥鲦，摄生驯兕虎。望岭眷灵鹫，延心念净土。若乘四等观，永拔三界苦。”写得很直露，缺乏后世所称道的“禅意”。他另一首《石壁立招提精舍诗》：“四城有顿踬，三世无极已。浮欢昧眼前，沉照贯终始。壮龄缓前期，颓年迫暮齿。挥霍梦幻顷，飘忽风电起。良缘迨未谢，时逝不可俟。敬拟灵鹫山，尚想祇洹轨。绝溜飞庭前，高林映窗里。禅室栖空观，讲宇析妙理。”也是感慨人生苦短，欲向佛教寻求解脱，一心钻研佛理之意。这两首诗也像他的含有玄学意味的诗一样，并未将“理”融入诗中。

到唐朝，则真正发展为诗禅结合，以禅入诗。如果说孟浩然入高僧义公禅房，其诗“夕阳照雨足，空翠落庭阴。看取莲花净，应知不染心。”① 在企慕、赞美中还留着距离，那么王维就不同了。他写自己与禅师的关系已用“神交”一语，禅寺“竹外峰偏曙，藤阴水更凉”② 的景色，“已悟寂为乐，此生闲有馀”③ 的思绪，使佛学根基很厚的王维深感“眼界今无杂，心空安可迷”，④ 他的诗也达到了诗禅结合的高峰，“诗佛”洵非虚誉。他的“行到水穷处，坐看云起时”，⑤ “松风吹解带，

---

① ［唐］孟浩然：《题义公禅房》。

② ［唐］王维：《过福禅师兰若》。

③ ［唐］王维：《饭覆釜山僧》。

④ ［唐］王维：《青龙寺昙壁上人院集·并序》。

⑤ ［唐］王维：《终南别业》。

山月照弹琴”,[①] 以及《辋川集》中的不少小诗，如“深林人不知，明月来相照”,[②]“涧户寂无人，纷纷开且落”[③] 都很具禅意、禅趣。韦应物的“山空松子落，幽人应未眠”,[④]“微雨夜来过，不知春草生”[⑤]，常建的“山光悦鸟性，潭影空人心”,[⑥]“茅亭宿花影，药院滋苔痕”[⑦] 都很见禅趣。

王士祯曾说：“严沧浪以禅喻诗，余深契其说，而五言尤为近之。如王、裴辋川绝句，字字入禅。他如‘雨中山果落，灯下草虫鸣’，‘明月松间照，清泉石上流’，以及太白‘却下水晶帘，玲珑望秋月’，常建‘松际露微月，清光犹为君’，浩然‘樵子暗相失，草虫寒不闻’，刘昚虚‘时有落花至，远随流水香’，妙谛微言，与世尊拈花，迦叶微笑，等无差别。通其解者，可语上乘。”[⑧] 形象、感性、而不失优美地昭示了“入禅”的涵义，并示以典型的例句。那么何谓“入禅”呢？当是指诗人在习禅后，了悟了佛教对于宇宙万物和人生世相的理解，在主观的“心”与客观的“物”交流时，做到了完全的泯合无痕，所以在外境中反映出心境的清静、自然。

如果说，上面以王维为代表的“入禅”主要是人在与自然交流中，侧重在对大自然的体悟，诗人完全冲淡、甚至消除了人世的烦恼，在山林的幽深清远中将静穆观照之所得，形诸于文字后成为“妙谛微言”；那么，似谢灵运那样“若乘四等观，永拔三界苦”看待佛教，侧重在人生一侧的以禅入诗，也有发展，且似可分为两类，即以白居易为代表的重在自警自悟，和以寒山为代表的重在警世教人。

先看白居易。王维与白居易都是大诗人，两人都兼信佛、道，相比之下，王更偏于佛，白更偏于道。前者无须论证，对后者，陈寅恪先生曾有很正确的看法，认为白居易在晚年以前与道教“关系尤密”，并从“丹药之行为”与“知足之思想”两端论证。在对韩愈与白居易比较时又说；“韩公排斥佛道，而白公则外虽信佛，内实奉道。韩于排佛老之思想始终一致，白于信奉老学，在其炼丹最后绝望以前，亦始终一致。”[⑨] 但是，白居易对佛教的信仰也是无庸置疑的，他自称“栖心释氏，通学小、中、大乘法”,[⑩] 可见其佛学渊源较杂，而“昔为东掖垣中客，今作西方社里人。手把杨枝临水坐，闲思往事似前身。”[⑪] 则是皈依佛门的自我写照。我们且不探究他所习佛学的派别，而看看他的以禅入诗究竟“入”了些什么？尽管他是积极

---

① ［唐］王维：《酬张少府》。
② ［唐］王维：《竹里馆》。
③ ［唐］王维：《辛夷坞》。
④ ［唐］韦应物：《秋夜寄邱二十二员外》。
⑤ ［唐］韦应物：《幽居》。
⑥ ［唐］常建：《题破山寺后禅院》。
⑦ ［唐］常建：《宿王昌龄隐居》。
⑧ ［清］王士祯：《带经堂诗话》卷三。
⑨ 陈寅恪：《元白诗笺证稿》，上海古籍出版社 1978 年版，第 327 页。
⑩ ［唐］白居易：《醉吟先生传》。
⑪ ［唐］白居易：《临水坐》。

入世的人物，但因仕途受挫，在“兼济”的“达”与“独善”的“穷”之间彷徨，遂以佛道哲学来自我宽解。他被贬江州时从陶渊明身上得到启发；“不慕尊有酒，不慕琴无弦。慕君遗荣利，老死此丘园。”[①] 进而以乐天知命、委顺随行的态度处世与处事，所以在提倡“似出复似处，非忙亦非闲”的“隐在留司间”[②] 的“中隐”同时，诗中常以“无心”、“无念”、“自在”的禅宗思想自劝。且看：“不学坐忘心，寂寞安可过。兀然身寄世，浩然心委化。”[③] “湛湛玉泉色，悠悠净云身。闲心对定水，清静两无尘。”[④] “小潭澄见底，闲客坐开襟。试问不流水，何如无念心。”[⑤] “心了事未了，饥寒迫于外。事了心未了，念虑煎于内。我今实多幸，事与心和会。内外及中间，了然无一碍。所以日阳中，向君言自在。”[⑥] 他以维摩诘自比，是自足，也是自警：“有室同摩诘，无儿比邓攸。莫论身在日，身后亦无忧。”[⑦] 由以上可见，白居易的以禅入诗是在人世间的自悟自警，与王维的以超世态度在大自然中达到物我一体的“空”、“静”不同。

再看寒山诗。关于寒山其人的生活年代，历来有不同的说法，有人认为是唐初人，但据著名的道教学者杜光庭所说，寒山大历年间隐居在天台翠屏山[⑧]，因杜光庭本人曾入天台山修道，所说较可信。有论者认为，寒山诗有数百首之多，当是在寒山诗已成一类型后，多人所作的结集，这一说法是可信的。要讲寒山，应先讲王梵志。王梵志是初唐人，爱作白话诗，其中不少都是佛教意旨。黄庭坚曾引两首，其中之一：“城外土馒头，馅草在城里。一人吃一个，莫嫌没滋味。”对争名夺利者，不啻是当头棒喝。南宋《梁溪漫志》录有王梵志九首诗，其中《云溪友议》已载八首，其未载的一首最有警世意义：“他人骑大马，我独骑驴子。回顾担柴汉，心下较些子。”是教人应当自足。王梵志的警世之旨，在寒山的通俗诗中得到了发扬，如：“贤士不贪婪，痴人好炉冶。麦地占他家，竹园皆我者。努膊觅钱财，切齿驱奴马。须看郭门外，垒垒松柏下。”——这是王梵志“土馒头”之警；“人生在尘蒙，恰似盆中虫。终日行绕绕，不离其盆中。”——这是跳出三界者对人世之警；“鹿生深林中，饮水而食草。伸脚树下眠，可怜无烦恼。系之在华堂，肴膳极肥好。终日不肯尝，形容转枯槁。”——这是对失却自然本色之警。“我见瞒人汉，如篮盛水走。一气将归家，篮里何所有。我见被人瞒，一似园中韭。日日被刀伤，天生还自有。”——这又似庄子“一是非”之警了，后来的“吃亏是福”、“难得糊涂”与

① ［唐］白居易：《访陶公旧宅》。
② ［唐］白居易：《中隐》。
③ ［唐］白居易：《冬夜》。
④ ［唐］白居易：《题玉泉寺》。
⑤ ［唐］白居易：《对小潭寄远上人》。
⑥ ［唐］白居易：《自在》。
⑦ ［唐］白居易：《闲坐》。
⑧ ［唐］杜光庭：《仙传拾遗》，《太平广记》卷五五，中华书局1961年版。

之相近。而宋代的许多偈颂，借通俗易懂的形式表现佛教的教义、思想，实是寒山诗的延伸、发展。

宋代由于诗人悦禅者多，与禅僧交往者甚众，必然使诗禅结合更进一步，其中的苏氏兄弟、黄庭坚最为著名，在以禅入诗上成就最高。据《五灯会元》载，一些身居高位者，如夏竦、赵抃都曾与禅门交往而作偈。前者作："休认风前第一机，太虚何处著思惟。山僧若要通消息，万里无云月上时。"① 后者作："默坐公堂虚隐几，心源不动湛如水。一声霹雳顶门开，唤起从前自家底。"② 苏轼父苏洵好佛，苏氏兄弟亦如此，尤其苏轼在"乌台诗案"后更是以佛教来排解烦恼。在他自黄州被命为汝州团练副使时，曾游庐山，宿东林寺，《五灯会元》卷17载，他"与照觉论无情话，有省"，到黎明时献偈："溪声便是广长舌，山色岂非清净身？夜来八万四千偈，他日如何举似人。"被贬惠州时，写过《赠龙光长老》："斫得龙光竹两竿，持归岭北万人看。竹中一滴曹溪水，涨起西江十八滩。"苏轼以禅宗"当下即是"的态度看待自己经历的人生忧患，"此心安处是吾乡"，③《次韵子由浴罢》即表其"安心"之意："未知仰山禅，已就季主卜。安心会自得，助长毋相督。"由"安心"又进而为"无心"："得酒相逢乐，无心所遇安。"④ 他的不少诗都来自佛经。如《琴诗》："若言琴上有琴声，放在匣中何不鸣？若言声在指头上，何不于君指上听？"来自《楞严经》"虽有妙音，若无妙指，终不能发"。《百步洪》的"君看岸边苍石上，古来篙眼如蜂窠。但应此心无所住，造物虽驶如吾何！""但应此心无所住"即《金刚经》"应无所住而生真心"的圆通透脱之意。苏轼得之于禅的诗太多，不必再列。

宋人之以禅入诗，非唐人之在禅趣，而如苏轼之在禅理。如王安石《登飞来峰》："飞来山上千寻塔，闻说鸡鸣见日升。不畏浮云遮望眼，自缘身在最高层。"程颐的《秋月》："清溪流过碧山头，空水澄鲜一色秋。隔断红尘三十里，白云红叶两悠悠。"前者悟在事理，后者悟在道心。又如黄庭坚"入禅"的诗，常是表现禅宗"无念为宗，无相为体，无住为本"思想的。《冷斋夜话》说："鲁直谪宜，殊坦夷，作诗云：'老色日上面，欢悰日去心。今既不如昔，后当不如今。''轻纱一幅巾，短簟六尺床。无客白日静，有风终夕凉。'"就可看出他的"无念"、"无住"。范成大《重九日行寿藏之地》是发挥王梵志诗意之作："家山随处可行楸，荷锸携壶似醉刘。纵有千年铁门限，终须一个土馒头。三轮世界犹灰劫，四大形骸强首丘。蝼蚁乌鸢何厚薄，临风抚掌菊花秋。"连朱熹的"等闲识得东风面，万紫千红总是春"，⑤"问渠哪得清如许？为有源头活水来"，⑥"昨夜扁舟雨一蓑，满江风浪夜如何？今朝

① ［宋］普济：《五灯会元》卷12。
② ［宋］普济：《五灯会元》卷16。
③ ［宋］苏轼：《定风波》。
④ ［宋］苏轼：《送范景仁游洛中》。
⑤ ［宋］朱熹：《春日》。
⑥ ［宋］朱熹：《观书有感》。

试卷孤篷看，依旧青山绿树多。”① 都可见对禅理有会于心。

第二是以禅喻诗。

可分为两类：学诗与学禅相拟，论诗与论禅相拟。

前者较早见于苏轼读李之仪诗所写的“暂得好诗消永夜，每逢佳处辄参禅。”苏轼论诗颇有与禅家言“悟”相通之处，如《诗颂》“冲口出常言，法度去前轨。人言非妙处，妙处在于是。”得之于禅宗之尚自然。《送参寥诗》的“欲令诗语妙，无厌空且静。静故了群动，空故纳万境。”更以学诗与禅之“空”、“静”相通。刘熙载《艺概》说：“东坡诗善于空诸所有，又善于无中生有，机括实自禅悟中得来。”可见其诗学与禅学之渊源关系。自苏轼以禅悟论诗后，韩驹、吴可、杨万里都有诗禅相拟之诗，以诗推尊禅宗的“自家了得”，倡“活法”，不立文字等。如吴可有《学诗诗》：“学诗浑似学参禅，竹榻蒲团不计年。直待自家都了得，等闲拈出便超然。”“学诗浑似学参禅，头上安头不足传。跳出少陵窠臼外，丈夫志气本冲天。”“学诗浑似学参禅，自古圆成有几联？春草池塘一句子，惊天动地至今传。”这里提出了学诗应像学禅一样，贵在渐修中的“顿悟”，要不假外佛、自开宝藏，在等闲中得到圆成是最可称道的。韩驹的《赠赵伯鱼》也有以学禅喻学诗之句：“学诗当如初学禅，未悟且遍参诸方。一朝悟罢正法眼，信手拈出皆成章。”其旨与上面相同。据曾季狸《艇斋诗话》所说：“后山论诗说活法，东湖论诗说中的，东莱论诗说活法，子苍论诗说饱参。”子苍即韩驹，“参诸方”就是要“饱参”，饱参才能积累，悟而才能“正法眼”，信手拈出皆为好诗。后来元人刘秉忠《藏春集》有读元好问诗四首之一：“青云高兴入冥搜，一字非工未肯休。直到雪消冰泮后，百川春水自东流。”也与此意相同，且说得更加形象。继续作此类将学诗与学禅相拟的诗不少，宋人还有龚相的《学诗诗》，其中有：“学诗浑似学参禅，悟了方知岁是年。点铁成金犹是妄，高山流水自依然。”又赵蕃也有《学诗诗》，其一云：“学诗浑似学参禅，要保心传与耳传。秋菊春兰宁易地，清风明月本同天。”一直到后来仍继作不休，不过已令人有等而下之之感了。

后者以严羽《沧浪诗话》为代表。《诗话》中的“不涉理路，不落言筌”，“羚羊挂角，无迹可求”，则为禅宗不重文字之意，“妙悟”亦二者相通之处。严羽还将诗的“三等”与禅的“三等”相拟：“论诗如论禅：汉、魏、晋等作与盛唐之诗则第一义也。大历以还之诗，则已落第二义矣。晚唐之诗，则声闻、辟支果也。学汉、魏、晋与盛唐诗者，临济下也。学大历以还者，曹洞下也。”他认为汉、魏、晋、盛唐诗为第一等，大历后二等，晚唐三等，提倡“入门须正”，推尊盛唐。尽管有人认为严羽对禅宗了解不够，对各宗的渊源及高下品评失当，但他的论诗以禅相拟的方法，对后来的论诗者仍有很大的影响。

---

① ［宋］朱熹：《水口行舟》。

诗禅结合的情况在明清二代仍在继续。如王阳明是理学的代表，但其重在“心”之主观唯心主义又与禅宗一致，其诗中亦富禅味，如《咏良知示诸生》：“无声无臭独知时，此是乾坤万有基。抛却自家无尽藏，沿门持钵效贫儿。”此近禅语。《次栾子仁韵送别》：“悟到鸢鱼飞跃处，工夫原不在陈编。正须闭口林间坐，莫道青山不解言。”此有禅意。王阳明的学说被王艮继承，发展出“泰州学派”，王艮的再传弟子韩贞喜用通俗易懂的诗歌向田夫野老宣传，其诗颇见王梵志、寒山诗传统的发扬。如：“且饮三杯欢喜酒，不争一个皱眉钱。尧功舜业浮云过，底事人生不自然？”[①]“偷个闲时取个欢，莫将愁事锁眉端。进前担子千斤重，退后阶梯老大宽。”[②] 诗禅结合而在理论和创作上都带有总结性的，当推王士祯“神韵说”，要说清其来龙去脉和主要观点太费篇幅，此处不论了。关于宋诗的“活法”也是禅宗与诗关系很密切的问题，此处也不讲了。

此外，还应补充一下佛教传入与诗歌声律研究的关系：佛典输入后，对梵音研究渐盛，字音的子母复合现象引起人们注意，音韵研究兴起，声病说颇盛。沈约将音韵学研究成果用到诗上，创造了“永明体”，促使了格律的繁荣，在唐代，近体诗达到鼎盛。所以我国的近体诗与佛教经典所用的梵文尚有这层关系，此问题专业性太强，不拟论说。

二　佛教与散文

佛教不仅对诗歌有很大的影响，对散文也同样如此。这里不谈思想上的影响，而集中讲佛教典籍的表现方法对散文艺术的影响。这些影响主要表现在以下几方面。

一是文风、文章观念的影响。六朝时期，文章走了骈俪化的道路，萧统的带有总结性的《文选》，选文标准即“事出于沉思，义归于翰藻”，剔除经史固好，但又隔断文道关系。此时，佛经翻译已经有年，早期译经已有“直译”与“意译”两种倾向，但重视义理是译经的首要标准，所以普遍地重质轻文，文章观念在于传信、重质、尚古、尊经，这与当时文坛潮流有异，却启发了唐人改革文体、文风。慧远、僧肇、谢灵运、颜延之、沈约等，写论佛文字多为骈散兼行，像唐宋议论文体制。所以，佛家在文章上的主张和实践，对后代有潜移默化影响。唐代文体文风改革的两个内容：以散体单行、质朴近古的散文代替骈文，和严肃的“明道”之内容，都或直接或间接地受到六朝佛家文字的影响。

二是佛典的议论文字对我国议论文的影响。佛典的议论文字，对名相事理的辨析，条分缕析的论说结构，因明三支作法（因明即佛家逻辑，是研究推理、证明规则的逻辑科学，通过宗、因、喻三支作法来论证和表述）的运用等等，使其表达具有谨严而富于思辨的风格。六朝佛教代表人物如道安、慧远，僧肇等的议论文，在

---

① ［明］韩贞：《樵歌》五首之一。

② ［明］韩贞：《勉盛子忠》。

文章技巧上均居上乘。唐宋古文运动提倡“明道”、“贯道”、“载道”，议论文受到特别重视，除继承先秦两汉论说文技法外，对佛家议论文也多汲取。道安的经序、慧远的《沙门不敬王者论》、僧肇的《肇论》，名相辨析技巧甚高。韩愈的“五原”就用穷本溯源分析概念的写法，李翱的《原性》之篇，也在“情”、“性”等概念上作文章，显得佛教影响，写法亦如此。宋人文章议政、论学、讲道、论文多从概念入手，作求本讯末之谈，都可见辨析名相的思维方式之深入文人头脑。佛典条分缕析，由根寻条的结构方式，由本及末的解析，排比层进的结构方式，对道安的《十二门经序》，刘勰《文心雕龙》都有显著影响（如《宗经》讲“六义”，《知音》讲“六观”，《熔裁》讲“三准”，《丽辞》讲“四对”）。唐宋人对此有汲取，韩愈《原道》、《原毁》，柳宗元《封建论》等，都善作细密分析。佛家批驳辩难技巧在因果报应、沙门敬王者、夷夏、形神等辩论中得到发展，对后来的散文也有影响。

三是佛书丰富了中国散文的修辞手法和语言。佛典多用譬喻，《法华经·序品》云：“我以无数方便，种种因缘，譬喻言辞演说诸法。”我国译佛经，最早译出譬喻类经典，佛典譬喻数量多，设想奇特，富于夸饰，唐宋文受其影响而多博喻，又用譬喻加强论证。苏轼《日喻》本之于“盲人摸象”，《前赤壁赋》的水月之喻，与《肇论》“不迁”意相关。中国寓言文学的发展也得之于譬喻，柳宗元《黔之驴》、周敦颐《爱莲说》都得之于佛教故事及佛典。

语言上出现了许多新词汇：如由外语翻译的真如、缘起、佛陀、刹那、四谛、五蕴等，结合佛教的创新词汇如大慈大悲、万劫难复、本来面目、回光返照、头头是道、五体投地等。许多词语长期习用而成为常用词，如世界、因缘、法门、庄严、圆满、报应、因果、造孽、真谛、实际、正宗、不可思议、大千世界、本来无事、醍醐灌顶等。双音、多音词、音译词，使语言生动灵活。此外，句法上的颠倒语序（如是我闻）、句序，多用提示的疑问句，插入呼语，排比句法，长修饰语，长复合句等，都与佛典有关。夸张、比喻等修辞格，也对散文有影响。

此后又发展出许多与佛教相关的常用成语，如：一尘不染、不二法门、三生有幸、四大皆空、五体投地、六根清静、万劫不复、想入非非、心花怒放、水涨船高、火烧眉毛、梦幻泡影等。常用谚语：不入佛门不受戒，不见真佛不烧香、无事不登三宝殿、不看僧面看佛面、平时不烧香，临时抱佛脚、吃啥饭当啥心，敲啥木鱼念啥经、好有好报，恶有恶报等。常用歇后语：老虎抱佛珠——假慈悲、阎王讲故事——鬼话连篇、丈二和尚——摸不着头脑、和尚打伞——无法无天、泥菩萨过江——自身难保等。

从文体而言，宋代理学家的语录体与禅宗之流行有关。禅师说法开示都明白如话，单刀直入，弟子记录下来则成语录。理学大师们受禅宗影响，其传道、讲学、授业之语亦被记录成语录，语言朴素，明白晓畅，且朴素短小（如《朱子语类》之类）。

（以上观点多据孙昌武先生《佛典与中国古典散文》一文，载《文学遗产》1988 年第 4 期）

三 佛教与志怪、传奇小说

鲁迅《中国小说史略》曾论及小乘佛教入中土并渐见流传，与鬼神志怪之书的关系，我们不妨对此作一简单描述。

在《牟子理惑论》中已有汉明帝感梦的故事，可看作与佛教有直接关系的最早的传奇。其所载曰："昔孝明帝梦见神人，身有日光，飞在殿前，欣然悦之。明日，博问群臣：'此为何神？'有通人傅毅曰：'臣闻天竺有得道者，号之曰佛，飞行虚空，身有日光，殆将其神也。'"于是有派张骞、秦景等至大月氏写佛经之举，及起佛寺、作佛像等事。佛教的进入我国，正规的途径是佛经的翻译，非正规的则是口头流传，后者就有一些佛教故事。在流传中，自然也影响到小说的发展。六朝志怪小说固与道教有关，与佛教也颇有关系。鲁迅之书还指出《灵鬼志》中"笼中道人"，是来自于佛教故事："魏晋以来，渐译释典，天竺故事亦流传其间，文人喜其颖异，于有意或无意之中用之，遂化为国有，如晋人荀氏作《灵鬼志》，亦记道人入笼子中事，尚云来自外国，至吴均记，乃为中国书生。"此处所说的"吴均记"指吴均《续齐谐记》中的"阳羡鹅笼"故事：阳羡许彦于绥安山行，遇见一个十七八岁的书生，躺在路边，说脚疼，要寄于鹅笼中，许彦以为是玩笑话，谁知书生竟然真的进了鹅笼，与鹅并坐，许彦挑着也不觉得重，到树下休息时，书生从口中吐出一个铜奁，内有酒饭，两人同吃，不一会，从口中吐出一个十五六岁的女子，一起吃。待书生醉卧后，女子口中吐出一个二十三四岁的男子，书生将醒时，女子吐出一个锦屏风遮住书生，男子与女子共眠。那男子从口中吐出一个二十岁左右的女子，说说笑笑甚久。听到书生将醒，男子将所吐之女吞入口中，不一会儿，屏中女子出，将男子吞下，一人与许彦相坐，然后书生起来，对许彦说："睡了那么久，你一人独坐，很无聊吧？天晚了，该与你道别了。"吞下女子，所有的器皿也都吞入口中，只留下一个二尺左右的大铜盘留给了许彦。上面的故事从"来自外国"到"乃为中国之书生"的变化，也可见出简单的"洋为中用"过程。

此外，在好几部汉译佛典中都出现过"鹦鹉救火"的故事，在刘义庆的《宣验记》中也有这故事，此书的另一处则将鹦鹉换成了雉，演绎出雉救火的新故事。印度的《五卷书》有一个穷人幻想发财的故事，到殷芸的《小说》中演化为"贫人办瓮"的故事：说一个穷人，穷得只有一只瓮，晚上睡在瓮中，他幻想着将瓮卖出后可得多少钱，然后钱又滚钱，一高兴竟然一脚将瓮踢碎，美梦也就成空了。以上的故事都来自佛典，而更多的是借用部分情节，或袭用故事的类型。此类内容颇多，难以详说。①

在唐人传奇中，也受到了佛教的影响。其中有的是传奇中的主人公来自于佛教

---

① 可参有关论文，如蒋述卓《中古志怪小说与佛教故事》，载《文学遗产》1989年第1期，第6—18页。上面内容参照了该文。

发源地的印度，如《柳毅传》中的龙王龙女，其原型与佛典故事中的那伽王那伽女很相像。而受佛教教义影响，最显见的是《枕中记》和《南柯太守传》。两者都写文人为了实现自己追求功名富贵的理想，在梦中经历了人世的荣辱、升降，梦醒后只是一场空。两者最后都通过主人公对宠辱之道、穷达之理、死生之情的反省、认识，在宣扬人生如梦的思想同时，无非是要人乐天知命，与前述王梵志、寒山诗的某些题旨相同。另一类的是立足于佛教"神不灭"思想的离魂故事。如陈玄祐的《离魂记》，写青年女子倩娘为争取婚姻自由，灵魂离开了肉体，追随所爱者而行。魂灵与肉体可以分离的思想，正是佛教宣扬的一个重要内容。在南北朝时期，宗炳主张"神不灭"论，著《明佛论》，郑鲜之著《神不灭论》，证明灵魂不死，范缜起而写《神灭论》，梁武帝发动臣下反驳《神灭论》，使这一佛教思想能居于统治地位。《离魂记》虽有反对封建包办婚姻的意义，其魂、身分离的思想基础却在佛教。与灵魂不灭的思想密切相关的是因果报应论，佛教认为人的灵魂在前世种下了"因"，在今世就要得到相应的"果"，所以劝人行善以求来世的好报。这一思想在唐人传奇中也有体现，如《霍小玉传》中的李益，因对霍小玉始乱终弃，霍忿恨而死，使李益的妻妾遭受报应（虽非来世的报应）。再补充一点，后来中国小说的许多人物形象都来自印度，除上面所说的龙王龙女外，还包括如来佛、观音菩萨、四大金刚、十八罗汉、阎王、鬼神等，当然，其中有的发生了变化（如观音由男变女）。孙悟空及八戒、沙僧等形象，也有印度的影响。

同道教一样，佛教对志怪传奇的影响有负面的，也有正面的。负面是宣扬了唯心主义思想，正面的在于开拓了艺术想象力，使它们作为文学作品能在叙事的生动性、情节的复杂性上得到提高，发挥了较为充分的想象力，对塑造人物性格也有帮助。胡应麟《少室山房笔丛》认为："凡变异之谈，盛于六朝，然多是传录舛讹，未必尽设幻语，至唐人乃作意好奇，假小说以寄笔端。"这是对唐人传奇整体的文学进步而言的，原因很多，但佛教的影响无疑是一个主因。

四 佛教与变文

变文又称为佛曲、俗讲、讲唱文，是唐代寺院盛行的说唱体作品，特点为散韵夹杂，以七言为主，杂三、五、六言。"变"是奇异之意，变文就是讲唱奇异故事之意。佛经传译在六朝已颇盛，但在文学上的影响，主要还在唐朝，变文即新创造的文学样式之一。它最初是作为普及佛经教义的宣传品出现的，因为在民间宣传佛教，要将佛经变成通俗有趣的故事，又要增加歌唱成分，才能吸引人，所以就有了变文这种形式。在变文之前，已有转读（用正确的音调与节奏朗读佛经）和梵呗（赞颂歌唱），流行之后，出现的《叹五更》、《十二时》、《女人百岁篇》之类民歌俚曲，保存在敦煌写卷中，后来成为敦煌文学之一。变文作为讲唱文学，在说唱时常要配合相应的图画，边讲唱故事，边翻动画卷。现存的变文内容主要有三类，即：《降魔变文》、《维摩诘经变文》、《地狱变文》等演述佛事者；《伍子胥变文》、《捉季布变文》等演述史事者；《孟姜女变文》、《王昭君变文》、《秋胡变文》等民间故事者。此外还有《张义潮变文》、《张淮深变文》等写当地当时国家大事者。变文影响了宋人话本，长篇小说之杂有诗词歌赋或骈文叙述，是变文之遗，而宝卷、弹词、鼓词一类民间通俗文学，是变文的嫡派。总之，后来的说唱文学、曲艺颇受变文影响，也影响了长篇小说。宋真宗明令禁止僧人说唱变文，民间艺人也受到打击，就将精力转到说话和话本小说上，使宋元的说话和话本小说有空前发展。

五　佛教与戏剧、魔术

佛教的宣传往往在下层是伴随着印度的戏剧和西域幻术而来的。戏剧是印度早期最发达的艺术，其中音乐和舞蹈占了重要地位，梵语“戏剧”一词就源于“舞”。王国维《宋元戏曲史》云：“古之俳优，但以歌舞及戏谑为事，自汉以后则间演故事，而今歌舞以演一事者，实始于北齐。”这就与佛教有关。许地山认为，中国戏剧从内容到形式都受到了印度梵剧的影响，到元杂剧中如《杀狗劝夫》、《张天师》的剧情进行方式，元、明南戏或传奇《琵琶记》、《荆钗记》、《杀狗记》、《红梨记》的开场问答，先演楔子，宣布剧情之类，都与梵剧相似，此可备一说。任半塘《唐戏弄》写道：“唐变文与唐戏之关系最为显著者，莫过于《维摩诘变文》，唱白分清。”而由《目连变文》演变来的《目连戏》，种类极多，影响极大，到明代郑元珍所作《目连救母劝善戏文》，长达一百多出。

另外，佛教在宣传、传播中，为求扩大影响，常借助方术（包括幻术）吸引信徒，东汉时的安世高、康僧会都精通方术，佛图澄、鸠摩罗什也懂咒术、幻术，佛图澄清洗五脏的情节就属于“刳肠胃”、“肢解”一类，且会“空钵生莲花”，鸠摩罗什会“吞针”，这些幻术使中国的魔术杂技得以丰富发展。

六　佛教与音乐

早期传入的佛教音乐，多半是西域的佛教音乐，传入的佛曲，不能配用汉语歌词，南朝梁的僧人慧皎认为，“梵音重复，汉语单奇，以梵音咏汉语，则声繁而偈（颂诗）促，若用汉曲以咏梵文，则韵短而词长。”于是僧人采用民间乐曲，改编传来的佛曲及创作新佛曲，因而产生中国的佛教音乐。此后，一方面不断吸收、借鉴外来佛曲，一方面不断创作、补充新的佛曲，且以后者为主。南北朝时期中原流行的梵呗声腔，已知有三种：洛阳地区相和歌特点；梁武帝所创《善哉》、《天道》、《仙道》、《神王》等十篇歌词，大概其梵呗新声有清商乐中“江南吴歌”特色；西部地区有西凉梵呗腔，此是三个流派。北魏时期，“梵唱屠音，连檐接响”①，据《洛阳伽蓝记》云，景明寺、景兴尼寺、景乐尼寺都在佛教节日或民间节日有盛大

① 《魏书·释老志》。

的乐舞表演，有佛教音乐、世俗音乐、百戏幻术。

隋朝的“七部乐”和“九部乐”中，“西凉乐”有舞曲“于阗佛曲”，“天竺乐”有《天曲》，当时大理的“法曲”属中原传统音乐吸收了佛道音乐因素。唐之“十部乐”中“天竺乐”乐工、舞工都穿袈裟，显有佛教色彩。敦煌莫高窟保存大量唐代乐舞壁画，且有曲谱、舞谱、曲子词、变文，多为寺院保存使用，可见寺院音乐活动内容。变文中有三类：只唱不说、有说有唱（多数）、只说不唱。前二类用乐曲演唱，唐代佛教音乐还有江南“纤婉为工”、北方“高深为盛”的地方特点。

宋代戏场从寺院转入“瓦子”，但寺院仍有定期的宗教、音乐活动，直到明清，仍保留了不少吸收世俗、外来、民族成分的佛教音乐。

七 佛教与绘画

佛教与中国绘画的关系极为密切。三国曹不兴是最早画佛像并接受西域佛画影响的画家。东晋顾恺之所画维摩诘像的壁画，与戴逵所塑佛像及狮子国玉像，被称为瓦棺寺三绝。此后，刘宋的陆探微、萧梁的张僧繇亦以画佛像知名，陆沿顾、戴（逵）而成“秀骨清像”的南朝画风，张创凹凸晕染法。此期专业画家的作品已多不存，民间画工所画大量石窟壁画犹存。现存最早的石窟，是开凿于三世纪的新疆龟兹石窟——拜城克孜尔，现存236洞，五、六世纪最盛，八世纪走向衰落，壁画主要描绘佛本生（前生）故事和佛传故事（一生事迹）、因缘譬喻故事和佛涅槃故事画等，色彩绚丽，以菱形结构、装饰性为特点，每一菱形区域内表现一个故事情节。据统计，克孜尔壁画中各种佛教故事种类达二百种以上。其中菩萨、伎乐、飞天的造型显见西域特点，技巧上，以朱色层层晕染，再以白粉画眉目、鼻梁的凹凸法。从克孜尔东行，库车的库木吐喇石窟已见龟兹风格与汉地风格的并存。在高昌（吐鲁番）吐峪沟石窟中，菱形格故事画变成方形单幅构图，并有墨书榜题，与中原汉画“左图右史”同。敦煌是西域与中原两种佛教艺术交汇处，在十六国和北魏早期，以前者为主，北魏晚期，以后者为主。后者受到了从大同云冈石窟到龙门石窟佛教艺术的影响，主要是顾恺之、陆探微“秀骨清像”的风格；而敦煌的北周壁画则受到张僧繇风格的影响，所画的人物有“面短而艳”的特点。

唐代画家中，于阗（今和田）人尉迟乙僧在长安、洛阳寺院多次画过“西方净土变”。吴道子在二地佛寺更作画三百馀壁，有佛像、维摩诘、高僧、菩萨、金刚变、金刚经变、西方变、地狱、释天、维摩变等，他的所画将北魏的舍身饲虎、割肉贸鸽、太子施舍、强盗剜眼的印度题材变为大量的净土变相，成为仙山琼阁、满堂丝竹、圣众供佛、飞天散花的中华佛国，将施舍、轮回、苦行、禁欲变为长命安乐、无灾无病、以德报怨、苦尽甘来。他以焦墨薄彩著称，“吴带当风”可见线条造型的功夫。敦煌唐代壁画亦以大幅经变画为主，各种净土变（西方净土变、东方药师净土变、弥勒净土变）等，都以经变讴歌佛国的欢乐和美丽，还点缀着人间社会生活小景。

宋以后，寺观壁画失去繁荣势头，但民间艺人、画匠仍有壁画之作，山西、河北等地还留下宋元寺观壁画。

佛教画的画家队伍不小，宋郭若虚《图画见闻志》列近四十人，皆知名画家。而内容上，亦并非只是麻醉剂，佛教故事中的欢乐、希望、爱情、苦难，都不无动人之处，其所歌颂的忍耐、牺牲、斗争、镇定等品质，追求真理、征服邪恶的力量，亦有一定启示。五代贯休（蜀）所画庞眉大目、朵颐隆鼻的罗汉像，宋梁楷的简练豪放的水墨佛画，亦很有特点。

八　佛教与雕塑

佛教在东汉后期传入我国，三国时，首次雕造佛像。东晋十六国和南北朝初期，开始了佛像雕塑的兴盛期。现存后赵石虎建武四年（338）的金铜坐佛像，是有明确纪年的最早佛像，并具有中国样式，并非单纯模仿印度。东晋戴逵，代表了中国佛雕的新水平。《历代名画记》卷五记其“曾造无量寿木像，高丈六，并菩萨。逵以古制朴拙，至于开敬，不足动心。乃潜坐帐中，密听众议，所听褒贬，辄加详研，积思三年，刻像乃成。”可惜南北朝的寺庙及佛雕已不存。至于石窟佛雕，尚遗存一百多处，以新疆克孜尔、吐鲁番伯孜克里克，山西大同云冈，甘肃敦煌莫高窟、永靖炳灵寺、天水麦积山石窟，河南龙门、巩县石窟，河北邯郸响堂山，宁夏固原须弥山，四川大足，云南大理剑川，浙江杭州飞来峰等处最重要。其中云冈、龙门、巩县、响堂山等处由皇室经营开凿，而莫高窟的洞窟数和时间延续之长，都为全国之冠（5—14世纪，共492窟）。

印度的佛教艺术最早在公元三世纪沿古丝绸之路传入我国现在的新疆地区，由西向东形成了龟兹、于阗、吐鲁番体系，即西域佛教艺术。东传而入玉门关内，在四世纪中叶以后，在甘肃的敦煌开窟，并逐渐形成凉州佛教艺术，在八、九世纪达到了最为兴盛的阶段。五世纪中叶后，统一了北方的北魏政权开始了山西大同云冈石窟的营造，后来又有河南的龙门石窟以及南方各地的石窟。石窟雕塑的主要是佛像（佛、菩萨、罗汉、护法像）、佛经故事、供养人像等。云冈石窟主要受凉州艺术影响，其早期造像面相丰圆，肢体肥壮，神态温静。魏孝文帝亲政后，推行汉化政策，迁都洛阳，此时石窟造像受以戴逵为代表的“秀骨清像”风格影响，南北融合，出现一种面容清癯、褒衣博带、性格爽朗、风神飘逸的新形象，此即以龙门石窟为代表的中国佛教艺术。自此，中原风格影响河西走廊和西域，风靡全国。

隋唐是雕塑艺术最灿烂辉煌的时代。题材上从佛教题材中探索现实人形象，反映了宗教美术世俗化的发展。技法上力图摆脱以线造型的传统，追求立体发展，实现了一大突破。唐代雕塑精品多出于武则天统治期，龙门奉先寺的摩崖像龛堪称代表。唐玄宗时代是佛像雕塑的黄金时代，造像圆润丰腴，宽妆高髻，充满生命活力。大雕塑家杨惠之就生活在这个时期，世称“道子画，惠之塑，夺得僧繇神笔路”，并非过誉，现存的江苏吴县保圣寺就有杨惠之所塑的罗汉像，形态逼真，比例适度，可让人领略当时的雕塑水平。从敦煌彩塑、龙门石雕、佛寺彩塑等现存作品都可见唐代雕塑家在佛教艺术上的创造力，尤其是千佛洞、麦积山所发展出的泥塑艺术，是中国自己在佛教艺术上的创造，较之石刻来，更得心应手。唐宋之后，各地寺观盛行泥塑木雕，逐渐代替了石刻造像，是一大演变。佛像的衣饰，将印度传来的“通肩式”改为“冕服式”，可见气候不同和中国艺人的创造。辽金时代的大同华严寺，在中国化的同时明显世俗化，太原晋祠和麦积山宋塑，完全如世间仕女。元代之后，受过尼泊尔艺术家阿尼哥影响，西藏佛像尤可见，清代喇嘛教雕刻即由这一传统发展而来。

我国各期、各地石窟的佛教雕塑，以云冈、龙门、敦煌最著名。

云冈石窟开凿于北魏时期，是我国第一个由皇室主持的开凿点。现存主要洞窟45个，小龛1100多个，石雕佛像共有5.1万多个。云冈的佛像经历了三阶段的变化。其早期造像受凉州风格影响，魏文帝亲政后，石窟造像学习了戴逵所创形象，标志着中原风格的形成。自此，这种风格成为主导，影响了其他地方的佛像创造。到萧梁时期，由于画家张僧繇的影响，云冈造像也带上了“面短而艳”的特点，到唐朝更是丰满壮硕。

龙门石窟开凿于北魏迁都洛阳前后，即公元五世纪末，历经东魏、西魏、北齐、隋、唐、北宋各朝，其中以北魏和唐朝为最多。现存佛龛、佛窟总数为2100多个，造像有10万多。龙门石窟的佛像已完成了向端庄优雅的转化，“秀骨清像”的风格对其他地区的石窟造像产生了影响。到唐朝，高宗、武则天和玄宗到德宗，分别代表了三个发展期。尤其是武则天时期，因为出于政治的需要，实行扬佛抑道政策，更是花大力建佛寺、凿佛像，其中奉先寺是龙门石窟中规模最大的，其大佛龛的本尊卢舍那佛坐像高17米多，菩萨、天王、金刚环绕拥戴，大佛具有武则天本人“方额广颐”的特点，面容丰满秀丽，眉如新月，双目慈祥，嘴含微笑，身躯端庄，尊严中见雍容，圣洁、睿智、温润，达到了极高的水平。弟子、罗汉、菩萨、天王、力士等11尊巨像也各有特色，菩萨细腰斜欹，楚楚动人，天王、力士肌肉发达，孔武有力。将印度佛教艺术中的与世疏远的高洁格调、南北朝造像的神秘渺远的圣洁气度转为世俗、写实之风。

敦煌石窟包括甘肃敦煌县的莫高窟和西千佛洞，而一般指前者，始凿于前秦建元二年（366年），历经北魏、西魏、北周、隋、唐、五代、宋、西夏、元等朝代，是我国石窟佛教艺术的宝库，为全国石窟之冠，并享有世界声誉。自1900年藏经洞被发现后，“敦煌学”已成为一门世界性的学问。莫高窟现存490多个洞窟，有大量壁画，其造像与云冈、龙门不同，严格说来，它们不是石像，而是泥塑，因为莫高窟所在的鸣沙山是砂岩，易碎而难雕。石窟中的佛像均为彩塑，共有3千多，从10多公分到33米不等。根据莫高窟的洞窟式样，塑像和壁画的题材、风格，大体可分为四个发展时期。北朝时期多以弥勒为主像，面容丰满，鼻直眉长，有显见的西域特色；菩萨高髻披发，上身半裸，腰束羊肠裙，融合了西域与中原的特色。魏文帝以后，中原的特点影响到此地，造像也转为“秀骨清像”型。隋唐时期，内容多为佛及其弟子、菩萨、天王、力士的群像，唐代像多与人等高，随着菩萨的由男变女，世俗化造就出“宫娃”式的形象，而天王则转以现实中的将军为模特儿。五代以后，仍保留唐朝风格，但已缺少内在的精神气质，转为衰落。总之，敦煌彩塑集圆雕、浅雕、线刻、彩绘为一体，是我国古代雕塑创作水平的代表。

此外，麦积山彩塑、石雕七千余，炳灵寺石窟现存龛窟190多个，彩塑与石像共700多，艺术水平都很高。其他各地的石窟也各有可观的数量遗存，各有自己的艺术特色。而以高大言，世界十大佛像，我国占其八，四川的乐山大佛高达71米，为世界之最。

总之，中国雕塑的兴衰完全与佛教相关，雕塑家将外来形式融合在自己的民族形式中，历一千五六百年之久，大大丰富了自己的艺术。

九　佛教与建筑艺术

汉明帝时，佛教寺院的首创建筑白马寺在河南建成，此因印度僧人摩腾、法兰二人用白马驮经像至洛阳，故以白马名寺。

吴大帝时，江南开始建寺塔，在南京聚宝门外。“南朝四百八十寺，多少楼台烟雨中”，可见佛寺建筑之美。刘宋临川王义庆在今南京燕子矶附近筑永康禅院，殿壁皆用云南大理石，费三百万国帑，惜被梁侯景所焚。北魏熙平元年建永宁寺在洛阳东门，有九层浮屠一座，架木而成，高九十丈，在洛阳百里外就可见。塔上有刹，供如来三世佛，刹上有金宝瓶，瓶下有承露盘三十重，塔四围悬金铃。唐代佛寺极为兴盛，五代亦然。佛教在长期的发展中，形成了四大名山和八大祖庭，相应的佛寺建筑极为兴盛，此外，在各地、各时期建成的佛教寺院真是不可胜数，至1949年前后粗略统计，汉族地区尚有五万多处。现存的著名寺院除最早的白马寺外，在汉族地区的还有浙江杭州的灵隐寺、净慈寺、保俶塔、六和塔等，天台山的国清寺、宁波的天童寺、阿育王寺，河北正定的隆兴寺，河南嵩山的少林寺，山东济南长清的灵岩寺，福建泉州的开元寺，广州的光孝寺等。

这里，还要特别强调一下塔在建筑艺术上的创造。塔造型精美，又装饰以金、银、琉璃、玛瑙，内藏舍利（佛骨），故又称“宝塔”。据说释迦牟尼死后，尸骨被埋在八个塔中供养。后又有石窟中刻建的小型佛塔和金刚宝座式塔。佛教传入我国后，白马寺采用我国传统方式建成楼阁式塔。元代从尼泊尔再传入喇嘛塔（藏式塔）。印度密宗兴起后，金刚宝座式塔也传入，但修造多在明朝之后，全国现存十多处。最代表中国塔特色的是楼阁式塔和亭台式塔，楼式塔历久不衰，并生出众多支系，其中兴盛于宋、辽、金二百年间的花塔，塔上部有巨大莲瓣、密布的佛龛及塑造佛、菩萨、天王、力士、动物形象，像一个巨大花束，艺术性最高。

总之，佛教对我国文学艺术的影响较道教要大，以上所说，仅是大概而已，远不能说是全面的罗列。虽然佛教和道教都是唯心主义世界观的体现，但就文艺而言，佛、道两教的积极作用是不可低估的。

第六章　汉语、汉字与文艺

在前面几章，我们分从经济、政治、学术、宗教四方面讲述它们与文艺的关系，探讨了它们对文艺的制约、影响，对形成文艺民族特征的作用。在这四者之外，文化的范畴还有很多，但因限于篇幅，我们难以一一论列。如果再选择一个重要方面而割爱其他，汉语与汉字似乎是非讲不可。汉语不仅是汉族文学的表现、传达的工具和媒介，又是汉民族情感意志、思维方式的表现，同时折射出民族的社会生活和行为方式的内容，其本身是民族文化中的一个有机构成部分，与整个文化系统间存在着同构对应关系。而汉字，不但其本身单独形成了汉民族独有的书法艺术，而且其与其他艺术相结合，丰富了汉民族艺术的内涵。又由于汉语在世界上是一种非常独特的语言，汉字更是世界上古时代各个文明古国中所留下的唯一还在使用的文字。缘于此，本章专门讲述汉语所决定的文学的民族特征，和汉字艺术及其相关的姊妹艺术。

第一节　汉语的特点及汉文学的特性

在世界范围来说，汉语是一种非常独特的语言，这种独特的语言在口头上、也在书面上造就出汉族文学的特殊性。由于语言由两大部分——词汇和语法构成，所以我们要讲汉语的特点，就必须分讲词汇和语法的特点。

一　汉语的单音节特点

由于我们所讲的文艺是古代文艺，作为它的工具和媒介的汉语，也是指古代汉语，而古代汉语词汇的最大特点在于很大程度的字词一体，以及词的侧重单音节性。

世界各国、各民族只要是以字母为构成基础的语言，文字与词汇都是分开的，很难想像单个的字母能构成词汇的现象。我国则不然。汉字是从象形字发展过来的，后来，因象形的有限，又出现了其他的造字方法。许慎《说文解字序》曰："古者庖羲氏之王天下也，仰则观象于天，俯则观法于地，视鸟兽之文与地之宜，近取诸身，远取诸物，于是始作《易》八卦，以垂宪象。……黄帝之使苍颉，见鸟兽蹄迒之迹，知分理之可相别异也，初造书契。……苍颉之初作书，盖依类象形，故谓之文。其后形声相益，即谓之字。字者言孳乳而浸多也。"他又说："《周礼》：八岁入小学，保氏教国子，先以六书。一曰：指事。指事者视而可识，察而可见，上下是也。二曰：象形。象形者画成其物，随体诘诎，日月是也。三曰：形声。形声者以事为名，取譬相成，江河是也。四曰：会意。会意者比类合谊，以见指㧑，武信是也。五曰：转注。转注者建类一首，同意相受，考老是也。六曰：假借。假借者本无其字，依声托事，令长是也。”班固《汉书·艺文志》有类似的说法，而后代对“六书”次序的认定，则多采用班固所说的象形、指事、会意、形声、转注、假借。“六书”是后人对于造字原则的总结，而不是先有原则再根据原则去造字的。严格说来，“六书”之中，象形、指事、会意、形声是造字的方法，而转注和假借，则是用字之法。

随着社会的发展和人类的进步，由“文”到“字”确实是“孳乳而浸多”，而由字到词，在古汉语相当长的时期内，两者似乎是等同的，换言之，字即词，如果倒过来看，那么就是词具有单音节的特点。语言学家吕叔湘在其《语文常谈》中曾引用刘勰《文心雕龙》所说的“夫人之立言，因字而生句，积句而成章。”而刘勰所说就恰好证明了他心目中的“字”并不是文字的形体，而就是具备意义的“词”。虽然不能认为汉语是单音节语，但与其他民族语言相比，不仅单音节词汇多，而且具有突出的单音节性能。读先秦古籍可以明显看到语言的单音节性，一直到《康熙字典》这样一本汉字工具书，共收汉字四万七千馀，除了少量联绵字不能单独解释意义外，其余都可看作单音节词。而且，汉语词汇最初以单音节词占据优势，后来双音节词才明显增多。朱自清先生在评论郭绍虞先生编著的《语文通论》时说：“笔者觉得中国语还是单音为主，先有单音词，后来才有一部分‘演化为复音’，商朝的卜辞里绝少连语，可以为证。”尽管如朱先生接着所说：“这种复音化的倾向开始很早，卜辞里连语虽然不多，却已经有‘往来’一类连语或词。《诗经》里更有了大量的叠字词与双声叠韵词。连语似乎以叠字与双声叠韵为最多，和六书里以形声字为最多相似。”但我们更服膺朱先生的推论：“笔者颇疑心双声叠韵词本来只是单音词的延长。声的延长成为双声，如《说文》只有‘蟹’字，后来却成为‘蟋蟀’；韵的延长成为叠韵，如‘消摇’，也许本来只说‘消’一个音。书中所举的‘玄黄’‘犹与’等双声连语可以自由分用，似乎就是从这种情形来的。”① 双音词和多音词的大量发展，特别是许多基本词汇由单音转向双音，是迟至最近一百多年的事，这是与国门在被动的打开之后，大量的外来语涌入有关。故此可以认为，汉语虽非单音节语，古代汉语却是以单音节词为主的语言。

又由于古代受教育并不普遍，能够阅读书籍的人占总人口的比例并不高，而最初的书籍又是写在竹木简之上的，到战国时期才有帛，受技术所限，当然要力求精练，单音节词以及省略连接成分无疑是最好的办法。只是到了造纸业和印刷术都发展起来后，才逐渐有了可以流通的书籍，所以长期以来知识为少数人所有，也就造成文、言脱节的普遍现象。即使口语的词汇已经变了，书面语却还没变，知识分子仍然喜欢言简意赅的文章、书籍，写作和阅读都不改变“字”即“词”的传统。

① 朱自清：《中国文的三种型》，载《朱自清古典文学论文集》，上海古籍出版社1981年版，第556页。

二 汉语的词汇特点

由于汉语侧重单音节性，在较长的时间和相当程度上造成了字词一体的情况，汉字是音、形、义的统一，既然字词一体，词汇也如此，尽管在后来的发展中，出现了一字多义（多义字）、一字多形（异体字）、一字多音（异读字）和一音多字（同音字）的现象，但比较起来，应该说后起者并未占主流。我们又常说汉字是字形、音节、语素的三位一体，但随着语言的发展，双音词、多音词的出现改变了一个语素就是一个音节的原有情况；北方口语中"儿化词"的增多，使一个音节包含了两个词素，写在书面上变成了两个汉字；有些单个的汉字，包含了两个语素，如"咱"（咱们）、"俩"（两个）、"仨"（三个）等；有些外来词经过改造，由繁变简，一个汉字（词）代表两个语素，念成两个音节，如"哩"（英里）、"浬"（海里）"瓩"（千瓦）。不过，以上情况比起众多的词汇来毕竟还是少数，并未从根本上改变前述的三位一体原则。所以以单个字为基础及主体的古汉语词汇的确有显著的民族特点，下面不妨从音、形、义三方面分别简论之。

先看"音"。

汉字的读音，如此字是作为词来用，而不是作为词素，那么它就具有多义性，要判断同一个单音词汉字不是拼音文字，发音的不同并不等于字形的不同，换一种说法，则同一个字也可以有不同的意义，只有通过具体的"语境"才能办到。如与西语对照，确实有很大的不同。以英语为例，其母语地区尚有英格兰、苏格兰、爱尔兰、威尔士的不同方言的拼法，其他各国使用英语也存在这一问题。而从历史来讲，乔叟距离现在不过六百年稍多，莎士比亚只有四百年左右，但由于语言在发展中的变化，许多词汇的拼法都改变了，以至今天读他们的作品非常的困难。而我国不然，虽然各地的方言有很大的差别，就现代汉语来说，可以分为北方（又可细分为华北、西北、西南、江淮四大支，其中的华北又包括东北）、吴、湘、赣、闽北、闽南、粤、客家等八大方言区，即使在同一个方言区，邻近地区的语音也很不相同，但由于汉语不是拼音文字，口头语与书面语不同，所以不同方言区的人可以听不懂对方的话，却不会看不懂同样的方块字。就阅读而言，今天的中国人在看《水浒传》、《西游记》、《红楼梦》、甚至《三国演义》时，除了个别的词汇因历史原因而需借助工具书来理解外，不会感到任何困难，连更早的《史记》也不是难于阅读，这就是汉语与拼音语言的显著区别。从中可以看到汉语单音节词汇作为"字"来说，并不随着读音的变化而变化，在历时性的书面语言中具有相当的稳定性。

古代汉语的单音节词居多，而反映在书面上似乎单音节变为双音节并不是非常明显和迫切，文言文可以一直以单音节词为主，这是因为如果能读懂文言文，阅读的视觉所见伴随着思考的进行，不会产生很多理解上的歧义。口语则不同，单音节词在听觉上产生歧义并不罕见，所以双音节词汇的渐形丰富，应与口头交流的需要密切相关。那么如果还是就单音节词来说，为了判断同音词（指声母与韵母的结合）的不同意义，就尤其需要有不同的韵调，汉语韵调之繁富在世界上首屈一指，是与其单音节词汇之多分不开的。唱昆曲的讲究字音的头、腹、尾，可见吴语语音在音素上的丰富，至于声调，则更是复杂，与外语相比，汉语读音的声调是很独特的。如果说，今天的外国人学习汉语，一是难在汉字的方块字书写，那么二就难在读音上对四声的区分了，所以听他们讲汉语之与我们不同，主要就是在于对“调”的把握上。现在的普通话只有四声尚且如此，更不要说如闽粤方言用“调”的复杂了（如今在这些地区所保留的古代词汇要较北方多，恐怕与他们的方言韵调相对丰富，较其他地方更容易区分单音节词的意义有关）。

次看“形”。

如前所说，汉字不是拼音文字，不像世界上大多数文字的属于表音系统，其独特的方块字，属表意性质，可以认为，汉字基本上属于象形文字（而不是“六书”之一的象形字）。汉字的“六书”除假借、转注属用字法外，其余造字的象形、指事、会意、形声都强调了意符功能。

汉字在其初创期，象形是造字的基本原则，尽管随着社会的发展，象形字的线条变得比原来简略了，绘形的意味减弱而符号性能加强了，尤其随着书写从甲骨文到大小篆再到隶书、楷书的变化，其象形性越来越减弱，但毕竟还保留着一定的象形成分。之所以说象形是造字的基本原则，是因为会意与形声也多以象形为基础。会意字之所以被称为会意，“比类合谊”常常是将两个象形字结合起来：如“男”字，是上“田”下“力”，即从事田地耕作的是男子；而“妇”字，是左“女”右“帚”，即持扫帚在家打扫的是妇女；“明”字是左“囱”（不是“日”，从篆字可见）右“月”，即月亮照在窗上是明亮的；“从”字在甲骨文中画成两个人，好象是相随而行，现在的简体字倒是接近其原始意义的。形声字也常常是两个象形字的结合，与会意不同的是构成形声字的两个象形字中的一个不取其义而取其声，以之作为表音之用。如许慎所举的“江”、“河”二例，都是以从水（即以左旁的三点水）作为意符，右边是声符；又如“盅”字，上面的“中”是声符，下面的“皿”是意符。指事字之所以产生，与文字所要表达的概念的抽象性有关，而指事字之所以少，一方面是因为表达抽象的概念毕竟困难，另一方面是因为抽象的概念也可以通过会意字或形声字来表达。会意者如许慎所举两例，“武”字本作“歨”，是“止”和“戈”的结合，止息干戈为“武”反映了春秋时代以武力求和平的思想；而“信”字是从人从言，表示人之言以讲诚信为贵。形声者如“怯”、“怵”、“怖”三字，都是表示无法直接看到的心理活动，所以都用竖心旁作意符，右边的是声符，音义结合以表现抽象的概念。即使具体的概念也可以通过“象形兼指事”来表现，如“刃”字，右边的“刀”是象形字，左边这一点（在篆字中是一短横）是指事，指出刀刃之所在。从以上可见，汉字的确是以象形为基础的。

由象形、指事到会意的发展，可以看出表意文字的演进轨迹，即使是造字中使用得最多的形声字，也是声符与意符的结合，所以，总体上可将汉字归入以象形为基本原则的表意文字范畴。而汉字之不似世界上大多数文字那样或早或迟转为表音，又似与汉语的单音节性能分不开。汉字基本上是一字一音、单文独义，在一个封闭而自成体系的小天地里，实现了形、音、义的高度结合，从某种意义上看，与我们民族的传统经济、生活方式都有相似之处。

再看“义”。

汉语在自身的发展历程中，确实有从单音词走向复音词的趋向。如果将现代汉语所用的复音词与古代汉语的单音词相比较，就会发现如果不是新词汇的增加而只是旧词的同义延伸，那么大体上是沿着三条路来走的：一是单音节的旧词通过加上词尾（或加在前）变成了双音节词，如“盘”变成“盘子”，“锄”变成了“锄头”，“鼠”变成了“老鼠”；二是将单音节的旧词转换成相同意义的双音节新词，如“箸”变成了“筷子”，“冠”变成了“帽子”；三是将两个旧的同义词作为词素，构成新的复音词，如“城”变成了“城市”，“腐”变成了“腐败”。

如将上面的三个原则揆之于古代汉语，前两者多不合，古代汉语的双音词多的是同义词的组合，而且并不稳定。在复音词中原先的每一个单音词是作为词素，但是在另一场合，又可以拆解还原而用作单音词，如“朋友”一词就既可以合用，又可以分用，因为在古人看来，二者还有“同师曰朋，同志曰友”的区别。即使是比较稳定的复音词，古人对其原来作为两个同义的单音词，也是常要加以区别的，如“婚姻”很早就是复音词，但《说文》曰：“妇家为婚，婿家为姻”，还要加以仔细的区别。可以认为，除了连绵字构成的单纯复音词是因为每个字只具有音节意义，所以不能单独释义，从而也具有稳定性外，古汉语中的复音词是不够稳定的。

汉语在自身演进的过程中，一方面是一词多义的现象逐渐增多，另一方面是同义词、近义词也渐形发达。二者看似矛盾，其实是根源于语言的单音节性。单音节词虽凭借音、形以作区分，但要适应社会生活的发展，词汇必须不断增加，为了这种需要，可行的道路主要有两条：向多音节发展和走向一词多义。复音词弹性较大，稳定性差，在经历了很长的历史时期还很难做到约定俗成，在长期文与话分离的情况下，个性化的词汇创造（只要读者能理解）是不难看到的，如果没有“五四”的那场白话文运动，恐怕还很难有经过突变而达到稳定的过程。正因为如此，所以一词多义是古汉语词汇发展的重要道路，从本义出发，再有引申义、假借义、活用义。随着历史的发展，引申义也不断发展，经再度引申和辗转引申后，往往后出者距离本义已越来越远，所以历代的语言学家们为了正确辨析，不知费了多少精力，而他们之能否正确辨析，所凭借的就是从字形的变化中作溯源性的探讨。可见，“形”对于“义”有多么重要。

上面从音、形、义三方面分别讲了汉语以单音词为主的词汇特点，因汉字作为单音词，是音、形、义的三位一体，对其“综合效应”的运用又能产生出特别的“国粹”——测字。《两般秋雨庵随笔》载：崇祯末，流寇急，上日夜忧勤。一夕，内臣易服出禁，探听民间消息。遇一测字者，因举一“友”字询之。问：“何占?”曰：“国事。”曰：“不佳，反贼早出头了。”急改口曰：“非此‘友’字，乃有无之‘有’。”曰：“更不佳，大明已去其半矣。”又改口曰：“非也，申酉之‘酉’耳。”曰：“愈不佳，天子为至尊，至尊之斩头截脚。”内臣咋舌而还。

总之，汉字之不像世界上大多数文字那样或早或迟转为表音，是与汉语的单音节性能分不开的，长期以来，汉字基本上是一字一音、单文独义，使得单音词以一个字为单位，实现了形、音、义的高度结合。这是一个重要的民族特色，从某种意义上讲，与我们民族传统的农业自然经济、一家一户生产与生活相结合的生存方式颇有相似之处；也正像千千万万个兼有生产与生活意义、单门独户的家庭组成了庞大的社会一样，众多的音形义三位一体的汉语词汇成为了古代众多文章著作的“细胞”。每个“细胞”都世世代代带着民族的遗传“基因”，从而也造就出民族文化、文艺的特色。

三　汉语的语法特点

以单音节词汇为基础的汉语语法，在词法和句法上都有自己的特点。

先看词法上的特点。

首先，汉语的词汇具有词性的不定性、多义性，所以词类可以活用。

一般说来，古代汉语中词汇的词性还是较为固定的，在句子中所扮演的“角色”也大致可分，如名词多作主语、宾语，也作定语，动词多作谓语，形容词多作定语，也作状语，副词多作状语。但是，由于单音节词在最早的汉语中占据优势，后来发展出的一词多义现象也造成了词性多变的情况，所以在不同的语境中，常有因词类的活用所造成的词性变化。

我们不妨随手拈出一个单音节词，以见它在多义同时的“多性”。如“穿”，在“谁谓鼠无牙？何以穿我墉。”[①]“衡乃穿壁引其光，以书映光而读之。”[②]“即从巴峡穿巫峡，便下襄阳向洛阳”，[③]“有衣同穿，有钱同使”[④] 等句中，“穿”都作动词，第一个是咬穿意，第二个是凿穿意，第三个是穿过意，第四个是穿戴意；而在“厅事柱有一穿，……若能入穿，后出必得此郡。”[⑤] 是名词，意为孔洞；“古者，杅不穿，皮不蠹，则不出于四方。”[⑥] “衣弊履穿，贫也，非惫也。”[⑦] 两句都用作形容词，均为破败意。

---

① 《诗·召南·行露》。
② ［晋］葛洪：《西京杂记》卷二，中华书局1985年版，第13页。
③ ［唐］杜甫：《闻官军收河南河北》。
④ 《天朝田亩制度》。
⑤ 《宋书·刘秀之传》。
⑥ 《公羊传·宣十二年》。
⑦ 《庄子·山木》。

换个角度再看词性的改变。最常见的是名词用作动词。如："师还，馆于虞。遂袭虞，灭之。"[①] 此处名词"馆"用作动词。"曲肱而枕之。"[②]"枕"也是名词用作动词。又"且布闻之，鼓行而西耳。"[③] 此句中的"西"是方位名词用作动词。形容词也可以用作动词，不过多为使动用法。如《孟子·告子下》的名言："天将降大任于斯人也，必先苦其心志，劳其筋骨，饿其体肤，空乏其身。"带短横线的词都是形容词作使动用法。有时同一个词反复出现在一个句子中间，会表现出不同的词性，如也是孟子所说的"老吾老以及人之老，幼吾幼以及人之幼"，"老"本为形容词，但此处前一"老"用作动词，后二"老"用作名词，后面一句相同。我们不是专门讲古汉语，所以只举几个例子，以说明词性的变化问题。

由于词汇的词性之多义和不定，所以在运用时可以活用。以"之"字言，一般将它作为人称代词，但实际上在具体的运用时，却往往有所突破。作为人称代词，可用作第三人称，如："陈胜佐之，并杀两尉。"（《史记·陈涉世家》）"屠自后断其股，亦毙之。"（《聊斋志异·狼》）又可作第二人称，如："君亟定变法之虑，殆无顾天下之议之也。"最后的"之"字相当于"你们"。还可以作第一人称，如："君将哀而生之乎?"（柳宗元《捕蛇者说》）"之"即"我"。而有时又作指示代词用，如："均之二策，宁许以负秦曲。"[④] 还可以作动词用，如："先生将何之?"[⑤]"之"为"到"、"往"意；"之死矢靡它。"[⑥]"之"为"直到"、"至"。作助词，相当于"的"："夫子之文章，可得而闻也。"[⑦] 变主谓结构为偏正结构，如："孤之有孔明，犹鱼之有水也。"[⑧] 构成动宾倒装式，如："宋何罪之有?"[⑨] 作语助词，无义，如："于是天龙闻而下之。"[⑩] 作连词，相当于"和"、"与"，如："皇父之二子死焉。"[⑪] 作介词，相当于"于"，如："人，之其所亲爱而辟焉。"[⑫] 朱熹注："之，犹于也；辟，犹偏也。"以上还只是主要的用法，并未包括全部。

其次，词法上缺少形态变化。

一般的西方语种，名词有性、数、格的变化，动词有时、态、式的不同，无论是动词之变为形动词或动名词，或者形容词之转为副词，都要经过词形变化。在这些语言里，同一词的诸种形态，是很常见的，其中的一个主要原因就在于西方语种

---

① 《左传·僖公五年》。
② 《论语·述而》。
③ 《汉书·张良传》。
④ 《史记·廉颇蔺相如列传》。
⑤ 《孟子·告子下》。
⑥ 《诗·鄘风·柏舟》。
⑦ 《论语·公冶长》。
⑧ 《三国志·蜀志·诸葛亮传》:《隆中对》。
⑨ 《墨子·公输》。
⑩ ［西汉］刘向:《叶公好龙》,〈新序·杂事〉, 中华书局1985年版, 第88—89页。
⑪ 《左传·文公十一年》。
⑫ 《大学章句》。

的多音节性，由于多音节，可以通过变更部分而保留基干，以体现其不变为主而变者为次，从中见出科学性和用词的严格、准确。汉语由于在最初由单音节词占优势，一词一音一形的结构方式，使得语法造型难以形成复杂的形态变化，也就不能建立起西方语种那样的词的形态学，词法也不发达。仅以上面所举的"之"字为例，如用作第三人称代词，是既可以表示单数（如《左传·宣公二年》的"宰夫胹熊蹯不熟，杀之"的"之"代"宰夫"），又可以表示复数（如《诗·邶风·谷风》的"凡民有丧，匍匐救之"的"之"代"民"，为多数），同一个词不作任何变化。到了现代汉语中，第一、第二、第三人称的复数就用"我"、"你"、"他"后面加上"们"来表示。由于古汉语对动词的时态很难表现，到了现代汉语中，就用动词后面连缀"着"、"了"、"过"分别表示。严格说来，以上仅是形态学的初成。

再看句法的特点。

因为汉语缺少形态变化，句法也随之变得简单。可以认为，在古汉语的体系中，要"因字而生句，积句而成章"，只有依靠词汇的排列顺序，除此以外，似乎没有什么好办法。"因字生句"只有通过词序将词汇组织起来，才能够确立词与词之间的逻辑关系，句子也才能表示完整的、合乎逻辑的涵义，才能够"积句成章"。如与印欧语系诸语种相比较，可见出明显的不同，因为这些语种的语言结构并不是单纯靠词序，还更要依靠词形变化来决定，这恐怕可以算是西语的通则。在西语中，从词形就可以看出词的性、数、格。而汉语的名词单复数，动词的时态，都必须联系上下文才能判别，全部的"语境"是非常重要的。

句法的特殊性反过来又影响了词法，同一个词，在不同句子组合中可以由这一类转向那一类，此即前面所说的情况，可概括为"一词多类"或"词无定类"。如"田有封洫"[①] 之"封"为名词，是疆界、范围之意；"是聚民利以自封而瘠民也"[②] 之"封"为形容词，是富厚之意；"王乃使使者封三钱之门"[③] 之"封"为动词，是查封之意；"自寄一封书，今已十月后。"[④] 之"封"为量词。从这几个例子可以看出，汉语因为要靠词与词之间的逻辑联系，要根据上下文的意思才能断定其"类"，所以词法又受制于句法，词性确实是灵活多变，随势转移。

由于词法、句法的相对简单，有人认为汉语是不成熟的，同西方语言的语法相比是很幼稚的，而且由于"一词多类"等现象，遂认为汉语缺乏科学性、逻辑性，不宜于作严整的阐释、演绎。实际上这样的看法是很片面的。语法复杂、体系严密的语言固然有科学性、逻辑性的长处，但是，在善于阐释、演绎、分析同时，往往就在综合、概括、归纳上显得费力，见出了短处。如果说，西语更适用于科学和哲

---

① 《左传·襄公三十年》。

② 《国语·楚语上》。

③ 《史记·越王勾践世家》。

④ ［唐］杜甫：《述怀》。

学，汉语则更适合于文学和艺术；西语之长在于分而析之，汉语之长在于和而合之；西语尤能体现为客观、精细，甚至于有些刻板，汉语最善于表现主观、直觉，不失其为灵动；西语长在语言局部严密关系的处理，汉语善于对语言作整体有机联系的把握……当然，很难用简练的、对比性的语言概括西语（何况西语又有多种语系、语种）与汉语的区别，用“五四”时代惯用的方式和语言来踏上比较语言学“研究”的“初阶”，当然只能是印象式的、极其肤浅而缺乏科学性的。上面的说法，只能算是古汉语印象式的思考和表达，也算是对贬低汉语的简单回答吧。

举几个直观的例子：在汉语中，可以通过词序颠倒造成特殊的语言效果，如对联“客上天然居，居然天上客”，“人过大佛寺，寺佛大过人”。又可以通过词序变更，表达比较性的话题，如“江西人不怕辣，湖南人怕不辣，四川人辣不怕”，最后三字的次序变动体现出“辣文化”的地域性差别，一变而一进，试想有哪种语言可以做得到？又，阔老来到饭店，问：“有什么可吃的？”掌柜恭敬地回答：“您老，吃什么有什么。”而对穷汉所问却答道：“有什么吃什么。”词序一变，一恭一倨，不用任何描写，神态立见，又试问有哪种语言能够办到？据说，连曾国藩在向皇帝上奏折时，将原来的“臣屡战屡败”改成“臣屡败屡战”，马上就将一个败将变为了一个不屈不挠的英雄（后来确实是打败了太平天国军队，此不论其原因），轻轻的两字词序变更，让皇帝看到了对朝廷的一片忠心，谁又能说汉语不够严格、乏善可陈呢？

汉语与西语相比，有自己的短处，但也有显见的长处。以上几例可以说明，在简练性、生动性、形象性上，汉语确实有自己的优势。

四　汉语的修辞特点

汉语由于单音节性所造成的词汇特点，使之在修辞上也形成了显著的民族性。约之，似有以下几点。

一是对偶。由于汉语单音节、双音节词汇的特点，使得对偶成了汉语修辞中几乎是最常见的一种。最早是在文章中的偶见，可能因为其显见的视觉与听觉之长，让后出的文体、尤其是韵文大感兴趣，到了骈文和近体诗中就成了常用或必用的修辞手法了。因俯拾皆是，不必举例了。其他国家的语言并不是不能用对偶，但绝对没有汉语的效果，因为多音节语言的词汇无法达到汉语的对偶效果。

二是排比。排比也不是汉语所独有的修辞手法，但也因汉语单音节、双音节词汇之多，使其排比的效果也为他种语言所难及。因为排比是最常用的修辞，也可以不必举例，我们只要设想“因字而生句”的一个个汉字排列出来的排比句效果，无论是读，无论是看，恐怕都是外语所难以相比的。

三是倒置。前面我们已说过词序颠倒问题，因汉语的单音节词汇多，单文独义的特点使之即使颠倒顺序也能表达合乎逻辑的意思，所以古人每以作回文诗以见才学，苏东坡就很长于此。倒置不是完全的词序颠倒，而是因辞赋骈文对于对仗、平仄、押韵的要求，对部分句子作了词序颠倒的处理。如："使人意夺神骇，心折骨惊"，[①] 本应为"心惊骨折"，倒置后虽意义不合逻辑，但上下两句却完全是平仄相对，两两相形，有音乐美，况读者也完全可以理解其本来意义。

四是隐喻。比喻或隐喻都不是汉语所独得，但汉语的隐喻却有凝练、简约，意味深长的特点。如"世混浊而不清，蝉翼为重，千钧为轻。"[②] "宝玉玙璠，难得而易毁，故箧椟以养其全。"[③] 文中的"蝉翼"、"千钧"分别代表轻、重，以喻人们认识上的偏颇甚至颠倒；"宝玉"、"玙璠"（美玉）喻人才，因难得而易毁，所以要仔细保护起来，"箧"（小箱子）、"椟"（匣子）喻良好的环境。

五是稽古。由于我国的历史悠久，且又有连续不断、重视历史的传统，引用古人古事以证明自己的论点遂成为一种常用的修辞方式，这就是稽古。较之西方来，确有深厚的底蕴。如"锺仪幽而楚奏兮，庄舄显而越吟。人情同于怀土兮，岂穷达而异心！"[④] 作者思念故土，用楚乐官锺仪被晋所俘仍奏楚国的乐调，和越人庄舄在楚国当大官而病中仍吟越语，来说明"人情同于怀土"的并不因"穷"（锺仪）、"达"（庄舄）而"异心"的道理。

六是引经。引经其实是特殊的稽古，即正面引用古代圣贤的言论。如："孔曰成仁，孟曰取义。惟其义尽，所以仁至。"[⑤] 是引儒家圣人孔孟的观点以证明自己杀身成仁、舍生取义的决心，以此来坚持民族气节。

七是代称。我国因历史悠久，文化积累丰厚，许多的事物在长期作为语言材料的流传过程中，使人能够通过对其约写而能知其完全意义，于是就有代称的修辞法。如："岂余身之惮殃兮，恐皇舆之败绩。"[⑥] 皇舆指国君乘坐的高大车辆，以代楚王朝。"居庙堂之高，则忧其君；处江湖之远，则忧其民。"[⑦] 此以"庙堂"代朝廷，以"江湖"代民间。代称有多种，如部分代全体，具体代抽象，地代人，官代人，专名代通名，原料代成品等，不一一例举了。

八是委婉。由于我国封建社会之漫长，长期实行家长式的统治，所以"为尊者讳"成为通行的原则，在对上行文时或外交场合中免不了要用委婉的修辞手段，而专门的委婉语则有让词、谦词、敬词等不同类型。难以一一例举了。

此外，迂回、夸饰等，也较常用，都因汉语的特点而呈现独特的面貌，有西语所难到之处。

---

① ［南朝·梁］江淹：《别赋》。
② ［战国·楚］屈原：《卜居》。
③ ［宋］苏轼：《谢馆职启》。
④ ［东汉］王粲：《登楼赋》。
⑤ 《宋史·文天祥传》载文天祥语。
⑥ ［战国·楚］屈原：《离骚》。
⑦ ［宋］范仲淹：《岳阳楼记》。

五 汉语所决定的汉文学民族特性

以上讲汉语的主要特点，下面再看由汉语特点所决定的汉文学的民族特性。

汉语由于特性显著，对汉文学从体制、形式到艺术表现都有巨大的影响。大致说来，具有形象性、直观性、联想性、简约性、整一性、抒情性。下面逐点分析之。

第一，形象性。

汉字是从象形字发展过来的，后来象形的成分越来越少了，而作为表意文字，毕竟性质在于表意，比起纯粹的表音符号来，字形与字义还有着密切的联系。单音节词的单文独义，在积字成句的过程中发挥出独特的作用，使得所成的句、节、段，具有明显的直观形象性。尤其在诗歌中，常有省略词语之间联系词之举，使意象密集罗列，西方有人称之为"并置脱节法"（当然，这又与汉语语法有关），造就出文学作品鲜明的形象性。比如人们经常引用的温庭筠诗句"鸡声茅店月，人迹板桥霜"，和马致远散曲"枯藤老树昏鸦，小桥流水人家，古道西风瘦马"，都是每句由三个意象构成，温诗两句共六个意象，每句的前两个意象由名词（定语）+名词（主语）组成，而散曲则是每句三组意象，每个意象由形容词（定语）+名词（主语）构成。无论是温诗还是马曲，作品的意象间并无任何虚词联系，但读者在阅读过程中，不仅没有感到难于理解之处，而且特别能感受到意象后面所透露出来的情绪。电影大师爱森斯坦就是受到了我国古代诗歌的启发，创造出著名的"蒙太奇"手法，词语的形象性造就出意象的密集和意蕴的丰富，而"蒙太奇"也可以通过较少的镜头跳动，形成如乘法而非加法的效果，它的基本原理则来自汉语词汇的形象性。

汉文学的形象性还直接来自汉字本身的形象性。尽管后来的汉字已不是原始汉字的象形，但其表意性质还是能给文学家提供一种可能，即将相同或相近事物通过字形组合，来构成形象的画面。如枚乘的《七发》，并列"涸章、白鹭、孔雀、鶤鹄、鹓雏、鵁鶄"等鸟类，又用众多三点水旁的字来状水势，给人以形象的感受。到司马相如的《上林赋》更是大量运用相同偏旁的字，如第一段用较大的篇幅写水，其中用三点水旁的字多达50多个，第三段前八句写山，一共35个字，其中用山字旁或山字头的字共20个。《七发》与之相比，只能是小巫见大巫。尽管不无文字学家炫耀学问的一面，对读者来说也感到堆砌过甚，然而却很难否认其形象性。后起的诗歌逐渐由长变短，到近体诗甚至只有四句、八句，不会再像汉赋那样的排列文字，但是对于运用汉字的形象性来达到诗歌的形象鲜明，则是沿用和发挥不已的。

汉字本身的形象性不但表现在字形上，而且还体现在语音上。从单音节发展过来的汉语，为了达到最大表达、交际的功能，凭借声、韵、调的三元结合，形成了极具变化的语音，文学家们为了使自己的作品写得好，对用词造句是免不了要费心思多作揣摩的，所以汉字声韵的形象性是他们颇为关心的问题。近代学者刘师培认为字义起于字音，如“吐”字象吐哺之声，“咳”字音验以喉，“呕”字之音验以口，“兮”字之音验以鼻，“斥”、“驱”之音象挥物使退之声，“止”、“至”之音象招物使止之声，“奚”之音象意有所否，“思”象敛齿度物。元音中 i、y、e 等音浏亮清越，多表欢愉、轻快、悠闲之情，a、o、u 等元音发音重浊阴沉，多表沉痛、暗淡、抑郁之感，鼻化元音发音浑重，常表模糊之意。辅音的发音也相同。《诗·七月》：“八月剥枣，十月获稻。”“剥”即“扑”，敲击扑打之意，弃“打”而用“剥（扑）”，发音短促沉着，其义阻抑沉痛，与上声之“打”字之开朗激昂不同，故能与“采荼薪樗，食我农夫”等诗句相呼应，与全诗风格的沉郁、悲愤一致。《诗·东山》中“町畽鹿场，熠耀宵行。不可畏也，伊可怀也”，“伊”字平声，发音清新激扬，有欢愉轻逸之感，难怪“五四”后文学家喜用“伊”作青年女子的第三人称。王之涣《登鹳鹊楼》：“白日依山尽，黄河入海流。欲穷千里目，更上一层楼。”后二句虽是虚写，但“千”字从鼻音，模糊含混，隐约可辨，表黄昏之千里苍茫极好，而“更”字直硬，发音梗塞难吐，传使劲、着意之情，且有递升上楼之感。①

汉字声韵的形象性对于表现文学作品的思想感情确有很大的作用，如曹植的《赠白马王彪》一诗，人称开杜甫之宗，不但有很深刻的思想内涵，在艺术上也很有特色，其中除了用章节结构的顶真蝉联，造就出抑扬顿挫之妙以外，其用词注重声韵的形象性也是一个特点。如诗的第二节结于“我马玄以黄”，第三节开头说“玄黄犹能进，我心郁以纡”，结尾为“揽辔止踟蹰”，其中几个词都可体现出声韵的形象性。“玄黄”状马之病，出《诗·周南·卷耳》，“郁”意为愁，“纡”意为屈，“踟蹰”是徘徊不前。我们如仔细品味，可以感到“玄黄”是叠韵词，本来分状天地之色，以之写马病，不但有天地相混之感，而且似可感受到病马之昏然难行，“郁”“纡”二字的读音给人以束紧难吐之感，“踟蹰”是双声词，读音似觉行进费力，加上用足字旁，更有举足困难之感。又如李清照《声声慢》的著名十四叠字：“寻寻觅觅，冷冷清清，凄凄惨惨戚戚。”七组的音节重叠，读之已令人有每步一留的沉重感，多用齿音声母，可想象愁绪难嚼难咽之状，而闭合式韵母、鼻韵母，更有此愁挥之难去之感。从文意看，“寻寻觅觅”是“怅然若失”的心理表现，可以见出那种空虚孤苦、不能希求、不敢追忆、难于排遣、起而又坐、止而又行的神态，“冷冷清清”则是如有所失、欲有所觅、旧欢不来、新愁又至，袭上心头的只有孤独之感，“凄凄惨惨戚戚”是由轻而重，由浅入深，复由“戚戚”的较淡转出，可见反复缠绵，已不是一次。这样的文意得到声韵上形象的帮助，对表现主人公孤独、凄苦、复杂而深细的心理状态，渲染哀怨幽咽的气氛，的确是起到极大的作用。

第二，直观性。

---

① 以上多据张永鑫《声与诗》一文，见《古代文学理论研究》第三辑，上海古籍出版社 1981 年版。

以汉语为媒介的文学作品在具有形象性同时，也具有直观性。所谓“直观”是相对于理性的淡出而言的。按理说，文学与科学有异，应该呈现感性而不那么容纳知性、理性，但是由于语言的不同，也导致感性、直观的异趣。以诗为例：为了要将语言表达得更为清晰、准确、精密，西语不能省略句子中的某些成分，汉语却不然。试看王维的《山中送别》：“山中相送罢，日暮掩柴扉。春草明年绿，王孙归不归?”诗中没有主语、宾语，还省略了后两句前表明自己所想的文字。如换成西洋诗的写法再译为现代汉语，应当是：“我在山中送走了朋友，太阳下山时掩上了柴门。我想：春草明年返绿的时候，这贵族青年回不回来呢?”带短横线的词语似都不能省略。从词汇的角度言，汉语没有冠词，诗中的连接词、前置词以及不少的其他词汇都可省去。省略的结果犹如前面所说的造成意象突出、鲜明，更为直观可感，尤其因没有主语，能给读者消除了“他人”的隔阂，似乎就是自己的所感所思，拉近了与诗歌的阅读距离。汉语的没有时态变化，在诗中常能消除知性的障碍，观照之中形成读者与诗的面对面感觉，在突破了特定的过去、现在、将来的时空限制之后，造就出诗性的永恒。如李白的《苏台览古》：“旧苑荒台杨柳新，菱歌清唱不胜春。只今唯有西江月，曾照吴王宫里人。”四句中完成了历史的大跨越，表达了怀古主题，但诗里却没有时态的现在、过去变化，而正是如此，才拉近了读者与作品的距离，使心灵与之谐振。同样，周邦彦的词《浣溪沙》：“日射敧红蜡蒂香，风干微汗粉襟凉，碧纱对掩簟纹光。　自剪柳枝明画阁，戏抛莲药种横塘，长亭无事好思量。”前面五句写了一位夏天的佳人形象，人与装束、举动、环境都鲜明如画，呼之欲出，而最后一句却告诉读者，原来自己是在行途休息时“长亭无事好思量”的思念伊人，前面所写都是过去情景。由于没有时态变化，阅读时不知是“过去式”，所以直观而如面对佳人，其效果确实比表明时态要好。

顾名思义，诗歌的意象应该是主观的“意”与客观的“象”之融合，既有时间的属性，也有空间的属性，由于汉语的不讲时态，诗中又常常省略了主语和宾语，使抒情主体和对象淡出、隐去，这样，诗中意象被读者经阅读而理解、赏玩时，不带着时间对空间的限制，也不带着明确的抒情指向，所以，“感”的成分要远过于“知”的成分，读者就更为贴近诗歌本身的抒情、状物要素，而不是理性内容，从而也更具有直观性。如崔国辅的《小长干曲》：“月暗送湖风，相寻路不通。菱歌唱不彻，知在此塘中。”如按照西洋诗歌的写法，应当是：“当月亮暗淡的时候，湖上吹来了阵阵清风，我想要寻找心上人，可是道路却很难通。听见采菱的歌声，唱啊唱个不断，好象要让我知道，她就在这里的池塘之中。”显然，后者的“当……时候”是必要的时态说明，“相寻”的前面应加上主语，后面要加上宾语，两者都不能缺失，这样一来，说明性的内容使得“知”者显了、实了，但陈述太多，失去了“虚”、“活”，则使“感”者有了隔阂，破坏了直观性。从另一个角度讲，如像西洋的语言那样注重主观与客观的关系，诗歌也就要明确表现出主体的抒情与客观的描写之间的距离，那样很容易造成“意”与“象”的分离，知性过于分明也就失落了对美的直切感受。如刘长卿的《逢雪宿芙蓉山主人》:“日暮苍山远，天寒白屋贫。柴门闻犬吠，风雪夜归人。”如果出现“我”，清楚表明“我”的所觉所感，又清晰地说明远处太阳和山、近处“白屋”的地理方位，到达时的迎接，住下后的安顿，也是陈述性、说明性太多，有碍于直观得来的美感。而事实上此诗是一系列的意象并置：日、苍山、天、白屋、柴门、犬、风、雪、人，“暮”透露出时间，“远”是距离、方位，“寒”是主观感受而移于物，“贫”是对“白屋”的概括，前面没有明确的“见”和“感”，只有“闻”字直接写出，风雪之中，深山之内，夜归之人与无边的荒寒形成了强烈的对照，只要对诸般意象有直观的感受，就不难理解羁旅行役之苦和静夜未言之情。而且，在“我”隐去、淡出后，诗歌呈现的是由远而近的画面，由高天、大山、风雪走进了虽简陋却温馨的人家，正像人所亲历亲感，阅读时会调动自己的经验、经历，在接受中进行再创造。由上面例子可见，直观性对于诗歌来说是多么重要。

第三，联想性。

我们在前面曾讲过词的不定与多义，而恰恰是汉语的这一特点，给人提供了联想的空间。因为汉语中同音词多，加上文学作品（尤其是诗）体制较短，简练的语言极容易造成同音联想。我们所熟知的南朝乐府吴声歌如《子夜四时歌》:“乘月采芙蓉，夜夜得莲子”，“愿天无霜雪，梧子解千年”，“莲”与“怜”谐音，“梧”与“吾”谐音，就是通过同音词的联想表现青年男女的爱情。《子夜歌》的“金铜作芙蓉，莲子何能实”，“莲子”同样是“怜子”，用今天的话讲就是“爱你”，而“芙蓉”则“夫容”即丈夫的容颜，所以从字面上看，意为：“用金铜铸成的莲花，怎能结出果实——莲子来呢?”而实际的意思是：对方这样无情，板着面孔，一番爱怜之意是终究要落空的。所以诗的表面意义与实际意义是不同的，如何理解真实含义呢？那就要靠同音联想了。比起西方的诗歌来，汉语单音词的同音联想确有自己的优越性，传情达意很见委婉动人。

同音联想建立在读音相同的基础上，是有限制的，而词汇的多义导致形象的丰富意蕴，则能使简练的诗歌诱发读者的联想。如陈子昂的《感遇》:“兰若生春夏，芊蔚何青青。幽独空林色，朱蕤冒紫茎。迟迟白日晚，袅袅秋风生。岁华尽摇落，芳意竟何成!”兰草和杜若都是香草，人们在长期的用词过程中将原义加以引申而“移植”，成了幽洁的贤士的象征，而春、夏也由特定的季节可转指生命中的青、壮年时期，由诗中形象透露出岁月流失、难有作为之意，使读者在读后联想作者的遭遇，遂由表面的咏物深入到内心的思想感情，了解诗中的寄托。如果说上诗只能给人单向性的联想，有的却能诱发多向性联想。如刘方平的《夜月》:“更深月色半人家，北斗阑干南斗斜。今夜偏知春气暖，虫声新透绿窗纱。”“春气”是实指，而“春”字的引申意义又非常丰富，失眠者的吟咏既可以让人在虫声透出的节候之变中联想到思家、怀人、叹老、嗟卑、功业之慨、身世之悲，又可以从古人所说的“春，女感阳气而思男”联想到女子的思春之意，之所以能作此想，又与诗中并无特定的“我”的出现有关。

第四，简约性。

我们在前面论农业经济与文艺的关系时，已说到简约性问题。这里再作些补充。

由于汉语词法、句法的特点，使得中国人可以用少量的词语、句子来传达更多的意思，在尽可能地省略句中的附加关系成分后，人们可以发现，不用变化动词，不讲究单复数，不表示时态，不用冠词等等，确实是会使得语言变得非常经济，作品也随之呈现出简约性。

我们很同意陈伯海先生在《中国文学史之宏观》第四章中所说的，我国文学的简约性带来了意象密集、意象朦胧的文学效果。这里不妨移用陈先生所说。西方语言包含的实体观念，跟许多附加的关系成分纠缠在一起，后者成分多了，意象就难以密集，汉语尽量削减关系成分，造成集点式的意象链索，在文学上有独特的鲜明性和生动性。如王维《鹿砦》：“空山不见人，但闻人语响。返景入深林，复照青苔上。”除“不”、“但”、“复”三虚词分别表示否定、限制、层进关系外，其余词语都是描摹意象，所以篇幅寥寥，却传递出丰富的视听印象和内心感受。

与简约相关的是意象的朦胧性。如李白诗《越中览古》：“越王勾践破吴归，义士还家尽锦衣。宫女如花满春殿，只今唯有鹧鸪飞”的不辨今古，上面王维诗的不分人我，时空、主客，往往交相融合为浑然一体的感知印象，这就带有几分朦胧性。若谓这只是语言的朦胧，并非意象的朦胧，那么，温庭筠的“鸡声茅店月，人迹板桥霜”，仅平列叠加意象而无限定意象间的逻辑联系。又如王维“日落江湖白，潮来天地青”，“白”和“青”究竟是形容词还是动词？若前，则为静景；若后，则为动景。至于朦胧性的成因，主要在于语法关系成分的省略，使得意象组合有多向发展的可能，加上汉语词类不甚固定，同一词可有几种用法所致，而诗歌由于齐言、骈偶、声律等限制，更要灵活地调整句子成分、词性、乃至词序，因而这种朦胧、含混的特点显得更为充分。

意象的朦胧易造成歧义，故传统批评中常多争论，造成“诗无达诂”的现象，但朦胧性、多义性也并非坏事，可使欣赏打开思路，提供多样化联想，由不同侧面进入语言文字的深层内涵，此较单一思路要远为丰富和深刻的体验，辞约义丰，言近旨远，弦外之音，味外之旨，根据即在此。如将李商隐《无题》中二句写成“大海里的珍珠在月光下闪闪发亮，有如晶莹的泪花”，物象关系坐实了，不难理解了，但其岂有“沧海月明珠有泪”那样的神味？

陈先生说得很详明、深细，此处不作全录，有兴趣者可参看陈著。

第五，整一性。

整一性是指文学体制的整一性。这里所用的也是陈伯海先生上书的观点、材料。汉语单音节的方块字之逐个排列成文，怎能不趋向整齐、均衡、对称呢？这对于西方文字来说，是办不到的，所以，我们以整一为美，他们只能以参差为美了。

汉语文学体制的整一性，在古代韵文创作中反映最为明显，几乎构成了民族古典诗歌韵律的整个基础。西方诗律由长短音交替或轻重音间隔构成，而汉语诗歌除用韵脚表示和谐外，只有依靠语言的整一性来建构韵律，其具体形态是齐言、骈偶和声律。

齐言是中国诗歌的第一要素，从上古的四言诗到后来的五七言，是主要形式，乐府、词曲是杂言，但仍有“奇偶相生”的规律，形成整齐的音步组合，在不齐中显示出齐一性，即“不齐之齐”。

齐言之外，骈偶和声律构成古典诗歌韵律的另两个要素。骈偶又名对仗，指上下两句之间词义、字数、结构严格相对待的组合方法。这也是汉语特有的修辞现象。

西方语言受多音节限制，虽有上下句意义的排比，终不能像方块字那样排列整齐。骈偶既适合于汉语性能，故应用非常普遍，从上古歌谣、散文之偶见，到辞赋兴起之大量采录，再到骈体文赋而登峰造极，影响了诗歌之发展出一种中间诸联必讲对仗的律体诗，下及词曲。这样的语句组织，上口自有铿锵的声韵，比起一般齐言句子，在整一性上又进了一大步。

再说到声律，固然是基于汉语声调而对字音所作的协调，但那种平仄相间、上下相生的格式，却是骈偶原理在音律上的推广。声律说的兴起，大致在骈体诗文宣告成熟之际，而声律的运用范围，也经由初起时限于一联，逐步扩大到全篇的历程。这都反映出声律和骈偶间的内在联系。唐人已将诗文创作中这两个新的要素予以规范化、定型化，并同五七言诗的齐言精神结合起来，才创建了近体诗的格律，使民族文学的整一的美发挥到极致。宋元词曲对齐言的形式有所改造，而依然保留着声律规定，可见作用之深刻。

最后，内容的抒情性。

这是陈先生对词语的具象性、体制的整一性、表达的简约性各点的综合归纳。语词的具象性使汉语声韵和形体上富于音乐感与造型美，便于配合文意的传达，做到情文并茂；体制的整一性为作品（特别是诗歌韵律）提供了合适的规范；表达的简约性有助于意象的密集、生动，感受真切；意念的朦胧性带来了联想丰富、含蓄不尽的风神。这些众多特点归纳起来，可以看出：汉语的长处与其说在于逻辑推导，毋宁说在于直观显现；与其说在于事理的解剖，毋宁说在于情意的暗示。汉语不长于作学理论析和概念演绎，但却是无与伦比的形象的语言，情感的语言，诗的语言。我们古代哲人不乏深刻的思想，却用散漫的富于启示性的语录体，我们以抒情诗独步世界，连叙事文学的散文、戏曲、讲唱、小说都带诗的韵味，这与汉语的功能有关（当然还有其他原因）。汉语之长于抒情，必对民族心理起潜移默化影响，并使文学走上抒情性道路。

以上择要讲了汉语的特点及由此带来的汉文学的特性，至于汉语在其演进历史上的变化，尤其是近现代的变化，及文言白话代兴、雅俗文学对立、单音节向多音节过渡，语法关系渐趋严密等，都未遑论及。因为是立足于古汉语与文学的关系，只能如此了。

第二节 汉字及与之相关的艺术

上一节讲汉语已经涉及汉字，因侧重在语言角度，故本节专门就汉字自身之作为艺术，以及与之紧密相关的艺术形式作一简略的讲述。

在当今世界主要的应用文字中，汉字是从象形表意性文字发展过来的仅存的一种。尽管在经历了几千年的演变之后，今天真正的象形汉字已经很少了，但是，既然是从象形的阶段发展过来，就必然还是立足于“形”的基础，至少是比作为语音符号的字母文字更具造型上的意义。鲁迅先生曾说：中国的文字“具三美：意美以感心，一也；音美以感耳，二也；形美以感目，三也。”① 这“音美以感耳”当属汉语范围，“意美以感心”兼及汉语、汉字，“形美以感目”则为汉字所专有。“感目”、“感心”二语道出了汉字的美感作用，前者可见其成为专门性艺术——书法的基础，后者则见书法艺术与抒情性的关系。下面先集中讲书法艺术。

一 书法美学的基础与内涵

各种文字都有书法问题，但只有汉字的书法能成为一门单独的艺术，这与汉字的特点有关。前面讲到，汉字是音、义、形统一的方块字，以“六书”构字，千变万化，而不同于世界上多数文字的以字母为基础的拼音文字，其书写仅限于数十个字母。如果我们深入下去，可以发现汉字具有作为艺术所应有的基础在于形体美。

汉字的形体美最初是客观事物形体美的反映。世上的事物多有外形美，云彩、太阳、月亮、星星、山峰、河流、湖泊、海洋、树木、花草、动物、昆虫……一直到人类所创造出来的种种东西，绘画可以直接反映各种事物的美，而汉字则是事物外形的曲折反映。汉字本来是象形的，汉代去古未远，所以许慎《说文解字序》认为“苍颉之初作书，盖依类象形，故谓之文”，在古老的甲骨文中，可以看到较多的象形字，多可证“依类象形”的造字原则，其中的兽类象形字最可见之：“羊角象其曲，鹿角象其歧，象象长其鼻，豕象其竭尾，犬象其修体，虎象其大口，马象其丰尾长颅，兔象其长耳厥尾，虫象其博首宛身，鱼象其枝尾细鳞，燕象其箓口布翅，龟象其昂首被甲。”② 同样是东汉人的蔡邕，其《笔论》则进而强调了书法（动态的，而不仅是汉字）的象形意义：“为书之体，须入其形，若坐若行，若飞若动，若往若来，若愁若喜，若虫食木叶，若利剑长戈，若强弓硬矢，若水火，若云雾，若日月，纵横有可象者，方得谓之书矣。”只是随着文字的逐渐发展，象形不足以尽，才慢慢演变成“不象形的象形字”。③ 起源于象形的文字笔画，最后虽然合并归

---

① 鲁迅：《汉文学史纲要》第一篇《自文字至文章》，人民文学出版社 2006 年版，第 2—3 页。

② 容庚：《甲骨文字之发现及其考释》，《国学季刊》1923 年第 1 卷第 4 期，第 655—673 页。

③ 鲁迅：《门外文谈》，人民出版社 1974 年版，第 18 页。

类成点、横、直、曲、撇、捺、挑、钩等，但其中部分在汉字中还带着象形特点，如“川”字象并排河流的俯视，“羊”字还带着特有的两个角，“刀”字还比较象一把刀，“雨”字中的点如水滴，“丰”字虽经简化仍可看出麦穗的基本形状。由于书写的困难，在象形字的改造过程中，人们作了行笔的归类，比较接近事物实体的线条变成了类型化的笔画，距离象形越来越远，但是，从几何学的角度来看，大部分的笔画还是点、垂直线、水平线、斜线、曲线。既然几何线条是现实中事物形状经抽象归类的划分，而汉字特有的笔画又可以与几何线条作相似性的比较，那么，我们也可以说，作为笔画的点和线，也能看作是构成现实事物各种形体的基本要素。所以，从总体而言，书法是具有再现性、反映性品格的美学基础的。

古代希腊的毕达哥拉斯学派曾提出一个著名的观点：“美是和谐与比例。”而和谐又与对称大有关系，这一观点对后来的理论和实践都有很大的影响。其实，在以此印证我国古代许多带有造型性质的艺术同时，更应看到我国先民们已经在通过和谐与比例来自觉追求美、创造美的事实。我国的书法就是这样的创造。有些象形字造型的对称性是事物本身对称性的反映，如“田”是经农人开垦、整治过的农田，本来就追求整齐、均衡，“田”字作为象形字，当然是对称的；“门”字的繁体字也是从象形过来的，虽只剩下上半部分是实在的门，下半部分好象为了人的进出而变空了，但仍未改变门的对称；“行”字的本义是道路，最初是纵向与横向的两条道路的交叉，变为今体后已改变了原始面貌，但对称性犹存；“册”字是古代书籍用竹、木简所制、以带子串起来的象形，至今形状与对称仍非常清晰可见。上面这种情况比较少，所以我们更应该看到古人在创造非象形字中对于对称性的重视，从中可见对美的自觉追求。对此，似乎已经可以不必举例了，因为占后出汉字最多的形声字，其基本原则就是由声符与意符两部分组成文字，无论是多数的左右安排，还是少数的上下安排，都体现出对称性。后来被称为“永字八法”的关于正楷点划用笔法的示范，固然是用笔技法，但之所以选择各种笔画俱全而笔数不多的“永”字，是否可看出“永”字本身在全备各笔同时又体现出对称性呢？

对称是美，比例匀称也是美，汉字就很注意字形结构的匀称。早在汉末的蔡邕，已在《九势》中提出了“势”的美学范畴，他说：“书肇自自然，自然既立，阴阳既生，形势出矣，藏头护尾，力在字中，下笔用力，肌肤之丽。”这里的“形势”包含形体和用笔两个因素。他的《篆势》说“六篆”“纾体放尾，长翅短身”，“扬波振撇，鹰峙鸟震”，多少有匀称之意。西晋时的卫恒更将“势”具体为“势和体均”四个字，说：“观其措笔缀墨，用心精专，势和体均，发止无间。”① 尽管他们两人都是就书法而言，但若非字“势”的“和”、字“体”的“均”，又哪来书法的势、体呢？而“和”与“均”其实就是匀称。南朝齐的书法家兼书论家王僧虔

① ［西晋］卫恒：《四体书势·古文》，《全上古三秦汉国六朝文》第四册，河北教育出版社 1997 年版，第 309 页。

《笔意赞》说："骨丰肉润，入妙通灵。努如植槊，勒若横钉。开张凤翼，耸擢芝英。粗不为重，细不为轻。纤微向背，毫发死生。"是说书法的笔力、笔势问题，但又何尝不是立足于字形结构匀称均衡的基础之上呢？所以，有意识地均匀安排字形结构布局，就能获得较好的艺术造型效果。古人说美的隶书结构"高下连属，似崇台重宇"，以建筑美相拟，是因为字形本身具有建筑物讲均衡、匀称的基础，又有人说王羲之的《兰亭序》"字既尽美，尤善布置，所谓增之一分太长，亏一分太短"，又可见如同美人般的骨肉停匀。

不过，由于书法与绘画不同，它即使在象形字阶段也不是对事物外形的真实反映，表意的功能使之重在以象传意，到后来距离象形越来越远，更是使书法从反映转向了表现性。我国最早的书论是扬雄的"心画"说，已定下了书法的表现性基调。张彦远《历代名画记》记载了王羲之的叔叔王廙的一段画赞，其中有"画乃吾自画，书乃吾自书"一语，是既重视艺术的独创精神，又宣称书画都重在表现之意。而到草书很成熟的唐朝，以怀素为代表，无论是他的自述，还是他人的评价，都很重视书法对人的感情、个性的表现。

书法表现什么呢？首先当在感情。前引鲁迅所说汉字"意美以感心"就是感情问题。东汉崔瑗的《草书势》有云："或黜点染，状似连珠，绝而不离，蓄怒怫郁，放逸生奇。或凌遽而惴栗，若据槁而临危。"这里本是对草书丰富形态的描述，然而其中也指出书法形成的形象所带有的感情因素。蔡邕的《笔论》更是从作书者的角度提出了感情的要求："书者，散也。欲书先散怀抱，任情恣性，然后书也。"唐朝的书法家兼书论家孙过庭对书法的表现感情有很好的归纳，他在《书谱》中说："虽篆、隶、草、章，工用多变，济成厥美，各有攸宜。篆尚婉而通，隶欲精而密，草贵流而畅，章务检而变。然后凛之以风神，温之以妍润，鼓之以枯劲，和之以闲雅。故可达其情性，形其哀乐。"可见是将书法的各体都看作可以达情性、形哀乐。他还认为各体（包括题材）的不同，是情感不同所致，如果只讲"体"则失其本："岂知情动形言，取会风骚之意；阳舒阴惨，本乎天地之心。既失其情，理乖其实，原夫所致，安有体哉！"

不但是作书者可以通过书写表现感情，鉴书者也可以从书法作品中体会作书者的感情。如王羲之有"书圣"之称，他的《兰亭序》更是书中极品，鉴赏者是怎样体会其中的感情呢？孙过庭《书谱》谓其"志气和平，不激不厉"，唐李嗣真《书后品》云"如清风出袖，明月入怀"，这都是很好的印象式评价。王羲之生活的时代玄学思想占据统治地位，而他本人又是道教的忠实信徒，道家思想主张顺应自然，《兰亭序》也流露出温润、平和、自然、含蓄，同时也是他"贵乎沉静"的书法创作思想的体现。但是，在他的《丧乱帖》中，就令人体会出似有动乱之世的颠沛流离感受。可见，书法所表现的感情，固然与总体性的时代思潮有关，但也与特定的场合，作品的思想内容有关，《兰亭序》虽有死生之慨，但毕竟是在兰亭的美好风光中的产物，而《丧乱帖》则全然不同了。大书家颜真卿的书法人谓之端庄雄伟、气势森严，但还是有“观《中兴颂》则闳伟发扬，状其功德之盛；观《家庙碑》则庄重笃实，见其承家之谨”① 的不同感情体会。

如果说感情是内在的，那么表现感情而外现出来的形式层面的内容，则推气韵、节奏的动态美。书法的表现性品格与作书者的感情、趣味大有关系，又与书法工具的使用紧密相关。由于中国文字书写所使用的特殊工具是毛笔，书法家通过用笔的轻重能使这些点和线有粗细、刚柔、方圆、浓淡、干湿、疾徐等变化，这就使书写由一点一画到全篇整幅体现出气韵和节奏。

汉字如果是静态的，呈现的只是形体美，而一旦成为书法，就表现出动态美，前引蔡邕《笔论》的“若坐若行，若飞若动，若往若来，若愁若喜”就是很生动的书法动态美之说。这种美尤见于草书，崔瑗《草书势》对此有形象的描述：“竦企鸟峙，志在飞移；狡兽暴骇，将奔未驰。……或凌遽而惴栗，若据槁而临危。傍点邪附，似蝗螂而抱枝；绝笔收势，馀綖虬结，……”西晋索靖《草书势》、杨泉《草书赋》都对草书的动态美作了很生动的拟喻。后代的许多说法也有进一步的发挥。即使不是专言草书，也能以人物或物象相拟，从动态的角度评论书家的水平和风格。如梁武帝萧衍评论各家书法有云：“王僧虔书犹如扬州王谢家子弟，纵复不端正，奕奕皆有一种风气”，“王右军书字势雄强，如龙跳天门，虎卧凤阁”，“蔡邕书骨气洞达，爽爽如有神力”，“薄绍之书如龙游在霄，缱绻可爱”，“索靖书如飘风忽举，鸷鸟乍飞”，“锺繇书如云鹤游天，群鸿戏海”，② 虽说得过简而未必很准确，但着眼于动态美，让人体会其中的生命力和由此而展现的气韵、节奏，却是抓住了书法的特征。李白《草书歌行》形容怀素草书：“飘风骤雨惊飒飒，落花飞雪何茫茫”，“恍恍如闻神鬼惊，时时只见龙蛇走；左盘右蹙如惊电，状同楚汉相攻战。”则是观者所得到的印象。当然，以上都是草书，其他书体并非皆如此，运笔而书都是动态的过程，书法作品完成后并不一定都呈现动态，所以清人刘熙载说得很全面：“书凡两种：篆、分（即隶）、正为一种，皆详而静者也；行、草为一种，皆简而动者也。”③ 但他仍以动说静，认为：“篆书要如龙腾凤翥，观昌黎歌《石鼓》可知。”又说：“正书居静以治动，草书居动以治静。”④ 很有辨证思想。

二　书法艺术的要素

有上述的书法美学的基础，可以确定书法艺术的要素。

简单说来，书法艺术的要素包括用笔、结构、章法和意境。

书法用毛笔书写，而毛笔的用笔有中锋、侧锋、藏锋、出锋、方笔、圆笔的区

---

① 见［清］王原祁等纂：《佩文斋书画谱》卷28颜真卿条，中国书店1984年版。

② ［元］苏霖：《书法钩玄》卷四《梁武帝评书》。

③ ［清］刘熙载：《艺概·书概》，上海古籍出版社1978年版，第143页。

④ ［清］刘熙载：《艺概·书概》，上海古籍出版社1978年版，第143页。

别，下笔还有轻重、疾徐的不同，加上用墨，又有浓淡、枯润之别，所以，我国特殊的书写工具与特有的汉字相结合所形成的书法，与西方用鹅毛笔蘸墨水写出来的、变化不多的字母文字是很不相同的。我国书法的用笔，具体而言有以上的诸多区别，但都如卫夫人《笔阵图》所说，下笔要“隐隐然其实有形”，要留下实有的形体，在注重笔力，以“力透纸背”为尚的同时，还要每一点画的书写都注意形体的肥瘦适度，诚如卫夫人所说：“多骨微肉者谓之筋书，多肉微骨者谓之墨猪”，因为“纯骨无媚，纯肉无力”，“肥瘦相和”、“骨肉相称”才是追求的目标。显然，这里所说的是文艺的生命之喻。论者将动物（尤其是万物之灵长的人）与书法相拟，将骨、肉、筋、血等与书法用笔的“生命轨迹”相拟，要懂得“水太渍则肉散，太燥则肉枯；墨太浓则肉滞，太淡则肉薄”，[①] 要做到“增损则骨肉相称，润色则婉态妍华”，[②] 以“藏骨抱筋，含文包质”[③] 为尚，并且不忘刚柔相济，要做到“刚则铁画，媚则银钩”。[④] 如果说骨、肉、筋、血是可见于外的局部的要素，那么还有一个应当追求的总体性的共同点，即在行笔过程中通过运动的力量和气势，做到“筋脉相连而有势”，[⑤] 以运动性的“顿挫盘礴，若猛兽之搏噬；进退钩拒，若秋鹰之迅击”，[⑥] 造就出气脉的连贯。画论家张彦远在《历代名画记》中曾专论顾、陆、张、吴四大画家的用笔，让我们看到“一笔”说的内涵，并打通书画、明白我国书画用笔的一致性。他说：“顾恺之之迹，紧劲连绵，循环超忽，……意存笔先，画尽意在，所以全神气也。昔张芝学崔瑗、杜度草书之法，因而变之，以成今草之体势，一笔而成，气脉通连，隔行不断。……世上谓之一笔书。其后陆探微亦作一笔画，连绵不断，故知书画用笔同法。”后来北宋的郭若虚在《图画见闻志》中解释“一笔”极有见地：“乃是自始及终，笔有朝揖，连绵相属，气脉不断。”

关于结构，欧阳询的“三十六法”是对真书结构规律的重要总结，计有排叠、避就、顶戴、穿插、向背、偏侧、挑 㧑、相让、补空、覆盖、贴零、粘合、捷速、满不要虚、意连、复冒、垂曳、借换、增减、应副、撑拄、朝揖、救应、附丽、回报、包裹、小成大、小大成形、小大与大小、各自成形、相管领、应接、褊、左小右大、左高右低、左短右长、却好。从总体上体现出他自己所说的“字欲排叠疏密停匀”，“避密就疏，避险就易，避远就近，欲其彼此映带得宜”，“字画交错者，欲其疏密、长短、大小匀停”的思想，实际上是掌握字形结构的平衡对称和相互照应原则。欧阳询在其《传授诀》中对字体上下左右、偏旁与笔画的辨证关系和相互间的有机联系说得更深入，对运笔写字以成书也有独到的体会，即：“当审字势，四

① ［元］陈绎曾：《翰林要诀》，《中国书画全书》第二册，上海书画出版社 2000 年版。
② ［唐］张怀瓘：《六体书论》，见《佩文斋书画谱》卷六。
③ ［晋］王羲之：《用笔赋》，见《佩文斋书画谱》卷五。
④ ［宋］欧阳询：《用笔论》，见《佩文斋书画谱》卷五。
⑤ ［明］明丰坊：《书诀》，见《丛书集成续编》第 99 册，第 6 页下。
⑥ ［唐］虞世南：《笔髓论》，《书学集成》（汉—宋），河北美术出版社 2002 年版，第 106 页。

面停匀，八边具备；短长合度，粗细折中；心眼准程，疏密攲正。”南宋的书家姜夔《续书谱》对字与书法的结构也很有心得，他论“永字八法”很有独到之处，其关于“向背”的“发于左者应于右，起于上者伏于下”，认为“唐人太巧太密”是病，对于“位置”，要“审量其轻重，使相负荷；计其大小，使相副称”等，都是对结构问题的卓见。由于我国书法理论极其丰富，只能择要而谈。如与西语各语系的文字书写相比较，汉字书法的结构美确实是很独到的。

关于章法，古人也谈得不少。西晋成公绥《隶书势》所说的“烂若天文之布曜，蔚若锦绣之有章”，已透出了章法布置的思想。王羲之《题卫夫人〈笔阵图〉后》提出了对章法的“预想”：“凝神静思，预想字形大小、偃仰、平直、振动，令筋脉相连，意在笔前，然后作字。”可见，尽管王羲之重在“自然”，对章法的事先设想也是极为重视的。欧阳询“三十六法”中的“相管领”与“应接”已不仅是字的结构，而是章法问题。孙过庭《书谱》曾说：“初学分布，但求平正，既知平正，务追险绝，既能险绝，复归平正。”这“分布”正应是章法，在他看来，“初谓未及，中则过之，后乃通会”，所以，最后的复归“平正”并非“不及”的幼稚，而类似于“老僧看山”的最初“看山是山，看水是水”，中间的“看山不是山，看水不是水”，最终又“看山还是山，看水还是水”，不是回到了出发点，而是认识的提升。所以尽管有不少书法家因张扬个性而狂逸不羁，甚至像怀素那样“大笑羲之用阵图”，但由于我国历来重“中道”，虽主张表现意趣，抒发情感，不泯个性，但只要不是呆板，不求应规入矩，章法的“平正”应是多数人的看法、主张。姜夔《续书谱》有续孙过庭之意，而比孙氏说得简明而可解，他关于向背、疏密、迟速的辩证看法，可以用来观照章法理论：“向背者，如人之顾盼指画，相揖相背”，是说相互间的照应；“当疏不疏，反成寒乞；当密不密，必至凋疏”，是说疏与密的关系；“迟以取妍，速以取劲，必先能速，然后为迟”是说行笔的快与慢，实也与章法有关。总之，正像刘熙载所说：“书之章法有大小，小如一字及数字，大如一行及数行，一幅及数幅，皆须有相避、相形、相呼、相应之妙。”① 这四个“相”对章法的概括是很恰当的。

由于书法具有表现性的品格，所以与诗文音乐一样，也讲意境。要营造意境，就不要将书法看作是纯然的“法”，而是首先要重视、崇尚“意”，如王羲之所说的“大抵书须存思”，“须得书意转深，点画之间，皆有意”。而“意”又主要是指“情”，王羲之的《兰亭序》与《丧乱帖》，颜真卿的《中兴颂》与《乞米帖》，都表现了不同的感情，所以给人以不同的感受，也呈现出不同的意境。立意抒情的不同，还须凭借多样的艺术表现手段，才能营造出不同的意境，如萧衍的书评多是对被评者的感受，可粗见意境内容，其中就稍稍牵涉到艺术手段。由于“意境”一词

① ［清］刘熙载：《艺概·书概》，上海古籍出版社1978年版，第166页。

出现得很晚，所以古人评书的“神”、“真趣”、“神采”、“天趣”、“神气”、“精神”等，虽有或偏于主观、或偏于客观之别，但都与意境相关，或就是意境的涵义。我们试从张怀瓘《书断中》看其所评，以体会古人对不同书法意境的看法：“神品”的索靖“有若山形中裂，水势悬流，雪岭孤松，冰河危石”，王献之“大鹏博风，长鲸喷浪，悬崖坠石，惊电遗光”；“妙品”的嵇康“故知临不测之水，使人神清；登万仞之岩，自然意远”，王僧虔“若溪涧含冰，冈峦披雪，虽甚清肃，而寡于风味”，欧阳询的飞白“有龙蛇战斗之象，云雾轻浓之势”，真行“森森焉若武库矛戟”，虞世南“秀岭危峰，处处间起”……尤其是李嗣真《书后品》谓王羲之“拨云睹日，芙蓉出水”，“阴阳寒暑，四时调畅”，“清风出袖，明月入怀”，米芾称颜真卿如“项羽挂甲，樊哙排突，硬弩欲张，铁柱特立，昂然有不可犯之色”，[①]更是以象拟意喻境，准确概括出二人不同的意境。书法意境美的创造既取决于所书写的内容，也与书法家的思想感情、审美趣味有关，关于意境创造的原理和过程此处不作详说了。

由以上所论可知，汉字的书写不仅仅只是作为宣言、达意、明理、交流、认知的工具，由于汉字自身及书写工具的诸多特点，在长期的实践中形成了独具民族特色的书法，其发生、发展既与民族文化传统有关，且自身也构成了中华文化的一员，成就出独到的艺术，并深刻影响了“东亚文化圈”，它对于民族性的艺术来说，也如同汉语之于汉文学，意义非比寻常。

三　书法与其他艺术的结合

书法是独立的艺术，同时又可以同其他的艺术形式相结合，形成综合的艺术。

首先是与绘画的结合。

我国的书画虽各自发展得很早，但二者有意识的结合却只是始于宋苏轼、米芾等人。从现存的作品看，尽管汉代的考古发掘中已能见到墓中的壁画有墨书题款，但并不是有意识的书画结合，而汉武梁祠石刻画旁的少量刻字，仅是简单的内容说明而已。文人画虽很早就有，可是早先只是单纯的绘画，连王维这样兼擅诗画的大家，也从未在画上题诗。北宋是我国文人画的真正兴盛期，画上开始有题跋，连现存宋徽宗所画的《腊梅山禽》，也在画面左侧留有他本人著名的“瘦金体”五言诗。不过，真正自觉追求书画结合的却是元朝。其深层次的原因当在于唐宋虽文人画渐盛，就总体而言，尚是画院、画工画为主，只是到了元代，才是文人画居统治、主导地位。在水墨写意画风行之同时，文人画家进一步将书法归到画法上，赵孟頫、柯九思都有书画相通之论，流行着“士大夫工画者必工书，其画法即书法所在”之说，又说文人画是文人读书弄墨的馀事，而要有文学修养，这可谓中国绘画向文学

---

① ［清］王原祁等纂：《佩文斋书画谱》卷十。

化发展的必然趋势，于是出现了诗、书、画三者结合。到明代加上印章，则是四结合，这样，诗、跋、印有机地组合在画面上，使之成为综合艺术，打破了长期以来中国画的单一面貌，在富有文学气味的同时，也建立起真正的民族风格。

绘画的题款或为诗，或为画记，各种书体都有，而以楷书及行草为多。从内容看，题诗多为抒情，以诗补画在表现性上之不足（如郑板桥画墨竹，以诗表明“一枝一叶总关情”的意旨），或起点睛作用，逗出其中的思想意蕴（如唐伯虎《秋风纨扇图》，题诗表其世态炎凉之感），或以题款表达自己的艺术见解等。画记则多述创作缘起，记述对作法的体会，自言行踪，自我评价等。从宋代起，画家已多擅长书法，元代以后，不长于书法几乎不能言画，所以画上的题款往往本身就是很好的书法作品，与画相结合，使得作品内涵更深，更得意境美。当然，也有些作品题款侵占画位太过，如偶一为之尚无大碍，以此为习尚则未免喧宾夺主。明人沈颢《画麈》说：“元以前多不用款，款或隐之石隙，恐书不精，有伤画局。后来书绘并工，附丽成观。”是很精练的历史回顾，而“一幅中有天然候款处，失之则伤局”，则是很正确的看法。这“天然候款处”，一是不能侵占为画通气的“灵光”，二是不要写成方块，要有错落、变化，以长行助画势。一直到近现代，我国都注重书法与绘画相结合的传统。

其次是书法与雕刻的结合。大体可分为碑刻与篆刻。

碑刻古已有之，从石鼓文开始，一直创作不休。泰山刻石，东汉《石门颂》、《乙瑛碑》、《礼器碑》、《史晨碑》、《曹全碑》、《张迁碑》，经三国的《天发神谶碑》、东晋的《爨宝子碑》，北魏的《石门铭》、《郑文公碑》、《张猛龙碑》、《龙门十二品》，一直到《瘗鹤铭》（镇江焦山）以及隋碑《龙藏寺碑》、唐碑《九成宫醴泉铭》、《孔子庙堂碑》、《麓山寺碑》、《多宝塔碑》、《麻姑仙坛记》、《玄秘塔碑》等，这些著名碑刻留下了古代碑刻艺术的发展历程。北宋末的赵明诚作《金石录》，记录了很多的古代碑刻，其中仍在的已经不多。后代的书法家以碑学为书法之北派，帖学为南派，历来崇尚碑刻者甚多。现在如西安碑林、孔庙碑林，都是艺术瑰宝。古代的许多书法作品得碑刻而能够留存下来，这是西方艺术所难以比拟的。

篆刻在先秦、汉魏时期由印工镌刻，秦印以小篆居多，风格苍秀，汉印所用篆体与秦印不同，大多端方平正，布局严谨，后世常将二者并称。隋唐以来各有时代的特点、风格，相传从元王冕用花乳石（青田石之类）刻印，因镌刻方便而广为流行。明代何震创皖派，专学秦汉，朴茂苍秀。清代又有莆田派和浙派（丁敬、西泠八家），邓石如继为皖派，对篆刻艺术都有发展，吴昌硕不仅是大画家，而且擅长篆刻，讲究书法意趣，虚实相生，对近现代有很大影响。

总之，方寸之间，以小见大，将书法与雕刻完美地结合起来，既有实用价值，又有艺术趣味，与其他国家、民族相比，我国的篆刻确是很独特的艺术。

再次是书法与建筑的结合。

众多的匾额、楹联，这大概也是我们中国建筑的民族特色。匾额不仅有书法美，且在建筑中有点题作用，并利于提示进入如园林之美的艺术意境。试想避暑山庄的烟波致爽、万壑松风、芝径云堤、月色江声、金莲映日、水芳岩秀，杭州西湖的平湖秋月、花港观鱼、柳浪闻莺等，即使日内瓦风光再美，也无这种借匾额导入、点题的意境美。

对联也可以看成是我国书法艺术与建筑艺术结合的特产，众多的名胜古迹都有对联。诗的对偶美，字的书法美，建筑的对称美，及这一切相结合的意境美，都可从对联上体会。我国佳联极多，不必例举，从短的“楼观沧海日，门对浙江潮”到天下第一长联昆明大观楼孙髯翁所书的180字，上联风景，下联怀古，属对工整，文意淋漓酣畅，令人拍案叫绝。

综上所述所论，汉语与汉字对形成我国文艺独特的民族形式与艺术特色确有很大作用。汉语或许并不是最适用于哲学、科学的语言（与西语比较），却无疑是最具诗性的文学的语言；汉字有学习与书写的困难，却无碍于在艺术领域内的民族自创。即使世界在走向经济的一体化，人们感觉“地球村”越来越小，但是，汉语的文学与汉字的艺术，将在“世界的”与“民族的”关系中认清与确立自我，永远不会失落自己的辉煌。

第七章　中国原始文艺及其文化内涵

受考古发掘所限，原始文艺始于何时很难断定。我们现在可知的是，生活在旧石器时代晚期，距今约一万八千年的北京山顶洞人，似已有原始的艺术。据贾兰坡先生《“北京人”的故居》中所说：山顶洞人有磨制光滑、钻孔、刻纹的骨器和许多“装饰品”：“装饰品中有钻孔的小砾石、钻孔的石珠、穿孔的狐或獾或鹿的犬齿、刻沟的骨管、穿孔的海蚶壳和钻孔的青鱼眼上骨等，所有的装饰品都相当精致，小砾石的装饰品是用微绿色的火成岩从两面对钻形成的，选择的砾石很周正，颇像现代妇女胸前佩戴的鸡心；小石珠是用白色的小石灰岩块磨成的，中间钻有小孔。穿孔的牙齿是由齿根的两侧对挖穿通齿腔而成。所有装饰品的穿孔，几乎都发红色，好像它们的穿带都用赤铁矿染过”。

李泽厚先生对工具及“装饰品”作过这样的辨析：“对使用工具的合规律的形体感受和在所谓‘装饰品’上的自觉加工，两者不但有着漫长的时间距离（数十万年），而且在性质上也是根本不同的。虽然二者都有其实用功利的内容，但前者的内容是现实的，后者则是幻想（想象）的；劳动工具和劳动过程中的合规律性的形式要求（节律、均匀、光滑等）和主体感受，是物质生产的产物；‘装饰’则是精神生产、意识形态的产物。……前者是现实的‘人的对象化’和‘自然的人化’，后者是想象中的这种‘人化’和‘对象化’。前者与种族的繁殖（人身的扩大再生产）一道构成原始人类的基础，后者则是包括宗教、艺术、哲学等胚胎在内的上层建筑。当山顶洞人在尸体旁撒上矿物质的红粉，当他们作出上述种种‘装饰品’，这种原始的物态化的活动便正是人类社会意识形态和上层建筑的开始。它的成熟形态便是原始社会的巫术礼仪，亦即远古图腾活动。”① 此书又说：“遥远的图腾活动和巫术礼仪，早已沉埋在不可复观的年代之中。它们具体的形态、内容和形式究竟如何，已很难确定。‘此情可待成追忆，只是当时已惘然’。也许只有流传下来却屡经后世歪曲增删的远古‘神话、传奇和传说’，这种部分反映或代表原始人们的想象和符号观念的‘不经之谈’，能帮助我们去约略推想远古巫术礼仪和图腾活动的面目。”②

我们不妨对原始文艺及其文化内涵作一番“推想”。

---

① 李泽厚：《美的历程》，天津社会科学院出版社 2001 年版，第 3—4 页。

② 李泽厚：《美的历程》，天津社会科学院出版社 2001 年版，第 5 页。

第一节　图腾艺术

“图腾”二字，乃从北美奥日贝人的土语转化而来，意为“亲属”、“种族”、“家庭”、“标记”，澳洲土人所说“科旁”与之同义，为代表一种特殊社会体制的用语。英国人朗格在1791年出版的一部游记中，记述了北美印第安人的社会生活，最先出现这一名称，后皆沿用之。据我国较早研究图腾艺术的学者所见，图腾制有四个特点：

（1）原始民族的社会集团，采取某种动植物为名称，又相信其为集团之祖先，或与之有血缘关系。

（2）作为图腾祖先的动植物，集团中的成员都加以崇敬，不敢损害毁伤或生杀，犯者接受一定的处罚。

（3）同一图腾集团的成员，概可视为一完整的群体，他们以图腾为共同信仰，身体装饰，日常用具，住所墓地之装饰，也采取同一的样式，表现同一的图腾信仰。

（4）男女达到规定的年龄，举行图腾入社式。又同一图腾集团的男女，禁止结婚，绝对的行外婚制。①

当然，这可能是据澳洲、美洲、南太平洋某些孑遗的原始部落的研究而得出的结论。但原始人类在经历图腾制时，大致也符合这几个特点。

据《史记·五帝本纪》所载：“教熊、罴、貔、貅、貙、虎，以与炎帝一战于阪泉之野。”这里黄帝所率领的，其实是以各种猛兽为图腾的部落联盟。传说中的我国远古的氏族、部落还有：北方、西方被称为“狄族”、“戎族”，其中“犬戎”族自称祖先为二白犬，当是以犬为图腾；南方“蛮族”中以九黎最先进入中原，传说中其领袖蚩尤弟兄八十一人兽身人言，其实是以猛兽为图腾的八十一个氏族酋长；炎帝牛首人身，当是以牛为图腾。……日本人井上芳郎认为我国上古传说的帝王，如伏羲、神农、黄帝、尧、舜等均为动物的变形，并据此以找寻太阳崇拜、河神崇拜、而至龙、蛇、虎、熊、鹫、山岳等崇拜的痕迹。格拉勒更将《史记》所载人物整理出世系，认为包含图腾旗帜和女系制的内容。（井上芳郎《支那古代之帝王及氏族神》）关于中华民族的始祖诞生，李则刚有《氏族的诞生与图腾》一书，与岑家梧《图腾艺术史》合刊。该书列举伏羲、神农、黄帝、少昊、颛顼、帝喾、尧、禹等“优存氏族的祖先”和共工、蚩尤、驩兜、三苗、浑沌、穷奇、梼杌、饕餮等“没落氏族的祖先”，举史籍及《山海经》等著，分别找出了各自的图腾，并拟出了公式：

优存氏族的祖先＝图腾物名＋开祖英雄＋圣德

① 岑家梧：《图腾艺术史》，上海文艺出版社1988年影印本，第1—2页。

没落氏族的祖先 = 图腾物名 + 开祖英雄 + 凶德

据此书推断，伏羲、神农、尧的诞生都来自龙，而黄帝、颛顼、禹也与龙有关。其余少昊为桑，帝喾为狮，皋陶为马头，秦之祖先伯益为龟，商之祖先契为玄鸟，周之祖先弃为“大人迹”。至于“没落氏族”的图腾则都为怪兽。又蜀以蚕为图腾，许慎《说文解字》：“蜀，葵中蚕也，从虫，上目象蜀头形，中象其身蜎蜎。”传说蜀人的祖先蚕丛有“纵目”之状，近年四川广汉三星堆考古发掘出的铜面目有“纵目”的造型，可能与蚕的祖先图腾崇拜有关。至如“边裔各族”的祖先，夜郎为竹，哀牢夷为沉木，武夷蛮为犬，突厥高车为狼，大食为黑石，多摩长为龙，党项羌为猕猴，各有不同。

当然，以上各族、各部落的图腾崇拜可能只是一种较为合理的推测。在这众多的图腾中，我们认为李泽厚先生《美的历程》从民族演进的历史披拣出东西方两大集团，并得出“龙飞凤舞”的结论，固有其不无简单之处，然而他汲取了闻一多先生的实证研究精神和结果，并非无据。且东夷人的鸟崇拜已被今人的研究所证实，从后代的延续看，如楚承殷商，有凤之崇拜，故所说有一定合理性。

以上是作为中华远古时图腾崇拜遗迹的一个简单梳理，至于图腾艺术，下面分言之。

一　图腾舞蹈

诚然，图腾艺术是狂热的巫术礼仪活动，既虔诚又蛮野，既热烈又庄严，而舞蹈更是激励宗教情感（古为巫术，后为宗教，其背后都具有宗教感情）的最有效手段。据人类学家的研究，各地图腾民族的跳舞仪式有四类：

（1）入社式：图腾集团的成员，达到一定年龄，举行入社式，被正式承认为集团中一员。入社仪式中，由长老向新成员申述图腾部族之起源历史，又令新成员学习图腾的叫声，模仿图腾的动作。跳舞一项表现尤甚。如澳洲土人精于模仿鸵鸟、袋鼠，特别爱用腕部象征动物颈部。非洲土人跳鳄鱼舞，北美印第安人模仿熊、犬、野牛为多。狩猎跳舞时，往往在出猎前进行，模仿被猎对象。

（2）“阴特邱摩”式（又译为“英迪修马”，intichiuma）：第一步，以祈求图腾动植物的繁殖为目的，故拟繁殖之态为多。第二步，在完成第一步后的次日举行，杀食图腾，暂时解放禁忌，这是暂时弥补食物恐慌的特殊处置，其仪式以向图腾（袋鼠、熊等）赎罪为目的。

（3）“伏龙魁”蛇节：澳洲土人模拟大蛇（伏龙魁蛇）的舞蹈，北美印第安人雷鸟舞。

（4）“哥罗波里”：澳洲土人的体操跳舞，其他大洲也有。多在林中举行，集体围着火堆进行，或限于成年男子（妇女极少），或男女都参加，动作激烈。摩尔根曾说：“美洲土人的跳舞为宗教仪式之一形式，一切宗教祭祀的场合，跳舞常构成仪式之一部分。世界各地未开野蛮人间的跳舞，没有比印第安人更发达者。各部族常具有十组至三十组之多的跳舞。跳舞中的歌调、乐器、舞蹈方式、服饰，均有一定……跳舞乃贯通印第安人诸部族的一制度，又有关于他们的信仰及宗教仪式。”闻一多先生《说舞》认为这种舞蹈可代表各地域、各时代任何性质的原始舞，因为它们的目的总不外乎下列这四点：以综合性的形态动员生命；以律动性的本质表现生命；以实用性的意义强调生命；以社会性的功能保障生命。着眼于生命意识看问题，确实是抓到了根本。

以上四类又可归纳成二种形式：前三者为动物模仿，少数人表演；“哥罗波里”为多数人作一致的跃动。前者的动作由于固定的目的所诱导；后者由狂热的情绪所致。

我国史前期的图腾舞是否与现代人类学家对各洲土人舞蹈考察相符已难断定，但由于人类发展都经历过图腾制，我国也有过史前的图腾舞蹈。如以下记载：

即帝位……击石拊石，以歌九韶，百兽率舞。①

帝尧立，乃命质为乐。质乃效山林谿谷之音以歌，乃以麋辂置缶而鼓之；乃拊石击石，以象上帝玉磬之音，以致舞百兽。②

……奏九天之和乐，百兽率舞，八音克谐。③

以上这些，后人多理解为鸟兽化德而舞，实为模仿动物而“百兽率舞”，是化妆舞蹈。常任侠先生认为：击石拊石伴奏的节拍，当产生于石器时代，石磬正是这一类的打击乐器。至于“百兽率舞”，当为人蒙兽皮的拟兽舞。在甲骨文中，衣、裘两字，均作兽皮的图样，人蒙兽皮而舞，与古希腊人蒙羊皮而舞，情形或当相类。④

仿兽类之舞尚有《竹书纪年》所载的：

成王八年，春正月，初莅祚亲政，命鲁侯禽父，齐侯伋迁庶殷于鲁，作象舞。

仿鸟类跳舞则有：

代高阳氏，王天下，使鼓人拊鞞鼓，击钟磬，凤凰鼓翼而舞。⑤

天子射鹿于林中，乃饮于孟氏，爰舞白鹤之三八。⑥

---

① 《竹书纪年·帝舜元年》条。
② 《吕氏春秋·仲夏记》。
③ 《拾遗记·神农氏》条。
④ 可参见常任侠著《中国古典艺术》，上海出版公司1954年版，第1—27页。
⑤ 《竹书纪年·帝喾》条。
⑥ 《穆天子传》卷五。

以上的舞蹈可以看作图腾舞中的动物模仿一类。至如《吕氏春秋·古乐篇》所说："昔葛天氏之乐，三人操牛尾，投足以歌八阕。"有人释之为与狩猎有关，恐怕不当，当与"哥罗波里"这种多人一致跃动颇多一致性，"投足"见其激烈，"八阕"见其"多组"。

上古的图腾舞在历史的发展中并非消失而是演化了，在后代仍可见其遗迹。如张衡《西京赋》："总会仙倡，戏豹舞罴，白虎鼓瑟，苍龙吹篪。"注曰："罴、豹、熊、虎，皆为假头。"又《古今合壁（璧）事类备要》所引有："五代崔税迁太常。高祖诏太常复文武二舞。……文舞郎八佾六十有四人，……武舞郎八佾六十有四人，……按负以熊豹，以象百兽率舞……"作为宫廷娱乐，图腾原意已失，但以假面作动物模仿，实又源于图腾舞。隋朝有角抵之戏，用动物假面之外，还燃薪火，近于澳洲"哥罗波里"本色，如《隋书·柳彧传》所载："彧见近代以来，都邑百姓，每至正月十五日，作角抵之戏，递相夸竞，至于靡费财力。上奏请禁绝之曰：'臣闻：……窃见京邑，爰及外州。每以正月望夜，充街塞陌，聚戏朋游，鸣鼓聒天，燎炬照地，人戴兽面，男为女服，倡优杂技，诡状异形……'"

图腾的模仿动物舞，一直沿袭至今，尤其南方为多，如广东的狮舞、鱼舞、甚至蜈蚣之类，与古"百越之地"的原始习俗不无关系。云南傣族的孔雀舞恐怕亦当作如是观。

此外是关于傩舞。傩的起源，传说皆云模仿动物的跳舞以驱逐四方疫鬼。《后汉书·礼仪志中》："季冬之月，星迴岁终，阴阳以交，劳农大享腊，先腊一日大傩，谓之逐疫。"《吕氏春秋》亦颇多说明，看来傩舞虽已与图腾用意无涉，然其舞蹈情形，又全类图腾舞。《周礼·夏官》云："方相氏掌蒙熊皮，黄金四目，玄衣朱裳，执戈扬盾，师百隶而事傩。"郑玄注曰："冒熊皮者，以惊驱疫疠之鬼，如今魌头也。"魌头，犹言假头。字亦作倛，《说文》："颠，丑也。""今逐疫有颠头。"《荀子·非相篇》：'仲尼之状，面如蒙倛。"注曰："倛，方相也，……慎子曰：'毛嫱、西施，天下之至姣也，衣之以皮倛，则见者皆走也。"可以互参。《后汉书·礼仪志》有"因作方相十二兽舞"，"百官官府各以木面兽"诸语。隋代傩舞，尚无变更，《隋书》所载，几与《后汉书》无异。唐代傩舞见于《唐书·礼乐志》中，中云"其一人方相氏假面，黄金四目，蒙熊皮，黑衣朱裳"，宋代又益之以判官、钟馗之类。今藏传佛教的宗教仪式上亦有面具舞，不知是否与图腾舞有关。南方如贵州苗族跳月，海南黎族夹足舞，或亦与"哥罗波里"为近。①

总之，图腾舞蹈当是图腾艺术的主体，且沿袭而下，遗迹颇多，值得研究。

二 图腾音乐

有舞必然有歌，歌舞并举实因二者是合一的。《商书》："恒舞于宫，酣歌于

① 以上见岑家梧：《图腾艺术史》，上海文艺出版社1988年影印本，第155—156页。

室。”这是宫室之内，而上古时期，图腾艺术中与舞蹈相伴的则是音乐。前引《吕氏春秋》语：“昔葛天氏之乐，三人操牛尾，投足以歌八阕。”则可见歌舞并作。当然，上古的遗音无存，推见图腾音乐较舞蹈更难，不过，从古籍中仍可见之一二。如图腾舞蹈模仿图腾动物一样，图腾音乐则模仿图腾的喊声，成为图腾声乐；又有用图腾动物的皮骨制成乐器，成为图腾器乐。我国古代似无图腾器乐，“击石拊石”之石成为后来石磬的前身，是打击乐器，现代较为原始的部落所用的基本乐器是打击乐器，尤其是鼓，我国古语亦有“鼓之舞之”之说，可见有舞即有鼓，剥动物皮以制鼓，当是渔猎时代已有。至于图腾声乐，可依稀辨之。《世本》说：“伏羲作琴，伏羲作瑟，神农作琴，神农作瑟，女娲作笙簧。”当然不可信。而《晋志》云：“蚩尤氏师魑魅与黄帝战于涿鹿，帝乃命吹角为龙鸣以御之。”这“龙鸣”可看作为模仿动物声的图腾音乐。《管子》如此论五音：“凡听徵，如负猪豕觉而骇。凡听羽，如鸟在树。凡听宫，如牛鸣窌中。凡听商，如离群羊。凡听角，如雉登木以鸣……”实看出模仿动物声音的遗意。又《吕氏春秋·古乐》篇云黄帝命伶伦作十二乐律，其传说虽不可信，但值得注意的是：据说伶伦所制作的律管是模仿凤凰的鸣叫声而制作的，凤的叫声有六个音，伶伦就模仿凤的叫声制作了六支律管，这就是后来的黄钟、太簇、姑洗、蕤宾、夷则、无射六律；伶伦又模仿凰的叫声制作了六支律管，这就是后来的大吕、夹钟、仲吕、林钟、南吕、应钟六吕。这一传说是否流露出图腾音乐的消息呢？直到现代，我们还可以从鄂温克族人那里看到一种木哨，这种木哨是模仿母鹿的叫声制成的，故用于捕鹿。鄂温克属于渔猎民族，汉民族祖先也经历过这一历史阶段，在制造乐器上，必有相通之处。

从文物发掘来看，河姆渡新石器遗址除出土了陶埙以外，还发现了一批骨笛，是否用图腾动物的骨头所制就不得而知了。这是距今七千年的遗址，参以他处出土的陶埙，吕骥曾推断五声音阶在母系氏族社会后期已经形成。

又从古代乐论中看对乐器的论述。如荀子《乐论》云：“故鼓似天，钟似地，磬似水，竽、笙、箫、和、筦、籥似星辰日月，鞉、柷、拊、鞷、椌、楬似万物。”能否大胆设想，其中有图腾模仿和图腾崇拜之意。其中有些乐器已不传，形制不可知。可知者如“楬”，通称为“敔”，为打击乐器，木制，虎形，背上有二十七个齿形突起，用竹刷横扫这些突起发声，用于乐曲终结时。这“虎形”及箜篌的凤凰形，是否仅有装饰意义？是否积淀着图腾模仿？恐怕可以研究。

因图腾音乐可讲者太少，只能到此。

三　图腾美术

我国似尚无欧、非的史前洞穴艺术发现，在那些洞穴艺术中，颇多图腾美术的内容。如拉·马德伦洞穴中就有直接表现图腾祭祀的线雕。我国的史前图腾美术可从陶器图案、岩画、图腾装饰三方面讲。

1. **陶器图案**

仰韶彩陶中颇多动物形象的图案，如鹿、狗、鸟、蛙、蜥蜴，尤以鱼为多，此外，还有人面含鱼的形象。这是否仅仅是对于劳动对象（渔猎对象）的一种模仿呢？恐怕不仅仅如此。诚然，普列汉诺夫曾以“劳动先于艺术”的观点看待史前绘画，认为颇多动物形象的特点是狩猎生活的反映，并以楚奇克人和布什门人的绘画与他们的生活相印证，很具有说服力。但是，如果将西方有些学者提出的另一些学说来补充“劳动说”，将会更具合理性，其中的巫术说较为可取。弗雷泽的《金枝》系统研究了巫术和原始宗教，雷纳克以其中所阐释的交感巫术原理观照旧石器时代艺术产生的原因，写成了《祭礼、神话和宗教》一书，他的后继者进一步用“狩猎巫术”和“丰产巫术”原理来解释史前艺术的产生原因。尽管我国没有欧洲那样的洞穴画，不具有那样的神秘性，但有些陶器纹饰也应该与巫术有关。

我们可以推测，画鱼的目的不但在于美，而且应有祈求丰产的意义，而人面含鱼纹更应当是丰产巫术的表现。试看半坡含鱼的人面纹与其他人面纹虽有不同，但共同者也很显见，即：将头发挽成发髻，用羽毛、草穗来装饰，脸部饰有变化的鱼纹、谷物纹，这难道不是丰产巫术的特殊装饰吗？弗雷泽说：“在古代猎人和渔夫为求得丰富食物而采取的各种措施中，顺势巫术和整个交感巫术起了重要的作用。”① 用此来解释人面含鱼的形象应是合理的。巫术与图腾本来就经常是紧密难分，为方便起见，所以我们这里统归于图腾来讲。

当代著名的美国人类学家亚历山大·马沙克，对史前洞穴艺术的产生原因，提出了“季节符号论”的解释。他在用现代技术研究旧石器时代的雕刻器和洞穴岩画后认为，原始人是为了记录季节变换并确定祭礼日期而留下了刻画符号，象征动物“被杀”的符号被长期保留，而一些象征“被杀”的动物常与性活动及果实成熟的季节有关，有着特定季节中的周期性祭礼或牺牲之意义。如用这一理论来解释彩陶器上所画的鱼、鸟、蛙、蝌蚪等，如果不是“周期性祭礼”的标志，至少也具有季节符号的意义，与狩猎、农业都有关系，也与巫术、图腾活动有关。

还应补充一点：我国先民对鱼的崇拜另有祈求人口蕃衍的特殊原因，此在下面讲先秦文艺时再讲。此外，《山海经》有“蛇乃化为鱼”一说，而汉代墓葬壁画中又有蛇鱼混合形的怪物形象，由此而上推，仰韶彩陶的鱼也可能与龙蛇、人首蛇身诸说有关系。同样，鸟的形象似也与“凤”有关系。

上面对以“人面含鱼”和鱼、鸟、蛙等为主的彩陶纹饰作了探讨，但是，新石器时代的纹饰更多的并非具象画，而是抽象的几何纹，对这些几何纹应当怎样看呢？江南地区新石器时代的陶器纹多为曲线，如叶脉纹、水波纹、云雷文，其中被看作水波、云雷纹的，就可能有图腾意义。有的学者认为，这些几何形图案同古越族蛇

---

① ［英］弗雷译著，徐育新等译：《金枝》，中国民间文艺出版社 1987 年版，第 28 页。

图腾的崇拜有关，如漩涡纹似蛇的盘曲状，水波纹似蛇的爬行状，等等。而北方的马家窑又怎样呢？有的考古学家令人信服地推演出鱼纹、鸟纹、蛙纹从具象到抽象的演变，并得出了有代表性的几何形图案花纹可能是由动物图形演化而来的结论。认为有代表性的几何纹饰可分成两类：螺旋形纹饰是由鸟纹变化而来的，波浪形曲线纹和垂幛纹是由蛙纹演变而来。至于这两类几何纹饰划分得这样清楚，很可能是当时不同氏族部落的图腾标志。

彩陶纹饰之带有地区性的共同点，应是该地区当时人们共同的标志，最大的可能就是作为氏族图腾或巫术崇拜的标志。如果彩陶花纹作为团族的图腾标志（或者是具有特殊意义的符号）这一假设能够成立，仰韶文化的半坡类型与庙底沟类型就分别属于不同的部落氏族，分别以鱼和鸟为图腾，而马家窑文化属于两个氏族部落，分别以鸟和蛙为图腾。如果将新石器时代的彩陶纹饰同神话传说相联系，那么这些关于鸟和蛙的故事，很可以通过图腾崇拜“链接”起来。换言之，在彩陶上所描绘的鸟和蛙，后来逐渐分别演变为代表太阳的金乌，和代表月亮的蟾蜍，并产生了相应的神话。平凡与神圣并没有不可逾越的界限，而我们在看待前者的平凡和后者的神圣时，不妨将图腾崇拜与神话传说相沟通，这样，就可以“后之视今，亦犹今之视昔”，避免在时间的流程中孤立地看问题。神话与陶纹似乎是不相干的内容却是缘于同一的崇拜，而彩陶这同一载体上的不同阶段的艺术——纹饰，无论是半坡期、庙底沟期到马家窑期的鸟纹和蛙纹，还是从半山期、马厂期到齐家文化和四坝文化的拟蛙纹，抑或半山期和马厂期的拟日纹，也可以用同一崇拜来解释，即：它们可能都是太阳神和月亮神崇拜的体现。

以上虽多推测成分，但彩陶纹饰却并非仅用来“装饰”、“审美”，而应具有氏族图腾的神圣意义，此说是可以成立的。

更为难得的是，1973年在青海大通县出土了一个新石器时代的彩陶盆，其纹饰为舞蹈图案，过去仅看作是先民在劳动后的跳舞娱乐，其实，在写意的人物形象中可以看到头上的发辫，而下体又带有尾巴似的饰物，即古人所说的“操牛尾”、“干戚羽旄”之类，“手拉着手”即“发扬蹈厉”，决不能只理解为后代的舞蹈。作为原始歌舞，即使不能断定是“哥罗波里”式的图腾舞蹈，也仍可看作是图腾活动的表现，可能与巫术、祈祷相关。

2. **岩　画**

我国古代岩画较多，在郦道元《水经注》中已有记载，但因分布广而散，且在交通不便之处，所以大规模的考察和发现还是二十世纪的事。由于考察岩画不像新旧石器遗址发掘那样可以带出一批文物，而具有相对独立性，故过去对岩画研究较少，近二十年来才逐渐增多。

我国岩画遗址最早发现的是福建花山崖岩画。其年代众说纷纭，有说是上古和中古作品，有说是一千至二千年前所作，亦有说是太平天国天地会所作（此说非实，因为汪森已有记载）。有人从画旁的楷书“魁”字和岩画内容判断，认为是唐宋时代的作品。现在据较新的资料统计，在十多个省、区有岩画发现，从创作期看，早的在一万年前左右，晚的到近代；从地理分布看，可分为北系和南系，北系以内蒙阴山、新疆阿尔泰山、甘肃黑山最著名，南系以云南沧源、广西花山崖、江苏连云港将军岩最著名。相比之下，南系岩画与图腾崇拜的关系较为密切，其中，最值得注意的是云南沧源和江苏连云港将军岩两地。

广西宁明花山崖的岩画时代并不早，但由于产生在较原始的地域文化背景中，故此可以看出原始色彩。画面以蛙形人的舞蹈为主题，当中有形体高大的巫师或酋长，众人中有铜鼓、铜锣，很可能是表现祈神以征服水患的内容。

云南沧源岩画于1965年被发现，其早期画迹被推断为新石器时代后期，各代所画叠加其上，最晚者延续到明代。共发现10个点，但所画图像有近千之多，其中人物约占四分之三。画中有表现世俗生活的村居、舞蹈等内容，更多的是祭祀、巫术等内容，此外，有一区域还有太阳、羽人和男女形象，透露出太阳崇拜与生殖崇拜的主题。有一画面画着光芒四射的太阳，还有持弓箭者的形象，另有“羽人”，一祭日，一似射日，反映出既崇拜太阳又渴望征服太阳的原始宗教心理。

从总体看，沧源岩画有几个特点：第一，都以赤铁矿为主要原料，故为红色，这与山顶洞人饰物及以赤铁矿染红石球作为死者的陪葬相同，可能蕴含着同一信仰，即：死亡是因为缺乏红色（大概他们从流血过多可致死中认识到），红色又用于供奉神灵，呼唤生命。第二，画中人群密集，不少画面有着表现相同行为的内容，这并非只是原始艺术缺乏表现人物形态的手段，而可推测为举行某种庄严、神圣的仪式。第三，画中颇多牛的形象及戴着牛角头饰的人像，这与当地的牛图腾崇拜有关，又因举行重大宗教仪式有剽牛祭祀之俗，所以牛兼有神及牺牲的双重身份。与岩画所在地点联系起来看，有献祭场所的可能，画面则是表现某种祭礼场面。从局部看，其中有一画（第二地区一区的村落图），上下二排人，上排六人，下排五人，又有一最大之人（形体为数倍）双手举起虚实相间的二排方格形符号，可能就是巫术礼仪的某种“有意味的形式”。

连云港将军岩岩画在1979年11月被发现，多认为是新石器时代晚期的作品，内容颇多，有星云、鸟兽、人面、农作物及各种符号，除其中的太阳、星宿崇拜外，亦具有图腾性质。其中有一组最完整，大致有四种说法：一，是太阳神，用人面形，是对太阳人格化的表现；二，鸟嘴人面表太阳，芒状禾苗纹是太阳神助手“句芒”，此为祭太阳神的巫师作法图；三，是“庄稼生人”的神话反映；四，是原始农业部落社会生活的反映。朱狄《原始文化研究》认为是春的祭礼。我们认为，除“反映农业生活”之说可排除外，其画面与现实生活距离较远，确应是具有“巫术礼仪”的性质。可以猜想，是否因为先民们认识到农业的重要后，用这样的画面对农作物作一种集体的人格表现呢？如果是，那么所画的人面植物形象就具有“图腾植物崇拜”的性质了。

其余大规模岩画如阴山为殷周期，甘肃黑山为秦汉期，虽然年代较晚，然当时当地的民族尚在氏族社会的狩猎生活，故亦有图腾性质。前者的早期作品有原始宗教内容，后者多为虎、鹿、牛、鸟、蛇等，是图腾动物，还是狩猎对象且不论，但其中有一图可能是狩猎巫术的产物，表现集体围猎前的一种巫术仪式，其中一人形象较他人大出许多，可能是首领或巫师，其性质或与杀食图腾前暂时解放禁忌的仪式、舞蹈有关。

生殖崇拜在岩画中留下了直接的痕迹，表现在：无论是北系岩画还是南系岩画，都有对生殖器极为夸张的刻画，并有男女交媾的舞蹈形象，还有人兽交配或动物交配的内容。按照《金枝》的解释，未开化的人们相信顺势巫术或模拟巫术，认为人的交合有助于促进农作物的生长，倘若如此，这些画面就兼有两重意义了。

3. 图腾装饰

据岑家梧《图腾艺术史》，图腾装饰可分为三类：固定的身体装饰——纹身、结发等；不固定的身体装饰——衣物、化妆等；一般装饰——住所、舟车、用具等。

为什么要作图腾装饰呢？这是由于要求得到图腾的保护，故将自己同化于图腾。

据古籍记载，我国各族不乏纹身习俗：

越人断发纹身。①

太伯、仲雍二人，乃犇荆蛮，断发文身，示不可用。②

粤地（越）……封于会稽。文身断发，以避蛟龙之害。③

种人皆刻画其身，象龙文，衣著尾。④

（琉球国）……妇人以墨黥手，为虫蛇之文。⑤

黎俗：男女周岁，即文其身；不然，则上世祖宗不认其为子孙也。⑥

黎俗……绣面乃其吉礼。女将及笄，置酒会亲属，女伴自施针笔，涅为极细虫蛾花卉，而以淡栗纹编其余地，谓之绣面。⑦

除文身、绣面外，云贵地区少数民族有结发之习：

（黔苗）狗耳龙家，居深林。荐莽衣，尚白。束发不冠。善石工。妇人辫发螺髻，上若狗耳，故因以名。⑧

---

① 《庄子·逍遥游》。

② 《史记·吴太伯世家》。

③ 《汉书·地理志》。

④ 《后汉书·西夷传》。

⑤ 《隋书·东夷传》。

⑥ 《海槎馀录》。

⑦ ［明］郭棐：《广东通志》卷28。

⑧ 《说蛮》。

> 罗罗，本卢鹿，有黑白二种，……其人深目长身，黑面白齿，青囊，笼发而束于额，若角状。①

前者可能以狗为图腾，后者以鸟为图腾。这种以结发象征图腾的情况，在北美印第安各部族可以见到。如头发竖直，长约两英寸，延蔓于两耳之间，代表野牛的背。又有结一小辫，盖于头额，象鸟嘴，脑后留置些许作鸟尾，两耳间梳小辫，象征鸟之两翼。海龟部族则剃去头发，只留六条辫子，四条置于左右象征龟足，一条在前额，一条在背后，分别为头、尾。

至如非洲、北美的镶唇、澳洲的穿鼻、非、澳二洲的毁齿，我国似未见。

第二类的衣物、化妆等，史籍似无多少记载，此可结合研究民俗而研究之。

关于第三类的住所、舟车、用具的图腾装饰。一是《淮南子》所说的“龙舟鹢首”其注曰：“鹢，水鸟也。画其象著船首，以御水患。”又端阳竞渡的龙舟，其来源恐也与图腾有关。②

关于图腾艺术，即述至此。西方学者研究图腾的理论成果甚多，其中雷切尔·利维《石器时代的宗教观念及它对欧洲思想的影响》提出了一个学说：图腾信仰是“多种形式的实体”。他指出，原始的先民认为，祖先精灵中的生命力核心是不朽的，他一般是人的形象，但也可能是一种动物的形象，他的存在是为了维护子孙的生命。图腾信仰既然有这样一个主要内容，作为体现图腾信仰的艺术创作，能够将各个个体联系在一起，在履行图腾仪式时，召唤同一个图腾下群体的共同感情，可以创造相应的力量。这或许能解释为什么会产生那么多的、遍及各民族的图腾艺术。

第二节 神话、传说

我国古代应有不少神话、传说，由于孔子以“不语怪力乱神”的精神整理古籍，使之流传甚少，仅在《山海经》、《淮南子》等书中留下一些。这部分内容不同于图腾艺术之多不入各类教材，文学史及作品、参考资料有所著录，故从略讲述。

一 上古流传的主要神话和神话人物

1. 关于女娲

关于女娲的神话主要有三则：补天止水，抟土造人，与伏羲为人类始祖。

第一则见《淮南子·览冥训》：“往古之时，四极废，九州裂，天不兼覆，地不周载。火爁炎而不灭，水浩洋而不息。猛兽食颛民，鸷鸟攫老弱。于是女娲炼五色

---

① 《说蛮》。

② 以上见岑家梧：《图腾艺术史》，上海文艺出版社1988年影印本，第44—62页。

石以补苍天，断鳌足以立四极，[①] 杀黑龙以济冀州，积芦灰以止淫水（平地出水为淫水）。苍天补，四极正，淫水涸，冀州平，狡虫死，颛民生。……乘雷车，服应龙，……导鬼神，登九天，朝帝于灵门。”后人将《天文训》中共工触不周山而导致天塌地陷之事与上则混为一谈，其实与女娲补天并不相干。晋张华《博物志》有考辨。后者是鲧禹时代，是治水之由。

第二则见《太平御览》卷七十八引《风俗通义》：“俗说天地开辟，未有人民，女娲抟黄土作人，剧务（工作太繁重），力不暇供，乃引绳絙于泥中，举以为人。故富贵者，[②] 黄土人也；贫贱凡庸者，絙人也。”

第三则关于女娲为伏羲妹妹，最早见《风俗通义》，而以二人为夫妇则最早见于《淮南子》高诱注：“女娲，阴帝，佐伏羲治者也。”至李亢《独异志》载之最详：“昔宇宙初辟之时，只有女娲兄妹二人，在昆仑山中。而天下未有人民，议以为夫妻。又自羞耻，乃结草为扇，以障其面。今娶妇执扇，象其事也。”

2. 关于黄帝擒蚩尤

最早见《山海经·大荒北经》：“蚩尤作兵（兵器），伐黄帝。黄帝乃命应龙攻之冀州之野。应龙蓄水（行雨之用），蚩尤请风伯雨师，纵大风雨。黄帝乃下天女曰‘魃’。雨止，遂杀蚩尤。”这是神话故事的基本轮廓，后《太平御览》卷七十九引《龙鱼河图》、《史记·五帝本纪》，张守节《正义》亦引，益之以“蚩尤兄弟八十一人，兽身人语，铜头铁额，食沙石”。黄帝仁义不敌蚩尤，天遣玄女授兵信神符，制伏之。虞喜《志林》又见蚩尤作雾，黄帝令风后（臣下）法斗机（取法北斗星斗杓随季节转动）作指南车。值得注意的是《归藏启筮》：“蚩尤出自羊水。八肱八趾，疏首（一作“画”解，指蚩尤头上画着花纹；一作“分歧”解，指其头分开成若干杈杈）。登九淖（水名）以伐空桑（有注云在今山东境内）。黄帝作棡鼓之曲（《山海经·大荒东经》云黄帝用夔牛皮做鼓，用雷神的骨作鼓槌，声闻五百里外，此当为极响的战鼓）十章。”这里的蚩尤就可见图腾民族的装饰了。又杜佑《通典》：“蚩尤帅魑魅与黄帝战于涿鹿，帝命吹角作龙吟以御之。”这“龙吟”当是图腾音乐。

3. 关于精卫填海

《山海经·北山经》：“发鸠之山（旧说在山西长子县西）……有鸟焉：其状如乌，文首（头上有花纹）白喙，赤足，名曰‘精卫’（一名誓鸟，一名冤禽，又名志鸟，俗呼帝女雀。见六朝人所纂辑之《述异记》），其鸣自詨（与呼、叫同义，即自己呼叫自己）‘精卫’。是炎帝之少女，名曰女娃。女娃游于东海，溺而不返。故为精卫，常衔西山之木石，以堙于东海”。

---

① 按：此二句亦见《列子·汤问》。

② 按：一本下有“贤智”二字。

4. 夸父逐日

《山海经·海外北经》："夸父与日逐走，入日；渴，欲得饮，饮于河、渭；河、渭不足，北饮大泽。未至，道渴而死。弃其杖，化为邓林（地名，今大别山附近）。"

《山海经·大荒北经》："大荒之中，有山名曰成都载天。有人，珥两黄蛇，把两黄蛇，名曰夸父。……夸父不量力，欲追日景（同影），逮之于禺谷（即虞渊，太阳所入之处）。将饮河而不足也，将走大泽，未至，死于此（渴死）。"

5. 关于共工

《列子·汤问篇》："共工氏与颛顼（黄帝孙子）争为帝，怒而触不周之山（山有缺口，故曰"不周"，《水经注》云不周山是葱岭、于阗二水的界限，即今昆仑山），折天柱，绝地维（网上大绳）。故天倾西北，日月星辰就焉；地不满东南，故百川水潦归焉。"

6. 关于鲧禹治水

《山海经·海内经》："洪水滔天，鲧窃帝（天帝）之息壤以堙洪水（息壤为神土，可以自己生长不息，至于无穷，故可堵塞洪水），不待帝命；帝令祝融杀鲧于羽郊（羽山之郊，杨宽考羽山即《淮南子·墬形训》中的"委羽之山"，《淮南子》高诱注："委羽山在北极之阴，不见日也。"）。鲧复生禹，帝乃命禹卒（最后）布土（铺填）以定九洲。"

《国语·晋语》八："昔者鲧违帝命，殛之于羽山；化为黄熊，以入于羽渊（羽山旁的水名）。"

"禹治鸿水，通轩辕山（分河南偃师县东南，凡十二曲，故禹化为熊好用力开山），化为熊。谓涂山氏曰："欲饷，闻鼓声乃来。"禹跳石，误中鼓。涂山氏往，见禹方作熊，惭而去。至嵩高山（嵩山），化为石，方生启，禹曰：'归我子！'石破北方而启（因石裂而生故叫'启'）生。"（《汉书·武帝本纪》元封元年颜师古注引《淮南子》，今《淮南子》无此文。）

7. 关于后羿

《淮南子·本经训》："逮至尧之时，十日并出，焦禾稼，杀草木，而民无所食。猰貐（怪兽）、凿齿（兽名，齿长三尺）、九婴（九头的水火之怪）、大风（大鸟）、封豨（大野猪）、脩蛇（《山海经》云其能吃掉大象，三年才把骨头吐出），皆为民害。尧乃使羿诛凿齿于畴华之野，杀九婴于凶水之上，缴大风于青邱之泽，上射十日而下杀猰貐，断脩蛇于洞庭，擒封豨于桑林。万民皆喜，置尧以为天子。"

除以上自然神、英雄神以外，尚有异人异物，如羽民国、张弘（长臂）国、驩头国、奇肱国（独臂）等。

其他的神话与传说人物还有伏羲、盘古、刑天、羲和、嫦娥等。此处先讲刑天，余皆置于后面再讲。刑天见《山海经·海外西经》，一作形天，云其与天帝争权，失败后被砍去头，埋在常羊山。他不甘屈服，以乳为目，以脐为口，依然带着盾牌、板斧挥舞。

二 古代神话的深层含义

关于神话，各文明古国差不多都有相似的题材，如创世、洪水及英雄神话，但是确又有所不同，有多与少之别。

斯朋斯（L. Spence）在《神话学绪论》中将神话分为二十一种：创造神话、人类起源、洪水神话、报答神话、惩罚神话、太阳神话、月亮神话、英雄神话、野兽神话、习俗或祭礼的解释神话、阴曹地府历险、神的诞生、火的神话、星辰神话、死亡神话、向死者供祭食物的神话、禁忌神话、化身神话、善恶两元论神话、生活用具起源神话、灵魂神话。

以上分类可能过于繁琐，故另有人将神话分为三类：创世神话，善与恶的神话，英雄和寓言的神话。①

我们现在一般的文学史教材则分为：自然神、英雄神、异人异物。前者按内容分，后者按身份分。讨论我国古代神话的深层结构及含义，当从内容看。若将外国古代神话与之对照，可从以下几方面论之。

1. 关于女娲的神话，包含了古代先民对创世及创造人类自身的理解

这里值得注意的是，在中国古代，真正开天辟地的神是盘古而不是女娲，为什么将女娲作为创世之神呢？因为盘古之名及其事始见于三国，连屈原的《天问》都未提及（“邃古之初，谁传道之？上下未形，何由考之？”）。顾颉刚先生曾指出，战国和秦汉是伪造古事、古人风气最盛的时代，但并未见盘古之名及事，可见上古神话中根本就没有。因此，我们只能将女娲作创世英雄来看待。

女娲所作的，其实是创世的继续，她炼石补天，断鳌足以支天，杀黑龙，止淫水，救人民于水火。种种的努力是为了什么呢？一则是要弥补创世之后“天不兼覆，地不周载”的缺陷，二则是消除邪恶势力以拯救人类。这样的创世英雄竟然是一位女神，当是氏族母系社会的观念反映。

女娲除了补天、正地之外，还创造了人类。她的创造是用黄土作人，至如黄土人为富贵者，绳子沾泥摔出来的是贫贱者，当然是由于后来阶级社会的观念影响了。关于黄土造人，几乎各文明古国都有，犹太人《创世纪》中关于上帝造人是从巴比伦人转借来的，而巴比伦此说则来自它们的先辈苏美尔人。在希腊神话中，普罗米修斯知道天神的种子隐藏在泥土里，所以他撮起一些泥土，使它成为神祇，即世界支配者的形象。他又从各种动物的心摄取善和恶，将它们放在人的胸膛里。可见，无论是东方还是西方，都有泥土造人的神话。泥土是强于木、石的理想雕塑材料，固是上古人们创造这一神话的原因，但是否背后还有农业文明的背景？回答应该是肯定的。古人们看到了种子——幼芽——谷物的过程，生命是在泥土中孕育、诞生、

① 以上见朱狄：《原始文化研究》，生活·读书·新知三联书店 1988 年版，第 717—718 页。

成长的，所以人也是泥土造出来的。至于女娲所用为“黄土”，正是黄河流域、黄土高原所专有，这里似乎可以见到民族与地域的特色。

更值得注意的是：黄土造人还是着眼于自然界，而女娲、伏羲兄妹为婚以解决“天下未有人民”，则是先民对人伦社会的认识，这里，应先补充一下女娲与伏羲的形象：

> 女娲，古神女而帝者，人面蛇身，一日中七十变。[①]
>
> 燧人之世，……生伏羲，……蛇身人首。[②]

山东的汉代武梁祠石室伏羲、女娲画像，确是二人为人首蛇身，下身鳞尾环绕，中间一小儿。容庚有考，近人芮逸夫、常任侠也据出土器物画像和边疆少数民族传说，证明二人是兄妹为夫妇的人类始祖。首先，这人首蛇身像是积聚着蛇（龙的前身）图腾崇拜的远古因素，其次，兄妹为婚之说，反映了远古之时血亲群婚制的发展阶段。据摩尔根的研究，由于族外婚所产生的后代无论在婴儿成活率、体力、智力上都优于近亲婚配，由于自然选择法则所起的作用，人们懂得了限制血亲结婚，建立了乱伦禁忌。所以关于女娲、伏羲，又有下说：“女娲祷祠神祇而为女禖，因置婚姻。”[③]“伏羲制俪皮嫁娶之礼”[④]，“始嫁娶以修人道”。[⑤] 这就是血缘婚姻的禁止和族外婚姻的开始，也就是氏族社会开始了。

又，闻一多先生在《伏羲考》中列举了中外四十九种兄妹配偶兼洪水遗民的传说，说明这一神话母题具有跨越民族的空间广泛性与超越时代的时间悠久性，是一种人类共同心理的积淀物，这实际是运用了荣格“集体无意识”原型理论来分析的结果。荣格认为，人的无意识领域里储藏的意象有两个层次，一是具有个体性质的意象，来源于个人的经历；一是非个体性质的意象，它是人类共同心理在个体意识中的深层积淀。闻先生所说显然出于后者。

氏族社会后，延伸下去的则是：“宓羲氏之世，天下多兽，故教民以猎。”[⑥]“作结绳而为网罟，以佃以渔。”[⑦] 这就是渔猎畜牧时代的开始了。

这里再补充几则材料，看看处于母系社会阶段的人们对于始祖神的诞生是怎样认识的。

---

① 《山海经·大荒西经》郭璞注。

② 《帝王世纪》。

③ 《绎史》引《风俗通》。

④ 《世本》。

⑤ ［东晋］王嘉：《拾遗记》。

⑥ 《尸子·君治》。

⑦ 《易·系辞》。

伏羲：《太平御览》引《诗含神雾》，《宋书·符瑞志》："大迹出雷泽，华胥履之，生宓羲。""太昊包牺之母，居华胥之渚，履巨人迹，意有所动而生太昊。"

神农：《春秋元命苞》："少典妃安登游于华阳，有神农首感之于常羊，生神农。"

黄帝：《初学记》引《诗含神雾》："黄帝母附宝，见大雷绕北斗，枢星光照郊野，感而孕。"……

此类极多。故许慎《五经异义》引《春秋公羊传》："圣人皆无父，感天而生。"这就是西方神话学家所说的"处女生殖"，其实是母系社会的产物，不要误解因出现了伏羲就是父系社会了。

2. 关于女娲、共工和鲧禹治水的神话，其深层结构是表现了先民与洪水的斗争

女娲"止淫水"还是世界初创时"补天"的"副产品"。共工触不周山，造成天柱折、地维绝的天地平衡被破坏，"天倾西北"，"地不满东南"，固然是古代对中国西高东低的地理形势的认识；"而百川水潦归焉"当是最终结果，其间必有一个在"归焉"途中的洪水泛滥过程，故有的学者考"共工"为"洪江"。江水怒发，势可崩山，加上地震、山崩、滑坡，这些自然灾害可谓史不绝书，这正是触不周山的深层结构、意义。鲧之失败，在于"息壤"虽有生生不息之神力，但着力于堵，会发生新的阻障，造成新的更难察、难料的灾害（故河道尚可防，新水道之决则难察），鲧虽善筑城、筑堤（《吴越春秋》："鲧作城以卫君，造郭以守民，此城郭之始也。"），但堵之结果使水积聚更甚，势能大了，一旦决防，危害更大，其失败是必然的。禹则"疏河决江"，[1]"凿龙门，辟伊阙，平治水土"[2]，辅之以筑堤，他真正做到了因势利导，以疏通河道为主，以筑堤坝为辅，取得了治水的成功。至于"化熊"之说，正说明凿山之类需要强劲的膂力。因此，治水神话是先民与洪水斗争的变相记录，其后面应是信史：上古曾有过一个降雨特多的时期，江河暴涨，加以地震、山崩、滑坡，河水被迫改道而洪水泛滥。鲧用堵而失败被处死。其子禹以十三年考察水道、疏通江河、修堤筑坝、排干积水，使黄河甚至长江畅流入海。因其功之大，被推为大酋长，后又对苗战争取得重大胜利，同时带动了生产力的发展（《绝越书》载风胡子说：神农时用石作兵器，黄帝时用玉作兵器，禹时用铜作兵器，战国时用铁作兵器。）故禹时又是生产力大发展时，所以大禹最受后人崇拜。

从女娲以后，英雄神话转为男性英雄，女娲神话是母权制时代的产物，大禹神话就是父权制时代了。对此，恩格斯的论述可以提供一个科学的解释："由于代表新观念的新神侵入体现旧观念的传统神，因此，旧神就越来越被新神排挤到后边去

---

① 《吕览·爱类篇》。

② 《淮南子·人间训》。

了。……根据这一点，巴霍芬指出，埃斯库罗斯的《奥列斯特》三部曲是用戏剧形式来描写没落的母权制跟发生于英雄时代兵获得胜利的父权制之间的斗争。”①

关于黄帝擒蚩尤，前多有涉及，此处略。

3. 后羿神话与弓箭发明及交感巫术

后羿应是很古老的神话英雄，楚辞中屈原《天问》已云：“羿焉弹日？乌焉解羽?”（王逸注：“羿仰射十日，中其九日，日中九乌皆死，堕其羽翼。”）但楚辞《离骚》中又有“羿淫游以佚败兮，又好射乎封狐”（王逸注：“羿为诸侯，荒淫游戏，以佚田猎，又射杀大狐，犯天之孽，以亡其国也。”）可见后羿是个半神半人，亦好亦坏的形象。羿作为一个英雄神，可能凝聚先民的期望：用当时威力最强的武器——弓箭，来除去种种害人的怪兽，其事迹与希腊神话中的赫剌克勒斯相近，尽管后者经历复杂，且并无射日之事。据范文澜先生《中国通史》所说，弓箭是中石器时代后期或新石器时代早期出现的工具，有了弓箭，狩猎生活逐渐过渡到原始畜牧业。仰韶文化各遗址多有石镞、骨镞，可见当时已普遍使用弓箭。在火药应用到枪炮之前的冷兵器时代，弓箭一直都是较远距离作战时最具威力的武器，先民们希望征服自然，他们的愿望寄托在强力的武器之上，并希望有神力的英雄能完成种种除恶的壮举，于是就有了后羿神话。

射日是由于先民不但知道太阳带来光明、温暖，也带来干旱、炎热，故从愿望上希望当时威力最大的、可以射远的弓箭射下多余的太阳，以去除热、旱，而从行动上看，则可能是交感巫术的变形。《金枝》认为巫术赖以建立的思想原则有两个：一是“同类相生”或“果必同因”，二是物体一经接触，在中断实体接触后，还会继续远距离的互相作用。前者为“相似律”，后者为“接触律”（触染律）。朱狄先生《原始文化研究》认为，古代射日巫术可能是用鸟羽做成靶子，射中羽靶即被看作巫术的应验。《周礼》：“秋宫庭氏，有救日月之弓矢”，孔颖达《疏日》：“日有食之礼，有救日之法，于是瞽人乐官进而瞽而击之……”，这都是交感巫术的记录。当认识到交感巫术无用后，才代之以膜拜。因此，从神话发生学观念看，“射日”产生在“祭日”前。世界上许多民族都曾因不堪忍受酷暑而对太阳行巫术，神话是一种变形的记录。

交感巫术不但在古代盛行，在现代也可以举出不少例子，弗雷泽因深入各国调查，掌握了大量的例证。这里仅举几例：加纳的齐人（Tshi）男子在行军中，妻子用白色文身，饰以珠球和符咒，在打算开战的当天，她们带上做成枪形的木棍，提着巴婆果（papam），一面奔跑一面切割巴婆果，认为这样做后，她们的丈夫杀敌人就像切割巴婆果一样容易。巴伐利亚（Bavayia）和澳大利亚的农民都认为孕妇有传染生殖能力的魔力，如果把一棵果树所结的第一个果子给孕妇吃了，次年果树就会

① 《马克思恩格斯选集》第四卷，人民出版社1972年版，第6页。

获得丰收。而东非巴干达人（Baganda）则认为一个不孕的妇女会把不孕传染给果园，使果树不结果实。马来人在收割稻米之时，妇女会将上衣脱光，认为这样可以使稻谷的外壳薄些，舂米要容易。①

关于后羿射日，何新先生认为其深层结构是历法改革，因所涉历法问题较复杂，此处不多论，可参看《诸神的起源》第十一章。其余如精卫填海，夸父逐日，刑天舞干戚，盘古开天地等都不讲了，因为相对说来，不如前三者重要。这里，想就射日问题引申出去，补充一些关于我国先民的太阳崇拜问题。

何新从归国历史学家杨希枚那儿得到中国古代纹饰图徽的帮助，推导出中国远古存在一元的太阳神信仰，古代艺术中"卐"字形的纹饰曾被认为是火的标记，但何新认为其与十字或类十字符号其实都是太阳神的表现（卐字过去被认为是从西方传入的，但考古发现表明它可能起源于中国）。就古文献看，这种信仰通过大量礼俗、记载被记录下来。而中国古代诸至尊称号——皇、昊、神、华（晔）都与太阳崇拜有关。并考伏羲本名应作溥曦，即伟大的"曦"神——太阳神。此外，上古的神圣名号：太皓、太昊、帝俊（踆乌）、重华（舜）等，本来也都是古代太阳神的尊号。后被用作人君名号。对日神的崇拜发现于中国东部、西部、南部和北部的各种早期人类遗物和遗迹中。且认为黄帝本训当作光帝，即光明之神，高阳氏也是太阳神，楚辞中的"羲和"由远古日神"羲"之古读有尾音如"羲——俄"而来。故黄帝是一神而三身。总之，何新所考所论可备一说，其以文化人类学为背景，以训诂为基础的考证很有特色，自成系统，值得一读。

十字图纹之见于新石器时代的陶器，商周甲骨文和青铜器铭文，和商周秦汉的铜镜、铜鼓、宫殿瓦当，都留下了太阳神崇拜的遗迹，而岩画中所描绘，更见实在，云南沧源、广西宁明花山都有太阳神岩画，连云港将军岩、四川珙县亦然，北系岩画中的阴山岩画也有太阳神的形象。

由太阳崇拜而生的太阳神话在各国广泛存在，这正如恩斯特·卡西勒所说：在所有民族和所有宗教中，创世首先是作为光的创造而出现的，因为如果没有光，也就根本不能看见世界。不少古国的君王都将太阳作为祖先，据此，何新之释由太阳神崇拜转为对亦神亦人的始祖英雄崇拜，亦非无由。（所不同的是，中国的太阳神崇拜基本是一元的，而欧洲多元，且"火神"居于太阳神之上。）

第三节　原始文艺的文化内涵和意义

以上从图腾艺术和神话传说两方面介绍了我国原始文艺的概况，这里将进一步探讨、论述原始文艺的文化内涵和意义，并择要谈以下四方面。

---

① 以上据朱狄：《原始文化研究》，生活·读书·新知三联书店1988年版。

一　原始文艺的文化起因

原始文艺的发生学原理告诉我们：原始宗教信仰以及相关的"'种'的繁衍"是世界上原始文艺起源的共因。

关于史前艺术的创作动机，有各种不同的说法，如劳动说、巫术说、审美说等等都是。我国在解放后、"文革"前多奉单一的"劳动说"，根据多在鲁迅的《门外文谈》关于原始人抬木头的"杭育杭育"成为原始诗歌，普列汉诺夫《没有地址的信》关于原始人伴随着生产动作的节奏而创造原始音乐、舞蹈。其实不仅所说片面，征引也片面，因为鲁迅也讲到求爱、消遣，普列汉诺夫也讲到心理、生理本性，二人均非一元论者。恩格斯说得非常正确，他在《自然辩证法》中提出了"劳动创造了人本身"的著名学说，阐发了文艺起源于生产劳动的原理。但是，他又指出了原始思维的最重要特征："人们最初怎样脱离动物界（就狭义而言），他们就怎样进入历史：他们还是半动物性的、野蛮的，在自然力量面前还无能为力，还意识不到他们自己的力量……最后，在非常原始的状态下执行宗教职能。"① 以此相观照，是初级宗教信仰支配着原始艺术的产生，此即巫术说。可见，他决不是单一论者。苏珊·朗格研究史前狩猎岩画，认为巫术动机外，还有艺术动机，更有人增益为审美三原因：天赋能力，审美动机，精确模仿。

史前艺术的创造动因除了以上的劳动说、巫术说、审美说，以及未曾道及的摹仿说、游戏说以外，恐怕还应加上恩格斯在《家庭、私有制和国家的起源》第一版序言中所说：即生活资料的生产以外，还有"人类自身的生产，即种的繁衍"。所以性爱也是一个重要的原因。我国现代有的学者也能突破单一的劳动说，阐发了包括性爱在内的艺术起源多元论，如常任侠先生《关于我国音乐舞蹈与戏剧起源的一考察》② 曾就音乐舞蹈发展动因提出四说：一是对于劳动成功的庆祝，二是对于自然的崇拜，三是对祖先的祭祀，四是对于两性的诱惑。应该说，这是比较全面的看法。

就图腾艺术而言，最主要的还是出于原始宗教信仰，其中不少是在巫术礼仪中所产生。

图腾崇拜之广泛崇拜各种动植物，是由于原始人将自然现象看成有意识力量的故意行为，将自然万物看成有意识生命，诚如英国人类学家爱德华·泰勒在《原始文化》中所说："野蛮人的世界观就是给一切现象凭空加上无所不在的人格化的神灵的任性作用。"这就是"泛灵论"，在它的作用下，"古代的野蛮人让这些幻象塞满自己的住宅，周围的环境，广大的地面和天空。"施之于口头或物质化的创作，就成了幼稚的原始艺术。

顾颉刚先生在《古史辨》中说："楚、越一带，因林木繁茂，土地的卑湿，人

---

① ［德］恩格斯：《反杜林论》，《马克思恩格斯选集》第三卷，人民出版社 1972 年版，第 218 页。

② 常任侠：《中国古典艺术》，上海出版公司 1954 年版，第 1—26 页。

类与龙蛇同居，饱受了损害，……当时吴越人之所以断发纹身，乃是起于保护生命的要求，其效用与动物的保护色相等。”这一保护生命之说是对的，可惜只归之于生物学原因。相较之下，闻一多先生就海南黎人的文身，指出他们刻画着该图腾的形状，是以图强化自己和图腾间的联系，而便于获得图腾的保护，认识要深刻得多。对图腾艺术的起因、作用均可从中获得解释。

另外，图腾装饰的文身除保护自己外，更有明确的“种的繁衍”意义。普列汉诺夫指出：巴西印第安女人将孩子的皮肤画成豹皮状，目的在于表示其氏族关系，以免被人拐走；加罗林群岛上的姑娘纹身，是性成熟的标志，若未纹身就生小孩，是违反了族规。闻一多《伏羲考》也说：“《桂海虞衡志·志蛮篇》曰：‘女及笄，即黥颊为佃花纹，谓之绣面女。既黥，集亲客相庆贺。’”这就是恩格斯所说“人类自身的生产”原理的体现。

二 “人心营构之象”的龙图腾

据考察，古埃及崇拜的图腾动物有红鹤、鳄鱼、河马，尤其是鹰（南埃及为鹰，北埃及为蛇，南埃及征服北埃及后合为一国，神鹰被尊为唯一的保护神，埃及国王雕像戴神鹰王冠）。希腊人主要崇拜蛇，另外各神亦与动物有关，实是图滕崇拜形态（宙斯——鹫、白马、牡牛，阿波罗——狼……）。罗马因传说其立国者原是弃婴，为狼所养育，故奉狼为图腾。

中国古代华夏民族的祖先，却以龙为图腾。据闻一多《伏羲考》所说：龙是一种虚拟的生物，是许多不同图腾糅合成的综合体。“大概图腾未合并以前，所谓龙者只是一种大蛇。这种蛇的名字便叫作‘龙’。后来有一个以这种大蛇为图腾的团族兼并了、吸收了许多别的形形色色的图腾团族，大蛇这才接受了兽类的四脚，马的头，鹿的角，狗的爪，鱼的鳞和须……”，李泽厚吸收这一说法，并据章学诚说《易》承袭其“人心营构之象”一说，翻出了新意。龙图腾一直存在这么久远，直到现在海外华人在以“炎黄子孙”而骄傲时，也称自己是“龙的传人”，可见这“人心营构之象”有多深的影响，多大的民族凝聚力！

我们知道，龙在西方神话中也有，形象不同于中国龙，经常是洞穴宝藏的守卫者。希腊神话中卡德摩斯与巨龙斗争胜利后拔下龙齿播种，长出“地生人”，故海涅有名言：“播下的是龙齿，收获的却是跳蚤。”在中国，龙是助人的，是英雄的朋友，甚至是胜利的旗帜。

因此，从龙图腾的形成和传播，就可以看到其象征意义：

首先，在华夏民族到汉民族的形成过程中，不是征服，而是同化。大体说来，文明的演进有二途：一是文化较落后的非中原国家，通过向中原国家学习，中原的文物制度得以推广，这是“教化”；二是通过结盟、战争，武力征服后，推衍原来发达之文化于不发达地区，这是由“武化”而“教化”。中国历史上固然有第二途径，但更多第一条途径，且最终都是“教化”，不是消灭，所以能形成巨大的民族凝聚力。

其次，中国固然由于地理条件形成一定的“隔绝机制”，但对外来文化并不排斥，而是吸收、同化，以丰富和发展自己，汉唐就是很好的证明，明清所奉行过的海禁、闭关并非主流，亦非代表中华民族的真正精神。

再次，从龙图腾延续之久，在装饰应用、文学艺术各领域的广为出现，说明中华文化在形成特独性之后具有极强的生命力，而且从中可以看到中国人崇古、敬祖的意识和深厚的历史感。

三 中国神话与希腊神话文艺差别的文化基础

应该说，由于人类的原始思维的共性，世界各国的神话相似者多，尤其是创世神话，洪水神话几乎都有。中国与希腊神话亦有相似处。以创世神话而言，希腊神话和中国神话都有最初天地混沌不分之说，一者是爱神以箭射入地心，生草木鸟兽，创造了天地；一者是盘古开天地，并垂死化身。且都有以泥土造人之说。以自然神话言，希腊之解释季节变化，在于冥王抢走了播种女神女儿，女神要索回女儿，宙斯判其半年陪冥王，半年陪女神，甚至欧罗巴大陆的由来也在于宙斯与人私通的结果；中国则以不周山被触，使天倾西北、地不满东南，来解释西高东低的原因。但两国神话又有许多明显的区别，仅粗略地说：

第一，中国神话较单纯，在经历过“历史化”的改造后，使英雄神话与祖先传说混为一体；希腊神话较复杂，虽然人们给他们加上了许多人间的色彩，但诸神仍以庞大的家族、繁杂的谱系高居于奥林匹斯山，英雄传说中的主人公是神与人的后代，却仍与神有区别，而英雄传说同样以家族为中心形成了复杂的系统。

第二，中国神话中的神带着拟兽化的图腾特点，尤其见于他们的外形，但却有着充分的神性；希腊神话的神却是拟人化的，有突出的美貌和健全的肉体，同时又有充分的人性，人的任性、偏狭、妒忌、甚至好斗、好色等缺点都可见之。

第三，中国神话的神多有献身于人类的精神，无论是女娲还是鲧、禹，在与自然的斗争中都有悲壮的色彩；希腊神话的神多是捉弄人类，常给人类带来恐惧与痛苦，追求自己的享受，有明显的享乐色彩。只有普罗米修斯将天火盗到了人间，给人带来了光明和进步，却被大神宙斯钉在高加索山，让恶鹰来啄食他的肝脏。所以中国的神不乏正义、崇高，希腊的神却是放纵、享乐、戏谑。

当然，其间差异可以列举很多，这里仅是择要而已。为什么有这样的差别呢？这就在于文化性质的差异了。对此，不妨看看黑格尔和丹纳的论述。

黑格尔说：“平原流域把人束缚在土壤里，把他卷入无穷的依赖性里边，但是大海却挟着人类超越那些思想和行动的有限圈子。”① 我国诸子时代主于经世致用的

① ［德］黑格尔：《历史哲学》，王造时译，上海书店出版社2006年版，第154页。

政治社会哲学，《诗经》中的现实主义色彩，这些理性主义和务实精神，正源于这种“依赖”。而古希腊的重在宇宙论、本体论的哲学及思辨精神、逻辑力量，和神话的奇诡幻想，史诗的宏伟气势，正源于这种“超越”。中国尽管是多山的国家，但先民们却在大河流域的小平原上开始农耕事业，并创造农业文化的，而希腊这一“海洋民族”却突破了自己狭窄土地的限制，创造出商业文化。

中国的神，如女娲、伏羲、共工、后羿、夸父、刑天等，都与陆地相关，稍后的冯夷、洛神、河伯等，虽是水神，却只在江河。而希腊的神中，海神波赛冬有很重要的地位，且在《奥德赛》中颇多地中海的“各路神妖”。中国的神较为简单，多集中在与自然抗争上，当与农业经济有关。希腊的神谱系复杂，各有分司，当与其氏族社会的等级制度有关，到后来的奴隶制时期，则又带着奴隶主阶级的影子。归根结底，是在于商业文化要较农业文化丰富而复杂。至于希腊神话诸神的类似于现实生活中贵族们的品德、性格，可以从马克思《摩尔根〈古代社会〉一书摘要》找到答案：“希腊人中，自始至终在男子当中流行着极端自私自利。”“淫荡——文明昌盛时期在希腊和罗马城市是如此骇人听闻……它是从野蛮期流传下来的社会恶习。”① 可谓深刻指出了希腊神自私的现实根源。

柏拉图曾说：“我们就像一群青蛙围着一个水塘，在这个海的沿岸定居下来。”这是希腊人对自己在地中海边生存环境的形象感受。丹纳《艺术哲学》对希腊有生动的描述：“希腊是一个美丽的乡土，使居民心情愉快，以人生为节日。……那里好像是没有冬天的。山坳与山峡中长着栎树、橄榄树、桔树、柠檬树、柏树，永远是夏天的风景；一直到海边都有树木；某些地方，二月里的桔子从树上直掉到水里。没有雾，也差不多没有雨；空气温暖，阳光柔和。……夏天，太阳照在空中和海上，发出灿烂的光华，令人心醉神迷，仿佛进了极乐世界；浪花闪闪发光；海水泛出蓝玉、青玉、碧玉、紫石英和各种宝石的色调，在洁白纯净的天色之下起伏动荡。我们心目中要有了遍地光明的印象，才能想象希腊的海岸，像云石的水瓶水钵一般，疏疏落落散布在碧蓝的海水中间。”丹纳紧接着说：“所以希腊人有那种欢乐和活泼的本性，需要强烈的生动的快感，是毫不足怪的。”“这种气质使人把人生看做行乐。最严肃的思想与制度在希腊人手中也变成愉快的东西；他的神明是‘快乐而长生的神明’。……希腊人心目中的天国，便是阳光普照之下的永远不散的筵席；最美的生活就是和神的生活最接近的生活。”②

亚非古文明多发源在北纬30度左右，埃及、两河流域、印度河流域、我国的河姆渡文化都是，而希腊的纬度与我国黄河流域相近，在北纬35度到40度左右，但由于地中海气候属亚热带，故气候优于黄河流域。在那种没有严寒、酷热的条件下，遍地都是柑桔和橄榄，用丹纳的话来说，一个鱼头，几颗橄榄就能对付一顿饭，古

---

① ［德］马克思：《摩尔根〈古代社会〉一书摘要》，人民出版社1956年版，第39—40页。

② ［法］丹纳：《艺术哲学》，傅雷译，人民文学出版社1963年版，第263—266页。

希腊人自然没有中国先民与自然抗争的那种艰辛甚至是悲壮的体验。中国古代的农业也和其他文明古国一样，经历了从园圃农业到集约农业的发展。新石器时代直到以后相当长的一个时期，最常见的是刀耕火种，即烧光森林草木，以草木灰为肥料，耕种二三年地力耗尽后再迁移垦荒，五六年后待草木长起再行开垦。二十世纪五十年代在关中发现仰韶文化遗址400多处，就是迁徙的结果，故又称“游耕”。直到殷商时代，中原才因犁耕、畜力、水利、肥料之用而发展出集约农业。加以中国是个多地震的国家，黄土高原古代的植被虽比今天要好，但水土保持亦差，洪水泛滥也是常事。在与自然的斗争和向土地的刨食中，华夏先民备尝艰辛，也就难怪他们所创造的神都那样吃苦耐劳，充满了牺牲精神，不但是女娲、鲧、禹、还包括精卫、夸父、刑天等，都是那样严肃、悲壮了。

四 文化神话先于、高于创世神话的现象及其原因

将我国古代神话与他国神话的比较，可以看到一个特殊的现象，即：中国神话中的文化神话先于、高于创世神话。从中可以看出我国古代着眼人生、偏于实用的文化精神，并应肯定它为“先秦理性精神”所起的奠基作用。

前面说过，创世神话是各国都存在的普遍现象。而我国的女娲神话并非真正的创世神话，女娲所进行的是创世后的补救，我国典型的创世神话是盘古开天辟地，但它并不是上古流传下来的神话，却始于三国时代。徐整的《五运历年纪》载：

> 首生盘古，垂死化身，气成风云，声为雷霆。左眼为日，右眼为月，四肢五体为四极五岳，血液为江河，筋脉为地理，肌肉为田土，发髭为星辰，皮毛为草木，齿骨为金石，精髓为珠玉，汗流为雨泽；身之诸虫，因风所感，化为黎氓。

又据《太平御览》（七十八）所引徐整的《三五历纪》：“天地混沌如鸡子，盘古生其中，万八千岁；天地开辟，阳清为天，阴浊为地；盘古在其中，一日九变，神于天，圣于地，天日高一丈，地日厚一丈，盘古日长一丈；如此可八千岁，天数极高，地数极深，盘古极长。后乃有三皇。”后来伪托为任昉的《述异记》说：“盘古氏，天地万物之祖也，然则生物始于盘古。”

有人认为盘古来自于瑶族的“盘瓠”神话，因这一记载早于盘古神话。汉末应劭所编《风俗通义》已记载：“高辛之犬盘瓠，讨灭犬戎，高辛以女妻之，封盘瓠氏。”（范文澜先生的《通史》认为高辛即黄帝子玄嚣的后裔，居西亳（河南偃师县），号高辛氏，即帝喾。传说帝喾有四妻，生四子。姜嫄生弃（周祖先），简狄生契（商祖先），庆都生尧，常仪生挚。卜辞中证明商朝认帝喾为高祖，祭礼非常隆重，帝喾可能实有其人。）

《后汉书·南蛮传》所载更详：

昔高辛氏有犬戎之寇，帝患其侵暴，而征伐不克，乃访募天下有能得犬戎之将吴将军头者，购黄金千镒，邑万家，又妻以少女。时帝有畜狗，其毛五彩，名曰槃瓠。下令之后，槃瓠遂衔人头造阙下。群臣怪而诊之，乃吴将军首也。帝大喜，而计槃瓠不可妻之以女，又无封爵之道，议欲有报而未知所宜。女闻之，以为帝皇下令，不可违信，因请行。帝不得已，乃以女配槃瓠。盘瓠得女，负而走入南山，止石室中。所处险绝，人迹不至。……经三年，生子一十二人，六男六女。槃瓠死后，因自相夫妻……

这就是关于"蛮夷"祖先的记载。但是，我们应注意到这两个神话不同，盘古神话属创世神话，槃瓠神话却属图腾性质的英雄神话。何新先生考盘古原型是古巴比伦创世史诗的混沌之神，传至印度为梵天，经印度佛教传入而至中国，所行路线是从西南来，希腊的"潘"可能亦来自巴比伦。但是，神名的来历或许在理，性质却不同，朱狄先生认为两个神话在发生学上却无联系，这一看法是很正确的。

这里，不想考察盘古故事的原型流传、变化，仅从创世神话出现之晚，就可以看出：中国虽有自然神话，但上古并不深究宇宙成因。科技史家吕子方先生研究归纳了《山海经》中的一批资料："大荒之中，有山，名曰大言，日月所入。""大荒之中，有山，名曰合虚，日月所出。""大荒之中，有山，名曰明星，日月所出。""大荒之中，有龙山，日月所出。""大荒之中，有山，名日月山，天枢也。吴姖天门，日月所入……处于西极，以行日月星辰之次。""大荒之中，有山，名曰常阳之山，日月所入。"等等，不一而足，吕先生指出："我以为，这是远古的农人，每天观察太阳出入何处，用来定季节以便耕作的资料，这是历法的前身。""一年四季气候不同，按天动学说，是由于太阳从极南到极北，又从极北走到极南，一年之间往返一周而来。……远古时代的人，只知道日出而作，日入而息，把太阳的出入当作生活作息的标准。多山地带的人，自然就以山为日月出入的表尺。"① 即使古代注意到天象，也是从天象知季节变化，与农业相关，如古埃及人看天狼星知尼罗河泛滥一样。所以，在这种重实用思想下，对宇宙成因等，却不作深究。所以创世神话出现得晚。一直到屈原《天问》才大量涉及此类。这大概就是黑格尔所说的对土地的依赖，这种农业文化特点也就决定了中国后来的哲学偏重人生，是政治哲学，而非偏重宇宙，是自然哲学。

与创世神话出现晚相形对照的，是文化神话出现得早，且高于创世神话。这里值得注意的就是伏羲。《易·系辞》说"包羲氏始作八卦，以通神明之德，以类万物之情。"② 以伏羲"结绳以网为渔。"《绎史》引《河图挺辅佐》："伏羲禅于伯牛，钻木作火。"作八卦，比结绳记事进步（但基本构成源于结绳记事），发明了记事符

① 转引自何新：《诸神的起源》，生活·读书·新知三联书店1986年版，第167—168页。

② ［东汉］王符：《潜夫论》，中华书局1985年版，第384页。

号；结绳为网，开始了渔猎时代；钻木取火不必像原始人那样保留火种，更是重要发明。这三项重大发明集中于伏羲一身，当然不必作为信史看，而伏羲虽有时还是人首蛇身的形象，但其神话色彩较女娲少得多了，诚如朱狄先生所说，他是祖先、创世神和文化神三位一体的形象。伏羲这一文化神的出现，“只不过以神话形式标志着人类发展的一个重要阶段的到来，这个阶段通常被称之为‘自然的人化’或‘人化的自然’，其实本质都一样，如果伏羲是一种图腾的象征，那么它的特征就是就是图腾的特征压倒了祖先图腾，这是文化英雄上升到了创世英雄之上的最重要原因。”①（本章所论参照或借用了朱狄、何新先生书中的观点、材料）

创造商业文化的海洋民族可对海天生出许多幻想，其“超越”精神在幻想指导下，从浪漫的思想演为行动，就成了欧洲的神学宗教——自然哲学——冒险精神（开拓），甚至海盗精神；而创造农业文化的我国古代先民，作为大陆民族则多在实干，对土地的“依赖”使现实多于幻想，其求实精神派生出从敬神到敬祖——人生、政治哲学——重在民生实用。延伸下去，造就出“先秦理性精神”。

① 朱狄：《原始文化研究》，生活·读书·新知三联书店1988年版，第762—763页。

第八章　先秦文艺及其文化背景

如果用是否有文字的标准来判定先秦时代的上限，首先要对文字作出判断。文字学家一般都认为，新石器时代的仰韶彩陶文化期，已经出现了有记事意义的陶器刻画符号，如果将它们看成是最古老的表意性文字符号，那么，我国的文字已经有了六千多年的历史。在距今大约四千五百年的大汶口文化遗址，发现了复杂的图形符号，而龙山文化晚期河南阳城出土的陶器更有了与口语词义结合的刻划文字，由于这是夏禹的都城，因此可以推断夏代初期已有了最早的成形文字。但是，由于陶符发现得太少，不易破读，而夏朝留下的可称作文学作品的实在是难得，所以，真正的文字及相关有文学意味的记录，当依据百年前发现的殷商甲骨卜辞，先秦文艺也应从此时开始，这是大约在公元前十四世纪。自此而到公元前 221 年秦始皇统一中国，大约一千二百年的时间，可以算作是文艺意义上的先秦时代。

这一章准备讲述先秦文艺的重要内容，兼及不同文化阶段的不同文艺发展，最后作先秦时代中外文艺及其文化背景比较，仍只能是粗线条的描述。

先秦时代，中国文艺与其他文化各部类一样，也发展到较高水平。这里，准备将其归之为诗、文、乐舞、书画、青铜、建筑而分述其概况，而且不作一般文学史、艺术史的分类和叙述，而是从文化意义上着眼。

第一节　先秦文学

先秦文学主要包括诗歌、散文，其中的诗歌是前有《诗经》，后有《楚辞》，散文又可分为历史散文（《左传》、《国语》、《战国策》等）和诸子散文（《论语》、《孟子》、《庄子》、《荀子》、《韩非子》等）。下面分别作文化意义上的简单论析。

一　《诗经》

若传述中的古歌谣（沈德潜《古诗源》有收录）不计，先秦诗歌指《诗经》与《楚辞》。从时间上说，《诗经》从西周初年到春秋中叶（《大雅》的《文王》被认为是周公所作，是公元前 1100 年左右，《豳风》中的《破斧》、《东山》也作于周公东征时，是最早之作，《陈风》的《株林》作于鲁宣公十年，即公元前 599 年）共五百多年，当然在《楚辞》前，因为《楚辞》由西汉刘向所辑，已是战国后期的作品了。从地域上说，《诗经》除“二南”之外，主要产生在黄河流域，是北方的诗歌；而《楚辞》则是楚国的特产，是南方的诗歌。一般文学史以时间为序，将《诗经》列于《楚辞》之前，但从文化发展形态的角度而言，《诗经》产生在黄河流域集约农业已很发达的农业文化时代，而《楚辞》则因楚之落后于中原诸国，还带着史前巫术的色彩。这里，我们从文化角度着眼，择要地讲述《诗经》与《楚辞》。

先讲《诗经》。

对《诗经》的内容，后汉何休《春秋公羊传解诂·宣公十五年》有很精当的概括，即：“男女有所怨恨，相从而歌。饥者歌其食，劳者歌其事。”实际上，歌食、歌事、男女、怨恨，八个字已可以基本概括诗经的内容了。而这，正根源于农业文化。

我们先从农业文化与“饥者劳者之歌”的角度看《诗经》。

我国在夏朝时，农业已占有重要地位，《论语·宪问》云：“禹稷躬稼而有天下”，除水利外，夏朝的历法就是适合于农时的。到了商代，农业更有发展，卜辞中常见的谷物名称有禾、黍、麦、稷、粟、秜（稻）等，甲骨文中的田、疆、畴等字，都带有田地中疆界与水沟的象形特点。如“畴”字，形为，象牲畜犁地时拐弯的犁纹（《说文》所谓耕屈之形，象牛蹄）。卜辞中常涉及关心风雨、恐惧饥馑、祈求丰年的内容，且商朝的历法较夏朝更为严密。周人兴起于黄土高原渭水中游，有漆、沮诸水，宜于农耕，其始祖后稷长于种植，后来的公刘率众迁豳，古公亶父再迁岐山周原，都进一步发展农业，《史记·货殖列传》曾这样总结周人重农的历史：“而公刘适邠，大王、王季在岐，文王作丰，武王治镐，故其民犹有先王之遗风，好稼穑，殖五谷。”中华民族之以农为本可谓源远流长，西周的农业文化又适足于代表当时的中国。

勤于耕作的周人生活得怎样呢？应该说，当时农业中心的黄河流域处于北纬35度左右，虽只比埃及、巴比伦、印度古文明中心的北纬30度高5度，但雨量不丰富，水、土的条件都不如前三者，所以周民虽极其辛劳，生活却十分艰辛。从豳诗中的名篇《七月》就可以看到，尽管他们终年从事耕种、采桑、蚕绩、狩猎、营建等极为繁重的劳动，却仍只能以粗劣的食物果腹、衣物蔽体。自然条件差，又有徭役和地租的剥削，难怪要有所“怨恨”了。我们可以看到，像《伐檀》、尤其是《硕鼠》这样的激愤之作虽不多，但《周南·芣苢》《魏风·十亩之间》等表达劳动欢乐的作品也少。

方玉润《诗经原始》评《芣苢》：“读者试平心静气，涵咏此诗，恍听田家妇女，三三五五，于平原绣野，风和日丽中，群歌互答，余音袅袅，若远若近，忽断忽续，不知其情之何以移，而神之何以旷，则此诗可不必细绎而自得其妙焉。……今世南方妇女，登山采茶，结伴讴歌，犹有此遗风焉。”《周颂》中的《良耜》是一首秋收后报答土神、谷神的祭歌，前七句写农夫下田播种，妇女送饭，后五句写耕耘施肥，中七句写收割藏库，末四句写祭祀社稷，是集体农业，诗中有“百室盈止”，郑玄释“百室”为一族，是原始时代聚族耕种形态，生产者即占有者，情调较为明快。但是，这样的作品是比较少见的。即使是《小雅·甫田》这样的祭祀乐歌，也看不到娱神的天真，因为一方面是致全力于人世的“倬彼甫田，岁取十千”的公田耕作，只能“我取其陈，食我农人”，另一方面则是求天保佑的沉重：“琴瑟击鼓，以御田租，以祈甘雨，以介我稷黍。”《小雅·苕之华》对饥馑的感叹十分沉重：“苕之华，其叶青青。知我如此，不如无生。牂羊坟首，三星在罶。人可以食，鲜可以饱”。就连失势的贵族也感慨：“於！我乎，每食四簋。今也每食不饱。于嗟乎！不承权舆！”①

比之古希腊忒俄克里托斯的以农民、牧童、渔夫为题材的田园诗，和后来罗马维奇尔的《牧歌》、《农事诗》，《诗经》就没有那种田园牧歌情调。如果仅贴上“现实主义”或“粉饰现实”的标签显然就太简单化了。黄河流域自然条件并不优越，遇上自然灾害，情景更为不堪。宣王被称为中兴之主，他在位时旱情极严重，《大雅·云汉》以“赫赫炎炎，云我无所，”“旱既久甚，涤涤山川。旱魃为虐，如惔如焚”，记录了“天降丧乱，饥馑荐臻”的旱情、灾情，大旱造成的结果是“周余黎民，靡有孑遗。”宣王之子幽王即位后不久，就发生了关中地震，《国语》称其“三山竭，岐山崩”，《小雅·十月之交》形象地描绘出“百川沸腾，山冢崒崩。高岸为谷，深谷为陵”的景况。黄河流域的农业文明虽然开始得早，但自然、地理条件确实不如地中海沿岸和南亚、西亚。时至今日，我们还可以从报上读到这样的消息：黄土高原腹地（即今日的“三西地区”：定西、安西、西海固）有十八万人唱着“我的家乡并不美”的歌子“走西口”，到河西走廊、河套地区、柴达木盆地垦殖种粮，展开了今日的公刘、古公亶父大迁徙的生活画卷。几千年来，“民以食为天”的观念深深植入了中国人的头脑，“饥者歌其食”的歌声决不是轻快、欢愉的。

与“歌食”密切相关的是“歌事”。周人既以农耕为本，就必然厌恶、反对战争和徭役：“王事靡盬，不能艺稷黍！父母何怙！悠悠苍天！曷其有所?”②“鸿雁于飞，肃肃其羽。之子于征，劬劳于野。爰及矜人，哀此鳏寡！”③“何草不黄；何日不行！何人不将！经营四方。”“匪兕匪虎，率彼旷野。哀我征夫，朝夕不暇！”④即使结束兵役，返回家园，仍然悲从中来：“昔我往矣，杨柳依依。今我来思，雨雪霏霏。行道迟迟，载渴载饥。我心伤悲，莫知我哀。”⑤随周公东征而归的士兵也难掩心中之痛：“我徂东山，慆慆不归。我来自东，零雨其濛。我东曰归，我心西悲。”⑥诚如我们在上编论农业经济与文艺的关系时，以西周史诗为例同荷马史诗相比较，可以看到二者的明显区别：荷马史诗对以战争去征服他国、获取财富津津乐道，因而崇尚英雄主义，而西周史诗却是以农业为自足，所以推尊勤劳精神，普遍

① 《秦风·权舆》。
② 《唐风·鸨羽》。
③ 《小雅·鸿雁》。
④ 《小雅·何草不黄》。
⑤ 《小雅·采薇》。
⑥ 《豳风·东山》。

地厌战、反战和抱怨徭役的耽误农时、使父母、家庭无以养。

这种源于农业文化的饥者、劳者之歌，征人、思妇之唱，不仅只限于下层，《诗经》中有不少官吏、贵族的作品，也表现了同样的精神，凝聚成深重的忧患意识。如《小雅·四月》即是，此诗以“君子作歌，维以告哀”结尾，而“作歌”“告哀”四字，正是周诗的主流。

其次，看农业文化与爱情诗的关系。

除“歌食”、“歌事”之外，《诗经》中有大量的爱情诗，汉儒多将它们看成是道德的教本，而朱熹终于道出了“凡诗之风者，多出于里巷歌谣之作，所谓男女相与歌咏，各言其情者也”① 的事实。从这些爱情诗中，也可以看到农业文化的背景。

恩格斯认为，动物社会对于推断人类社会有反面的价值。他说，类人猿“为了在发展过程中脱离动物状态，实现自然界中的最伟大的进步，还需要一种因素：以群的联合力量和集体行动来弥补个体自卫能力的不足。……而成年雄者的相互宽容，嫉妒的消除，则是形成较大的持久的集团的首要条件，只有在这种集团中才能实现动物向人的转变。”② 现代文化人类学研究证明了恩格斯的论断。

在考古发掘中发现，非洲南猿和北京猿人不少雄性猿人化石的头盖骨上留有显见的伤痕，可见死亡是由于遭受到石器或其他钝器的致命打击，这不可能是动物所为，而只能是猿人内部的争斗所致，专家们认为，这是为争夺配偶而发生冲突的结果。生物进化是“优势原则”起主导作用的，但这又不是唯一的原则，如果无休止的争夺，就难以“形成较大的持久的集团”以完成进化，在与异种动物弱肉强食的残酷斗争中，要懂得“相互宽容，嫉妒的消除”的必要。“食、色，性也”是先秦时代人的理性认识，猿人则本能地懂得先要“食”而吃饱肚子，然后才能求“色”以完成延续生命之事，而要通过狩猎的成功来获得充足的食物，就要停止内部争夺异性的战斗，在群内实行性禁忌制度。事实证明，懂得实行禁忌制的族群能得以生存下去，未形成禁忌制的则渐被淘汰，所以，禁忌制之得以推广是社会生物学竞争淘汰规律的作用结果。

在完成了从猿人到人类的进化后，原始的部族似乎还在延续着禁忌制。民族学的研究证明，生产时期性禁忌的产生都伴以男女分开生活的现象，有的民族甚至严格到不准与女人交谈，不准吃女人制作的食物。在紧张的经济活动时期，原始族群分为两个独立集团：成年男子，女人和孩子，后者又分为两个亚集团。我们不妨看看我国的一些材料：解放前某些民族有男子公社和女子公社，如高山族中阿美人和泰雅人有男子公社，海南岛黎族有“寮房”，分“姊妹寮房”和“兄弟寮房”。云南永胜彝族为未婚及单身女子造“诺马锡格”，即“姑娘之屋”③。又据报载，西双

① ［宋］朱熹：《诗集传》序，中华书局1958年版，第2页。

② 《家庭、私有制和国家的起源》，《马克思恩格斯选集》第四卷，人民出版社1995年版，第29—30页。

③ 童恩正：《文化人类学》，上海人民出版社1989年版，第110页。

版纳有基诺族的“大房子”，同一家族的男性成年人都住这里，少则 40 多人，多则 70—80 人，在一个男性家长领导下进行劳动。一个楼内住着同一父系氏族的数代人。30 多年来，基诺族龙帕寨有一幢大房子，住着 32 户 127 人，为寨中之最。直到近年，才以小家庭为单位独立核算①。这些都是单性集团在少数民族地区存在的证明，是史前禁忌制的活化石。

我国古代中原地区在进入文明期后，是否有男女单性集团的存在，虽无明显记录，但从《汉书·食货志》中可见：“冬，民既入，妇女同巷，相从夜绩，女工一月得四十五日。必相从者，所以省费燎火，同巧拙而合习俗也。男女有不得其所者，因相与歌咏，各言其伤。”“省费燎火，同巧拙”之说是不够的，童恩正先生就视之为妇女公社习惯的残留。

在上古性禁忌期结束之后，就会形成真正的放荡，世界上几乎所有民族都有关于这些放荡节日的记载，亚、非、美、澳各洲如此，古代雅典的地母节也是一个放荡的节日，在这一节日，出身显贵的妇女集中在一所独特的建筑物，唱不体面的歌，开低级的玩笑，严禁男子进入；而欧里庇得斯的悲剧《酒神女祭司》也证明了酒神节起源于妇女的放荡进犯。所以，这种禁忌生活一旦结束，就形成男女的交往高潮，在我国，就是古代“春祀”和“社会”（社日集会）的起源。据《管子·入国篇》：“凡国都皆有掌媒，丈夫无妻曰鳏，妇人无夫曰寡，取鳏寡而合和之，谓之合独。”《周礼·媒氏》说：“仲春之月，令会男女；于是时也，奔者不禁。”周统治者为了更好地发展农业生产而蕃育人口，规定每年春天二月作为开放月，让青年男女自由选择对象，自由同居。以前常将“男女授受不亲”、“严男女之大防”作为封建文化的礼教看待，其实更应是史前文化的孑遗。

那么，为什么要在“仲春之月，令会男女”呢？这既有巫术文化的遗存，又有农业文化的背景。据闻一多研究《诗经》，引述了上面《周礼·媒氏》语的郑注“中春阴阳交，以成婚礼。顺天时也。”以及《白虎通义·嫁娶篇》的“嫁娶必以春，何？春者，天地交通，万物始生，阴阳交接之时也。”然后说，“据此，疑自古婚姻本以春为正时，故《诗》中所见婚期，春日最多。”因为，“初民根据其感应魔术原理，以为行夫妇之事，可以助五谷之蕃育，故嫁娶必于二月农事作始之时行之。”② 前者源于“天人感应”的巫术，后者则与农业相关。据弗雷泽《金枝》中《两性关系对植物的影响》一章所论，有大量的例证可以说明“未开化的祖先”，按顺势的或模拟的巫术原则来理解两性交媾对植物丰产的作用。所以，闻一多这一说法很能令人信服。

而且，春社与仲春的男女之会还有着权威的背景。在我国古文明中，“社”是神圣的地方，《礼记外传》：“国以民为本，民以食为天。故建国居民先命立社也。”

---

① 见《新民晚报》1995 年 11 月 19 日 11 版。

② 闻一多：《诗经通义甲》，《闻一多全集》第三卷，湖北人民出版社 1993 年版，第 367—368 页。

那么，“社”是什么呢？《墨子·明鬼》：“燕之有祖泽，当齐之社稷，宋之桑林，楚之云梦也。此男女之所属而观也。”闻一多取郭沫若《释祖妣》（《甲骨文字研究》上）的解释，认为这与祀高禖的情形相符，所以说祖、社稷、桑林、云梦即诸国的高禖。据《礼记·月令》：“仲春之月，……是月也，玄鸟至，以太牢祀于郊禖。天子亲往，后妃帅九嫔御，乃礼天子所御。带以弓韣，授以弓矢于高禖之前。”祀高禖是为了求子，而弓箭在原始风俗中，常用作男女性交的象征。此风俗在古希腊和非洲一些原始民族中均可看到。闻一多先生很正确地指出：“齐国祀高禖有‘尸女’的仪式，《月令》所载高禖的祀典也有‘天子亲往，后妃率九嫔御’一节，而在民间，则《周礼·媒氏》‘仲春之月，令会男女’，与夫《桑中》、《溱洧》等诗所昭示的风俗，也都是祀高禖的故事。这些事实可以证明高禖这祀典，确乎是十足地代表着那以生殖机能为宗教的原始时代的一种礼俗。”① 典型的高禖仪式常表现着“沙特恩”（saturn）节的情调或内涵，正如恩格斯所说：是“在一个短时期内重新恢复旧时的自由的性交关系”②。见诸记载的“齐祀”、“燕祖”、“云梦”、“桑林”，莫不如此。“桑林者，社也，”“桑林者，桑山之林，能兴云作雨也。”③ 原来这一切都与“以生殖机能为宗教”相关，而作为神圣的社木的桑林，竟是男女“野合”“兴云作雨”的场所。这一文化的“破译”，将神圣还原为平凡，却对于认识《诗经》的爱情诗有很大的帮助。

懂得了仲春男女之会和桑社之说，就掌握了《诗经》爱情诗的文化“密码”。《卫风·桑中》：“爰采唐矣？沬之乡矣。云谁之思？美孟美矣。期我乎？——桑中。要我乎？——上宫。送我乎？——淇之上矣！”这约会地点的“桑中”、“上宫”正是社坛。《汉书·地理志》说：“卫地有桑间濮上之阻，男女亦亟聚会，声色生焉；故俗称郑卫之音。”郑卫之音与桑河濮上，这里说得既明确又不明确（不明确在未了解“桑”之意）。孔子删诗而不删情诗，孔子应该是很懂得婚姻是“礼”的重要组成部分，他是颇有古文化意识的。而孔子本人虽是“野合”而生，但并未遭受后来私生子那样的歧视，是因为这一野合发生在社会允许的时间和场合——春社中。所以干宝说孔子生于“空桑”应是桑林之会中④。

《诗经》中的爱情名篇甚多，如《郑风·野有蔓草》、《郑风·溱洧》、《郑风·子矜》、《郑风·狡童》、《郑风·出其东门》、《郑风·将仲子》、《王风·采葛》、《王风·大车》等，皆是。

对于《诗经》中男女相爱而相赠，闻一多也作出了农业文化的解释。如《召

---

① 闻一多：《高唐神女传说之分析·结论》，《闻一多全集》第三卷，湖北人民出版社 1993 年版，第 26 页。

② 闻一多：《高唐神女传说之分析·结论》，《闻一多全集》第三卷，湖北人民出版社 1993 年版，第 45 页。

③ 《淮南子》高诱注文，《淮南子注》，上海书店 1986 年版，第 44 页。

④ 以上可参看何新：《诸神的起源》，生活·读书·新知三联书店 1986 年版，第 139 页。

南·摽有梅》："摽有梅，其实七兮。求我庶士，迨其吉兮。"他在《诗经通义——召南》中说："摽，古抛字，掷字"，由掷果之举，联系《卫风·木瓜》而分析男女互赠礼物一事。他认为："疑初民习俗，于夏日果熟时，有报年之祭，大会族人于果园之中，恣为欢乐，于时士女分曹而坐，女竞以新果投其所悦之士，中焉者或解佩玉以相报，即相与为夫妻焉。"闻一多据恩格斯所说的"分工是纯粹自然产生的；它只存在于两性之间"[①] 分析道："原始社会之求致食粮，每因两性体质之所宜，分工合作，男任狩猎，女任采集，故蔬果之属，相沿为女子所有。"闻氏还从"人类自身的生产"角度来分析，"然疑女以果实求偶之媒界，亦兼取其蕃殖性能之象征意义。"[②]。这也是发前人之所未发，对《诗经》研究来说，是值得重视的新见解。

与之相关，可以进一步引伸开，古代认识不到"科技是第一生产力"，在农业生产中，人是最主要的生产力，所以对"蕃殖性能"颇重视，非但采芣苢是因此物有"多子"的象征，梅亦然。《诗经》中颇多鱼水之喻，亦与生殖相关。闻一多《说鱼》云："种族的蕃殖既如此被重视，而鱼是蕃殖力最强的一种生物，所以在古代，把一个人比作鱼，在某一种意义上，差不多就等于恭维他是最好的人，而在青年男女间，若称对方为鱼，那就等于说：'你是我最理想的配偶！'"[③] 他在《诗经通义——周南》篇中指出："《国风》中凡言鱼，皆两性间互称对方之廋语，无一实指鱼者。《衡门篇》曰'岂其食鱼，必河之鲂？——岂其取妻，必齐之姜？'此以鱼代女也，《新台篇》曰'鱼网之没，鸿则离之，——燕婉之求，得此戚施'……皆以鱼代男也。以上鱼字之义，详审各诗本义，已可得之"。[④] 鱼作为两性关系隐语，后来得到了继续。《乐府·江南》之鱼与莲戏，即男与女戏。至于民歌，如"大河涨水白浪翻，一对鲤鱼两分散，只要少郎心不死，那怕云南隔四川"之类以鱼为两性关系表征的民歌不胜枚举。《说鱼》一文中举了近七十首。诚如阴阳哲学起源于生殖崇拜一样，君臣关系的"如鱼得水"是从两性关系引伸出的。闻一多分析了《曹风·候人》的"季女斯饥"，以为并非挨不得饿，而诗中有"鹈不得鱼"，可见曹女是青春期的性饥渴。李泽厚《美的历程》分析了仰韶期半坡彩陶多鱼纹和含鱼人面，指出其巫术礼仪的意义在于对多子的祝福，并说道："血族关系是当时最为重要的社会基础和结构，中国终于成为世界上人口最多的国家，汉民族终于成为世界第一大民族，能否可以追溯到这几千年前具有祝福意义的巫术符号？"

以上我们之所以用闻一多先生的见解来讲述《诗经》的文化背景、意义，是因为在老一辈研究《诗经》学者中，他的所见是最具有文化意识的。在新时期的研究中，一些年轻的学者在闻先生研究的基础上有更为深入的发展，因内容过多，有些

---

① 《马克思恩格斯选集》第四卷，人民出版社 1972 年版，第 155 页。

② 闻一多：《闻一多全集》第三卷，湖北 人民出版社 1993 年版，第 326—328 页。

③ 闻一多：《闻一多全集》第三卷，湖北人民出版社 1993 年版，第 248 页。

④ 闻一多：《闻一多全集》第三卷，湖北人民出版社 1993 年版，第 313—314 页。

观点或结论、推论过于大胆，此处不作征引，但他们对《诗经》所进行的文化人类学研究，无疑是进一步打开了新天地。

以上从“歌食”、“歌事”、“男女”分析了《诗经》的农业文化背景，多是风诗、小雅，而颂诗中有庙堂乐章的大雅和颂诗，其中直接关系农业生产的不少，如《丰年》、《载芟》、《良耜》等，其颂祖也远多于颂神，所以《诗经》之农业文化性质使之在于人的社会，其之颂神其实也是表现君权神授，尊天敬祖是宗法政治的表现。而不像《楚辞》的巫术文化性质，使之在神的社会，在天地和宇宙。

二 《楚辞》

楚国的祖先，据说是黄帝的后裔。鬻熊之子事文王，其后代熊绎在成王时代被封于楚地。西周的北方君主诸侯都把楚国看作南方的蛮族，而楚国人自己也承认自己是蛮夷。连战国时代的孟子，都说楚国是“南蛮鴂舌之人”，将其划在“中国”的范围外。

楚国独处南方，《左传》、《国语》多次说到楚国的物产丰饶，《史记·货殖列传》论其经济特点：“楚国之地，地广人稀。饭稻羹鱼，或火耕而水耨。果隋蠃蛤，不待贾而足。地势饶食，无饥馑之患。”《汉书·地理志》也有相近记载。这样的经济情况当然优于北方诸国，所以楚人对吃饭问题的重视，就不像北方那样强烈，这也可以看成是为何《楚辞》无“饥者歌其食”之作的原因。楚人的确不像北方各国诗歌那样颇多忧患、少年老成，而是怀着童年的天真，为娱神、乐神而颇耗心智与精力。

从文化渊源来说，楚国在江河流域一带，很早就接触殷商文化。殷商灭亡后，其文化分成二支，一支在北方与周文化融合并发展，另一支则保存于宋楚南方。王国维《观堂集林·殷周制度论》说：“夏商间政治文物的变革，不像商周间那样剧烈，商周间大变革，……是旧制度废而新制度兴，旧文化废而新文化兴。”这里不谈制度，其文化何以不同，我们仅取一点而论之，那就是：“殷人尊神，率民以事神，先鬼而后礼。……周人尊礼尚施，事鬼敬神而远之。”[①] 卜辞有“乎舞有雨”，“奏舞有雨”，可见巫者以乐舞求神降雨。楚人承殷商文化，其中也继承了尊神敬鬼的传统，故《汉书·地理志》下云“楚地”“信巫鬼，重淫祀”。

这里还应指出，除文化的传承关系外，楚国的自然地理特征，也助长了信巫重祀之风。王夫之《楚辞通释序例》说：“……楚，泽国也；其南沅、湘之交，抑山国也。叠波旷宇，以荡遥情，而迫之以崟嶔戌削之幽菀，故推宕无涯，而天采叠发，江山光怪之气，莫能揜抑……”美学家宗白华曾在论钟鼎镜盘的境界时说：“当时人尚系在山泽原野中与天地的大气流衍及自然界奇禽异兽的活泼生命相接触，且对

① 《礼记·表记》上。

之有神魔的感觉。（楚辞中所表现的境界）他们从深心里感觉万物有神魔的生命与力量。所以他们雕绘的生物也绮玮诡谲，呈现异样的生气魔力。”① 自然、地理条件形成的“江山光怪之气”，与黄河流域阳光朗照之下的景象很不相同，难怪“对之有神魔的感觉”。时至今日，还盛传神农架还有野人出没之说，何怪两千多年前的未启山林之时了。

由上可见，《楚辞》的时代虽较《诗经》晚得多，但《诗经》的文化背景是“尊礼尚施，事鬼敬神而远之”的周文化，而《楚辞》却仍在“尊神事神”、“先鬼后礼”的殷商巫文化阶段，所以就文化发展的时段来说，两者的先后顺序应该是相倒的。

下面不采《诗经》的分析法，而将《楚辞》的几大部分作一简要的文化性质认定。

一，《九歌》。《九歌》的巫文化色彩最为显著。王逸《楚辞章句·九歌序》云：“《九歌》者，屈原之所作也。昔楚国南郢之邑，沅湘之间，其俗信鬼而好祠。其祠必作歌乐，鼓舞以乐诸神。屈原放逐，窜伏其域，怀忧苦毒，愁思沸郁。出见俗人祭祀之礼，歌舞之乐，其祠鄙陋，因为作《九歌》之曲。……”明言《九歌》是为祭祀而作。有人认为朱熹已说过“而其阴阳人鬼之间，又或不能无亵慢荒淫之杂。原既放逐，见而感之，故颇为更定其词，去其泰甚。”② 由于“更定”，《九歌》中既无描写巫觋降神的内容，又无颂祝之辞，故非巫歌。其实，王逸分言“祭祀之礼”和“歌舞之乐”，《九歌》显属后者，是祭祀活动中的特定歌舞，依然与祭祀相关，是巫歌。为什么这样说呢？似有三点理由。其一，从《九歌》的结构看，《东皇太一》和《礼魂》可看作是迎神和送神曲，当中九章是带有故事的表演，祭礼中既有东皇太一这样正式宗教的上帝，又有各种自然神灵，既是神性的显示，又是对神的取悦和赞美。这种一神教与多神崇拜、自然崇拜相结合，是宗教尚未成熟的表现，是楚国“淫祀”的反映，而一神与多神的主从、尊卑关系，又透露出“礼”与“乐”的不同，两者构成了祭神活动的有机联系。其二，巫是歌舞剧表演的主角，“巫，祝也。女能事无形，以舞降神者也”③，在古文字中，“巫”、“舞”相近，《商书》云：“恒舞于宫，酣歌于室，时谓巫风。”巫司职降神附体和娱神，是巫文化的特征，《九歌》作为歌舞剧，以巫任之，不是巫音又是什么？其三，《九歌》既然可以看成是由迎神、送神和当中九神为东皇太一“效欢”所组成，其主次关系自很明确，但对于观众来说，巫所扮演的小神更有吸引力，在“士女杂坐，乱而不分”的情况下，“民神不杂”的界限被突破，声色相娱之中，演绎出人神之爱，使之带有“人神不分”的原始巫文化色彩。

---

① 宗白华：《美学散步》，上海人民出版社 1981 年版，第 105 页。

② ［宋］朱熹：《楚辞集注》九歌序，上海古籍出版社 1979 年版，第 29 页。

③ ［东汉］许慎撰，［清］段玉裁注：《说文解字注》，江苏广陵古籍刻印社 1997 年版，第 201 页。

二，《招魂》。研究《楚辞》的学者长期以来对《招魂》一直有争论。所争者主要有：究竟是宋玉作还是屈原作？是屈原招楚怀王的死魂，还是宋玉招顷襄王的生魂？是屈原自招抑或宋玉为屈原招魂？我们在此不介入争论，只想对《招魂》作文化学的论定，而不是政治性的考释。招魂之举出于先民对于人的身体与灵魂可以分开的认识。弗雷泽《金枝》对此有详尽的考索、论述。他认为，"未开化的人""在他看来，一个动物活着并且行动，只是因为它身体里面有一个小动物在使它行动；如果人活着并且行动，也是因为人体里面有一个人或小动物使得他行动。这个动物体内的小动物，人体内的小人，就是灵魂。正如动物或人的活动被解释为灵魂存在于体内一样，睡眠和死亡被解释为灵魂离开了身体。睡眠或睡眠状态是灵魂的暂时离体，死亡则是永恒的离体。如果死亡是灵魂永恒的离体，那么预防死亡的办法就是不让灵魂离体，如果离开了，就要想法保证让它回来。"他还列举了世界各民族大量的招魂之举，其中不乏我国的例子。先民在灵魂不死观念的支配下，创造出多种安魂祈福仪式，《招魂》之作，与此密切相关。《招魂》的正文，是写墓式与随葬品的华美，接以献享美食以祭灵，并有歌舞娱神的节目。全诗可看成是与丧葬、安魂、祭灵、娱神整套仪式相关的招魂辞。汤炳正等先生的《楚辞今注》云："……文中所叙宫室之壮丽、饮食之丰饶、歌舞之繁盛，皆非王者不能有。"所言甚是，可以否定屈原自招生魂之说。如果真正从楚人尤信招魂术的民俗、历史出发，就不会认为《招魂》具有"外陈四方之恶，内崇楚国之美，以讽谏怀王"① 那样的理性内容和政治意义了。刘勰《文心雕龙·辨骚》以《招魂》的"木夫九首，土伯三目"是"谲怪之谈"，固然表明了自己的儒家理性立场，但又何尝不能看作是对巫史文化的直观印象呢？

当然，《九歌》、《招魂》并非真正的巫歌，前者与祭祀之礼分化，后者有直接的抒情，毕竟是大诗人屈原所作，与原始的巫歌毕竟有很大的区别。

三，《离骚》。《离骚》几乎是《楚辞》的代表，汉代的研究者却或褒或贬，王逸说："依托五经以立义"，班固认为与经传不合。刘勰《文心雕龙》专有《辨骚》一章，称其"典诰之体"、"规讽之旨"、"比兴之义"、"忠怨之辞"四者同于风雅（这本于汉代经生对《诗经》的看法），而"托云龙，说迂怪，丰隆求宓妃，鸩鸟媒娀女，诡异之辞也；康回倾地，夷羿弹日，木夫九首，土伯三目，谲怪之谈也；依彭咸之遗则，从子胥以自适，狷狭之志也；士女杂坐，乱而不分，指以为乐；娱酒不废，沈湎日夜，举以为欢，荒淫之意也。摘此四事，异乎经典者也。"其中涉及《离骚》者颇多。"诡异之辞"、"谲怪之谈"从表层看是神话传说，从深层看，具有巫文化的色彩。《离骚》作为政治抒情诗，是现实的，其主观抒情已离异了巫文化，但在表现形式上还带有巫觋文化的色彩。灵氛占卜、巫咸夕降，岂非巫觋之举？

① ［东汉］王逸：《楚辞章句》序，《楚辞补注》，中华书局1983年版，第197页。

王注《楚辞》明言“灵氛，古明占吉凶者”，而巫咸“知天道，明吉凶”[1]，可知二者皆为大巫。“济沅湘以南征兮，就重华而陈词”，蒋骥《山带阁注楚辞》认为这两句是“因女须之言而自疑，故就前圣以正之”，但这样的举动岂无祷神色彩？在楚人看来，只有“其智能上下比义，其圣能光远宣朗，其明能光照之，其聪能听彻之”的巫觋才能使“如是则明神降之”[2]。无论是灵氛的勉其远去而求女，还是巫咸的劝其留下以等待，都可见巫觋地位之高。有的研究者指出，“惟庚寅吾以降”之“降”，若参之以“帝子降兮北渚”、“巫咸将夕降兮”等，此“降”并非屈原本人，加以“绝地天通”，上通下达，《离骚》主人公有巫觋性质，“正则”、“灵均”之名亦与巫觋称谓、特征有关，披花带草，高冠长剑的装束亦与降神时的“姣服”极近，故通篇主体构架可看作是以第一人称写神巫故事，所以《离骚》是屈原所写的代言体作品。闻一多说：他每读到这篇奇文，“总仿佛看见一个粉墨登场的神采奕奕潇洒出众的美男子，扮演一个什么名正则字灵均的神仙中人说话（毋宁说是唱歌），但说着说着，优伶丢掉了他剧中人的身分，说出自己的心事来，于是个人的身世，国家的命运，变成哀怨和愤怒，火浆似地喷向听众，炙灼着千百人的心——这时大概他自己也不知道是在演戏还是骂街吧！“[3]这一说法通俗、浅近，却对我们的思路不无启发。以前研究《离骚》，虽费尽心血，仍难得出前后一致的解释，是因为只将其看作为政治抒情诗，如掌握了巫史结合的特点，看到主观与代言的不时变更，恐怕就容易解释大局和细节的诸多矛盾了。

四，《九章》。《九章》的神巫色彩已失，纯为理性抒情作品，这也不奇怪，因为屈原作为国家重臣，且出使齐国，受稷下学派影响，当然不可能全部沉浸在巫文化中。况且宋代洪兴祖已疑其中《惜诵》、《思美人》、《惜往日》、《悲回风》四篇非屈原所作，陆侃如、冯沅君《中国诗史》更定为后人伪作，闻一多对各篇有所论定，因与我们的论题无关，此处不作引述。

五，《天问》。《天问》全篇由问题组成，堪称千古奇文。《美的历程》说：“它表现了当时时代意识因理性的觉醒正在由神话向历史过渡”。所以这是楚文化进入理性化时代门槛前的标志，它既有伟大而幼稚的提问，又有初具理性的困惑。如确为屈原的作品，那就是屈原借“传古民歌”的形式，将楚人的知识和困惑都尽陈于此了。有人认为，《天问》的产生背景，是战国时期的宇宙本体大讨论。并举一系列以“天”命名的学术专著——春秋末，曾参的《曾子》有《天圆》，战国以来，《墨子》有《天子》，《列子》有《天瑞》，《庄子》有《天地》、《天道》、《天运》、《天下》，《鹖冠子》有《天则》、《天权》，《尉缭子》有《天官》，《荀子》有《天

---

① ［汉］高诱：《淮南子注》，上海书店 1986 年版，第 63 页。

② 见《国语 · 楚语下》。

③ 闻一多：《屈原问题》，《闻一多全集》卷五，湖北人民出版社 1993 年版，第 25 页。

论》，其思辨结果催生出《天问》。[①] 此说可参。关于先秦哲学的两大主题：宇宙本体和天人关系，下面讲先秦散文时再讲。总之，《天问》这种神话向历史过渡，幼稚向理性前进的特点，其实也代表了《楚辞》由巫官文化向史官文化过渡的特点，不过，巫官文化的色彩更多就是了。

三 历史散文

有学者认为，北方文化是史官文化，重人事，讲求实际；南方文化是巫官文化，信鬼神，富于幻想。后者在《楚辞》中已得到了验证，前者颇能体现在先秦散文中。

历史散文可谓史官文化的直接产物与代表。而史官文化其实就根源于农业文化。农业文化如与游牧文化、商业文化相较，从某一角度言，前者可称为“定”的文化，后者是“动”的文化，“定”正出于对土地的“依赖”，“动”则或“逐水草而居”，或逐利而行。而农业文化之“定”亦由“动”之迁徙而来，较之后二者，只是更为稳定。“定”的农业文化，由其生产方式构成其社会形态。据钱穆《中国文化史导论》，封建诸侯封疆内大体如此：“通常的城圈，大概不过方五里左右的大小。里面有贵族，掌握着政治、经济、武力、文化各项大权，宗庙是他们一切的中心。最尊的宗庙，祭奉他们的始迁祖（即始封此土的第一代）。根据对此始祖血统上的亲疏，而定其政治上地位之高下，及其应得经济权益之多少。这始迁祖的直属嫡支（长子）世袭为此城的君主。依次而有的各个分支，则为卿大夫士，有其各分支的家庙。临祭同一庙宗的（同宗），常是出征同一旗帜的（同族）。……出战和凯旋，都要到庙里虔祭。有职掌一切礼器乐谱祈祷文件以及天文历法占卜医药，种种世袭的专官，都附属于宗庙，成为一个贵族家庭的特有的学者集团。……城外的土地，可以分为耕地与非耕地两种，耕地由贵族依血统亲疏分割，各自领到封土后，再分割与各自的农民。……”

周朝封建制之宗法、礼制实出于生产方式、社会形态。周制规定，王朝及各诸侯国都设有史官，分为大史、小史、左史、右史等不同的职别，而周朝的这一建制又是继承殷商旧制而来，只不过是有所损益而已。殷商时代，“动则左史书之，言则右史书之。”[②] 军国的要务，君王的言行，祸福与灾祥等，都为巫史所记载。此后，由于遵礼、敬祖，由于农耕的务实精神的代代遗传，所以先民们极其重视历史。梁启超《中国历史研究法》说：“中国于各种学问中，惟史学为最发达；史学在世界各国中，惟中国为最发达。”尽管古埃及在第五王朝时已有了简略的编年史，古希腊希罗多德、休昔底德在公元前五世纪已分别有《历史》（又名《希腊波斯战争史》）和《伯罗奔尼撒战争史》，稍后的色诺芬有《希腊史》，但正如法国启蒙思想

---

① 罗漫：《战国宇宙本体大讨论与〈天问〉的产生》，《文学遗产》1988 年第 1 期。

② 《礼记·玉藻》。

家伏尔泰在《风俗论》中所指出："如果说有一种确凿可靠的编年史，那就是中国人的上及天、下及地的编年史"，在这些史籍中，"几乎没有丝毫的虚构和奇闻，绝无埃及人和希腊人那种自称上帝的代言人；中国人的历史从最初起便写得合乎情理。"他辛辣地讽刺了基督神学统治下的欧洲史学："我们却与此相反，一位天使从天而降，把旗帜交给了圣德尼的僧侣，一只鸽子给兰斯教堂带来了一瓶油，两队毒蛇在德国鏖战……这还不够，还要给这些无稽之谈标明某年某月"。[①] 从这位欧洲思想家的话中，可以看出中国史学传统之优秀与可贵。

这个优秀的史学传统是从先秦历史散文开始的。这就是《尚书》、《左传》、《国语》、《战国策》。这里，不想列陈这些历史散文的艺术特点、艺术成就，而就农业——宗法社会的文化背景，概述历史散文及其奠定的史学传统的特色。

以农耕生活为主的中国先民们，对于自然是适应，"人定胜天"之说实亦只是积极的适应罢了；对于人类自身，则取"内外和谐"的态度，从原始的氏族血缘，发展出规范的家族伦理、长幼尊卑、等级秩序，构成了政治关系与社会名分的"礼"，外在的"礼"和内在的"仁"（人道主义精神）构成较完备的文化——心理结构。在这种结构的基础上，不以主要精力注目于"天"，所以宗教意识既弱，对宇宙本体的探讨亦不深，即使注重天人之合，也在于将天降灾祥与人间的祸福相对应，还是立足于人间。先民中的精英人物，主要注目于"人"，注重如何治人、治世，注重善恶之分，对于历史则注重史实而导入微观。所以，后来中国史学的传统，其实已在先秦历史散文中奠基。这些历史散文的主要特点是：

第一，考论得失、明于治乱的鉴戒——资政性。

如甲骨卜辞不计，《尚书》是最古老的散文，《汉书·艺文志》云：古者"君举必书，……左史记言，右史记事；事为《春秋》，言为《尚书》"。《尚书》之"言"有何作用呢？刘知几《史通·六家篇》云："盖《书》之所主，本于号令，所以宣王道之正义，发话言于臣下。"这两句话其实已将其性质作了精当的概括。至于《左传》，班固说："仲尼思存前圣之业，……以鲁周公之国，礼文备物，史官有法，故与左丘明观其史记，据行事，因兴以立功，败以成罚……《春秋》所贬损大人、当世君臣，有威权势力，其事实皆形于《传》，是以隐其书而不宣，所以免时难也。"虽然清人汪中认为："左氏所书，不专人事。其别有五：曰天道，曰鬼神，曰灾祥，曰卜筮，曰梦。'其失也巫'斯之谓欤？"[②] 但他又为之辨析，认为这五者皆"未尝废人事也"，说明在去古未远的时代，虽也有巫文化的影响，讲天道鬼神，但未尝废人事毕竟是主导，得失与治乱仍是最为关心的问题。至于《战国策》，刘向的叙录则云："战国之时，君德浅薄，为之谋策者，不得不因势而为资，据时而为

① 伏尔泰：《伏尔泰全集》卷七，第682页，转引自《中国古文化的奥秘》，湖北人民出版社1986年版，第346—347页。

② 戴庆钰、涂小马校点：《述学》，辽宁教育出版社2000年版，第24页。

画，故其谋扶急持倾，为一切之权，虽不可以临教化，兵革救急之势也，皆高才秀士，度时君之所能行，出奇策异智，转危为安，运亡为存，亦可喜，皆可观。”可见对历史的资政性之肯定。

第二，“好恶同于圣人”的伦理性。

司马迁在《太史公自序》中说：“春秋者，礼义之大宗也。”郑樵说：“刘歆曰：‘左氏丘明好恶与圣人同。’”按《春秋》的著作目的之一是“惩恶而劝善”，所以《左传》也有这种色彩。汪中就认为“左氏之纪人事，所以耸善抑恶，以昭后世也。”“天地福善而祸淫，祸福之至，必有其几。君子见微知著，明徵其词。其后或远或近，其应也如响。作史者比事而书之策，侍于其君则诵之，有问焉则以告之。其善而适福，足以劝焉；淫而适祸，足以戒焉：此史之职也。”① 则是将历史的资政性与伦理性统一起来讲了。《国策》是记录勾心斗角、纵横捭阖之文，所以刘向的《战国策叙录》以主要篇幅讲“德”，追述周立国以迄战国之变，谴责“暴师经岁，流血遍野，父子不相亲，兄弟不相安，夫妇离散，莫保其命，湣然道德绝矣。”当然，《战国策》本身并无这种倾向性，《左传》亦不显见，真正体现了道德—伦理性的，当在《史记》之后了。

第三，“博采诸家，叙事尤备”的实录——微观性。

中国史学讲实录精神，既重史实，又讲史德。《左传》固然因广采当时文籍，甚至杂入当时卜书、梦书、纵横、讽谏的内容，但诚如啖助所说：“博采诸家，叙事尤备，能令百代之下，颇见本末。”② 不足二万字的《春秋》，计有注疏、正义、释例多达四、五十种，数百倍于原著。史家之重于史料编纂是由于农业社会务实精神所致，但理论的宏观探讨不够，“我注六经”的治学法，和训诂、勘误、辑佚、注释，积累了大量史料，但中国史学体例，在《左传》是因事立传，在《史记》因人立传，一直沿袭下来，也使中国史学如中国农业一样，无法走出中世纪，形成新体系。③

四　诸子散文

诸子散文产生在春秋战国时期，德国史学家卡尔·雅斯贝尔斯《人的历史》称之为“轴心时代”，并以世界性的眼光论述这一时代的基本特征：

> 以公元前500年为中心——从公元前800年到公元前200年——人类的精神基础同时地或独立地在中国、印度、波斯、巴勒斯坦和希腊开始奠定。……

① 戴庆钰、涂小马校点：《述学》，辽宁教育出版社2000年版，第26页。

② ［唐］陆淳：《春秋啖赵集传纂例》卷一《三传得失议第二》，中华书局1985年版，第3页。

③ 以上三点之观点及部分材料参照了冯天瑜、周积明：《中国古文化的奥秘》，湖北人民出版社1986年版，第345—350页。

在公元前800年到公元前200年间所发生的精神过程，似乎建立了这样一个轴心。在这时候，我们今日生活中的人开始出现。让我们把这个时期称之为“轴心的时代”。在这一时期充满了不平常的事件，在中国诞生了孔子和老子，中国哲学的各种派别的兴起，这是墨子、庄子以及无数其他人的时代。……

这个时代产生了我们今天依然在思考的基本范畴，创造了人们今天仍然信仰的世界性宗教。……

人竭力想规划和控制事件的发展，第一次想恢复或创立一些称心的条件。思想家在盘算人们怎样才能够最好地生活在一块，怎样才能最好地对他们加以管理和统治。这是一个革新的时代。①

我们实在难以在非常有限的篇幅里将这些内容概括出来，只能从“重政务”的文化传统和南北文化的不同，对诸子散文作一个很简略的文学——文化比较。

能造就“轴心时代”的辉煌，是因为有士阶层的崛起，他们在“礼崩乐坏”的历史条件下，摆脱了以往宗法制的人身依附关系，以独立的身份登上政治、社会舞台，在诸侯们热衷于争霸而急需人才的形势下，充分发挥自身的才能，表现出不少相似、相近的心态和品质，从而体现出共同的文化精神。在他们积极参与、投身世务时，对“思考的基本范畴”、“管理和统治”的不同理解，又使他们积极著书立说，迎来了百家争鸣的局面。

士阶层相近的心理和品格，以及从中表现出共同的先秦文化精神，似主要体现在三个方面。

其一，强烈的社会责任感和积极的参政意识。

诸子百家所长不一，所主不同，各施所能，各为其主，但无论是思想家、政治家、军事家、外交家、教育家、史学家、文学家、雄辩家、农学家、水利家、医学家或其他的社会活动家，都能够突破宗法制时的生活圈子和固定人生角色的束缚，放眼天下，有强烈的社会责任感，努力发挥自己之所长，在谋求实现自身价值同时，为社会的发展作出了自己的贡献。“士而怀居，不足以为士矣”②，应是普遍的信念，他们以“天将降大任于斯人”的自觉，抱定“士不可以不弘毅，任重而道远”③ 的宗旨，怀着“如欲平治天下，当今之世，舍我其谁”④ 的壮志，积极参政，墨家甚至直接拿起武器，参加到反侵略的战争中。即使是其道不行，也努力授徒讲学，为学生们今后能发挥所长而继续努力。大概除了纵横家是明确以谋取个人富贵为人生目的外，连提倡小国寡民的老子，仍是放眼天下，也屡言治世治人之术。法家更是

---

① 转引自田汝康、金重远选编《现代西方史学流派文选》，上海人民出版社1982年版，第38—40页。

② 《论语·宪问》。

③ 《论语·泰伯》。

④ 《孟子·公孙丑下》。

在建立封建专制制度中充分发挥所长，使其理论得到最大程度的实现。

其二，普遍的民本思想和对个体人格的重视。

大概除了在君德浅薄的前提下，能使法家的苛刻寡恩，纵横家的据时为画占据优势外，诸子百家中的主要各家都具有人道主义、民本思想，前曾引汪中辨《左传》之语，可证当时人道重于天道的思想，“国将兴，听于民；将亡，听于神”，[①]是有识的政治家之声音。老子说：“圣人常善救人，故无弃人”，[②]从统治者的治国角度提出“我无为而民自化，我好静而民自正，我无事而民自富，我无欲而民自朴”，[③]警告统治者“民不畏死，奈何以死惧之”。[④]孔子所维护的周礼，本是氏族贵族的规范化制度，但其中包含着原始的人道精神和民主意识，在历史的二律背反中，因痛感文明的进步付出了道德的代价，孔子用必将消失的氏族社会中的原始人道构成自己学说的中心，用以血缘为基础的“仁”的学说解释“礼”，表现出随时而进的精神。他希望统治者能“节用以爱人，使民以时”[⑤]，建立一个“泛爱众，而亲仁”（同前），“老者安之，朋友信之，少者怀之”[⑥]的社会。墨子与孔子遍及上下的“爱人”不同，他因出身下层，对劳动者的生活有切身的体验，所以主张“尚贤”、“节用”、“非乐”、“交利”、“兼爱”、“非攻”，都是为了“民”，他的民本思想非常强烈。孟子在战国的乱世中关注的不是诸侯的霸业，而是百姓的生存，他将民本思想发挥到极致，提出了“民为贵，社稷次之，君为轻”[⑦]的伟大命题，将仁政思想发展成激烈的民主政治学说和完整的政治体系，尽管在他生前被视为“迂阔”，但身后却产生了深远的影响。

人道主义、民本思想与诸子对个体人格修养的重视，似乎是“外”与“内”的互相依存。老子说：“常德不离，复归于婴儿”[⑧]，“含德之厚，比于赤子”[⑨]，强调的就是那种本然；庄子反对人为物役，在浊世中保持自己的清高、独立，追求与天地精神相往来的身心自由。墨家将道德伦理与物质生活紧密联系，对统治者劝以节用爱民，自己扶危济困、节欲苦行、爱憎分明。法家由“礼”而“法”，在提倡以严刑苛法治世同时，也树立起为政者强毅劲直、铁面无私的自我道德典范。至于儒家，更是以自我道德修养著称。孔子“为仁由己”，一再强调“修身”的重要，他的“克己复礼”、“匹夫不可夺志”、义利观、生死观等，确实使人仰之如泰山北斗。他所嘉许的颜渊贫而不改其乐，他所影响的曾参之一日三省吾身，都给后代士人提

① 《左传·庄公三十二年》。
② 《老子》第二十七章。
③ 《老子》第五十七章。
④ 《老子》第七十四章。
⑤ 《论语·学而》。
⑥ 《论语·公冶长》。
⑦ 《孟子·尽心下》。
⑧ 《老子》二十八章。
⑨ 《老子》五十五章。

供了榜样。孟子的“四端”说（恻隐之心，仁之端；羞恶之心，义之端；辞让之心，礼之端；是非之心，智之端）强调的是人格、道德，“舍生取义”的抉择标准，“富贵不能淫，贫贱不能移，威武不能屈”的警示，“善养浩然之气”的主体人格精神，使儒家的人格修养说更为具体，并为后来宋明理学内省路线的形成奠定了基础。

其三，“德”与“能”的双修共进。

“内圣”与“外王”并不只是儒家一家之见，而两者其实是一个问题的两面，前者主于“德”，后者主于“能”，所以德与能的双修共进，也对诸子有较大的覆盖面。“孔丘、墨翟修先圣之术，通六艺之论”①，是对儒、墨两家德能双修的很好概括。儒家的“德”，人们已论之甚多，“墨子服役者百八十人，皆可使赴火蹈刃，死不还踵”②，则可使人见到墨家重德的特殊之处。儒家中的孟、荀两家颇多歧义，但德能之双修，则无不同，孟子且不说，荀子的“隆礼”、“劝学”，就是兼重德能修养的体现。道、法两家之于“德”，前已简单说及。庄子愤世而无用世之心，但其德甚高，论无用之用，却其能甚广。法家之“能”，在各国的变法历史中已足够体现，而“不惮乱主暗上之患祸，而必思以齐民萌之资利者，仁智之行也。惮乱主暗上之患祸，而避乎死亡之害，知明夫身而不见民萌之资利者，贪鄙之为也。臣不忍向贪鄙之为，不敢伤仁智之行”③，难道不可见对实行法治而甘愿冒死的道德信念吗？

就诸子散文的文学性而言，大致呈现出由先而后的发展趋势。《老子》约五千字，多为哲理格言，结构不严密，语言不作修饰，因有韵脚，便于记诵。孔子述而不作，《论语》是语录体，尽管孔子以文质彬彬为尚，但此著还是体现出“辞，达而已矣”的总体精神，在言简意赅的文字中，透露出质直而迂徐、雍容而含蓄的面貌，并偶尔可见孔子及弟子的神态、表情和思想、风貌。《墨子》在部分篇目中还留有语录体的对话形式，但总体上较多议论，虽质朴少文，却长于辩难，逻辑性强，善于层层推演。《孟子》多对话式的论辩，气势充沛，不避锋芒，感情强烈，爱憎分明，善于讽刺。而汉人赵岐《孟子注题辞》所说的“长于比喻，辞不迫切，而意以独至”，则又说出了另外一面。《荀子》多长篇大论，观点明确，论析透辟，逻辑严密，层次分明，且善作排偶，辞采丰富，因所处为纵横之世，故文风也受到影响。《韩非子》长于议论分析，往往直切透辟，周至详明，严峻醒豁，锋芒毕露，又能揣摩对方心理，善于有针对性地分析问题，在运用历史和寓言上有独到之处。当然，先秦时代诸子散文中最具有文学性的当推《庄子》，鲁迅《汉文学史纲要》曾赞其“汪洋辟阖，仪态万方，晚周诸子之作，莫能先也”。与诸子比较，《庄子》无《墨

---

① 《淮南子·主术训》。

② 《淮南子·泰族训》。

③ 《韩非子·问田篇》。

子》“三表法”的注重实用，但也弃其板滞无华；虽无《孟子》的长于辩论，磅礴淋漓，但也去其浮浅显露；他自云：“以谬悠之说，荒唐之言，无端崖之辞，时恣肆而不傥”，“以卮言为曼衍，以重言为真，以寓言为广”①，是准确道出了自己的特点。我们不作分析了。

梁启超从地域上言墨子学说渊源，认为墨子虽北派而因生于南北要冲之宋，故其学于南北各有所采，而自成一家之言。其务实际，贵力行，原本于北派之真精神；但其多言天鬼，肇创论法，渐阐哲理，力主兼爱，首倡平等，盖亦被南学之影响。这一说法对我们认识先秦地域文化的区别应是很有启发的。

墨子学说兼得南北，就代表性而言，“北”为孔孟，“南”则为老庄。由于我们不讲诸子哲学，南北之分、中原文化与荆楚文化之别体现在什么地方呢？对诸子的文风，尽管可以作出许多概括，如《论语》的言简意远、雍容和顺，《孟子》的感情强烈、纵横善辩，《墨子》的质直无文、逻辑严密，《荀子》的谨严，《韩非子》的峻峭，《庄子》的机趣横生、汪洋恣肆，但除了《庄子》之气象、幻想与《楚辞》为近，而异于北派的务实之外，我们更应注意到中原文化与荆楚文化反映在诸子散文上的一个重要差别，那就是：前者重在人伦实用，后者重在天道本体。

孔子的“仁”、“礼”以及其他学说是完整的、复杂的体系，但构成孔子中心的是人道意识，孟子则重在道德主体的人格精神，墨子与“礼”大异其趣，但“兼爱”、“非攻”仍在人道，荀子不似孟子主于“内”，而主于“外”，更导致了韩非的重政务实。总之，以上的中原（代表齐鲁，咸称北方）文化都取入世态度，重在人伦实用，这里，当然积淀着农业宗法社会的文化遗传基因。

南方的荆楚文化却不同，屈原是不乏哲学思想的文学家，庄周是颇具文采的哲学家，前者在积极从政同时又对天地、鬼神（神话传说）充满兴趣，后者无意于政治，却对自然天道用力甚多。在战国时期的两大哲学主题——宇宙本体和天人关系的讨论中，产生了一系列以“天”命名的学术专章——墨子有“天志”，列子有《天瑞》，《鹖冠子》有《天则》、《天权》，《尉缭子》有《天官》，《荀子》有《天论》，但最多的当数《庄子》，计有《天地》、《天道》、《天运》、《天下》等多篇。《老子》学说的中心是“道”，“道”是宇宙最根本的本体，而且用“无形”、“无状”、“无物”等否定性概念描述。《庄子》进一步讲绝对的否定性，但“乘天地之正，御六气之变”，“天地与我并生，万物与我为一”，我们不讲其相对主义，他是否更注目于天地宇宙呢？答案应该是肯定的。庄、屈虽不同，但在这点上，荆楚文化给予他们的却是共同的。

① 《庄子·天下》。

第二节 先秦艺术

一 乐舞与戏剧

先秦时代，其实乐舞与戏剧颇难分别，严格说来，还未有戏剧，其实这里只讲乐舞。

在原始时代，是歌舞不分的，歌靠唱，舞靠跳，出于人自身的器官和肢体，不必假助于其他工具，从有音乐伴奏，到歌与舞的分开，应是文明演进的结果。

最早的乐器是磬，始于原始的石器时代，当从劳动工具演化而来。我国所发现的最早石磬在1976年出土于山西夏县，经测定是公元前21—前15世纪的遗物，为夏朝之物，“鲸鱼头”类型。在安阳殷墟（殷中期）的发掘中，已有编磬，编磬的出现标志着能伴奏出有音程高低的乐音。到周朝，已作磬折形式。湖北江陵纪南城楚墓出土的编磬达25个，分为8、8、9共三组，音域逐渐丰富。

另一古老的乐器是钟。当年王国维就著录了真确无疑的西周特钟79件，如今已过去了80多年，当然发现更多。在特钟之后则有编钟。到战国早期的楚国曾侯乙编钟多达65件，钟的横截面为合瓦形，可作旋律乐器用。曾侯乙编钟就其甬钟45件来说，总音域跨5个8度音程，比现代钢琴的音域两端平均只少1个8度音程，中心音域部分约占3个8度音程的范围内，12个半音齐备，是已知的世界上最早的具有12个半音音阶关系的定调乐器，可演奏采用和声、复调、转调手法的乐器。

鼓在渔猎时期已开始创制，为剥兽皮而制。古语“鼓之舞之”当是舞蹈的伴奏乐器。殷墟发掘时发现了已腐烂的鼓形物。鼓在远古时以陶为框，后以木为框，亦有以铜铸成者。

在新石器时代的文物发掘中，已有陶制的埙，据吕骥考证，此时已有五音阶音乐。

其他在先秦时代已有的乐器有：

籥：传说禹用作伴奏乐舞《大夏》，似为排箫的前身。

排箫：古称“箫”，《诗·周颂·有瞽》：“箫管备举，喤喤厥声。”其中“箫”即指排箫，由若干长短不一的竹管编成，有封底和无底两种。

篪：《诗经》、《礼记》中多提及，竹制，单管横吹，专用于雅乐。

笙：簧管乐器，殷、周已流行，《诗经》中常提及。

竽：《周礼·春官·笙师》：“掌教吹竽、笙。”是簧管乐器，似笙而较大，郑玄注其为36簧。战国之前盛行于民间。

琴：周朝已有，汉代定型。

筝：与琴一样，亦为拨弦乐器，战国时在秦流行，故又名“秦筝”。

瑟：拨弦乐器，春秋时已流行，似琴而无徽位，按五声音阶定弦，通常25弦。

其他乐器就不作介绍了。

据《乐记》所说："故歌之为言也，长言之也。说之故言之，言之不足故长言之，长言之不足故嗟叹之，嗟叹之不足，故不知手之舞之，足之蹈之也。"古代音乐与舞蹈是结合在一起的，且"丝不如竹，竹不如肉"，声乐更占音乐的主导地位。歌唱、舞蹈，加以唱词的诗，实际是诗、歌、舞三位一体，若将诗单独列出（如《诗经》），后二者的结合就是乐舞。

殷商的乐舞当是巫舞。甲骨文中的"乐"字作形，如丝弦架于木上，舞字原形为，象一个手执牛尾或鸟羽的人。近人刘师培《古乐原始论》解释乐舞的起源，认为是训练战伐之用，这当然不全面，不过大概可以说明武舞的起源。前面说舞之原字似手执牛尾或鸟羽的人，是文舞，而武字与舞字同音，实是不同类型的舞，武字象一个执戈的武士，即武舞的舞人。古书所说"武舞执干戚，文舞执旄羽"，可见其大概。武舞除了狩猎生活遗传下来的斗兽舞以外，即前面所说的训练战伐，崇武夸功，相对说来，大概文舞中遗留的图腾因素多些。

殷商的鬼神崇拜，导致沟通人、神的巫出现，巫自命通解神的意志和语言，巫歌和巫舞随之出现，古文字中的"舞"、"巫"二字，都起于（亦有不同意见），因善舞而称为巫，连商汤本人都是大巫。《商书》所说"恒舞于宫，酣歌于室，时谓巫风"，可见商代的巫风乐舞之盛。

到周朝，敬鬼神演为拜祖宗、敬天地，出现了雅乐，周代的雅乐用于祭祀天地、祖先及朝贺、宴享等大典，总称为"六舞"，即：文舞的《云门》、《咸池》、《大罄》（亦作大韶，简称"韶"）、《大夏》，武舞的《大濩》（简称濩）、《大武》（简称武）（前面所讲的文舞、武舞可能早已有，如《云门》相传为黄帝之时所传，《咸池》为尧时，韶为舜时，大夏为禹时，其实都定型于西周，又《大濩》传为商汤伐夏桀制纪念功勋之舞，《大武》为武王伐纣）。除了"六舞"之外，还有六种祭祀的"小舞"，此不一一列举了。到后来，民间音乐势力渐大，《诗·陈风》："坎其击鼓，宛丘之下；无冬无夏，治其鹭羽。""天门之枌，宛丘之栩；子仲之子，婆娑其下。"陈国的民间歌舞可见一斑。尤其是"郑声"，为孔子所排斥。《论语·子罕》说孔子晚年说："吾自卫反鲁，然后乐正，雅颂各得其所。"这"正乐"大概就是将诗三百整理得合于雅音。

与北方的乐舞不同，楚国明显继承并发展了殷商的巫风。楚国祀神之风极盛（且是多神崇拜），祀神的仪式从头到尾都是音乐伴奏下的歌舞，所用乐器，以鼓为主，节奏快而热烈，不同于雅乐，《九歌》有所载，男巫女巫尽兴歌舞，其中不乏色艺俱佳者。在弦管声中，迎神送神，香花桂酒，恍惚如醉，娱神乐神，爱慕难分，在天真与质率之中，流露出谄神媚鬼的痴情。加以楚人的音乐天分（钟仪被俘至晋，以晋琴奏楚曲，伯牙子期更有高山流水之美谈），男子的精悍长鬣，女子的苗条细腰（《大招》的"丰肉微骨"、"小腰秀颈"），楚人的乐舞定然非常迷人，那种人神恋歌真有永恒的魅力。而且楚国不仅民间喜好巫舞，《吕氏春秋 · 侈乐》说："楚之衰也，作为巫音。"认为楚政衰败时，将民间的巫音引进了宫廷，因为楚灵王就亲自作巫舞（当然灵王是罪在虐民而非巫舞），这至少说明巫舞进入宫廷，楚人并不严分雅俗，而且楚人之风还影响到与之相邻的郑、卫、陈、蔡、吴、越，当然，北方主要还是优舞。

总之，先秦的乐舞亦如诗歌、散文，亦有中原与南楚之分，南北方的音乐思想在典籍中多有记载，从《论语》到《荀子 · 乐论》，可见推尊雅乐，而墨子、老子非乐，庄子则崇尚广漠无边之乐和"天籁"。这里不讲他们的音乐思想、音乐美学，从文化看，南北乐舞之别也是农业宗法社会的史官文化与类于史前社会的巫官文化之别。

推尊雅乐，除了理性地尊重历史、推崇正义，实用地主于演战、陶冶性情以外，与农业文化相关的，可从《礼记 · 乐记》上看到："歌者直己而陈德也。动己而天地应焉，四时和焉，星辰理焉，万物育焉。""直己"、"动己"，是"陈德"的道德力量，难怪孔子闻"韶""三月不知肉味"，"子谓韶，尽美矣，又尽善也。谓武，尽美矣，未尽善也。"① 其人道精神可见。至如"天地应"、"四时和"、"万物育"，岂非产生在农业环境中以人顺天，天化万物的美好愿望？至如孔子之恶郑声、憎佞人，是因乐之害政，这又回到重政务实的精神之上了。

楚人知音，故宋玉对楚王问有下里、巴人属而和者数千人之说，巫风浸淫了自民间至宫廷，人类童年的天真固然留下许多文艺瑰宝，但在"礼崩乐坏"之后，民间的巫之乐神转为宫廷的优之乐人，统治者沉醉于声色犬马，崇巫成风，也就难怪其虽得南方的地利与楚人爱国之"人和"，却最终被秦所灭。楚巫名"微"者入齐而见景公，景公被其一番神话、鬼话说动了，晏子入见，劝景公不可"弃贤而用巫"，结果此巫被拘，弄巧成拙，而楚灵王却"躬执羽紱，起舞坛前。吴人来攻，其国人告急，而灵王鼓舞自若，顾应之曰：'寡人方祭上帝，乐明神，当蒙福佑焉，不敢赴救。'而吴兵遂至，俘获其太子及后姬以下"。②

关于戏剧，《史记 · 滑稽列传》所载的"优孟衣冠"，说楚乐人优孟扮成故楚令尹孙叔敖样，以歌舞讽谏庄王，庄王召孙叔敖子封为寝丘四百户，但并非"代言体"，还不能算戏剧，故先秦的表演艺术仅叙乐舞。

刘师培《原戏》："戏虽小道，发源甚古，……歌舞本于诗，故歌诗以节舞；以歌传声，复以舞象容，孔子删诗列周颂、鲁颂、商颂于篇目，颂列于诗，犹戏曲列于诗词中也。"其实"颂"为"美盛德之形容"，未必搬演故事。

---

① 《论语 · 八佾》。
② 《新论 · 言体篇》。

二　书　法

由于上编已讲到汉语、汉字，此处不再讲文字问题。我们应注意的是：公元前五千年代古埃及已创造了象形文字，公元前四千年代中后期，苏美尔人也创造了图形文字（楔形文字），但它们都未能发展出字母文字，也未能沿用下来，以至十九世纪才有了读懂这两种文字的“埃及学”和“亚述学”。而我国的文字也是从象形字开始的，逐渐发展，沿用不止，成为今日在世界上独特的方块字，在某种意义上可看成是文字中的“大熊猫”。伴随着我国文学的发展、运用，也产生了我国独特的书法艺术。

据近人胡小石所说，中国文字成熟可分三期：一、纯图画期，二、图画佐文字期，三、纯文字期。[①] 等到成为了书法的甲骨文，基本上应属纯文字期了。除象形外，兼而指事、会意，殷墟甲骨经整理至少已超过四千个字，实已有形声字了，后世之增多，主要沿形声之途。中国的象形字基本上是利用曲线来描绘轮廓，较埃及、巴比伦的实体象形文便利得多，所以能以线为基础形成书法。

许慎《说文解字·序》说：“仓颉之初作书，盖依类象形，故谓之文。”后来东汉蔡邕有更详细之论。但到甲骨文时，已从象形演为以线条为基础，讲究形体结构和线条章法了，由个体的纵横曲直，到全体的布局结构，作为艺术，当始于甲骨文。

先说甲骨文。甲骨文的笔画书写，基本上是横平竖直，所谓“悬针垂韭之笔致”，加以笔画的粗细变化，结构的平衡对称、疏密匀称，确给人以美感。从盘庚到武丁的一百多年前期甲骨文，大字较多，武丁之后，祖庚到帝辛的一百多年后期甲骨文，小字较多，字形和排列日趋端正整齐。

次说金文。金文包括钟鼎、兵器等铜器铭文及金属钱币上的铸文。其中商朝的金文直线多，圆角少，首尾常露尖锐锋芒，近于甲骨文。由于铸刻在极具工艺美术价值的铜器上，文字必然求美，书法美遂成追求。商与周初铜器以雷文为主，铭文都为方笔，当与直线美的雷文协调。西周中叶以后，铜器以环文为主，铭文多为圆笔，是求曲线美的协调。春秋中叶到战国末期，将原本刻于隐处的铭文刻于显处，其装饰作用同于花纹。

再说石鼓文。石鼓文在唐初发现于陕西天兴县，是记事韵文，刻于十个石鼓上，时代有争议，大致从东周初到战国初，是秦国刻石，书写风格近于泰山的李斯刻石，此即大篆（商周至战国的金文基本都是篆文）。

书法在先秦时代由于是一种线的艺术，所以具有建筑造型的抽象性的美学特征，同时，又具有“天地山川”的自然美与“衣冠人物”的社会美的再现形象性。待到隶、楷，特别是行草出现后，疏密、轻重、缓急的变化，更具有音乐的抽象美。

---

① 胡小石：《书艺略论》，《江海学刊》，1961年第7期，第35—42页。

现存的《毛公鼎》、《散氏盘》、曾侯乙墓出土的铜器和乐器铭文，都是金文的艺术精品。

从文化角度言，传说是黄帝时的仓颉造字，鲁迅先生认为，最初的文字应是大众造的，后来有人搜集、整理、完善、推广，最初应是酋长手下的巫师，然后是皇帝手下的史官，史官负记国事之责，文字是必要工具，此说在理，其实仓颉就是史官。唐人虞世南说："周宣王史史籀，循科斗之书，采苍颉之文，综其遗美，别署新意，号曰籀文，或谓大篆。"① 这是更为明确的史官造（改造）字之说。

总之，从伏羲造八卦到文字诞生及发展，可以说是从巫官文化到史官文化的发展，虽然最初的铜器铭文同饕餮纹一样，都具有严肃、庄重的神圣意义，大概与甲骨文卜筮一样，都是巫官文化的表现，但这是总体上巫官文化向史官文化发展中的一种混合，先秦书法从其实用性言，是从"结绳纪事"发展来的，所以其背景应是史官文化，从甲骨到金文，更见巫、史之界的显见。

三 绘 画

绘画应该产生在很早的年代，岩画和陶器纹饰即是，但从较大的、独立的绘画看，商周的画迹已无存。虽然《史记·殷本纪》载商朝初年宰相伊尹"从汤言素王及九主之事"，《集解》谓伊尹画九主形象以劝戒成汤。《孔子家语》谓孔子见周公像绘于明堂之墉，明堂壁画上的尧舜和桀纣"各有善恶之状"。但由于这只是文字记载，难以认定，所以我们现在谈先秦绘画，实际上只能讲战国的楚画。现存的战国楚画共三件，皆为帛画。其中一件已流传国外，国内有二件：一是 1949 年在长沙陈家大山楚墓发现的人物夔凤图，一是 1973 年在长沙子弹库楚墓中所得。前者中部偏右画一妇女，侧立，合掌如祈祷状，上部正中画一凤，左侧画一夔龙，郭沫若认为凤夔是在斗争，且善灵战胜了恶灵，生命战胜了死亡，和平战胜了灾难。但据楚人葬俗，恐怕释为凤、夔导引死者升天更为合适。后者正中画一男子，侧立持缰，驭龙飞升，龙前腹下画一鱼，龙尾上有一长喙之立鹤，其内容当是死者驭龙升天之意。张光直先生认为子弹库的墓主可能是楚的一个巫师，所画的是他沟通天地的工作造型。② 此说以巫官文化相观照，也较为可信。

现存楚画虽少，但据王逸《楚辞章句》为屈原《天问》作序所说："屈原放逐，忧心愁悴，彷徨山泽，经历陵陆，嗟号昊旻，仰天叹息。见楚有先王之庙及公卿祠堂，图画天地、山川、神灵，琦玮僪佹，及古贤圣怪物行事。周流疲倦，休息其下，仰见图画，因书其壁，呵而问之，以渫愤懑，舒泻愁思。"此说之事实或可怀疑，但王逸为汉人，去楚不远，楚时壁画的内容可信当是如此。

无论楚之帛画是导引升天、驭龙升天，还是祈求冥福，或是巫师的工作造型，

---

① ［唐］虞世南：《论书旨》，《佩文斋书画谱》卷一。

② 张光直：《中国青铜时代·二集》，三联书店 1990 年版，第 111 页。

其巫术文化的色彩是显见的，与周的礼教性绘画不同，其间的文化差异不难理解。

四 青铜艺术

青铜艺术是先秦艺术的重要部类，其成就似更高于其他艺术。青铜器起于何时呢？现代的考古发掘所得恐怕并不能真正填补青铜的历史。而据《左传·宣公三年》已有下说："昔夏之方有德也，远方图物，贡金九牧，铸鼎象物，百物而为之备，使民知神奸。故民入川泽山林，不逢不若。魑魅魍魉，莫能逢之，用能协于上下，以承天休。"这就是"禹铸九鼎"之说，"九"者，言其多也。这是青铜时代的开始，但直到今天，夏文化仍在探索之中，虽有学者认为龙山文化即夏文化，但还难作定论。夏朝开始了"传子不传贤"，等级制形成，奴隶制秩序在形成和确立中。《美的历程》说："在上层建筑和意识形态领域，以'礼'为旗号，以祖先祭祀为核心，具有浓厚宗教性质的巫史文化开始了。它的特征是，原始的全民性的巫术礼仪变而为部分奴隶主所垄断的等级制度的宗教统治法规，原始社会末期的专职巫师变而为奴隶主阶级的宗教政治宰辅。"这些"巫"、"史"、"尹"编造、宣传农奴主的"建国受命"的"祯祥"，所以，青铜器纹饰的制定规范者，应该是他们，他们所制定的纹饰应体现奴隶主的威严、力量和意志，其代表即饕餮纹。这是什么兽面纹？恐怕基本是牛头纹（圣牛而非凡牛）。此外，常见的纹饰还有夔、蟠螭、龙、虺、象、凤、鹤等，还有云、雷、浪、漩涡、三角、方格、菱形、连环等，后者可能装饰意味较多，前者是作为祭祀祖先的礼器纹饰，表现出权威的神力，不无"杀俘以行祭礼"的恐怖气氛，对敌是威惧恐吓，对己则有保护神力，所以在原始、朴拙中又具狞厉的美。张光直先生认为动物纹样是巫觋的"通天工具"，理由有三点：《国语·楚语》说古代的巫以通天为业，其用具包括"牺牲之物"与彝器，而古书上常写到巫师常借动物之助而通天，现代原始民族的"萨满"也常以动物为通天地的助手。① 此说也可信。

青铜器种类较多，此处不一一列举，大致可分为礼器、用器、武器、乐器四类，作为主导的主要是礼器，以饕餮纹为主的纹饰出现在礼器上，确如李泽厚所说的"狞厉"，当是巫史文化的表现。相较而言，楚国的青铜礼器较之中原来，其纹饰组合更复杂，手法更细腻，线条柔和，虽怪异却不狞厉，不使人震撼而感到亲近，这与楚国巫文化的媚神特点有关。又，近年来四川广汉三星堆发掘出土的青铜器是很独特的体系，与殷墟等地的以礼器为主不同，已引起国内外的广泛关注。

青铜器发展到春秋以后，出现了以写实手法表现现实生活的纹饰，如车马、狩猎、战斗、乐舞等，这与当时文化发展的总趋势是一致的，当然不同于早期的巫史文化。不过，总体上确有"天人合一"的格局，这与农业文化的大势相同。《美的

---

① 张光直：《中国青铜时代·二集》，三联书店1990年版，第30—31页。

历程》据郭沫若先生三十年代所说，将殷周青铜器分为四期：滥觞期、勃古期、开放期、新式期。其中第三期的“狞厉”正是巫史文化所造成的。第三期，“怀疑论、无神论思潮在春秋已蔚为风气，殷周以来的远古巫术宗教观念传统在迅速褪色，失去其神圣的地位和纹饰的位置……中国古代社会在意识形态领域进入第一个理性主义的新时期”。至第四期，“现实生活和人间趣味更自由地进入作为礼器的青铜领域”。若按照这一说法，后期青铜器是理性主义文化的产物了。

五　建筑艺术

讲建筑艺术，不妨从古老的年代讲起。“有巢氏”是构木为巢，伏羲氏有城垣，黄帝朝见海内诸侯，筑宫殿（土坦茅盖），尧舜时建筑无进步。夏朝发明砖瓦，到夏桀作宫室，开华美建筑先河。商纣王建鹿台，广三里，高千尺，更为豪华。周朝的建筑，大致分都市建筑和宫室宗庙建筑，其都市建筑已颇具规划，且备天文气象之观察点。据《考工记》所载，周的明堂建筑已颇复杂，《礼记》还记下了“天子负斧依，南向而立”和诸侯、诸伯、诸子、诸男及九庚、八蛮、六戎、五狄、九采等尊卑位置。周之宗庙，据《考工记》，其庙门、庙内之门、大寝之门、正朝之门，都有一定的规格尺寸。

应注意的是，战国的古代建筑到先秦时为止，甚至沿袭到以后，都是砖木结构，与世界各国的石建筑不同，烧砖之较采石为便固然是原因，但似更应注意到各国的石建筑都是宗教建筑，埃及金字塔作为法老陵墓之外，兼祀太阳神，墨西哥的显为祀神建筑，秘鲁恐怕也不例外，希腊神庙则毫无疑问了。大概只有宗教信仰的力量加上奴隶主的驱使，才能创造这样的建筑。中国则不同，不是石头建筑的孤立、高耸，表现神秘的力量。宫殿是帝王的威严与享受，宗庙是祭祀祖先的庄严，都不作个体高大，而是平面展开，讲究正侧前后等各种次序、等级、朝向、联结，这些，确是宗法社会人间的等级森严的体现。由于农业生产之从家庭经营到村落建筑，在半坡的“大房子”已有集体活动的功用，《七月》中的“跻彼公堂”、喝酒祝寿、“万寿无疆”，又有人伦情感的一面，所以先秦建筑中又体现出强烈的伦理意识，协调人们关系的农业宗法社会文化特点，人与人关系超过人与神的关系，这是与其他各国比较而得出的结论。

第三节　先秦文艺与古希腊的比较

以上我们就文艺的主要部类作了一些罗列和分析，重点在文学，因为相较而言，艺术的留存实物较少，且文学之文化分析较之艺术，其本身内涵也较丰富。至此，我们可以作一小结了，以见不同文化形态下的文艺发展：

由殷商文化继承而来、并吸收了中原诸夏的楚文化，是先秦最具特色、成就最高的区域文化（高于巴蜀文化和吴越文化，区域文化是对中原文化而言），其性质当属带有史前色彩的巫史文化（巫史并称，是因巫史具有同一意义，前面分言巫、史，则由于二者的分化），楚辞、庄周文、绘画（图画山川灵怪）、巫舞（九歌），都具有巫史文化的背景。连同商及周前期的青铜礼器、巫舞、甲骨卜辞的书法等，形成巫史文化中的文艺系列。

而由周到战国的北方各国，由于农业宗法社会的发展程度高，已形成理性的文化，青铜器的解放期、雅乐、优舞、《诗经》、历史散文及儒墨法兵等各家诸子文、礼教性绘画、金文、石鼓文，构成了这一理性文化的文艺系列。

最后，我们不妨推而广之，将先秦时代的中国文艺放到世界上，与当时成就最高的希腊文艺作一文化的比较。

一　外向的商业文化与内向的农业文化

希腊以及在其之前和之后的地中海沿岸、即南欧、北非、西亚诸国，由于自然条件较好，温暖、多雨，或河之泛滥带来沃土，经营农业并不艰辛，从剩余产品交易开始，产生了商业；又由于国土狭窄，要对外发展，所以商业文化带有外向性、外倾性。对“海洋的想象力”激励起这些海洋民族的进取精神，因而荷马史诗的实质就是英雄冒险的精神，这种进取、冒险精神，进而发展为歌颂战争、推崇掠夺，其实就是海盗精神，从希腊、罗马到西班牙、葡萄牙、英吉利、荷兰，后起的德、意、日（明的倭寇时代已表现出），都有这种民族精神。从希腊史诗来看，是希腊半岛的部落战争和航海冒险。部落间的战争“已经开始蜕变为在陆上和海上为攫取家畜、奴隶和财宝而不断进行的抢劫，变成一种正常的营生。”①

中国的中原地区是较好的农耕区，但气候、降雨等各方面都不如地中海沿岸，由于中原距海远，黄河流域有较为广大的农业区可供周旋，所以，中国的古代居民并不对外发展、扩张，长期的农业经济自给自足，使之具有内向、内倾性。对土地的“依赖”，促使先民们努力耕耘，所培养的是勤劳的精神，以劳动来创造，勤劳中又有保守性、封闭性。同时，“以农为本”使之反对和抱怨战争、徭役，战争是君主的事，百姓则希望安居乐业，这样也就使孔子学说（仁）成为“道统”而非“治统”。所以“黄土地文化”应是和平的文化，不同于“蓝色海洋文化”的战争、掠夺文化。

二　重在人的个体意识与天人合一的群体意识

希腊的进取、冒险精神，培育了人的个体意识，试看《伊利亚特》、《奥德赛》中的人物，都性格鲜明，可以为证。这种个体意识表现在人与自然的关系上，是与自然的对立、斗争的英雄主义精神，如俄底修斯与种种自然风险的对抗就是最好的

---

①［德］恩格斯：《家庭、私有制与国家的起源》，《马克思恩格斯选集》第四卷，人民出版社 1972 年版，第 104 页。

说明；表现在人与人的关系上，一是形成商业性的契约关系，一是同命运的坚决抗争。《伊利亚特》歌颂的征服、扩张的英雄主义，《奥德赛》歌颂的对抗自然力，敢于与命运斗争的英雄主义，既是荷马史诗的两大主题，又是欧洲精神的源头。这种不绝的追求、探索、向往，以征服自然为目的，则衍化为后来的“浮士德精神”。古希腊文艺虽然多涉及神，但实际上是人的曲折反映，对人的力量和精神的肯定、推崇，为后来“文艺复兴”运动种下了人本主义的种子。而古希腊的冒险、尚武精神又推动了体育运动的兴盛，人们不以裸体为羞，而将结实矫健、比例匀称的身体看得非常崇高，从肉体崇拜发展出人体雕塑，使之在公元前五世纪已达到很高水平，并导致后来欧洲绘画以圆描为基础，以表现人物为主。所以，当走出了中世纪神学统治的黑暗后，“文艺复兴”时期就高扬起人的主题，如英雄主义画家米开朗琪罗所画的孔武有力的众神，实际上是表现了人的意志和力量，在这些艺术形象的身上，还带着古希腊那些著名雕塑的影子。

中国的稳定、自足的农耕心理，培养出家族观念和群体意识，人之间的亲和造成“仁”的基础，农耕之与“天”关系密切，产生出“天人合一”的观念，力求与大自然相安而处；在人与人之间，不是契约关系，而是伦理关系。虽然荀子有“人定胜天”之说，但顺应自然的同时，又有屈从命运的一面，这就演化出道释“回归自然”的思想，甚至“不荣通，不丑穷，不乐寿，不哀夭”，乐天知命，自我安慰。这与不绝追求的“浮士德精神”大异，没有那份躁动、不安，没有那种征服的原动力，当然不会出卖灵魂，也不会造孽，但其保守性也显见，所以封建社会、小农耕作方式和自然经济得以长期存在。在“天人合一”的观念下，美术创作就很少表现人，而是从“以承天休”到“图画天地、灵怪”，到后来则是推之于山水、花鸟等自然之物。所以欧洲在长期基督神学统治后，有“文艺复兴”的追踪古希腊人本精神，而中国绘画则只有向自然山川的移情和“畅神”。

三 物质文化与精神文化

英雄主义、冒险精神也罢，海盗方式也罢，航海、劫掠，都要求航海科学和进攻、杀人手段的提高，在泯灭人道同时，需要的是科学理性。在古希腊有对自然哲学的探讨，有严格科学精神的追求，有众多门类科学技术的发达，造就出了“轴心时代”的辉煌。后来，虽经历了千年的中世纪，科技的成就让位给了东方、尤其是中国，可是，在一旦冲决了基督神学的统治后，“浮士德精神”促使欧洲人作无穷探索，遂有近代科技的出现，因为“浮士德精神”有摆脱蒙昧、探索新路、克服内外矛盾、制服困难、不怕险阻、最终得到“智慧的最后断案”这一面。

我国长期是农耕社会，由于同自然相安而处，顺天而动，对于宇宙和大自然不是无穷的求知和占有，而是模糊直观，关注较多的天文、历法，一是在于对灾祥的重视，与对政权的关注密切相关，一是与农业的经营、收成大有关系，对其他的科技就不太关心了。在注重人事、以食为天的同时，政治哲学压倒了自然哲学、科技精神。先秦时代同为“显学”的儒、墨两家，在后来盛衰有别，在某种意义上，实际上也代表了政治对科技的胜利。中国历来不乏科学家和能工巧匠，但难以有足够的社会地位。中国人也向往无穷与无限（如庄子），却又回归于自我和有限，主客观趋于统一，没有浮士德精神的躁动不安，无论老庄还是禅宗，都在静观寂照中，用心灵的节奏去熨贴宇宙、自然。儒家虽肯定人为、进取，但仍缺乏自然科学精神，“不语怪、力、乱、神”即可见之一。虽然李约瑟论定古代300多种重要科技成就中，中国占一半以上，但由于民族精神、意识中对科技的不够重视，所以在欧洲工业革命之后，科技上突飞猛进，创造出更多全新的物质文化，而中国尽管代表了封建时代最高的文化成就，但在近代开始以来在科技上是大大的落后了。时至今日，回首前尘时，我们可以感到自豪的，主要的还是精神、制度文化。对此，难道不应追溯到先秦时代，在我国与希腊对于精神与物质的不同侧重上，发现其源流有自吗？

四　神学文化与理性文化

希腊文艺是从神话、史诗开始的，中国神话少，史诗更少，相对说来，希腊文艺的艺术性多而真实性少，中国正好相反。马克思曾称道希腊神话是人类艺术“不可企及的规范”，因为它使欧洲文艺从童年起就善于想象，甚至神话掩盖了史实（如特洛亚战争），这又导致后来“神”的更形发展，产生了基督教文化。即使在文艺复兴冲破了神学禁锢后，艺术家仍驱使神话系统进入作品，从《神曲》到《浮士德》皆然。而经儒家改造过的上古中国神话本已重在解释、改造自然，先秦之后，北方的理性精神更重现实功利，直面人生，经后来儒学之一统地位之确立，使中国文学具有显著的历史规定性，即文学从未被宗教全盘统治，且史学传统更重于文学（经史子集的四部排列就可见）。

在希腊人那里，罪感心理和宗教意识并不显见，大概是希伯莱人、后来的犹太人的悲惨生活催生出基督教，使原罪心理、追求上帝的信仰成为西方人的潜意识，希腊的充满人性的“神”发生了变化，在希腊、罗马文明消失之后，欧洲陷入了中世纪长期的宗教黑暗中，文艺全被神学统治，几成一片空白。中国的先秦时代，虽有南楚文化的巫史性质，但娱神、乐神并无罪感心理，只是演为文艺的浪漫精神。东汉之后，佛教传入，造型艺术在南北朝时期一度被统治，但儒家“敬鬼神而远之”的精神已成为中国人的精神遗传基因，在上层是利用宗教，在下层也确有信仰者，但有识者和知识阶层，尤其在文艺中，宗教变成了美学（禅宗尤著），中国的文艺代有发展，高峰迭出，从未间断。

五　再现与表现

希腊从史诗开始的文艺，奠定了叙事传统，加以造型艺术以人为主，更以“再现”、“模仿”为特征，又由于希腊城邦经济达到较高水平，形成较可观的市民队伍和相当的城市发展水平，这种叙事、模仿文艺除雕塑以外又表现为戏剧的早熟，亚里士多德等人在理论上作了全面的阐释和总结。中国的农业社会，培养了重实际精神的同时，“歌食歌事”也罢，娱神乐神也罢，都使文学重在抒情，以“表现”为主。较之希腊，中国没有那样的城邦民主政治和城市发展、市民队伍，所以，无论中原还是楚国，多为“相从而歌”，或者“巫以乐神，优以乐人”，有君、神二端，而无市民的大众文艺。直到佛教影响了我国文艺对叙事、故事的重视，尤其是城市经济发达而出现了市民队伍后，才有了叙事文艺的发达。所以中国的戏剧要晚出得多，在小说之后，严格说来，直到宋朝才出现，元朝才发达，明清则在形式上转移和发展。而且，在再现社会生活同时，还是带着特有的表现性。

关于中西文化比较，二十世纪前期，先贤们言之甚多，如：仁与智、道与器、孝与爱、天与人、精神与物质、静与动、灵与肉、理性与理智、天人合一、体用不二、与天人两橛、体用二分等，是最主要的看法。其中，以李大钊所论最全面也最激烈。他认为东西文明差异甚多：

> 一为自然的，一为人为的；一为安息的，一为战争的；一为消极的，一为积极的；一为依赖的，一为独立的；一为苟安的，一为突进的；一为因袭的，一为创造的；一为保守的，一为进步的；一为直觉的，一为理智的；一为空想的，一为体验的；一为艺术的，一为科学的；一为精神的，一为物质的；一为灵的，一为肉的；一为向天的，一为立地的；一为自然支配人间的，一为人间征服自然的。①

在五四运动前，我国积贫积弱，爱国知识分子对中西文明、文化之不同作出全面的对比，对中国文化否定甚多，是并不奇怪的。李大钊所指出的那么多的中西之别，应该是在先秦时代已大体奠定并成型了。到了近代，当我国的国门被坚船利炮强行打开后，我们才从物质到精神、制度发现了差距，并作出了反应、反省，以至于有过分的强调。今天，不妨认真分析、比较，以明各自的优缺点。中国古代文化当然是不能全盘否定的，比如，今天寻求可持续发展道路，意识到征服自然过甚而遭到大自然报复时，我国古代的“天人合一”、顺天而动思想，“自然的”、“向天的”文明特性，是否更具有现在常说的“终极关怀”的意义呢？回答应是肯定的。

---

① 李大钊：《东西文明根本之异点》，《言治》季刊第3册，1918年7月。

第九章　秦汉以后的文化变迁与文艺发展规律

春秋时代的一百三十多个诸侯国，经过兼并剩下较大的十二国，即鲁、齐、晋、秦、楚、宋、卫、陈、蔡、曹、郑、燕[①]，到战国中晚期，则成七国并峙。七雄纷争的结果，是秦灭六国，统一了中国。秦王嬴政自称始皇帝，将古代最尊严的称号皇和帝两名并而合称，表明秦的统治已超出历史上从未有过之境。秦之统一中国，完成了国家和民族的大统一，确是第一次，因为周朝分封诸侯，天子只得名义上的拥戴，后来更受五霸之胁。由于地理的隔绝，当时中国人认为秦的统一已是世界的统一，故《中庸》云："今天下车同轨，书同文，行同伦，舟车所至，人力所通，天之所覆，地之所载，日月所照，霜露所坠，凡有血气者，莫不尊亲。"皇帝与天相配，得全体之尊。而始皇帝之名，表明更要建立万世基业。

秦始皇固有统一天下之功，但滥用民力、奴役人民的结果造成农民的揭竿而起，遂二世而亡，成为极大的讽刺。汉继秦而立，经初期的分封和军人政府，后又行削藩，汉武帝重新恢复到郡县制，所以人云"汉承秦制"，以后各代亦基本如此。可以说，秦虽短暂，但中国的统一自此始，郡县制自此始，中国的封建大一统政权从此开始，其意义是显见的。

钱穆先生《中国文化史导论》认为，在秦汉以前，民族融和与国家凝成大体经过四个阶段：唐虞的禅让制，各族互推共主；夏商的继承制，父子相传，王朝传统；西周的分封制，诸侯由王朝建立；春秋的联盟制，诸侯间互推霸主。秦以后即为郡县制，国家体制完成，民族界线渐消，这是第五个时期。秦统一在公元前 221 年，希腊已衰，罗马未盛，其地位与重要性可知。所说很正确。

如果笼统一些分，我国的民族融和可以分成若干个时期，伴随着民族融和，文化也发生了变迁，文艺得到相应发展。据钱穆的说法，分四个时期。《中国文化史导论》云："第一期从上古迄于先秦，这是中国民族融和统一的最先基业之完成。在此期内，中国民族以华夏族为主干，而纳入许多别的部族，如古史所称东夷、南蛮、西戎、北狄之类，而融和形成一个更大的中国民族，这便是秦汉时代的中国人了。亦因民族融和之成功而有秦汉时代之全盛。第二期自秦汉迄于南北朝，在此期内，尤其在秦汉之后，中国民族的大流里，又容汇许多新流，如匈奴、鲜卑、氐、羌等诸族，而进一步融成一个更新更大的中国民族，这便是隋唐时代的中国人了。

---

① 《史记·十二诸侯年表》。

这又因民族融和之成功而有隋唐时代之全盛。第三期自隋唐迄于元末，在此期内，尤其在隋唐以后，又在中国民族里汇进许多新流，如契丹女真蒙古之类，而再进一步形成明代之中国人。这是第三次民族融和之成功，因而有明代之全盛。第四期直至满洲入关至于现代，在中国民族里又继续融和了许多新流，如满洲羌藏回部苗猺等，此种趋势，尚未达到一止境。这一个民族融和之成功，无疑的又将为中国另一全盛时期之先兆。"① 这里关于民族融和的说法及四期之分，很具有中华民族的全民族意识和眼光。钱穆又说："就西方而言，希腊人是有了民族而不能融凝成国家的，罗马人是有了国家而不能融凝为民族的。直到现在的西方人，民族与国家始终未能融调一致。中国史上的民族融和与国家凝成之大工程，很早就在先秦时代已全部完成了，而且又是调和一致了。"② 此说进而不失为具有世界眼光。

因为秦之统一中国及郡县制之建立，标志着中央集权的完成，我们将此视为封建时代的真正开始，故此在原始文艺和先秦文艺之后，我们将按在下编开头所说的分三段而作三章论述，以简略地、从史的角度描述我国封建社会文化与文艺的发展变化。在这三章之前，先据钱穆的民族融和理论来考察从秦汉到清朝的后面三个融和期，观照其文化变迁之大势，努力探求、描述其文艺发展的宏观规律。当然，这只能是臆说而已。

第一节　时空之观：内外交融、雅俗循环、南北易位、代有所胜

综观秦汉以后的文艺发展、演变，是与国家的分合，社会的变迁，民族的融和，对外的交流，政治文化中心的转移，文艺思想和审美情趣的改变等因素密切相关的，受它们中的某些因素的主要影响或在综合的作用下，文艺发展似形成了以下四则规律：中外交流的空间突破造就出内外交融律，国内的政权变更造成了地理上的南北易位律；从文艺发展史的流程看，则造成了雅俗循环律和代有所胜律。

秦之统一中国，"车同轨，书同文，行同伦"，应该对文化发展起了很大促进作用："车同轨"带来了文化交流的便利，"书同文"使全国文字得以统一，学习典籍及交流较前为易，"行同伦"使人民在行为、心理、道德上趋于一致。秦以"法"起家，法家重政务、求实际，严刑苛法，使秦崛起并灭六国，但在秦始皇统一中国之后，法家刻薄寡恩的一面更形发展，终导致焚书坑儒之举，此举使先秦文化的积累遭到极大破坏，秦文化除建筑、工程技术（如兵马俑、阿房宫、皇陵、驰道、灵渠、长城）外，其精神文化无可称道。

汉初统治者汲取了秦朝短期而亡的教训，"与民休息"，放松压迫，减轻剥削，

---

① 钱穆：《中国文化史导论》，上海三联书店 1988 年版，第 18—19 页。

② 钱穆：《中国文化史导论》，上海三联书店 1988 年版，第 20 页。

高、孝之后，有“文景之治”，汉武帝凭藉汉初七十年的物质积累基础，施展雄才大略，内外经营：镇压藩王叛乱，平定东南割据（东殴、闽越），开发西南地区，实行盐铁国有，击匈奴，通西域，伐大宛，使汉朝进入全盛时期。他派张骞通西域（公元前138年），开辟了丝绸之路，传来了大量的中亚、西亚文化。物质上有石榴、黄瓜、芝麻、大葱、大蒜、胡萝卜、胡麻、无花果、绿豆等植物，宝石、玻璃、呢绒（时称海西布）、药剂等物产。与我们所讲内容相关的，则是从西域或大秦传来的音乐、舞蹈、杂技艺术，促使了汉文艺的发展。

东汉以来，西、北边陲地区的民族，陆续向内地迁移，在辽西、幽并、关陇与汉族形成犬牙交错的分布，在汉文化影响下，他们向半耕半牧或定居农业过渡，逐渐封建化。从汉末北方的封建割据，到西晋的“八王之乱”，少数民族纷纷进入内地，此后即是“五胡十六国”，经百余年的民族斗争而渐融和，为北魏统一创造了条件。北魏冯太后和孝文帝改革吏治，实行三长制（五家一邻长，五邻一里长，五里一亭长），重建了乡官系统；又实行均田制，使各胡族定居农耕，促进封建化，发展了生产。孝文帝又迁都洛阳，并改革鲜卑旧俗：以汉服代鲜卑服，朝廷上禁用鲜卑语，规定迁洛的鲜卑人以洛阳为籍贯，沟通鲜卑贵族与汉人士族的婚姻，改鲜卑旧姓为音近或义近的汉姓，合称“八姓”。在胡族学习了汉人的农耕技术同时，北方汉人向胡族学习了畜牧技能，颜之推说当时语言“南杂吴越，北杂夷虏”，民族交流与融和的情况可见一斑。而随着晋室南迁，原居长江中上游的蛮族、川西的僚族、湘粤山川的俚族、浙之越、滇之爨，也与汉族融和而汉化。从十六国到隋末，“中州士女”多举族南迁，达百万之众，促进了各族融和。

经隋之统一，到唐之建立，唐太宗东征西讨，破突厥，败吐蕃，招安回纥，再度形成中外交通贸易的高度发达，“胡商”通过丝绸之路纷纷进入大唐，胡酒、胡乐、胡服、胡姬……以至宗教、音乐、美术也纷至沓来，……不仅是《论语》、《史记》、《汉书》、《神农本草》等传到了吐鲁番等地，天山以南的画师乐工也纷纷进入内地。唐玄宗时期，中原妇女模仿西域服饰成风，《新唐书·五行志一》云：“天宝初，贵族及士民好为胡服胡帽。妇人则簪步摇钗，衿袖窄小。”以至连鲁迅都说：“其实唐室大有胡气。”就人而言，名将哥舒翰是胡人，高仙芝、李光弼也是汉化的胡人。据陈寅恪考证，李太白也有胡人血统，由于唐较北魏为人所熟悉，且后面还要讲，故此处从略。

民族纷争以至战争，往往是民族融和的催化剂。经五代十国之后，汉族政权又统一为宋朝，其版图较唐代小得多了，因为北方有辽（契丹族），西北有西夏（党项羌），后又有金（女真），唐时的南诏在宋时成为大理国（白族），宋朝不具备唐朝的武力优势，在对外战争中一再失利，最后被蒙古军消灭，元朝继立。由于元的建立，契丹、党项族已融和为汉族的一部分，到元末明初，蒙古、色目人也因与汉族长期相处而逐渐同化，在宋、金、元时代，由于民族融和，文化和文艺都发生了较大变化。

明朝重新建立起汉族政权，并统治了270多年。明末李自成起义成功，占领北京后，吴三桂开山海关，使满族的清兵得以进入中原。清朝建立后，也是内外经营，尤其是开发东北、西北，并加强了与新疆、西藏的联系，所奠定的疆域还大于现在的中国，并形成了以汉族为主体的中华民族。满族统治者虽想竭力保持本民族的特殊文化地位，但还是被卷入文化融和的洪流中。清代文艺同样体现了民族融和的趋势，这里不计欧洲文化在明末后的进入，中华民族内部的文化、文艺变化也很显著，而且旗人曹雪芹还创造了中国最伟大的小说《红楼梦》。

以上是我国民族融和的最简要历史。我们就在这一进程中展开对文艺发展规律的探寻。

一　内外交融律

下面看看文艺在历代民族融和中是如何展示内外交融这一规律的。

在对外交流中，当然有外族、外国的文化输入。在汉代，纯属输入而使汉文艺产生的新品种有“百戏”中的幻术（吞刀、吐火、种树、屠人、截马）和杂技（跳丸、走索、钻圈、马戏、倒立），鱼龙曼延（《汉书·西域传赞》作“漫衍鱼龙”，大致是由人装扮成珍异动物并表演）等，这些新进的东西与原来的角抵（摔跤）、扛鼎，新出的东海黄公（表演东海人黄公少年时能以兴云吐雾制伏蛇虎，后年老法术失灵，被虎所害）等，一起构成了内外交融的格局。我们再看其他各种主要文艺样式在内外交融中产生的变化。

第一，乐舞。

汉代的乐府，宋人郑樵按其音乐分为五大类（正声、遗声、祀飨正声、祀飨别声、文武舞），郭茂倩分十二类，据考辨，实为八类，可分为三组：雅乐（郊庙歌、燕射歌、舞曲，此为贵族特制），外国输入者（鼓吹曲、横吹曲），采自民间者（相和歌、清商曲、杂曲）。由于秦始皇消灭文化典籍，乐经不传，只留下韶武，所以汉人对雅乐只留在想象中。汉代雅乐有高祖时叔孙通制宗庙乐，有袭古乐而成，亦有自作，加上了文帝时乐人窦公献乐，武帝时河间儒生采乐，这些合在一起，成了雅乐的主要来源。新乐为采取四方歌谣，也有辞人新制（如司马相如辞、李延年曲），但更重要的是翻新胡曲，武帝时的协律都尉李延年起了很大作用。李延年原是民间乐人，能歌善舞，不仅将民间音乐加以改造，而且吸收改造了西北外来音乐，他为《汉郊祀歌》（雅乐）十九章配乐，又模仿张骞从西域带回的《摩诃兜勒》曲作“新声”二十八解，用于军中，称“横吹曲”。中州雅乐多为重制，新声乐多为胡曲新翻，可见中外的音乐交流中，受惠于外来文化为多。其后，元帝时的博士京房，造十三弦“准”以定律，又附会六十卦，用“三分损益法”将十二律推扩至六十律。

汉末遭董卓之乱，朝廷雅乐散失，曹操破荆州，得汉雅乐郎杜夔，增损旧制，恢复了庙堂乐舞。西晋永嘉后，朝廷乐官、乐器落刘曜、石勒手，石勒灭后，部分乐人南迁，至淝水之战，东晋得苻坚乐工，后来刘裕灭后秦，从关中得汉魏清商乐之传，使江南雅乐稍备——此其“内”。

再看“外”：北朝“胡乐”（西域及外国）使古典乐舞发生巨变：先是天竺乐入凉州，后龟兹乐入北魏乐府，凉州旧乐杂入龟兹乐成为西凉乐（又名秦汉乐）。其后，东的高丽乐，西的疏勒乐、安国乐等纷纷传入。尤其是周武帝时，龟兹人苏祇婆随突厥皇后入周，演琵琶三十五调（五均七声，计三十五），后即演为隋唐燕乐二十八调。——以上是南北朝音乐的内外交融。

唐代音乐的内外结合更显著。隋朝已是“太常雅乐，并用胡声”，隋炀帝“定清乐、西凉、龟兹、天竺、康国、疏勒、安国、高丽、礼毕，以为九部”①，“胡夷之乐”得到正式承认。唐太宗仍隋之九部，增《高昌乐》，又造《燕乐》，而去《礼毕曲》，立为十部，十部乐又分为坐、立二部。十部乐中，除清商乐为中土固有外（杜佑《通典》：“清乐者，九代之遗声”），余为外来音乐，燕乐即是华夷合乐。从狭义说，燕乐与清商、胡乐并列，为十部乐中第一部，从广义讲，十部乐“总谓之燕乐”。②

北宋末和南宋末，随着雅乐散失，契丹、女真、蒙古族的马上弹奏的音乐传入中原，据说，有“壮伟狠戾”之风，造成词不能配的情况，遂先后有金元之曲，并渐成一代之盛。

以上是音乐。就舞蹈而言，汉有雅舞、杂舞，又附散乐。雅舞有八种（高祖时的《武德》、《文始》、《五行》，文、景、宣时的《四时》、《昭德》、《盛德》，光武时的《云翘》、《育命》），加明帝时的《大武》，共九种。散乐见存一篇，为倡优之戏，不论。杂舞中的《巴渝》是刘邦派乐工学来的西南少数民族舞，可见向少数民族汲取亦为丰富舞蹈的途径之一。唐代舞蹈之来源于“胡”者尤多，如健舞中的《胡旋》、《胡腾》、《达摩支》、《柘枝舞》（后演为软舞），分别出于康国（前苏联撒乌尔汗）、石国（前苏联塔什干）、突厥（今阿尔泰山）、怛罗斯（前苏联江布尔），皆为西北。而队舞中的《菩萨蛮》原为西南少数民族舞，高髻金冠，身披缨络。即使是软舞中的《春莺啭》，亦是唐高宗命龟兹乐工白明达作曲。著名的《秦王破阵乐》，由乐工一百二十八人披甲执戟而舞，其音乐在汉族清商乐基础上吸收龟兹乐，擂大鼓，“发扬蹈厉，声韵慷慨”，“声震百里，动荡山岳”，是各民族融和的雄伟气象和伟大活力的表现。直到宋代队舞的小儿队中，仍有《婆罗门队》、《醉胡腾队》、《射雕回鹘队》等源于少数民族者。

再看乐器。汉时武帝乐人作卧式箜篌，后汉时从西域传入竖式箜篌，公元前一世纪传入羌笛，后增一孔而成洞箫，胡笳亦传入，汉魏鼓乐常用之。筚篥亦从龟兹（今库车）传入，后来成为隋唐燕乐、宋教坊乐的重要乐器。琵琶在秦时传入，南

---

① 《隋书·音乐志》。

② ［宋］郭茂倩：《乐府诗集》卷七九《近代典辞序》，中华书局1979年版，第1107页。

北朝又传入曲颈琵琶，发展出阮咸、秦琴、三弦、月琴。汉乐府中横吹曲当是笛曲（古时笛为直吹，现今之笛由古之“横吹”发展而来），相和歌仍用传统乐器——琴伴奏。南北朝时传入羯鼓，唐开元、天宝盛行（李隆基尤善此），又传入钹，唐代十部乐中有七部用钹，后广泛应用并至于今。隋唐传入碰铃、腰鼓（原在今新疆各地）。宋代传入胡琴，后发展出拉弦乐器二胡、四胡、京胡、板胡等。金元时传入波斯、阿拉伯的唢呐。明末波斯、伊拉克的扬琴传入广东，至今在广东音乐中扬琴仍占据重要地位。清代在八旗军中流行的八角鼓又流传民间。

这些自汉代以来传入的乐器与秦汉以前的钟、磬、鼓、埙、箫、竽、笙、琴、筝等融汇在一起，并逐渐形成现今犹存的独特的民族乐器系列。

第二，美术。

随着东汉传入佛教后，印度笈多王朝的佛教美术在我国大兴，不仅使我国产生出众多的石窟艺术，而且在画法上也有影响，如梁时张僧繇在南京一乘寺画“凹凸画”，即一例，这是天竺画法，“远如凹凸，近视乃平”，其实就是改变过去的平涂画法，画出了阴影。而北魏绘画，又受南朝影响。本是中亚曹国（撒尔马罕）人的曹仲达居中土，以画“梵僧”著称，“曹衣出水”成为与“吴带当风”并称之词，并有“曹家样”之称。唐代更为显见，如尉迟乙僧是于阗人，居长安，与阎立本齐名，画“功德、人物、花鸟，皆是外国之物象，非中华之威仪”①，并有凹凸画派之称。张彦远认为他与阎立本、吴道子相齐。在题材上，唐画中不乏以游牧民族生活为内容的作品。“画圣”吴道子在传统的兰叶描和从西域传来的铁线描基础上，创造圆润的莼菜条（米芾言），又吸收西域的凹凸晕染法加以变化，于墨痕中施彩，微分浅淡，富立体感。

第三，戏剧。

唐代有《钵头》，是乐舞节目，来自西域，因有上山寻被虎所伤之父尸情节，故可看作戏剧雏形。近人许地山认为元明戏剧的开场问答，先演楔子，宣布剧情，都与梵剧极似，当受到印度影响。至如真正成为代言体戏剧的元杂剧，其音乐基础完全是蒙古族的“胡夷之曲”，与北方民间的“里巷之谣”结合成新的品种。

第四，建筑。

秦汉的宫殿建筑都极其可观，阿房宫、未央宫、建章宫、甘泉宫最著，唐代更甚。自佛教传入后，汉明帝建白马寺，其后中国的建筑中心向寺院倾斜，构成总体的皇权——宗教，宫殿——寺院的内外结合格局。佛教建筑前面论宗教与文艺时已作讲述，这里对伊斯兰建筑的内外交融作些补充。伊斯兰教在唐永徽二年（651）开始传入我国，从唐朝到元末，我国的伊斯兰建筑还是基本保持了阿拉伯风格，元朝有少量的中西混合建筑形式，明初到鸦片战争，伊斯兰建筑实现了民族化，并形

---

① ［唐］朱景玄：《唐朝名画录》，卢辅圣主编《中国书画全书》第1册，上海书画出版社1993年版，第165页。

成了新疆与内地迥异的风格体系，其中内地的更体现出吸收阿拉伯风格后所创造出的民族特色。

第五，文学。

汉族因文学成就较高，吸收外来者少，“内外交融”主要表现在不同文学体裁的相互交融汲取，以丰富和完成自己。我们不妨上溯到先秦以见之。春秋时代，外交场合上盛行赋诗言志之举，在政治斗争中有重要作用，家弦户诵，也影响了文风。章学诚《文史通义》曾说战国之文“其源多出于诗教”，赋诗引诗使诗之用益广，竞骋驰辩之能，揣摩辞令之美，使纵横家文风大盛。其铺张扬厉，微婉善讽之习，则影响了荀卿、屈原的辞赋。“武帝以后，宗室削弱，藩臣无邦交之礼，纵横既黜，然后退为赋家。”[①] 楚辞、汉赋都得纵横家文章之力。汉乐府却接受了赋的影响，以铺排夸张为能事，如《羽林郎》、《陌上桑》、《孔雀东南飞》等，其描写服饰打扮，叙述情事杂沓，都可见汉赋手法的融入、渗透。而文人五言诗的渐盛，“言志”传统的恢复，也使汉大赋渐变为东汉、六朝小赋的抒情短制。

当外来的佛学经典输入，梵音研究渐盛后，字音的子母复合现象引起人们注意，音韵研究兴起，沿袭汉赋讲究对仗的传统，加以精研声律，骈文至齐梁达到鼎盛。在沈约等人创“永明体”后，律诗渐趋定型，唐代出现了高峰。而唐代的初唐四杰，到杜甫、李商隐，无不从六朝骈文中汲取了营养。宋词之颇多四、六字句，亦源于骈四俪六。诗庄词媚，元曲一变为俗，这与汲取从唐变文到宋话本等讲唱文学的通俗语言有关，更直接的是学习了北方的俗谣俚曲。

从个人创作言，韩愈以文为诗，李商隐以骈文为诗，苏轼以诗为词，辛弃疾以文为词，张可久、乔吉使散曲由粗犷入于典雅等，也可看出各体交融、相互改造的努力。

二　雅俗循环律

在国家分合、民族融和、社会变动、对外交流的过程中，文化变迁、整合，未免发生欣赏趣味的雅俗消长变化，从而造就了文艺发展的雅俗循环律。其最著者在文学和乐舞。

先看文学。

这一规律对文学而言，可谓兼涉内容、风格和技巧。“文变染乎世情，兴废系乎时序”，“文律运周，日新其业”，国家、民族、社会的变动，引起了世情、民俗、时尚的变化，遂使雅俗循环成为普遍现象。

以先秦言，占诗三百一半以上的十五国风，可谓“俗”，颂诗中有些也有民间色彩，小雅更不乏歌谣倾向，《诗经》可概括为“俗”。楚辞是个人的创作，或民间

---

① 章炳麟：《国故论衡》辨诗，陈平原导读，上海古籍出版社2003年版，第91页。

祀曲而经诗人整理，“其词温而雅，其义皎而朗，凡百君子，莫不慕其清高，嘉其文采”①，“金相玉式，艳溢锱毫”，较之《诗经》显然趋于雅。楚辞之后，“枚、贾追风以入丽，马、扬沿波而得奇”，汉赋可谓臻于雅之极。汉乐府诗的主体是采诗合乐、经加工整理的民歌，这些赵、代之讴，秦、楚之风，不乏清新，甚至郊庙歌辞也有民歌风，使汉文学从大赋之极雅转而为俗。

“古诗十九首”“如秀才说家常话”，堪称雅俗结合。汉末至魏晋，文人诗成为诗歌主体，又渐雅化，曹植到阮籍，更有楚辞影响，五言诗由汉之“质木无文”，发展到极为典雅。经玄言、山水诗的过渡，到齐梁的转拘声韵，丽彩竞繁，又使诗歌、小赋、骈文都共趋于雅。

唐代是东西合流、南北交汇时期，诗歌的发展被推上了前所未有的高峰。初唐时期受“宫体”影响较多，轻靡而雅致，此后随着题材的开拓，内容的充实，风格也转向了雅俗结合。盛唐出现了不同的诗派，有李白、杜甫、王维等大家，此期各派、各人风格不同，且难以只用雅俗之说来品评，但雅俗结合应是共同的倾向。中唐诗的流派、风格之分较盛唐更为显著，从总体而言，元白一派偏于通俗，韩孟一派偏在险怪。晚唐诗则温、李、韩偓为雅，杜荀鹤、聂夷中为俗，二者分流。总之，尽管唐诗中的许多诗人和流派是不能只用雅俗标准来评判、概括，但唐诗无疑是存在着或偏于雅或偏在俗的两种趋势，而就唐诗与此前不同朝代的诗歌作整体性比较，其之所以有广大的读者群和作者群，有遍及上下、内外的影响，与其总体性的雅俗结合大有关系。换言之，唐诗的繁荣与其雅俗结合是密不可分的。

宋诗在其发展的历程中，也经过了雅俗变化、更替的阶段。宋初的“西昆体”为雅，王禹偁学白转而为俗，苏、梅继之。经欧阳修、王安石的过渡，苏轼、黄庭坚真正创立宋诗，往往在较为通俗的语言中蕴涵着大量的学问、典故，“点铁成金”之喻很可以见出是如何化俗为雅的。与唐诗渐入雅调同时，新兴的曲子词却以通俗清新的格调传唱民间、教坊，经晚唐温、韦，五代冯、李，到北宋晏、柳，词亦以雅俗分流而发展，至秦、周而雅俗融合。南渡之后，宋词“复雅”声高，从姜、吴到王沂孙、张炎，词又典雅之极。于是，从参军、代面、讲唱文学而到金元北曲，韵文在“曲”这一形式中以“俗”表现出生机。

元代无论剧曲、散曲，前期都以本色当行为尚，大概除了王实甫的《西厢记》，主要作家与代表作都能以“俗”概之。但后期创作中心南移，文人搬弄散曲而趋于雅，考虑观众视听，剧曲仍多沿旧者之俗。

明代诗歌以复古为旗帜，但唐音难再，终成伪体，作词近俗而作曲好雅，体性相淆而个性难明。清代诗、词、曲、赋都呈中兴之势，然高峰在前，难于企及。因而明清韵文仍推传奇、杂剧，从临川四梦到南洪北孔，曲文愈趋典雅，因而小曲歌

① 王逸：《离骚经序》。

谣可看作元曲俚俗的余势。

总之，除唐诗的雅俗结合外，诗经——楚辞、汉赋，汉乐府——齐梁诗，均为俗——雅的发展，宋词——元曲，明清传奇——小曲歌谣，则为雅——俗发展。又从汉代之政论散文、历史著作（《史记》《汉书》），到南北朝的散文而到骈文，再到唐宋散文，也大体可看到其中的雅俗变化、更替发展。小说之从魏晋兴起后，从志怪、志人小说，到唐宋传奇，再到明清长篇小说、拟话本，也同样有雅俗之变。总之，散文、小说的雅俗变化也有一定的周期性，只是没有韵文各体那样显著罢了。

再看艺术。

汉武帝时的乐舞应是雅俗结合的，持续一百年而到汉哀帝，因反对民歌、土乐而罢乐府，仅剩雅乐。到东汉时，"郑声施于朝廷"，郑樵具体指出了"君子之作"与"野人之作"合为鼓吹曲，"列国之风"与"都人之雅"合为《相和歌》的"风雅不分"现象，可见又趋之于俗。曹操恢复庙堂乐舞，东晋得苻坚乐工，刘裕得汉魏清商乐，此为雅。而晋末至宋、齐，吴声、西曲入乐府，被之管弦流行，又变为俗。北朝胡乐之盛，亦为俗。隋唐之九部、十部，当为雅俗结合，坐部伎多雅，立部伎威武而多俗。宋代朝中音乐亦雅俗结合而偏于雅，民间之曲、词音乐亦然。元即转为俗。明清昆曲为雅，近代京剧为俗。以上是音乐之雅俗循环。

就舞蹈而言，汉代有雅舞、杂舞之分，可见雅俗结合（其中《七盘舞》、《灵星舞》、《鞞舞》、《铎舞》皆俗）。魏晋南北朝雅舞拙劣，宴享场合所演的鞞舞、铎舞、鸲鹆舞等，皆俗。唐之软舞多雅，健舞多俗。宋之宫廷队舞多雅，民间多俗（舞队，有村田乐、划旱船、扑蝴蝶、杵歌、竹马之类）。元明之讶鼓、村田乐、舞鲍老多为俗。此即舞蹈的雅俗变化之大概。

绘画情况如何呢？现存汉画主体是画像砖、石，多为画工之作，为俗。魏晋转为画家画，为雅，山水画的出现更为雅。北朝以石窟艺术为主，多俗，隋唐的文人、画家、工匠都参加创作，可谓雅俗结合。宋以后民间绘画与画院、文人画分司俗雅，而后者的消长，又往往以文人画之雅视画院画为俗。这一循环律不似以上文学、乐舞明显。

戏剧之雅俗变化已如前面文学所述，从略。

三　南北易位律

黄河、长江对我国地理环境的影响至巨，两条大河的东西流向，造成了南北分隔。春秋战国时代以黄河流域为中心，战国后期"合纵""连横"的战略是体现了东西向的政治地缘格局，秦始皇统一全国后，地理观念大为改变，"中国"推至长江流域以至岭南、西南，对黄河、长江的跨越，也随之造成了由以往的重在东西向转为重在南北向。此后各朝的变更，大致在秦朝所奠定的版图上伸缩变化，所以在改朝换代中，随着政治中心的南北转移，也出现文化中心的相应变动，此可称为南北易位律。顾炎武《日知录》说："三百篇之不能不降而楚辞，楚辞不能不降而汉魏，汉魏不能不降而六朝，六朝不能不降而唐也，势也。”对文之代降可不顾，从顾炎武所言，可以看到他所说的各代之降呈现出地理上的摆动变化，如从他所说的诗歌扩而至其他文艺，正好道出了南北易位律。

先秦之变化，前面已作讲述，此不重复。汉朝之立得力于楚人，但大帝国承秦而扩之，广被南北东西，长安成为中心。汉赋名家虽以南人为多，然而献赋干禄，引起南人北上，汉赋显然是以北方为中心。乐府所在亦是长安。散文及后期辞赋作家亦多为陕西、河南人。今存汉画中的主体之画像石，以山东、河南为主。其后以三曹、七子为代表的建安文学及后来的正始诗文，也表明了北方在当时的地位。

晋室南渡后，文学中心南移，玄言诗、田园诗、山水诗、宫体诗等代兴，民间《西曲》、《吴歌》极盛。除石窟艺术外，南方的绘画也强于北方，书法（南帖北碑是清人、尤其是近代之见）、乐舞亦然。南北朝时期著名的文艺家几乎都是南方人，或原为北人而活动于南方，庾信初仕梁，出使西魏而被留，仕至骠骑大将军、开府仪同三司，实出于北人对其文才之倾慕。可以认为，六朝的文艺都以南方为重心。

唐国力强盛，地域辽阔，数百年纷争和分裂结束于一旦，南北交汇和中外交流，使唐朝文化全面兴盛。长安是政治、经济、文化中心，唐代文艺亦以长安为中心，尤其是唐玄宗对文艺极为关注，在长安建立了大型的音乐机构，培养人材，长安的寺院、道观也吸引了许多画家在那里留下大型的壁画。而有唐一代的文艺家，除李白等少数人外，多为北方人，其中又以山西、陕西、河南籍为多。所以，较之六朝，唐代文艺从总体上可看作向北方的易位。

五代之西蜀、南唐，非仅以词著名，而且西蜀、南唐都有画院，画家除此二地外，又集中于吴越，周文矩、顾闳中、“徐黄异体”，贯休罗汉，董源山水，均为南方，北方仅荆、关山水而已。同样，歌舞亦以南方为盛。宋定都汴京，然文学名家如范仲淹、梅尧臣、苏舜钦、晏殊、欧阳修、柳永、王安石、曾巩、苏轼、黄庭坚、周邦彦、秦观、贺铸等，都是南方人。且宋词胚胎生于南朝乐府上，正是南方色彩。北宋画院固在开封，但南渡后南迁，文人画家以南方人为多。至如书法四大家的苏、黄、米、蔡，则均为南人。综观南北宋，文艺中心仍偏在南方。

金元之曲产生在北方，以“玉京书会”为代表的作家群显示出大都地区创作队伍的实力，若以元曲为代表，此期文艺中心在北方。元后期，曲的创作中心南移杭州，北曲逐渐失势，产生在温州等地的南戏压倒了杂剧，演为传奇，成为南方宗主。而山水画中的“四大家”黄公望、吴镇、王蒙、倪瓒，以及赵孟頫、王冕、柯九思等均为南人，且活动于南方。

明朝的文学家多为南方人，诗文皆然，唐宋派、公安派、竟陵派等著名派别，皆为南人，著名的小说作家施耐庵、罗贯中、吴承恩、冯梦龙，戏剧家徐渭、汤显祖，亦为南人，戏曲的三大声腔都属南方系统，小曲民歌亦以南方为盛。明代画家亦多为南人，无论是山水画的浙派、江夏派、吴门派、华亭派，还是明代四大画家沈周、文徵明、唐寅、仇英以及徐渭、陈洪绶都是南方人。书法的赵孟頫、祝允明、文徵明、董其昌亦然。

清朝的诗词大家除王士祯外，从钱谦益、吴伟业、朱彝尊、屈大均，经袁枚、黄景仁，直到龚自珍、黄遵宪，都是南方人。文之桐城派，诗之格调、性灵，词之浙西、阳羡、常州派，亦在南方。除小说大抵是南北可以相抗外（清末小说亦盛在南），戏曲中心一直在南方。清代书画创作重心亦在南方，四王、四僧、金陵八家、扬州八怪，直到海上画派。大概除了《聊斋》、《红楼梦》，清代的文艺多出在南方。

可以认为，除建筑艺术之精华因首都所在地关系，而多出在北方外，明清两朝的文艺中心一直在南方。

总括以上，从汉朝到唐朝，文艺中心大致随政治中心而转移，从五代以后，除元朝前期外，文艺中心并不一定随政治中心的转移而转移，且多在南方。结合历史行程看文艺中心的南北摆动，大体是：汉、魏——北，东晋、南北朝——南，隋唐——北，五代、宋——南，元前期——北，元后期至清末——南。这是不够精确的南北易位律表示。

四 代有所胜律

虽然我国古代的理论家往往被尊古意识所左右，多崇古、复古口号，似主文艺退化论。但亦并非皆如此，“若无新变，不能代雄”①，明如袁宏道，清如焦循，前者认为各有所胜，后者认为代有所胜，王国维的“一代之文学”观点就源于焦循。我们如将王氏所说的楚骚、汉赋、六朝骈文、唐诗、宋词、元曲扩大一下，大致可以得出以下的“代有所胜”结论：如先秦不讲，则汉之文学为赋、历史散文，艺术为隶书、画像石，建筑为宫殿，工艺为漆器、铜镜；六朝文学为骈文，文学批评、艺术为石窟佛雕、壁画、行书、楷书；隋唐文学为诗与古文，艺术为乐舞、人物画、书法中的（狂）草、（正）楷，建筑为宫殿与佛寺，工艺为金银器、唐三彩；五代与两宋之文学为词（诗文亦盛），艺术为花鸟画及山水画，工艺为瓷器；元之文学为杂剧，艺术为山水画；明清的文学为小说、传奇，艺术为绘画（各种题材均盛），建筑为宗教建筑及长城、园林，工艺为织绣及金属工艺（景泰蓝、烧瓷、铁画等）。

从局部说，如科举制度是唐代确立的，由于各代科举考试科目，重点、文体不同，受制于此，唐之以诗赋胜，宋之以策论见长，明清长于八股，亦为各有所胜。以书法言，商周青铜庄重，故金文合之，汉求一统、稳定，书法为隶，魏晋南北朝为思想解放期，则有楷书及行草，盛唐之热烈狂放与中唐之严正则分别有张旭、怀素狂草和颜、柳之工整，宋则体现个性，有苏、黄、米、蔡之别。就绘画而言，从南北朝到隋唐，因对佛、道两教的重视，此类绘画最为发达，五代与宋朝转向了世俗，山水、花鸟画渐居主位，元朝的主流画家多隐逸之情，山水画成就最高，明画

---

① ［梁］萧子显：《南齐书·文学传论》。

随城市经济而变，促使绘画向商品转移（如吴门派），题材、风格亦变，清初四僧与四王的不同，则体现了在朝与在野之别，从扬州八怪到海上画派，可以看到市场对艺术的引导作用。所以，文艺的“时序”之变与“世情”更改大有关系。

当然，西方文艺并非没有“代有所胜”，但其系随着社会形态和相关的思想意识而变，如希腊、罗马奴隶社会文艺、中世纪文艺、文艺复兴人文主义文艺、十八世纪浪漫主义文艺、十九世纪批判现实主义文艺、二十世纪现代文艺，不同于我国是在封建文化中的代有所胜。

第二节　内容之变：儒道相济、情理互制、天人合一、古今并出

上一节从时间与空间的角度论述了秦汉以后文艺的四则发展规律，本节拟从文艺的思想倾向及内容题材变化的角度论述另外四则规律。

前面已讲了秦汉以后三次民族融和的概况。伴随着国家的政权更迭与分合，民族的斗争与融汇，对外交流的多寡和深浅，也引起了一系列的思想、道德、宗教、礼制、习俗的变更，从而又使文艺发展形成思想上的儒道相济、情理互制规律，及内容题材的天人合一、古今并出规律。

秦以法治国，苛政严刑，滥用民力，其生之也速，灭之也速。汉初接受了秦亡的教训，与民休息，与民更始，无为而治，奉黄老之学，一度是道家思想占据了统治地位。以司马迁之父司马谈为例，其《论六家要旨》对儒、墨、名、法、阴阳五家都有批判，却完全肯定道家，汉初之思想可见一斑。到汉武帝，出于建立统一的封建王朝的需要，“罢黜百家，独尊儒学”，儒家思想占据至尊地位。但是，汉代儒学并非孔子和孟子的人道主义、人格精神和民本思想，而是结合阴阳家等学说，建立的是宗教哲学的“天人感应”说、神学目的论。它结合《孝经》的封建伦理思想，树起“性三品”说（圣人之性，中民之性，斗筲之性），和“三纲”“五常”的道德观念，发展为后来被毛泽东同志称为“四大绳索”的“神权、皇权、族权、夫权”。当然，这也相应形成一套礼制和习俗。由于王充、桓谭、仲长统等人的唯物主义的冲击，尤其是汉末的政治黑暗、社会动荡，使汉儒神学思想体系（包括东汉占据统治地位的谶纬神学唯心主义）受到冲击。一方面是周边民族的逐渐移居汉界、甚至渗入中原，或出于军事、政治目的，要借助他们的军事力量而加强交往，其思想当然也对汉族有影响；另一方面是汉民族内部的思想冲破禁锢，汉末、三国时代，曹操、诸葛亮都有鲜明的法治思想，且曹操毫不隐瞒自己的观点：“设使国家无有孤，不知当几人称帝，几人称王”①，其《求贤令》、《求逸才令》甚至不避

① 曹操：《让县自明本志令》。

“盗嫂受金”恶名，求“不仁不孝，而有治国用兵之术”者。继而，我们可以看到魏晋时代畸形的和正常的思想解放，从文雅的竹林之游到粗野的狂饮裸形，甚至文人学狗叫（前者为“七贤”，后者为“八达”），从服药敷粉到向往“大人先生”而成为一代思潮的魏晋玄学使两汉儒学黯然失色。如谓蔡文姬三次结婚是不得已，曹丕以未婚之人娶袁绍之媳为妻，说明对婚姻观念很放松。玄学家何晏作为“拖油瓶”随母来到曹操后室，也未被人看轻。南朝诸君荒淫，如宋废帝刘子业后宫有女子万余，其妹忿忿不平，刘子业为其选了30个“面首”。所以，魏晋南北朝是充满血与火的时代，却又是一个思想解放、并伴随着文艺多样发展，取得高度成就的时代。

以上是从紧到松的一个周期变化，随着这一变化，儒和道（玄）岂非也是一个消长过程？情与理亦然。汉代的“天人合一”思想是当然地投影到文艺上，至魏晋则将“天”渐移至自然，而“人”则深入到人的主题。

自佛教从东汉末传入后，统治者取从排斥到利用的态度，经西晋，到东晋，在南方是渐兴佛寺，在北魏，则是大规模的佛教石窟开掘。统治者懂得宗教具有“助王政之禁律，益仁智之善性”[①] 的作用，通过它对人民加以思想上的控制。但从佛教内部，也滋长着走向其反面的破坏作用，这就是“顿悟成佛说”，竺道生提出“一阐提人皆得成佛”，竟然将“懈怠懒惰，尸卧终日”（《泥洹经》语）的“一阐提人”看作可以成佛者，尽管遭到反对，这一“人人皆有佛性”的思想却终演为禅宗，对封建礼教有一定的破坏作用。所以，在北朝，仍有北方民族健康活泼的民歌，在南朝，西洲、吴歌不断，而上层也有“宫体”之作。到隋唐，从佛教鼎盛走向三教并行，由于唐代是一个空前开放、解放的时代，南北汇合，东西交融，中外来往，使以往的门第观、道德观，甚至贞节观发生了巨大变化，其中就不可低估“胡俗”的作用。如皇帝身份的高宗李治看中父亲的“才人”武媚娘，玄宗李隆基看中儿媳杨玉环，只要采取先让她们当女道士而再娶的“鸵鸟政策”就行了。玉真公主之流入道观，“面首”也不在少。诗人李白娶妻六次（游云梦先后娶许、刘二氏，游山东又娶，后又娶宗氏，六十一岁尚娶妾），且喜挟妓载酒而游。以弘扬儒学为己任的韩愈除正配夫人外，有绛桃、柳枝二妾，又有多名歌妓，最后为色丧身。连女诗人鱼玄机当道士，都有“不求无价宝，愿得有心郎”之愿。以上仅是数例，以明贞节、道德观念之变。总之，唐代虽是儒、道、佛并行，但并未形成政治、哲学、宗教合一的真正体制，道、释思想对儒家的离心力，情过于理的总况，使唐代文艺得到极大繁荣。

通过以上的简述可以看到，佛教在引进之初是意在对人民加强思想控制，但其后作为宗教的自身发生了变化，唐朝又在开放态势下受胡俗影响而风气“通脱”，

---

① ［北宋］魏收：《魏书·释老志》。

加以思想多元化，所以上面大致可看成是由重“理”而重“情”的又一个周期变化。

五代至北宋前期，在思想上还留着唐的余波，花间词可窥见当时士人心态和社会习俗之一斑。即以贞节观来说，北宋名臣范仲淹曾随改嫁母亲生活，后恢复本姓，但对母亲及异父兄弟关怀之至，他儿子范纯佑早死，他安排儿媳再嫁，晚年还在苏州购“义田”，以其收入资助寡妇再嫁。但二程、朱熹的道学（又称理学，是汲取了佛、道思想的新儒学）盛行之后，以“理”为自然界的最高原则，也是社会的最高原则，既包物之“理”，又含孝、悌、忠、信，以及君臣父子之道，解释“义、理、智、信皆仁”，并标举“礼即理”，“不是天理，便是私欲”，“饿死事极小，失节事极大”，“存天理，灭人欲”等一系列新理论。这些思想对宋代的道德观和礼制、习俗有很大影响，虽然对建立社会伦理观、人生价值观有正面作用，但对于文艺而言，无疑有一定的负面作用。所以尽管宋朝是华夏文化“造极”之世（陈寅恪语），但后来还是有人批评宋诗“言理而不言情”，以致以“小道”的词为宋文学的代表。正统思想抑制了正统文艺的发展，故此从抒情、叙事的角度而言，宋代文艺以词、话本、山水、花鸟画等见长。

宋代是儒学压倒道、释，理胜于情的，蒙古族建立的元朝就冲破其传统了。蒙古人逐水草而居，其生产、生活方式决定了他们的民族特点，当然无汉族的宗法、礼制和习俗。所以元曲大家如关汉卿虽是汉人，但在当时的时代风气中，非但不以同伎人交往密切而羞愧，甚至自诩为老狎客的“铜豌豆”。而元杂剧之兴盛，爱情题材之多，正是情胜于理的表现。后来统治者虽然懂得儒学对治国的重要，但因元人奉道教和佛教（喇嘛教），儒学并非一尊。政治上的压迫和民族的歧视对汉人来说有如噩梦，“九儒十丐”之说更可见汉族知识分子的境遇，可是，在元朝的文艺作品中却能看到真情的抒发，连怨愤、不满也不加掩饰，因为在这特殊的时代，传统意义上的“理”是起不到什么作用了。

从上面儒释道地位转换与情理的消长之简述可见，从宋到元，是又一个思想上由紧而松的周期变化，至于民族压迫、等级观念则另当别论。

明朝建立之后，不仅从吏治上加强了专制主义中央集权的统治，而且设科举以八股取士，以四书五经命题，且四书要以朱熹注为据，将士人的思想限于程朱理学内，明成祖还主持编纂《性理大全》一书。科举、八股当然是儒学、理学占据统治地位的表现。但在明中叶，开始出现了以王守仁为代表的王学，王学既继承了陆九渊的“心即是理”之说，又受到禅宗影响，反对心外之理而主张“致良知”，其固然是唯心主义哲学，却“种瓜得豆”地对程朱理学起了反面作用。到以李贽为代表的王学左派，更进而反对专制政体和封建礼教，虽后被目为异端，李贽被迫害致死，但对晚明以情抗理的思潮有很大推助。明代可看作一个单独的由儒而禅（狂禅）、由理而情的完整周期。

清朝在镇压了各地的起义，采取一系列措施加强中央集权，对汉族知识分子实行拉拢后，康熙皇帝又将程朱理学作为巩固统治的工具，他重刊《性理大全》，并编写《性理精义》，封了一批"理学名臣"，并严禁王学，一方面开始兴文字狱，到雍正、乾隆朝，达到高潮。清人承清初三大思想家反对晚明王学末流的空虚浮浅，由提倡经世致用之实学发展出乾嘉朴学，与此同时，文艺倾向于复古。嘉庆之后，国事日非，已处于鸦片战争的前夕，龚自珍、魏源等今文经学派表现出学术思想到文艺思想的转变，并逐渐使中国在某种意义上开始走出"中世纪"的蒙昧。由晚明到清后期的历史，就情理关系而言，似乎是一个否定之否定的过程，当然，这一过程的完成，是在近代了。

上面对秦汉到清代的儒道释三家思想兴替和情理消长作了回顾，下面结合具体的文艺发展，阐述前述的四则规律。

一　儒道（禅）相济律

前面说过，汉代儒学已与先秦儒学不同，它被加上了神学色彩，所以汉代文艺带有天人感应论的色彩，此在上编第四章已论，兹不赘。

先秦儒家进步的思想对汉代文艺有无推助呢？有！如乐府之立，固然与武帝定郊祀之礼、祠太一、祭后土之举有关，但《汉书·艺文志》又说："自孝武立乐府而采歌谣，于是有代赵之讴，秦楚之风，皆感于哀乐，缘事而发。亦可以观风俗，知薄厚云。"可见，了解民情而"采诗夜诵"是祭祀与享乐以外的又一重要目的。这继承了先秦儒家"兴观群怨"、"观乐知政"之说，有一定进步意义。《汉书·食货志》说："男女有不得其所者，因相与歌咏，各言其伤。……孟春之月，群居者将散，行人振木铎徇于路以采诗。献之大师，比其音律，以闻于天子，故曰，王者不窥牖户而知天下。"是又一补充。当政权还处于有生机的上升时期，统治者并非根本不想听到人民的声音，所以也能留下不少东汉乐府民歌。又如汉大赋，原出于"润色鸿业"之需，但扬雄看到其欲讽反谀之弊，故悔其少作，提出"诗人之赋丽以则"，后来才有抒情小赋之出。从画像石而言，固有神仙鬼怪、神话巫术，又有忠孝节义的内容。至如司马迁的《史记》，能不囿于他从老师董仲舒处所得的公羊派《春秋》之学，而以"天人相分"思想"究天人之际"，以"与时变化"的观点"通古今之变"，应说对先秦儒学的积极面都有汲取（孔子"敬鬼神而远之"，"知其不可而为之"，荀子"制天命而用之"，"上可以王，下可以霸"，不必"法先王"而可"法后王"，皆是"与时变化"的观点），所以《史记》能成为伟大著作。至汉末的乱世，之所以能产生慷慨磊落的"建安风骨"，正是诗人采儒家积极入世人生态度的反映，当然，这只是从人生态度而言，曹操的政治思想则法治为多，并杂以其他，且曹氏父子都有另一面，故有游仙之作。

魏晋时期，诗中的"正始之音"有儒家"忧生"的一面，但因为嵇康、阮籍都是反对名教崇尚自然的，所以作品主要是此期的道家思想——玄学的反映及表现。不过，相较之下，嵇康多"游心太玄"之意，而阮籍在"忧生之嗟"中，更多政治幽愤，他向往“去上西山趾”，“抗身青云中”，却又无奈而只能在现实中以保全性命，可以认为阮籍本人就是儒道互补的人物。到东晋时代的陶潜就更可见这种互补，他早年极想有所作为，不少诗中都透露出儒家的进取、入世思想，由于生活在“真风告逝，大伪斯兴”的时代，理想无法实现，不得不躬耕隐居，由儒而道，退避田园。以上是从个人言。从宏观角度来讲，魏晋诗虽以玄、道为主流（游仙、玄言诗自不论，山水诗亦是道家或佛家思想的反映），但其内部除杨、朱“乐世”思想影响下的“颂酒”而发展至南朝“宫体”的“赓色”外，还有儒家思想指导下的功业之叹和政治悲愤（如左思、刘琨等），还可以构成一个不对称的“儒道互补”结构。同样，魏晋南北朝的文章名篇有《兰亭集序》、《归去来兮辞》、《桃花源记》及诸多写景之作，都有出世倾向，但诸葛亮《出师表》、庾信《哀江南赋序》之一头一尾，也与前面所说形成文章之“儒道互补”不对称结构。当然，绘画的创作倾向和指导思想则在佛、道了，宗教性的绘画自不必说，山水画也主要是道家思想的体现、反映。

隋唐堪称真正的儒道相济。李白、杜甫这“诗坛双子星”就是一道一儒的典范，边塞诗主入世，当在儒，山水诗主出世，当在道、佛。当然，就总体而言，从初唐四杰、陈子昂，一直到晚唐罗隐、杜荀鹤等人，都是入世为主、关怀人生的，更不必说“新乐府”的代表白居易等人了。但是从个人言，就要具体考察、分析了。李白固以道家思想为主，但何尝不想济苍生、安社稷，甚至晚年还自诩谢安，希得一用。而白居易早年儒，晚年退而佛、道，其身上的思想成分，似是李白的“负片”。唐代韩柳古文为“八家”之首，韩当然是“文以载道”，复古崇儒，柳宗元亦投身政治，积极革新，但“永贞”失败后，其《永州八记》又岂非出世的道、佛思想？唐代的艺术似更呈儒道相济的格局。乐舞中的《秦王破阵乐》虽非“尽善”，却岂非入世之作？而法曲之杂佛道曲，当然是道、佛思想的体现。绘画中既有人物画之功臣像，又有佛道像，也有不同流派的山水画，儒家的功业和佛道的直接宣传及“畅神”，显然构成了互补之势。这与欧洲中世纪被神学全部统治不同，与后来人文主义绘画也不同（欧洲风景画出现很晚）。欧洲中世纪的教堂建筑似是压倒一切，而唐代却是宫殿、寺院、道观俱胜。由上可见，唐代艺术从总体上构成二元结构（若佛、道分开，则呈三元了）。

虽如前面论述宗教与文艺关系时所说，宋代君主多崇道教，不过从对知识分子的思想影响而言，禅宗要远过于道教。如果说唐人的佛教信仰并不只限于禅宗，经五代的发展，宋代的佛教对士人产生影响的主要却是禅宗，文士与释子的交往远过于道士，儒道相济也就加上了禅的新内容。宋代自立国起就奉轻武重文政策，文人得到朝廷优待，从政意识都很强烈，都很想有所作为，但由于党争或其他原因，又常遭贬斥，所以宋代文人虽有如范仲淹那样以“居庙堂之高，则忧其君，处江湖之远，则忧其民”来自励，可实际只能是“达”则实行儒家“兼济天下”的路线，“穷”时只能用道家和禅宗思想来自我解脱，努力化解人生矛盾。宋代文人很少与禅宗无缘，其著者如苏轼、黄庭坚，连理学家朱熹也从禅宗汲取甚多，辛弃疾在闲退时所作词，则常道及庄子。苏轼认为“庄子盖助孔子者”，“阳挤而阴助之”①。而宋代的文学创作也常以个人的儒道（禅）调和构成总体的互补相济。从理论言，一方面不断地阐述孔子的功能论，另一方面又不断地从庄、禅中汲取营养，《美的历程》专撰《苏轼的意义》一节，正是由于苏轼具有儒道互补的典范意义。

宋代的儒道禅互补毕竟还以儒为重，而元代之特殊历史、民族压迫，就使汉族知识分子或从“九儒十丐”走向市民文学，或从官场隐退，求山林之乐了，故元代当以道为主。试看元散曲有多少不是感慨官场险恶，而歌咏隐居乐闲的？元之山水画极负盛名，其中如倪云林更有“逸品”之称，也是道家思想的体现，且画家中颇多道人，这是前代很少见的现象。

明清由于旧体文学衰落而小说、戏曲之新体兴盛，颇难断言其文艺是否在儒道相济律的规范中，但士人心态受文化心理结构“遗传”的影响，确实是难以移易的。

综上，从纵的历史言，汉为儒，魏晋六朝为道（玄、佛），隋唐宋以儒为主，元又易为道，明清又为儒，构成纵向的儒道“否定之否定”，在“三王之道若循环”中小步发展，不似欧洲之有明显的发展阶段性；从横向的朝代言，成分、程度不同地都构成儒道相济、合二（三）为一。

二　情理互制律

情理互制其实是从儒道互补原则派生出来的，从孔子“兴于诗，立于礼，成于乐”，礼以节外，乐以和内的思想，到《乐记》的“情见而义立，乐终而德尊”，所强调的是产生于“中和”思想的情理结合、以理节情原则。而从老子的“自然”，到庄子的“真者，精诚之至”，则强调不要斫伤自然，“不精不诚，不能动人”。因而“儒道互补”又表现为文艺发展中的情理互制律。

《诗经》虽被汉儒曲解为道德教本，“男女有所怨恨，相从而歌”，却必然使之以情动人。《楚辞》或是人神相恋的情歌，或有诗人强烈的主观抒情色彩。显然，这两座先秦的诗歌高峰都以情胜，并为后世的诗歌树立起“风骚”传统，除儒家所理解的干政意义和现实精神外，这一传统其实就是对抒情性的重视，在《诗经》则还多了一份“无邪”的理性制约。

汉代由于董仲舒创造了神学目的论的思想体系，东汉的谶纬之学更将儒学变为儒教神学。非仅乐府中的郊庙之乐是“天人感应”思想的表现，汉赋中不少作品亦以颂神来宣扬儒教神学之“理”，尤以西汉王褒、东汉班固为最。汉画中亦有不少忠臣孝子、烈士贞女、贤愚成败之作。连汉代建筑也带有神学目的论色彩。因而，

① ［北宋］苏轼：《庄子祠堂记》。

乐府诗的"感于哀乐"和古诗十九首的"文温以丽，意悲而远"，都是将前述的"理"向"情"的反拨，后代之对《史记》的评价要高于带官方色彩的《汉书》，是因为司马迁为文极带感情，故为班固所不及。

"建安风骨"、"正始之音"都以情胜。玄风炽盛而入于诗，则有玄言诗的说理，甚至一直影响到陶渊明、谢灵运，但从陶、谢以及鲍照以后诸多诗人所作来看，抒情之作无疑是占据主位。《世说新语》有云，"情之所钟，正在我辈"，且多移情于山水，从山水诗到诸多的山水小文、书简，都可品味出隽永的抒情性。因山阴道上的难以忘怀到卧游之乐的山水画，都以情胜。无论是北朝乐府的情歌、牧歌、战歌，还是南朝乐府《吴声》、《西曲》的相思离别，其间有刚健爽朗与轻倩柔婉的风格区别，又无疑都以抒情为主调，即使如梁陈"宫体"，也是"缘情"而入于"绮靡"的表现。二王的书法也充满了抒情性。综观魏晋六朝，当是"情"压倒了"理"。

唐代是言志、缘情、体物结合得最完美的时代。综观唐代文艺，当是抒情色彩最浓的，即如韩愈"文以载道"，又何尝不见韩文的强烈抒情性？白居易将诗歌创作的理性制约强调到绝对的地步，但即使是他"愿为天子知"的讽喻诗，也带有显见的感情，更遑论其"感伤诗"、"杂律诗"了。且不说唐诗四期、唐画五类（人物、山水、花鸟、牛马、杂画），连众多的佛教艺术也常有一定的抒情性，唐代乐舞，无论是坐部、立部、健舞、软舞，都以情见长。被誉为开元三绝的李白歌诗、裴旻剑舞、张旭草书，更是抒情之极，"诗圣"杜甫其实也可以看作是"情圣"，连"诗佛"王维笔下的禅意、禅境也并非一片冷寂，而入于严整的中唐文艺，则是另一种类型的抒情。

宋代文艺较为复杂。宋文议论较多，却仍有强烈抒情色彩，政论文如此，说理文也常带感情，至如《秋声赋》、《赤壁赋》之类名篇，既是说理，又是抒情，两者交织浑融，密不可分，使文章臻于高境，宋文占"八大家"之六，其中的抒情之作是很出色的。就诗而言，严羽认为宋不如唐在于"以文字为诗，以议论为诗，以才学为诗"，但更有人认为宋诗之失在"言理而不言情"，不过，这样的说法未免简单化，只是宋诗抒情性不如唐诗确是事实。正因如此，宋词因其"缘情"的特质，所以被后人看作宋代文学的代表。宋话本与唐并称，基本是言"情"专业。宋代艺术中的乐舞（队舞颇多）、绘画都有强烈的抒情性，至如宋塑中的晋祠名作，更非宗教味，而是世俗化，颇具人间情味。总之，宋代虽讲道学、理学，其对文艺的影响却相当有限，并不似汉代的儒学神学那样具有统治力量。

元代在正统诗文受着程朱理学影响之时，杂剧、散曲却充溢着蔑视礼教、表现真情的鲜明色彩。元画更因常有寄寓（如王冕、倪瓒），故其所重在抒情写意而非造型、技巧。

明清的正统诗文不论（因不具"一代文学"的资格），新兴的小说、戏曲，前者之"讲史"中或有"理"在，但人情小说当然重在情，拟话本皆以情见长。明传奇之繁荣出现在隆庆、万历，是由于从明初《琵琶记》之后，丘濬、邵灿等人所作，都是宣扬封建道德之“理”，而《浣纱记》之后则转为言“情”，至吴江、临川二派争胜时，更以汤显祖所作为“情”之极致。《银绞丝》、《打枣干》、《挂枝儿》等小曲大盛，也在于“借男女之真情，发名教之伪药”（冯梦龙语）。明之八股在文学上没有地位，是因为“代圣人立言”，而晚明小品、三袁诗文得人赏爱，正在于抒发性灵。明之山水、花鸟画固是抒情之作（尤以徐渭为代表），丁云鹏、陈洪绶的人物画被称道，也因其有抒情、寄寓。明人建筑之将以前对佛寺、道观的兴趣移向园林，当然是“情”过于“理”的表现。清代情况也大体相同。《聊斋》的“孤愤之作”，《红楼梦》的宝黛爱情，直到清末的谴责小说，虽此“情”非彼“情”，嘻笑怒骂岂非是情？戏曲名作之《桃花扇》、《长生殿》，直到清末剧作，岂非以“感伤主义”代替明之“浪漫洪流”？四僧、八怪的绘画，多有情的凝聚、寄托。观明清瓷器，较之商周青铜、汉代漆器，可显见其间的不同，从器表的纹饰、配画、题字，很可以看到礼器、用器的政教性与抒情性之别。大量的明清诗、文、词之地位不及前代，大概正在于言“理”太多，言“情”较假，或隐而难明。而人们肯定清初的遗民之痛，肯定从龚自珍的呼唤风雷，到秋瑾的感念祖国，也在于他们所作是表达真情实感。

情理互制导致情理互胜，形成了文艺发展的波浪式前进及文艺代表样式转移的现象（即前说的“代有所胜”律），虽然我国一直将以理节情作为文艺创作的重要原则，但只要不是纵酒、溺色，文艺创作中，情胜则盛，理胜则衰，应是大体准确的。

三　天人合一律

“天人合一”的观念和哲学命题是农业文化的产物，上编已有讲述，此处是借来用以概括文艺内容题材对人与自然并重的规律。在先秦文艺中已有“天人合一”的不同程度表现，尤其楚文化表现出更多。汉代由于“天人感应”说的出现，儒教神学之成为统治思想，且较之后来，文艺更具官方、御用性质（文学更甚），不同于后来的文人个人创作，所以，文艺题材的“天人合一”现象非常普遍。汉赋“控引天地”，一方面是描绘人的物质创造，对人的颂扬，一方面是天造地设的自然美，是对神的赞美。同样，乐府诗的内容更是“天人合一”，“人”的一头前已有所论述，且多为我们今天所熟悉，“天”的一头主要表现在《郊祀歌》、《房中乐》等作。乐舞的《昭容乐》、《礼容乐》、《宗庙乐》、《武德舞》、《文始舞》、《五行舞》、《四时舞》、《昭德舞》，当不乏君权神授、颂扬天意的内容，而《巴渝舞》或表演田间劳动的《灵星舞》，岂非“人”的内容？绘画情况更著，伏羲、女娲之人首蛇身，西王母、东王公、风伯、雨师、雷公等——此是“天”；而战斗、出行、角抵、百戏、牛耕、骑马、纺织、冶铁、歌舞、田猎、庖厨——此是“人”。连建筑中如武帝建神屋，甲帐居神、乙帐武帝自居，且有神人掌承露盘等，也体现出天人合一的原则。

魏晋南北朝文艺题材的“天人合一”有所不同，并非似汉代那样的“天人合一”几乎笼盖所有文艺形式，而是文艺以人为主，艺术以天（天国之佛）为主。细分则又是“五情应物”而落于山水之山水诗为“天”，而其余之诗多在人生社会；志怪小说在“天”，志人小说在“人”；《月赋》、《春赋》、山水之文在“天”，《恨赋》、《别赋》、抒情之文在“人”；山水画也在“天”，人物画则在“人”。至于宫殿与寺院、佛窟并重，则是建筑之“天人合一”。

隋唐以后，亦可沿六朝而推之：文章诗词曲赋中写人生社会者为“人”，写自然山水者为“天”；绘画中的人物画、风俗画为“人”，佛道画及以自然界为对象者（山水、花鸟、牛马等）为“天”（相对于欧洲而言，因为欧洲古代为“人”，中世纪为“神”，以后又为“人”，自然风景画很晚才出现，基本是单一题材）；大曲、清商、燕乐为“人”，法曲为“天”；讲史、人情小说为“人”，神鬼小说为“天”（《封神演义》亦人亦天）；演史、世情、爱情之剧为“人”，神仙道化之剧为“天”；宫殿、园林、民用建筑为“人”，宗教建筑为“天”。

诚然，在封建文化及其文艺两千多年的历史中，农业文明造就的理性精神一直居于主导地位，我国从未入于全民的宗教迷狂，但由于道、佛两教及庄、释思想的影响，使得儒家的入世路线与道释的出世情怀构成了文化—心理的儒道互补，从而形成了天人合一的文艺题材格局。

能不能认为这是具有民族特点的规律呢？在与外国对照后就清楚了。试看其他文明古国，文艺多是从颂神和讲述“传古民歌”开始的，因此神话与史诗几乎是共有的形式，神与半人半神的英雄是被歌颂的主角，在有过一个辉煌阶段后，多因外族入侵、政权更替而渐见沉寂或文化转换，中古时期，无论是欧洲还是南亚、西亚、北非，文化、文艺几乎都与宗教相关，直到近代才走向以人为本的发展道路，倒是受我国影响的东亚，在文艺上颇多人世间的题材。所以，如果作一简单的中外对比，他国的文艺似乎多呈马鞍形的变化发展，在“鞍”的两端分别是“神”与“人”，而我国文艺不仅是持续的发展，没有中世纪的间断，而且的确是在以人为主同时形成内容题材上的“天人合一”格局。

四　古今并出律

在以入世路线、理性精神为主干的发展中，又有出世思想、宗教意识的影响而形成“天人合一”，与此同时，又由于从祖宗崇拜起而萌发的的历史观念、崇古意识，使中国文艺在关注现实人生这一头的同时，又有深厚的历史积累，所以文艺题材又以古今并出为规律。

文艺反映、表现“今”者自不必论，我们且看“古”的一头。

先秦时代的文艺，相对说来以《楚辞》中所涉神话较多，古人古事更多，散文中也大致这样。到秦汉以后，随着积累增多，历史遗产渐见丰厚，古今并出更为常见。汉代文学如此，汉画同样如此。汉画中除前面所说的现实世俗生活内容外，孔子问礼、荆轲刺秦、聂政刺韩、秋胡戏妻、曾参、闵子骞、老莱子等，即属“古”

之一头。各代文章、诗词曲赋，在现实题材中常又引出古人古事，而怀古则成为各类文学形式的一个重要题材。俗文学兴盛之后，人们概言小说“真三国，假西游，半真半假粉妆楼”，可见历史题材甚多。戏曲亦多取材讲史、演义，甚至童蒙读物，既有合于史实者，亦有“仲宣忽作中郎婿，裴度曾为白相翁”（前为郑光祖《王粲登楼》，写王粲与蔡邕女结婚；后为郑光祖《㑳梅香》，写白敏中与裴度之女小蛮结婚）之类与史实不符者，后人称“元人家法”，其中之一即与史相谬。可以说，一部二十四史，众多的历史人物和事件，都给后代文艺创作提供了许多素材。

一位接触了西方小说的论者对中西小说作了这样的比较：“泰西之小说，书中之人物常少；中国之小说，书中之人物常多。泰西之小说，所叙者多为一二人之历史；中国之小说，所叙者多为一种社会之历史。昔尝思之，以为社会愈文明，则个人之事业愈繁赜，愈野蛮，则愈简单。……盖吾国之小说，多叙述往事，泰西之小说，多描写今人。其文野之分，乃书中材料之范围，非文学之范围也。若夫以书中之内容论，则《西厢》等书，最与泰西近。”① 所说的我国小说“所叙者多为一种社会之历史”，“多叙述往事”，可见出取材于历史的特点，而这与西方的现实题材是有很大不同的。当然，我国小说在“演史”同时，又有不少现实内容，“古今并出”的规律应是适用的。

各代的乐舞，其雅乐多沿旧制，历史承袭颇多，清乐亦为“九代之遗声”，颇多历史的积淀，其余则或从外国，或从少数民族，或从民间来。宋曲得唐曲者不少（从名称到内容），元曲亦有不少来于宋曲。一方面是得之于前代，一方面来源于现实，乐舞的古今并出亦不难理解。

各代的绘画，从技巧言，常是前代的积累加上自己的创造，方能成家。从题材言，人物画中有今有古，风俗画为今，历史画为古。不妨举些画名：如顾恺之的《谢安像》、《桓温像》尚是本朝人物，《女史箴图》就是历史了；阎立本的《步辇图》为今，《历代帝王图》为古；李公麟的《西园雅集图》画同时的苏轼、米芾、黄庭坚、张耒等人雅集，而《免胄图》却取材历史；张择端《清明上河图》为当代风俗，李唐《伯夷、叔齐采薇图》以古讽今；仇英《春风宴桃李图》写李白事，陈老莲《屈子行吟图》写古代诗人，唐寅《吹箫仕女》、丁云鹏《待朝图》（朝官上殿前）当是今人……。

当然，西方国家也不乏历史题材的作品（如莎士比亚），但中世纪文艺都是神的奴婢，连但丁《神曲》中的维吉尔都仅起导引作用，较之中国封建文艺，并未能形成古今并出的格局。

以上所讲八条规律，仅是个人体会，能否成立，是否严密，是否可称为规律，都足可商榷。

① 曼殊（梁启勋）：《小说丛话》，《新小说》11号，1904年。

第十章　秦汉魏晋南北朝：从一统到多元

前面已说，我们在本书中以建立封建大一统的专制统治作为封建社会开始的标准，所以论封建社会的文化与文艺以秦朝的建立为起点，而秦、西汉、东汉、魏（三国）、西晋、东晋、南北朝，则可以作为封建社会的前期。本章就论这一段。

第一节　秦汉的文学成就及其文化意义

秦汉两朝的寿命相差悬殊，但都疆域辽阔，而且汉承秦制，汉行秦政，有显见的连续性。秦朝在物质文化上有很高的成就，“书同文，行同伦”之类也对精神、制度文化影响深远，不过，由于秦王朝推行暴政，又行极端的焚书坑儒，对文化的破坏作用实又过于建设。汉代400余年，不仅在相当长的时期是东方最强盛的国家，而且汉民族的得名就缘于汉朝，其在历史上的影响可见。汉代的文化及在这一文化系统中的文艺，达到了很高的成就。

我们先将秦朝的文化、文艺简单带过，然后再论两汉。

在秦统一全国以前，各国的兼并战争促使了民族的融和，“夷”与“夏”的文化认同已渐见深入，秦始皇建立了大一统的秦朝后，以行政的力量和绝对的权威使得文化融合的渐变，变为了文化统一的激变。

从政治文化的角度而言，在六国并立之时，秦之内政已得《荀子·强国篇》的称赞，秦朝建立后，始皇纳李斯建议，行郡县制，建立了中央集权制度，为后来历代封建王朝的统治提供了样板和定式。在精神文化与制度文化的结合上，又推行了统一度量衡和货币，以及书同文、车同轨、行同伦。而筑长城、开灵渠，辟驰道等，都可以算是物质文化上的大建设。统一之前，吕不韦门客著《吕氏春秋》，因是类书之体，尚不足与诸子百家并。秦之文学，只有在李斯为客卿时所作《谏逐客书》可称道，相较而言，秦之书法、碑刻艺术有较高价值。焚书坑儒之举，不但造成了古代学术、文献的极大损失，而且在“有敢偶语《诗》、《书》者弃市”的禁令下，试想还有什么人能有诗情萌生？秦文学之蔽是必然之事。

汉代的文艺成就却是多方面的，我们不准备作全面的讲述，而从与文化相关的角度作一简述和分析。先论汉代文学。

一　汉乐府诗

根据新的考古结论，秦已有乐府，只是秦朝过于短暂，汉代又留有大量的乐府歌辞，所以人们还是习惯于乐府始于汉之说。过去都将乐府之立与刘邦还乡与里中儿高歌已作《大风歌》相联系，而《汉书·礼乐志》有“孝惠二年，使乐府令夏侯宽备其箫管”一语，可见乐府当创立于此时，但论者仍多以为乐府作为大规模的专署，应始于武帝时。应该说此说是有道理的，因为只是到此时，才有将夸侈荒淫之心施之于乐的物质条件，精神文化的繁荣常常是以物质文化为前提的。以乐府真正始于武帝之时，应还有一个政治文化上的理由，因为作为“汉学”代表的董仲舒是这一时代的人物，且乐府是他制礼作乐思想的体现。他曾说：“乐循礼，然后谓之君子”，“乐者，所以变民风、化民俗也”[①] 如果说这是与先秦儒家一致的思想，那么“王者必受命而后王。王者必改正朔，易服色，制礼乐，一统于天下，所以明易姓非继仁，通以己受之于天也。”[②] 则是他自己“天人感应”“君权神授”的新创造。他通过周朝文王、武王、周公的制乐奉天之举，说明制礼作乐是“明天命”、“见天功”[③] 的体现。如果说哲学上的“经学时代”肇自董仲舒，其神学化的儒学则直接导致乐府诗的真正开始，使得“立乐府”与“定郊祀”成为相并的两件大事。试看汉初的《郊庙歌》仅存的《房中祠乐》，其“太山崔，百卉植。民何贵？贵有德。”尚是重在颂汉之“德”，到司马相如等人所作，内容变为全与祀神相关。除迎神、送神二章外，另有祀太一、五帝的三章，祀四时的四章，祀后土二章，祭日、祭泰山各一章，记祥瑞七章。其中的《帝临》、《惟泰元》显见“天人感应”、“君权神授”思想，而《天马》、《日出入》则是武帝好神仙思想的体现。东汉光武帝用“图谶”手段夺得了西汉末年农民起义成果，在登上帝位后，“宣布图谶于天下”，继位的汉明帝据《尚书·璇玑钤》的“有帝汉出，德洽作乐，名太予”，下诏将郊庙乐改名为《太予乐》，太乐官为“太予乐官”，原因是“以应图谶”[④]，可见“天人感应”在东汉进一步向谶纬神学方向发展。班固编撰的《白虎通义》继续宣扬“天人感应”说，将礼乐纳入这一轨道，如“祭天作乐者何？为降神也。”[⑤] 就很有代表性，所以郊庙歌之类一直继作不休。

如果说郊庙歌与“天人感应”密切相关，表现出儒学文化的神学化，那么《鼓吹曲》与《横吹曲》之作为外国输入的乐曲，则又让人看到了汉代文化的开放性形态与汉人的开放心态。《汉书·叙传》谓《鼓吹曲》是秦始皇之末班壹避地于楼烦时输入，在孝惠高后时“以财雄边，出入弋猎旌旗鼓吹”。《晋书·乐志》云：“胡角者，本以应胡笳之声，后渐用之横吹，有双角，即胡乐也，张博望入西域，传其法于西京，惟得《摩诃兜勒》一曲，李延年因胡曲更造新声二十八解。”汉人对“北狄”、“西戎”的音乐非但不排斥，而且以之丰富了乐府的音乐，又不满足于有限的汲取，还作进一步的“因”而“更造”，可见外来音乐对专业音乐家的创作起

---

① 董仲舒：《举贤良对策》。
② 董仲舒：《春秋繁露·三代改制质文》。
③ 董仲舒：《春秋繁露·楚庄王》。
④ 范晔：《后汉书·曹褒传》。
⑤ 班固：《白虎通义·郊礼篇》。

到了多么重要的“点化”作用。

而在乐府的三声（雅声乐、楚声乐、新声乐）消长中，又可以让人看到乐府对大众文化、俗文化的包容性。雅声渐不入时耳而日见衰微，楚声曾显于汉初，因为数太少，随时间推移而渐见凋零，只有新声乐生命力旺盛。新声乐中有辞人、乐者新制者，也有据胡曲翻新、改造者，还有采自于四方的歌谣。东汉时，经术昌明，但音乐衰落，《汉书·礼乐志》称“皆以郑声施于朝廷”，郑樵《通志·乐府总序》说：“《上之回》、《圣人出》，君子之作也，雅也；《艾如张》、《雉子斑》，野人之作也，风也；合而为鼓吹曲。《燕歌行》，本幽蓟，则列国之风也；《煌煌京洛行》，其音本京华，则都人之雅也。合而为《相和歌》。风者，乡人之用，雅，朝廷之用。合而用之则风雅不分。”这种“君子之作”、“野人之作”、“列国之风”、“都人之雅”结合在一起的现象为郑樵所诟病，但如换一个角度看问题，为什么就不能承认东汉乐府对大众通俗文化的包容呢？

二　汉　赋

汉赋的文学渊源有三：一是楚辞，二是荀赋，三是纵横家文；相应的文化渊源则分别是战国的楚文化、诸子文化与策士文化。而对三者的吸收和发展，使“一代之文学”的汉赋得以诞生，也说明了汉代文化在继承中的包容性、创造性。

尽管在政治上是“汉承秦制”，汉人在文化上却是继承楚国，《楚辞》篇幅长，构思宏伟，辞藻华丽，显然不同于《诗经》，却为汉赋奠定了基础。虽然因时代、政治及作者的不同，《楚辞》对现实的不平和批判，以及强烈的抒情色彩都减弱了，客观描摹、歌功颂德成了主要倾向，但诚如刘勰所说：“赋也者，受命于诗人，拓宇于《楚辞》也”①，《楚辞》确实是开了汉赋的先声。

荀卿是先秦儒家的后期代表，《荀子》中有《赋篇》一组，这是现存最早以“赋”命名的作品，这组作品基本都由四言句构成，形式整齐，押韵而倾向于散文化，以写物为主而很少抒情。这些特点以后即被汉赋所吸收。

战国时由于结盟、攻伐的需要，一批舌辩之士应运而生，朝秦暮楚，纵横游说，这些论辩之辞大多铺排夸张。秦朝二世而亡，匆匆进入了汉代，但汉初的思想家仍多具战国辩士的素质，其后的许多人似乎也由于历史的惯性而或多或少沾染了纵横家与策士之习。如文、景时的枚乘、邹阳、严忌，都既是游士，又是赋家，武帝时的司马相如、朱买臣、严助，也长于纵横家辞说。但由于汉朝一统天下后演说政事、策划谋略之事已无必要，所以章太炎《国故论衡·辨诗》很正确地指出：“武帝以后，宗室削弱，藩臣无邦交之礼，纵横既黜，然后退为赋家。”

汉赋的出于以上三源，让我们看到了汉朝文人对前代文学遗产的汲取、整合，

① 《文心雕龙·诠赋》。

表现出一种积极的文化精神。倘再从文化的角度作进一步分析，从汉赋中又可以看到什么呢？

诚然，汉赋比起诗、骚来，其文学功能是变了，宋张表臣《珊瑚钩诗话》说："夫刺美风化，缓而不迫谓之'风'；采摭事物、摛华布体谓之'赋'；推明政治、正言得失谓之'雅'；形容盛德、扬厉休功谓之'颂'；幽忧愤悱、寓之比兴谓之'骚'；感伤事物、托之文章谓之'辞'；……"① 这种"采摭事物，摛华布体"的"体物"之作，确如《汉书·艺文志》所说，是"竞为侈丽闳衍之词，没其风谕之义。是以扬子悔之曰：'诗人之赋丽以则，辞人之赋丽以淫。'"但是，如转换观念，就不妨从汉代特有的文化背景来看其积极的意义。

《史记·平准书》云："汉兴七十余年之间，国家无事。非遇水旱之灾，民则人给家足。……京师之钱累百万，贯朽而不可校。太仓之粟陈陈相因，充溢露积于外，至腐败不可食。"在汉初经济发展的基础上，巩固了帝国的基业，武帝即位以后，对内"罢黜百家，独尊儒术"，完成了学术思想的统一，对外则进行了大规模的军事、政治扩张和文化艺术交流，这些变化也改变了中国人的地理观念，影响了中国人的精神生活。虽然汉儒将先秦儒家的美学思想改变为"天人感应"的神学目的论，使得汉代文艺烙上了特有的时代印痕，但现实生活以巨大的力量扭变着这种思想，诚如《美的历程》所说，是"表明中华民族进入文明社会后，对世界的直接征服和胜利"。

伴随着对世界的征服与胜利的自信，是赋中大量的描述性内容，它们将先秦诗歌的重在主观抒情，转变为重在客观描写，如果说原来诗中的景物多为"比兴"，是"自然的人化"，那么在汉赋中，则因对世界的"征服和胜利"而转为"人化的自然"；与此同时，由诗歌从近于音乐的、表现性的"时间艺术"，转变为汉赋的重在描写，具有近于绘画、再现性"空间艺术"的性质，为后代描写性诗歌的发展起了很大的促进作用。古代审美的主题是以人为中心与本位的言志贯道、抒情养气，如今变而为对外部世界的移情与追求，在文艺传统精神发生巨大改变的同时，相应的文化精神也由内向转为外向。

三　司马迁与《史记》

俗称"西汉文章两司马"，其实即使不说史学界，司马迁在文学界的影响也要大于司马相如。要论司马迁就不能不先说他的老师董仲舒。董仲舒为了适应封建专制政权的需要，建立了完整的哲学体系。他将宗教哲学与政治思想结合起来，强调统治者的绝对权威，虽以孔孟的仁政说来节制剥削，主张用仁德代替秦所行法家的严刑苛法，但他又倡以修郊祀、改正朔、建封禅、礼百神，用宗教礼仪来"更化"，

---

① 吴讷：《文章辨体序说》。

将儒学作了神秘化的改造。他又提出以“君权神授”为核心的“天人感应”目的论，以“天意”、“天志”说、“人副天数”等说为之具体化。他还提倡“天不变道亦不变”的形而上学思想方法。这些学说的提出，在封建专制主义政权建立的初期，对加强中央集权是有积极意义的，但其唯心主义与形而上学的消极作用也不应低估。

司马迁是董仲舒的学生，曾得其公羊派《春秋》的亲授，但他的世界观要比他的老师进步得多。他在哲学上主要继承了父亲司马谈的思想，而司马谈在哲学上属黄老学派，接受汉初的自然科学思想颇多。司马迁对自然科学的关心与造诣是他唯物主义思想的来源之一，他接受了阴阳五行说，又以天文学来纠正其荒谬之处，还对一系列的问题进行过唯物主义的探索。有了这样的思想基础，所以他能在《史记》中“究天人之际，通古今之变”，表现出先进的历史观和文化观。

司马迁不为神学化的儒学所左右，而是从先秦的“人定胜天”等思想中汲取唯物主义的精华，尤其能以“天人相分”的思想“究天人之际”，正确看待历史现象，跨越了先秦史传对人事与天意、祯祥的纠缠，迈向了对历史经验教训的科学总结。

对陈胜、吴广起义，他既客观地写出了起义的原因、过程，可是在“王侯将相宁有种乎”的背后，又是借助鬼神、巫卜、狐怪，在将其底细托出同时，可见出他的反天命色彩。项羽自刎乌江前，谓“此天亡我，非战之罪也”，司马迁则指出他迷信武力，“奋其私智而不师古，谓霸王之业欲以力征经营天下，五年，卒亡其国”，并非天意，项羽临死尚不觉，“岂不谬哉”！司马迁否定天有意志，“无造福先，无触祸始，委之自然，终归一矣”[①]，《史记·太史公自序》说“春生夏长，秋收冬藏”是“天道之大经”，自然界自有规律，人们应当按照自然界的规律办事，才能取得成功。在《武帝本纪》和《封禅书》中，他讥刺武帝相信方士的鬼话，一次次求仙访道，却“其效可睹矣”，立场与看法可知。当然，司马迁毕竟是两千多年前的人物，受科学发展水平的制约，尤其汉代的天文学还受古代占星术影响，所以在《史记》中还可以看到他在一定程度上相信天象与人世灾祸的对应关系，在将秦与他国对照后，对其能兼并天下感到迷惑，而只能叹为“天助”。即便如此，与《左传》相比，已经没有那种“不专人事”，“其别有五：曰天道，曰鬼神，曰灾祥，曰卜筮，曰梦”。所以《史记》不仅是以其综合纪传体的形式和洋洋五十余万言的篇幅，为封建史学奠下了厚重的基石，而且真正在对历史及人物的全方位描述和总结中，贯注着科学精神。而这一切，都与“究天人之际”的思想和原则大有关系。

司马迁又能以“与时变化”的观点“通古今之变”，总结出历史通过变革而前进的规律。董仲舒在接受阴阳五行说的同时，也从中得到阴阳对立统一的矛盾品格的启示，但他将矛盾的双方看成是固定与绝对的，不承认转化，也就不承认辩证法，

---

① 司马迁：《悲士不遇赋》。

故有“天不变，道亦不变”之说。司马迁则不然，他认为历史是通过变革才能前进的，为此，他虽对吴起、商鞅的个人品质不以为然，但对二人在楚国和秦国的政治改革取称赞态度。他反对老子“小国寡民”的倒退主张，认为“战国之权变”亦有可采者，“何必上古”！他对秦始皇的顺从时变、统一六国、在政治上有所改革取肯定态度，认为那种“见秦在帝位日浅，不察其始终，因举而笑之”的举动是“与以耳食无异”。在司马迁看来，“与时变化”与天道鬼神无关，他以“君子用而小人退”解释“国之将兴，必有祯祥”，以“贤人隐，乱臣贵”为“国之将亡，必有妖孽”①，无疑是卓见。他不是那种动辄称三代之治、一味向后看的人，“叔孙通希世度务，制礼进退，与时变化，卒为汉家儒宗”②，就是对与时而进的充分肯定。

班固曾很准确地批评到司马迁的“要害”：“论大道则先黄老而后六经，序游侠则退处士而进奸雄，述货殖则崇势利而羞贫贱”③，其实，这正是他“与时变化”历史观的体现。以第三点来说，统治者自己可以无限地追求物质享受，但对人民则灌输“正其谊，不谋其利；明其道，不计其功”④ 的思想。司马迁认为人们关心物质生活的提高，谋取个人的利益是人的本然、天性，“天下熙熙，皆为利来，天下攘攘，皆为利往”⑤ 是很正常的事情，统治者不应同人民争利才是正确的。为此，他不顾正统看法，而为商人立传。

司马迁的与时变化还体现在对传统的夷夏观念的突破，在汉帝国勇对外来、积极开放的态势下，他既为东越、南越、西南夷立传，又单列匈奴、朝鲜以及大宛、乌孙、康居、大月氏、安息等国，将异域友邦和少数民族都写进自己的著作中。对汉朝的夙敌匈奴，他从自然、地理条件和生产、生活方式看待他们的民族习性，“宽则随畜，因射猎禽兽为生业；急则人习战以侵伐，其天性也”⑥。

我们在前面论先秦历史散文，这里论《史记》也是将它作为历史来看待，所以主要从司马迁先进的历史观来立论，对其文学意义和价值就不作探讨，因为一般的文学史著作对此已多有论述。至于司马迁在文学上的影响，《史记》之外，还应注意到他的“发愤著书”思想。

成就一个伟大的历史学家和光辉的著作《史记》，除了司马迁所处的时代、他的家世、他的出游，以及“天下遗文古事靡不毕集太史公”等条件外，还有一个重要的原因，即在遭受李陵之祸以后的“发愤著书”思想。此前，司马迁并未看清最高统治者的真面目，竭尽才能工作，“以求亲媚于主上”⑦，却不料因替李陵辩护，

---

① 《史记·楚元王世家》。
② 《史记·刘敬叔孙通列传》。
③ 《汉书·司马迁传》。
④ 《汉书·董仲舒天人三策》。
⑤ 《史记·货殖列传》。
⑥ 《史记·匈奴列传》。
⑦ 《报任少卿书》语。

触犯了汉武帝的舅子贰师将军李广利，竟然被武帝投入监狱，自己无钱赎罪，又无朋友相助，被迫接受“宫刑”。司马迁由自身的遭遇终于看清了最高统治者的刚愎、残酷和上层社会的炎凉世态。也因此而使他以“良史之才”意识到自己若要完成未竟的事业，就一定要以“不虚美，不隐恶”的精神来治史，在以《史记》作历史的“实录”同时，不忘记用此书来表彰正义，批判邪恶，寄托理想和感情。他以刑馀之身继续自己的事业，是因为深深懂得人的死生意义不同，他以古代孙子膑足、左丘失明却不废著述来自励，希望能完成《史记》这一伟大的著作。在《报任少卿书》中，司马迁饱含悲愤控诉了封建专制的淫威，《史记·太史公自序》在一段与前者颇为相似的追述古人的文字后，又说：“此人皆意有所郁结，不得通其道也，故述往事，思来者。”可见他的治史是有现实针对性，并以之思考未来的，而“意有郁结，不得通其道”则见出他对古人“发愤著书”思想的体会。

司马迁对屈原有深切的了解和同情，对他怀着极度尊敬。《史记·屈原贾生列传》中分析《离骚》的创作动因：“屈平疾王听之不聪也，谗谄之蔽明也，邪曲之害公也，方正之不容也，故忧愁幽思而作《离骚》。”“屈平正道直行，竭忠尽智以事其君，谗人间之，可谓穷矣。信而见疑，忠而被谤，能无怨乎？屈平之作《离骚》，盖自怨生也。”由穷而怨，发愤而作，是《离骚》的精神，《史记》之成为伟大的历史著作之外，又是伟大的文学著作，也在于“实录”之外还见发愤而作的强烈感情，通过对笔下人物的描写和歌颂、针砭，可以看到他以怨愤为主的感情寄寓。因为司马迁常借《史记》倾诉自己内心的愤懑，所以封建正统文人对此不甚赞许，同为史学家的班固说他“是非颇谬于圣人”，后汉王允甚至说：“武帝不杀司马迁，使作谤书，流于后世。”①

“发愤著书”对于历史著作来说是否会影响客观、公正呢？历史上的存在是客观的，但历史的写作总要带上著者对人物事件的判断，具有一定的倾向性，即使是《春秋》也寓有褒贬。司马迁的“实录”精神保证了《史记》的客观、公正，而“发愤”更令人看到了史识之外并非冰冷的绝对客观，其感情是很值得宝贵的。鲁迅《汉文学史纲要》有一段很深刻的论断：“惟不拘于史法，不囿于字句，发于情，肆于心而为文”，“感身世之戮辱，传畸人于千秋，虽背《春秋》之义，固不失为史家之绝唱，无韵之《离骚》矣。”司马迁不仅以《史记》沟通了文史两界，将先秦学术的文史哲一体提高到一个新层次，在为后世树立起典范的同时，也使之成为我国的一个文化传统；而且也为我国后来的文学发展确立了重视感情的文学内涵，历代的进步文人坚持并发扬了“发愤著书”的精神，使“诗可以怨”为之继续并扩展，在我国文学发展中成为又一个具有文化意义的传统，即向内是发现并表现自己的深情，向外是以“怨刺”、“愤恨”形成了对现实的批判。

---

① 沈括：《梦溪笔谈·补笔谈》卷一。

“发愤著书”不仅可见“意有郁结，不得通其道”，“述往事，思来者”，针对现实，有感而发，而且有盘旋郁结的感情力量，展现了深厚的力度。文学作品的感情是极其重要的，正因为《离骚》的感情力量，引起了后世的诗论家关于《诗》《骚》孰为之正的论辩。进步的文学家也认识到，越是对黑暗现实有强烈义愤，作品的思想性也越深刻。司马迁“发愤著书”的思想一直为后人所继承发扬，李白的“哀怨起骚人”，韩愈的“凡物不得其平则鸣”、“欢愉之辞难工，而穷苦之言易好”，欧阳修的诗“穷者而后工”等，皆其著者。直到明清，李贽也认为《水浒传》是发愤之作，金圣叹也说《水浒》是“庶人之议”，“怨毒著书”。

司马迁之写《史记》，意在“成一家之言”，要表达出自己的社会、政治理想，独到的历史见解。而“发愤著书”思想则可谓是造就出“一家之言”的一个重要原因。《春秋》是通过寓有褒贬的“微言”来寄寓理想，《史记》则通过对历史事实的叙述来体现理想，而“发愤著书”思想使他深刻地表达了自己鲜明的爱憎，从而也使之未成为如班固《汉书》那样的正统“官书”。

四　《古诗十九首》

我们之所以将这一组诗看得与前三者并重，作单独的论述，是因为它确实在文学史、文化史上都具有异乎寻常的意义。

据多数研究者的看法，《古诗十九首》的大多数作品产生在东汉末年，这是一个动荡纷乱的社会，此时，思想多元化造就了哲学的分流，导致了神学唯心主义的解体，以王充为代表的“疾虚妄”思想，也促使了文艺对“真”的追求，从“十九首”就可见之。

两汉社会的经师与文人分别通过“通经”与“献赋”踏上仕途，因而从哲学与文学两端服务于帝王。如果说东汉具有神学法典性质的谶纬，相对于“天人感应”还有新意的话，那么东汉诸多的辞赋则多是颂功德、求仕进，且多为竞相模仿的产物。“十九首”一反功利主义文学的目的，恢复了言志抒怀的传统，真实表达了时代的苦闷，表现了作者的感情和志趣，这正是从假到真的体现。

“十九首”之求真，首先表现在感情之真。这一组诗中体现出来的对现实的感喟，对人生的态度，游子思妇的思念，都是真切的。而真切的感情来自对乱世现实的愤怨，继承的是诗、骚批判传统，是歌功颂德的对立，是“穷而怨”的表现。它所写的怨愤、悲愁、苦闷、不平、相思、情谊，都围绕着时代的主题，都可以看到社会的折光。即以游子思妇题材来说，前者以传统的“游学”方式猎取功名而漂泊他乡，后者则盛年独处而空守闺房，他们的企求和怨艾有时简直到了毫不掩饰的地步，却正以“真”而见胜。因此，王国维在《人间词话》中即指出其中《青青河畔草》和《今日良宴会》两首“可谓淫鄙之尤”，但又说：“然无视为淫词、鄙词者，以其真也。”这种用“直语”表达的真情，造成了“不隔”的境界和巨大的感染力，所以前有钟嵘《诗品》称道其“文温以丽，意悲而远，惊心动魄，可谓几乎一字千金”；后有刘熙载《艺概》谓之“凿空乱道，读之自觉四顾踌躇，百端交集。诗至此，始可谓其中有物矣”。

“十九首”的“真美”表现出生活美与艺术美一定程度的统一。俄国的车尔尼雪夫斯基曾有“美是生活”的著名命题，在“十九首”中，可以看到这一命题精神的体现。诚然，汉大赋反映了汉帝国在繁荣上升时期的开阔沉雄景象，以及劳动人民所创造的物质财富，表现了人对自然的征服，对世界的驾驭。但是，由于神学唯心主义的影响，由于神话、传说与历史的杂糅，加上歌功颂德（欲讽反谀），踵事增华，使之与现实生活、与人民离得太远了。“十九首”重新回到了现实，它尽管没有能像乐府民歌那样写下层人民的苦难，所提供的汉末社会生活图景还是丰富而典型的。

由于“十九首”产生在将乱未乱、沉闷不安、危机四伏的年代，由于作者怀疑、探索的思想，悲抑而又旷达的情怀，所以“十九首”所显示出来的生活是充满矛盾、交织着冷峻与温馨的，但经选择所表现出来的生活的艺术美又与生活一起达到较完善的统一。作者笔下常出现具有象征意义、带有悲凉气氛的典型环境，使我们能感受到那个时代的精神和气息。夜空的天象，秋冬的节令，衰朽的景物，以及油然而生的对人生无常、生命短促的感喟，在无可奈何中对生活与人生的留恋与肯定。它们悲中有旷，在对死的哀叹中，更有对生的追求，在世态炎凉中，有友谊与爱情的温暖。人谓“《古诗十九首》情真、景真、事真、意真，澄至清，发至情”①，之所以为“真”，就是它以艺术美表现了生活美，使二者得到较好的统一。当然，这样说并不等于认可它的颓废享乐思想，消极悲观情绪，它所带有的杨朱哲学影响。我们所肯定的是它不同于赋的与生活游离，而是与生活的统一，且在表现生活美时创造了艺术美。

“十九首”的“真美”表现的是人生的真实，与汉乐府的郊祀歌及带有天人感应色彩的大赋不同，它是人的主题，而不是神的颂歌。尽管它只是文学作品，但在哲学史、以至文化史上都有下开建安、魏晋“人的觉醒”的意义。当然，它的悲观情绪、颓废情调，在文学史上也起过消极的作用，这些以前已批判过不少，这里不重复了。

第二节　两汉艺术的特点与文化成因

在上一章中我们曾就“代有所胜”讲述了各代文艺之所胜，对两汉而言，艺术中成就最高的是乐府歌舞、绘画、隶书、宫殿建筑、印章、漆器、铜镜。因为乐府的音乐已在上一章讲内外交融律时有所涉及，书法、汉印也是前已论及，宫殿无存，

---

① ［元］陈绎曾：《诗谱》。

漆器、铜镜之类的工艺品的装饰性造型可归入于绘画，所以这一节讲两汉艺术实际上只讲绘画。汉画的兴盛主要在于两个原因。一个原因是宗教思想，另一原因是社会生活。下面分别论之。

一　汉代的宗教思想与绘画

前面论宗教与文艺时曾说，道教是汉末才兴起的，佛教也差不多在那时传入。但是，倘非系统、完善地论宗教，那么，从原始宗教过来的宗教思想及相关仪式，在汉初已很见丰富和规模。汉初的重臣多为楚人，多少会受到楚文化崇巫重祀的影响，由于汉初尚黄老之学，也不可避免地与重神仙挂上了钩。汉武帝在政治思想上是独尊儒学，但对巫师和方士的迷信程度也相当深，由于此时的儒家吸收了阴阳五行学说，在封禅与改制同时，汉武帝也热衷于求仙。在封禅与求仙这两项重要活动的影响推动下，汉画也向这方向发展。据《汉书·郊祀志》所载，汉武帝造甘泉宫，当中是台室，画有天地、泰一和鬼神。泰一原来是道家所说的太乙，无形，楚人在认同为神同时，《九歌》中的东皇太一却成为了主神，而到汉武帝画泰一于宫中台室，又进而具有了至尊的上帝身份，无形者变成了有形的画，成为祭礼中的偶像。

又由于神仙思想的流行，人们制造出了一些新神，与传统的自然神一起组成了神的世界，给绘画提供了创作的题材。汉画中开始出现的新神有西王母和东王公。据《山海经》所说，西王母“状如人，豹尾虎齿，善啸，蓬发戴胜”。但经后来《穆天子传》、《汉武帝内传》的一次次加工，成了容貌绝世的女神，不但赐蟠桃给予武帝，还使之拜受教命。因西王母有使人长生的本领，绘画者也很喜欢画她，在墓室壁画、石刻、汉镜、漆盘上都有她的形象。大概是不愿西王母太寂寞，渐渐又将人形、白发、鸟面、虎尾的东王公加以改造，与之相并而见于汉画中。原先是自然、气象之神，也逐渐经发展、改造，出现在汉画中，如风伯、雨师、雷公、虹霓等，与北斗、织女一起，形成了系列的新神，他们与《山海经》中的神一起出现在画中。长沙马王堆一号汉墓出土的大漆棺，就画有各种神仙和瑞兽形象。湖北随州擂鼓墩一号墓出土的漆箱，是战国时代所造，画有二十八宿，两侧还有青龙和白虎，《楚辞》中又可看到朱雀、玄武之名，到汉代，这四者被称为“四灵”，它们成了死者的守护神，另有饕餮也出现在汉墓的石刻中，同作为保护神。

此外，汉画中还有大量的伏羲、女娲像。他们是以共体的形象作为始祖神出现的，并带有祖先图腾的特点。山东武梁祠，河南南阳的汉墓石刻，成都、重庆的汉墓石棺，辽东通沟的古墓彩画，新疆古墓的绢画，一直到马王堆的帛画，都有伏羲、女娲的人首蛇身的交尾像。如果说，“四灵”与“饕餮”是担负起“护卫”作用的话，那么伏羲、女娲则是以始祖神的身份给子孙佑福的。相对于其他的神、仙来，伏羲、女娲的人首蛇身应是较为原始的图腾形象，由应劭注《汉书·地理志》下所说的越人“常在水中，故断其发，而文其身，以象龙子，故不见伤害也”，我们可以看出汉人所画伏羲、女娲的祖先图腾，是有着希求祖先佑福的残存图腾心理。

二　汉代的社会生活与绘画

社会生活对于汉画的影响主要在两个方面：现实中对儒家教义的宣扬以及人们对于世俗生活的充分肯定。

汉代对儒家学说的改造，除了向“天人感应”的神学目的论方向发展以外，还有一个重要的内容——改造并完善礼教文化。被孔子一再称道的周礼，在周代已成为文化制度，然而仅施行于周王室，春秋时期，礼崩乐坏，战国更是互相征伐，礼义无存。秦统一天下后，曾有“行同伦”的举措，但因秦所行者是法家路线，且存在时间太短，礼文化的建设必待汉朝来承担。汉朝建立起统一的大帝国，在初期的恢复经济，行黄老之学以后，与尊崇儒学相一致，自然也就需要一套完整的道德行为规范，礼文化的理论与制度也应运而生。

孔子、孟子、荀子都有关于礼的思想与论述，但是直到汉初才有普遍的理论。《礼记·郊特牲》曰：“礼之所尊，尊其义也。失其义，陈其数，祝史之事也。故其数可陈也，其义难知也。知其义而敬守之，天子之所以治天下也。”这里很清楚地表明对“礼”的理论之重视，因为它关系到天子治理天下的大事。《礼记·哀公问》曰：“民之所由生，礼为大。非礼无以节天地之神也，非礼无以辨君臣上下长幼之位也，非礼无以别男女父子兄弟之亲，婚姻疏数之交也。”《礼记·曲礼》曰：“夫礼者，所以定亲疏、决嫌疑、别同异、明是非也。”可见，“礼”是规定等级尊卑，辨别言行正误的统一标准、尺度。《大戴礼记·礼察篇》取贾谊《论时政疏》而论礼与法的比较：“以礼义治之者积礼义，以刑罚治之者积刑罚。刑罚积而民怨倍，礼义积而民和亲。”

从制度的层面而言，汉代将周朝王室所行的礼仪，变而推之于全社会，使之成为各阶层共同遵守的行为规范。《礼记·王制》将这些规范归纳为“六礼”（冠、昏、丧、祭、乡饮酒、相见）、“七教”（父子、兄弟、夫妇、君臣、长幼、朋友、宾客）、“八政”（饮食、衣服、事为、异别、度、量、数、制）。显然，这三者分别是社会仪典、人伦关系和生活制度。《礼记》还对上至天子，下到庶民，凡君臣、父子、男女、少长、主客等不同等级关系间的“礼”都有明确的规定，而婚丧嫁娶、饮食起居、生子、祭祀以至各种行为都各有其“礼”。

在如此周全的礼文化网络中，人们的生活都有严格的规范，艺术也不可避免地受到影响，汉画中与“礼”相关的内容题材当然要较前代为多。在现存的汉墓刻石中，可以看到大量的历史故事画，其主要题材有“周公辅成王”、“孔子见老子”、“苛政猛于虎”、“二桃杀三士”、“专诸刺王僚”、“荆轲刺秦王”、“狗咬赵盾”、“泗水捞鼎”、“秋胡戏妻”、“河梁送别”、“鸿门宴”等，其中不乏“礼”的内容，与“七教”相关者较多。除伏羲、女娲、神农、祝融等始祖神外，画尧、舜、禹这三代圣君者颇多。孝子与义士也是常见题材，其中的老莱子娱亲画得较多，孝子节女的形象还有曾参、闵子骞、丁兰、梁节姑姐、京师节女等，侠士则有曹沫、豫让等。在乐浪发现的漆器中，有漆绘的孝子连环图作为装饰，此系东汉后期作品，可见孝子的题材是贯穿整个汉代绘画创作的。总之，绘画虽非礼教的直接宣传品，但从中很可以看出君臣、父子、兄弟、夫妇、朋友这“五伦”直到加上长幼、宾客的“七教”思想的体现。

汉画中更多的是对世俗生活的表现。从汉代考古发掘所得来看，留存的壁画较少，多的是墓室中的画像石和画像砖，将各地、各期绘刻者综合而言，所表现的世俗生活无外乎是乐舞、百戏、杂技、吹笛、庖厨、宴饮、收租、出行、牛耕、狩猎、骑射、对刺、驯牛、观马、戏虎、奔逐、斗兽等。具体到以门阙、厅堂、楼阁等环境来衬托人物的活动，在庖厨图中，细致地刻划出杀鸡、宰牛、奴仆淘洗、厨师烹调，有的连鸡鸭鱼肉都一一清晰可见，一面是鼎下烈火熊熊，一面是张桌摆盘；乐舞中包括长袖舞、剑戟舞、伎乐等，所用乐器钟、磬、埙、竽、瑟、钲、排箫、建鼓等都清晰可见；百戏中包括耍刀、弄丸、顶盘、叠案、倒竖、斗兽等；狩猎包括猎虎、搏熊、射羊、逐鹿等；而角抵者多戴面具；劳动生活包括播种、收获、采莲、采桐、拾芋、酿酒、舂米、盐井、弋射等。

汉墓发掘中还可见到用陶器制成的生活用品，以此来陪葬，是意欲在另一个世界中继续主人在人间的享受。这些随葬的陶器包括盘、罐、奁、案、磨、仓、博山炉、井、炉灶、仓房、猪圈、猪、牛、鸡、狗、鸭等，甚至还有带猪圈的厕所。淮阳的一座小砖墓，除东汉常见的陶器外，还出土了一件陶器的庄园，左侧是田园，水田、旱地各一半，右侧是庭院，分前院、中庭、后院三进，二门上有二层门楼，又有四层角楼，中庭有建于高台上的重檐庑殿顶高楼，楼内有乐伎俑，后院中为厨房，左为厕所，右为猪圈。连僻远的广东地区，也在东汉墓的发掘中出土了三合院式的陶屋、城堡、房屋、楼阁、水田、船、日常用具等随葬陶器。

丹纳《艺术哲学》认为应该正确理解艺术家所属时代的精神和风俗概况，才能对艺术品作出最后的解释。二者其实就是文化的重要内容。汉朝统治时间最长的汉武帝，凭借前代的物质积累，进行了拓土开边的事业，在他统治的后期“奢泰亡度，天下虚耗，百姓流离，物故者半。蝗虫大起，赤地数千里”[①]，但他晚年能下诏自责，采取措施，缓和了矛盾。昭帝即位后，霍光辅政，继行武帝晚年的“与民休息”政策。宣帝时经济恢复，天下殷富，又造“中兴”。虽西汉末遭受破坏，但东汉初很快就出现经济大发展，尤其南方更甚。光武帝之后，明、章、和帝统治时，仍得以持续。总之，西汉时期前有文、景之治，后有昭、宣中兴，当中是武帝的广土斥境，而东汉则有光武、明、章、和帝的再度中兴、发展，所以，综观汉朝，大部分的历史是处于稳定、发展中。这就难怪汉代的艺术会表现出对世俗生活的巨大

---

① 《汉书·夏侯胜传》。

热情！物质水平的提高丰富了人们的情趣，与之相关，礼文化的节序活动推动了风俗的形成，而征服自然、肯定现实也成为当然的时代精神。

三 汉画的“天人合一”

前面分从宗教思想和社会生活两方面论述了汉代绘画，而有些绘画却是两者相结合的体现。由于汉代继承了楚文化的神话、传说、图腾、巫风与幻想，又与中原文化的儒学、历史、道德、理性相结合，所以又可见天界神仙、历史人物与现实生活同时出现在一个画面的情况。长沙马王堆汉墓出土的帛画就是一个典型的例子。马王堆一号墓和三号墓都有帛画出土，作“T”字形，又名“非衣”。画面从下到上分为地下、人间、天上三部分：地下是类于黄泉、阴间的世界，画有龙、蛇、大鱼；地上画穿锦衣的妇人，有仆人举案跪接，后面有三侍女跟随，应是墓主生前生活的情景；天上部分画有太阳、月亮，日月中分有乌鸦和蟾蜍，另有星辰、蛇身神人，还有月下女子，可能是嫦娥奔月。三号墓的“非衣”大体相同，但地上部分所画是墓主利仓之子。继马王堆汉墓后，山东临沂金雀山九号汉墓也有彩绘长条状帛画出土，也分为地下、人间、天上三部分，地下也是鱼龙类的水族，地上分五层描绘墓主生前的生活、活动，天上与马王堆所画类似。帛画以外，墓室壁画也有类似情况。如洛阳的西汉卜千秋墓，以壁画著称，也是既有历史故事画，又有伏羲、女娲、西王母、“四灵”、仙禽、神兽、天象、星云等，以及仙人导引男女墓主升天的情景。其余各地发掘的汉墓绘画也大体相似。

总之，如果用汉赋来印证汉画，那么画像石、画像砖的表现现实生活的内容，可以从班固《两都赋》、张衡《西京赋》、《东京赋》、《南都赋》等赋中看到，而“天人合一”的绘画在王延寿的《鲁灵光殿赋》中也得到了形象、准确的表达。尽管秦汉并称，实际上两朝的造型艺术很不同。秦始皇信方士，求长生，但咸阳第三号宫殿遗址发掘出的壁画，只是描绘出行的车马仪仗以及建筑、花木等；咸阳一号宫殿出土的画像空心砖，有装饰性的凤纹以及现实的狩猎、侍卫、宴饮等内容；连巨大的秦瓦当都以动物的形象居多，其中虽有麒麟、朱雀，但更多的是现实中的动物。所以秦朝的艺术倒是不见神仙鬼怪的内容，与汉朝很不相同，这大概与法家治国讲求实际有关。

第三节 魏晋南北朝的人性主题与文艺自觉

汉朝的繁盛维持了相当长的一个历史时期，东汉自和帝以后外戚与宦官交替专权，随着党争的愈演愈烈，统治也愈来愈腐败。安帝、顺帝相继扩充太学，笼络儒生，而太学生则希望通过“清议”以反对外戚、尤其是当权的宦官，以求挽救东汉政权，却引发了宦官的反扑，终起“党锢”。桓、灵二帝时期，农民反抗不断，最后引发了黄巾大暴动，平复之后则是董卓之乱。经军阀混战后，曹操平定中原，赤壁之战后，进入三国鼎立期。西晋统一不久，又爆发“八王之乱”，在北方游牧民族南下与农耕民族争夺土地的斗争中，形成了较长时期的南北对峙局面。在北方，先是十六国割据，后是北魏、东魏、西魏、北齐、北周的更替；在南方，是东晋、宋、齐、梁、陈的迭起。

三百多年的魏晋南北朝，战乱疾疫不断，血与火交融，但又是我国继先秦之后第二度思想解放的时代，同时又是文艺回到人的本位的、“自觉”的时代。

一　人的主题

文化、思想、文艺的发展变化往往与改朝换代并不一致，论魏晋南北朝文艺，至少应上探到汉末的建安时期。

“建安风骨”是一个历来为文坛革命家称道的概念。那么，它的内涵是什么呢？刘勰《文心雕龙·时序》说得好：“观其时文，雅好慷慨，良由世积乱离，风衰俗怨，并志深而笔长，故梗慨而多气也。”《明诗》再言“慷慨”，谓曹丕、曹植兄弟与王、徐、应、刘等“慷慨以任气，磊落以使才。”而《风骨》则云：“是以怊怅述情，必始于风；沈吟铺辞，莫先于骨。”“故炼于骨者，析辞必精；深乎风者，述情必显。”可见，建安文学之所以被称道，是由于产生在乱世之中，作者将其在生活中激发出来“志”“气”，“慷慨”“磊落”而发之，述情显而析辞精，造成“结言端直”（《风骨》篇语）的力度。

建安诗歌又是与《古诗十九首》及苏李诗相接续的，如果用刘勰的话来观照，则又有“慷慨任气”与“怊怅述情”的不同。如细加区别，“古诗”“苏李诗”的“怊怅述情”多写离别、相思、客愁、交谊、物候、人生感慨；而建安诗的“慷慨任气”多写对人民的悲悯同情和自己的建功立业之志。因为“古诗”“苏李诗”立足于自己且又“怊怅”，建安诗兼顾他人且又“慷慨”，故此以往对它们的评价是高下自明。但是，二者其实颇有相同之处，即都对生命短促、人世无常有着深切的悲慨。“十九首”且不必说，三曹诗中，“对酒当歌，人生几何。譬如朝露，去日苦多”①，“人亦有言，忧令人老。嗟我白发，生一何早”②，“惊风飘白日，光景驰西流。盛时不可再，百年忽我遒”③，都唱出了一个共同的主题。这个共同的主题其实就是常说的“人的觉醒”。

人们是因为遭受了不断的苦难，深感乱世中生命的脆弱，才逐渐觉醒的。“十九首”产生在危机四伏、将乱未乱之时，诗人敏感地以个人的感受表现出时代的苦闷，已渐渐张开了眼。乱世的到来，更使人们真正的觉醒了。“人的觉醒”是被噩梦般的现实惊醒的，这一觉醒也是对神学目的论和谶纬宿命论的觉醒。君权不是神

---

①　曹操：《短歌行》。

②　曹丕：《短歌行》。

③　曹植：《箜篌引》。

授的吗？“汉德”何以不能始终？《白虎通》不是说“臣可以为君，君不可以更为臣”吗？但为什么在汉末的动乱中，连“择贤禅让”“易姓而王”的和平交接都办不到？动乱中不仅是宗庙倾废，社稷丘墟，且有多少“哀王孙”的歌唱！就更不必说普通的黎民百姓了。在汉朝的政治大一统被诸侯割据所代替同时，随着对两汉儒学神学的哲学——政治的痛苦觉醒，思想、制度与精神价值的一元化也被无情地改变了。从烦琐的经术，宿命的谶纬，道德伦理的节制，天象鬼神的迷信，到怀疑论的盛行，激烈的或和缓的否定，多元化的时代拉开了序幕。

哲学上的魏晋玄学兴起，文学上的从建安风骨到正始之音，都是多元文化所催生。我们只能作一极其简略的论述。

在儒学神学目的论退出了历史舞台之时，以“出世”为主要倾向的老庄思想渐渐居于主导地位，在新的历史条件下演化为“玄学”，并为魏晋文士构建起独特的生活哲学，树立起新的价值观念，随之形成极具时代特色的文化心理形态。董仲舒曾说：“天两，有阴阳之施；身亦两，有贪仁之性。”主张以性制情：“损其欲以辍其情以应天。”① 但到了何晏的《无名论》，转而用“贵无”的观点看待名誉：“为民所誉，则有名者也；无誉，无名者也。若夫圣人，名无名，誉无誉。”王弼倡“崇本息末”之说，将“自然”置于名教之上，认为“万物以自然为性，故可因不可为也，可通而不可执也。”② 阮籍“外坦荡而内淳至”，用“任性”和“酣醉”来掩盖“不拘礼法”，并公然宣称“汝君子之礼法，诚天下残贼乱危死亡之术耳。”③ 嵇康为人性烈峻切，言更直露：“六经以抑引为主，人性以从欲为欢，抑引则违其愿，从欲则得自然。然则自然之得，不由抑引之六经，全性之本，不须犯情之礼律。”④ 在《释私论》中进一步提出“越名教而任自然”的主张。阮籍醉卧邻家当垆少妇之侧，为未嫁而死的兵家女哭丧；嵇康锻而不辍不理会来访的锺会；刘伶脱衣裸形于屋中，都是毁弃礼法的行为。西晋文士“薄综世之务，贱功烈之用，高浮游之业，埤经实之嫌”⑤，正是以“越名教”“任自然”来摆脱、超越外在的规范和束缚，以构建人格本体，确立个体的价值。倘以之与儒学神学目的论相对照，可见出有多大的不同。

前面说过，诗人在面对现实时激发起强烈的社会意识和责任感，志在澄清海宇、建功立业，遂有了“建安风骨”，即使如此，也充满了生命短促、人世无常之感。人谓曹操“或述酣宴，或伤羁戍，志不出于滔荡，辞不离于哀思”⑥，“始而忧贫，

---

① 董仲舒：《春秋繁露·深察名号》。
② 王弼：《老子》二十九章注。
③ 阮籍：《大人先生传》。
④ 嵇康：《难自然好学论》。
⑤ 裴頠：《崇有论》。
⑥ 刘勰：《文心雕龙·乐府》。

继而悯乱，慨地势之须择，思解脱而未能”[1]，即使受正统观念影响，也承认其“‘瞻彼洛阳郭，微子为哀伤’，‘生民百遗一，念之断人肠’，‘不戚年往，忧世不治’，亦是真心真话，不得概以‘奸’之一字抹杀之。”[2] 对曹操的评价也可以作为对建安诗歌的全面理解。到司马篡魏的正始时期，政治黑暗，倾轧残酷，杀戮不断，王戎自言与嵇康“居山阳二十年，未尝见其喜愠之色”[3]，嵇康却终不免被杀；阮籍“不与世事，遂酣饮为常”，“虽不拘礼教，然发言玄远，口不臧否人物”[4]，却“常恐罹谤遭祸，因兹发咏，被有忧生之嗟”[5]，“嵇志清峻”与“阮旨遥深”成为正始诗歌的代表。比起汉代那些带有神学目的论色彩或干脆就是宣扬君权神授，抑或“苞括宇宙，错综古今”的文艺作品来，建安与正始的诗歌都是表现人生的忧患和对生命意义的理解，换言之，是人的主题。

尽管在后来的文学发展中，未能继续建安的功业之慨与正始的忧生之嗟，但同样是人的主题，主要就是“死生之慨”。之所以如此，离不了对历史的考察。我们可以看到，自正始时期司马氏剪除曹魏宗室、排斥异己，使“名士减半”以来，晋代充满着无休止的动乱：“八王之乱”，“五胡乱华”，十六国割据，中州士女南迁，祖逖、桓温北伐失败，淝水之战，农民逃亡、起义，刘裕废晋自立……而在这历史流程中，是诗人嵇康、张华、潘岳、石崇、陆机、陆云、刘琨、郭璞……都死于非命，因此，弥漫在魏晋诗坛的，是当然的、绵延不绝的死生之嗟，一直到东晋末的陶渊明都是如此。

在死生之慨这一主调之外，“人的主题”又表现在诸多地方。认识这问题，不妨对过去就某些人和作品、流派的评价重新认识。比如太康文学的“三张二陆两潘一左”，过去只是对左思有较高评价，原因在于他反对门阀制度，对其他各人则认为缺乏风骨，而有形式主义之弊。其实这是很不全面的看法。以张华《情诗》、潘岳《悼亡》为代表，开辟了男女之情、夫妻之爱的新题材，比之建安是“风云气少”，但其“儿女情多”岂不是“人的主题”？其他诗人所作也多深入到人的内心情感和生活的各个领域，他们追求文采、描摹、对偶，应是“文的自觉”之体现，不能用“形式主义”抹杀。再如游仙诗，固然与道教相关，不无希冀长生、超越人世之意，但也不能一概而论，如郭璞的《游仙诗》常自叙怀抱，是因为愤世忧生，而借游仙来歌咏隐遁，隐逸似乎是对人生的社会性退避，其背后实又隐藏着对人生真切的、理想化的爱。又如“宫体诗”，名声很不好，人多以为“伤于轻靡”[6]、“极

---

① 陈祚明：《采菽堂古诗选》卷五。
② 锺惺：《古诗归》卷七。
③ 《晋书·嵇康传》。
④ 《晋书·阮籍传》。
⑤ 李善语，见《文选》卷二十三《咏怀诗》注。
⑥ 《南史·梁简文帝纪》。

于轻薄”[①]，但正如萧绎所说：“文者，惟须绮縠纷披，宫徵靡曼，唇吻遒会，情灵摇荡”[②]，极力在美文中表现出女性美，也应是人性的自然欲求，所以后来袁枚说：“艳诗宫体，自是诗家一格”[③]。对六朝的其他诗人、流派，及其他形式文学作品的“人的主题”，我们难以在如此有限的篇幅中都讲述到，只能从略。

关于艺术方面，自是不同于文学，不过，与汉画相比，也显见创作题材向人转移的特点。汉画也画人物，但其主体是故事画，通过故事表现忠孝节义的道德伦理内容，人只作为艺术符号而已，至于墓葬中发现的壁画、帛画，多展示墓主生前的身世、排场，并不是人本身。魏晋绘画发生了显著变化，杨修、嵇康、史道硕、戴逵或画古人，或画今人，顾恺之更从历史人物转画肖像，《世说新语》将他为裴楷、殷仲堪、谢鲲画像事作为美谈，据唐人著录，他另画有多位时人肖像，他为裴楷颊上添三毫，殷仲堪有目疾而作飞白拂其上，目的在于分别表现裴的“俊朗有识具”和殷的“明府正为眼”，是表现人的精神、风度、人格、个性。顾恺之转变了画坛风气，王充《论衡》所批评的“尊古卑今”现象得到根本改变，《贞观公私画史》著录肖像画 54 件，所画者几乎全是魏至南朝的人物。一些名画如《洛神赋图》、《女史箴图》，虽非肖像，立意也不同，在重视刻画人的个性与精神上却是相同的。人物画发展到齐梁时期，终于有谢赫提出了以“气韵生动”为核心的“六法”，对人的本质精神作出了精当的概括。所以，尽管佛教艺术在六朝占据了统治地位，却不能掩盖其“人的主题”。至于书法艺术，在魏晋六朝也有很大发展，如果说秦朝的“书同文”是体现了大帝国初建的威仪，汉代的隶书也与国家、政令的统一有关，那么自汉末的章草和楷书的出现，也在某种意义上表现出大一统的渐行瓦解。魏晋以降的楷书继盛、行书大兴，明显地较篆、隶二体为多变，与人的情性焕发颇有关系，且体现出个性的多样化，书法名作《兰亭序》，其死生之嗟更是直接的人性主题。清人梁巘《评书帖》云：“晋尚韵，唐尚法，宋尚意，元明尚态。”正因为晋人在为人修养上追求风神韵度，人与书法的一致，使之书而尚韵，这其实也是“人的主题”之表现。

二　文艺的自觉

关于“文艺的自觉”，日本铃木虎雄《中国诗论史》曾提及，在我国，则以鲁迅先生为第一人，见于他的《而已集·魏晋风度及文章与药及酒之关系》。鲁迅认为，这一时代开始于曹丕的时代，这是很正确的看法。文学的“自觉”应体现在两方面：一是文学开始了自己的独立发展，二是开始探索文学自身的创作规律。

文艺的独立发展，与文化的多元化密切相关。汉代在“独尊儒学”以后，经学

---

① 《隋书·音乐志》下。

② 萧绎：《金楼子·立言篇》。

③ 袁枚：《再与沈大宗伯书》。

占据了统治地位，其功能在于维护封建政治和礼法名教的权威，文学只是经学的附庸而已，《诗经》中新鲜活泼的《国风》，在汉儒的《诗大序》看来，竟然只是生硬的道德教本。汉末的乱世冲破了固有的观念，曹操的《述志令》、《求贤令》、《求逸才令》等都体现惟才是举、而不讲究“德”的特点，甚至大胆起用“不仁不孝而有治国用兵之术”的人①，诸葛亮虽自己道德高尚，但他的治国思想却与曹操一样，主要在法治。如果说建安时代的乱世尚能激发出诗人的社会责任感和进取精神，那么到正始时期的政治迫害，则使诗人转为忧生与忧世，汉末的清议变为此时的清谈，为冲破对个性人格的压抑，玄风独畅，虚无放诞之风遍及朝野。“建安七子”的雍容衽席、酒笔酣歌、和墨谈笑，转而为“竹林七贤”的“相彼非礼，遵乎达生”“旨酒厥德，凭虚其性”②，甚至沦为谢鲲等“八达”的“散发裸袒，闭室酣饮”。当时的风气是：名人文士任达放旷，服药饮酒，甚至蓬发乱鬓，亵衣接人，在他们种种丑态的背后，其实有深沉的苦闷。“学者以庄老为宗而黜六经，谈者以虚薄为辨而贱名检，行身者以放浊为通而狭节信，进士者以苟得为贵而鄙居正，当官者以望空为尚而笑勤恪。”③ 这与儒家所倡的修身、进德、勤政、节用是何其相异！可见，晋人已将汉末的名实之辨置之不顾，孔子所奠基的内“仁”外“礼”的文化——心理结构已遭冲决，外在的社会规范不复存在，内在的个体意识极度张扬，“人的发现”通向对生活哲理的思考，又通向对外部的审美愉悦，“文的自觉”随之而到来。

魏晋以后“文的自觉”主要表现在以下几个方面。

首先，文艺题材的开拓、丰富。汉乐府诗的民歌部分，相对而言题材是比较广泛的。但文人五言诗开始时“质木无文”，内容也很狭窄，只是到“十九首”才扩大到与文人相关的社会生活和感情世界，而建安诗歌则是直面人生，言志抒情，也有游仙之作。魏晋以后，诗歌不仅关注社会性题材，与此同时对内心苦闷的表达也有深化，如曹植、阮籍都对《离骚》的比兴寄托有所继承。由于老庄思想的影响，兼而发泄心中的郁闷，诗歌向玄言与山水两个方向发展。锺嵘《诗品》云：“永嘉时，贵黄老，稍尚虚谈，于时篇什，理过其辞”，虽如他所说，孙、许、桓、庾等人所作“皆平典似《道德论》，建安风力尽矣”，但“理过其辞”实际上又意味着“透过一层”的思考，开启了哲理诗。玄学家托身自然，将理想人格与山水相结合，诗歌之开始移情于自然，使山水诗得以诞生，晋室南渡后，江南的美景更激发起诗人的生命意识，又使他们的感情得到寄托，山水诗渐多，到谢灵运以后更是成为创作之大端，鲍照、谢朓继之，直到后来的何逊、阴铿，都以山水诗著称。与山水诗密切相关的是田园诗，被锺嵘称为“隐逸诗人之宗”的陶渊明，因“真风告逝，大

① 曹操：《举贤勿拘品行令》。

② 《晋书》卷四阮籍等传之史臣赞语。

③ 干宝：《晋纪·总论》。

伪斯兴”而躬耕垄亩，写出了大量的田园诗，且成为他自己作品中的重要组成部分，尽管田园诗在六朝还作者不多，但后来唐代的孟浩然，宋代的范成大，都在此类作品上得益于陶渊明。诗歌以外，以干宝《搜神记》为代表的志怪小说，和以刘义庆《世说新语》为代表的轶事、志人小说，则是文学新体的出现。散文的成就虽总体而言不及以司马迁为代表的汉代，但抒情性的作品亦自可观，北朝更有《水经注》和《洛阳伽蓝记》两部很有文学价值的学术著作。至于此期的骈文，因理论上的“文”“笔”之分，和追求艺术技巧，造成了异常繁荣的局面，故被王国维称之为“一代之文学”。

绘画的题材也在这一时期有较大的开拓。除上面所说的人物肖像画以外，佛教绘画当然是此期的创作大宗，山水画也因人们的托迹、寄意自然而兴起，到南朝，绘画的题材已可分为佛道画、历史故事画、风俗画、肖像画以及山水花鸟走兽等五类。

其次，对文艺理论的重视。先秦时代的文艺理论以乐论最为发达，最见系统，其他的则多为片言只语，庄子尽管对后来文艺创作产生很大影响，他的许多思想只能算作潜在的理论，孔子的影响主要在功能论。两汉时期，《淮南子》、扬雄、王充对文艺理论涉及稍多，也并非独立意义的、纯粹的理论，个别人（如司马相如）偶尔道及自我创作经验，在对某些历史个案的评价中（如屈原）也关系到理论问题，但总体而言，还很难说已有真正独立的文艺理论。魏晋以后，文艺理论不但独立发展成型，而且其中的一些著作，如《文心雕龙》更是奇峰突起，甚至使后世难以为继。曹丕的《典论·论文》明确强调诗赋散文等“文章”是“经国之大业，不朽之盛事”，将文学提到了与事功并立的地位，这对文学创作无疑有很大的鼓励作用；“文以气为主”一说虽对风格的形成原因说得不全面，却已涉才性、气质，表明了对创作主体的关注；对区分文学体裁的重视是又一个重要的内容，作者第一次提出了这一问题，对后来的文体研究起了推动作用。陆机的《文赋》是第一篇系统而完整的文学理论，从作文之由、构思、谋篇、行文、文辞体式、作文之利害所由、文病、感兴等多方面论文学创作问题，尤其对构思过程有深切体会，虽用赋的形式写成，未免受到限制，但对以后如《文心雕龙》等很有影响。此后，挚虞《文章流别论》之文体研究，葛洪《抱朴子》部分篇目关于文学今胜于古的观点，都有所建树。刘勰的《文心雕龙》更是魏晋南北朝文学理论的集大成之作，此书五十篇，分为两部分，上半部分论文学的基本原则和各类文体的渊源、流变，下半部分是创作理论，对创作规律和艺术方法有非常精深的见解。其中如《神思》的论艺术想象、思维活动，《体性》的论风格，《通变》的论继承与革新，《情采》的论内容与形式关系，《时序》的论文学与时代的关系等，都是很有创见、很全面的理论。由于此书体例周详，论述深刻，清人章学诚很准确的称之为“体大而虑周”，对后来的文学理论与创作都有很大影响。锺嵘《诗品》与《文心雕龙》一样，都产生于齐梁时代，也是重要文学批评理论著作，此书共分上中下三卷，以三品论列 122 位诗人。

在理论上，提出了文学创作在于事物的感召，尤其突出了“群”与“怨”的作用，认为好诗应“穷情写物，最为详切”，主张诗歌要自然美，反对用典和讲究声病。由于此书既有对诗人诗作的品评，又有理论建树，对后世也有较大影响。

艺术理论在魏晋南北朝也有很多著名的著作。画论上先有曹植的《画赞序》，第一次明确绘画为政治服务的“存乎鉴戒”功能论，然后顾恺之在人物画创作上提出了“以形写神”说和“迁想妙得论”，因山水画的兴起，宗炳《画山水序》有以画“畅神”之论和透视说，王微《叙画》辨别绘画的独特性，可谓是画的自觉之论，对画家的主观能动性有所阐发。谢赫《古画品录》提出的六法：气韵生动、骨法用笔、应物象形、随类赋彩、经营位置、传移模写，是对绘画要旨的系统总结，被后人称为“六法精论，万古不移”，其影响可见。书论有卫夫人的《笔阵图》，王羲之的《论书》，王僧虔的《书赋》、《论书》，梁武帝萧衍及其臣僚的书论，庾肩吾的《书品》，以及北朝江式、颜之推的书论。

再次，是学者对于文学观念的转变，而这似乎又牵涉到“人”与“文”两方面。就前者而言，两汉是经学的时代，文人是难入史家之眼的，即如司马迁为屈原立传，也并非主要将他作为诗人看待的。到范晔著《后汉书》，创《文苑传》，将东汉文学名士22人列入传中，其《文苑传赞》云：“情志既动，篇辞为贵。抽心呈貌，非雕非蔚。殊状共体，同声异气。言观丽则，永监淫费。”从文学的特点道出了他们作为文学家的共性。自范晔立《文苑传》后，我国士人中就更有文学家的自觉意识，而且士人中开始有了“儒林”与“文苑”的分化。就后者而言，文学的独立意识不断增强、发展，至昭明太子萧统编《文选》时，已明确指出“姬公之籍，孔父之书”是不宜于选的，而“老、庄之作，管、孟之流，盖以立意为宗，不以能文为本”，至于“坟籍”、“子史”、“记事之史，系年之书”，都不在编选之列，选文的标准是“事出于沉思，义归乎翰藻”，其纯文学的观点非常明确。

至于如文学在叙事、抒情上的发展进步等，已是文学史的常识，这里不作论列了。

第四节　多元文化、南北文化与文艺

魏晋南北朝的多元文化促进了文艺的全面发展，南北文化又使文艺形成了不同的风格。

随着汉代的一元文化解体，多元文化在魏晋时期开始生成，在南北朝继续发展。刘永济先生《十四朝文学要略》云：“晳思理之精蕴，发文章之奥采，易汉氏之颓辙，振战代之宗风者，其魏晋论著之文乎?”汉代“师儒授业，竞作经注，……虽圣意不坠，微言获宣，是其所长，而末流烦冗，亦见羞通士。……又必依经敷旨，本师著说，未能别出胸怀，自辟户牖。”到魏晋之时，则“人竞自致于青云，学不因循于前轨”，他所举者有臧否人物、商榷礼制、驳难刑法、阐明乐理、品评文艺、箴砭时俗、研讨天文等，“而辨析玄理之论，尤为繁博”，“大体”固在老庄，“枝条”却是多端：“或穷有无，或言才性，或辨力命，或论养生，或评出处，或研易象。”他很敏锐地指出：“穷理致之玄微，极思辨之精妙。晚周而下，殆无伦比。”而且，这种情况一直得到继续，“齐宋而下，流风未沫”，原因在于佛教对道家的“附会援引，辨难遂多”，有多种表现：“或以较儒道之异同优劣，或以究形神之生灭变迁，或以辨果报之有无虚实。”① 尽管他所说还是多属哲学、宗教思想和行为范畴，多元文化的繁盛已可见一斑。

由于自三国鼎立以来，已形成了南北对峙，南北朝时，更是胡、汉不同民族的政权对立，文化上的差异较三国时尤为显著。《北史·儒林传》和《文苑传》对南北的治学和文风都有很精当的概括，而《颜氏家训》则对南北风俗颇多对比，这几种著作可以看作是对南北文化比较的权威性论述，我们将在下面论及具体问题时再作引述。

对文艺来说，其“自觉”与发展都与文化的多元大有关系，而南北文风的不同，也是取决于南北的文化，本节拟就这两个问题而论之。

一　多元文化与文艺的多元

我们在本书的上编论哲学思想与文艺美学，以及宗教与文艺时，已对文艺在各个历史时期的发展有所论述，此处再集中对魏晋南北朝时期多元文化中的哲学、宗教之影响文艺作些论述。

如果不论魏晋玄学对文艺创作理论的影响，那么玄言诗的出现则无疑是它对诗歌直接作用的结果。虽然《颜氏家训·勉学》云：“何晏、王弼祖述玄宗。……庄、老、周易，总谓三玄。”但实际上玄学主要还是出于道家。而魏晋玄学除了学术性的著作（如何、王对老、庄的注释）外，更多是以“玄谈”的方式来交流的，玄谈一般语言比较简洁，用《世说新语·文学》的话来说就是“清通简要”，而且常有追求音韵美的倾向，这样一来，入于诗可谓很自然的事情，玄言诗遂应运而生。玄言诗是整饬的四言体，多从宇宙、“道”写到人生，其中最著名的玄言诗人是孙绰，他的作品以“大朴无象”、“浩浩元化”等开头，未免有大而空之嫌，确有“理过其辞”、明而未融之弊，但若对其玄理细作体会，也不妨看作是哲理诗的先导。玄言诗的作者在谈玄说理中又常是“得意”未能“忘象”，正如孙绰所说的“散以玄风，涤以清川”，他的笔下也可见到大自然的美景，许询、庾阐、孙统亦如此。

诗歌在“江左篇制，溺乎玄风”以后即进入到“庄老告退，山水方滋”的发展阶段，这既缘于晋室南渡后士人发现江南独特的山水美，也与寄托情感、留恋生命有关。与“山水赏会”相对应，晋代的“人物品藻”成为另外一个侧翼。如果说前

① 刘永济：《十四朝文学要略（上古至隋）》，黑龙江人民出版社1984年版，第139—153页。

者的托身自然是自然的人化，那么后者就是人的拟自然化，且都可见人的主体意识升华和自我价值的发现与肯定。我们可以看到，从魏到晋，文士们完成了这样的转移：从积极参与到达观随遇，从拘礼法到任自然，从人世的失落到山水的逍遥。随着文化心理积累过程的渐臻完成，艺术理想与形式技巧的日益成熟，到晋宋之交终于出现了山水诗画的同步发展，陶渊明、谢灵运与宗炳、王微分别是这两界的代表。

以他们四人为代表的山水诗画，又是玄、佛思想深入、内化于文艺的结果。魏晋以前，诗画多在政治、伦理、功利之境，到山水诗画的出现，离异了前述三境界，将重人际的精神转为"五情应物"的推之于自然，实现了儒家艺术精神向佛道的转移。在陶、谢、宗、王（尤其是谢、宗）的创作和理论中，虽程度不同地带有宗教情绪和色彩，但与偏于理趣的"宅心玄远"不同，不是"玄对山水"，而是"情对山水"，这是与玄言诗完全不同的。从他们四人的创作中，还可以看到玄学与佛学的影响。陶渊明以玄学的自然观看待生死，且在作品中实现了道家追求"自然"，玄学推崇"平淡"的美学理想，他不信奉佛教的虚幻，也不以"大人先生"式远游高举逃避人生，而是以道家知足寡欲、乐天安命、自然无为的思想挣脱苦闷，创造出宁静、平和的物我交融之境。谢灵运所受的主要是佛教的影响，皎然《诗式·文章宗旨》云："康乐公早岁能文，性颖神澈，及通内典，心地更精，故所作诗，发皆造极，得非空王之道助邪?"是很准确的说法。宗炳同样深受慧远的影响，其《画山水序》认为山水"质有而趣灵"，而作画做到"神本无端，栖形感类，理入影迹"，这是他所作《明佛论》阐发慧远"形尽神不灭"思想的体现。而王微《叙画》的"望秋云"、"临春风"之乐实是玄风笼罩下的山水赏会之乐，"运诸指掌""神明降之"即庄子"以天合天"的技进、神游之乐。从上面的简述可知，多元文化是怎样体现、落实在诗画创作中的。

多元文化又使得文艺出现了多元发展的情况。就宗教与文艺的关系而言，道教与游仙诗，道教与志怪小说，佛教与造型艺术等，是最为显见的结果。上编论宗教与文艺的关系时已有详细论述，此处不赘。从书法来说，由于魏晋以后文化、思想的多元，个性的张扬，加以书法艺术本身的发展，其书体与风格的多样化是很显著的。锺繇创造了第一代由隶入楷的新貌，韦诞创"剪刀篆"，飞白入妙，又善写大字，皇象精篆、隶、章草各体，索靖擅章草，陆机《平复帖》笔迹圆浑，王羲之一变汉魏质朴之风，创造出妍美流利的今体，真、草、行三体均变化多端而体势自然，其子献之书风神俊英爽，有"破体"之称，王僧虔得王氏祖上之法，醇厚而有骨力，陶弘景师锺、王而真书劲利。北朝书法以其被后人所推举的"魏碑"著称，其中也有多种风格，从今存的几种碑刻可以看到。当然，我们这样讲并不是说秦篆、汉隶就没有变化，但由于文化、思想、行为的一统，其书法的变化确实是远没有魏晋六朝那么丰富。

前面曾说，汉代将周王室所行的礼仪，变而推之全社会，使之以"六礼"、"七教"、"八政"成为各阶层共同遵守的行为规范。"礼"之行必然使"理"尤盛，也必然压抑了人的感情，郑振铎先生称汉代是诗思最为衰竭的时代，其主要原因当在于“情”的被抑所致。正因为汉代礼文化的高度发达，所以汉儒在《诗大序》中以“德”解“情”就毫不足怪了，后人沿着汉儒的思维定势看乐府诗，竟然将情歌《有所思》解作“武帝遣兵击南粤”①。由于礼文化对人的束缚和摧残，所以造成了焦仲卿与刘兰芝的爱情悲剧，研究者多认为，女主人公未获婆母欢心，是被遣的主要原因，因为汉代有“七出”（七去）之说，见于《大戴礼记·本命篇》：“妇有七去：不顺父母去，无子去，淫去，妒去，有恶疾去，多言去，窃盗去。”焦母称“此妇无礼节，举动自专由”，被遣的理由可以由焦母对照“七去”来寻找。由于爱情的遭受压抑，因此，汉乐府民歌中的情诗和“十九首”的相思离别之作是很可宝贵的。

魏晋以后的情况发生了很大变化。阮籍《大人先生传》批判“坐制礼法，束缚下民”，嵇康更是明确反六经的“抑引”，主人性之“从欲”，因此，在“越名教而任自然”的潮流中，名教、礼仪受到很大的冲击、破坏，当然也引起了社会生活的巨大改变。男子的“通达”自不必说，女子也加入到“任自然”的潮流中。班昭《女诫》说：“幽闲贞静，守节整齐，行已有耻，动静有法，妇德也。”而魏晋以后的妇女却并不如此。观《世说新语·贤媛》所载，山涛与嵇、阮“一面”而“契若金兰”，其妻觉得可异，劝丈夫具酒肉而留宿二人，“夜穿墉以视之，达旦忘反”，事后还将二人与丈夫对照评论，此举与汉人规定的妇德相去何其太远。此书的《惑溺》篇还记载了一位女子“王安丰妇”，她对丈夫的告诫“妇人卿婿，于礼为不敬”不以为然，说：“亲卿爱卿，是以卿卿。我不卿卿，谁当卿卿？”同篇又记贾充之女偷窥韩寿而悦之，韩从贾家婢女处得知贾女悦己后，“遂请婢潜修音问，及期往宿”，甚至逾墙与之相会。同篇还载有荀粲事：“荀奉倩与妇至笃，冬月妇病热，乃出中庭自取冷，还以身熨之。妇亡，奉倩后少时亦卒。”他对别人的讥讽不以为然，说：“妇人德不足称，当以色为主。”在“好德”与“好色”之辨中，体现出传统观念之变，而荀粲之举更可见爱情之深，非仅“好色”而已。因为有了冲决礼法而向自然人性回归的背景，所以也就不难理解为什么西晋诗歌会博得“儿女情多”之评，而南朝乐府会有那么多的男女情歌了。

二　胡汉文化与南北文艺

魏晋南北朝文化与文艺的多元既发生在汉民族之内，又发生在汉族与北方胡族对峙的南北文化之间。

我们在前面第三章论文艺发展的南北易位规律时，曾稍涉南北地理、文化问题，这里再作展开。在春秋、战国时期，人们对南方还是知之甚少。秦统一全国后，

① 王先谦：《汉铙歌释文笺正》。

“中国”的概念扩大了许多，以中原地区的观念、风俗、习惯来看南方，显然看的多为落后之处，而随着“文”之所“化”，南方也很快进步了。三国时期吴、魏两国的南北对立，是发生在汉族政权之间，而到“五胡乱华”、中州士女南迁，就形成了北南胡汉政权对峙的局面。南北分隔造成了在各自一方的文化冲突、融合情况。在南方，南下的贵族对土著的轻蔑、驾驭，和南方对“亡官失守之士”的不满、怨恨，使双方免不了发生冲突，这些冲突多属于政治文化的范围之内，随着南迁既久，两下相安，也就融合无间了。而北方则不同，胡汉的文化冲突与融合，过程很长，且要困难得多。

汉文化经历了很长发展阶段，在秦汉时期完成了第一次民族融和，诸夏文化推之于原先的“四夷”，使之逐渐同化，整个汉文化达到了很大的覆盖面和很高的发展水平。匈奴、鲜卑、羯、氐、羌等“五胡”之间，本来也存在文化冲突，但由于他们都是草原游牧民族，使之同多异少，故又能形成“胡”文化的共同体。当他们因自然气候变化而南下，在与汉人争夺生存空间的战争中取得胜利后，“武化”的优越感似乎没有维持多长时间，因为在“文化”上看到了与汉族的差距。胡人马快弓利，在征战中勇武难当，李广有“飞将军”之誉，仍屡败于匈奴，但胡人一旦成为统治者，倒似乎有些卑怯了。鲜卑慕容俊答群臣上称号时云：“吾本幽漠射猎之乡，被发左衽之俗，历数之箓，宁有分邪?”[①] 匈奴族勒准自谓“自古无胡人为天子者”，将攻破洛阳所得晋之国玺，托胡嵩带回东晋。相反，汉人对胡人却怀有文化上的优越感，在北地仕于胡人政权的汉人，有时表现出的民族气节其实是出于文化上的抗拒、鄙视心理。至于著名的丘迟《与陈伯之书》，是代表梁朝的劝降之辞，信中既申以胡汉观念：“故知霜露所均，不育异类；姬汉旧邦，无取杂种”，以见民族文化的优越性，又以江南景色和故国之思来打动对方，结果得顺利劝归。

如果抛开民族间直接、正面的斗争不论，胡汉的民族矛盾大量的是文化冲突，长期的斗争是不可能的，在辩证法的作用下，必然走向对立中的统一，所以，在历史的发展中，也开始了汉文化的“胡化”与胡文化的“汉化”过程。早在胡族内徙初期的西晋时代，洛阳的贵族官僚已“相尚用胡床貊槃，及为羌煮貊炙”[②]，北方汉人向胡人学习，以酪浆为饮料，生产上也兼事或兼营畜牧。而胡人在经过了对汉文化的抗拒后，也转向了对汉文化的学习。北魏道武帝在夺得并州后，令崔宏主持立官制、定律令、制礼仪。太武帝诏征中原士族数百人，授以官职。北魏灭夏、灭北凉，所得儒生被用作教授生徒，并整理经籍，撰修国史，考订律制，讲授诗文，厘定文字，而有些鲜卑勋臣被赐爵归第，由汉人来代替职务，“用夏变夷”成为必然之势。到孝文帝时，终有系统的改革，第四章已讲及，此处不赘。胡族最高统治者渐渐懂得，汉人长期形成的政治文化，从思想、制度层面有利于加强统治，故用强

① 《晋书·慕容俊载记》。
② 《晋书·五行志》上。

力、政令推行汉化政策，与此同时，与汉族杂居的胡人，也在耳濡目染中潜移默化，接受了汉文化的影响，所以，胡文化的汉化似乎是难以逆转的。在胡文化汉化同时，汉文化也接受了胡族虽蛮野却具活力的文化影响，到结束南北朝对峙而迎来隋唐的统一繁盛时，“胡化”的汉文化终于焕发出动感与朝气，尤其在盛唐时期更发出了耀眼的光芒。

胡汉文化的互动互渗，并不等于二者的趋于共同，橘之为橘以淮河为界，榕树不能逾吉安而北长，在文化的变更中，地理始终是一个重要的因素。由于南北对峙，中州贵族的南下尚会渐染南风，何况在北方是胡汉诸多民族，纵然汉化，生成的也不是汉文化的“原版”。所以，南北都在变，并形成了诸多文化差异。《颜氏家训》对南北风俗、习惯、语言等有很多比较，可以让我们知道当时南北大众文化的不同。就精英文化而言，从《北史》的《儒林》《文苑》两传，可以看出南北的主要区别。由于《儒林传》与文艺关系不大，此处引《文苑传》：

> 自汉、魏以来，迄乎晋、宋，其体屡变，前哲论之详矣。暨永明、天监之际，太和、天保之间，洛阳、江左，文雅尤盛，彼此好尚，互有异同。江左宫商发越，贵于清绮；河朔词义贞刚，重乎气质。气质则理胜其词，清绮则文过其意。理深者便于时用，文华者宜于咏歌。此其南北词人得失之大较也。

这段话是很能够说明南北区别的。而北朝乐府民歌《折杨柳歌词》的“我是虏家儿，不解汉儿歌”，也形象传递出文化差异所造成的隔阂。北朝乐府民歌的豪放刚健与南朝乐府民歌的缠绵悱恻，从根本上来说，是因于文化的区别，读《颜氏家训·风操篇》的比较南北离别时的不同表现：“江南饯送，下泣言离”，“北间风俗，不屑此事。歧路言离，欢笑分手。”可以明白不同风格的主要成因。《音辞篇》从南北地理环境比较语言，虽有些勉强，但结合诗歌的风格而言，也不无道理，因为南方的“水土和柔，其音清举”与北方的“山川深厚，其音沉浊”，确实是南北不同风格的成因之一，直到清人论词，也对词作为南方文学寻找地理上的原因，认为“水软山温之地”确实是容易产生“云痴月倦之词”。《杂艺篇》从“弧矢之利，以威天下”比较了江南“冠冕儒生，多不习此”与“河北文士，率晓兵射”的不同，据此，我们也可以知道为什么北朝乐府民歌很见尚武精神，连女子木兰也不例外，而南方却多留意“山林多奇采，阳鸟吐清音”和缠绵的爱情。

南方热衷于创作骈文与赋，连被后人作为山水美文来读的书信，也多用骈体写成，如刘勰所说，是“俪采百字之偶，争价一字之奇，情必极貌而写物，辞必穷力而追新”，明显表现出重“文”轻“笔”的倾向，确实是《文苑传》所说的“江左宫商发越，贵于清绮”，“文华者宜于咏歌”。而北方的郦道元《水经注》、杨衒之《洛阳伽蓝记》分别是地理与历史、风俗、掌故结合的著作，和历史、宗教性的文献，二者是学术性著作，却具有较高的文学性，用的是散文形式，体现出《文苑传》所说的“重乎气质”和“便于时用”的特点。而南北文章的对照，又可见出《儒林传》所说的“南人约简，得其英华；北学深究，穷其枝叶”的不同治学风气影响。

关于音乐，南北也很是不同。南方宋时的太史钱乐之、梁时的博士沈重在乐律研究上颇有建树，宋时的何承天更是创造了近于十二平均律的乐律，被《宋书·乐志》称为“新律”。与南方重视乐律研究不同，北方是西域音乐在中原地区广为流行，更具有实用性。前秦征西域，带龟兹乐歌舞艺人归，奠定“西凉乐”基础，北魏通西域，和北周娶突厥公主，又得西域各国乐舞，连编著《后汉书》的范晔都善弹胡琵琶。尽管陈后主令宫女习北方箫鼓，但总体而言，南北音乐是有本土与外来之别的。

绘画、雕塑因与佛教关系密切，在上编论述宗教与文艺时已对南北的不同风格作过对照，书法的南帖北碑之不同也见于上一章所述，这里就不重复了。

第十一章　隋唐五代宋辽金：从广纳外来到固守传统

前面已说，我们将秦汉到南北朝作为封建社会的前期，而将隋唐到宋代作为封建社会中期。本章即封建社会中期将近七百年的文化与文艺的粗线条论述。我国在经历了魏晋南北朝时期的分裂、对峙，却又是民族的大融和后，终于又迎来了一个新的统一繁盛时期，这就是隋唐。隋的历史太短，隋唐并称也像秦汉并称一样，只是一种习惯性的说法。唐朝在国家的统一、强盛上类似于汉朝，因此“汉人”与“唐人”常常并称，但在文化上却有一统与多元的区别，可以认为，隋唐文化是南北文化、中外文化融合的产物，既是过程，又是结果。五代的战乱、分裂时间不长，宋朝建立后，疆域远较汉唐为小，又受辽、夏、金、元继迫，史学大师陈寅恪先生以“造极”二字论宋文化，这固然是对其高度成就的评价，但所说的“华夏文化”又可理解为本土文化，所以宋文化实又与唐文化大异，是面对“朔方冲击波”显出了军事上的无力后，在汉族文化阵地上的固守。

基于以上所描述的文化演进之大概，我们将这一时期概括为“从广纳外来到固守传统”。

第一节　隋唐文化的包容性

隋唐文化确实具有很大的包容性。这种包容性同广阔的疆域大有关系。极盛时期的唐朝，其势力东至朝鲜半岛，西北达葱岭以西的中亚地区，南到印度支那，北到蒙古。这种包容性又与最高统治者采取怀柔——羁縻政策有关，使众多的民族能“万国衣冠拜冕旒”，拥戴唐朝，终至能形成多民族共处的国家。这种包容性的形成还因为在隋唐的民族关系中，汉族处于主导地位，其全面的文化优势使之能由包容而至完成唐文化的融和过程，不似后来的元朝因蒙古族处于统治地位，而从逆向进行、带着痛苦的文化之汉化。是隋唐文化的包容性造就出文艺的全面繁荣，使历史学家和文艺史家们为之怀想和惊叹。

一　隋唐文化的内变

隋唐文化之包容外来文化，必须要建立起包容、接受的机制，而这当然免不了从内部开始的变革。为此，我们首先要从其内变论起。

陈寅恪先生的《隋唐政治史述论稿》是一部篇幅不大、却分量很重的著作，其中的不少观点都值得好好体会。马克思有一个著名的论断，即统治阶级的思想就是统治的思想。可见，统治者对历史的作用是不言而喻的。而陈先生对唐朝皇室血统的考索，可谓是寻找到了统治思想产生与改变的一个重要动因。陈先生是从朱熹《语类》的一句话得到启发而开始他的考证的。朱熹说："唐源流出于夷狄，故闺门失礼之事不以为异。"陈先生认为朱子此语含有种族及文化二问题，"而此二问题实李唐一代史事关键之所在"，由于唐高祖之母独孤氏、太宗之母窦氏（即纥豆陵氏）、高宗之母长孙氏都是胡姓，不待阐述，所以陈先生重点对唐代皇室的氏族作了考证。他据唐室自称是西凉武昭王正支后裔，采诸书详考之，得出了李唐血统其初本是华夏，较晚才与胡夷混杂的结论，其先世则是赵郡李氏的"破落户"或"冒牌货"。鲜卑统治者实行汉化政策，宇文泰又有改易氏族之举，引起了谱系郡望的变化，此举也适合于汉人，李唐之改华夏名家的赵郡李氏为出于陇西，就是当时所施行政策的产物，反过来也可以证明李唐之祖至少并非赵郡高门。①

对李唐皇室的"查三代"当然不在于考察是否"根正苗红"，也并非因其有胡族血统而确定唐朝文化的开放与包容是仅在于这一原因。问题的关键是在陈先生所说的对"关中本位政策"的维护与破坏。陈先生说："李唐皇室者唐代三百年统治之中心也，自高祖、太宗创业至高宗统御之前期，其将相文武大臣大抵承西魏、北周及隋以来之世业，即宇文泰'关中本位政策'下所结集团之后裔也。"但是，"自武曌主持中央政权之后，逐渐破坏传统之'关中本位政策'，以遂其创业垂统之野心。"② 在陈寅恪先生看来，破坏府兵制及推行进士科为武则天摒弃"关中本位政策"的两件大事。后者的"大崇文章之选，破格用人，于是进士之科为全国干进者竞趋之鹄的。当时山东、江左人民之中，有虽工于为文，但以不预关中团体之故，致遭屏抑者，亦因此政治变革之际会，得以上升朝列，而西魏、北周、杨隋及唐初将相旧家之政权尊位遂不得不为此新兴阶级所攘夺替代。"陈先生认为，"故武周之代李唐，不仅为政治之变迁，实亦社会之革命。若依此义言，则武周之代李唐较李唐之代杨隋其关系人群之演变，尤为重大也。"③

政治的变迁、社会之革命，必然引起文化的变化。陈寅恪先生很正确地指出文化的地域性历史渊源及其变化。他引了"山东之人尚婚娅，江左之人尚人物，关中之人尚冠冕，代北之人尚贵戚"之说，进而论东汉末中原丧乱以后学术虽变化，但通经义、励名行以求从政，在河北即所谓山东地域尤为显著。由于武则天要改变"关中本位政策"，欲将一批被视为浮华放浪的进士出身者提拔为新兴的统治阶级，也就必然改变了原先主张经学为正宗的情况。诚如陈先生所说："唐代贡举名目虽多，大要可分为进士及明经二科。进士科主文词，高宗、武后以后之新学也；明经

① 陈寅恪：《隋唐政治史述论稿》，上海古籍出版社 1997 年版，第 1—13 页。
② 陈寅恪：《隋唐政治史述论稿》，上海古籍出版社 1997 年版，第 18 页。
③ 陈寅恪：《隋唐政治史述论稿》，上海古籍出版社 1997 年版，第 18 页。

科专经术，两晋北朝以来之旧学也。”[①] 唐高宗、武则天本是想改变初唐所行的政治利益世袭制，却又因此后“专尚进士科，以文词为清流仕进之唯一途径”[②]，使唐朝士人转向了对“文词”的重视，这就必然促进了文艺的发展。

魏晋南北朝是通过“九品中正制”来选拔官吏的，受到了门阀世族的控制，由于文艺与当官并无直接关系，从这个意义上来说，六朝文艺的“自觉”可谓是真正的“自觉”。六朝文艺尽管“自觉”，与唐朝相比，“从业人数”是相差很大的，功利性的目的不能不说是个很重要的原因。因此，我们今天对于唐代文艺繁荣的原因可以作出很多的解释，如以经济基础决定上层建筑这一马克思主义的基本观点来证明，是肯定说得通的，不过恐怕还是陈寅恪先生所揭示的原因最为重要，“关中本位政策”的改变是政治文化的变化，对文艺的繁荣，起了最大的作用。

隋唐文化的内变与文艺的繁荣相关者，还有一个重要的内容，即儒、道、佛的三教并行。

皮锡瑞的《经学历史》认为：“经学盛于汉；汉亡而经学衰。桓、灵之间，党祸两见，志士仁人，多填牢户，文人学士，亦扞文网，固已士气颓丧而儒风寂寥矣。”[③]《南史·儒林传》则指出了魏晋时“公卿士大夫罕通经业”的情况。而到南北朝时期，又进入到皮锡瑞所说的“经学分立时代”。《北史·儒林传》概括了南北学派的区别：“大抵南北所为章句，好尚互有不同。江左：《周易》则王辅嗣，《尚书》则孔安国，《左传》则杜元凯；河洛：《左传》则服子慎，《尚书》、《周易》则郑康成。《诗》则并主于毛公，《礼》则同遵于郑氏。”皮锡瑞对此辨析道：“北学，《易》、《书》、《诗》、《礼》皆宗郑氏，《左传》则服子慎。……是郑、服之学本是一家；宗服则宗郑，学出于一也。南学则尚王辅嗣之玄虚，孔安国之伪撰，杜元凯之臆解，此数家与郑学枘凿，亦与汉儒背驰。……岂非谈空空、核玄玄者阶之厉乎！南方玄学不行于北魏，李兴业对梁武帝云：‘少为书生，止习五典，……素不玄学，何敢仰酬’此北重经学不杂玄学之明证。”处于文化主导地位的南方，在经学上杂入了玄学，其儒学的衰微可见。

隋朝统一全国之后，南北儒学逐渐合流，隋初的牛弘，后期并称二刘的刘焯、刘炫，都是著名的儒学学者，隋末王通聚徒讲学于河、汾间。隋文帝纳牛弘建议而征集儒家经典，虽晚年废学校，隋炀帝继位后随即恢复之，并大力搜集、整理经籍。唐太宗在称帝前已留意儒学，置秦府十八学士，即位后大倡儒学，命颜师古考定五经，又令孔颖达著《五经正义》，统一注释，以颁行天下，还有陆德明的《经典释文》亦通行于世。当时，“四方儒士，多抱负典籍，云会京师”，造成了“儒学之

① 陈寅恪：《隋唐政治史述论稿》，上海古籍出版社1997年版，第81页。
② 陈寅恪：《隋唐政治史述论稿》，上海古籍出版社1997年版，第71页。
③ 皮锡瑞：《经学历史》，中华书局1959年版，第141页。

盛，古昔未之有”[①] 的局面。尽管“高宗嗣位，政教渐衰，薄于儒术，尤重文吏”，但“玄宗在东宫，亲幸太学，大开讲论，……及即位，数诏州县及百官荐举通经之士，又置集贤院，召集学者，校选募儒士及博涉著实之流”[②]，又造就了儒学之盛。

关于道教在唐朝被重视及其发展，前面论宗教与文艺关系时已论及，兹不赘。关于佛教，隋朝在南北朝的基础上更为重视，隋文帝多次下诏在各地兴建寺院、剃度僧人，并组织佛经翻译，隋炀帝进一步命人整理佛经，使之系统化、条理化。唐朝虽在高祖时已定下“先老、次孔，末后释宗”[③] 的次序，首倡道教，但实际上儒学用于治国，并非宗教，对于佛、道，则多取并重态度。综观整个唐朝，除武则天在夺权中用佛教制造舆论，将它置于道教之上，和唐武宗下令灭佛这两个极端以外，其他多取调和政策。太宗盛迎玄奘从印度归来，赞其译经讲经，玄宗在极力崇道同时又亲注《金刚经》，颁行天下，对印度僧人来华给予很高礼遇，穆宗、敬宗、文宗都大力提倡佛教。由于最高统治者对儒、道、佛的并重，使得隋唐的多元文化较之魏晋六朝更具有官方性质，且与民间一起成上下结合的形势，这当然对文艺的发展起了很大的推动作用。

隋唐文化的“内变”当然不仅以上两个内容，但二者与文艺的关系无疑是最重要的。

二　隋唐文化的外受

只讲隋唐文化的内变是不够的，文艺的多样性发展与文化的“外受”关系至为密切。

前引陈寅恪先生关于李唐皇室血统的考证，不仅在于引出武则天破坏“关中本位政策”，倡进士科以让文词之士进入统治层，从而促进了文艺发展一说，而且因这一胡汉相混的血统，也可以看到唐室接受胡文化的基础和原因。南北朝时期的民族融和在上层的帝后婚姻中已可见到，试看《魏书·皇后传》：“明元密皇后杜氏，魏郡邺人，……有宠，生世祖”，“文成元皇后李氏，梁国蒙县人，……生显祖”，“献文思皇后李氏，中山安喜人，……生高祖”。隋唐的情况恰好与后魏相反，胡族的父系换成了母系。如果说，唐高祖、唐太宗都因母系原因而有一半胡人血统，那么唐高宗因母亲长孙皇后的父系、母系都是鲜卑人，故其本人更是具四分之三的鲜卑血统。其实不仅是唐，隋朝皇室也是胡汉混血的，隋炀帝之母与唐高祖之母同为拓拔鲜卑的独孤氏，所以隋唐并称，实有皇室的民族血统意义。朱熹所说的“唐源流出于夷狄，故闺门失礼之事不以为异”，是出于敏锐的直觉，不但道出了隋唐接受胡族文化的根源，在于此时的汉族是民族融和后的新汉族，并可见在广具包容性

① 《旧唐书·儒学传序》。
② 以上均见《旧唐书·儒学传》。
③ 《集古今佛道论衡》卷丙。

的唐朝文化中，“夷狄”对礼的冲击是一个重要的内容，与此同时，“外受”又远非只在制度层面，而是非常广阔的范围。陈寅恪先生说得好：“李唐一族之所以崛兴，盖取塞外野蛮精悍之血，注入中原文化颓废之躯。旧染既除，新机重启，扩大恢张，遂能别创空前之世局。”①

游牧民族在戈壁大漠和草原旷野中长期形成的生活习性，使之具有剽悍勇武、粗犷而带野性之风，“新买五尺刀，悬着中梁柱。一日三摩挲，剧于十五女。”② 形象地表现出这种风气。北朝受到影响，《李波小妹歌》是英雄崇拜和尚武精神的体现，木兰身为女子，替父从军，“万里赴戎机，关山度若飞。朔气传金柝，寒光照铁衣。”唐朝的开国君主是从征战中走过来的，唐太宗尤其如此，尽管他喜爱宫体诗，但只是作为长期马上生活的补充而已，决非陈后主和萧梁君臣之流。唐太宗“天可汗”的形象和事业对唐代士人是有很大鼓舞作用的，“初唐四杰”已有边塞诗，到盛唐时期更成为重要的诗歌流派，他们的尚武精神与胡族文化的影响应是不无关系的。大诗人李白固因其浪漫气质被批评为“华而不实”，但其“骏发豪放”的“语用兵则先登陷阵不以为难，语游侠则白昼杀人不以为非”③，岂非与其胡人血统有关？至少有些唐诗研究者是这样看的。

《颜氏家训·治家篇》说：“江东妇女，略无交游，……邺下风俗，专以妇持门户，争讼曲直，造请逢迎，……代子求官，为夫诉曲。此乃恒、代之遗风乎？”《后娶篇》说：“江左不讳庶孽，丧室之后，多以妾媵终家事。疥癣蚊虻，或未能免，限以大分，故稀斗阋之耻。河北鄙于侧出，不预人流，是以必须重娶，至于三四，母年有少于子者。……身殁之后，辞讼盈公门。谤辱彰道路。子诬母为妾，弟黜兄为佣，播扬先人之辞迹，暴露祖考之长短，以求直己者，往往而有。”从前者可以看到这南北不同风气，实际上也是因南方固守传统为多，而北方受胡族影响较多。从后者则可看到南方在婚姻的自主意识上较弱，而传统的道德观念较强，北方却相反，这南北之异实际上也有民族的不同影响在。唐朝统一南北后，“南风”受“北风”影响较多，女子之喜欢出头露面，到此时而更甚，唐人绘画中有女子骑马击毬的形象，可见一斑。魏晋时人以清瘦为美，女子也如此，但唐人受胡风影响，变而为崇尚丰满壮硕，观唐人仕女画可知。唐朝的妇女在婚姻问题上，虽受到很多限制，如在贞观初年已对婚姻问题下诏，有不少规定，但男女之间还是有一定的挑选自由。对离婚有严格规定，如果妻子没有“七出”、“义绝”，不能随意离婚，但唐代的离婚还是比后代容易，且屡见不鲜，如唐中宗时魏升参与谋杀武三思，兵败被杀，其妻“今日得离书，明日改醮”④。最高层的如唐高宗可以看上父亲的才人，唐玄宗也

① 《李唐氏族之推测后记》。

② 《琅邪王歌》。

③ 苏辙语，《李太白全集·附录》，中华书局1977年版，第1535页。

④ 《大唐新语》卷三。

可以看上自己的儿媳妇，最后都分别成为皇后或贵妃，皇室中颇多乱伦，下层妇女对名节也不甚看重，离异再醮之事见惯不怪，而唐人笔记小说中的大量婚外情描写，其实正是现实社会生活的反映。以上这些情况与胡风、胡俗是有一定关系的。

唐室之“大有胡气”不但是因皇室之有胡族血统，更因为唐前期的“四夷宾服”，曾有几次大规模的接受高丽、突厥、铁勒诸部向内郡迁徙，其中如贞观四年（630）东突厥为唐所灭，大批的突厥人被迁到了大漠以南，高宗龙朔三年（663）吐谷浑败于吐蕃，牧地为吐蕃所占，后来唐朝将吐谷浑人迁到今宁夏中卫以东地区。中唐时期，留在长安的外国使臣很多，据《资治通鉴》卷二三二贞元三年七月条云：“初，河、陇既没于吐蕃，自天宝以来，安西、北庭奏事及西域使人在长安者，归路既绝，人马皆仰给于鸿胪礼宾。……李泌知胡客留长安久者，或四十余年，皆有妻子，买田宅，举质取利，安居不欲归。”后李泌命人查验其中有田宅者共四千人，令停其供给，胡客诉之于政府，李泌让他们假道他途归国，如不愿归者，当于鸿胪自陈，授职给俸而为唐臣，结果“胡客无一人愿归者”。李泌使之“分隶神策两军，王子、使者为散兵马使或押牙，余皆为卒，禁旅益壮。”胡汉相混，必相互影响，彼此接受，在胡人汉化同时，汉人的胡化也是必然的。《东城父老传》结语云：“上皇北臣穹庐，东臣鸡林，南臣滇池，西臣昆夷。三岁一来会，朝觐之礼容，临照之恩泽，衣之锦絮，饲之酒食，使展事而去，都中无留外国宾。今北胡与京师杂处，娶妻生子，长安中少年有胡心矣。”所说就是上面一事。《东城父老传》是唐人传奇，但在上引老人所言后又说：“吾子视首饰靴服之制，不与向同”，却说出了当时首都的时尚。据《旧唐书·舆服志》：“开元来，……太常乐尚胡曲，贵人御馔尽供胡食，士女皆竟衣胡服。”《新唐书·车服志》说高宗时妇女已坐檐子代乘车，戴帷帽，武则天时帷帽更盛，中宗以后，宫人从驾，皆胡帽乘马，天下效之，以后又露髻驰骋，帷帽亦废，到玄宗天宝初年，无论是贵族还是百姓都好穿胡服、戴胡帽。白居易《上阳白发人》诗的“小头鞋履窄衣裳，青黛点眉眉细长。外人不见见应笑，天宝末年时世妆。”可见时之所尚。天宝以后的情况已见于上引《东城父老传》。“胡食”主要有胡饼、烧饼、油饼、古楼子等，其中以胡饼最受欢迎，白居易有诗《寄胡饼与杨万州》：“胡麻饼样学京都，面脆油香新出炉。寄予饥肠杨大使，尝看得似辅兴无。”西域的名酒及制作法也传入，长安有许多胡人开的酒肆，多以胡女为侍者，故称为“胡姬酒肆”。唐朝不但有众多名将出自胡人，连宰相也有一些是胡人，由于胡人所长在音乐、歌舞、绘画，这方面的人才出没于长安者无数，商人、药师、医生、僧侣、酒妓等不同身份的胡人，也广泛活跃在长安及各地。这样，不但是上层贵族在服饰上追求胡化，下层的生活也与胡俗密不可分。

对隋唐文化的“外受”，择要就讲这些。

第二节　隋唐文艺的繁盛

隋唐文艺的繁盛是不争的事实，也是文艺史上讲述的重点。这里只能作一简要的论述。

隋朝的历史太短，在文学上几乎没有留下什么有名的作家。隋朝前期，有原为北朝的诗人如卢思道、杨素、薛道衡等，写过一些较好的边塞诗，隋炀帝是醉心于宫体诗的诗人。从隋朝的诗中可以清晰地看到齐梁的影响，此期可以看作是向唐诗过渡的时期。对于唐诗，很难在短短的篇幅中有选择地讲述，我们只能将最具代表性、最能体现出文化内涵的内容作一粗线条的描述。初唐时期，有一批宫廷诗人，还有王绩与"四杰"，因篇幅所限，这里都不讲了。我们将直接进入到盛唐。

一　盛唐边塞诗与山水诗

闻一多先生在论初唐诗时提出了"宇宙意识"的概念，依他所见，张若虚的《春江花月夜》以"宇宙意识"替宫体诗洗清了百年的罪，向后与陈子昂分工合作，清除出了盛唐的道路。陈子昂是既有宇宙意识，又有功业之慨，以他作为开启盛唐的人物，是很合适的，而宇宙意识和功业之慨在盛唐时代又延伸、发展为两大流派——山水田园诗与边塞诗。

边塞诗是一个有争议的问题，甚至是古典文学研究中一个引起针锋相对争论的领域，其原因在于战争的性质及相关是否正义问题。边塞战争与边塞风光确是盛唐诗歌的一大题材，开元、天宝年间许多著名的诗人都写过出色的边塞诗，高适、岑参、王昌龄、李颀自不必说，王之焕、王翰、崔颢也常列入这一派，大诗人李白、杜甫、王维都不乏此类作品，且边塞题材的优秀作品数量超过初、中、晚唐同类题材的总和，这确实是个值得注意的现象。贞观之时，唐朝的国力尚未达到非常强盛的地步，只因逢东西突厥丧乱，吐蕃初起，势力未盛，加以唐朝在政治、外交、军事诸方面措置得当，才能消弭外患，声威远扬。高宗、武后时，东突厥复起，吐蕃强盛，契丹、奚反叛，唐应付不暇，颇多失利，因此，这几朝都不是边塞诗的时代。到玄宗时，边境战争十分频繁，开元初，契丹、奚与突厥、吐蕃连年寇边，直到安史之乱起，近三十年不断有战争，此时因已有充足的财力，战争经常能取胜，产生边塞诗具备了深厚的土壤。

边塞诗基本的思想倾向是向往边功和英雄主义精神，又因唐玄宗的好战而有暴露、谴责性主题，歌颂与暴露，雄放与感伤，经常出现在同一个诗人的创作中，原因就在于边塞战争所提供的丰富深刻而复杂矛盾的内容，战争的胜利使诗人向往万里封侯，战争的祸害和滥用武力使不少诗人深感忧患。诗人通过边塞生活真切了解到战争的残酷和戍守的艰辛，对黩武政策的祸害有真切的体会，看到了种种矛盾，并饱览了雄浑、壮丽、苍凉的塞外风光，即使边塞诗有不足之处，但它在我国诗歌史上的地位是显而易见的。

山水诗虽然盛于六朝，但偏于客观描绘的多，谢灵运诗的玄言尾巴常常显得多余，只是到了盛唐的山水田园诗，才在情景交融中表现出独特的“宇宙意识”，王维诗的“禅境”是其中的代表。据宗白华先生的见解，“禅是中国人接触佛教大乘义后体认到自己心灵的深处而灿烂地发挥到哲学境界与艺术境界。静穆的观照与飞跃的生命构成艺术的两元，也是构成‘禅’的心灵状态。”① 王维诗的特点是恬淡、宁静，不是死寂、枯槁，而是静中有动，动中有静。如果说陶渊明是在隐居中走向现实，而王维则是在隐居中走向自然，他的辋川绝句都写得极为冷寂，但仍是冷中有热，寂静中寓有生命的灵动，在冷隽的语言色调中，仍可见对生活的爱，“静穆的观照”与“飞跃的生命”统一在一起。除独到的宇宙意识造就的“禅境”外，王维诗还可见南宗禅“于不足中见足，于不尽中见尽”的艺术手法，常是着墨不多而风月无边，“超以象外，得其环中”的艺术意境正是庄子“唯道集虚”的体现。

边塞诗与山水诗又可以认为是长安帝都文化延伸的表现，其进则为边塞文化，退则为隐逸文化。陈寅恪先生据韩愈《送董如南游河北序》而认为：“在长安文化统治之下之士人，若举进士不中，而欲致身功名之会者，舍北走河朔之外，则不易觅其他之途径也。”② 其实，中了进士也未必轻视边功，这既与时代精神有关，又体现了我国传统的“先文德而后武力”传统。前已说产生边塞诗的基础，边塞诗既牵动了诗人，又涉及社会的方方面面，构成了独有的盛唐边塞文化现象。之所以将隐逸文化看成是长安帝都文化“退”的延伸，是因为盛唐时社会富足，文人无论是否出仕都不至于不能生活，加以道、佛宗教流行，不少僧道隐居于山林，长安南面不远处就是终南山，可兼得“终南捷径”与官员们营建别墅之利，其特殊的地理条件使之成为长安城的后院，是进退自如的好地方。玄宗之时，有与王维并称的隐逸诗人孟浩然，而两唐书《隐逸传》分别为21名和25名知名的隐士立传，不知名者更不知几许。倘这样看，王维过着半官半隐、后期转如僧徒般的生活，虽未入隐逸传，但却是隐逸文化的代表。

二　李白与杜甫

对古代诗人的评价，常有随历史发展而变化的现象，而接受史上反映出来的问题，其实又与文化史密切相关。李白以其“歌诗”与张旭草书、裴旻剑舞并称“开元三绝”之一，诗名极高。杜甫却不同，他曾自叹“百年歌自苦，不见有知音”，在中唐人编选的诗集中，没有杜甫只字。直到白居易，才开始推崇杜甫，并提出了李杜优劣问题。他的同道元稹更是将杜甫推上了诗人的最高座次。由于元、白对李杜评价不够全面、恰当，韩愈提出了李杜并尊论，杜牧、李商隐也持同样态度。

---

① 宗白华：《美学散步》，上海人民出版社1981年版，第65页。

② 陈寅恪：《唐代政治史述论稿》，上海古籍出版社2000年版，第330页。

开元、天宝时期，王维诗是长安文化的代表，当然得到“天下文宗”、“名高当代”① 的评价，而李白之成为“开元三绝”之一，且与张书裴剑并称，则显见当时崇尚飞动壮丽之美，是时代精神的体现。杜甫之得到重视，则是批评者推尊儒学、强调诗歌功能论的结果。宋代之宗杜，与外患内忧所激起的忧患意识相关，诗文革新运动的倡导者们批评五代士人的沉沦，反思知识分子的作为与使命，重建儒学文化，忧国、爱民、忠君，是他们这些合文人与高官于一身的作诗者的重要创作动机和内容。王安石、苏轼和黄庭坚，终于在找到了杜甫这一忠君爱国的榜样同时，也开创了宋诗自己的面目，自此，“诗圣”杜甫的地位难以动摇，实际上盖过了“诗仙”李白，更不用说“诗佛”王维了。

对于艺术上的李杜优劣，后世还继续着争论。我们认为，严羽《沧浪诗话》以李杜不可论优劣之见，是最可取的，“子美不能为太白之飘逸，太白不能为子美之沉郁”，“少陵诗法如孙吴，太白诗法如李广”等论，也充满了辩证法。那么，李泽厚《美的历程》所说的李、杜分别代表两种盛唐，且可概言为李在于“意”与“破”、杜在于“法”与“立”，该怎么看呢？因为依胡应麟《诗薮》之见，“少陵不效四言，不仿《离骚》，不用乐府旧题”，“然风、骚、乐府遗意，往往得之。”而李白“以《百忧》等篇拟风、雅，《鸣皋》等作拟《离骚》，俱相去悬远”，“较输杜甫一筹也。”似乎是李白尚不离拟作，杜甫才真有革新精神，李非真“破”，杜才是真“破”。对古人胡应麟与今人李泽厚的评价应怎样看？我们认为，他们讲得都对，意见的矛盾是缘于着眼点不同。胡应麟看到了杜甫在实质上的形式革新，而李泽厚则着眼于李白的天才抒发和杜甫的人工琢炼。

而为什么两种意见都对，我们还得进一步探讨。李白论诗与陈子昂一脉相承，都推崇汉魏风骨，本于浪漫气质，他崇尚自然，弃置格律，鄙薄齐梁诗风，着眼点又多在形式、风格。杜甫则不然，杜诗在内容上是现实主义的，但因“精熟《文选》理”，“晚节渐于诗律细”，针对“好古遗近”的风气，他“窃攀屈宋”，推尊汉魏，在力亲风雅同时又不废齐梁，所以能做到转益多师，因此胡应麟是很有眼力的，因为他看到了杜甫在形式上的革新。王世贞《艺苑卮言》论述更详（文长不录）。对李泽厚所说又应怎样看呢？李、杜虽是同时代人，但相差十一岁，李白的创作高峰在开元、天宝，杜甫却在天宝而偏在大历，中间隔着个安史之乱，昂扬的时代精神被八年的战乱改变了，狂放的热情渐被冷静的思考所代替，美学风范也随之而改变，杜甫青年时代的作品又何尝不是浪漫的？是时代之变使他走上了现实主义道路，因此，即使杜甫在诗的形式上较李白更有革新精神，也会在时代的气氛中，“把盛唐那种雄豪壮伟的气势情绪纳入规范，即严格地收纳凝练在一定形式、规格、律令中”②，以“法”胜而非李白之以“意”胜。

---

① 唐代宗批王缙《进王右丞集表》手敕语。

② 李泽厚：《美的历程》，文物出版社 1981 年版，第 140 页。

李白之尚“意”与杜甫的见“法”，归根结底要从思想、文化上寻找基础。李白所受教育除传统的儒家经籍外，还好六甲和百家，受到道家、纵横家的影响，刘熙载说他“早好纵横，晚学黄老”，志在兼济，又不愿屈己干人，有过“供奉翰林”的际遇。最终又被“赐金还山”，污浊的社会、官场与他个性解放的意识是格格不入的，他有庄子追求绝对自由的思想，又融合了游侠精神，以酒为娱和仰慕谢安声妓相随，使宋人（如王安石）为之诟病，却难掩其本真性情，他虽能如龚自珍所说的并庄屈以为心，合儒、仙、侠以为气，但并不能调和“名教”而只能追求“自然”。这样，就不能以礼制情，而是挥斥、抒发，要达到满足，在文艺观上也像庄子那样称赏“天籁”、“自然”，在天才的迸发中“清水出芙蓉”，以“意”见长。杜甫青年时所作的《望岳》、《房兵曹胡马》、《画鹰》等，未置身于盛唐的蓬勃精神与浪漫激情之外，但李白是“尧舜之事不足惊”，杜甫却始终要“致君尧舜上”，尽管他们间有兄弟般的友谊，思想却很不相同。杜甫的一生都在儒家界内，“兼济天下”之心始终不变，“穷年忧黎元”，“济时肯杀身”，他不是以追求个人的自由为主，而是始终关心着客体的政治和人生，与李白形成了明显的分野：关注人生的现实主义，而非个性解放的浪漫主义。儒家的美学思想主要表现为孔子的“情欲信，辞欲巧”，孟子的“充实之为美”，和荀子的“君子知夫不全不粹之不足以为美”，都是通过积极的“人为”以求美，大不同于庄子的“无以人灭天”。杜甫的“新诗改罢自长吟”“语不惊人死不休”，“颇学阴何苦用心”等，都是求“法”的完善。

总之，李白重“天机”而“妙造自然”，杜甫重“法度”而“苦心为诗”，所以有人将李、杜分拟作禅宗的顿、渐二家。从形式而言，两人各有所胜：李长在“绝”与“歌”，杜长在“律”与“行”。在简单参与了讨论李杜后，我们还是应该回到前面对严羽所论的首肯，应分析李杜之所异而不必强分高下、优劣。

三　中晚唐诗

杜甫以其人工独至之美为中唐诗提供了榜样，陆侃如、冯沅君《中国诗史》很有见地地说，从杜甫诗的内容上衍出来的是白居易一群，从杜甫诗的形式上衍出来的是韩愈一群。

白居易等是新乐府运动的倡导者和主将，前后有张籍、王建、白居易、元稹等，我国文学一直为“政教中心论”所左右，所以对这一派历来评价很高，新中国建立后尤甚。此派诗歌的创作主张是著名的“文章合为时而著，歌诗合为事而作”[①]，只要承认我国文学中存在现实主义传统，就得承认这是现实主义的创作方针。但为时为事之作只能是局部的、短时的，白居易分自己所作为四类，其中讽谕诗的精华仅《新乐府》五十首、《秦中吟》十首，占其全部诗歌二千八百多首中很小一部分。白

① 白居易：《与元九书》。

居易不像杜甫那样始终关怀人生，系心民瘼，儒、道、释思想的合一使他形成了复杂的世界观，“兼济天下”与“独善其身”都在他思想上占有很大比重，陈子昂的兴讽、杜甫的忧时和陶渊明、韦应物的闲适都见于他身上，“兼济”时未忘流连光景，“独善”时也未完全置身于政治之外，只强调他的现实主义是片面的，只说他忆妓诗多于忆民诗也是片面的，相对说来，前期“讽谕”较多，后期“闲适”为多。在我国关于隐逸的理论中，白居易应占有重要的一席，因为他提出了“中隐”思想，实际上为知识分子提供了第三条道路。元、白诗歌实际上是唐朝三教并行完成后所形成文化系统中的产物，与李、杜的或道或儒已有很大不同。白诗的总体艺术特色正如《瓯北诗话》所说的“无不达之隐，无稍晦之词”，“看似平易，其实精纯”，有广大的受众，他虽被不少论者所轻，却难以否定是成功的通俗诗人。元、白并称，只是习惯性说法，两人的地位相差很多，故我们只讲白居易。

新乐府的参加者作诗力求通俗易懂，而韩愈、孟郊、贾岛、卢仝等，则重在艺术追求，力求在盛唐诗盛极而难继的情况下开辟新的道路，所作求奇追险，与新乐府反映客观现实不同，多表现自我心灵历程，主观抒情的色彩很浓。他们中的核心是韩愈，他是同跨诗文两个领域且均有建树的文学家。韩愈所在的元和时代被认为是我国诗歌极盛的“三元”（开元，元和、元祐）之一，这是一个真正显示出诗人创作个性的时代，韩愈以古文名世，以至有人只赞赏他的文章而不称他的诗，但他的诗歌无疑是有唐一大家。韩愈的诗本来并不险怪，是受到比他年长十七岁的孟郊影响后，才逐渐走上“怪”路的。他作文提倡“唯陈言之务去”，在诗歌领域自然也不会跟在别人后面亦步亦趋，那么怎样创造才是一条合适的道路呢？赵翼《瓯北诗话》卷三很准确地窥得其中消息：“至昌黎时、李、杜已在前，纵极力变化，不能再辟一径，惟少陵奇险处尚有可推扩，故一眼觑定，欲从此劈山开道，自成一家，此昌黎注意所在也。”他所作律诗的偶句与常人不同，常有“借对”之句，或带散文化色彩，非但打破了诗歌的对称，在不均衡中见错落感，而且将散文的特点、特别是韩文特有的气势引入诗中，造就壮阔奇险之美。又以光怪陆离、超忽变幻的意象，神秘、怒张之力，在通常的壮美、优美和古雅之外，另造出一种狞厉、险怪的美。由于韩愈在文坛上的地位高，又有奖掖后进的名声，故追随者不少，其中孟郊、贾岛并称为“郊寒岛瘦”，卢仝、马异并称为“卢奇马怪”，是这派诗歌的主要代表。前者的“寒”“瘦”还多在苦吟，后者则是真正的险怪奇特了。

在李杜的高峰矗立起来后，中唐诗要有所造就确实不易，元白、韩愈都推崇杜甫，但元白所见是杜甫的寄兴与集成，而韩愈所见，则在李杜的沉雄博大，而不是李的自然清新，杜的沉郁顿挫。他们都按照自己的理解学杜，并企图超越，最终是元白新乐府以内容胜，韩愈一派则将雄奇变成了险怪，前者的直白，后者的怪异都非杜诗面貌，但惟有如此才造就出自己的显著个性，同时造就出中唐文艺的多姿多彩。

从中唐到晚唐，有相当庞大的诗人队伍，前期有与现实关系密切的元结、顾况、戴叔伦，有与王、孟并称的韦应物，近于王、孟的刘长卿，还有“大历十才子”和李益，与元白、韩孟同时的有刘禹锡、柳宗元，晚唐又有杜牧、皮日休、聂夷中、杜荀鹤、陆龟蒙、罗隐、韦庄、司空图、温庭筠等。在这短短的篇幅中难以讲述，这里只能简略论述李贺与李商隐这两位最有特色的诗人。李贺比李商隐大二十三岁，前者二十七岁死时，后者才四岁，前者是结束中唐的诗人，后者是与杜牧并称、开启晚唐的诗人。在艺术上，李商隐对李贺有师承，但又有自己独到的成就，在中晚唐文学史上，两人的影响都超过了除白居易、韩愈以外的其他诗人。

李贺是比韩愈一派更见主观性的诗人，以同写音乐的诗来说，白居易《琵琶行》用博喻状音乐，是客观摹写，以声拟声；韩愈《听颖师弹琴》用"化视为听"的通感手法，似比前者高明；李贺的《李凭箜篌引》用"昆山玉碎凤凰叫，芙蓉泣露香兰笑"，"石破天惊逗秋雨"来形容乐声，种种想象都带着强烈的主观印记，更胜于韩愈。他笔下的许多事物，营造的许多意象，都是"以我观物，故物皆著我之色彩"①。尽管平生足迹未出黄河流域一步，照样可以描写巴蜀、岭南风光，人惊其似，是在于主观抒情的色彩联结了幽深如梦般的意象。当然，说他的主观色彩并不都是虚构，而是将现实的感受同虚拟的世界融合在一起，如他所写的仙境，是带着青春的幻想和对爱情的憧憬，美丽中流露出人生短暂的忧伤。李贺的心理不是很健全的，他以病态的创作心理写那些伤感、阴冷、恐怖、死亡……因强烈的色彩，逼真的描摹，美丽的幻想，精心的涂饰，使他的诗呈现出独特的病态美，阴森、恍惚，可又带着诱惑，充满美感。

如果说李贺是立足于主观抒情，但又不似李白的时代，因而造就的是隐奥和怪异，那么，李商隐的济世之志和政治热情却颇似杜甫，他的政治诗可见出深切的忧愤，卓越的识见和胆量，但由于"一生襟抱未尝开"，他更以善于言情著称。以著名的《无题》为例，不少注家都把它们看成是有政治寄托之作，这是受"美人香草"传统的影响，其实《无题》更应是爱情诗。在他之前，唐诗人中还没有谁像他那样抒发自己的主观恋爱之情，"春蚕到死丝方尽，蜡炬成灰泪始干"，"曾是寂寥金烬暗，断无消息石榴红"，都是传唱不已的名句。他不像杜牧"俊赏""楚腰纤细掌中轻"，而是着意于情感。如果说李贺的诗传递出的是病态美，那么李商隐却是朦胧美。《锦瑟》一诗将往事如烟、人生梦幻的感触，化作迷离凄婉的意象，似乎是用美丽动听的乐器倾诉自己的心曲，是抒发主观感情的佳作，"红楼隔雨相望冷，珠箔飘灯独自归"，"沧海月明珠有泪，蓝田日暖玉生烟"，也是他的朦胧佳句。他沉浸在辛酸、惆怅、凄然中，以精微的体验和沉潜观照，造就出朦胧的意境。

李贺与李商隐的主观抒情虽与创作个性有关，但更是时代的文化之变所造成的。歌德曾对爱克曼说过："我要告诉你一件事，你会在一生中多次得到证实。一切处于衰退和解体状态中的时代，都是主观的；另一方面，一切进步的时代都有一个客

① 王国维：《人间词话》。

观的倾向。”[①] 初、盛唐是“进步的时代”，诗中是对江山的歌颂（壮美者为边塞，优美者为田园），对功业的向往，是“客观”的。而经过安史之乱后，经济虽未衰退，但藩镇割据，党争不息，诗人难以将诗情推向于客观，只能作主观世界中的排遣。在诗史上人们常将李白与李贺并称，是着眼于两人都是浪漫主义诗人，同时，又认为前者是积极浪漫主义，后者是消极浪漫主义，殊不知，这样的区别不但因于两人不同的创作个性，更是不同时代的文化背景、精神所致。李白生当唐朝处于极盛而转衰时期，而他的创作主要在盛唐，时代造就出他诗歌的青春气息和向上精神，加上他的浪漫气质，成就了“诗仙”的面貌；而李贺所在的时代，已无法用建立边功的方式踏上仕途，他欲考进士又被阻，“我有迷魂归不得”，精神与制度的文化复合之变，使他带着青春期多重苦闷和压抑所形成的病态心理，一心用诗歌来宣泄，遂成了早慧而短命的“诗鬼”。李商隐一生都生活在痛苦的党争夹缝中，热心于政治，却始终不得志，以敏感而细腻的心灵感受一切，将怨愤与委婉结合成特有的风格，如钱谦益所说：“义山当南北水火，中外箝结，若暗而欲言也，若魇而求语也，不得不纡曲其指，诞慢其辞。”[②] 开晚唐细腻婉丽诗风。李商隐的屈折表达方式和时代心影，是他个人创作特点的表现，也是晚唐初期登科士子既忧君爱国、又难以斗争的心态反映，是当时处于夕阳黄昏的政治文化中苦闷的自然流露。李贺与李商隐所作的题材、风格都很不相同，但他们共同的“主观化”倾向，无疑都带着相同的衰退、解体时代的文化原因。

四　韩柳古文

韩愈与柳宗元是唐代古文运动的领袖，是“唐宋八大家”之首，尽管二人政见不同，但并不妨碍他们的一致。

韩愈在哲学的基本倾向上是唯心的，政治上是保守的，他信天命、劝封禅、讲符瑞、明道统，但是决定他文学成就的并非这部分儒学影响，他正视中唐时代的种种矛盾，不满足于对先圣遗训的复述，重视民生实际，勇于通经致用，在给传统儒学注入新鲜血液同时，也为文学创作带来了新气象。柳宗元与他的同道刘禹锡坚持唯物主义的元气一元论天道观，主张自然的物质性和天的无意志，曾批评“陋儒”的教条主义。韩、柳在世界观和政治思想上虽有很大分歧，但希望克服严重的危机，加强和巩固唐王朝的统治，企盼中兴则是共同的，因而也在古文革新运动中求得了共同。韩愈讲“道文合一”、“道内文外”，柳宗元则进一步提出“文以明道”：

> 然愈之所志于道者，不惟辞之好，好其道焉尔。[③]

---

① 伍蠡甫：《西方文论选》，译文出版社1979年版，第476页。

② 钱谦益：《注李义山诗集序》。

③ 韩愈：《答李秀才书》。

思古人而不得见，学古道则欲通其辞；通其辞者，本志乎古道也。①

然圣人之言，期以明道。②

始吾幼眇，为文章，以辞为工；及长，乃知文者以明道，是固不为炳炳烺烺，务采色，夸声音以为能也。③

他们的出发点都是为了维护地主阶级的根本利益，所不同者在于韩希望建立道统，从思想上加强伦理道德以整顿“纲纪”，所重在内；柳则吸取以儒家为主的各派统治经验，压抑豪强，制止兼并，所重在外。相较而言，韩愈对北宋诗文革新运动的文道观影响更大。

韩愈讲“道统”而不讲“文统”，对文学遗产取广泛继承态度，在此基础上又提出了“能自树立，不因循”④ 和“惟陈言之务去”⑤ 的独创精神。柳宗元也主张广泛继承，提倡为文“高朗”、“深赜”，但影响不及韩愈。两人又都讲“气”，韩愈继承孟子“养气”说，认为：“气盛则言之短长与声之高下者皆宜。”⑥ 柳宗元也讲“气”，是主要指创作中的精神状态和文章的气势。在唐代古文运动之前，记叙、抒情、议论三大类散文都已有过了高峰，但韩柳对文体的发展仍作出了自己的贡献，除碑志以外，韩的赠序文，柳的杂记和杂文都超越了前人。韩愈学养过人，感情充沛，常常情至而文生，写得气势磅礴，形成了一种汪洋恣肆的气势，给人以潮水般的感觉，柳宗元的长篇说理文确如韩愈所说的“雄深雅健”，而短文则幽峭、精深，有疏密与虚实之变，故有人认为韩文如水而柳文如山。

五　隋唐的绘画、雕塑、书法与乐舞

隋唐是艺术全面发展的时代，这里也只能从隋唐文化的角度作一简单的描述。

唐人的绘画分别受儒、道、释的制约和影响，呈“三教合一”的总态势。以阎立本为代表的人物画，如《秦府十八学士图》、《凌烟阁二十四人图》的表功德，《历代帝王图》的存鉴戒，《步辇图》的记盛典等，都合于儒家讲“治世”的目的。而在章怀太子墓、永泰公主墓所发现的表现皇家威仪和宫廷生活的壁画，以及张萱、周昉所作的反映贵族生活的作品，则是隋朝展子虔《游春图》的继续和发展。由于隋文帝崇佛，郑法士画有《阿育王像》、《隋文帝入佛堂图》等，展子虔在洛阳、长安的佛寺画过许多佛教壁画。唐朝的宗教画更盛，石窟壁画的画工所作以外，初唐的尉迟乙僧和盛唐的吴道子都有大量的佛道画，吴道子虽工各种题材，但论者仍认

① 韩愈：《题哀辞后》。
② 柳宗元：《报崔黯秀才论为文书》。
③ 柳宗元：《答韦中立论师道书》。
④ 韩愈：《答刘正夫书》。
⑤ 韩愈：《答李翊书》。
⑥ 韩愈：《答李翊书》。

为"道玄以佛道为第一"，即使是阎立本，也被《宣和画谱》列入"道释"一门，唐五代列入此门的共有31名画家，与人物画家（19人）山水画家（12人）的总数相等，宗教画的兴盛可见一斑。前面论宗教与绘画关系时已讲及佛教、道教的绘画，不另作补充了。

儒学是绘画礼教化的基础，而佛、道两教是绘画宗教化的成因，前者主要在宫廷，后者兼及宫廷与民间。到盛唐以后，文人画家及相应的山水、花鸟题材才逐渐兴盛，但自娱性的创作是无法同时代所尚的大型壁画相比的，直到晚唐、五代，文人画才逐渐取代礼教性与宗教性的绘画，与鉴戒、教化、正德、定性无涉。

隋朝最盛的绘画是壁画，卷轴画也有创作，展子虔、董伯仁分别长于画车马和台阁，郑法士兼擅人物与风景。唐朝以宗教画为创作的最大宗，其中不少是画风极为绚烂的作品，与净土宗信仰密切相关。到禅宗兴盛后，"顿悟说"使得许多上层人士为之靡然向风，五代时，南宗禅的"自性即佛"、"呵佛骂祖"思想入于绘画中，成了贯休、石恪笔下平凡甚至丑陋的罗汉与佛。宗教性绘画向世俗生活转移，造成了张萱、周昉"绮罗人物"创作的兴盛，仕女画成为一时风尚。当人物画从宫殿走向民间同时，曹霸、韩幹的内厩御马也被韩滉、戴嵩、韦偃田家风味的水牛所代替。山水画的创作则出现了双峰并峙的现象，李思训继承了展子虔的傅色特点，又发展出石皴法，与其子昭道皆以金碧、青绿山水见长；王维一生奉佛，襟怀淡泊，心无挂碍，倡"画道之中，水墨最为上"①，创水墨渲淡法，与二李的青绿殊途。郑虔、张璪也善作水墨，后者的山水松石时誉实在王维之上。

隋唐的绘画从绚烂发展到平淡，有特殊的文化背景，佛教壁画直接表现净土宗信仰，到禅宗潜入画家灵魂思想而发之于外，是变化之由。而且，唐朝前期是宫廷画家和民间画工为作画者主流，后期才是文人画家渐成气候，由绚烂到平淡的变化又有着这一原因。

唐朝由工匠创作的佛教雕塑前面已述，这里再补充"塑圣"杨惠之。杨与吴道子是画友，都曾师法梁代大画家张僧繇，杨因自感作画不如吴道子，遂焚毁笔砚而专攻雕塑，由于当时的造型艺术都与宗教相关，杨惠之所作也不例外，唐末黄巢的农民军曾将长安、洛阳的佛寺几乎焚毁殆尽，却因杨惠之所塑神像"神妙"而不忍毁之。

隋唐时期是文艺的鼎盛期，书法艺术在此期有很大发展。陈、隋间有著名书法家智永，他是王羲之的七世孙，继承王门传统尤得右军真髓，兼擅诸体，尤长于真、草，法度谨严，秀雅而稳健。由于唐太宗推尊王羲之而王之真迹难得一睹，所以智永被书家奉为宗匠。唐初的著名书家有欧阳询、虞世南、褚遂良等。欧阳询学二王而参以隶法，形成了平正中见险劲的特点，被称为"欧体"，对后世影响很大。虞

---

① 王维：《山水诀》。

世南得智永之传，继承二王传统，笔致圆融，外柔内刚，遒劲而秀逸。褚遂良擅楷书，师法二王及欧阳询、虞世南，集众长而自具面目，明丽遒逸，清秀典雅。盛唐至中唐时的颜真卿初学褚遂良，后向张旭请教，深悟笔法，真书端庄雄伟，严整有力，行书遒劲而自在，称"颜体"，风格与二王及唐初诸家有明显区别，与后来的柳公权并称"颜柳"。柳公权初学王羲之，后学欧阳询、颜真卿，所书结构紧劲，以骨力见长，与颜真卿并称"颜筋柳骨"。唐人中另有以草书著称者，如贺知章，其为人磊落不羁，草书也纵笔为之，精绝而遒劲。张旭更有"草圣"之称，其狂草回环连绵，变换多姿，气势磅礴，其中又包含了楷法原则。怀素幼年为僧，却一日九醉，草书继承了张旭特点，如狂风骤雨。张旭、怀素并称"颠张醉素"，又谓"以狂继颠"。后人论书认为唐人尚法，这应指的是真、行，以及李阳冰的篆书一类。初唐书法总体偏在于柔，中唐以"颜筋柳骨"为代表偏在刚，而盛唐的草书最能体现孙过庭《书谱》所提倡的抒情理论，"达其情性，形其哀乐"，也最可见唐代艺术的生气、活力和飞动的壮美。以上不同的代表性体裁、风格，也表现出不同的文化精神。

隋唐乐舞规模盛大，据《隋书·音乐志》记载，当时有"七部乐"和"九部乐"，除"清乐"外皆为外国音乐。唐初继承了隋朝"九部乐"，唐太宗时形成了"十部乐"。据《旧唐书·音乐志》，"立部伎"中"自《破阵乐》以下，皆擂大鼓，杂以龟兹之乐，声振百里，动荡山谷。"但更为流行的是龟兹乐。"立部伎"场面宏伟，气势磅礴，"坐部伎"柔和细腻，婉转幽雅。唐玄宗是有多方面音乐才能的皇帝，既擅长作曲，又会多种乐器，并热衷于演出，又设教坊和梨园，培养了大批音乐人才。盛唐时代的剑器舞，不仅有裴旻这样的将军，还有公孙大娘这样的女性，他们纵横旋转、以动感见长的舞蹈，与轻盈柔和的《霓裳羽衣舞》，形成了刚柔相济的格局。在民间，也有大规模的歌舞和小戏表演，不少诗人都曾写及这些歌舞场面。

六 五代文艺的偏胜

唐末的农民战争被各方镇的兵力所镇压，安史之乱以后唐朝财赋所仰供的江淮八道，此时是方镇林立，加上旧有的方镇势力，在唐朝境内形成了割据的局面。在不断的吞并战争中，进入了我国历史上又一个分裂的时代，史称"五代十国"。在不断的战乱中，西蜀与南唐相对比较安定，加以君王与重臣的爱好，这两个政权的文艺获得了局部的发展，并形成了偏胜局面，即歌词与绘画创作的繁荣。

词作为音乐文学，在中唐时期已有诸多诗人参与了创作，晚唐更见兴盛，温庭筠是其中的代表。五代的西蜀地区，因文人避乱南下，逐渐成为词的创作中心，到后蜀时，赵承祚编选成一部词总集，共收十八家计五百多首词，名为《花间集》。此集以温庭筠为首，是对一种主导性题材、风格的承认，另一个代表是韦庄，两人并称"温韦"，多写离别相思，分别以"密丽"和"清疏"为风格特征，并影响后来的宋词，形成了以"花间"为宗的创作传统。在东南的南唐政权，文物制度最为完备，“六经臻备，诸史条集，古书名画，辐辏绛帷；俊杰通儒，不远千里而家至户到。”①李璟、李煜父子，即南唐中主、后主，都长于词，冯延巳也是重要词人。两地的词其实都是宫体诗的新版，不以社会意义见胜，而是重在情感抒发，因为两地及两政权有着不同的文化底蕴，西蜀君主如暴发户，南唐君主如士大夫，相对而言，南唐词有较强的忧患意识，开启了“歌女之词”向“士大夫之词”的转化。

西蜀与南唐都设有画院，前蜀后主王衍穷奢极侈，兴建行宫，广画壁画，后蜀孟昶特创“翰林图画院”，为我国画史上正式画院之首创。著名画家黄筌及其二子，入宋后成为宋朝的宫廷画院画家，在花鸟画上成就尤高。南唐在中主时立画院，由于中主、后主都擅书画，善待画家，各地来此的画家不少，南唐与西蜀不同，所长在人物画，且多现实中的贵族生活题材，周文矩、顾闳中最著名，顾的《韩熙载夜宴图》更是画史上的名作，董源则是著名的山水画家，被后世尊为“南宗”的主要代表。与西蜀的词风一样，以黄筌为代表的花鸟画多富贵气，而南唐的徐熙作花鸟，却是带有野趣，形成了“黄家富贵，徐熙野逸”的“徐黄异体”现象，固与二人宫廷与布衣的生活经历有关，却又折射出西蜀与南唐不同的文化背景。

第三节　宋朝文化的内倾性

史学大师陈寅恪先生关于宋代文化的论断，已一再为人所引用。我们在前面已说，所谓的“华夏文化”应是指中华本土文化，而宋代之“造极”，与唐代显然不同，它不是唐人开放式、外向型的文化，而因政治地缘、军事斗争的诸多原因，文化呈内向型的发展。由于宋代实行优待文士、重视科举的既定方针，文士登上高位者极多，精英文化的发展呈现前所未有之势，且尤其可见其内倾性特点。本节拟对此作一专论。

一　宋文化的内倾性及其成因

近年来，学术界比照唐宋两朝的区别，“唐型文化”与“宋型文化”之说颇为流行。台湾学者傅乐成教授可能是此说的首倡者，他在1972年发表了《唐型文化与宋型文化》一文②，论证了唐宋文化的最大不同：“大体说来，唐代文化以接受外来文化为主，其文化精神及动态是复杂而进取的”，“到宋，各派思想主流如佛、道、儒诸家，已趋融合，渐成一统之局，遂有民族本位文化的理学的产生，其文化精神及动态亦转趋单纯与收敛。南宋时，道统的思想既立，民族本位文化益形强固，其排斥外来文化的成见，也日益加深。”

对上述说法，我们不由得会想起鲁迅先生曾对汉唐文化发出的赞叹：“遥想汉

---

① 刘崇远：《金华子杂编》卷上。

② 傅乐成：《汉唐史论集》，中国台湾联经出版公司1977年版。

人多少闳放，新来的动植物，即毫不拘忌，来充装饰的花纹。唐人也还不算弱。例如汉人墓前石兽，多是羊、虎、天禄、辟邪。而长安的昭陵上，却刻着带箭的骏马，还有一匹鸵鸟，……汉唐虽然也有边患，但魄力究竟雄大，人民具有不至于为异族奴隶的自信心，或者竟毫未想到。”① 汉唐的这种自信心，是同当时的国力密切相关的。对此已无必要再作赘述。

宋朝的立国，带有先天性的不足。之所以这样说，是因为宋朝在建立时，其北方和西北已经有了一些强邻。北方的契丹在唐末时期生产力有迅速发展，强大后经常南扰五代的北边，石敬瑭为了做皇帝，交好契丹，割与幽、云十六州，成为南侵中原的根据地，使契丹进扰之祸日甚一日。周世宗柴荣收复三州三关，却不久病死。赵匡胤发动陈桥兵变，建立了宋朝，先后消灭各个割据政权，他可以对李煜的称臣输银表示“卧榻之侧，岂容他人鼾睡!”让文弱的书生皇帝吓得要死，并最终成了他的阶下囚，但对善战的游牧民族却毫无办法，被契丹占领的土地未能收复，形成了宋、辽对峙的局面。

先是公元979年的宋太宗攻幽州而大败于辽兵。再是1004年的辽军南下，迫使宋真宗签定了屈辱的“澶渊之盟”，以每年输辽十万两银、二十万匹绢而约为兄弟之国。继辽之兴盛后，西北又有党项羌的西夏之起，1040年到1042年，西夏兵南下，攻延、渭二州，宋兵屡败，在1044年订立和议，以每年向西夏输银七万两、绢十五万匹、茶三万斤的代价换取和平。取代了辽的女真金政权，更是在1127年攻破了汴京，将徽宗、钦宗和后妃、皇子、皇女、宗室，以及金银、珍宝、图书、文物等尽行掳掠北上，使北宋政权灭亡。

由于宋朝在对外军事斗争中屡屡失败，当然就没有汉唐时期吸收、包容外来文化的条件和心态，这一根本原因，造就出“唐型文化”与“宋型文化”的区别。

唐型文化与宋型文化虽分别冠之以唐、宋朝代名，但后者作为文化的转型其实不是始于宋，而是在中唐时期已经开始了。安史之乱是历史的分水岭，此前，是满怀民族自信、坦荡地吸收胡风胡气，以开放性、外倾性为主要特征的唐型文化，相关的文艺则表现出雄壮、热烈色彩，洋溢着生命力和强烈动感；此后，带着被伤害的民族隐痛，逐渐转为怀疑、排斥外来，以固守本土文化为职志，以相对的封闭性、内倾性为主要特征的宋型文化逐渐形成，相关的文艺则表现出温静、舒徐色彩，透露着思辨性和沉潜思绪。因唐型文化是在本位文化基础上吸收、融合外来文化，故“复杂而进取”；而宋型文化固守本土而排斥外来，故“单纯与收敛”。

之所以将安史之乱作为唐型文化与宋型文化的分界点，主要是基于两个原因：一是自此开始了由“外”而“内”的变化，二是此后庶族地主真正登上了历史舞台，完成了从唐代的“进士文化”到宋代“士大夫文化”的过渡。

---

① 鲁迅：《坟·看镜有感》。

就前一个原因来说，安史之乱以后，强盛的唐朝已不复存在，朝内的宦官擅权与党争不休，藩镇的势力渐渐坐大，争权夺利不止，终导致战乱和分裂，在这一历史进程中，士大夫中虽不乏有忧患意识与经世思想者，但也多自感人生理想破灭者，前者的对历史、人生、思想、文化的思辨，不同于对政治措施、方针政策的建议，有反身内求的特点，后者则从现实中抽身、逃避，在禅宗中安顿灵魂，在诗词中倾心自诉，同样是重在内心而非外在，都表现出由“进取”而“收敛”，从外向到内倾的变化。即使宋太祖重建一统，宋朝在对外战争中的屡屡失败，也给士大夫的心灵投上了浓重的阴影，他们反思知识分子的使命，要振拔士人的精神、人格，由诗文革新运动的重建儒学道统到汲取佛道精华而建构理学，也是由唐人的注重外在事功，转为侧重在“内圣”。

就后一个原因来说，是因为唐高宗、武则天虽着力推行擢拔新兴进士进入政权高层，以破坏“关中本位政策”，但其经济基础尚有待于安史之乱后才得以确立和发展。随着均田制的破坏，以及杨炎为改革财政而制定两税法，庶族地主经济与自耕农经济逐渐发展，直到占据社会经济的主体地位，门阀制度也随之彻底瓦解。由于中唐的这一改变，到宋太祖时就可以很自豪地说：“向者登科名级，多为势家所取，致塞孤寒之路，甚无谓也。今朕躬亲临试以可否进退，尽革畴昔之弊矣。”① 宋代以布衣入仕的比例大为增加，且可直达高官之位，唐代的“进士文化”也随之变成了宋代的“士大夫文化”，在宋朝对外斗争屡屡失败的情况下，只能以文化的优越来赢回自尊，士大夫们担起了固守民族本位文化的历史责任。

对宋文化的内倾性以及士大夫固守民族本位文化的自觉意识，我们可以通过苏轼对高丽的态度这一个案以窥见之。

苏轼的文名不仅盛传于国内，而且在国外也有很高的声誉，如高丽的官员和文人都对他很推崇，但是苏轼似乎对此并不领情，他曾上过七篇奏议，反对同高丽的外交关系过于密切，要求宋廷禁止向高丽输出书籍。元祐四年和八年，苏轼曾向朝廷奏进六篇札子，表明了自己反对宋神宗所推行的高丽政策。由于宋朝与辽互为敌国，“澶渊之盟”以后虽无大战，但两国仍处于敌对状态，而高丽在苏轼上奏时已被契丹征服近百年，接受了辽朝的册封，处于藩国地位，苏轼认为高丽因辽能制其死命，而宋不能，所以必然要听命于契丹，因此建议宋朝应该疏远高丽，而不必花费许多财力物力与之交好，实际上对宋神宗与高丽交好、希望能与之共同对付辽的政策提出了质疑。他还认为，由于高丽与辽朝在外交上“阴相计构”，高丽使者来宋图画山川形势，有窥测虚实之嫌，将会给契丹所用；对高丽使者欲购买《册府元龟》等书籍的意向，苏轼也认为不宜，因为书上涉及山川险要，与边防守备有关，若输出，对宋朝不利。对苏轼所说的诸多原因，我们无法在此细究，只能着眼于他

① 李焘：《续资治通鉴长编》卷16，开宝八年二月条，上海古籍出版社1986年影印本。

的高丽观背后传统的华夷之辨意识。苏轼在嘉祐六年参加制科考试时曾写过《王者不治夷狄论》，他沿袭《春秋》的传统看法，将属于夷狄的秦、楚与华夏的齐、晋相并，讨论华夷间的名分依据，认为中国与夷狄的区别在仁义二字，中华依靠仁义来治理，而夷狄“贪冒无耻，肆行不顾”。他在《江城子·密州出猎》的词中，表达了自己“会挽雕弓如满月，西北望，射天狼”的愿望，又终不能如范仲淹那样去戍守边塞，所以很自然地将自己的忧国忧民之心移到了谏言上策，且在严华夷之辨时，表现出文化上的优越意识，并将源于对辽朝与西夏的忧虑，又多少移至对高丽的看法。所以尽管高丽对宋朝的文化极为仰慕，而苏轼却对高丽很有戒心，对朝廷与高丽通好之举持反对态度，还在他的奏议和诗文中出现了诸如“夷虏性贪”、“胡孙弄人”等蔑视性的语言。

在我国的发展历史上，民族的融凝与民族间的斗争相依相伴，从最早的华夏民族与主要是西北的戎、狄间的斗争起，农耕文化与游牧文化的冲突就一直不断地延续着，与之相关的华夷之辨、尊王攘夷的“华夏意识”，也深深植入到了历代士人的心中。如果在秦、汉、唐这样的朝代，就如前引鲁迅所说：“虽也有边患，但魄力究竟雄大，人民具有不至于为异族奴隶的自信心，或者竟毫未想到。”而在宋朝，从立国之初起，就一直边患不断，军事斗争的失败，使之难以像汉唐那样从容地汲取外来文化，士大夫的“华夏意识”是很强烈的。军事上的失败，外交上的妥协，使他们感到失落和屈辱，只有在文化上的优越感还可以使之得到心理上的补偿，固守民族本位文化也就成了“华夏意识”在此时的主要体现。苏轼作为以“言必中当世之过”而自任的官员，深感自己有上谏进言之责，而作为北宋文化的代表人物，担当起“文化卫士”的责任也是最恰当的人选。于是，就会有关于高丽的七篇奏议，并在后世引发对其高丽观的讨论。而这，恰是宋文化内倾性和士大夫固守民族本位文化的自觉意识之最好体现。

二　宋文化内倾性的历史进程

我们在上面曾说到唐代的“进士文化”与宋代的“士大夫文化”，以及唐人重视事功而宋人侧重于内省的两个区别，这里再结合这两者，并主要通过北宋诗文革新运动，捎带宋代理学，来简论宋文化内倾性的历史进程。

对开元盛世的思念和对安史之乱的反思，使得中唐时期望“中兴”的诸多士人，不由得又将眼光投向了儒学。安史之乱刚结束，已有人上疏要求停止进士、明经二科，因为在他们看来，“新贵”的进士是败坏社会风俗的罪魁：“幼能就学，皆通当代之诗，长而博文，不越诸家之集，递相党与，用致虚声，……祖习既深，奔竞为务，矜能者曾无愧色，勇进者但欲凌人，……投刺干谒，驱驰于要津，露才扬己，喧腾于当代。”① 这里固然有党派斗争的原因，陈寅恪先生《唐代政治史述论

① 《旧唐书·杨绾传》。

稿》就曾作过分析论证，但也不能否认其中的事实根据。如果我们将新旧唐书中的有关论述加以对照，不难看出“儒林”与“文苑”的区别。《旧唐书·儒学传》云：“古称儒学家者流，本出于司徒之官，可以正君臣、明贵贱、美教化、移风俗，……儒道既丧，淳风大衰，故近理国多劣于前古”。《新唐书·文艺传》则云：“夫子之门，以文章为下科，何哉？盖天之付与，于君子小人无常分，惟能者得之，故号一艺。自中智以还，恃以取败者有之，朋奸饰伪者有之，怨望讪国者有之。若君子则不然，自能以功业行实光明于时，亦不一于立言而垂不腐；有如不得试，故且阐绎优游，异不及排，怨不及悱，而不忘纳君于善政，故可贵也。”

从韩柳的古文运动到北宋的诗文革新运动，是一场以文学革新为表、而以儒学复兴为里的思想文化运动。我们难以在此论述其过程及内在联系，只想围绕前述的从唐代的“进士文化”到宋代的“士大夫文化”，观察文化的内倾性过程的简单发展。唐代的进士文化是与上面所引的材料紧密相关的，而人们对儒者与文士的不同评价，用今天的话来说，其实大致就是德才关系及相关的侧重哪头的问题。儒者更偏向于对社会的责任感，对政治的关怀，而“外王”是与“内圣”密切相关的，进德、修身是治国、平天下的基础；文士则更多地重视一己的生活情趣和文才辞藻的美妙，上引两唐书中对文士的批评应该是有一定道理的。正因为“进士文化”有这样的缺陷，所以宋代士人在朝廷优待文士而较唐人更容易登上仕途的条件下，又重新思考传统的“外王”与“内圣”关系，并将重心移到了后者，开始其“士大夫文化”的进程。

柳开提倡古文，崇儒尊韩，若结合宋史《文苑传》中所记载的他上书贬斥士风轻浮，自请以步骑数千北上复幽蓟故地，可见他不同于唐五代文人，而已开宋代新风，他的《应责》一文为古文下了一个定义：“古其理，高其意，随言短长，应变作制，同古人行事。”除“随言短长”以外，多重在伦理、政教，故得出了“道文合一”的结论。王禹偁《送孙何序》云：“国家乘五代之末，接千岁之统，创业守文，垂之十载，圣人之化成矣，君子之儒兴矣。然而服勤古道，钻仰经旨，造次颠沛，不违仁义，拳拳然以立言为己任，盖亦鲜矣。”指出了士风的发展方向和并未得到根本改变的现状，他的《答张扶书》提出了“传道明心”的道文关系。石介《怪说中》将韩愈分开的“道统”与“文统”合为一体，虽削弱了文学的独立地位，却有使“文苑”传统向“儒林”回归之势。

上面所说的还只能算是北宋诗文革新的准备期，真正的革新运动是在仁宗、神宗、哲宗时期，欧阳修、苏轼是先后领袖，王安石是其间的过渡人物。北宋是真正的文学家向政治家靠拢以至结合的时代，因此北宋文人以先政事后文学为立身信条，也使作诗为文与正心、进德、从政密切相关。在仁宗即位之初，范仲淹在《奏上时务书》中指出文章盛衰与国家政治、社会风化直接相关，要求在改革政治同时“兴复古道”，“救斯文之薄”，此后政治革新、道德自树就和文学革新结下不解之缘。欧阳修不仅在庆历新政时与范仲淹、富弼等同为政治领导人，而且后来继富弼、韩琦执政，使他能将政治改革与文学革新看作互为表里之事。他从初登仕途起就热情投入到政治斗争和文学改革中，一生不避危难，凛然正气，宜乎曾巩称愿效之“以丰道扶教为己务”[①]，苏轼更全面评价了他的历史功绩：“宋兴七十余年，……而斯文终有愧于古。士亦因循守旧，论卑而气弱。自欧阳子出，天下争自濯磨，以通经学古为高，以救时行道为贤，以犯颜纳谏为忠。”[②] 直到陈寅恪先生也说：“欧阳永叔少学韩昌黎之文，晚撰五代史记，作义儿冯道诸传，贬斥势利，尊崇气节，遂一匡五代之浇漓，返之淳正。故天水一朝之文化，竟为我民族遗留之瑰宝。”[③] 欧阳修本人所论，也表明其“内圣”的道德指向。他主张重道以充文，认为“道胜者文不难而自至”[④]，读班固《艺文志》而感慨“著书之士，多者至百余篇，少者犹三四十篇”，却“散亡磨灭，百不一存”，指出“言之不可恃”，而反观颜回在孔门弟子中不入于“能政事者”和“能言语者”，曲肱饥卧于陋巷，“群居则默然终日如愚人”，却以其德行出众，“当时群弟子皆推尊之，以为不敢望而及”[⑤]，所以，分言“三不朽”，实际上是重在“道”与“德”。至于他生活在经学史上由汉学向宋学的转变期，大胆疑经，也是力破汉唐传注的穿凿，剔除其迷信怪妄成分，力图恢复儒家学说重政事民生的原貌。

从游于欧阳修的诸多文士，也从欧说，都将经世意识与道德人格作为“道”的内涵，与“文”相合，借诗文革新以求匡正士风之浇漓，努力于回到“外王”与“内圣”相结合的孔子精神上来。《宋史·忠义传》云：“士大夫忠义之气，至于五季，变化殆尽。……真、仁之世。田锡、王禹偁、范仲淹、欧阳修、唐介诸贤，以直言谠论倡于朝，于是中外缙绅知以名节相高，廉耻相尚，尽去五季之陋矣。”从中可以看到对诗文革新运动重在“内圣”的道德指向的历史评价。与欧阳修相比，王安石虽是文学家但更是政治家，其政治家的人生角色几乎掩盖了文学家一面，所以讲诗文革新运动可以跳过他而讲后期的主将苏轼。

苏轼的一生经历了仁、英、神、哲、徽宗五朝，正是社会危机急剧发展，积贫积弱的局势逐渐形成的时代，同时也是统治阶级内部政局反复多变、党争此起彼伏的时代。苏轼少年得志，极想有为，却因卷入党争，一生充满了坎坷，以至于不得不用道释思想自解，且似乎颇多地以此面目示人。其实，苏轼一生都以儒家济世、有为的思想自励，虽经磨难而不移，即使追求事功而不得，也在逆境之中不改其“孔颜之乐”。他的《谢欧阳内翰书》对诗文革新运动目的、主旨的理解，固然与欧阳一致，前引《六一居士集叙》的对欧公的评价，也深知此运动及其领袖的作用。《日喻》并不是一篇大论宏文，却对王安石变法后科举取士的变化，发表自己的见

---

① 曾巩：《上欧阳学士第一书》。

② 苏轼：《六一居士集》。

③ 陈寅恪：《寒柳堂集·赠蒋秉南序》。

④ 欧阳修：《答吴充秀才书》。

⑤ 欧阳修：《送徐无党南归序》。

解，“昔者以声律取士，士杂学而不志于道。今也以经术取士，士知求道而不务于学。”无论是哪种倾向，都意在功利目的。而苏轼所推重者却在道德、情性：

> 自少闻家君之论文，以为古之圣人有所不能自已而作者。①
>
> 然观其文，以求其为人，必轻外物而自重者，今之君子莫能用也。②
>
> 君子之知人，务相勉于道，不务相引于利也。……深愿足下为礼义君子，不愿足下丰于才而廉于德也。③
>
> 妙总师参寥子，余友二十余年矣。世所知独其诗文，所不知者盖过于诗文也。④

他赞扬朱象先“能文而不求举，善画而不求售”，以阎立本“卒蒙画师之耻”与王子敬、阮千里相对照，充分肯定了艺术家不畏王公权势而保持独立人格精神，以及对文同的人品高于艺品的赞扬等，都贯注着同样的标准和精神。

苏轼的生活期，已是理学渐成的时代，而理学之成，又与书院的创立大有关系。全祖望说：“有宋真仁二宗之际，儒林之草昧也。当时濂洛之徒，方萌芽而未出，而睢阳戚氏在宋，泰山孙氏在齐，安定胡氏在吴，相与讲明正学，自拔于尘世之中，……于是学校遍于四方，师儒之道以立。”⑤ 理学大家的二程、朱熹都通过私人讲学而培养出大批学生。全祖望《城南书院记》谓书院：“其教多以明心为言。盖有见当时学者，陷溺功利，沈锢词章，极重难返之势，必以提醒为要。”可见主于内是教育的宗旨。而《白鹿洞志》所说：“朱熹更荐岳麓书院，与诸生讲论，多训以切己务实，无厌卑近，而慕高远。”则兼及内外。对于理学复杂而庞大的体系，这里难以讲述个一二，与我们的论题相关的是，理学是具有充分的内倾性格的学说。正如李泽厚先生所说，孟子生活在氏族国家已经彻底崩溃之时，为挽狂澜于既倒，强调必须先“修身治家”、知“礼”识“仁”，然后才能谈得上“治国平天下”，遂使问题的重心完全落到“内圣”一侧。“由离异而走向对立。以继承孟子自许的宋明理学，便是如此。它极大地也是片面地发展了这一倾向，使‘内圣’成为可以脱离甚至必须脱离‘外王’而具有独立自足的价值和意义。……自宋儒以后，‘内’却不但日益成为支配、主宰和发生根源，而且甚至成为唯一的理论内容了。”⑥

以上主要就诗文革新运动的以“儒林”精神改造“文苑”传统，使之倾向于内在的道德建设和情性涵养，对宋朝的精英文化，即“士大夫文化”的内倾性作了一

---

① 苏轼：《〈南行前集〉叙》。
② 苏轼：《答黄鲁直书》。
③ 苏轼：《与李方叔书》。
④ 苏轼：《东坡志林》卷三。
⑤ 全祖望：《庆历五先生书院记》。
⑥ 李泽厚：《中国古代思想史论》，人民出版社 1986 年版，第 269 页。

个简单的论述。理学文化不应属于士大夫文化的范畴内，但其“内圣”路线与士大夫所追求者有很大的一致性，所以我们也连接而论了。所论虽仅限于思想层面，论及的只是少数几个人，且未涉大众文化范畴，但已确实可以见出宋朝作为“宋型文化”主体的命名之由，正在于显著的内倾性品格；作为精英文化的文苑与儒林不同，以苏轼和程颐为代表的蜀、洛之学甚至形成了严重对立，以至有意气之争，但后者的“内圣”之学自不必说，前者的论文论艺又何尝不是首先重在为人、重在内在的人格建构呢？有了这样一个对宋文化内倾性历史进程的回顾，对于宋代文艺的主要特点就可以知道应该把握什么为好了。

第四节　宋代文艺的雅与俗

雅与俗是文艺发展中常见的问题，前面我们曾将雅俗循环作为文艺发展的一个规律来讲述，综观宋代文艺，虽总体上是处于唐代的雅俗结合和元朝的以俗为主之间，而以雅为主，但不可否认又有雅俗分流的现象，究其原因，当是受制于文化。精英文化无疑是宋代文化的主导，与此同时，因宋朝城市经济的发达，形成了数量可观的市民队伍，使宋文化的市民化成为一个重要特色。宋文化的内倾性和市民化对宋代文艺的发展又具有决定性的影响，且成为了宋文艺雅俗分流的主因。

一　宋代文艺的士大夫化与尚雅之风

宋朝的科举取士达到了很可观的规模。据统计，北宋开科69次，平均每年取士约为360人，不仅是唐朝每次取士数的10多倍，而且也为明清两朝所不及，这样的取士数目，当然使得许多孤寒之士得以登上仕途，并造就出“士大夫文化”，从而决定了文艺的士大夫化。而所谓文艺的士大夫化，主要是指与其人生角色相称、相对应的文艺旨趣和指向。下面选择北宋时期主要的文艺家以简论宋代文艺的士大夫化特点。

文艺的士大夫化以文艺中所表现出的淑世情怀为第一要义。

上面讲了士大夫文化的内倾性，而内倾又似乎是与淑世相矛盾的。其实不然，因为儒者强调修身、进德的目的在于治国、平天下，“内圣”与“外王”是不可分的，前者终要推之于外。

王禹偁曾说：“读尧、舜、周、孔之书，师轲、雄、韩、柳之作，故其修身也誉闻于乡里，其从政也惠布于郡县”①，其对文道关系的认识，对修身与从政的“内”“外”相佐，于此可见。他自称“本与乐天为后进，敢期子美是前身”②，故所作《感流亡》诗从怜悯灾民到讽刺尸位素餐的官吏；《乌啄疮驴诗》似受白居易

① 王禹偁：《送谭尧叟序》。

② 王禹偁：《前赋村居杂兴二首……聊以自贺》。

《秦吉了》启发，谴责社会恶势力对弱者的欺压；《待漏院记》借题发挥，以“勤”、“慎”二字写贤相、奸相和庸相，深寓规讽之旨；《唐河店妪传》借讴歌带有传奇色彩的老妪，申述自己对边防守备的见解；《黄州新建小竹搂记》借题言志，此期所作的“屈于身而不屈于道，虽百谪而无亏”[①]可见其意；即使是“小道”的词，他仅有一首《点绛唇》也另有寄托。王禹偁作为北宋诗文革新运动的先导，其诗风文风与台阁大臣的浮华艳冶迥异，其文学意识却已开士大夫化之先河。

范仲淹对宋代士大夫的大厉名节、振作士气起过重要的作用，其文学创作充分体现出士大夫意识。他曾因言事而三次被贬，却赢得“三黜三光”的美誉。《严先生祠堂记》赞扬严光的守贫守节、耿介清高，复感慨严光的气节与光武帝的气度相辅相成，遂借《易》之卦爻辞盛赞二人之德；《岳阳搂记》更以其对胸襟、人格的议论，“先天下之忧而忧，后天下之乐而乐”的志趣、怀抱，树立起崇高的精神境界，成为士大夫所向往的处世规范；他的词作名篇《渔家傲》真实地反映了卫国与思家的矛盾，终又以“燕然未勒归无计”表达了自己对守边御敌的崇高责任感；即使是《剔银灯·与欧阳公席上分题》的调侃古人，醉发牢骚，也是政治家的吐属。

欧阳修具有多方面的文学成就，他博采前代之长以成一家风格，而受韩愈的影响最深，并以韩愈的后身自居，最根本的原因在于韩愈不同于新兴进士的唐代文人，而是满怀责任感的士大夫。洪迈、孙奕等人都曾具体指出过欧文与韩文的关系，其中既有艺术上的师承痕迹，但更多的是思想、立意、写作宗旨上的相近。欧阳修的不少政论文都与现实的政治斗争相联系，充分展示了他的淑世情怀。从《与高司谏书》、《朋党论》的直言谠论中，可见作者的责任感和人格精神；《纵囚论》指出为前人称道不已的唐太宗纵囚一事并非仁德，而是沽名钓誉之举，表达自己顺应人情、严肃法治的思想；《五代史伶官传序》秉《春秋》遗旨和孟子“生于忧患，死于安乐”思想，惩世悯人。欧文感情深挚，用笔曲折往复，谋篇布局极为精当，有很高的文学性，其中名篇固有文人情感的抒发，但士大夫意识仍不可掩。如《秋声赋》对人事忧劳甚于秋气摧物的感慨，可以让人品味出作者经宦海浮沉后的人生体验；《醉翁亭记》的遭贬后以寄情山水自解，且不忘与民同乐；《祭石曼卿文》将卓然不朽之名与荒凉残破之坟相对照，彰显的是亡友“轩昂磊落，突兀峥嵘”的人格等，都不止于一般意义的抒情。欧诗有860多首，是宋诗一大家，虽现实指向不及梅尧臣、苏舜钦，是以表现个人社会经历和感受为多，但这与其地位、身份有关，因为他将梅、苏诗中的内容直接集中到他的奏议中了。欧阳修存词200多首，同样是北宋词坛大家，所作有相当多属于“艳科”范围，但如《采桑子》十首及《朝中措》等作的伤春叹老，则很能让人想起《人间词话》评李后主“变伶工之词为士大夫之词”一语来；《人间词话》又以冯延巳“堂庑特大”，《艺概》则认为“冯延巳

① 王禹偁：《三黜赋》。

词，……欧阳永叔得其深”，实际上都看出欧词在上承南唐、下启北宋中的作用，其关键就在将用于歌者之词变为自抒其情的士大夫之词。

王安石主要作为政治家、改革家，其文学创作具有显见的政治功利性。他认为，“文者，务为有补于世用而已矣”①，其散文名篇如《本朝百年无事劄子》的希望神宗能抓住今日的“大有为之时”而有所建树，《答司马谏议书》的驳斥对方责难、表现对推行新法的决心，《读孟尝君传》对历来所说的孟尝君能得士作诘难辩驳等，都见意旨超卓，是其文学观的体现，可见出政治家的眼光和士大夫的襟怀。其诗也一样，《河北民》等被作为现实主义诗作代表的是如此，其他作品也如此。如寓言诗《秃山》讽喻官吏们巧取豪夺，使国库成为秃山；《思王逢原君》是既对命运不公的感慨，又立足于对高才早逝、功业无成的惋惜；《明妃曲》的翻案或许被人从民族感情上质疑，但对“不遇”的看法却实在是高于常人之见。

宋代文艺的士大夫化的第二个特点是落足在情理关系上，可以用苏黄为例以明之。

苏轼作为文艺史上的大家，历来的研究已是太多，很难再讲出什么新见，他的“奋厉有当世志”，“微官敢有济时心”等语早已是耳熟能详，陆游曾简要地总结他的一生：“公不以一身祸福，易其忧国之心，千载之下，生气凛然。”② 这也可以看作是他的文艺创作士大夫化的主要原因。我们倘不作全面论述，而仅从他与佛、老的关系上，也可以证明他决不是王维式的人物，庄、禅思想并未掩盖他的士大夫本质，且表现出以理制情的特点。他将佛老“静”的思想通之于政治，赞扬文景之治，认为治道贵清净，希望朝廷“以简易为法，以清净为心”，所见较王安石的操之过急、繁法扰民确有补偏救弊之效。当然，他之所以向佛老低首，主要还是因为要用随缘自适的思想排遣政治上遭受的挫折、困顿，以处理行藏、出处、进退，应付复杂多变的政治社会环境，化解心中的情感矛盾。他的前后《赤壁赋》和被贬黄州时创作的不少词，多为即景生悲，然后自行扫灭，自设矛盾，然后自我解脱。总之，庄禅的“看穿忧患”、“当下即是”思想最终仍落实到儒家的“仁者不忧”、“君子坦荡荡”，庄禅之所用还是无改士大夫的原本精神。他的词除了人所惯称的“豪放”外，最主要的还是从“艳科”中独拔而出的理趣，如“人有悲欢离合，月有阴晴圆缺，此事古难全”③，“此生此夜不长好，明月明年何处看”④，“人生欲避风波险，一日风波十二时”⑤，“试问岭南应不好，却道‘此心安处是吾乡’”⑥ 等，都为此前之词所未有。

---

① 王安石：《上人书》。

② 陆游：《放翁题跋》卷四《跋东坡帖》。

③ 苏轼：《水调歌头》。

④ 苏轼：《阳关曲》。

⑤ 苏轼：《鹧鸪天》。

⑥ 苏轼：《定风波》。

黄庭坚是宋诗大家，具有仁政爱民思想，为人刚强正直，表里如一。他之与苏轼并称，是同在兼具儒林与文苑传统上，而不同于苏者是多了几分理学气息，无论是以“非吃烟火食人语”称道苏轼《卜算子》咏孤鸿词，还是以周敦颐为胸中洒落，如光风霁月，都求证于心性境界。他以“国士”、“天下士”论诗友，更是其士大夫意识的独到之处。比起王安石的将文学直接联系现实政治，或苏轼的关注、干预政治，黄庭坚自有其士大夫的从容。所以他认为“强诤怨怒，失诗之旨”，强调“诗意无穷”，称道“兴寄高远”，认为“凡作一文，皆须有宗有趣”，以苏轼为“好骂”，赞扬的不是杜甫与现实联系最紧密的作品，而是“平淡而山高水深”的夔州诗。洪炎称“其发源以治心修性为宗本，放而至于远声利、薄轩冕，极其致，忧国忧民，忠义之气，蔼然见于笔墨之外”[①]，让人见到了由政治家向理学家过渡的士大夫诗人形象。而人谓宋诗言理而不言情，当是从真正创立宋诗自己面貌的苏黄开始，其中黄诗的以理化情和借助禅宗而生理趣，更是自己的特色。

宋代文艺的士大夫化必然走向以雅为宗的发展道路。

由于宋代的城市经济发展和市民队伍的壮大，文艺需求带上了商业性质，新兴文艺的通俗化也不可避免地影响到传统样式，基于此，讨论文艺的士大夫化和相关的雅化，主要是指传统的诗文与绘画。为了避免受大众文艺的影响而变为俚俗，士大夫们不得不作出自己的努力，以使这些形式坚持雅的方向。郭若虚《图画见闻志·叙论》专列《论气韵非师》一节，强调“轩冕才贤，岩穴上士”的文人画是“依仁游艺”之作，寄托“高雅之情”。苏轼赞赏“燕公之笔，浑然天成，粲然日新，已离画工之度数，而得诗人之清丽”[②]，并明确提出“无肉令人瘦，无竹令人俗。人瘦尚可肥，士俗不可医”[③]，他对唐人评价的“元轻白俗，郊寒岛瘦”[④]，以及对韦、柳、司空图的赞许[⑤]，贯注的主要是雅俗标准。黄庭坚屡以“韵”胜来谈文论艺，其实就是以雅为尚，《书缯卷后》从学书要胸中有道义讲起，并说：“士大夫处世可以百为，唯不可俗，俗便不可医也。”南宋时，朱熹论诗也说“须先识得古今体制，雅俗向背”，在洗涤心胸后才能为诗[⑥]。

由于俗文艺有广大的受众，其审美趣味也难免会影响到文人士夫，所以在倡导雅化之时，也不得不作出相应的调整和努力，出现了俗中求雅或变俗为雅的情况。苏轼作了这样的理论表达：“诗须要有为而作，用事当以故为新，以俗为雅。好奇务新，乃诗之病。”[⑦] 而黄庭坚则用佛教语说之：“若以法眼观，无俗不真；若以世

---

① 洪炎：《豫章黄先生退听堂录序》。
② 苏轼：《东坡题跋》下卷《跋蒲传正燕公山水》。
③ 苏轼：《於潜僧绿筠轩》。
④ 苏轼：《祭柳子玉文》。
⑤ 苏轼：《书黄子思诗集后》。
⑥ 朱熹：《朱子语类》卷六十四《答巩仲至》。
⑦ 朱熹：《题柳子厚诗》。

眼观，无真不俗。”① 具体的创作情况及有关的理论总结，可以参看王水照先生主编的《宋代文学通论》第二章。我们这里要说的是介于雅俗之间的词，是如何经士大夫化的努力而向雅化发展的。以李煜、冯延巳为代表的南唐词之变伶工之词为士大夫之词，在北宋得到了晏殊、欧阳修的继承发展，但由于柳永所走的与歌伎伶人“新声”结合的创作道路，使词的俚俗化得到普遍的响应，黄庭坚、秦观都受到了影响，所以苏轼以其“诗人之雄”作词，不仅是“豪放”而更是雅化的努力。南宋时，词的雅化成为一股思潮和势力，到辛弃疾、姜夔以后，更形成了延续至宋末元初的雅词创作潮流。应该说，即使南宋的雅词作者多不是士大夫，但词的雅化努力是成功的。

二　宋代文艺的市民化与趋俗之势

宋代文艺的士大夫化是一个向度的发展，另一个则是与新兴城市经济生活相适应的市民化发展。对此，首先要看到宋代社会经济及相应的一系列变化这一事实。宋朝虽然疆土相对狭窄，但社会、经济却达到很高的发展水平。由于农业生产的恢复和发展，带动了相关的手工业、商业的发达，城市渐多，除日常生活、经济活动的有关设施外，勾栏、瓦舍等娱乐性场所并不罕见，从《东京梦华录》卷五的《京瓦伎艺》一则，就很可见群众性娱乐活动的兴盛。南宋虽国土更窄，但经济较北宋时更繁荣，以临安为代表的城市非常繁华，市民化的文艺需求进一步发展，俗文艺的演出场所和观众都较北宋时更多更盛，《都城纪胜》的《瓦舍众伎》一则，《西湖老人繁胜录》的《瓦市》，《梦粱录》卷二十的《妓乐》、《百戏伎艺》、《小说讲经史》，以及《武林旧事》卷六、卷十等，均记载甚详。生活安定，市民队伍扩大，造成了对俗文艺的商品性需求大为增加，使得文艺从以前的或服务于宫廷、或主于自诉、自娱，发生了转向。由于这一变化，加以文艺在自身的发展中，传统表现形式在高度成熟后的活力渐消，给新兴的文艺样式提供了发展空间；而唐代伴随着外来佛教宣传之借助文艺表演而进行，使得新出的文艺形式、体裁找到了大众化的接受基础，继传奇、变文之类新形式之后，宋代叙事型、故事性的小说、戏曲渐兴，创作与受众两端的衔接，使得文艺的通俗化发展成为不可逆转之势。

这里节引《都城纪胜》的《瓦舍众伎》，从中可见市民文艺诸多表演形式之盛：

> 散乐，传学教坊十三部，唯以杂剧为正色。……教坊大使，在京师时，有孟角球，曾撰杂剧本子；又有葛守成，撰四十大曲词……杂剧中……大抵全以故事世务为滑稽，本是鉴戒，或隐为谏诤也……
>
> 集》。
>
> 诸宫调，本京师孔三传编撰，传奇、灵怪、八曲、说唱……

① 黄庭坚：《题意可诗后》。

嘌唱，谓上鼓面唱令曲小词，驱驾虚声，纵弄宫调，与叫果子、唱耍曲儿为一体，本只街市，今宅院往往有之……唱赚在京师日，有缠令、缠达；有引子、尾声为“缠令”；引子后只以两腔递且，循环间用者，为“缠达”……

……说话有四家：一者小说，谓之银字儿，如烟粉、灵怪、传奇。 说公案，皆是搏刀赶棒，及发迹变泰之事。 说铁骑儿，谓士马金鼓之事。 说经，谓演说佛书。 说参请，谓宾主参禅悟道等事。 讲史书，讲说前代书史文传、兴废争战之事。①

据上文的解释，“瓦者，野合易散之意也，不知起于何时；但在京师时，甚为士庶放荡不羁之所，亦为子弟流连破坏之地。”② 在这样的场合，各色人等可谓无拘无束地欣赏游乐，充满了市民的情趣和口味。请再看《梦粱录》卷二十的《妓乐》；

杂剧中末泥为长，每一场四人或五人。先作寻常熟事一段，名曰“艳段”。次做正杂剧、通名两段。……大抵全以故事，务在滑稽唱念，应对通遍。此本是鉴戒，又隐于谏诤，故从便跣露，谓之“无过虫”耳。若欲驾前承应，亦无责罚。一时取圣颜笑。……又有杂扮，或曰“杂班”，又名“经元子”，又谓之“拔和”，即杂剧之后散段也。……多是假借为山东、河北村叟，以资笑端。……街市有乐人三五为队，擎一二女童舞旋，唱小词，专沿街赶趁。……赚者，误赚之义也，正堪美听中，不觉已至尾声，是不宜为片序也。又有“覆赚”，其中变化花前月下之情及铁骑之类。……今街市与宅院，往往效京师叫声，以市井诸色歌叫卖物之声，采合宫商成其词也。③

无论是创作者、演出者或观赏者，都是通俗文艺将他们联系在一起，即使连“驾前承应”都无例外，宋朝俗文化的兴盛可见一斑。

郑振铎先生的《中国俗文学史》将宋朝的俗文学分为杂剧词、鼓子词、诸宫调三大类，具体又分作许多小类，其实“说话”也是影响很大的一种民间文学样式。《东坡志林》卷六载：“涂巷中小儿薄劣，为其家所厌苦，辄与钱，令聚坐听古话。”又云：“至说三国事，闻刘玄德败，颦蹙，有出涕者；闻曹操败，即喜，唱快。”可谓长幼皆宜，爱憎分明。即使现在留下来的“小说”话本不多，可是从这不多的作品中也可以看到大众的思想取向和审美趣味。

大众化的俗文学必须适合大众的欣赏口味和水平，它们不是文人案头阅读的作品，而多为讲唱文学，实际上是大众文学与大众音乐的结合，上引《梦粱录》，有

① 《东京梦华录·外四种》，文化艺术出版社1998年版，第84—86页。
② 《东京梦华录·外四种》，文化艺术出版社1998年版，第84页。
③ 《东京梦华录·外四种》，文化艺术出版社1998年版，第302—304页。

将京师的叫卖声和市井诸色歌“采合宫商成其词”，音乐的“俗”不难想见。而宋人笔记中关于城市中演唱活动的记载，也是以俗者为主的。连身居相位的史浩，其《鄮峰真隐大曲》中也有《采莲舞》、《花舞》之类的民间歌舞内容，俗文艺的影响不难想见。宋代的民间绘画非常发达，临安城的画工甚至有自己的行会组织，邓椿《画继》说到宋代画工之多，用了“车载斗量”一词来形容。画工所画多为画士所不屑为之者，如寺院、石窟、墓室的壁画，元宵节花灯上的神仙故事画，其他节日所张挂的“堂画”，以及门神、钟馗、桃符等，由于文人画多为写意，且重在山水竹木之类，所以画工常常充当了肖像画的作者，不少画工在汴梁、临安设棚为人“写真”。尽管画工的作品常被士夫文人看作非可“清玩”，却受到了下层百姓的欢迎。

总之，过去常常在论述宋代文化、文艺时，多是只着眼于“雅”的一面，与唐人相较，多以之为内向、淡雅、和缓、雍容，这固然不错，但还应看到宋代俗文化和大众文艺的发达，它们常常带有都市狂欢的性质、特点，是在民族传统形式范围内的外向、热烈，激情焕发。所以，对宋代文化与文艺的向士大夫与老百姓分化，及所形成的两种不同趣味、风格，我们都应兼顾到，以避免认识上的片面性。

宋代文艺各个部类的作者甚多，成就也高，我们难以在有限的篇幅中对诗、文、词、小说、绘画、书法等代表性人物像前面那样作较全面的介绍了。

辽金文学也出了一些知名的作家和作品。其中如元好问和董解元的《西厢记诸宫调》，都是文学史上不可忽略的，但因我们不能面面俱到地写，也只能从略。

第十二章　元明清：冲突、融汇、沉暮、蜕变

我们将元、明、清三朝到鸦片战争以前的五百多年，看作是封建社会的后期。按以前的说法，鸦片战争以后的一个世纪，被惯称为半封建半殖民地社会，五四运动以前的将近八十年属于近代，此后至中华人民共和国成立，则是现代。本书讨论的范畴是古代，应止于鸦片战争时期，但由于文化史与文艺史的发展难于在一个时间点戛然止步，所以我们的论述将作适当的延伸至清朝的道光、咸丰时期。综观元明清三朝，其中有两个朝代由非汉族作为统治民族，所以都有文化的冲突与融汇问题，而明清两朝，已是封建社会的极度成熟期，虽有短时期的活力，但沉暮的品格应是居于主导，因此我们用“冲突”、“融汇”、“沉暮”来概括这三朝，而鸦片战争前后，则可以看作中华文化迎来新变的过渡阶段，可用“蜕变”来论定。基于以上认识，我们拟定了这最后一章的题目。

第一节　元：“武化”对文化的征服与反征服

历史有时会有惊人的相似：当北宋统治者看到辽的衰落时，与金政权联手发动攻辽，却没想到自己的“露拙”被血气方刚的金人看透，很快就应了“前门拒虎，后门引狼”的古训，在“靖康之变”中亡了国；而当新兴的蒙古政权占领了金国故地，使金不得已以开封为首都、势力渐衰后，南宋应蒙古之约夹攻而亡金，却很快就面对蒙古军南侵，致襄阳、临安失陷，不久文天祥等兵败广东，南宋亡。北宋之亡，宋徽宗、钦宗父子以及从众多的皇亲到一般的工匠、倡优都被掳北上，大量的财宝以至文物，也被满载北去；而南宋之亡，先是蒙古兵入临安，俘走了宋恭帝和谢、全两太后，以及宗室官吏，后又追击至海边，陆秀夫负帝昺投海而死。

元朝是中国历史上版图最广的朝代，其疆域“北逾阴山，西极流沙，东尽辽左，南越海表”，远较汉唐为大。如此幅员广阔的国家，是以军事力量作保证的。蒙古军屯据河、洛、山东等“天下腹心”之地，被征服的契丹、女真、汉军（北方）和原南宋军屯守各地。军事的征服使得元朝成为当时世界上最强大的国家，但民族压迫也是汉族人民所从未经历过的。

一　四等民族与九儒十丐

元朝对南宋的征服，是生产关系较落后的民族对生产关系较先进的民族的征服，因此，一方面是生产关系的倒退，另一方面是民族压迫、种族歧视，汉民族在这历

史的巨变中遭受到巨大的痛苦。在忽必烈统治期间，北方的一部分农田已陆续被占为牧场，蒙古统治者屡次向民间搜刮马匹，一些地区的马和车不得用于拽碾、耕作，不少农民再度沦为奴隶或农奴，被称为“驱口”或“驱丁”，被主人作为私产而任意买卖，杀死“驱口”，其主人所受刑罚与私宰牛羊的刑罚几乎相等。后来，虽受中原、尤其是南方高度发达的农业经济的影响，转变为重视农业，但民族压迫、种族歧视并无太大改变。

元朝在消灭南宋政权之后，将当时的中国人分为四等，以便在多层对立的复杂矛盾中加强控制。这四个等级是：第一等蒙古人，第二等色目人（较早被征服的西域各部族），第三等汉人（较早被统治的北方汉人和金人等），第四等南人（最后被统治的南方汉人）。他们在政治、经济、军事、法律上都是高低有别，贵贱悬殊。如蒙古人打汉人，汉人不能还手，打死了只赔点“烧埋银”了事，重要的机关中不准汉人、南人做官吏，一般机关中汉人、南人只能做副职。赵翼的《二十二史札记》所载甚详，此处择要引之：“官有常职，位有常员，其长者皆以蒙古人为之，而汉人、南人贰焉。故一代之制，未有汉人、南人为正官者。”元朝停止科举多年，不让汉人、南人通过考试的途径取得做官吏的权利。由汉人、南人组成的军队只能驻守边地。对汉人、南人防范极严，规定凡私造、私藏兵器者要处死刑，汉人中除当兵者以外，不准习武、打猎或手执弓箭、兵器，犯者按情节轻重治罪，甚至连夜晚走路和点灯，也在被禁止之列。

中国历来都是通过地方推荐或科举考试，来选拔一部分知识分子进入到政权机关的，而知识分子也历来将读书、科举视作进身之阶。但在元朝，掌握军政大权的是蒙古族或色目人中的贵族、军人，并以世袭的承荫关系传给子孙，中下层的官职则由各种“吏员”（如税吏、库吏、令吏、典吏等）分别担任和升充。工匠、医、算、阴阳等行业，也都设有官职来专管其事。而充任这些职务的，并不需要很高的文化水平。汉族的知识分子非但不能求仕，而且甚至被蒙古贵族和将军掳掠去当工奴、农奴，直到元朝最高统治者多次禁止这种行为，并下令将被掳的儒士释放为良民，才使得其中极少数幸运者得以脱离奴隶的地位。谢枋德《送方伯载归三山序》写道：“我大元制典，人有十等。一官、二吏，先之者贵之也，……七匠、八娼、九儒、十丐，后之者贱之也。……介于娼之下、丐之上者，今之儒也。”这就是通常所说的十等职业：一官、二吏、三僧、四道、五医、六工、七匠、八娼、九儒、十丐。

这是真正的“秀才遇着兵，有理讲不清”，知识分子还从来没有沦落到这样的地步！从宋朝的华夏文明之造极，文人地位的空前之高，到元朝的将汉民族弃之如敝屣，文人跌落到娼妓之下，仅比乞丐高一等，真是反差何其大也。游牧民族对高度发达的农耕文明的征服，其实就是“武化”对文化的胜利，“九儒十丐”更是一个显著的标志。

二 以柔克刚与用夏变夷

南宋的杂剧演员曾用“金国有敲棒，我国有天灵盖”之类的滑稽对答，来讽刺统治者在对外斗争中的软弱无力[①]。结果不是金国的敲棒，而是蒙古的铁骑，席卷中国，将小皇帝逼得只好跳海，“郁郁乎文哉”的宋人，在“只识弯弓射大雕”的游牧民族面前，已没有任何尊严可言了。不过，当年流落北国的王孙成为了金人的奴隶，连皇帝父子都只能坐井观天，“九儒十丐”虽然不堪，也强似他们了。

历史的发展往往不是沿着单行道前进的。在国力强盛的汉朝，可以宣称“圣人之治天下也，先文德而后武力。凡武之兴，为不服也，文化不改，然后加诛。夫下愚不移，纯德之所不能化，而后武力加焉。”[②] 在汉朝“化”四夷的过程中，所奉行的是这一路线。而一旦“夷狄”武力大盛之如元朝，汉人只用天灵盖是抗御不了的，在“加诛”的军事打击之后，汉族只能沦落为末等公民，儒士只能成为第九等职业。但是，事情似乎是会向刘向所说的相反方向发展，历史的辩证法告诉我们，征服者的武力征服只能持续一段时间，而被征服者的反征服却能最后胜出，这就是征服者在文化上的渐渐被“改”。老子说：“天下莫柔弱于水，而攻坚强莫之能胜，其无以易之。”[③] 柔弱如“九儒”，最终却能担起在文化上征服强悍的征服者的重任。诚如柳诒徵先生所说：“观于宋人之衰弱，几疑中国之文化实足为国家种族之害，反不若野蛮人种之尚武，可以凌驾文明国人之上。然试考诸国之历史，则其事殊不尽然。凡异族之以武力兴者，率多同化于汉人之文教”[④]。

“同化于汉人之文教”开始得较早，柳氏上书对辽、西夏、金皆言之甚详，此处不引。辽朝在其强盛时，治下的有游牧文化体系内的契丹、女真、蒙古、回鹘等民族，也有农耕文化体系内的汉人和渤海人，契丹统治者采取“以国制治契丹，以汉制待汉人”[⑤] 的不同方法治国，而在文化上则渐为汉文化所倾倒，并逐渐同化而融和，成单向性的发展。金国在壮大后的对辽、宋战争中，对典籍文物表现出强烈的兴趣，汴京之亡，被掳掠的除了众多的皇家成员外，还有诸多的艺人、工匠和文物典籍。金熙宗尊崇儒学，世宗嗜读史籍，尤尚儒风，到章宗时，文教极盛，京府节镇，均设学养士，国学印行之书籍不下于宋，而金之文艺更有诸多名家出现。

如果说契丹、党项羌和女真民族文化之汉化多出于主动，那么蒙古民族文化之汉化则要被动、困难得多。成吉思汗在其对外战争中，出于游牧文化的习性和认识，他是将西进作为重点的，蒙古帝国的分封也是以西方为重。虽在成吉思汗的第三子窝阔台（即元太宗）统治时期，已开始选用儒士，设立国子学，选派蒙古贵族子弟

---

① 张之甫：《可书》。
② 刘向：《说苑·指武》。
③ 《老子》七十八章。
④ 柳诒徵：《中国文化史》，东方出版中心 1988 年版，第 527 页。
⑤ 《辽史·百官志》。

学习汉文，后又采纳耶律楚材建议，会考中原儒生，选取部分人任当地议事官。耶律楚材劝说蒙古贵族不要大量杀戮，使大量的劳动力和社会财富得以保存，并使他们逐渐适应中原的封建文明。但到此后的蒙哥汗时代，成吉思汗的诸亲王中，只有忽必烈一人对汉族文化倾心。忽必烈早年在藩府就搜罗僧人海云以及刘秉忠、王鹗、元好问等汉族文人，向他们求取治国之道。在宪宗元年（1251）受命总领漠南汉地军国庶事时，用儒士整顿华北及关陇地区的吏治，汉族知识分子纷纷进入其幕府，为在蒙古统治者中首先推行汉法奠定了人才基础。在至元八年（1271），忽必烈取《易经》“大载乾元”之义建国，号“大元”，又改变祖宗旧制，次年将首都从漠北的哈剌和林迁到了大都（今北京）。他所行的“汉制”尽管还保留了不少漠北旧俗，但最重要的统治体系和文物典章制度都显见“汉化”。

元世祖忽必烈推行“汉法”的过程中，原来是金国的儒士们起了很大的作用。刘秉忠曾向忽必烈说以三纲五常之道，并云“以马上取天下，不可以马上治”，建议用汉法统治，随忽必烈征云南时不妄杀一人，后随之征鄂州（今武昌），也保住了大量人口，忽必烈称帝，他受命制定多项制度，使“汉法”大行。忽必烈的推行汉法，郝经、许衡、姚枢等人也起了很大作用。按儒家尊王攘夷的传统，儒士是不应失节于异族的，但儒家又历来重视有用于世，当年孔子与弟子评价管仲时，虽因其不死君难而失节，但因其辅助齐桓公成就霸业，孔子仍称赞“与其仁”。在蒙古的铁骑横行欧亚大陆时，以死报国可以是肩负重任的文天祥的选择，而一般的儒生不必都如此，郝经曾针对忽必烈征召之事表明己见：“今日能用中国之士而能行中国之道，则中国之主也。士于此时而不自用，则吾民将膏铁钺，粪土野，其无孑遗矣。”① 这又证明了陈寅恪所说的民族的矛盾其实就是文化的矛盾这一论断，而对人民处境的体恤和考虑是更重要的原因。许衡竭力阐扬程朱理学，热心教育事业，对蒙古、色目子弟的汉化起了很大作用，又力促元世祖采用汉法，建立中原传统的典章制度，后来元仁宗的恢复科举，规定蒙古、色目、汉人、南人考试都从《四书》出题，专用朱子章句集注，与其推行理学大有关系。姚枢被荐觐见太宗窝阔台，得赏识，在随蒙古军攻宋时，他着力求访各类人才，并全力保护，江汉名儒赵复被俘，欲投水死，姚枢苦劝，并亲自护送至燕京，后赵复在太极书院教授程朱理学，从学者达百人之多。忽必烈攻大理，姚枢以曹彬克金陵不杀南唐一人以作劝喻，后果然保存了众多百姓的生命。

在人们后来的评价中，对许衡等儒士以华人而臣于元，认为非《春秋》“内夏外夷之义”，是“有害于名教”，但是，在蒙古军队的强大武力面前，除了抵抗和尽节以外，像前述的儒士那样，能劝喻征服者，以减少百姓的牺牲，并从文化上改变游牧民族的习性，使之从攻伐杀戮变为采用汉法汉制，不但是孟子“用夏变夷”思

---

① 郝经：《与宋两淮制置使书》，《郝文忠公集》卷37。

想的具体体现，而且真正做到了以柔克刚，使得征服者的武力征服最终为被征服者的文化所征服，他们为民族融和所作出的贡献是应该得到正面肯定的。

三　儒学之因袭与文艺之自创

仕元儒士的“用夏变夷”，对游牧民族的移风易俗起了很大的作用，但是，从蒙古统治集团到元朝建立以后，所推行的汉制与汉化，可以认为多为因袭。柳诒徵《中国文化史》认为，元朝的经国之法，鲜有可称，“然详观元代史事，则民治与封建，实为元之立国之根本”①，并据《元史·食货志》，以元之能将农田、水利、树艺、渔畜、教育、劝惩“一寓于立社之中，此实汉族先哲研求民治培植国本之法”，蒙古以游牧民族入主中国，能施行此制实为不易，尤其劝农兴学之事，即使北宋关中《吕氏乡约》亦未之及（556 页）。但是，我们认为，既为汉族先哲所创，虽施行亦袭用而已。

元代之儒学，因赵复的北上，使中原儒士如得“真经”般地迎取伊洛之学，理学遂取代金代经学，朱熹“正心诚意”、“存养修性”之说，使身处艰难的儒士们找到了方向。许衡、姚枢、郝经等著名人士，甚至忽必烈本人，都对理学非常尊崇。上下的靡然向风，又使之落实到元仁宗钦准的以明经取士、废去辞赋的科举上，规定四书五经以程朱注释为主，程朱理学遂成官学。但诚如皮锡瑞所说：“宋儒学有根柢，故虽拨弃古义，犹能自成一家。若元人则株守宋儒之书，而于注疏所得甚浅。”② 所以元人虽有振兴儒学之功，却难有自创之处。

元朝的文艺却有自启山林者，王国维论“一代之文学”，其下限即止于元，且以元曲同楚骚、汉赋、唐诗、宋词并称，故我们论元朝文艺的创造，当首推元曲。元曲包括杂剧和散曲，我们这里主要论杂剧。元曲兴盛的原因是个很值得探讨的问题，难以作简单概括，但如朱经《青楼集序》所云：“百年未几，世运中否，士失其业，志则郁矣，酤酒载酽，诗祸叵测，何以纾其愁乎？”③ 是说出了元曲的创作与“士失其业”故“志郁”而“纾愁”的关系。而且，并不是像他所说的作者们“皆不屑仕进，乃嘲风弄月，留连光景”④。我们在前面论述过元蒙统治者实行“汉化”的问题，但实际上，选用的儒生很少，在推行汉化的过程中遇到了来自蒙古贵族的重重阻力，尤其是开科举一事已是元仁宗时代，距离元世祖时已逾半个世纪了。明人胡侍《真珠船》卷四说得好：“中州人每每沉郁下僚，志不获展……于是以其有用之才，而一寓之乎声歌之末，以舒其怫郁感慨之怀，盖所谓不得其平而鸣焉者也。”可以认为，这是元曲兴盛的一个主要原因。

---

① 柳诒徵：《中国文化史》，东方出版中心 1988 年版，第 555 页。

② 皮锡瑞：《经学历史》，中华书局 2004 年版，第 283 页。

③ 朱经：《青楼集序》，《中国古典戏曲论著集成》（二），中国戏剧出版社 1959 年版，第 15 页。

④ 朱经：《青楼集序》，《中国古典戏曲论著集成》（二），中国戏剧出版社 1959 年版，第 15 页。

在这样畸形的时代，固然有不少文人以游戏人生的态度来对待现实，但“亦谐”并不能掩盖“亦庄”，在前期元杂剧中，确实贯穿着“发愤而作”、“不平则鸣”的思想与动因。在诸多历史剧中，可以体会出“借他人之酒杯，浇自己之块垒”的借古言今之旨，其中，民族主义感情与意识是一大主题。

如关汉卿的《单刀会》、《哭存孝》、《西蜀梦》、《裴度还带》等历史剧，都有民族主义情绪的流露。《单刀会》主要写关羽的英雄形象，以表现强烈的民族意识。在五代以前，曹操的名声远在刘备之上，到南宋，由于民族矛盾的原因，评话、戏曲中渐有将蜀汉政权比作南宋，将篡汉的曹操比作来自北方的侵略的变化，而朱熹《通鉴纲目》以正统归蜀汉更代表了思想界的取舍，这样一来，刚愎自用的关羽就成了民族英雄。《单刀会》中关羽面对索还荆州的鲁肃，作了理直气壮的回答，表面看来是强调正统观念，实际上曲折表现了反抗民族压迫的立场，而最后关羽辞别鲁肃时所唱的“百忙里称不了老兄心，急切里倒不了俺汉家节”，这“汉家节”实指整个民族，而不仅是蜀汉。《哭存孝》中的反面人物，满口番语，又凭借懂得番语而假传李克用之意，害死了李存孝，使人能多少看到蒙古军队入主时的汉奸形象。

当然，最足以表现民族精神的还当推“三大悲剧”之一的马致远《汉宫秋》。在此剧中，王昭君的悲剧命运被放到汉朝受匈奴军事压力的背景下展开，在十万甲兵的威胁下，呼韩单于接受毛延寿所献美人图，更表明了不日南侵的军事野心。在这样的情况下，王昭君被作为向匈奴求和的礼物被送给了呼韩邪，她的出塞也就成了民族屈辱的象征。汉元帝虽贵有天下，却不得不将自己心爱的美人送给了强邻，结合作者生活的时代，很显然是马致远要借历史上昭君和亲的故事，抒发对汉族政权沦亡的慨叹。从王昭君的悲剧命运中也可以看到金宋政权覆亡时上至嫔妃、下至民间女子的遭遇，而毛延寿之类的汉奸则能让人想起吕文焕、留梦炎之流。

白朴的《梧桐雨》是写唐明皇与杨贵妃的爱情悲剧，作者将这一悲剧置于民族矛盾的背景下，使之具有特殊的意义。据陈寅恪先生考证，杨玉环与武则天有姻亲关系，她与李隆基的结合，可以看作一种政治行为，是代表了关陇豪族集团与唐李贵族集团相结合的利益，如果说后来是爱情悲剧的结局，也是“占了情场，弛了朝纲”的结果。但是，《梧桐雨》对安史之乱的描写，突出了安禄山“积祖以来，为营州杂胡”的身份，而安禄山统兵夺取江山美人时，唐明皇对“文武两班”的失望、责备，所唱的“伤心故国，西风渭水，落日长安”，不难看出借剧中人之口表达对宋朝亡于元蒙的反省和悲痛。

元杂剧的另一大主题是现实主义精神。

关汉卿的《窦娥冤》，表现了民族矛盾中的妇女悲剧。窦娥的被卖，赛卢医起杀心，张驴儿买毒药等情节，都与放贷有关，而这恰是元代高利贷惊人的现实反映。恶霸横行，昏官乱断，使得弱者被剥夺了生存权；而张驴儿、楚州太守桃杌之流，应分别是生活中的蒙古、色目无赖游民，和普遍存在的元初贪赃枉法官吏。贪污、酷刑、冤狱，三者结成不解之缘，也让我们看到了当时毫无民权可言及民生艰难的现实。《鲁斋郎》写北宋事，实际上影射元朝，鲁斋郎整天带着帮闲为非作歹，却自道“本分”，他的身上有着元世祖宠臣阿合马的影子。而关汉卿的另一剧作《蝴蝶梦》，也是以反恶霸为主题的公案剧，剧中的葛彪也是个鲁斋郎式的人物，是打死人不用偿命的皇亲，他骑马出游打死了王老汉，还自夸“只当房檐上揭片瓦”，因无处申冤，王婆婆带着三个儿子打死葛彪，在求生存的斗争中，以血还血、以暴抗暴，表现了作者对反抗者的歌颂。

马致远的《荐福碑》尽情地倾诉了穷厄中书生的不平，充满了对他们坎坷命运的同情，尽管将主人公的遭遇归到宿命论上，但知识分子的极端苦闷，岂不是现实所致？剧中的［油葫芦］一曲有云：“冻杀我也，《论语》篇，《孟子》解，《毛诗》注。饿杀我也，《尚书》云，《周易》传，《春秋》疏。”这元代的“读书无用论”，恰画出“九儒十丐”社会所造就出的现象，表现出包括作者在内的众多读书人的时代愤懑。后来宫大用的《范张鸡黍》、郑光祖的《王粲登搂》，也有类似对元朝“选举之弊”的愤激之情。

蒙古族长期过着逐水草而居的游牧生活，其贞操、节烈观自非汉族可比，原始的野性精神对传统的思想、行为之禁锢实有很大的冲击作用，这应是元杂剧以爱情为主要题材的重要原因。王实甫的《西厢记》是成就最高的爱情剧。从元稹的《莺莺传》，经董解元的《西厢记诸宫调》，再到王实甫的杂剧，通过对莺莺与张生爱情的歌颂，表现了对“父母之命，媒妁之言”的封建婚姻制度的反抗，正面提出了“愿天下有情人都成了眷属”的主张，具有恩格斯所说“现代性爱”的特点（详参《家庭、私有制与国家的起源》），因此有“小春秋”之誉。由于它的反封建思想倾向和突出的艺术成就，使之长盛不衰，直到《牡丹亭》出来后，才“几令西厢减价”。

关汉卿也长于作爱情剧，主要有《拜月亭》、《诈妮子》、《金线池》等。白朴的爱情剧有《墙头马上》、《东墙记》。稍后的郑光祖有《㑇梅香》、《倩女离魂》等。关汉卿的爱情剧将更多的同情给了下层人民，这是值得肯定的，但其喜剧结果多不合生活逻辑，白朴、郑光祖、乔吉等人所作也多缺少曲折的情节，男女双方大多一拍即合，且多“始于悲者终于欢，始于离者终于合，始于困者终于亨”[①]，而“《西厢记》之以《惊梦》终也，未成之作也；此书之成，我乌知其不为《续西厢》之浅陋也。”[②] 多数的爱情剧都缺乏那种本质上的悲剧色彩和动人力量，所以“西厢”的“春秋”地位是无可争辩的。

在知识分子们将“抑圣为狂，寓哭于笑”的人生态度寄之于散曲和杂剧同时，又将“适趣”、“自娱”、自珍自重的人文精神寄之于绘画。元人再不像前代画家那样画正统的歌功颂德、箴勉鉴戒性的绘画，而是将隐居生活作为人物画的主要题材，

---

① 王国维：《红楼梦评论·红楼梦之美学上之价值》。

② 按：王国维同意《西厢记》王作关续之说。

与此同时，山水画达到了前所没有之境。若谓以上是“适趣”“自娱”的体现，那么“四君子”、“岁寒三友”之盛于此时，则可看作是自珍自重的气节表现。元画之中，成就最高的还推山水画。赵孟頫、高克恭的画名都很高，而黄公望、王蒙、倪瓒、吴镇更以“元季四家”之名，在山水画史上具有极重要的地位，对明清有很大影响，并被明代的董其昌等人奉为“南宗”正脉，倪瓒还以“逸品”著称。

第二节　明：封建专制主义的桎梏与挣脱

明太祖朱元璋是通过元末农民大起义而登上皇位的，而明思宗朱由检在李自成农民军攻破北京城时，自缢于煤山。277 年的明朝，经历了从建立极端封建专制主义到资本主义萌芽出现的变化，相应也发生了从封建文化的沉暮到西方近代资本主义文化的输入这一过程，使中国文化出现了新变化。

一　从文化专制主义到王李之学对封建秩序的冲击

朱元璋出身于佃农，在建立明朝、完成统一大业之后，能从农民起义中汲取教训，废除元末苛政，实行休养生息政策，招纳流亡，垦殖荒地，兴修水利，减免赋税徭役，又在边地推行民、军、商屯田，经明初三十年，荒地变成了良田，人口大量增殖，农业生产有很大提高，而工匠的“自由趁作”和税制改革，使工商业也得到了扶持和发展。

随着社会经济的发展，生产力的提高，社会秩序渐见安定，为巩固封建政权，朱元璋采取了一系列措施来加强中央集权。他下令废除中书省和丞相，将相权分散到六部，而六部直属皇帝，大权独揽。又废除元朝所行的地方机构的行中书省，行“三司”制。先后因左丞相胡惟庸案和大将军蓝玉案，株连数万人之多，使人噤若寒蝉。朱元璋不但用设立卫所制来掌握军队，又实行户口调查、编册及施行里甲制和关津制，用束缚于乡土的办法对人民实行严格的控制。

朱元璋死后，他的儿子燕王朱棣发动“靖难之役”，打败了他的长孙建文帝，登上帝位，是为明成祖。朱棣行削藩政策，诸王或被徙，或被废，使军政大权再度集中到自己手中；又设立内阁协助皇帝施政，同时将大权授予司礼监太监，与内阁抗衡、制约，而最终听命于皇帝。朱元璋原已设有锦衣卫的特务机构，朱棣再设“东厂”，使“厂、卫”横行两京，君主专制下的恐怖统治得以在制度上完成。

封建专制主义极权统治的加强，势必导致要用文化专制主义来辅佐，思想禁锢也随之而来到，禁锢既久，也必然会遵循物极必反的规律，会出现对思想专制的冲击和突破。明代文化中的思想——制度文化，就是呈现这样的总体性发展、变化。

朱元璋实行国子学与州府县学并行的学校制度，又实行与唐宋两朝不同的以八股取士的科举制。从立国时起，明朝就规定各级学校必须“以孔子所定经书诲诸生，毋以仪、秦纵横坏其心术"[1]，指定四书五经为必修课。在开始以八股取士后，专以四书、五经义为题，且四书要以朱熹注为据，形式和字数都有严格的规定，在限定的形式中"代圣人立言"。朱棣之时，又颁布《四书大全》、《五经大全》、《性理大全》，并明令全国的府州县学及私塾都用作教科书。朱元璋对"亚圣"孟子的民本思想非常不满，非但下命令罢孟子之配享，且在洪武二十六年下令删改《孟子》，将全书将近三分之一的篇幅删去，所删者多为体现民本思想与仁政观念者，正是儒家学说中的精华。

八股取士比起唐宋的以诗赋、策论取士，无疑对士人思想和才学有了很多限制，但毕竟是笼络、羁縻。与此同时，朱元璋所奉恩威兼施方针的另一面，则是对文人实行高压政策。他出于对当年同他争天下的张士诚的仇恨，竟然累及苏州籍文人（因为张士诚曾以苏州为据点），高启因辞官而被腰斩，姚润、王谟征而不赴，被斩首抄家。朱元璋出身贫寒，自幼为僧，又曾加入义军而为"贼"，故凡是表章中有"僧"、"贼"等字样或同音、同叶者，均怀疑是讥刺自己而责以重罪，赵翼《二十二史札记》对此有详细记载。大造文字狱的结果使百官及士人战战兢兢，而朱元璋朝廷内的官员，可谓罕有善终者。

朱元璋及其臣下用二十年的时间制定"大明律"，规定凡"谋反大逆"，无论首从，皆凌迟处死，"造妖言"者也处死，还规定"军民一切利病，并不许生员建言"[2]。一国子监监生因批评主持国子监的宋讷，按监规，"毁辱师长"至多杖一百并充军云南，而朱元璋竟下令杀之，并悬首国子监前示众。如此的严酷，使宋朝太学生勇于干预国政的情况无复得以梦见。甚至还禁止许多杂剧的演出，禁止学唱和游戏，"洪武二十二年圣旨：学唱的割了舌头，下棋打双陆的断手，蹴圆者卸脚"[3]。到朱棣统治时，进而将原先规定的演杂剧戏文亵渎帝王圣贤者"杖一百"，改为凡收藏此类词曲者"全家杀了"[4]。

明朝中期，社会矛盾逐渐加剧，商品经济不断发展，思想领域开始酝酿变革。先是从学于吴与弼的陈献章敢于发表己见，提倡"自得"，认为程朱理学是"支离"之学，主张独立思考，表示要"洗之以长风，荡之以大波"，并开始了"心学"在明代兴起的历程。随着王守仁对程朱理学发起全面攻击，"心学"很快就盛行起来。

王守仁生活的明中叶，经过了明初一百年的统治，农业生产已达到较高的发展水平，社会经济相当繁荣，但从上到下都各恃特权，土地兼并进行得非常激烈，农民被迫流亡，暴动、起义时有发生。王守仁通过自己参加镇压赣南农民起义的经历，体会出"破山中贼易，破心中贼难"[5] 的道理，出于巩固封建秩序的目的，他欲以

① 《明史·学校志》。

② 《明大政纂要》。

③ ［明］沈德符：《万历野获编》，中华书局1959年版，第881页。

④ 可参见明洪武三十年五月刊本《御制大明律》及明顾起元《客座赘语》卷十《国初榜文》。

⑤ ［明］王守仁：《与杨仕德薛尚谦书》，见《王文成公全书》卷四。

"致良知"的学说来改变人心、道德，让人安分守己，不做"犯上作乱"之事。王守仁以宋人程颢和陆象山之学为基础，结合禅宗，迎合了喜新厌旧的时代、社会心理，建立起王氏心学。他的宇宙观可以概言为"心外无理"、"心外无物"，以及著名的"四句教"："无善无恶是心之体，有善有恶是善之动，知善知恶是良知，为善去恶是格物。"[①]"心即理"之说本意是将封建秩序直接植入到人民的心中，但结果却相反：他不像宋儒那样借助外在的宇宙观讨论，来重建内在的孔孟伦常，而用禅宗的"直指本心"，遂留下了"本心"的自然本性得以承认的余地，为自挖封建伦理的墙脚留下了余地。

在他身后，弟子们果然纷纷来挖墙了，其中被称为"王学左派"的泰州学派，是最得力的"挖掘者"。从学于王守仁的泰州学派领袖王艮，将至高无上的"圣人之道"通向了平凡的百姓日用，肯定了人的自然需求。弟子颜山农、何心隐分有"率性而行，纯任自然，便谓之道"[②]和"性而味，味而色，性而声，性而安适，性也"[③]等说。另一出身陶匠的弟子韩贞最喜用"自然"论人生，有诗云："尧功舜业浮云过，底事人生不自然"[④]。"率性"、"安适"、"自然"，是对宋代理学家建立起的天理人性论的冲击，其导向自然人性论的发展，终于使理学为之瓦解。

对理学教条冲击最猛、破坏最大的，是被称为"异端之尤"的泰州学派后期代表李贽。李贽既接受了王氏心学，又接受了禅宗。他从王艮的"百姓日用"说，发展出朴素的"穿衣吃饭即是人伦物理"[⑤]，又从王守仁的"良知"发展出"童心"说，以狂禅"呵佛骂祖"的精神，在其理论纲领《童心说》中大胆指出六经、《语》、《孟》非"万世之至论"，而只是"道学之口实，假人之渊薮"只有"最初一念之本心"的"童心"才是"绝假纯真"，发其真情才有真文学。他反道学，反虚伪，反浮言矫饰，并公然宣称"夫私者，人之心也"[⑥]。李贽的思想成为自然人性论的代表和个性解放的先驱，导致了提倡真情实感的文艺创作高潮出现，使明代沉寂至久的思想与文艺焕发出光彩。

二　明代文艺的复古思潮和拟古之作

明代的封建专制主义使其文化难以有所发展，即使物质文化有不少进步，也难以造成思想与制度层面文化的进步，而思想禁锢与严刑苛法，则必然导致文艺的衰微。明初以小说为代表的通俗文学出现了前所没有的发展，但传统的文学却见式微，而且通俗文学也很快就在统治阶级的扼杀（如对戏曲小说的禁令）和改造（如将戏

---

① ［明］王守仁：《传习录》下。

② 《明儒学案》卷三十二。

③ 《何心隐集》。

④ 《樵歌》五首之一。

⑤ ［明］李贽：《答邓石原》。

⑥ ［明］李贽：《德业儒臣后论》。

曲创作导入封建伦理的说教）中陷入不振。黄宗羲很正确地道出文艺衰退的另一原因：“三百年人士之精神，专注于场屋之业，割其余以为古文，其不能尽如前代文之盛者，无足怪也。”①

理学和八股对文艺无疑是很大的禁锢，而专制主义的统治更是对文艺的扼杀。恃才傲物、蔑视礼法、为人为诗都近于李白的高启被处腰斩，连直接服务于宫廷的画家也有被杀者，如太祖时，赵源因“应对失旨”坐法，周位“被谗就死”，内廷供奉盛著画天界寺影壁，不称旨，被杀。宋濂、刘基原来深刻了解和反映了元末民生疾苦，到成为明初开国大臣，转而重视为文的教化。而高张的文网使人不敢触及现实，吴诗派和闽诗派都只能在宗唐的摹拟风气中讨生活。永乐以后的几十年中，雍容典雅的三杨“台阁体”主宰文坛，多以歌功颂德、粉饰太平为能事。到明中叶时，终于引发了前后七子之兴起，他们打着复古的旗号是求矫正流弊，斥责宋元诗文是要挣脱理学的禁锢。

在前七子之前，茶陵诗派的李东阳以推尊李杜、反模拟、主性情、不拘一格的诗论，首先起来力求转变一时风气。前七子的李梦阳、何景明在政治上敢于同大贵族官僚及大宦官斗争，或下狱，或被罢官，又以其“文必秦汉，诗必盛唐”的口号，体现出“取法乎上”的原则，在反对台阁体同时，也力求扫荡八股文风。从所论的“宋人主理而不主调，于是唐调亦亡。……诗何尝无理，若专作理语，何不作文，而为诗耶?”② 可以看出，复古的背后应是排斥理学。后七子的王世贞更对八股文加以痛斥：“经生之文多割饰，而于圣人垂世之训无所发，论策之文多剽括，而于圣人经世之用无所补。”③

不过，前后七子的复古倾向也是很明显的，李、何具体见解不同，何认为应由表及里地学古，要得其神情，而李梦阳对古人的形迹法度亦步亦趋，两人还有过争论，但这只是学古的方法而已，在主张学古上却无不同。相比之下，何景明“领会神情”、“舍筏登岸”的看法更为可取。李梦阳晚年联系自己的诗歌创作，在《诗集自序》中提出了可贵的“真诗乃在民间”之看法。尽管前后七子所作颇多模拟，也多少受到八股的影响，但毕竟是扫荡了“台阁体”，又排斥了性理诗，以其多少可见现实意义的作品暴露了社会的黑暗，其对于明初文学的进步应该得到肯定。如李梦阳的《秋望》诗：“黄河水绕汉宫墙，河上秋风雁几行。客子过壕追野马，将军韬箭射天狼。黄尘古渡迷飞挽，白月横空冷战场。闻道朔方多勇略，只今谁是郭汾阳?”李梦阳、何景明都写过《玄明宫行》诗，揭露刘瑾的罪恶。后七子中，王世贞学习了杜甫“即事名篇”的方法，如《钧州变》就揭露了藩王的荒淫无耻，有很强的现实意义。而宗臣的《报刘一丈书》对大官僚、大宦官的揭露，对无耻文人的

---

① 黄宗羲：《明文案序》。

② 李梦阳：《缶音序》。

③ 王世贞：《风土录序》。

描写，与七子的拟古完全无涉，使之成为明文的名篇。

明朝的“开国文臣之首”宋濂，在其《画原》一文中，以“弥纶其治具，匡赞其政原”表达了绘画的政教观。直到百年之后，还得到了吴宽的响应，《书画谱》载其赞扬“古图画多圣贤与贞妃烈妇事迹，可以补世道者”，“足以益人”等语。由于明初几位著名宫廷画家的惨死或坐法，使画家不得不小心翼翼地以中规中矩的画法来迎合上意，元季潇洒放逸之风无复得见，画院绘画，也走复古一路，花卉多取宋代工丽画法，山水多取南宋马远、夏圭画法。因此，明朝绘画的创造和发展，只能由院外的文人画家来承担。嘉靖以后，画院渐渐衰落，文人画更居于主导地位。但是，诚如王伯敏先生所说：“明代山水画较为发达，但画家趋向摹古，有创造性的不多。”其表现方法“都以传统为基础，然后加以变化”，或继承五代北宋而以董、巨为主，或继承南宋院体而以马、夏为主，或取法元人而重视黄、倪①。明代的山水画流派虽多，但真正有创造性的，主要还是浙派和吴门派。而人物画也如王伯敏先生所说：是“基本上继承前代传统。一种学李公麟，作白描形式；一种工笔细密，设色浓丽，继承宋代画院的传统；又一种学梁楷作风，三笔二笔，水墨点染，具有文人写意特色……”②。

三　明中后期文艺思想与文艺创作之变

明朝中叶，农业和手工业的发展很快，生产水平超过了前代。苏州的丝织业和印染业，景德镇的制瓷业，徽州的炼铁业，石塘镇的造纸业，都达到了相当规模。尽管主要是作为课贡上缴给官府，但商品的生产已超过了以前任何时期，相应也造就出市场的繁盛。随着商品增多，商业资本也渐见活跃，并开始支配生产，各地、各行的商人从事着各种营业，而在江南地区的手工业中，已出现了资本主义的萌芽。社会经济的深刻变化，不可避免地会带来生活方式和思想文化的变化，文艺创作也随之而变。

前面曾说到王守仁在明代思想转变中的作用，与此紧密相关又几乎一致的是，王守仁对文艺功能的认识，开始了对政教论的有所突破。他也像宋代道学家那样，很重视“道”，但《传习录》又有云：“故凡诱之歌诗者，非但发其志意而已，亦所以泄其跳号呼啸于咏歌，宣其幽抑结滞于音节也。导之习礼者，非但肃其威仪而已，亦所以周旋揖让而动荡其血脉，拜起屈伸而固束其筋骸也。讽之读书者，非但开其知觉而已，亦所以沈潜反复而存其心，抑扬讽诵以宣其志也。”很明显地可以让人看到他对感情的重视。而同一时期的“吴中四才子”和稍后的唐宋派，则在文艺的抒情上成为了主要的体现者。

“吴中四才子”与前七子同时而分处南北方，其中的唐寅、祝允明、文征明，

① 王伯敏：《中国绘画史》，上海人民美术出版社1982年版，第450页。

② 王伯敏：《中国绘画史》，上海人民美术出版社1982年版，第511页。

兼擅文与艺。他们不像前七子的李、何那样关心政治，却对个人遭受压抑的命运表现出不平，极力追求自由，反对传统思想的束缚，又由于吴中是经济发达地区，他们的文学作品表现出对享乐生活的赞美，对市民情趣的追求，以狂放的行为，异端的思想，对禁欲主义起了破坏作用。“唐宋派”中的归有光，对文学复古不满，论文主于“道”和“德”，但实际上他有的散文寄托着深情，写得非常感人。

明朝中后期的社会状况，印证了经济基础决定上层建筑这一马克思主义的基本规律。由于经济的发展，追求奢华的生活成了一种时尚，人谓“正德以前风俗醇厚”①，但到了明中后期，已是“以俭为鄙”②，消费生活迅速发展，对金钱的追求也成为公开的风气。袁宏道《读钱神论》一诗很生动地写道：“闲来偶读《钱神论》，始信人情今益古。古时孔方比阿兄，今日阿兄胜阿父。”城市的发展，消费的增长，无疑要对传统礼制形成冲击、突破之力。古来一直与农业文化密切相关的“耕读之家”模式，开始转向舍本逐末，读书人中不乏弃儒经商者。此外，一方面是“娼妓满布天下，其大都会之地动以千百计”③，使得有钱人可以有新的“消费”途径，另一方面则是对男女真情的追求，改变了传统的婚姻观。

世风与人们观念的转变，使得文艺思想和文艺创作也为之改变。

文艺思想的转变首先体现在市民意识的增强，和对民间创作表现真情的肯定。李开先为“市井艳词”写序，称道此类作品虽“淫艳亵狎，不堪入耳”，但“语意则直出肺肝，不加雕刻，俱男女相与之情，……以其情尤足感人也。故风出谣口，真诗只在民间。”明显表现出市民意识。这种意识和观点一直持续到半个多世纪后，在冯梦龙的《序山歌》中继有发扬：“书契以来，代有歌谣，太史所陈，并称风雅，尚矣。自楚骚唐律，争妍竞畅，而民间性情之响，遂不得列于诗坛，于是别之曰山歌，……今所盛行者，皆私情谱耳。虽然，桑间、濮上，国风刺之，尼父录焉，以是为情真而不可废也。”并提出了以男女真情发名教伪药的命题。

文艺思想的转变还表现在对文艺教化观的挣脱，对自我抒情的重视。“唐宋派”反复古，却又主张文与道相盛衰，徐渭与汤显祖等，则转为对抒发真情而呐喊。徐渭《叶子肃诗序》以模仿者为鹦鹉学舌，肯定“情坦以直”，“情散以博”，“出于己之所自得”，而非“徒窃于人之所尝言”。推崇“天机自动，触物发声”的“塞曲征吟，市歌巷引”④，认为“果能如冷水浇背，陡然一惊，便是兴、观、群、怨之品”⑤。汤显祖公然宣称“情”为文艺之本，在《牡丹亭记题词》中提出了著名的观点：“第云理之所必无，安知情之所必有耶。”将“诗言志”解释为“志也者，情也”⑥。

---

① ［明］伍袁萃：《漫录评正》卷三。

② ［清］顾炎武：《肇域志》山西二。

③ ［明］谢肇淛：《五杂俎》。

④ ［明］徐渭：《奉师季先生书》。

⑤ ［明］徐渭《答许口北》。

⑥ ［明］汤显祖：《董解元西厢题词》。

他还针对复古派提出了"稗官小说，奚害于经传子史?"的观点，肯定真趣，以传奇小说为"小说家之珍珠船"①。

李贽更是这一思想潮流的主将。汤显祖读李贽书而慕其人，冯梦龙嗜李氏之学，袁宏道更是直接接受了李贽的影响。他们声气相求，互相推重，对道学形成了一股冲击的狂潮，人谓李贽"鼓吹狂禅"，"务反宋儒道学之说"，使"后学如狂。不但儒教溃防，而释宗绳检，亦多所轻弃。"② 其对封建秩序的破坏力可知。李贽《杂说》认为"真能文"并非"有意于为文"，而是因真情"蓄极积久，势不能遏"，"诉心中之不平"的真实流露。《忠义水浒传序》从司马迁那里接过"发愤"说，提出"不愤而作，譬如不寒而颤，不病而呻吟也"的观点。他还在《童心说》中以赤子之心、真情实感为基础，发其文艺进化观，认为"诗何必古《选》，文何必先秦。降而为六朝，变而为近体，又变而为传奇，变而为院本，为杂剧，为《西厢》曲，为《水浒传》"。后来的公安三袁，被称为"性灵派"，袁宏道明确以诗"独抒性灵，不拘格套。非从自己胸臆流出，不肯下笔。"③ 反对摹古之作，认为"老子欲死圣人，庄生讥毁孔子"，"荀卿言性恶"，但书不废而人得传，是因为"不曾依傍得半个古人"④。

由于明朝中叶以后经济状况、社会生活、思想意识、风尚习俗的变化，文艺创作也发生了相应的变化。与市民生活、商品经济密切相关的小说、戏曲创作非常兴盛，而正统的诗文已经难以续写前代的光芒，绘画也不同于以前文人画的用于自娱，而是逐渐步入到商品的行列。

明代小说是在宋、元话本的基础上发展起来的，著名的长篇章回小说《三国演义》、《水浒传》出现得较早，一般看作是元末明初而归入明朝，前者继承了"讲史"传统，后者是"讲史"与"说话"的结合。神魔小说《西游记》是明中期的作品，也是在民间传说和话本的基础上整理加工而成。《金瓶梅》是一部有强烈暴露性的人情、世情小说，是时代生活的反映。短篇小说以"三言"、"二拍"最为著名，"三言"即冯梦龙编成的《醒世恒言》、《警世通言》、《喻世明言》，"二拍"即凌濛初编撰的《初刻拍案惊奇》和《二刻拍案惊奇》。这些短篇小说有很强的市民意识，肯定男女爱情、欲望和对财富的追求，对陈腐的观念颇多批判。

明代的戏曲中，杂剧已渐见衰落，除徐渭的《四声猿》外，优秀的作品不多，《郁轮袍》、《一文钱》也得文学史家称道。由南戏发展过来的传奇，则成为了元杂剧后我国戏曲创作的又一个高峰，尤其是昆山腔的盛行，更出现了许多优秀的戏曲作品。明初的南戏有"荆刘拜杀"（即《荆钗记》、《白兔记》、《拜月亭》、《杀狗

---

① ［明］汤显祖：《点校虞初志序》。
② ［明］沈瓒：《近事丛残》卷一。
③ ［明］袁宏道：《序小修诗》。
④ ［明］袁宏道：《与张幼于》。

记》）和《琵琶记》。梁辰鱼的《浣纱记》、王世贞的《鸣凤记》是中期著名的昆腔作品。汤显祖的“四梦”（《牡丹亭》、《紫钗记》、《邯郸记》、《南柯记》）是明传奇中的名作，尤其是《牡丹亭》（又名《还魂记》）的出现，“几令西厢减价”，标志着爱情剧发展到新的高度。与临川派汤显祖争胜的是吴江派沈璟，他与汤显祖的创作主张不同，重在声韵格律和语言的本色，有《义侠记》、《红蕖记》等作。从戏曲作品的思想内容和文辞技巧来说，应是临川高于吴江，而从演出角度而言，则吴江派更为“当行”。后又有李玉的《一捧雪》，高濂的《玉簪记》，吴炳的《西园记》，阮大铖的《燕子笺》、《春灯谜》等著名作品。

与戏曲的文学剧本密切相关的是作为音乐的戏曲声腔。徐渭《南词序录》曾对“四大声腔”的产生和流传有精当的概括：“今唱家称弋阳腔，则出于江西，两京、湖南、闽、广用之；称余姚腔者，出于会稽，常、润、池、太、扬、徐用之；称海盐腔者，嘉、湖、温、台用之。惟昆山腔止行于吴中，流丽悠远，出乎三腔之上。”四腔之所以产生在江南及东南沿海一带，与该地区商品经济较发达，且是元末明初最具戏曲传统有关。昆山腔能凌越三腔，与魏良辅改革成“水磨调”大有关系，其清柔舒缓、婉转细腻的腔调，对爱情题材的作品最为适合，所以自《浣纱记》推动了昆腔流行后，其他著名的昆曲作品多是爱情剧，直至今天，依然如此。

明朝的绘画与前代不同的是有明显的派别之争。山水画有院派、浙派、江夏派、吴门派、华亭派等，其中以浙派、吴门派、华亭派影响最大。浙派以戴进为首，画风兼有南宋院体与元代文人画之长。浙派的另一著名画家是吴伟，在摹古中能自创。吴门派以沈周为首，曾出入其门的文徵明也是该派代表。沈周在文人画趋向于仿古之时，能自有创造。文徵明兼师宋元，画风早年清丽，中年粗放，晚年兼有粗细，苍秀有逸气。“明四家”中的另两家是唐寅与仇英。唐寅多才多艺，就绘画而言，山水、人物、花鸟都有很高成就，他因科场案而愤世，诗酒遨游，生活狂放，其诗“不炼金丹不坐禅，不为商贾不耕田。起来就写青山卖，不使人间造孽钱。”透露出传统士人的孤傲以及同资本主义萌芽相适应的新意识。仇英出身于漆匠，兼擅山水、人物，结构谨严，用笔刚健。华亭派有董其昌、陈继儒、宋旭等人，董其昌名声最大，他曾官至礼部尚书，兼富文才，精于赏鉴，画学思想和创作特色都对后世有深远影响，其中山水画“南北宗”说，一直是后来论述不已的话题。花鸟画陈淳、徐渭并称“白阳青藤”，徐一生不幸，常以水墨大写意花卉寄托心中的不平和个性解放精神，从郑板桥到齐白石都对他倾心不已。人物画以明季陈洪绶最著名，丁云鹏与崔子忠也称誉一时。

明代书法如同文学，前期是宫廷趣味的“台阁体”占主导地位。中期祝允明、文徵明、王宠为“吴中三家”，他们都兼擅各体。其中祝最长于大草，文小楷尤精。后期张瑞图、董其昌、邢侗、米万钟合称四家，以董其昌成就和影响最大，兼工各体而尤擅行书。

明朝后期，随着西方传教士的来华，也带来了与传统中华文化不同的“西学”，以徐光启为代表的官员兼学者，以经世、实用的意识和态度看待外来的新知识、新事物，在中西文化的碰撞中采取了兼收并蓄的态度。但由于坚守“夷夏之防”者的阻挠，尤其是明末农民大起义及随后的清兵入关，使这一汲取西方近代文化的过程很快就中断了。由于上述原因，加以当时传入的“西学”主要属物质文化，与文艺关系较远，所以我们这里不作论述。

第三节　清：从集成到蜕变

明朝末年，土地兼并日益激烈，对农民和手工业者的剥削日益加重，宦官征商激起了各地的反抗，连中产阶级也加入到斗争中，东林党人反对宦官的行动得到了城市人民的支持、同情，白莲教起义和各类反抗斗争彼伏此起，最后引发了明末农民大起义。经过了十几年的斗争，李自成的农民军在1644年3月19日攻入北京，崇祯帝自缢于煤山，明亡。只占领43天，李自成军队在入关清兵的攻击下弃城向陕西撤退，北京被清兵所得，不久顺治帝从沈阳迁来，定北京为首都。经过多年战争，李自成、张献忠及其后继者的农民军，江南军民和南明政府，以及前后“三藩”等一系列的抗清斗争都告失败，清朝的统治渐形巩固。农业、手工业很快恢复和发展，专制主义的中央集权得到加强，对知识分子恩威兼施的两手，也渐见作用，一个新的大一统封建王朝在内外经营中，很快崛起。

清朝是最后一个朝代，267年的不算太长的历史，却经历了从民族的冲突到融和，从极度强盛到外国入侵，以及引起社会形态转型的诸多变化，封建文化也从高度成熟的集大成发展至生气殆尽、暮气沉沉，最终在被打破国门之后，开始了不无痛苦的蜕变，并以五四新文化运动为标志，宣告了“凤凰涅槃”式的新生即将到来。

综观清代的文化与文艺，其发展历程大致可以分为三个阶段，即：清初（包括明清之际）、清中期、清后期，分别是由明入清和顺治、康熙、雍正时；乾隆、嘉庆和道光初；鸦片战争以后到辛亥革命。我们在本章开始时已讲，因本书讨论的范畴是古代，故只论述到鸦片战争时期而稍作延伸，属于近代期的第三阶段，我们将不作论述了。

一　文化融合与感伤文艺

建立清朝的满族是女真族之后，长期以来居住在黑龙江、松花江一带，到明朝隆庆、万历时期，逐渐强大，万历四十四年（1616），努尔哈赤建立“后金”政权。十年后，在与明军的战斗中，努尔哈赤伤重而死，其子皇太极继位，后两度出兵攻明，直逼北京，崇祯九年（1636）在沈阳改国号为清。进入北京后，清军进行了一系列的战争，剿灭了上述的诸多武装力量，在汉族地区实行有效统治同时，又加紧着手边疆事务。由于清统治者的武力征服与平叛，蒙古、西藏密切了与清朝的联系，在征回疆的过程中，有大量人口被杀，清廷继以各种有力的措施实行了对新疆的有效统治，对西南少数民族地区的“改土归流”，又屠杀了不少苗民，用暴力解决割据，以加强同内地的沟通、交流。所以，不仅是满、汉之间，而是在全国多民族的范围内，在付出了沉重的代价后，开始了中华民族新一轮的文化融合。

由于汉族文化是发展已久、最为先进的文化，而满族是统治民族，这一文化融合过程中，这两个民族的文化成为了最主要的角色。在定都沈阳时，皇太极已仿照明朝制度，设立文馆（内阁）和六部，并在沈阳开科取士，迈出了文化上汉化的第一步，在攻占并迁都北京后，继续其文化融合的过程。满族统治者对本民族的汉化是很有限和谨慎的，像以前蒙古民族征服南宋后规定本民族的地位在汉族和其他少数民族之上，清朝统治者也奉行“首崇满州”的原则。为维护本民族文化，皇太极曾以金世宗效汉法为教训，谕令子孙后代坚持满族“言语衣服及骑射之事”。在坚守本民族文化传统同时，又竭力对汉族传统实行改制，使之体现出文化上的征服。顺治初，清廷下令汉人从满州制，薙发并易衣冠，在清兵攻占江南时，随着八旗兵的铁蹄所至，又严令薙发和改装，引发了江阴、嘉定军民的激烈反抗和大规模流血。不仅是外在的头发服饰之改变，满族统治者还力图通过用文字狱的极端方式，将汉族士人的民族意识、感情镇压下去。康熙、雍正、乾隆三朝，都曾大兴文字狱，其中康熙时的庄廷𬬻刊刻明史稿案，戴名世《南山集》案，雍正时的吕留良文选案，都与民族意识、感情有关。因吕案涉及吕留良华夷之辨的理论，雍正还撰辑《大义觉迷录》，颁行天下，强调华夷无别，以维护自己的统治。乾隆时的数起诗文引起的文字狱也震动一时，如沈德潜《咏黑牡丹》诗案，徐述夔诗案等，都很著名，都因疑诗中有怀念故明之意而起，可见至乾隆时清廷虽统治已久，但对汉族士人还是不很放心。

由于武力与政权的保证，汉族人民对头发衣服改制的抵抗终于失败了，而满族统治者对汉族文化的抵制、排斥也终未能奏效，文化融合的大势是不可阻挡的。大致说来，由于满族统治者对汉族古代典籍的翻译、学习和吸收，对明朝归降的官员和儒士的接纳，使得对汉文化的汲取采取主动或被动的态度，潜移默化，终致其变。满族文化对汉文化的吸收主要表现在对政治学说、治国举措、典章制度、礼仪习俗、权谋策略、处世经验、道德准则、伦理观念以至风俗趣尚等诸多方面。至于汉族的文艺，则更为满族人喜好，浸淫既久，出现了一批很有成就的满族文艺家。

对汉族人民来说，明末清初不啻翻天覆地的变化，武装征服与文化改制给他们带来了巨大的灾难和痛苦，不少坚持民族气节的士人，遵循“身体发肤，受之父母，不敢毁伤”的古训，为抗拒“留头不留发，留发不留头”而死。王思任上书马士英，云“吾越乃报仇雪耻之国，非藏垢纳污之区”，是对变节者的贬斥，自己在城破后绝食而死，成为气节之士的典型，而这只是众多烈士中的一个。这段历史是非常惨烈的，因而也使文艺发生了巨大的变化。我们认为，李泽厚先生《美的历程》以“浪漫洪流”论明后期文艺，以“感伤文学”论清初文艺，是很有宏观识力的。尽管对整个清代的概述或可商，但至少清初文艺确实能用“感伤”概括之。

《美的历程》举了《桃花扇》、《长生殿》和《聊斋志异》三杰作为例，以说明“感伤”之由和感伤之具体表现。我们不妨作些具体考察。感伤确实是此期文艺的主流，李渔的《笠翁十种曲》颇具观赏性，才子佳人的浪漫喜剧和闹剧是精通舞台艺术的作者针对观众而作的，但其喜剧性只能博得“票房价值”而已，却决无对人灵魂的震撼力。人们为之感动的是《长生殿》李杨爱情的感伤情调，是剧中李龟年所唱［南吕·一枝花］的“不提防余年值乱离”，以至有“家家‘收拾起’，户户‘不提防’”之佳话。而以“收拾起”著称的李玉《千忠戮》，虽写明朝事，但建文帝化装逃亡中所唱的“收拾起大地山河一担装”，岂不是有许多的感伤？以南明史实写入剧本的《桃花扇》，也使许多明朝的旧臣遗老为之感动不已，此剧勾起了他们的亡国之痛，甚至“灯炧酒阑，唏嘘而散”。

戏曲如此，诗文也如此。不妨看几首七绝：

> 寂寞枯枰响泬寥，秦淮秋老咽寒潮。白头灯影凉宵里，一局残棋见六朝。①
> 关山虽胜路难堪，才上征鞍又解骖。十丈黄尘千尺雪，可知俱不似江南。②
> 瘦骨秋来强自支，愁中喜读晚唐诗。孤灯寂寂阶虫寝，秋风秋雨总不知。③
> 长恨飘零入雒身，相看憔悴掩罗巾。后庭花落肠应断，也是陈宫失路人。④
> 凤凰台北正迢遥，冷驿荒陂打寒潮。汝放扁舟去怀古，白门秋柳正萧萧。⑤

诗中的感伤情绪不难发现。这些诗的作者经历、气节、出处不同，感伤情绪则无多大区别。如吴伟业因自己软弱而仕清，一直自责不已，故其感伤有特定原因，其《古意》借女子愧对亡夫来寄托对故国之憾恨，充满伤感：“玉颜憔悴几经秋，薄命无言只泪流。手把定情金合子，九原相见尚低头。”而更多的则如《美的历程》论《桃花扇》所说：是“并不停留在家国悲痛中，而是通过一姓的兴衰、朝代的改易，透露出对整个人生的空幻之感”，“例如在元代和清初，这种人生空幻感由于有了巨大而实在的内容（民族的失败、家国的毁灭）而获得真正深刻的价值和沉重的意义。”⑥

绘画与诗文一样，以气节著称的思想家傅山，曾在题画诗中写道：“当知性命者，莫浪看挥毫”，此期的画是多有亡国之痛的寄托。如由明入清的陈洪绶画《归去来图卷》以陶渊明的不向权贵折腰表明守节之志。萧云从在明亡的甲申年

---

① ［清］钱谦益：《后观棋六首》。
② ［清］吴伟业：《阻雪》。
③ ［清］宋琬：《初秋即事》。
④ ［清］龚鼎孳：《赠歌者南归》。
⑤ ［明］吴嘉纪：《送吴仁趾》。
⑥ 李泽厚：《美的历程》，文物出版社 1981 年版，第 201—202 页。

（1644）开始画《离骚图》、《九歌图》、《国殇图》等，在《九歌自跋》中有“感古人悲郁愤懑，不觉潸然泪下”语，入清后画《西台恸哭图》，表其系念故国之意。傅山在甲申后以气节自励，并画竹以明己意：“一心有所甘，是节都不苦。寥寥种竹人，龙孙伏何所？”[①] 前二句言气节，后二句寓复明之意。项圣谟在顺治时作画竟用“大宋南渡以来辽西郡人”和“皇明世胄之中嘉禾处士”两方闲章，其节操、胆量可见。归庄“画竹不画坡”，与郑思肖画露根兰，以表“土被番人夺去”同义，沉痛、伤感可知。朱耷以藩王之后遭国变，削发为僧，后又作了道士，以画寄情，故后来郑板桥以其画“横涂竖抹千千幅，墨点无多泪点多”。文人画的大宗是山水画，清初所画多有恽南田所说的“写此云山绵邈，代致相思，笔端丝丝，皆清泪也”之意。四僧之一的渐江，曾三次参加抗清，后入武夷山为僧，再返新安故里，多画黄山，有诗云：“花草吴宫皆不问，独余残渖写钟山”，查士标曾题所画山水：“剩水残山似梦中，天涯漂泊一孤篷。欲谈往事无人识，避地如今是老翁。”伤感情绪可见。

前面说感伤是此期文艺的主流，而感伤并不等于全部。另有一类文艺如黄宗羲所说，是“风雷之文”：“其文盖天地之阳气也。阳气在下，重阴锢之，则击而为雷；阴气在下，重阳包之，则搏而为风。”[②] “夫文章，天地之元气也。元气之在平时，昆仑旁礴，和声顺气，发自廊庙，而鬯浃于幽遐，无所见奇。逮夫厄运危时，天地闭塞，元气鼓荡而出，……故文章之盛，莫盛于亡宋之日，而皋羽其尤也。”[③] 明末的不少爱国遗民诗文，就可以称为“风雷之文”，黄宗羲、顾炎武、王夫之、傅山等气节之士就有不少此类作品。如傅山的《青羊庵》：“簌苍凿翠一庵经，不为瞿昙作客星。既是为山平不得，我来添尔一峰青。”又如爱国遗民诗：“松知秦历短，柏感汉恩深。用尽风霜力，难移草木心。”[④] “垄上可能兴大楚，岛中莫便殉田横。”[⑤] “不信江南百万户，锄耰只向陇头耕。”[⑥] “壮士至今发犹指，寇仇长枕报秦戈。”[⑦] 都是不能只用感伤来概括的。

书画中也不乏“风雷”之作。傅山有诗云：“偏才遇乱世，喷口成波涛”[⑧]，其所作之兰花不取其幽洁，而自谓以“无赖笔”出以“太颠狂”。项圣谟画《大树风号图》，画中大树迎风挺立，实是人格象征。渐江的画法与倪瓒甚有关系，却将倪画隐士幽人式的幽涧寒松变成了自己笔下带有斗士色彩的黄山奇松。而傅山的书法

① 傅山：《霜红庵集·杂记》。
② 黄宗羲：《南雷文约》卷四《缩斋文集序》。
③ 黄宗羲：《南雷文约》卷四《谢皋羽年谱游录注序》。
④ 杜濬：《古树》。
⑤ 归庄：《冬日感怀贻山中诸同志》。
⑥ 归庄：《己丑元日》。
⑦ 屈大均：《读荆轲传》。
⑧ 傅山：《偶借法字翻杜句答补岩》之二。

理论与创作更能体现“阳气”“风雷”之意，他原来推崇赵孟頫，后鄙其无气节而转尊颜真卿，且因董其昌尊赵而一并贬董，提出了“宁拙毋巧，宁丑毋媚，宁支离毋轻滑，宁直率毋安排”[①] 的创作原则，其自作也一反元明以来的妩媚工巧风气。我们不应只从形式上着眼，因形式之变是自有其“意味”的。

二　经世思潮与文艺之变

在明朝不到三百年的统治后，又一个少数民族入主中国，并造成了极大的社会动荡和历史变更，士人们在满怀亡国之痛同时，对明朝的灭亡作了深入反思。孔尚任在其《桃花扇小引》中说，自己作此剧，是要“知三百年之基业，隳于何人？败于何事？消于何年？歇于何地？”艺术地揭示了南明政权必然覆亡的原因。而更多的思想家则在全面的文化反思中进行了深刻的研究，有破有立，使清初的思想界闪耀出夺目的光芒。

清初士人中，开始时不少人是针对崇祯皇帝所说“朕非亡国之君，诸臣皆亡国之臣”而诘难的，但是，对皇帝个人的批判还只能是就事论事，深刻的反思终于指向了君主制度。被称为“清初三大思想家”的顾炎武、黄宗羲、王夫之以及唐甄、吕留良等，都对君主专制发起了深刻的批判。试读黄宗羲《明夷待访录》的首篇《原君》：“后之为君者不然。以为天下利害之权皆出于我，我以天下之利尽归于己，以天下之害尽归于人，亦无不可。……视天下为莫大之产业，传之子孙，受享无穷。”针对“离散天下之子女，以博我一人之产业”，“敲剥天下之骨髓，离散天下之子女，以奉我一人之淫乐，视为当然”的封建君主，明确喊出了“然则为天下之大害者，君而已矣！”的强烈呼声。我们从中可以感受到，这是孟子最可贵的民本思想的进一步发扬，且从同情人民一侧，移到了谴责君主一侧。这一中国思想界从未有过的批判，并不是孤立的声音，唐甄也通过君臣尊卑的日益分化，明言“自尊则无臣，无臣则无民，无民则为独夫”[②]，这是孟子谴责“残贼之人，谓之一夫”[③] 的声音被君权压抑了两千多年后的更为强烈的回响。尽管这些批判还没有深入到封建制度的本质，但能将君主放到人民的对立面看待，其进步性、叛逆性是非常可贵的。

在“破”的同时，清初思想家们也积极地“立”。他们不仅对君主的专制作了猛烈的批判，而且提出了一系列设想，以期能对君权形成制约机制。对政治文化的反思，也包括对士人自身的批判，他们在抨击封建君主制同时，对明季士人的空谈误国也深有反省、思考，有针对性地提倡重振先秦儒家的经世精神和道德人格，并以实际行动开创了新的一代“实学”。而这些思想和观念的“破”与“立”，对清

---

① 董其昌：《作字示儿孙》自注。
② 唐甄：《潜书·室语》。
③ 孟子：《孟子·梁惠王下》。

初文艺也产生了一定的影响。

经世意识和实学思潮在明季已经萌动。其先导人物徐光启曾指出："方今事势，务须真才。真才必须实学。一切用世之事，深宜究心"。① 他之所以对王学末流反感，是认为空谈心性"无所用于世"，而对利玛窦等传教士带来的"西学"感兴趣，是因为西洋学术"一一皆精实典要，洞无可疑"，② 本身就是"实学"。东林党人虽也重内修，但正如钱穆《中国近三百年学术史·引论》所说："盖东林讲学大体，约而述之，厥有两端。一在矫挽王学之末流，一在抨弹政治之现状。"其现实的指向性非常明确。"复社"的领袖张溥、陈子龙将"务为有用"作为该社宗旨，社中人士多致力于实学研究。

入清以后，跨越明清的顾、黄、王以及唐甄、颜元等人，承上启下，将经世实学思潮发扬光大。黄宗羲将批判的矛头直接指向宋明理学，认为张载的名言："为天地立心，为生民立命，为往圣继绝学，为万世开太平。"是"阔论"，因为理学家们不治实务，"治财赋者则目为聚敛，开阃扞边者则目为粗材，读书作文者则目为玩物丧志，留心政事者则目为俗吏"，所以"一旦有大夫之忧，当报国之日，则蒙然张口，如坐云雾。"③ 顾炎武进而从历史的相似性论历史，将理学的空谈心性与玄学的空谈老庄相联系，视二者为前后亡国的原因："刘、石乱华，本于清谈之流祸，人人知之，孰知今日之清谈，有甚于前代者。昔之清谈谈老、庄，今之清谈谈孔、孟，……以明心见性之空言，代修己治人之实学。股肱惰而万事荒，爪牙亡而四国乱，神州荡覆，宗社丘墟。"④ 所论不能不说是很见深度的。

关于清初的"实学"的建设，梁启超《清代学术概论》总结得甚好：

> "清代思潮"果何物耶？简单言之：则对宋明理学之一大反动，而以"复古"为其职志者也。其动机及其内容，皆与欧洲之"文艺复兴"绝相类。……
>
> 其启蒙运动之代表人物，则顾炎武、胡渭、阎若璩也。……炎武等乃起而矫之，大倡"舍经学无理学"之说，教学者脱宋明儒羁勒，直接反求之于古经。而若璩辨伪经，唤起"求真"观念；渭攻"河洛"，扫架空说之依据；于是清学之规模立焉。同时对于明学之反动，尚有数种方向。其一，颜元、李塨一派，谓"学问固不当求诸瞑想，亦不当求诸书册，惟当于日常行事中求之"。……其二，黄宗羲、万斯同一派，以史学为根据，而推之于当世之务。顾炎武所学，本亦具此精神。而黄、万辈规模之大不逮顾，故专向此一方面发展。同时顾祖禹之学，亦大略同一径路。其后则衍为全祖望、章学诚等，于清

---

① 徐光启：《与胡季仍比部》。

② 徐光启：《刻几何原本序》。

③ 黄宗羲：《赠编修弁玉吴君墓志铭》，《南雷文定后集》卷三。

④ 顾炎武：《日知录》卷七《夫子言性与天道》。

学为别派。其三，王锡阐、梅文鼎一派，专治天算，开自然科学之端绪焉。此诸派者，其研究学问之方法，皆与明儒根本差异。①

与经世思想、实学精神相应，清初的文艺思想也转向了求实致用。顾炎武所论最具有这方面的特点，他说："天下后世用以治人之书，将欲谓之空言而不可也"，"故凡文之不关于六经之指、当世之务者，一切不为。"② "文之不可绝于天地间者，曰明道也，纪政事也，察民隐也，乐道人之善也。若此者，有益于天下，有益于将来，多一篇，多一篇之益矣。"③ 论绘画则肯定"古人图画。皆指事为之，使观者可法可戒"，批评今人的"古意少减"，"任意师心，鲁莽灭裂，动辄托之写意而止也。"④

从小说《儒林外史》中，我们可以看到作者在批判八股取士的科举制，以及讥讽封建儒生的生活和精神状态以外，还提出了自己的改革方案，即要求知识分子以讲究文行出处来拯救灵魂，同时又用提倡礼乐兵农的"实学"以弥补八股制艺的空疏无用，与之相关的是在塑造出儒林新人形象同时，将目光投向了重实在的市民阶层。无论小说所开具的药方是否能拯救封建社会的没落，至少从这一批判现实主义小说中可以看到实学思潮的影响。《儒林外史》虽是乾隆时期的作品，不入清初范围，但其中涉及的"实学"当是清初实学的继续。

文学创作中经世意识的表现很多，也不难理解，此处不举例了。即使是绘画，也不乏"经世"意味之作。如陈洪绶画《水浒叶子》，就应是李贽"大贤处下，不肖处上。驯至夷狄处上，中原处下"，"施罗二公身在元，心在宋；虽生元日，实愤宋事"⑤ 的思想体现，非"僻古"而意在"经世"。八大山人朱耷的"经世"体现在他的"刺世"和"抗世"（如鱼鸟的白眼向人）之作中，甚至流露在借古喻今之作中，如《瓜月图》，其画中题诗点题："眼光饼子一面，月圆西瓜上时。个个指月饼子，驴年瓜熟为期。"此系元末红巾军中秋"杀鞑子"故事，古为今用，其"经世"实又是期待着"换世"。石涛因水灾而托之于绘事，在记叙洪灾之苦同时又表达了对人民的关注和同情，画《长安雪霁图》所表现的是"朱门此时乐圣明，农民尚复忧岁春"主题，可见其"经世"意识并未被山林的烟云所掩。

三　文化的集成与文艺的大成

随着清朝统治的逐渐巩固，经济的发达，国力的强盛，文化也进入到了鼎盛时期。雍正时期，大型类书《古今图书集成》编纂完成并印行，乾隆时期，大型丛书

---

① 梁启超：《清代学术概论》，上海古籍出版社 1998 年版，第 3—4 页。

② 顾炎武：《与人书三》，《亭林诗文集》卷四。

③ 顾炎武：《日知录》卷十九。

④ 顾炎武：《日知录》二十一《画》。

⑤ 李贽：《忠义水浒传序》。

《四库全书》也历时十七年而编完并抄成。这两部大型书籍可以看成是文化事业鼎盛的象征和标志，而整个古典文化也进入到了总结集成时期，此即学术史上称之为乾嘉学派产生的时期。

经过统治者的恩威兼施、两手并用，士人也渐为之分化，不少“山林隐逸”通过博学鸿词科或官修图书等途径得以用世，政治对立慢慢消失了，文化也在逐渐融合，经世思想和实学精神也发生了变化。无论文字狱是否主要的原因，但至少可以说，在动辄杀人数十、牵连数百的威慑下，的确会影响到“经世”的方向，实学从密切关注现实到纯粹的学术研究，其转向是不可避免的，以乾嘉考据学为代表的清中期文化之变很自然地发生了。而这种新的经世精神也造就出清中期文化的鼎盛，使传统文化得到了全面系统的总结，呈现集大成的局面。

我们在这里无法探讨乾嘉学派的形成原因和全面成就，只能极其简单地将此期文化的总结性成果作一简单的罗列。

清朝的经学被皮锡瑞称为“复盛时代”，并列举了一系列的成果，而清人的经学成就与清前期学者的推崇汉学很有关系，皮氏以“薄今爱古，弃虚崇实，挽回风气，幡然一变”言之①。在阎若璩、胡渭等的努力下，考据训诂之学大盛，至乾嘉时期，惠栋、戴震等进而发展出吴、皖二派的考据学。考据虽非经学，却解决了经学的重要方法问题，从而使经学得到发展。史学在康熙时期就因设立明史馆修明史，集合了一批原参加抗清而不愿为官的学者，形成了以黄宗羲、万斯大、万斯同兄弟为代表的“浙东学派”，著成《宋元学案》、《明儒学案》等作。乾嘉学者对历代史书进行系统考证和评论，钱大昕《廿二史考异》，赵翼《廿二史札记》，章学诚《立志三书议》等都对史学有很大贡献。文字学（小学，包括音韵学、训诂学）的成就也超过历代，从《康熙字典》到段玉裁所著的《说文解字注》，体现了文字学的成果，尤其是后者，其水平和地位远远超过了东汉许慎原著。而朱骏声的《说文通训定声》和王引之的《经传释词》也是对文字学的重要考据成果。

与文化的总结、集成相呼应，文艺也出现了创作的大成之势。小说《红楼梦》和书画中的扬州八怪堪称代表。

人们对于《红楼梦》已经讲得太多太多，很难再容我们饶舌了，对于其总结性又是开创性的总体特色，鲁迅先生说得极好：“自有《红楼梦》出来以后，传统的思想和写法都打破了。”② 从任何一个角度来说，《红楼梦》的总结性兼创造性都是非常突出的，如与此前的任何小说相比，对主题的认识，还从来没有那么多的说法，择主要者而言，就有宝黛爱情悲剧说，四大家族兴亡历史说，人生悲剧主题说和阶级斗争主题说诸种。而在思想内容的高度，批判和揭露的深广度，反映现实和塑造典型，以及情节结构和写作语言等方面，都取得了前所未有的成就。

---

① 皮锡瑞：《经学历史》，中华书局 1959 年版，第 299 页。

② 鲁迅：《中国小说的历史变迁》。

不但是《红楼梦》代表了古代小说创作的高峰，传统的文学形式也在此期带有总结之势。如桐城派古文，先有方苞以“义法”为论文之中心，编《古文约选》，为其理论示范，选录标准体现出义法的精神实质。主要活动于乾隆时期的刘大櫆，提出了神气和音节两个标准，于音节求神气，于字句求音节，使散文理论进一步完善。此后，姚鼐因生活在考据盛行的乾嘉时代，为救“义法”之空疏，以义理、考证、文章三者论文，认为义理是文章的骨干，考证是徵实，以免流于空疏浅陋，文章家还要“高韵逸气”。他编选《古文辞类篹》，选秦汉至方、刘文，共十三类文体，体现出集成眼光。而序目提出了文章“八要”的主张：神、理、气、味、格、律、声、色，包括从立意、选材、构思到谋篇布局、风格、气势、声调、修辞等，可谓桐城派理论的系统化。他的阳刚阴柔说丰富了美学理论。桐城派不但有理论的总结，而且方苞被称为“一代正宗”，刘大櫆文章“纵横驰骤”（吴汝纶语），姚鼐更是桐城派的集大成者。由于姚鼐执教四十余年，门生遍东南，使此派影响极大，且派生出阳湖派。

此外，乾、嘉之际，骈文有八大家之称，其中成就最高的是汪中，他“陶冶汉魏，不沿欧、曾、王、苏之派”①，“钩贯经史，熔铸汉唐”②，虽骈文在清代不得“一代文学”资格，但以上所评实是道出其别创而集成之义。诗坛上理论继起，沈德潜包含“诗教”的格调说，袁枚的性灵说，翁方纲的肌理说，皆其著者。沈德潜所论是明七子以来格调说的总结，袁枚是公安三袁以来性灵文学的总结，而翁方纲则代表了乾嘉学术与文学的结合，开启学人之诗的创作，影响至近代。

绘画在康熙时期，已有“四王”山水画代表了技法的高度成熟，而主要活动于乾隆时期的“扬州八怪”，其实不止八人，他们在以花鸟为主的创作中大有创获。其中长于画梅的有李方膺、汪士慎、高翔，长于芦雁的是边寿民，黄慎画人物、仙佛，及花鸟草虫，李鱓画花卉、松树，华嵒兼画山水、人物、花鸟，高风翰工山水，也擅花鸟，罗聘兼长各类题材，尤以画鬼著称。“八怪”中最重要的是金农和郑燮，金农在梅、竹以外又长于画佛、画马，其书法是有名的“漆书”，郑燮擅画竹石兰草，书法则以“六分半书”著称，两人的画论都很有价值。篆刻前有雍乾时期的丁敬，为“西泠八家”之首，后有乾隆时期的蒋仁和邓石如，尤其是后者，不似过去的只取秦汉而兼得唐人，创“皖派”，使篆刻面貌一新，影响很大。

四　山雨欲来风满楼——文化与文艺蜕变前后

清朝的康、乾时期，号称盛世，其实在乾隆后期，已渐露衰象。乾隆皇帝以为，他通过剪除反封建的“异端邪说”，直到禁止“淫书”“淫戏”，加强宗法制，封建文化专制的机制已是十分完备；乾隆四十九年（1784）发动的全国性教士、教民大

① 王引之：《汪中行状》。
② 刘台拱：《遗诗题辞》。

搜捕，和对外贸易的紧缩，将国门逐步关闭，国家、政权似乎也不受外来威胁了。但是，大小官僚贪污严重，统治阶级极端腐化，明清的地方志认为，习尚之豪华，万历时一变，乾隆时又一变。乾隆皇帝每次南巡都大肆铺张，耗民财力。他的宠臣和珅在他死后被嘉庆皇帝查抄出相当于八亿两银子的家产，贪污所得竟然超过乾隆当政六十年所耗军费的八倍。而因土地集中，引发了不断的农民起义，积弱的局面已经开始形成。到嘉庆时期，白莲教起义活动于五省，历时计九年。与此同时，湘黔的苗民起义又持续了十二年。嘉庆后期，北方爆发了白莲教支派天理教的起义，接着又有新疆的维吾尔人民起义和张格尔叛乱，统治者几乎陷于四面楚歌中。

道光时期，持续嘉庆的颓势，吏治废弛，财政困窘，官吏贪赃枉法，营私舞弊的情况依旧，正是“山雨欲来风满楼”！清朝的满朝文武，在关闭了国门之后，对西方世界翻天覆地的变化全然不知：经历了文艺复兴、宗教改革、启蒙运动以后，资产阶级革命已将查理一世和路易十六推上了断头台，新兴资本主义的工业革命也获得了成功。尤其万万没有想到历来被鄙视的“夷狄”竟然敢向“天朝大国”动武。

首先冒犯东方古老大国的是英国。工业革命使这个国家取得了很大的进步，以蒸汽机为代表的机器发明和运用，使生产力大为提高，1770 年—1840 年，英国工人的日生产率平均提高了二十倍，随之也使英国的经济和地理面貌发生了很大变化。到 1820 年，英国已占世界工业总产值的一半，世界贸易总额的百分之十八，在占领了非洲、美洲和南亚以后，海外殖民活动已向东亚扩展，对中国已是虎视眈眈。乾隆五十八年（1793），英国特使马戛尔尼到热河行宫朝见乾隆皇帝，是企图实现其经济目的，而清廷官员却以为是“远夷”来归顺，以“天朝”“无所不有”拒绝了英国的通商要求。半个世纪之后，血气方刚的英国终于向老大的中华帝国动武了。

以 1840 年的鸦片战争及《南京条约》的签订为标志，中国社会发生了根本性的变化，开始进入到半封建半殖民地社会，历史进入到了近代期。而持续至久的传统文化也在烂熟后随之发生了蜕变，开始了不无痛苦的新生。

说到中国文化的蜕变，不能不说到龚自珍。龚自珍生活在嘉、道时期，只活了短短的四十九岁，他去世的那年，正是鸦片战争后的第二年，所以他的生活期可以看作是近代史的前夜。梁启超曾在《清代学术概论》中对他作过这样的评价：“往往引《公羊》义讥切时政，诋排专制；晚岁亦耽佛学，好谈名理。综自珍所学，病在不深入，所有思想，仅引其绪而止，又为瑰丽之辞所掩，意不豁达。虽然，晚清思想之解放，自珍确与有功焉。”① 的确，龚自珍有上述的不少缺点，但“讥切时政，诋排专制”和有功于“晚清思想之解放”，他在文化史上的作用和地位可知。龚自珍是段玉裁的外孙，但他能从素习不辍的经学中走了出来，不为正统的考据学

---

① 梁启超：《清代学术概论》，上海古籍出版社 1998 年版，第 75 页。

所囿，注目现实，痛贬时弊，揭露黑暗，倡导改革。他在二十三岁时已写下了激切的《明良论》四篇，击中了吏治腐败的痼疾，将封建制度拟作“独木”“长绳”，提出“思更法”“以救今日束缚之病”；后来又写了《乙丙之际箸议》，指出了治世、乱世、衰世的“三等之世”，以自己所处是类似于治世而实为衰世，预言“乱亦不远矣”，因此而开出了改革药方。他未能认识到新的力量将崛起，但对未来却有乌托邦式的期待。

龚自珍“但开风气不为师”，“药方只贩古时丹”，而魏源则留意于“外夷”，提出了“师夷长技”的口号，是第一个提倡向西方学习的有识之士，推动了道、咸间新一轮的经世实学的发展。确如中国文化史的学者所说，道、咸间的经世实学主要有四个内容：讥切时政，诋排专制，倡言变法；研讨漕运、盐法、河工、农事等“大政”；探究边疆史地以筹边防，“谈瀛海故实”以谋御外；变一味考辨古史为纂修当代史。[①] 他们确实是对冯桂芬、王韬、郑观应以降的新学家有直接的启迪，给洋务派开辟了道路，其今文经学则成为十九世纪末康、梁维新变法的重要思想武器，他们开眼看世界、觅新知于异域的开放精神更启发了新学家向西方寻求真理。[②] 所以道、咸间的经世实学对近代文化的从蜕变走向新生是功不可没的。

嘉庆、道光、咸丰时期的文艺，与时代基本是同步发展的。而嘉、道时期的文学当然是龚自珍最为重要，为篇幅所限，我们这里也只论龚氏一人。龚自珍在思想上接受了《公羊》“三世说”，力图从三世三统的微言大义中寻找历史发展规律，从而批判现实，倡导改革，而在文学上也“但开风气”，有改革之功。梁启超说“初读定庵文集，若受电然”，是与其“喜为要渺之思，其文辞俶诡连犿，当时人之弗善”及“瑰丽之辞”的艺术魅力分不开的，尽管如梁氏所说，龚自珍所著从学问角度来说，读之“稍进乃厌其浅薄”[③]，但其文学成就是毋庸置疑的。龚自珍的政论多体现出“皆古方也，而中今病”的现实主义精神，诗文也是立足于现实的。由于他追求个性解放，反对思想束缚，要求返朴归真，因而主张诗歌创作要有童心和真情。其著名的《己亥杂诗》：“歌泣无端字字真”，“下笔情深不自持”，“不是无端悲怨深”，是最好的体现。批判现实与抒发主观感情的密切结合，势必突破纯客观的立场；对理想的热烈追求则要借助积极浪漫主义精神，而现实的黑暗，和“避席畏闻文字狱”，则使他善用比兴、象征手法，诗歌想象奇峭，气势磅礴，文章则诙诡宛转，奇警犀利。他的《尊隐》和《病梅馆记》虽有汪洋渺悠和生动明白之别，但都善用象征手法，都有不同程度的浪漫主义倾向，至于诗歌则更为显见。他的诗中营造了思想与人性被窒息、悲凉之雾遍被全国的环境，而仰望明星落月、拈香配玉的佳人，又岂非抒秋心、招秋魂的诗人自己？《能令公少年行》所塑造的美人形象，

---

① 冯天瑜、何晓明、周积明：《中华文化史》，上海人民出版社 1990 年版，第 932—936 页。

② 冯天瑜、何晓明、周积明：《中华文化史》，上海人民出版社 1990 年版，第 937 页。

③ 以上引梁语，均出梁启超：《清代学术概论》，上海古籍出版社 1998 年版，第 75 页。

难道不能看成是作者对理想追求的化身？而为了实现理想，他在《己亥杂诗》中呼吁变革，召唤风雷，其中的“九州生气恃风雷”一首，对荡涤旧世界的期待之情呼之欲出，他虽然未能看到变革，但他“受天下之瑰丽，而泄天下之拗怒”的作品，却给后人以激励和召唤。

再看艺术的变化。道、咸时期的绘画也有涉及时事者，如岭南风俗画家苏六朋曾在咸丰四年（1854）作《吸毒图》四幅，反映鸦片之害，不过此类作品还不多。花鸟画则有岭南派的兴起。其后，一种有革新意识的绘画在上海出现，即起于赵之谦、继以任熊的“海上画派”，后来又有任薰、任颐及任熊之子任预，合称“四任”，但后三任的创作期已在同治、光绪时期了。书法有阮元、包世臣等提倡北碑，对清代后期书风变化有很大的推助。乾隆末年，四大徽班进京，后经安徽、湖北艺人的努力，将二簧与西皮结合起来，发展出了京剧，多从古代历史演义小说汲取题材，有些作品有反侵略、反压迫之寓意。

小　结

我们对中国古代文艺的文化观照止步于清代道、咸时期。此后的一个多世纪，中国经历了频繁而激烈的社会变化，且从近代进入到了现、当代。在论述古代时，我们多着眼于精英文化。鸦片战争后的中国，受到亡国保种的威胁，近代的文化应是精英与大众结合的、反帝的文化。五四以后，有了民主和科学的新内容，是毛泽东同志《新民主主义论》所说的人民大众反帝反封建的新民主主义文化。中华人民共和国的成立，又开始了当代的新文化建设。在经历过风风雨雨、曲曲折折之后，已领导中国人民走过了八十年道路的中国共产党，在这新世纪之初庄严宣布，"始终代表中国先进文化的前进方向"被确立为党的指导思想。中国文化的建设展现了美好的前景，中华民族伟大的文化复兴即将到来。

展望未来，我们很同意《中华文化史·结语》对中华文化的前瞻。即：未来的中华文化将是"世界的"与"民族的"二者的统一，是"现代的"与"传统的"二者的统一，将在迎接生态环境尖锐挑战中前进，是两种社会制度并存的世界环境中发展的社会主义文化①。

且引此书的结尾以作结：

> 诗云："周虽旧邦，其命维新。"古老的中华文化的维新之命，寄寓在全体中华儿女的努力之中。

1991年7月初稿

2001年9月改定

① 冯天瑜、何晓明、周积明：《中华文化史》，上海人民出版社1990年版，第1174—1180页。

后　记

十多年前，市场经济渐渐兴起，社会上对人才的需求意向开始改变，原先的供求关系逐渐发生了变化，不少用人单位都反映，研究生教育过于专门化，导致专业狭窄，难以适应实际工作的需要。为此，华东师大文科的一部分老师同研究生院负责人交流了意见，有了这样一个想法：为适应社会的需求，应适当发展一些新的专业。在得到校领导的肯定后，研究生院决定在理科和文科各试办一个培养复合型人才的、新的研究生专业方向，其中文科的由哲学、中文、历史三系合办，意在打通文、史、哲的界限，发挥三系的优势，形成合力，使所培养的学生能有较宽的知识面，以适应踏上工作岗位后的需要。经讨论决定，这一专业挂靠在哲学系，在中国哲学史研究方向的名下，为顺应八十年代以来的文化热，并与之相衔接，遂命名为“中国文化建设”。中文系领导将我派到这一专业担任导师，自此开始了十多年与哲学、历史两系有关老师的合作。

1989 年，“中国文化建设”的研究方向招收了第一届研究生，不久，他们都下到了基层锻炼，一年后才回校上课，专业的领导小组决定由我在 1991 年下半年为他们上课。经过数月的准备，课准时开出，讲稿大概写了十六、七万字，名之为“中国文化与中国文艺”。自此，我都为这一专业讲授这门课，并在后来我所指导的中文系硕士生和博士生中开设同一课程，还在中文系本科高年级作为选修课，以“简化本”的形式讲授。在讲课的过程中，曾汲取同学们的意见，对讲稿略作修改、补充，而该课程的教学一直持续到现在。

一直都有以备课笔记为基础写出专著的想法，可是因为先后为几个集体科研项目撰稿，后来又忙于写《中国绘画思想史》，前后耗费了四年多时间，到 1998 年 5 月才完成这部近百万字的书稿，原来的打算也就拖了下来。1998 年底，我申报的教育部人文社科规划课题《中国古代文艺审美的文化研究》得以批准立项，当在三年内完成这一项目，使我不得不考虑将多年来的讲稿改写成专著。可是，此后由于在教学之余要完成《豪放词萃》部分稿子撰写和全书统稿，以及审读《绝妙好词译注》全稿，接着又写完《学者闻一多》及《宋词与人生》两本书，直到去年初才真正思考如何完成项目。经过一段时间的酝酿，我决定将原先只重在文艺与经济、政治、学术、宗教等作横向联系阐释的讲稿，再作历史的纵向描述之补充，并拟定了写作提纲。同出版社签约时，定在 2001 年 9 月底交稿，时间非常紧迫。好在我的博士生赵晓岚女士已经在 5 月份完成了博士论文答辩，热情地允以帮助我打印原先的讲稿，让我宽心不少。她在回到长沙以后，将我字迹不清的讲稿共约十五万字打印出，并很快就将电脑软盘寄来，使我能在此基础上改写出了全书的上编。经过三个多月的夜以继日苦干，又写出了下编，准时将这部命名为《古代文艺的文化观照》的稿子交给了出版社。

一年后的今天，终于看到了全书的校样。校完以后，并没有轻松的感觉，相反却觉到有些沉重。下编写得比较仓促，有些问题思考还不够深入，立论也未免有片面之处。即使是以讲稿为基础写成的上编，也让我很难自信。毕竟讲稿已经用了十年，俗话说“十年磨一剑”，而我这十年却并未好好地“磨”，尤其在当今的信息时代，哲学社会科学的发展也异常迅速，当时的不少看法可能已成明日黄花。对书中能否体现“历史与逻辑结合”这一原则，我同样不敢自信，因为“历史”的描述应该做到客观，而实际上却很难选择将什么写进书中，难以避免挂一漏万；而“逻辑”的建构则更容易入于主观，并缺失了或许不该缺失的东西。而且，在九十年代以来的古典文学研究界，一度很倡导的宏观研究已被不少人讥为空疏，实证研究、重视文献成为新的风气，回到乾嘉虽非口号，却为不少同行所心仪。本书属于宏观研究，而书中所用的材料，不可能是我个人的新发现，即使属于“论”者，不少也是择善而从的观点，已显得陈旧，囿于见闻，有些新成果也未能及时采用。尤其是，虽经改动或重写，仍未能完全改变作为讲稿的原貌，使本书的性质似界于教材和学术著作之间……

但是，之所以敢于将它献给读者，不仅在于要完成这一科研项目，更在于感到要尽一个义务。多年以来，在大学的课堂上，在中文系研究生的教学中，文化学、文艺学的课程经常是分开讲授的，文学与艺术也因分属不同级别、性质的学科，很少会在课堂上碰面，只有在选修课中可以听到分体的艺术史课。哲学、历史等系，情况也大体相似，大文科的概念很难建立起来，学生们的知识面也难以真正拓宽。专业分工过细的问题似乎还在延续，交叉性的学术研究，复合型人才的培养，这些一再倡导的，并没有真正解决；而社会上对人才的需求，也多转为重在技能，不免急功近利，往往将学生导入只知道考证书和专攻外语、电脑的误区。人文精神在不知不觉中失落，对传统文化的精髓也感到越来越陌生，对外来的快餐式文化却来者不拒。为此，在当前世界经济一体化的潮流中，如何继承我们优秀的传统文化，如何处理好“世界的”与“民族的”关系，应该成为我们教师的思考课题。我在课堂上所讲的，或许就是“无用之用”，但作为一个高校教师，有必要在宣传、讲授我们民族文化优秀传统同时，也让学生了解其不足，反思其发展历史，这样，对如何做到正确继承和扬弃，应该是有帮助的。有毕竟要胜于无，也就斗胆将此书作为野人之芹献了。如果能引起青年学子的兴趣，对突破专业所限、拓宽知识面能起些微作用，使学生们初步了解传统文化，并思考与此有关的问题，我将会感到极大的快慰，因为这正无悖于十多年前的初衷。

虽然如此，心中还是感到不安。当年为了赶写出讲稿，将不少著作的观点或材料用在其中，而未标明出处，留下记录，时间一久，不少东西已经印象模糊，所以查对出处的工作做得非常费力，即使“验明”原非己出的“正身”，也很难再作根本性的改动。为此，凡遇此类问题，我在书中都作了说明，以免掠人之美。并衷心希望读者能指出其中的不足或错误，以望今后倘能再版重印时加以改正。

非常感谢上海教育出版社的领导，能热心支持，允以出版拙著。段学俭同志为本书的编辑付出了辛勤的劳动，尤其是认真核对古代典籍的原文出处，使我减少了不少错误，上海古籍出版社的黄晓峰同志也协助看稿，却从未对我讲起。重温当日的师生情谊和教学相长之乐，使我感到温暖，并将永远留在记忆中。

拙著出版之时，距当初酝酿创立“中国文化建设”研究方向已有十三年半之久了，世事沧桑，令人无限感慨。当日主持其事的哲学系丁桢彦教授已去世数年，想起他在经受丧妻之痛不久，自己也在六十多岁突然病故，心中总会流过几分隐痛，也忘不了他那爽朗的笑声和胖胖的笑脸。十多年来，我在这一专业带过不少研究生，在中文系为不同层次的学生开过这门课，研究生中尚有不少人同我保持着联系，而在不同岗位上工作的同学们，现在不知怎样？应该多在为着实践代表先进文化方向的思想而工作着吧，我想。

工作着总是美丽的，不知不觉，我已入花甲之年，如何延续这种美丽，是我最近经常想到的问题。《世说·规箴》云：“桑榆之光，理无远照。但愿朝阳之晖，与时并明。”愿以此与青年人共勉。

是为后记。

邓乔彬
2002 年 10 月 8 日于沪上之五桂斋
11 月 30 日改定于南下暨南大学之前

论　文

古代文化与古代文学

随着新时期的文学研究的深入，许多观念和理论都发生了深刻变化。传统的以经济基础决定上层建筑，社会政治情况决定文学发展的“普遍规律”，在真正深入探究中国文学的宏观发展时，经常显得无能为力。而新的方法论的输入，又给人以某些启示。从科学实践的古代—近代—现代，对象的整体—部分—整体，方法的综合—分析—综合，人们开始普遍认识到整体性、综合性研究的优越性，而系统论、控制论、信息论所提供的方法，则突出了从整体来考察对象，从整体与局部相互依存、结合和制约的关系中揭示规律的特点，逐渐被注意和接受。正因为这样，在古代文学的宏观研究中，文学与文化的关系的研究，就显得非常重要。

文化是一个很有弹性的概念，而哲学、宗教、历史、民俗等，则是其中主要组成部分。在我国，代表思想的哲学、宗教，和见诸行为的礼制、民俗，可基本上看作为文化的主要形态。以历史时期分，则大致可分为先秦诸子文化，两汉儒学文化，魏、晋玄学文化，南北朝、隋、唐佛教文化（唐也可看作“三教并存”的单独阶段），宋、明理学文化，清代汉学文化。先秦诸子虽有儒、道、墨、法、名、兵、农、纵横等诸家之学，但又实以儒、道为主。两汉经学及谶纬象数之学，是随儒学而变之。魏、晋玄学则是老、庄、杨、朱的发展。佛学来自印度，传入我国后发生渐变，形成诸多宗派。理学家辟佛者多，但气、理、性、命之争中，受之佛学甚多。清代汉学，重在考证，梁启超《清代学术概论》曾称之为“方法运动”，而非“主义运动”。综上可知，我国古代文化虽可分为六期，但就性质言，实只儒、道、佛三家。

儒、道、佛长期被称为“三教”，但除道教徒、佛教徒外，对文人说来，与其说“三教”是一种宗教信仰，还不如说是思想修养。而且，儒、道虽有“互补”之说，玄、佛虽有结合之势，但一直居于统治地位的，却是儒家文化。除“治统”不论，两千多年来，儒家思想是无可争议的“道统”。

综观中西古代文化，先秦的争鸣和希腊的民主颇为相似，而且都创立起自己的高峰，但以后各自都有所“独尊”：在中国，是绵延至久的儒家理性文化；在欧洲，是统治中世纪的基督教神学文化。古希腊奴隶社会的政治民主制度发展得较充分，使人们首先注意人与自然的关系，因而亚里士多德认为文学在于“摹仿”，侧重“再现”，主于真与美的结合；神话与史诗中的神都带着人的色彩，表现出征服自然的想象力和创造精神。我国先秦时代由于阶级关系与氏族血缘的宗法关系紧密结合，使人们更注重人际关系，注重人情、伦理，因而《乐记》认为“情动于中，故形于声”，侧重于“表现”，主于善与美的结合，抒情性、“比德说”都表现出人与自然相安、统一的特点。欧洲文化以“文艺复兴”的历史反拨走出了中世纪，对基督教文化禁欲主义和否定现世的积极否定，表现为“爱”与“死”成为文学的永恒主题，人本主义精神使中世纪的英雄、骑士，逐渐变为凡人，英雄业绩的颂扬逐渐演为凡人心灵的披露；求“真”精神的回复与宗教迷狂及殉道精神的神学文化沿袭，结合成追求不已的“浮士德精神”，灵魂挣扎、情感宣泄，都以“尽”为极致。我国文化不像欧洲那样表现出明显的发展阶段性，玄、佛炽盛之后，思想家常以复兴儒学为己任，玄学的崇尚自然，佛学的向往彼岸，都被拉回到对政治、人伦、现实功利的关注，“哀民生之多艰”是文学的母题，言志、载道的传统是从“牧民”的角度注重人生，直到晚明以前，正统文学之写人多非写“心”；求“善”精神不断与纵酒、溺色对抗，欲念以伦理节制，情感用理性约束，不尚痛感，而以“中和”为美。

中西文化的巨大差异，造成了中西文学各自鲜明的民族性格：表现（言志）与再现（摹仿），美善相兼与真美结合，抒发而归于中和与宣泄而入于偏至，人同自然相安与人同自然对抗，即是主要特征。而造就中国文学民族性格遗传基因的，正是儒家文化。

孔子的“诗教”说实质是强调文艺为政治教化服务，“兴观群怨”的功能论向“思无邪”的批评标准靠拢，则可见“中和”之美，“文质彬彬”、“辞达”的兼顾内容、形式，这一美学追求一直被后世遵奉和阐发。孟子的人格精神对孔子为政、处世态度的积极补充，使历代文学家得到涵泳陶冶，“知人论世”，“知言养气”说，对文学批评有深远影响。荀子“言志”与“明道”结合的思想，则已肇后来“原道”、“征圣”、“宗经”诸说。董仲舒的“天人合一”论虽失去先秦儒家尊重人格、民主的积极面，但也启发了后来的“情因物感”，使文学家注目于天地之美。扬雄的“丽以则”思想，是对美善结合论的发展，“言”为“心声”，“书”为“心画”说，则是表现说的具体化。综上可见，前述的中国古代文学民族性格特点，是先秦两汉儒学文化所塑造的。

但是，儒家文化虽对古代文学影响巨大而深远，但并不能广被一切。鸟瞰全部古代文学，儒家文化对内容、题材影响尤深，但在艺术技巧和美学思想上，道、佛文化的影响也是显见的。就古代文论中常涉及的概念言，比兴、文气、风骨等，多生自儒家思想，而形神、意味、意境等，则多受益于道、佛。

老子的“道法自然”、“有无相生”，一者追求自然美，一者有虚实结合的辩证思想，“大音希声，大象无形”的说法更给人以启示。庄子的“无成与亏”、“无以人灭天”进一步发展了老子的“自然”之说，“真者，精诚之至”进而强调真情、人性；以“天籁”为美，以“解衣般礴”为“真画”，发展了“希声”、“无形”说；而“心斋”、“坐忘”的虚静说，则是与孟子“养气”相异的另一种修养法。王弼的“言不尽意”说，郭象的名教即自然说，都对先秦道家学说有所发展。

道家讲“自然”，讲“真”，影响了文学理论及创作。刘勰所说的“感物吟志，莫非自然”，钟嵘所讲的“吟咏性情”，李白所作的“清水出芙蓉，天然去雕饰”，或以“性情”较“言志”有所发展，或以“自然”观丰富了美学思想。而刘勰的“义生文外”，钟嵘的“言有尽而意无穷”，直到司空图的“象外之象”、“味外之味”，梅尧臣的“含不尽之意，见于言外”，严羽的“羚羊挂角，无迹可求”，都导源于“希声”、“无形”，而发展为韵味说。而“识鉴在神明”的人物品评标准，使魏晋玄学促使了顾恺之“以形写神”论和谢赫“气韵生动”说等画论产生，经张璪“外师造化，中得心源”的主客结合的思想丰富后，苏轼“诗画本一律”的看法使之入于诗文领域，形神观为之普遍接受，“以形写神”、传神写意就成为我国古代文学的一个显著特色。

佛教虽在汉代已传入我国，但南北朝时最为流行，并与玄学渗透影响，带上了“本地”色彩，竺道生的“寄言出意”说与王弼“言不尽意”说极为相似，就是一例。尤其值得指出的是“意境”说所受的佛学影响。佛经中以心之所附为境，理之所观也为境，而能观之心则谓之智，这一智境之说就渐生出文学上的意境说。六朝佛学既讲“意得言丧”，又讲“境生象外”，唐皎然论诗始讲“取境”，有“诗情缘境发”之句，刘禹锡“境生于象外”，司空图“象外之象”及以二十四诗品来标明境界，都是佛学智境说移之于文学，而苏轼“静故了群动，空故纳万境”，已从佛学中体会出“以智冥境”，再经南宋、明、清的不断发展，到清末的王国维终于“拈出‘境界’，为探其本”，确立了完整的意境说，使之成为我国文学的一个独特的美学概念。

以上仅就思想方面极粗略地回顾了儒家文化对古代文学的定向，和道、佛文化对其的丰富、发展，至如礼制、习俗等文化形态的影响则未遑论及了。近年来，随着机械反映论和庸俗社会学在文学研究领域中的逐渐失势，不少研究者都将目光关注于哲学思想、审美意识同文学的关系上，但仍以局部论述为多。我们相信，伴随着文化热的方兴未艾，全方位的文化与文学关系的研究，一定能展示出光明的前景，结出丰硕的果实。

（原载《语文导报》1987 年第 1 期）

中国哲学与古典文学

我国在殷周之际，已有原始的“五行”说与“阴阳”说的出现，它们从宗教、神话挣脱出来，开始了哲学解释自然的历程。随着生产力的发展，文化的积累，春秋、战国时代出现了百家争鸣的繁荣景象，成为后代哲学的先河。除清代朴学是“方法运动”而非“主义运动”外（梁启超语），先秦诸子学、两汉经学、魏晋玄学、隋唐佛学、宋明理学，联结成我国古代哲学的链条，它们对古典文学产生了巨大而深远的影响。

一　先秦诸子时代

1. 孔子的“兴观群怨”、中和之美

孔子生活的时代，礼崩乐坏，他谴责“八佾舞于庭”，反对铸刑鼎与初税亩，主张恢复周礼，“克己复礼为仁”。孔子的哲学主要是社会政治哲学，本着原始人道精神，他主张兼及上下的“爱人”，并以“仁”释“礼”，沟通了内在的心理情感与外在的行为规范。从政治目的出发，他重视文艺的实用性、功利性，而兼顾上下、宽猛相济的调和思想又导致了中和之美被推崇。

孔子文艺观的核心是“诗教”，即为政治教化服务。主于内者是“兴于诗，立于礼，成于乐”的道德修养，主于外者是诗歌服务于社会、政治的从政、出使、事父、事君。因此，孔子提倡“尽善”的内容与“尽美”的形式相结合。尤应值得重视的，是以“兴观群怨”为代表的功能论，和“温柔敦厚”的中和美。

《论语·阳货》：“子曰：小子何莫学夫诗？诗可以兴，可以观，可以群，可以怨。迩之事父，远之事君；多识于鸟兽草木之名。”后面所说的是致知与致用，其义自明，对兴、观、群、怨四字，则应理解其确切含义。

何曰“兴”？孔安国释为“引譬连类”[①]，朱熹则释为“感发志意”[②]、“托物兴辞”[③]。其实，可以将以上三说合起来，即通过“托物兴辞”、“引譬连类”而“感发意志”，使人因诗之艺术感染力而产生美感，产生联想，对现实作审美把握。

何曰“观”？郑玄注为“观风俗之盛衰”（《论语集解》引），朱熹谓“考见得失”（《四书集注》）。合二人所见，即观察政治得失和社会风尚之好坏，此其一。二是观“志”，即从诗中见诗人的作诗目的、意图，并见诵诗人的情感、志趣。

---

① 孔安国：《论语集解》引。
② 朱熹：《四书集注》。
③ 朱熹：《诗传纲领》。

何曰“群”？孔安国注为“群居相切磋”（《论语集解》引），朱熹注为“和而不流”（《四书集注》）。佐以朱熹注《论语·卫灵公》“君子矜而不争，群而不党”所说的“和以处众曰群”（《论语集注》），可见“群”为人们以诗交流感情，以道义相聚，相互切磋了解之意。

何曰“怨”？孔安国注为“怨刺上政”（《论语集解》引），即批评和讽刺黑暗的政治。孔子标榜忠恕之道，以恭、宽、信、敏、惠为美德而否定“怨”，曾云：“在邦无怨，在家无怨”（《论语·颜渊》），他之肯定“可以怨”，是由于看到三百篇中有许多怨刺之诗。既然为政要知天下所苦，作诗就应考见得失，故肯定怨刺上政之作。

再看中和之美。《论语·为政》云：“诗三百，一言以蔽之，曰：思无邪。”“无邪”即归于正（见邢昺《论语疏注》）。孔子既称道雅颂，又保留了怨刺诗与爱情诗，使二者得以共存。但他之称道《关雎》“乐而不淫，哀而不伤”，就是“言其和”。“情”与“怨”可以存在，但不能太过，这就是中和之美。关于“温柔敦厚”的“诗教”，朱自清曾说：“‘温柔敦厚’是‘和’，是‘亲’，也是‘节’，是‘敬’，也是‘适’，是‘中’。这代表殷、周以来的传统思想。儒家重中道，就是继承这种传统思想。”（《诗言志辨》）所说极为深刻、全面。

兴观群怨与中和之美的思想对古典文学影响极大，兼涉到内容题材、功能、情感等诸多方面。

2. 孟子的知人论世与知言养气

孟子继承了孔子“仁”的思想，发展出系统的仁政学说，但由于生活在诸侯纷争、仁义扫地的时代，统治者重用法家以创桓文霸业，“仁政”被视为“迂阔”无用。孟子与“外王”无涉，就全部注目于“内圣”，除强调知礼识仁外，又倡性善论、养气说，与门徒论诗时，则有知人论世、以意逆志之见。此择其知人论世与知言养气二说而言之。

前者见《孟子·万章》下：“颂其诗，读其书，不知其人，可乎？是以论其世也，是尚友也。”若与同文所说的“不以文害辞，不以辞害志；以意逆志，是为得之”相配，对以正确方法读《诗》很有指导意义。倘能以意逆志、知人论世，就能正确理解作品内容和作者的创作目的、意图。孟子所说不但纠正了春秋以来断章取义地评论《诗经》的倾向，而且对后来的文学评论影响很大，可以说至今仍在应用。

后者出《孟子·公孙丑》上：“我知言，我善养吾浩然之气。”“知言”即“诐辞知其所蔽，邪辞知其所离，遁辞知其所穷。”“浩然之气”即“至大至刚”、“配义与道”，“集义所生”之气。“养气”而后“知言”，在充满正义感、深得道义之后，才能知道各种错误言辞及其错误所在。推之于文学创作，可见只有高尚的道德、充分的人格修养，才能写出好作品。魏晋的“文气”说即孟子所论的发挥，后世可谓代有阐述，至如文天祥的《正气歌》，更是“浩然之气”的形象表现。

3. 庄子的“假象见义”、“以天合天”

庄子哲学与老子有不少共同之处。老子哲学的核心是以“道”为世界本源，任何事物都是“道”的体现，不以人的意志为转移，所以在文学上也应“无为”、“清静”，而不要人为的创造。他不像墨子那样因百姓饥寒而主张“节用”，针对儒家所倡仁义礼乐而提出“非乐”，而是提倡完全顺应自然的文艺，即“大音希声，大象无形”。

庄子哲学的核心是反对人的异化。他也具有孔子那样的原始人道精神，但因在孔子死后一百五十多年，看到现实上难行仁义之道，故在主张回到原始社会同时，反对人为物役（“丧己于物”），通过“重生”、“养生”，最终将个体人格扩展为“天地与我并生，万物与我为一”。庄子对文学的贡献、影响要较儒家大得多，他不仅以极富文采的浪漫主义作品昭示了文学创作的实绩，而且在创作理论上极有建树。这里，只能择要地谈谈他的“假象见义”和“以天合天”。

先看“假象见义”。庄子与老子一样，也讲“道”，他认为，要获得“道”，在精神上与“道”合一，只能通过虚静养心、绝思绝虑的“心斋”，和抛尽知识、身处混沌的“坐忘”来实现。“道”是全的，人的认识只能是偏的，要获得“全”的“道”，就要排斥一切偏而不全的认识。同样，他反对一切人为、造作的艺术，而主张与自然同趣的“天乐”和“解衣般礴”的“真画”。如果说“天乐”是“听之不闻其声”，“真画”就应有所示形，所以毕竟还产生了“假象见义”问题，对文学来说，则是“言意之表”：“可以言论者，物之粗也。可以意致者，物之精也。”（《秋水》）“言者所以在意，得意而忘言”（《外物》）。这就启发了后人不拘于语言文字，而重在言外之意，重在意境。刘勰的“义生文外，秘响傍通”（《文心雕龙·隐秀》），司空图的“象外之象”、“景外之景”、“味外之味”，梅尧臣的“含不尽之意，见于广外”，苏轼的“萧散简远，妙在笔画之外”，严羽的“羚羊挂角，无迹可求”，直到王士祯的神韵说、王国维的境界说，都是“言意之表”的发展。中国文学之意余于象、含蓄深隐，都与之相关。

再看“以天合天”。如果说以“言意之表”为核心的“假象见义”还并未落足于创造，那么“以天合天”则是真正的艺术创作论了。庄子在《养生主》、《达生》、《天道》等篇中，列举了庖丁解牛、梓庆削木为鐻、佝偻者承蜩、吕梁丈人蹈水、津人操舟、轮扁斫轮等寓言故事。他所告诉人们的不仅是熟能生巧，而且是要排除杂念，“斋以静心”，“因于天性，顺其自然”，最终得以与“道”合一，这就是“以天合天”。如果摈除了庄子所论的唯心主义因素，专心致志，不断实践，努力掌握规律，才能达到出神入化，那么“以天合天”的创作论就有很大的合理性，对后代的影响也不可低估。

二　两汉经学时代

两汉时代无论是前期以道家思想为基础的《淮南子》，抑或后来的司马迁、王充，都对文学产生过重要影响。但由于居于主导地位的是经学，故此处择取与之相关者而简述之。

1. 天人感应说

成书在秦统一之后的《礼记》有《中庸》一篇，其反复申述天赋道德的观念："天命之谓性，率性之谓道，修道之谓教。"董仲舒的天人感应说就吸取了它的唯心主义和神秘色彩。董氏为改革秦朝弊政，提倡德治，主张"更化"，在推尊孔孟学说同时，配之以修郊祀、改正朔、建封禅、礼百神，遂将儒学神秘化。他的哲学思想主要有三部分，其中作为世界观的天人感应说对文学影响最大。

天人感应说将"天"解释为至高无上的人格神，在宣扬"天志"、"天意"同时，对自然现象赋予道德属性；认为天之生人是实现天之意志，天生万物是为人，人是天的缩影；天不但创造了自然与社会，还为人设立君主，以代天赏罚，此即"君权神授"，与此同时，又假天地之威以限制君主。

从"天人感应"出发，推之于文学，董仲舒认为"王者""受命应制礼作乐"，《诗》以仁义为内容，也体现了天意，这一思想在班固撰集的《白虎通义》中仍得以继续、发展。乐府诗中《郊祀歌》有君权神授内容，汉大赋如《甘泉宫》（王褒）、《两都赋》、《终南山赋》（班固）等亦多此意。

2. 风动教化说

刘向《说苑》云："君子以礼正外，以乐正内。""雅颂之声动人而正气应之"，"郑卫之声动人而淫气应之"，明言"乐者德之风"。到《毛诗序》，形成了系统的风动、教化说："《关雎》，后妃之德也，风之始也，所以风天下而正夫妇也。……风，风也，教也。风以动之，教以化之"，"上以风化下，下以风刺上，主文而谲谏，言之者无罪，闻之者足以戒，故曰风。"这以德感化的风动教化说，可谓两汉经学关于文艺功能论的最重要总结，与"经夫妇，成孝敬，厚人伦，美教化，移风俗"一起，既是孔子"思无邪"、"兴观群怨"说的发展，又成为后代的创作、批评准则，影响深远。从郑玄《诗谱序》，经《文心雕龙》，直到清人，都继有阐发。

当然，由于汉武帝以后"罢黜百家，独尊儒学"，使汉代哲学思想受到禁锢，其对文学理论的推助，指导文学创作的作用，是比不上先秦时代的。

魏晋南北朝、隋唐五代、宋元、明清是文学史的通常分段，倘从哲学主潮来说，则应以魏晋玄学、隋唐佛学、宋明理学来分领。以下即分三阶段论述之。

三　魏晋玄学时代

魏晋玄学的产生具有颇重要的意义，此即将汉代的宇宙论转向本体论，其核心是挣脱汉儒神学观而探求理想的本体人格建构，常说的"人的觉醒"就指此，与之相伴生的是"文的自觉"，由此亦可一窥玄学对文学的推助。魏晋南北朝在文艺美学上的颇有建树，由于与玄学无涉，故略而不论，此处主要讨论与玄学相关的三个问题。

1. 名教与自然

名教与自然是玄学论辩的一个重要内容，“名教”即以正名定分为中心的封建礼教，“自然”则与之相对。汉末的社会大动乱冲击了名教，魏晋人为建立适应新时代的伦理道德标准，发起讨论。这一讨论历经三个阶段：王弼主张“名教”应建立在“自然”基础上，阮籍、嵇康主张“越名教而任自然”，郭象主张“名教”即自然。显然，这是一个否定之否定的过程，阮、嵇之说最激进，而郭象则消弭了前期的批判精神。

与“名教”“自然”讨论相关的是有情与无情之说。何晏认为圣人无喜怒哀乐，王弼则认为“圣人茂于人者神明也，同于人者五情也”。其实，何说合于道家所倡自然无为之“至情”，但王弼的圣人有情论更代表玄学的重要倾向。非禁欲，非寡情，却“应物而无累于物”，这正是魏晋风度的一个侧面。嵇康的看法也近于王弼。

“名教”与“自然”，有情与无情的讨论，突出了个体人格、情感，并使之成为玄学的主题，使汉儒以道德、教化为中心的审美转到文学、审美的真正中心——情感上来，这在我国文艺史上具有极重要意义。“情之所钟，正在我辈”，王戎此语在《世说新语》中可以找到诸多例子。在向内发现自己的深情后，又向外发现人格美、风度美，在人们盛行高级社交（如兰亭之会、竹林之游）同时，人物品藻成风。推之于自然，“五情应物”而独钟于山水，使山水诗渐盛。文艺挣脱了教化、工具说，“自觉”的结果是纯文艺的出现。

2. 有、无之争

有、无之争实际是“贵无”。此说由何晏奠基，王弼反复发挥，此说之成即奠定了玄学的宗旨。“无”源于道家哲学，但玄学家并不重在宇宙生成或自然规律，而在于“圣人”的有名无名，即理想人格。据刘邵《人物志》，认为圣人的最大特点是“平淡”、“无名”、“无味”，如无味之水可以和众，不似“偏至之材”只有一方面的才能、德行。何晏将政治学与道家哲学联系起来，以“无”为“本”，成为高度抽象的玄学问题。王弼进而指出无形、无名表现在有形、有名中，但人们不应执着于有形、有名，否则就不能把握无限。他又提出“无”是“本”、是“母”，“有”是“末”、是“子”，只有抓住“本”，才能取得“末”。

有、无、本、末之争，使人着眼于超越有限的本体，力达精神自由，导致了文学创作的非功利说、距离说的产生。而超越形色音声之论，又加深了对美的本质认识。且不重外美，推崇自然、平淡、高洁为“至美”。陶渊明的诗就是这种美学观的产物。

3. 言意之辨

“言意之辨”起于庄子和周易。王弼以《庄子·外物》的筌蹄之说作《周易略例·明象章》，对此很有发挥。他针对汉人解《易》过于刻板机械，提出了应体会所蕴含的意义，要“得意而忘象”，“得象而忘言”。这看似“过河拆桥”的理论，正指出了应超脱有限的“象”和“言”而领会无限的“意”。

在“言不尽意”以达无限，重在“忘言”、“忘象”的内心体验上，玄学沟通了美学、陶渊明《饮酒》的“此中有真意，欲辨已忘言”就是深切的体会。而“言不尽意”对刘勰、钟嵘、皎然、司空图，直到王夫之的“无字处皆其意”皆有影响，文学创作中更随处可见。

四 隋唐佛学时代

经六朝流播发展，隋唐佛学极盛，形成天台、法相、华严、净土、禅、密诸宗。由于禅宗与士夫文人关系最密切，所以对文学影响也最大，它的认识论和思想方法，造就出不同于儒学、也有别于庄、玄的非理性艺术思维。择要而言，禅之影响文学有以下二端。

1. 直觉灵感

禅宗与庄学有相似之处，但它既无庄学的理性色彩，又无玄学的思辨意味，只是在眼前生活和寻常风景中得到直觉灵感的“悟”的飞跃。从静观默照的“渐修”，到灵感突至的“顿悟”，艺术的非理性思维挣脱了理性。在评论上，有皎然《诗式》言“神思”的“有时意静神王，佳句纵横，若不可遏，宛若神助”，有托名王昌龄的《诗格》云“久用精思”之后，能“心偶照镜，率然而生”得到“生思”。从创作言，不凭借理性逻辑思维，却潜意识活跃，忽天忽地，忽今忽古，形象思维造就出空间与时间的随意性。甚至有视、听、触、嗅、味诸觉相通的“通感”现象。

2. 韵外之致

禅宗的特点之一是“不立文字”，崇尚难以言传的领悟、感受，比起玄学的“言不尽意”、“得意忘言”又进了一大步。为何“不立文字”？禅宗认为文字有群体共遵的普遍规律，悟性既然在个人，要真正把握本体，只有靠自己的感受、体会、领悟，“如鱼饮水，冷暖自知”。在禅的影响下，对艺术的创作、鉴赏都不执着于“象”，而要领会文字、形象之外的“意”，所以唐代的文学多追求韵外之致。

从创作角度言，要自然天成（“著手成春”）之外还应留有想象余地。因而皎然认为诗歌“但见情性，不睹文字”才是“发皆造极”、“诗道之极”。司空图更以“近而不浮，远而不尽，然后可以言韵外之致”相标举，倡“味外之味”，妙在“咸酸之外”而非意尽句中，欲臻“近而不浮，远而不尽”之境。他从“象外之象”、“景外之景”发展到“不著一字，尽得风流”，都可见受益于禅宗之处。唐诗以“余意”、“余味”见长，不似宋人之好议论、喜炫学，这也难怪严羽宗唐贬宋了。

禅宗对文学的影响主要在诗，而作为佛家逻辑学的因明学，则对隋唐散文的发展起了很大作用。“因”指推理的依据、理由，“明”指知识、智慧，而因明学即通过宗、因、喻的三支作法，作推理证明的学问。南北朝时，因明论典传入中国，道安、慧远、僧肇的议论文得益于此，名相辨析的技巧、层层推进的结构，都显示出谨严且富于思辨的逻辑力量。唐玄奘在译经过程中又传入新因明。虽辟佛如韩愈，行文也受到因明影响，其《原道》、《原毁》等作，都可见辨析名相的思维方式影响，条分缕析、穷本究源的写法亦得益于因明。柳宗元《封建论》等亦然。

五　宋明理学时代

宋明在文学理论和创作上都实绩可观，由于专讲哲学与文学的关系，故仍从这两朝的“显学”——理学角度而言。

理学包括宇宙论、伦理学，“理”贯串起天、命、性、心，“在天为命，在义为理，在人为性”，理学家自云“性即是理”，故称“理学”，实即吸收了佛、道思想的新儒学。其代表人物颇多，从发展历程看，可概言为张载有建立之功，朱熹集其大成，王守仁促其瓦解。从理学对文学的影响而言，主要有以下四方面。

1. 作诗观物

理学家并非都如二程那样认为学诗妨事、作文害道，邵雍就颇喜作诗。他提出了“以物观物”与“以我观物”的命题：“以物观物，性也；以我观物，情也。性公而明，情偏而暗。”他反对诗溺于情，即明确否认感情对文学创作的主导作用，认为作诗“哀而未尝伤，乐而未尝淫，虽曰吟咏情性，曾何累于性情哉”。邵雍作诗虽不高明，但他的作诗、观物之论，却并非没有影响。人们通常认为苏轼不执于物、不溺于情、达观旷放、随遇而安，是源于佛、道，其实诚如苏轼自己在《超然台记》所说的“君子可以寓意于物，而不可以留意于物”，似有邵氏影响。黄庭坚提倡“不怨之怨”，亦近于邵氏“吟咏性情，涵畅道德”之说。两宋的社会矛盾、阶级矛盾都很尖锐，却颇多“万物静观皆自得，四时佳兴与人同”的二程风气，可谓渊源有自。直到本世纪初的王国维《人间词话》，仍有“以我观物”，“以物观物”之说，“有我之境”、“无我之境”之论，邵雍的影响可见。

2. 达意得理

邵雍论诗颇重“意”，到朱熹，明确提出“达意得理”的创作要求。宋代许多文艺理论家都讲“意”、“理”，尽管与朱熹“载道”、“明道”观制约下的“义理”不同，但正统文学“言理而不言情”几成一代风气，理学的影响可见一斑。另一方面，苏轼评画云“出新意于法度之中，寄妙理于豪放之外”，论书法云“物一理也，通其意则无适而不可”，认为绘画“虽无常形而有常理”，都表现出探求规律、总结创作经验之意。宋人诗话、词话等渐多，画论、书论亦盛，都是这一精神的体现。这样看来，“达意得理”固有理学对文学的制约，也有“见理”、“求理”的积极作用。

3. 理一分殊

“理一分殊”并非理学自产，而是汲取了华严宗、禅宗思想的结果。朱熹说：“万物皆有此理，理皆同出一源，但所居之位不同，则其理之用不一。”“物物各具此理，而物物各异其用”，这一理与万用的关系即“理一分殊”。他常用释氏“月印万川”之喻，华严宗的“一即一切”，禅宗的“一法遍含一切法”，都与“理一分殊”为近，基于此，宋人并不为一种思想所左右。以诗论言，光是以禅论诗就各人各说，新说迭出。南宋的诗话很盛，且各有面目，如叶梦得《石林诗话》从艺术特征入手而兼谈思想内容，而张戒《岁寒堂诗话》却着眼思想内容而涉及艺术特色。从创作言，亦似“山形步步移”，“山形面面看”，即使同寓禅理者，也各人自有面目。

4. 童心、性灵

宋人朱熹以“格物致知”而兼及主客，明人王守仁则集中到主观的“致良知”上了。王氏的原意是将心理伦理化，将封建秩序直接装在人心中，结果却是种瓜得豆。他的弟子王艮片面推衍出“任心之自然”。作为王学左派思想家的李贽，汲取了禅宗思想，在王守仁“良知”、“本心”论的基础上，提出了崭新的童心说，以“绝假纯真，最初一念之本心”为“童心”，遂成王派异教徒和理学叛逆。童心说非仅是天赋道德观，且公开宣称自私出于天性，不讳言功利。在李贽影响下，又出现了公安三袁的“性灵说”，所作多“独抒性灵，不拘格套”。而以汤显祖《牡丹亭》为代表的作品，更形成了一股冲决理学堤防的浪漫主义洪流，“存天理，灭人欲”的理学终于走到了自己的反面，完成了历史进程。

自先秦至明代，关于哲学与古典文学、文艺美学的关系已概述如上。清代学术成就之高为历代所无，清代古典文学创作亦呈集成之势，诗、文、词、曲各体俱盛。但是，由于代表清代学术的朴学是“方法运动”，而非如前述先秦诸子学、两汉经学、魏晋玄学、隋唐佛学、宋明理学的“主义运动”（梁启超语），本身并非哲学，故此处仅附带论之。

大体说来，清代朴学对古典文学的影响主要表现在两方面。

一是经世致用观。

宋明理学大兴，使空谈性理、轻视务实之风弥漫社会，明亡后，从顾炎武到颜元等正统儒家都斥责程、朱，这与五百年前陈亮、叶适所说甚似。于是，清初的民族主义思想家在抗清反满之后，以经世致用观为指导，一方面专精治学，成为清代朴学的开山；另一方面深恨空文无用，重新树立功利主义文学观，顾炎武、黄宗羲都颇有明道、救世之论，以忠臣义士为可歌可泣。

二是义理、考据之说。

顾、黄二氏身为学人，又创考据之学，其论文已肇启了以义理、考据、词章三位为一体的文艺观。其实，以著述为文，重在考据；以明道为文，重在义理；以语录为文，则重在词章。后起的戴震、钱大昕都主张三结合，到桐城派就明确提出三者的结合，诗论中如翁方纲“肌理说”，也极重考据。

当然，清代的文学瑰宝如《红楼梦》、《聊斋志异》、《长生殿》、《桃花扇》等，都与朴学无涉，这是否标志着学术与文学的真正分流呢？此值得深长思之。

（原载《中文自学指导》1993年第1、3期）

先秦诸子的地域文化特性

摘　要　西周末年"天子失官，学在四夷"，私学之兴及诸侯"养士"的需要，使"士"阶层迅速崛起，诸子之学逐渐生成。王国维注意到诸子有南北之分的地域文化特性，孔、墨和老、庄可分别作为北、南代表。春秋以来的政治家渐走出蒙昧主义，孔子更树立起理性精神，墨子虽讲鬼神、天志，却有以之制约统治者之旨。《淮南子·要略》论述了百家的为救时弊乘势而起，而未及老、庄，他们的学说恰是否定性、退避性的，多关注自然天道，与孔、墨的实用理性不同，其他各家也可以作瞩目于人生或自然的大概划分，诸子确有南北之别。从诸子散文的文学性来说，孔、墨、孟、荀、韩非等儒、墨、法诸家尽管文风不同，但因主于实用，因此他们所代表的北方派可以用一"实"字概括；而以庄、列为代表的道家和阴阳家驺衍等南方派，则富于想象，有浪漫色彩，可用一"虚"字概括。屈原的作品标志着南北融会、感情与想象相结合，将先秦文学推向了高峰。

关键词　先秦诸子　南北文化　实用理性　自然天道　虚实

先秦诸子产生在春秋战国时期，德国史学家卡尔·雅斯贝尔斯《人的历史》将这一时期称之为"轴心时代"，并以世界性的眼光论述其所具有的时代基本特征：

> 以公元前500年为中心——从公元前800年到公元前200年——人类的精神基础同时地或独立地在中国、印度、波斯、巴勒斯坦和希腊开始奠定。……
>
> 在公元前800年到公元前200年间所发生的精神过程，似乎建立了这样一个轴心。在这时候，我们今日生活中的人开始出现。让我们把这个时期称之为"轴心的时代"。在这一时期充满了不平常的事件，在中国诞生了孔子和老子，中国哲学的各种派别的兴起，这是墨子、庄子以及无数其他人的时代。……
>
> 这个时代产生了我们今天依然在思考的基本范畴，创造了人们今天仍然信仰的世界性宗教。……
>
> 人竭力想规划和控制事件的发展，第一次想恢复或创立一些称心的条件。思想家在盘算人们怎样才能够最好地生活在一块，怎样才能最好地对他们加以管理和统治。这是一个革新的时代。①

① 田汝康、金重远：《现代西方史学流派文选》，上海人民出版社1982年版，第38—40页。

人们对轴心时代一说多予以认同，因为这确实是人类精神基础同时、独立地在诸多文明古国奠定的时代，以之观照春秋、战国时代的中国，也基本是正确的。但我们应看到，即使是先秦时代的中国，疆域不仅比希腊、巴勒斯坦大得多，较之波斯、印度，也更为辽阔，中国不同的地域文化特点，比其他文明古国更为显著。卡尔·雅斯贝尔斯特地指出了此时中国哲学各种派别的兴起，而在此背后，正有着地域文化的背景。不少学者都论述了中国先秦时代诸子在哲学和政治、社会思想上的不同，和文学上区别，但因哲学史家、思想史家、文化史家和文学史家多“分疆而治”，较少“打通作业”，因此对诸子的研究也较少在以上诸领域作综合性整体论述，并以地域文化观照者。鉴于此，特草本文，以求教于学界。

一　诸子之起及其南北分野

诸子的时代是我国历史上真正的“百家争鸣”时代。当然，百家只是概说，据司马迁《太史公自序》载其父司马谈之说，先秦诸子之学可分为阴阳、儒、墨、名、法、道德六家。至《汉书·艺文志》益之以纵横、杂、农、小说，计为十家。而刘向父子的“阅定九流”，是去除了小说家。如果将兵家置换小说家，称先秦学术为“十家争鸣”恐怕还是较为接近史实的。

对于先秦诸子的产生、形成，《汉书·艺文志》本刘歆《七略》而以之出于王官：“儒家者流，盖出于司徒之官”；“道家者流，盖出于史官”；“阴阳家者流，盖出于羲和之官”；“法家者流，盖出于理官”；“名家者流，盖出于礼官”；“墨家者流，盖出于清庙之守”；“纵横家者流，盖出于行人之官”；“杂家者流，盖出于议官”；“农家者流，盖出于农稷之官”；“小说家者流，盖出于稗官。”此说对后来影响甚大，直到章太炎，仍本上说，并从《说文》的训“仕”为“学”解释之：“所谓宦于大夫，犹今之学习行走耳。是故非仕无学，非学无仕，二者是一，而非二也。……惟其学在王官，官宿其业，传之子孙，故谓之畴人子弟。”①尽管刘歆、班固直至章太炎的以某家出于某官的说法不无穿凿或拘泥之处，但西周学术为王官所有，且官、师合一的特点确是不争的事实。这种现象到西周末年以后发生了变化，《史记·历书》云：“幽、厉之后，周室微，……故畴人子弟分散，或在诸夏，或在夷狄。”造就出“天子失官，学在四夷”（《左传》昭公十七年记孔子语）的情况，私学遂为之兴起。私学之兴，不但改变了以往官、师合一的现象，而且使“士”阶层迅速崛起。

“士”本属贵族，《左传·昭公七年》记楚人无宇论古制时，说及“天有十日，人有十等”，而士处在王、公、大夫之下，是贵族的最低层。春秋时代，礼崩乐坏，在社会的动乱中，士地位逐渐沦落，至与农、工、商相并，虽是“四民”之首，

---

① 章炳麟：《诸子学略说》，见《中国现代学术经典·章太炎卷》，河北教育出版社1996年版，第480、481页。

“士大夫不杂于工商”（《逸周书·程典》语）的传统却已是根本改变。但是，士也因此而摆脱了宗法制度下的人身依附关系，用其传统所习的“六艺”知识和技能，以独立的身份逐渐登上政治、社会舞台。与此同时，原先处于社会下层的庶民子弟，也因通过如齐桓公时的“三选”，遂能“匹夫有善可得而举”，上升为士。

在春秋前期，士多为各诸侯的公室所养，到春秋末叶以后，因私门与公室斗争，亦多养士之举，并形成了争揽人才的形势，士也如良禽的择木而栖，往往不容于公室就奔走私门。到战国时代，公室如魏文侯、齐威王、梁惠王、燕昭王，私门如孟尝君、平原君、春申君、信陵君四大公子，都极重养士，三千食客之说足可见其时之盛。对人才的需求也刺激了私学的发展，儒、墨作为显学，自与其从学者甚众有关，史称孔子有优秀弟子七十二，墨子有忠心的追随者百八十人，即其证。

社会和历史发展的需求使古代的“九职”（见《周官·太宰》）“六职”（见《考工记》）之分发生了变化，观《管子·山权数篇》可见，当时专业分工甚细而人们又往往一专而多能。而士则从学于私学亦各有其能。《庄子·天下》遂有“百家”之说，并道出了百家之学的生成由来和流变过程，文长不录。

诸子之学多旨在救世，他们积极投身世务，有不少相似、相近的精神和品质，体现出不少共同的文化精神，笔者曾总结为三点，即：强烈的社会责任感和积极的参政意识，普遍的民本思想和对个体人格的重视，德与能的双修共进。[①] 但是，我们还应注意，诸子既然概称为百家，又呈争鸣之势，其间的不同应更多。难以在一篇短短的文章中论述这诸多的不同，我们只能从南北地域文化的角度言其大概。

我国的学者中，较早注意到诸子南北之别的是王国维，他在《屈子文学之精神》一文中论述了诸子在思想以及文学上的南北区别。文中说：“我国春秋以前，道德政治上之思想，可分之为二派：一帝王派，一非帝王派。前者称道尧、舜、禹、汤、文、武，后者则称其学出于上古之隐君子，如庄周所称广成子之类。或托之于上古之帝王。前者近古学派，后者远古学派也；前者贵族派，后者平民派也；前者入世派，后者遁世派也。非真遁世派，知其主义之终不能行于世，而遁焉者也。前者热情派，后者冷性派也；前者国家派，后者个人派也。前者大成于孔子、墨子，而后者大成于老子。”在引汪中《述学·老子考异》对老子所考后紧接而言道：“故前者北方派，后者南方派也。此二派者，其主义常相反对，而不能调和。……战国后之诸学派，无不直接出于此二派。故虽谓吾国固有之思想，不外此二者，可也。”日本学者也有类似看法。梁启超《论中国学术思想变迁之大势》曾引用之。冯友兰《中国哲学史》第一编第八章论老子及道家中的老学，专立《楚人精神》一节，以日本学者小柳司气太所说为注。小柳氏认为，老子、庄子皆楚人，而据《汉志》，蜎子、长卢子、老莱子、鹖冠子，亦皆楚人，传说中的隐逸亦多为楚人。小柳此文

① 邓乔彬：《古代文艺的文化观照》，上海教育出版社2003年版，第330—333页。

发表在昭和六年，当在王国维所说之后，笔者未能查阅众多文献，故难以断定以楚人及其精神相观照者最早出于何人，此处不作考证。

虽有学者否认老子楚人及南北之学一说（如吕思勉《先秦学术概论》），但王国维等人所说确实是可从的。

据《史记·老庄申韩列传》，老聃晚年回到了故乡楚国苦县，苦县本属陈，楚灭陈后属楚，故城在今河南鹿邑。庄子为宋国蒙人，即今安徽蒙城县。老聃与庄子是道家代表，不必多说，我们不妨看其余道家人物的籍贯。据《汉书·艺文志》所载道家人物及其著作：蜎子十三篇，楚人；长卢子九篇，楚人；老莱子十六篇，楚人；鹖冠子一篇，楚人；曹羽二篇，楚人。若以小柳司气太所说作补充，传说中的隐逸如《论语》中的接舆、长沮、桀溺，《列子·汤问》及《韩非子·解老》中的詹和，《韩诗外传》卷九的北郭先生，《吕览·异宝》篇的江上老人，《荀子·尧问》的缯封人等，也都是楚人。又举屈原的《远游》、《渔父》中语与老、庄对照，以见其间相通之处。所以，隐逸之士确实以楚人为多。

以老、庄为代表的道家，《汉书·艺文志》所评的“清虚以自守，卑弱以自持”二语，确实是最得其要谛，与儒、墨二家的积极入世显为不同。孔子、墨子皆鲁人，分别是现在的山东曲阜、滕州，老子楚人，庄子宋人，一为河南鹿邑人，一为安徽蒙城人。今日的豫东、皖北与山东相连，以现在的地理概念来看，很难说有多大的南北差距，但当时却非如此。以齐与鲁而言，今日都在山东省，可是齐、鲁文化并不相同，更何况楚、宋与鲁呢？而且我们还可以因孔、墨与老、庄（尽管前二者间的差别远大于后二者的差别）在社会、政治思想上的巨大差异，而将他们作为并非显著的地理意义上的、南北文化不同的代表。

虽经一个世纪，我们还是可以肯定王国维对孔、墨与老子作南北分派的合理性，诸子南北分野之说是可以成立的。

二　实用理性与自然天道

孔墨与老庄的最大区别，诚如王国维所说，是入世和遁世，不过这还不足以概括全部，如从他们之间所关注的主要哲学课题看，不同者尚有甚多，择其要，从入世与遁世作逻辑延伸，实用理性和自然天道当是他们所系心、且很见贡献的理论，也最显不同的特点。

春秋时代以来，思想家、政治家们逐渐走出了巫史文化和蒙昧主义，确立起理性精神。

《礼记·表记》上云：“殷人尊神，率民以事神，先鬼而后礼”，“周人尊礼尚施，事鬼敬神而远之。”很正确地指出商、周文化的本质区别，而这种区别其实表现出从蒙昧到理性的发展，从《左传》可以见之。清人汪中《述学·左氏春秋释疑》认为：“左氏所书，不专人事。其别有五：曰天道，曰鬼神，曰灾祥，曰卜筮，曰梦。‘其失也巫’斯之谓欤？”但他又为之辨析，认为这五者皆“未尝废人事也”。

“不专人事”，即讲天道、鬼神、灾祥、卜筮、梦，是“其失也巫”，说明在去古未远的《左传》时代，有着巫文化的影响，但未尝废人事毕竟是主导，得失与治乱仍是最为关心的问题。如桓公六年载季梁告隋侯语：“所谓道，忠于民而信于神也。……夫民，神之主也。是以圣王先成民而后致力于神。”僖公十六年记载，是年正月戊申朔陨石于宋五、是月六鹢退飞过宋都，周内史叔兴聘于宋，宋襄公问此二事所主祯祥吉凶，叔兴在顺其所好回答后，退而告人道：“君失问。是阴阳之事，非吉凶所生也，吉凶由人。”至于史嚚和子产，则更表现出鲜明的重人轻神意识。庄公三十二年载，史嚚以虢国将亡，因其不重人、不重士，而迷信鬼神，曰：“吾闻之：国将兴，听于民；将亡，听于神。”昭公十七年记彗星现，鲁大夫申须以为诸侯将有火灾，预言宋、卫、陈、郑皆有大火，郑国善于占星术的裨灶亦以火星之变预言四国将有火灾，请子产用国宝祭禳以求免灾，而子产不许，十八年，果然四国火灾，裨灶说，如不用己言，郑国还将火灾，人们皆求子产祭禳，仍不许，子产说：“天道远，人道迩，非所及也，何以知之？灶焉知天道？是亦多言矣，岂不或信？”尽管当时普遍存在对天道鬼神的迷信，但以上这些已可见出当时有识的政治家对天道和人事的孰轻孰重。

在诸子散文中，表现出在“不废人事”基础上的继续进步，思想家从蒙昧主义、宗教观念中挣脱，确立起可贵的理性精神。

孔子的天道观虽与周人的传统思想为近，难以真正摆脱天道主人世吉凶祸福的观念，《论语》载其所说的诸如“死生有命，富贵在天”（《颜渊》），“获罪于天，无所祷也”（《八佾》），“天之未丧斯文也，匡人其如予何”（《子罕》），“吾谁欺？欺天乎”（《子罕》）等，都可见孔子并未否定天的意志和主宰人世的权威。但是，孔子在将“天命”作为“三畏”之首（见《季氏》）同时，又将“大人”和“圣人之言”与之相并，显然不同于西周时期以一切皆受命于天的思想。在对待祭祀问题上，更表现出孔子对宗教思想的背离。不但“子不语：怪、力、乱、神。”（《述而》）而且是“祭如在，祭神如神在。子曰：‘吾不与祭如不祭。’”（《八佾》）认为“非其鬼而祭之，谄也。”（《为政》）甚至对自己因病而弟子请祷一事，他也不以为然：“子疾病，子路请祷。子曰：‘有诸?’子路曰：‘有之，诔曰：祷尔于上下神祇。’子曰：‘丘之祷久矣。’”（《述而》）对于弟子所问，他作了重在现实人生的回答：“季路问事鬼神。曰：‘未能事人，焉能事鬼?’‘敢问死。’曰：‘未知生，焉知死?’”（《先进》）因而他认为智者应该远鬼神：“樊迟问知（智）。子曰：‘务民之义，敬鬼神而远之，可谓知矣。’”（《雍也》）尽管孔子“畏天命”，但恐怕更多的是借助天命来制约人事，因为他的所有言论确实表现出对人生、人道的高度重视。

再看同为“显学”的墨子。墨子显然是尊天敬鬼的。他所说的“古圣王治天下也，故必先鬼神而后人”（《墨子·明鬼下》），“鬼神之明，智于圣人”（《墨子·耕柱》），都表现出对鬼神的迷信。但是，《墨子·鲁问》将其政治思想要点作了较为全面的表述：“凡入国，必择务而从事焉。国家昏乱，则语之尚贤、尚同；国家贫，则语之节用、节葬；国家喜音湛酒，则语之非乐、非命；国家淫僻无礼，则语之尊天、事鬼；国家务夺侵凌，则语之兼爱、非攻。”他的“尊天、事鬼”之说是缘于“国家淫僻无礼”，在人民没有任何权力的情况下，只能借助天和鬼神来制止统治者。墨子所说的“天志”“天意”是具有裁判意义和兼爱性质的。《墨子·天志中》说：“故子墨子之有天之意也，上将以度天下之王公大人为刑政也，下将以量天下万民为文学出言谈也。观其行，顺天之意谓之善意行，反天之意，谓之不善意行。”“观其刑政，顺天之意谓之善刑政，反天之意谓之不善刑政。故置此以为法，立此以为仪，将以量度天下之王公大人卿大夫之仁与不仁，譬之犹分黑白也。”《墨子·天志中》又说：“天之意不欲大国之攻小国也，大家之乱小家也，强之暴寡，诈之谋愚，贵之傲贱，此天下所不欲也。……欲人之有力相营，有道相救，有财相分也。……顺天意……则刑政治，万民和，国家富，财用足，百姓皆得暖衣饱食。”其尊天事鬼的目的和意义自明。

孔墨之后的儒家和法家诸多人物，其突破蒙昧主义的实用理性精神更随时代发展而前进，可不论。如将孔子与苏格拉底相比，后者认为“人的本分就是学习神明已经使他通过学习可以学会的事情，同时试图通过占兆的方法求神明指示他那些向人隐讳事情。”[①] 这一看法较之于孔子的“务民之义，敬鬼神而远之。”（《论语·雍也》）高下自明。

对诸子著作的实用性特点以及拯救时弊之起因，《淮南子·要略》曾作过这样的论述：“周公受封于鲁，以此移风易俗，孔子修成、康之道，述周公之训，以教七十子，使服其衣冠，修其篇籍，故儒者之学生焉。墨子学儒者之业，受孔子之术，以为其礼烦扰而不说，厚葬靡财而贫民，服伤生而害事，故背周道而用夏政，……故节财薄葬，闲服生焉。齐桓公之时，天子卑弱，诸侯力征，南夷、北狄，交伐中国，中国之不绝如线，齐国之地，东负海而北障河，地狭田少，而民多智巧，桓公忧中国之患，苦夷狄之乱，欲以存亡继绝，崇天子之位，广文武之业，故管子之书生焉。齐景公内好声色，外好狗马，猎射亡归，好色无辨，……故晏子之谏生焉。晚世之时，六国诸侯，溪异谷别，水绝山隔，各自治其境内，守其分地，握其权柄，擅其政令，下无方伯，上无天子，力征争权，胜者为右，……故纵横修短生焉。申子者，韩昭釐之佐，韩、晋别国也，地墩民险，而介于大国之间，晋国之故礼未灭，韩国之新法重出，先君之令未收，后君之令又下，新故相反，前后相缪，百官背乱，不知所用，故刑名之书生焉。秦国之俗贪狠强力，寡义而趋利，可威以刑而不可化以善，可劝以赏而不可厉以名，被险而带河，四塞以为固，地利形便，蓄积殷富，孝公欲以虎狼之势而吞诸侯，故商鞅之法生焉。”[②]

上面所论，足见诸子乘时而起，力求有补于世事的特征，而且，无论是儒、墨、

---

① ［希腊］色诺芬：《回忆苏格拉底》，吴永宗译，商务印书馆1984年版，第3页。
② 刘向：《淮南子》卷二十一，上海古籍出版社1986年版，第1308页。

管、晏、纵横、刑名、法诸家，都属北方。所道及的人物中，管仲颍上（今安徽阜阳）人，晏婴齐夷维（今山东高密）人，孔子鲁陬邑（今山东曲阜东南）人，墨子祖先为宋国人，后长期居鲁，实为鲁人，商鞅卫人，纵横家苏秦洛阳乘轩里人，张仪魏人，名家公孙龙据说为赵人，惠施为宋人。如再加上前面提及《左传》时所说的子产为郑人，另法家的代表韩非为韩国公子，以及儒家的孟子为邹（今山东邹县东南）人，荀子为赵人。可见，先秦诸子、尤其是其中主于实用、救弊的诸派学者基本上都是北方人。

《淮南子》主要是道家倾向，此处却未言道家，我们不妨再谈谈老、庄。

老子、庄子与孔、墨的注重社会、政治不同，虽《汉书·艺文志》称道家学说是"君人南面之术"，但司马谈《六家要旨》因汉初推尊黄老之势，以之"指约而易操，事少而功多"，因此较之于儒者，更多是关注自然、天道。老子作为道家的创始人，自是以"道"为核心展开他对世界的认识。《老子》二十五章说："有物混成，先天地生。寂兮寥兮，独立而不改，周行而不殆，可以为天下母。吾不知其名，字之曰道，强为之名曰大。"四十二章又说："道生一，一生二，二生三，三生万物。万物负阴而抱阳，冲气以为和。"他对世变中种种机巧、不公、苦难等不满，故以赤子拟理性人格，以小国寡民为理想社会，以绝圣弃智为倡，提倡虚静无为，知雄守雌。所以，老子哲学是兼有社会哲学和自然哲学，且以后者为主的学说。

庄子"剽剥儒墨"而独尊老子、关尹之学。他推衍了老子对"道"的论述，以"道"有情有信、无为无形、可传不可受、可得不可见（详见《大宗师》）。他反对人为物役，要求回复人的本性，以全生保身为倡，并希望回到远古的原始社会，还塑造出摆脱了一切"物役"、获得绝对自由（逍遥游）的至人、真人、神人、大宗师形象。他以相对主义认识事物，泯物我、齐生死、等贵贱、一是非，主张安时顺处、无欲无为、不哀不乐；且提倡"纯粹经验"的"心斋"、"坐忘"说，以"丧我"而与宇宙合为一体以得"真我"。他的学说比老子更增加了神秘主义色彩，相对主义、不可知论和宿命论的意味更浓厚，但诚如李泽厚《中国古代思想史论》所说，庄子是最早反异化的思想家，他提倡审美的人生态度和理想人格，关注生命、个体、感性，他的哲学是美学。而实际上，庄子对自然天道也颇多关注。

总之，老、庄间有同有异，他们之所以共称为"道家"，是因为在关注世界的本源同时，他们的哲学都具有否定性、退避性特点。《淮南子·要略》言各家之起是因形势、现实的需要，老、庄并非如此，后者尤其不具备实用性品格，故未论列。

在短短的篇幅中，实在难以概括诸子的诸多理论学说，论者以《庄子·天下》为《庄子》全书后序，即《孟子》终篇之意，堪称我国最早的学术史论文，我们不妨以之观照其他几家的理论要点。

儒、墨与道家的主要代表不论，且看庄子《天下》篇中所及诸家。如宋钘、尹文，庄子以之"愿天下之安宁，以活民命"，"见侮不辱，救民之斗，禁攻寝兵，救世之战"，"不忘天下，日夜不休"，似颇近于墨子，而"不累于俗，不饰于物"则近于庄子自己。如彭蒙、田骈、慎到，庄子以为能创“齐万物以为首”，“弃知去己”，“纵脱无形，而非天下之大圣”，“无建己之患，无用知之累”，“无用圣贤”等，均与道家极为相似，而实际上，论者以为慎到有名法二家色彩。《天下》对作为名家的惠施、公孙龙的理论论列颇多，所言的“历物十事”和辩者的“二十一事”，庄子以为他们“饰人之心，易人之意，能胜人之口，不能服人之心，”是“辩者之囿”，“以反人为实”；但现代的哲学史家、逻辑学家都认为，这些似与常识相违背的东西虽不免诡辩色彩，却在名实的分析中涉及诸多哲学命题，其中不乏自然天道的内容，如“天与地卑，山与泽平”，“日方中方睨，物方生方死”，“南方无穷而有穷”，“连环可解”，“天地一体”；“轮不蹍地”，“飞鸟之景，未尝动也”，“镞矢之疾，而有不行不止之时”等，以今日之见，都很有科学思想，尤其是“一尺之捶，日取其半，万世不竭”，更是现代数学中“极限”概念的形象表述。

如果对庄子所说作些补充，宋钘、尹文学派对自然天道的学说颇有见地。因宋、尹的著作已佚，而《管子》中有数篇与《庄子·天下》、《荀子》、《韩非子》、《吕氏春秋》所载宋、尹思想基本一致，故今多据以研究此派学说。由《管子·内业》可知宋、尹的精气说：“凡物之精，比则为生，下生五谷，上为列星。流于天地之间，谓之鬼神；藏于胸中，谓之圣人。”他们继承和发展了老子关于“道”的思想，将“道”视作物质实体，与“气”为同一物。宋、尹的精气说开启了我国历代学者的多言“气”，并以之为构成天地万物本源的理论，在学术史上有很大的影响。此外，驺衍等人的阴阳五行说注重天道与人事的互相影响，开汉代董仲舒之先，但他们的理论颇多论及五行、四时、山川、地理、天文、气象等，可见对自然天道的重视。

因驺衍而不能不说到稷下学派。《史记·孟荀列传》云：“自驺衍与齐之稷下先生如淳于髡、慎到、环渊、接子、田骈、驺奭之徒，各著书言治乱之事，以干世主。……皆学黄老道德之术，因发明序其指意。……齐襄王时而荀卿最为老师。”稷下学派中除后期的荀子为儒家，淳于髡“学无所主”，二驺是阴阳家，其余的虽庄子以其间有所不同，但多可列入道家。此时的齐国，已非管仲、晏婴之时，而稷下学派之以道家和阴阳家为主，则多沿着老聃视“道”为宇宙万物之本体而继有阐发，所以齐虽北国，此时的学术主流却带老子所奠定的南方色彩。

由以上可知，先秦诸子的学术确实是沿孔、老两家所奠定的基础，成南北之分，如稷下学派则可看作地域文化的一种南北换位现象，而以儒、道为代表的南北学术，也确有人事与天道的大概指向，诸子的地域文化特点是不能否定的。

三　诸子文学的南北之异

诸子散文的文学性，也有显著的南北之别。

刘勰《文心雕龙》较早注意到先秦诸子在文学上的差异。其《诸子》篇先言子书起自《鬻子》，而孔、老之间因“仲尼访问，爰序《道德》，以冠百氏”，使“圣贤并世，而经史异流”。然后对战国诸子的内容作了概括：“孟轲膺儒以磬折，庄周述道以翱翔，墨翟执简确之教，尹文课名实之符，野老治国于地利，驺子养政于天文，申、商刀锯以制理，鬼谷唇吻以策勋，尸佼兼总于杂术，青史曲缀以街谈。”总括诸子，刘勰认为又可以作两类的区分：一类是“纯粹者入矩”，另一类是“踳驳者出规”。实际上，他所说的纯粹和踳驳又因内容而关涉到艺术性。在他看来，纯粹者如“《礼记月令》，取乎吕氏之《纪》，《三年问》丧，写乎《荀子》之书”，都是有所本，是实在的东西；而踳驳者如“汤之问棘，云：蚊睫有雷霆之声；惠施对梁王，云：蜗角有伏尸之战；《列子》有移山、跨海之谈，《淮南》有倾天、折地之说”，都是“混同（按，当作“鸿洞”，意为相连）虚诞”。

刘勰出于其宗经、征圣的一贯立场，正如他在《辨骚》篇中评《离骚》一样，肯定的是陈尧舜、称汤武、讥桀纣、伤羿浇，是典诰之体、规讽之旨、比兴之义、忠怨之辞；却认为托云龙、说迂怪、丰隆求宓妃、鸩鸟媒娀女，是诡异之辞，康回倾地、夷羿彃日、木夫九首、土伯三目，是谲怪之谈。对于诸子的文学性，他所肯定的也是义有所宗、事有所征、主于实用、“入矩”的“纯粹”者，而对移山跨海、倾天折地、神话寓言之类“混同虚诞”、“出规”的“踳驳”者，则有所不满。而正如刘勰论《离骚》肯定其“同于风、雅”的四者，是出于北方史官文化，而“诡异之辞”、“谲怪之谈”出于南方巫官文化一样；诸子中的“纯粹”者亦多与北方的实用型理性文化相关，而“踳驳”者则多与属南方（宋、楚）或东方（齐）的道家文化相涉。如将稷下学派大体归之于道家，则可将齐移至南方，变地理概念为文化概念，我们就可以将诸子文风简化为南北两派。

诸子散文的文学性大致呈现出由先而后逐渐发展的趋势。《论语》是语录体，体现出“辞，达而已矣”的总体面貌，言简意赅，质直而迂徐、雍容而含蓄，偶尔记载了孔子及弟子的神情、风貌。《老子》五千言，多为哲理，结构不严，语言不饰，因有韵脚，而便于记诵。《墨子》部分篇目尚有语录体的对话形式，但总体上较多议论，质朴少文而长于辩难，逻辑性强，善于层层推演，有现代学者因其精辨而谓之导因明之先路。《孟子》在对话中多论辩，气势充沛，感情强烈，爱憎分明，善于讽刺，不避锋芒；汉人赵歧《孟子注题辞》以之“长于比喻，辞不迫切，而意以独至”，则又说出了另外一面。《荀子》多长篇大论，观点鲜明，论析透彻，逻辑严密，层次分明，且善作排偶，辞采丰富，因处纵横之世，荀子为文亦有此风。《韩非子》长于议论分析，周至详尽，劲直透彻，严峻醒豁，锋颖锐利，长于揣摩对方心理，善于有针对性地分析问题，尤其擅长用历史和寓言说理。

以上除《老子》以外，孔、墨、孟、荀、韩非诸家，可谓北方派。而南方派当以庄子、列子、驺子三家为代表。《汉书·艺文志》以《列子》入道家，唐人殷敬顺认为“《穆王》、《汤问》二篇，迂诞诙诡”，“且多寓言，与庄周同类”[①]，对其文

---

① 《二十二子·列子》，上海古籍出版社 1986 年版，第 194 页。

学性论述甚当。对驺衍的评价以《史记·孟子荀卿列传》最为准确:“《始终》、《大圣》之篇十余万言。其语闳大不经,必先验小物,推而大之,至于无垠。……推而远之,至天地未生,窈冥不可考而原也。”因此,阴阳五行家产生在齐国这一滨海地区,以新奇见闻为基础,成其谈天雕龙的迂怪之论,与庄子亦颇有共同之处。

先秦时代诸子散文中最具有文学性的当推《庄子》。庄子自云:“以谬悠之说,荒唐之言,无端崖之辞,时恣肆而不傥”,“以卮言为曼衍,以重言为真,以寓言为广。”(《天下篇》)准确道出了自己的特点。李白《大鹏赋》谓之“发天机于漆园,吐峥嵘之高论,开浩荡之奇言,征至怪于齐谐,谈北溟之有鱼,……吾亦不测其神怪之若此,盖乃造化之所为。”宋人高似孙《子略》称其“极天之荒,穷人之伪,放肆迤演,如长江大河,滚滚灌注,泛滥于天下。又如万籁怒号,彭湃汹涌,声沉影灭,不可控搏。”清刘熙载《艺概·文概》极赞其“文法断续之妙”,“意出尘外,怪生笔端”,“无端而来,无端而去,殆得‘飞’之机者”,又说:“《庄子》寓真于诞,寓实于玄,于此见寓言之妙。”《庄子》非《墨子》“三表法”的注重逻辑,而弃其板滞无华;无《孟子》磅礴淋漓的论辩,而去其浮浅显露。就文学性而言,确实如鲁迅《汉文学史纲要》所说:“汪洋辟阖,仪态万方,晚周诸子之作,莫能先也”。

我们回过头来再看刘勰论诸子在文学性上的差别:

> 研夫孟、荀所述,理懿而词雅;管、晏属篇,事核而言练;列御寇之书,气伟而采奇;邹子之说,心奢而辞壮;墨翟、随巢,意显而语质;尸佼、尉缭,术通而文钝;鹖冠绵绵,亟发深言;鬼谷眇眇,每环奥义;情辨以泽,文子擅其能;辞约而精,尹文得其要;慎到析密理之巧,韩非著博喻之富;吕氏鉴远而体周;淮南泛采而文丽。

《文心雕龙》用骈文写成,极其精练,难以对诸子的文风作详尽论述,但所论确能抓住要害,得其根本。其中所说的列子“气伟而采奇”,驺衍“心奢而辞壮”,到汉代《淮南子》的“泛采而文丽”,确与其他各家的风格不同,与前引的“庄周述道以翱翔”,明显地构成了富于幻想、注重辞采的浪漫主义风格,而这几家不是道家则是阴阳家。刘熙载《艺概·文概》很正确地指出:“列子实为庄子所宗本,其辞之諔诡,时或甚于庄子,惟其气不似庄子放纵耳。”“文章蹊径好尚,自庄、列出而一变,佛书入中国又一变,《世说新语》成书又一变。”

王国维《屈子文学之精神》以其深邃而敏锐的理论直觉指出:“北方派之理想,置于当日之社会中,南方派之理想,则树于当日之社会外。……南方之人,以长于思辩,而短于实行,故知实践之不可能,而即于其理想中,求其安慰之地,故有遁世无闷,嚣然自得以没齿者矣。若北方之人,则往往以坚忍之志,强毅之气,恃其改作之理想,以与当日之社会争……”“南人想象力之伟大丰富,胜于北人远甚。

彼等巧于此类，而善于滑稽：故言大则有若北溟之鱼，语小则有若蜗角之国；语久则大椿冥灵，语短则蟪蛄朝菌；至于襄城之野，七圣皆迷；汾水之阳，四子独往；此种想象，决不能于北方文学中发见之。故庄、列书中之某分，即谓之散文诗，无不可也。”对诸子在为人处世、人生理想、思与行，以至在文学上的短长，都有很正确的判断。

以“仁”、“礼”为核心的孔子学说是完整、复杂的体系，简而言之，人道意识是构成其思想的基础；孟子在推行仁政的主张外，则重在道德主体的人格精神；墨子对孔门的礼乐文化大为抨击，但“兼爱”、“非攻”仍在于人道；荀子不似孟子以“浩然之气”而主于“内”，其所重在“外”，倡“明分”、“隆礼”“法后王”；终至其学生韩非更发展为重政务实利，“度其本，不从其欲，期于民利”（《韩非子·心度》）。总之，以上诸家都植根于北方文化，都取入世态度，重在政治、社会、人伦、实用，所以无论《论语》的言简意远、雍容和顺，《孟子》的感情强烈、纵横善辩，《墨子》的质直无文、逻辑严密，还是《荀子》的谨严，《韩非子》的峻峭，虽有种种不同，但可用一个字来概括：“实”。

老子固然有其政治、社会学说和处世之论，但其之以道家命名，当最以“道”为学说之要，而老子言道则如自己所说“惚兮恍兮”“窈兮冥兮”；庄子“以天下为沈浊，不可与庄语”，所说者多为“谬悠之说，荒唐之言，无端崖之辞”；列子“群有以至虚为宗，万品以终灭为验，神惠以凝寂常全，想念以著物自丧，生觉与化梦等情，巨细不限一域，穷达无假智力，治身贵于肆任……”① 其说实与庄子近；驺衍“必止乎仁义节俭，君臣上下”，注重实际的政治问题，与庄子不同，但他针对“有国者益淫侈，不能尚德”，不是直言己见，而是“乃深观阴阳消息，而作迂怪之变”②。《吕氏春秋·不二》用一字评各家，给予列子的评语是“子列子贵虚”。庄、列虽关注点不同，在论事言理的方法上则颇有相近之处，都喜作推极于无始以前之论，自信与天地精神相往来，《荀子·解蔽》谓“庄子蔽于天而不知人”，实与列子大可沟通。故庄、列以至老子、驺衍都可以概之为一字：“虚”。

刘永济《十四朝文学要略》认为，战国文学风气有三大宗主：齐风、楚风和秦风。言齐风云：“稷下诸子，谈天雕龙之徒，其最著也。以理智为主，长于辨析推衍，而其失则骛于虚，以浮夸谲诞相尚，国卒以不竞。”言秦风云：“秦人崛起西陲，政务实利，学主调和，商鞅、吕不韦，其最盛也。其后则有李斯，以志意为主，长于指陈利害，无齐之闳辩而检练过之。异楚之华赡而深刻可观，其失则刻酷寡恩，所谓政无膏润，形于篇章也。虽多勘定祸乱之功，殊少开国恢宏之象，宜其享国之不永也。”③ 对以阴阳家为主的齐风和以法家为主的秦风，所论多能启人思智。连同

① 东晋张湛：《列子序》，《二十二子》，第194页。

② 司马迁：《史记·孟子荀卿列传》，《二十五史》，上海古籍出版社，上海书店，1986年版。

③ 刘永济：《十四朝文学要略》，黑龙江人民出版社1984年版，第60页。

楚风，则是变一般的南北之别而分为三：东、西、南。此说自有其理，但鄙意以为，言战国文风宗主而不言庄子，似是重大的遗漏。值得注意的是对楚风的论定："屈、荀辞赋，其最著也。其后则有宋玉、唐勒、景差之流，以情感为主，长于敷陈讽谕，而其失则从容婉顺，不能直谏，悲伤惨沮，能感人之情，而不能强人之志，而楚亦衰矣。"这里所说的楚国文学是辞赋，即使论及荀子，亦非其文，当不在我们所说的诸子之列。但若将刘先生所说再作引申，以宋、楚相并，共观庄、屈，倒是引出一个很有意义的论题。

倘模糊一些说，将宋、楚文化均视作南方，屈原是不乏哲学思想的文学家，庄周是极具文采的哲学家，对这两大家的定位，无非在以何为主而已。前者在积极从政同时又对天地、鬼神（神话传说）充满兴趣，后者无意于政治，却对自然天道思考甚多。在战国时期的两大哲学主题——宇宙本体和天人关系的讨论中，庄子瞩目于天，写有《天地》、《天道》、《天运》、《天下》等多篇，而屈原也有著名的《天问》，庄子"乘天地之正，御六气之变"，有着"天地与我并生，万物与我为一"的不凡气概，屈原对"上下未形，何由考之"的天，提出了诸多伟大而幼稚的问题。而注目于天地宇宙，才能有庄、屈雄奇、瑰丽的幻想和辞采，发人情思、沁人心脾的鸿篇巨制。庄、屈虽不同，但在这点上，南方文化给予他们的却是共同的。

刘永济先生说屈原"以情感为主"，而以王国维《屈子文学之精神》所见，诗歌"皆以描写自己深邃之感情为主"，屈原以前，诗歌为北方学派所专长，"而大诗歌之出，必须俟北方人之感情，与南方人之想象合而为一，即必通南北之骑驿而后可，斯即屈子其人也。"这样，以屈原为代表的"楚风"，其开创之功则是古典文学的另一个里程碑了。

（原载《华东师大学报》2004 年第 4 期，刊发时有删节）

简论先秦历史散文的文化特性

摘 要 我国先民极其重视历史，先秦的历史散文是史官文化的直接产物和代表。其文化特点主要表现在三方面：“兴以立功，败以成罚”的实用—资治性，“好恶同于圣人”的道德—伦理性，“跌宕而不群，纵横而自得”的历史—文学性。

关键词 史官文化；先秦历史散文；三特性

有学者认为，我国先秦时代的北方文化是史官文化，重人事，讲求实际，南方文化是巫官文化，信鬼神，富于幻想。后者见于《楚辞》，前者颇能体现在先秦历史散文中。本文旨在探求史官文化表现在先秦历史散文中的特点和精神，望能就教于大方之家。

历史散文可谓史官文化的直接产物与代表。《说文》：“史，记事者也。”可见记事是“史”的最基本涵义。传说从黄帝时代开始就有司文字的史官。殷商时代，军国的要务，君王的言行，祸福与灾祥等，都为巫史所记载。到周朝，史官制度已很成熟，尽管“史”作为周朝官制中的文职人员，所担任的任务包括衔命以传达王命，代表周王去别处从事宗教性礼仪，甚至督工或巡省，但毕竟是“以职掌记录为专业”[①]。周朝设有大史、小史、内史、外史、御史、女史、柱下史等，分管各项文书工作，而周朝的这一建制又是继承殷商旧制而来，只不过是有所损益而已。周朝的大史又称为右史，内史又称为左史，仍如殷商那样，分别记载国君的言论和行动，《礼记·玉藻》云：“动则左史书之，言则右史书之。不云记言者，以记事者包之也。”是对其功能的很好概括。在春秋时期，各个诸侯国都有史官，在列国的争霸中，史学因其“赞治”的实用宗旨，获得了很大发展，鲁国的《春秋》、晋国的《乘》、楚国的《梼杌》都是著名的史书。此后，由于尊礼、敬祖，由于农耕民族务实精神的代代相传，所以先民们极其重视历史，历史著作代代不断。

我国这个优秀的史学传统开始得很早。在西周初年已经有了编年史体，春秋时期，各个诸侯国都有史官，编撰有编年体和记言体史书。我们今天所说的先秦历史散文，主要指《尚书》、《左传》、《国语》、《战国策》，另外，还有出土的《竹书纪年》等。这里，不想全面列陈这些历史散文的特点，而从农业—宗法社会的背景，概述它们所奠定的史学传统的文化特性。

这些历史散文的主要文化特性是什么呢？约之当有三点。

---

① 许倬云：《西周史》（增订本），三联书店1994年版，第218、219页。

一 实用—资治性："兴以立功、败以成罚"

以农耕生活为主的中国先民们，对于自然是适应，"人定胜天"之说实亦只是积极的适应罢了；对于人类自身，则取"内外和谐"的态度，从原始的氏族血缘，发展出规范的家族伦理、长幼尊卑、等级秩序，构成了政治关系与社会名分的"礼"，外在的"礼"和内在的"仁"（人道主义精神）构成较完备的文化—心理结构。在这种结构的基础上，不以主要精力注目于"天"，所以宗教意识既弱，对宇宙本体的探讨亦不深，即使注重天人之合，也在于将天降灾祥与人间的祸福相对应，还是立足于人间。先民中的精英人物，主要注目于"人"，注重如何治人、治世，以务实精神为倡。《管子·小称》云："务为不久，盖虚不长"，其中的"为"通"伪"，可见其崇实精神，《礼记·中庸》有"无征不信"之说，汉代的荀悦《申鉴·俗嫌》更总结出"不受虚言，不听浮术，不采华名，不兴伪事"的十六字箴言。务实精神既是史学得以成立的基础，又决定了用之以作鉴戒、资治的功能特点。

因为重视人生而非迷信鬼神，重今生而非来世，即使在先秦时代，科学尚不发达，但理性精神已经渐渐居于主导地位，所以我国先秦时代的历史不同于西方历史。尽管古埃及在第五王朝时已有了简略的编年史，古希腊希罗多德、休昔的底斯在公元前五世纪已分别有《历史》（又名《希腊波斯战争史》）和《伯罗奔尼撒战争史》，稍后的色诺芬有《希腊史》，但其中不乏虚构奇闻，颇多人与神的纠缠，经常会在对历史的描述中插入神的内容，甚至后者居于主导地位，与我国的真正历史著作有别。正如法国启蒙思想家伏尔泰在《风俗论》中所说，中国古代的历史绝无埃及人和希腊人那样的以上帝的代言人自称，更不具欧洲中世纪基督教统治下的神学色彩。所以他对中国历史的非宗教性及理性精神非常赞赏，并以此来反对宗教神学和封建蒙昧主义。当代美国学者吉德炜（David N. Keightley）也注意到《左传》和荷马史诗在描写战争中的不同："中国作品对战争的叙述中从不提及神出现在战场上，并影响战争结局，也没有智慧女神雅典娜之类的女神化成人来引诱中国的赫克托耳介入一场生死存亡的战斗。"（《伊利亚特》第22卷）又说："中国作品的描叙比较合乎人之常情，和我们对战争的想象比较接近，即战争充满了痛苦，也没有神的降临。"①。他所说或有将历史与文学相比之嫌，但却非"关公战秦琼"，因为在古代西方，历史著作常常有不少虚构和传闻，尤多神学色彩，与文学作品并无根本性的区别，而我国先秦时期也是文、史、哲难分，中国的"关公"和西方的"秦琼"之间确实有充分的可比性。亚里斯多德虽曾为历史与诗学下定义，以求划清二者的界限，但有西方"历史之父"之称的古希腊历史学家希罗多德的《历史》一书，就记载不少荒诞不经的传闻，在其所著中可见对"神意"非常迷信，而希罗多德只比

---

① 深圳大学国学研究所：《中国人是怎样成为中国人的——中国古代文化艺术与古希腊文化艺术中的英雄刍议》，《中国文化与中国哲学（1989）》，三联书店1991年版，第343—344页。

亚里斯多德早生一百年。稍后的色诺芬有《希腊史》，接续修昔的底斯写完了伯罗奔尼撒战争史，又记载了斯巴达和雅典城邦的盛衰史，但其中也有大量的“神意”和“预言”的记录。中国与希腊在历史著作中的这种区别，当源于西周从立国起，就将祖先与上帝相配，是二元的神灵崇拜，不是希腊的一元论，而恰恰是对祖先的崇拜，导致对真正历史传统的重视。

如不计甲骨卜辞，《尚书》是最古老的散文，《汉书·艺文志》云：古者“君举必书，……左史记言，右史记事；事为《春秋》，言为《尚书》”。《尚书》之“言”有何作用呢？刘知几《史通·六家篇》云：“盖《书》之所主，本于号令，所以宣王道之正义，发话言于臣下”。这两句话其实已将其性质作了精当的概括。

对于《左传》，《汉书·艺文志》云：“仲尼思存前圣之业，……以鲁周公之国，礼文备物，史官有法，故与左丘明观其史记，据行事，仍人道，因兴以立功，败以成罚……《春秋》所贬损大人、当世君臣，有威权势力，其事实皆形于《传》，是以隐其书而不宣，所以免时难也。”虽然清人汪中《述学·左氏春秋释疑》认为：“左氏所书，不专人事。其别有五：曰天道，曰鬼神，曰灾祥，曰卜筮，曰梦。‘其失也巫’，斯之谓欤？”但他又为之辨析，认为这五者皆“未尝废人事也”，说明在去古未远的时代，虽也有巫文化的影响，讲天道鬼神，但未尝废人事毕竟是主导，得失与治乱仍是最为关心的问题。近人柳诒徵也曾很正确地指出：“国家之兴亡，影响于社会至钜，愚者推求其故而不得，则归之于运数，而星相卜筮之术昌。观《左氏传》所载，多前知之言，……一人一家之休咎，均若有前定者。盖其时之人考索兴衰之理，不尽关于人事，故广求之于术数，从而附会之也。然社会心理虽多迷信，而贤哲之士，转因之而知尽力于人事。”此说是很全面的，且重心应落在后面。他据汪中所说，举出季梁、史嚚、叔兴、臧文仲、子产等例。[①]“尽力于人事”确实是时代精英们的所奉所行。《左传·桓公六年》所记季梁语：“夫民，神之主也，是以圣王先成民而后致力于神。”《庄公三十二年》所记史嚚语：“吾闻之，国将兴，听于民；国将亡，听于神。”也确实是体现出人本思想。

至于《战国策》，刘向的《叙录》云：“战国之时，君德浅薄，为之谋策者，不得不因势而为资，据时而为画，故其谋扶急持倾，为一切之权，虽不可以临教化，兵革救急之势也，皆高才秀士，度时君之所能行，出奇策异智，转危为安，运亡为存，亦可喜，皆可观。”

总之，历史学家对历史的实用性、资治性非常重视，多不仅仅视之为只是记载过去，而希求有用于现在和将来。司马迁在《报任安书》中称，自己之所以如诸多古人那样遭受不公的待遇而不废著述，是要“述往事，思来者”，因此“网罗天下放失旧闻，考之行事，稽其成败兴坏之理。”以个人修史尚如此，更不必说官方的

---

① 柳诒徵：《中国文化史》，东方出版中心 1988 年版，第 211—212 页。

目的、动机了。东汉史家荀悦《申鉴·杂言》曾说："君子有三鉴：鉴乎人，鉴乎前，鉴乎镜。"这"鉴乎前"就是借鉴于历史，而他之所以著《汉纪》，目的就在于用西汉的历史为当今统治者提供借鉴。而荀悦所说又引起了唐人吴兢《贞观政要·任贤》"以铜为镜，可以正衣冠；以古为镜，可以知兴替；以人为镜，可以明得失"之论。所以，确如刘知几在《史通·史官建置》中所说："史之为用，其利甚博。乃生人之急务，为国家之要道。有国有家者，其可阙之哉！"这段话是对历史的实用—资治性之精当肯定。宋英宗序《资治通鉴》，对历史的"明乎得失之迹，存王道之正，垂鉴于后世"极为重视，并说："至于荒坠颠危，可见前车之失；乱贼奸宄，厥有履霜之渐。诗云：'商鉴不远，在夏后之世'，故赐其书名曰'资治通鉴'，以著朕之志焉耳。"既是对《资治通鉴》一书命名的说明，又是作为最高统治者对历史资治性的最好论述。

二　道德——伦理性："好恶同于圣人"

伦理性与宗法制大有关系。王国维《观堂集林》卷十的《殷周制度论》指出：

> 周人制度之大异于商者，一曰立子立嫡之制，由是而生宗法及丧服之制，并由是而有封建子弟之制，君天子臣诸侯之制；二曰庙数之制；三曰同姓不婚之制。此数者，皆周之所以纲纪天下，其旨则在纳上下于道德，而合天子诸侯卿大夫士庶民以成一道德之团体。

对于前者的周朝制度，我们可不论，而后者却说出了这些制度所以创立的缘由是"纳上下于道德"，将不同等级、阶层的人们结合成为"一道德之团体"。因此，我国自古以来对道德就非常重视，《尚书·蔡仲之命》云："皇天无亲，惟德是辅；民心无常，惟惠之怀。"《诗·大雅·烝民》云："民之秉彝，好是懿德。"可谓将"德"纳入到天人合一的世界中。

对伦理道德的重视，使先秦史学带有显见的道德评判特点。宗法社会所发育出的伦理道德体系，尤其注重善恶之分，在进入学术领域后，涵括诸多学科，对于历史学同样也产生了巨大的影响。《左传·襄公二十四年》引古语："太上有立德，其次有立功，其次有立言。"此即著名的"三不朽"，此说将"立德"置于"立言"之上，既要求统治者重视道德要高于功业，而且治史者也要重视"史德"。《左传·隐公十年》云："善不可失，恶不可长"，以道德作为为政者是否得民心的标准，并警告统治者，避免因道德的沦丧而遭人民的唾弃。汪中《述学·左氏春秋释疑》认为："左氏之纪人事，所以耸善抑恶，以昭后世也。""天地福善而祸淫，祸福之至，必有其几。君子见微知著，明徵其词。其后或远或近，其应也如响。作史者比事而书之策，侍于其君则诵之，有问焉则以告之。其善而适福，足以劝焉；淫而适祸，足以戒焉：此史之职也。"则是将历史的资治性与伦理性统一起来讲了。

司马迁《史记·太史公自序》说："春秋者，礼义之大宗也。"郑樵说："刘歆曰：'左氏丘明好恶与圣人同'。"按《春秋》的著作目的之一是"惩恶而劝善"，所以《左传》也有这种色彩。我们且看后人的发明和论述。吴楚材、吴调侯《古文观止》卷一评论《郑伯克段于鄢》，针对郑庄公"志欲杀弟"一事，指出左氏所写揭露了"是以兵机施于骨肉，真残忍之尤"，而"左氏以纯孝赞考叔作结，寄慨尤深"，而浦起龙《古文眉铨》卷一也评此篇说："左氏自述所闻，深著郑罪，以传补经，写一幅枭獍小照。"对隐公三年的《周郑交质》，元杨维桢曾评道："周，天子也；郑，诸侯也。曰交质、交恶，则郑之罪大矣。然平王亦不能无罪焉。欲退郑伯而不敢退，欲进虢公而不敢进，反为虚言以欺其臣，固已失天下之体，郑亦何所忌惮哉！"[①] 隐公五年的《臧僖伯谏观鱼》，清林云铭《古文析义》卷一认为："观鱼自是纵欲逸游，在隐公以为无伤于民，且可以自遂其乐，独不思君之所行，皆所以为教，无不与民相关者。"余诚《重订古文释义新编》卷一指出："僖伯此谏，秉礼以匡君。……左氏一眼觑破，入手只用一笔提清。"抉发出其中所含蕴的道德评判问题，桓公二年的《臧哀伯谏纳郜鼎》记臧哀伯谏语："君人者，将昭德塞违，以临照百官。"确是一篇提纲，与"非礼"二字表里发明，所注意者也正在"德"字。《宣公三年》的《王孙满对楚子》可谓全篇围绕一个"德"字，正如明焦竑所说："'在德不在鼎'一句，是一篇主意。'夏之方有德'以下，正见'在德不在鼎'；'成王定鼎'以下，见'天祚明德，有所底止。'"[②] 总之，《左传》的诸多篇章都可见左氏对诸侯和天子在道德上的褒贬，确实体现出"好恶与圣人同"的特点。

《国语》同样有这一特点。如《周语》上的《祭公谏征犬戎》，正如明人钟惺所说："'耀德不观兵'为主脑，终篇反复不过此意。"[③]《召公谏厉王弭谤》，亦如明人张鼐指出的，厉王的得失在于"闻修德以弭谤，不闻使巫以监谤。"[④] 文中都是平实的记言、记事，仅以"怒"、"喜"、"监"、"杀"之类的词极简练的写厉王对待人民的不满和指责，而人民从无声的反抗到最终将厉王流放，并无多少作者的评判，但自寓褒贬，爱憎分明。《叔向贺贫》一反人之常情，通过韩宣子忧贫而叔向反而贺之，表达了以立德相劝之意，诚如清人林云铭《古文析义》卷三所说，是"借一'贺'字，逗出德来，以为劝勉。"吴楚材、吴调侯《古文观止》卷三亦云："贫之可贺，全在有德，有德自不忧贫"。

《国策》是记录勾心斗角、纵横捭阖之文，所以刘向的《战国策叙录》以主要篇幅讲"德"，追述周立国以迄战国之变，指出"周室自文、武始兴，崇道德，隆礼义，设辟雍泮宫庠序之教，陈礼乐弦歌移风之化，叙人伦、正夫妇，天下莫不晓

---

① ［明］张鼐：《评选古文正宗》卷一。
② ［明］张鼐：《评选古文正宗》卷一。
③ ［明］张鼐：《评选古文正宗》卷二。
④ ［明］张鼐：《评选古文正宗》卷二。

然论孝悌之义、惇笃之行，故仁义之道，满乎天下，卒致之刑错四十馀年；远方慕义，莫不宾服。雅、颂歌咏，以思其德。下及康、昭之后，虽有衰德，其纲纪尚明。及春秋时，已四五百载矣，然其馀业遗烈，流而未灭，……仲尼既没之后，田氏取齐，六卿分晋，道德大废，上下失序。至秦孝公，捐礼让而贵战争，弃仁义而用诈谲，苟以取强而已矣。”为此，他谴责“暴师经岁，流血遍野，父子不相亲，兄弟不相安，夫妇离散，莫保其命，湣然道德绝矣。”基于这样认识，刘向对战国之时虽君德浅薄，但“为之谋策者”的“因势而为资，据时而为画”、“扶急持倾”、“出奇策异智，转危为安”仍给予了充分的肯定，因为这对于人民来说毕竟可以减少因战乱带来的苦难。而《战国策》中的不少篇章也在记事记言中带着作者的道德评判，如《苏秦以连横说秦》通过苏秦的前后遭遇和周围人的前倨后恭，对趋炎附势者和势利的世象也有批判；《邹忌讽齐王纳谏》亦如《古文观止》卷四所说，是“千古臣谄、君蔽，兴亡关头，从闺房小语破之”；而《赵威后问齐使》则是“前一问深得‘民为邦本’意，后一问深得‘为政在人’意”[①]。当然，《战国策》较之于《左传》、《国语》，其惩恶扬善的倾向性并不显见，可到了司马迁作《史记》，不但充满了感情，而且在对历史事件和人物的评判中，真正可见道德—伦理性。

总之，在先秦历史散文中，确实体现出《春秋谷梁传·僖公十五年》所说“德厚者流光，德薄者流卑”的作史意识和评判标准。

三　历史——文学性：“跌宕而不群，纵横而自得”

本于“三立”原则，“立功”产生出历史的记事体，“立言”产生出记言体，而“立德”则贯穿、涵盖其中。人的“行”与“言”的历史，甚至是既记言又记事的著作，都注重具体的史实，而导入于微观。通观古代历史著作，无论是先秦时代的编年体，还是汉代才出现的纪传体，都缺乏宏观的规律探索、把握。中国史学讲实录精神，极其重视史实。《左传》固然因广采当时文籍，甚至杂入卜书、梦书、纵横、讽谏的内容，显得有些驳杂不纯，但其记事的详备足供后人了解当时的人生世相百态。诚如陆淳纂《春秋啖赵集传纂例》卷一《三传得失议第二》记啖助语：“博采诸家，叙事尤备，能令百代之下，颇见本末。”不足二万字的《春秋》，计有注疏、正义、释例多达四、五十种，数百倍于原著，使简略的记载变为周详，能给人更好的了解当时的诸多史实。史家之重于史料编纂是由于农业社会务实精神所致，但理论的宏观探讨和体例构建不够，这与农业文化的注重经验，较为封闭，相对于商业文化来说，缺少与外界交流有关。“我注六经”的治学法，和训诂、勘误、辑佚、注释，积累了大量史料，但中国史学体例，在《左传》是因事立传，在《史记》因人立传，一直沿袭下来，也使中国史学如中国农业一样，无法走出中世纪，

---

① ［清］唐介轩：《古文翼》卷三，同治癸酉常熟艺文堂刊本。

形成新体系。

先秦历史著作缺乏宏观把握，但在对人物、事件的描述中，却不乏文学性，而由先秦所奠定的文史难分的特点几乎贯穿整个古代，遂使我国的历史著作常常具有显见的文学性。如果说《尚书》过于佶屈聱牙，《春秋》过于简约，《左传》在先秦的历史著作中是最具文学色彩的，而《国策》的语言艺术也达到了新境界。

对于历史与文学的关系和区别，我们的古人说得甚少，而与先秦历史散文时代相近的亚里斯多德，在其《诗学》中倒有较为详尽的论述。该书第九章曾对历史与文学的界限作了区分："诗人的职责不在于描述已发生的事，而在于描述可能发生的事，即按照可然律或必然律可能发生的事。历史家与诗人的差别不在于一用散文，一用'韵文'；希罗多德的著作可以改写为'韵文'，但仍是一种历史，有没有韵律都是一样；两者的差别在于一叙述已发生的事，一描述可能发生的事。因此，写诗这种活动比写历史更富于哲学意味，更受到严肃的对待；因为诗所描述的事带有普遍性，历史则叙述个别的事。"又说："与其说诗的创作者是'韵文'的创作者，毋宁说是情节的创作者；因为他所以成为诗的创作者，是因为他能摹仿，而他所摹仿的就是行动。即使他写已发生的事，仍不失为诗的创作者；因为没有东西能阻挠，不让某些已发生的事合乎可然律，成为可能的事；既然相合，他就是诗的创作者。"① 在亚氏的论述中，我们可以看到，古希腊的理论家似乎对文学更为重视，这当与其以《荷马史诗》为代表的创作传统、成就有关，而《荷马史诗》尽管后来如马克思也曾将其作为古代欧洲社会生活的镜子来看待，但人们更多的还是将其视作文学作品，而不是历史的真实记载，因为其中有太多人与神的纠缠。而或许是导源于希腊的这一传统，在"已发生的事"和"可能发生的事"之间的界限难以真正划清，欧洲中世纪以前的历史著作也难以真正摆脱神学的色彩，以致有伏尔泰的讥讽和对中国历史的肯定。但是，平心而论，我国古代的历史多少还是有鬼神祯祥的内容，前已述，而在实录的同时，并不排斥文学性，用亚里斯多德的话来说，就是在"叙述已发生的事"之时，也注重"摹仿"和"情节的创作"，史家的记载，很多不能说不是"可能发生的事"。

《左传》的历史性不必说，我们尚应注意刘知几以超越史家的眼光对其文学成就的论述，《史通·杂说》云："左氏之叙事也，述行师则簿领盈视，哤聒沸腾，论备火则区分在目，修饰峻整。言胜捷则收获都尽，记奔败则披靡横前，申盟誓则慷慨有馀，称谲诈则欺诬可见，谈恩惠则煦如春日，记严切则凛若秋霜，叙兴邦则滋味无量，陈亡国则凄凉可悯。或腴辞润简牍，或美句入咏歌。跌宕而不群，纵横而自得，若斯才者，殆将功侔造化，思涉鬼神，著述罕闻，古今卓绝。"不仅从叙事上言其诸多长处，对其记言也多肯定，且对其形象性、生动性颇多表彰。梁启超

① 伍蠡甫：《西方文论选》，译文出版社 1979 年版，第 64—66 页。

《要籍解题及其读法》也说：“《左传》文章优美，其记事文对于极复杂的事项——如五大战役等，纲领提挈得极严谨而分明，情节叙述得极委曲而简洁，可谓极技术之能事。其记言文渊懿美茂，而生气勃勃，后此亦殆未有其比。又其文虽时代甚古，然无佶屈聱牙之病，颇易诵习。”即使我们今天从其善写战争、情节动人、辞令优美立论，实际并未出刘知几所论之外，且诚如梁启超所说：“故专以学文为目的，左传亦应在精读之列也”。后来司马迁《史记》的兼具史学与文学性，应是导源于《左传》。后代的史学著作，也带有一定的文学性，常被作为美文传诵。我国历史著作的亦史亦文特点，确实是很突出的。

《左传》的记言，论者以为不必都是实录，其中也有“可能发生”的“创作”。钱锺书先生《管锥编》说：“吾国史籍工于记言者，莫先乎《左传》，公言私言，盖无不有。虽云左史记言，右史记事，大事书册，小事书简，亦只谓君廷公府耳。初未闻私家置左右史，燕居退食，有珥笔者鬼瞰狐听于傍也。上古既无录音之具，又乏速记之方，驷不及舌，而何其口角亲切，如聆謦咳欤？或为密勿之谈，或乃心口相语，属垣烛隐，何所据依？如僖公二十四年介之推与母偕逃前之问答，宣公二年鉏麑自杀前之慨叹，皆生无旁证、死无对证者。”在引纪昀、李元度、李伯元等人所论后，又指出：“盖非记言也，乃代言也，如后世小说、剧本中之对话独白也。左氏设身处地，依傍性格身分，假之喉舌，想当然耳。”而钱锺书先生在此则所说的：“史家追叙真人实事，每须遥体人情，悬想事势，设身局中，潜心腔内，忖之度之，以揣以摩，庶几入情合理。盖与小说、院本之臆造人物、虚构境地，不尽同而可相通；记言特其一端。”①《管锥编·左传正义》第三十一则又指出，《左传》中的写人写事还有“不直书甲之运为，而假乙眼中舌端出之，纯乎小说笔法”的情况，钱先生认为，“西方典籍写敌家情状而手眼与左氏相类者，如荷马史诗中特洛伊王登城望希腊军而命海伦指明敌师将领”。这一看法则可见出中西方虽文化有别，但都有亚氏所说按可然律和必然律进行艺术创作的现象，而《左传》中的这种写法，正是历史著作汲取文学创作手法的表现。后来在《史记》中，更继承、发扬了《左传》的传统，《管锥编》针对《史记会注考证》中所说的“《国策》记廉事颇略，而无一语及蔺，此传多载他书所不载。”指出：“按此亦《史记》中迥出之篇，有声有色，或多本于马迁之增饰渲染，未必信实有徵。写相如‘持璧却立倚柱，怒发上冲冠’，是何意态雄且杰！后世小说刻划精能处无以过之。……赵王与秦王会于渑池一节，历世流传，以为美谈，至谱入传奇。使情节果若所写，则樽俎折冲真同儿戏，抑岂人事原如逢场串剧耶？”

《国策》记录因势为资、据时为画的策士们的纵横捭阖之术和舌辩之辞，其文学性当较《左传》更强。章学诚《文史通义·诗教上》认为：“战国者，纵横之世

---

① 钱锺书：《管锥编》，中华书局 1979 年版，第 164—166 页，第 210 页，第 319 页。

也。纵横之学，本于古者行人之官。观《春秋》之辞命，列国大夫，聘问诸侯，出使专对，盖欲文其言以达旨而已。至战国而抵掌揣摩，腾说以取富贵，其辞敷张而扬厉，变其本而加恢奇焉，不可谓非行人辞命之极也。孔子曰：颂《诗》三百，授之以政，不达；使于四方，不能专对，虽多奚为。是则比兴之旨，讽谕之义，故行人之所肄也。纵横者流，推而衍之，是以能委折而入情，微婉而善讽也。”文中所说的“敷张而扬厉”，“变本而加恢奇”，“委折而入情，微婉而善讽”等，确是对《国策》语言以至于结构特点的精当概括，这些艺术特色对后来的文学创作又有很大的影响。章炳麟《国故论衡·辨诗》指出：“……纵横者，赋之本。古者颂诗三百，足以专对。七国之际，行人胥附，折冲于尊俎间，其说恢张譎宇，紬绎无穷，解散赋体，易人心志。鱼豢称鲁连、邹阳之徒，援譬引类，以解缔结，诚文辩之隽也。武帝以后，宗室削弱，藩臣无邦交之礼，纵横既黜，然后退为赋家。”将纵横家之文视作汉赋的来源之一，发前人所未发，确为有见。

因此，即使不论后来的小说、戏曲，仅以对时代最为接近的汉代的影响而言，《左传》于《史记》，《国策》于辞赋，其间确有不可否认的源流关系。若就汉代对先秦的接受来说，《史记》主于史学，辞赋主于文学，是各有分司，但《史记》的文学价值和辞赋的历史内容又都是显见的。所以，先秦历史散文所形成的总体性的历史—文学性，并未在后来的发展中有根本的改变，虽经魏晋“文的自觉”，此后历代的著述仍多具有历史与文学相融凝、结合的特性，史官文化的影响可谓异常深远。直到1910年章炳麟在日本出版《国故论衡》时，尚在其《文学总略》中探讨文学的义界，并开宗明义地说：“文学者，以有文字著于竹帛，故谓之文；论其法式，谓之文学。”也足可说明我国文史结合的传统之影响力。

（原载《暨南学报》2004年第6期）

董仲舒天人感应论对文学的积极影响

摘　要　董仲舒的天人感应论认为天之生人是实现天之意志，人是天的缩影，认为天具有道德和情感，宣扬“君权神授”，但又以谴告论表达了对君权的限制。董仲舒虽消减了先秦儒家的原始民主精神、人道意识，但转换角度看，却可以认为这无害于将人的地位提高到与宇宙天地相并，实际上是另一种意义的挺立起人本精神，用天的仁义推之于民，是发扬了孔子“仁者爱人”的伟大命题，使统治者不能完全忽视人民的呼声，多少要以仁者之心关注人民的呐喊，使现实主义的文学有了生存的土壤，有利于继承和发扬《诗》的美刺传统。天人感应论为自然意义的天加上了道德属性，交通天人，也使道德内容和道德批评成为文学的重要课题，对形成文学批评重视道德取向的民族传统，有很大的推助，对先秦以来的“山水比德”有所发展，汉代盛行的风动教化说也与之很有关系。天人感应所促生的生命哲学在三方面影响了文学：抒情性，对主客体关系的重视，“同类相动”之说。

关键词　天人感应论　仁义说　道德论　生命哲学　文学

董仲舒在中国哲学史上是由先秦子学时代开启汉代经学时代的代表人物。他生当秦汉过渡期之后，正值西汉王朝的上升时期，为适应汉武帝欲建大一统封建帝国的需要，创立起系统的天人关系学说。他援阴阳家之言来解说《春秋》，大大开拓了天道与人事互相影响之论，使《春秋》从蕴涵微言大义的史书，变成为具有神学法典性质的著作。对董仲舒在西汉儒者中和历史上的地位，《前汉书·五行志》总结得很好：“昔殷道弛，文王演《周易》；周道敝，孔子作《春秋》。则乾坤之阴阳，效《洪范》之咎征，天人之道，粲然著矣。汉兴，承秦灭学之后，景、武之世，董仲舒治《公羊春秋》，始推阴阳，为儒者宗。”作为最主要的经学家，董仲舒现存著作有《春秋繁露》。为改革秦时弊政，他提倡德治和仁政，主张“更化”，推崇孔孟学说，配之以修郊祀、改正朔、建封禅、礼百神，而将儒学神秘化。董仲舒哲学思想主要有：世界观的天人感应目的论，思想方法的形而上学，即“天不变道亦不变”，以及认识论的“以名正实”，再就是历史观的“三统”、“三正”循环论，和道德观的神权、皇权、族权、夫权的合理性。在这一系列的理论中，对文学影响最大的是天人感应论。

由于董仲舒是这一时代唯心主义哲学和神学目的论的始作俑者，过去对他否定甚多，新时期以来，如李泽厚、刘纲纪《中国美学史》，顾易生、蒋凡《先秦两汉文学批评史》，对他的美学、文学思想作出了具体分析和适度肯定。但鄙意以为，这样的分析和肯定还有拓展的余地，为此，特撰成此文，专论董仲舒的天人感应论对文学的积极影响，以就教于同好。

一

由于我国古代农业文化的影响，古人很重视天与人之间的关系，与农业生产活动相关，顺应自然的结果，就产生出天人合一思想，而用这一思想推之于政治、社会，用来“究天人之际”，就难免会将人事与天道相比附。这种现象在先秦时代的历史著作中，留下了明显的印记。如《春秋》和《左传》，确如《汉书·艺文志》所说，是“据行事，仍人道，因兴以立功，败以成罚”的著作，得失与治乱是最为关心的问题，因此“其事实皆形于《传》”。但正如清人汪中《述学·左氏春秋释疑》所认为：“左氏所书，不专人事。其别有五：曰天道，曰鬼神，曰灾祥，曰卜筮，曰梦。‘其失也巫’，斯之谓欤?”尽管如他所辨析的那样，是五者皆“未尝废人事也”，但毕竟人事与天道、鬼神等相交缠，这也可以说明，在去古未远的时代，我国的哲人比起西方来，较能挣脱宗教和神学的羁绊，却难以彻底去除。

孔子虽说“不语怪力乱神”，但对于天人之际的问题并非不重视。他既在穷厄之时，以自己与天相配，认为周围险恶的环境无可奈我何，自建信心和胆量；但又因凤鸟不至、河不出图而真正相信、感叹“吾已矣夫”。墨子是先秦诸子中最为重视自然科学的一位，但他也是最喜讲天志和鬼神的。到战国末年，以驺衍为代表的阴阳五行家取代了原先儒、墨的“显学”地位，正如《史记·封禅书》所说：“自威、宣之时，驺子之徒，论著终始五德之运。及秦帝，而齐人奏之，故始皇采用之。……形解销化，依于鬼神之事。驺衍以阴阳主运，显于诸侯，而燕齐海上之方士，传其术不能通。然则怪迂阿谀苟合之徒自此兴，不可胜数也。”

董仲舒的天人感应思想并非自空而来，它与先秦时代的五行说、汉初的阴阳家思想有着明显的渊源关系。与农业文化相关，先秦时代已经建立了属于时间范畴的四时、十二月，与属于空间范畴的四方，同五行相关的五色、五音、十二律等诸多概念。汉初，阴阳家又将这些与天干、地支等相配，《吕氏春秋》、《礼记·月令》、《淮南子·时则训》等著作，对这种相配有很详尽的论说，以之构建起阴阳家的宇宙间架、图式。在董仲舒之前，《中庸》已经明确提出了“天人合一”思想，认为人的本性是天命决定的，顺着这种天赋的本性的行为才算作“道”，遵循这个原则的行为才算作教化，即：“天命之谓性，率性之谓道，修道之谓教。”它反复申述天赋道德，而天赋的道德观念又天然地符合封建的伦理秩序，这天赋道德是“诚”，“惟天下至诚为能化。”

董仲舒对天、元、阴阳、五行、四时、四方等，都有很系统、很繁复的论述，他又能将这些统一为一体。《春秋繁露·天地阴阳》云：“天、地、阴、阳、木、火、土、金、水，九；与人而十者，天之数毕矣。”在这里，前一个“天”是与“地”相对的物质意义的“天”，后一个“天”是自然界的全体。但是，在董仲舒那里，“天”主要还是具有意志、有神圣意义的、人格神的上帝。他在他那一个时代，用当时所掌握的自然科学知识，将传统的阴阳、五行学说改造成了以天为核心的神学目的论。对这一理论庞杂的目的论，我们难以在此尽述，而只能就其中的天人感应说择要论之。

天人感应说的主要内容是：

第一，认为天不仅生万物是为人，天之生人又是实现天之意志，人是天的缩影。《天人三策》云："天者，群物之祖也，故遍复包函而无所殊。"《制服象》云："天地之生万物也，以养人，故其可食者以养身体，其可威者以为容服。"在《人副天数》中，董仲舒提出："天地之精所以生物者，莫贵于人。人，受命于天也，……人有三百六十节，偶天之数也；形体骨肉，偶地之厚也；上有耳目聪明，日月之象也；体有空窍理脉，川谷之象也。心有哀乐喜怒，神气之类也。观人之体，一何高物之甚而类于天也！"在分论人的身体分别象天容、星辰、日月等之后，又说："天以终岁之数，成人之身，故小节三百六十六，副日数也；大节十二分，副月数也；内有五脏，副五行数也；外有四肢，副四时数也；乍视乍瞑，副昼夜也；乍刚乍柔，副冬夏也；乍哀乍乐，副阴阳也；心有计虑，副度数也；行有伦理，副天地也。"《为人者天》又说："人之形体，化天数而成；人之血气，化天志而仁；人之德行，化天理而义；人之好恶，化天之暖清；人之喜怒，化天之寒暑。……天之副在乎人，人之情性，有由天者矣。"尽管《为人者天》认为天是人的曾祖父，但《立元神》又将天、地、人三者并称："天地人，万物之本也。天生之，地养之，人成之。天生之以孝悌，地养之以衣食，人成之以礼乐。三者相为手足，合以成体，不可一无也。"

第二，将"天"解释为至高无上的人格神，具有道德和情感，并以之赋予了人。

《顺命》认为天不仅是自然意义的，而且是"万物之祖，万物非天不生"。《竹林》将仁义看作天对人的命定："天之为人性，命使行仁义而羞可耻，非若鸟兽然，苟为生苟为利而已。"《基义》以"阳尊阴卑"的世界观建立起"三纲五纪"的伦理学，将君臣、夫妇、父子之道与天地、阴阳、春夏相联系、等观："天为君而复露之，地为臣而持载之，阳为夫而生之，阴为妇而助之，春为父而生之，夏为子而养之。"又认为"天之亲阳而疏阴，任德而不任刑也。是故仁义制度之数，尽取之天。"与仁义说密切相关的是对道德的重视。出于神学目的论的认识论，董仲舒将本不相属的自然律与道德律相统一，完成了他的天人感应的天赋道德论。他既说五行是"相受而布"如"父子之序"的永恒的秩序："是故木受水，而火受木，土受火，而金受土，水受金也。诸授之者皆其父也，受之者皆其子也。常因其父，以使其子，天之道也。是故木已生而火养之，金已死而水藏之，火乐木而养以阳，水克金而丧以阴，土之事天竭其忠。故五行者，乃孝子忠臣之行也。"（《五行之义》）又针对统治者提出"天之任阳不任阴，好德不好刑"（《阴阳位》）之说。关于天的感情，《阴阳数》以天人合一观论道："天亦有喜怒之气，哀乐之心，与人相副。以类合之，天人一也。”《阴阳尊卑》还为天的四季变化分别加上了不同的感情属性。

第三，天不但创造了自然和生活，还给人类社会设立“君主”代天而治，此即“君权神授”。

董仲舒在《王道通三》篇中说：“古之造文者，三画而连其中谓之王。三画者，天地与人也，而连其中者，通其道也。取天地与人之中，以为贯而参通之，非王者孰能当是?”《玉杯》认为：“《春秋》之法，以人随君，以君随天。……故屈民而申君，屈君而申天，《春秋》之大义也。”《官制象天》还认为：“尽人之变合之天，唯圣人者能之，所以立王事也。……分人之变，以为四选，选立三臣，如天之分岁之变，以为四时，时有三节也。天以四时之选，与十二节相合而成就岁；王以四位之选，与十二臣相砥砺而致极。道必极其所致，然后能得天地之美也。”《尧舜汤武》从历史而言人君之受命于天：“天以天下予尧舜，尧舜受命于天而王天下。”《深察名号》更从“天子”的释名而论君权神授：“受命之君，天意之所予也，故号为天子者，宜视天如父，事天以孝道也。”

第四，在充分肯定王者权力的前提下，又以谴告论表达了对君权的限制。

董仲舒不仅以其神学目的论强调国君的权力，以神学天道观将王者定为承天命而治民的无可怀疑的统治者，以体现天的意志，且又能在肯定君权神授同时，又以天人感应论表达了与仁义说密切相关的重要思想：谴告论。在著名的《天人三策》中，他从历史谈起：“《春秋》之中，视前世已行之事，以观天人相与之际，甚可畏也。国家将有失道之败，而天廼先出灾害以谴告之，不知自省，又出怪异以警惧之，尚不知变，而伤败乃至。以此见天心之仁爱人君，而欲止其乱也。……及至后世，淫佚衰微，不能统理群生，诸侯背畔，残贼良民，以争壤土，废德教而任刑罚，刑罚不中则生邪气，邪气积于下，怨恶畜于上，上下不和，则阴阳缪盭而妖孽生矣，此灾异所缘而起也。”（见《汉书·本传》）。他又说：“天地之物，有不常之变者，谓之异，小者谓之灾。灾常先至而异乃随之。灾者，天之谴也；异者，天之威也。谴之而不知，乃畏之以威。……凡灾异之本，尽生于国家之失，国家之失乃始萌芽，而天出灾害以谴告之，谴告之而不知变，乃为怪异以惊骇之，惊骇之尚不知畏恐，其殃咎乃至。以此见天意之仁而不欲陷人也。”（《必仁且知》）。确实，在充分肯定了“王者”权力的前提下，谴告论只是一种软弱的限制，但是，两千多年前的思想家在树立帝王的权威时，能够不忘记用“天”的最高权威来警告、限制之，毕竟还是没有置人民的利益和生死于不顾。

以上我们简要介绍了天人感应论的主要内容，具体将在下面的论述中再展开。

二

天人感应论本来应在哲学范畴内讨论，似与文艺美学无关，但由于我国的哲学从来都主要是社会、政治哲学，而文艺也从来都与社会、人生、政治相关，故使二者也难以分割。董仲舒的天人感应论成了两汉经学谶纬化的先导，尤其是今文经学大讲符瑞灾异，使立足于民的先秦儒学变而为神学、宗教的同时，也给文艺带来了神学化的广泛影响。由“天人感应”推之于文艺，董仲舒认为“礼乐”及以“仁义”为内容的“诗”都体现了天意，故“王者”“受命应天制礼作乐”，这一思想在班固撰集的《白虎通义》中仍得以继续和发展。试看汉乐府中的《郊祀歌》，就颇多君权神授的内容，不少大赋作品可见天人感应的色彩，绘画亦多神的内容，就连宫廷建筑的“辟雍”、“明堂”，《白虎通义》都是用天人感应来解释的，由于音乐“通乎鬼神”，“郑卫之音”是邪恶的“淫声”，而“雅乐”是神圣的。所以我们可以认为，天人感应论对汉朝的代表皇权威势、利益的文艺是有推助作用的，与大一统封建王朝建立后的需要是一致的。随着谶纬的流行，在后来的发展中，文艺也相当程度地发生了神学化的蜕变，也就失落了文艺本身的价值和最可宝贵的现实性、人民性。

但是，因为文艺本属于“人学”，是人类的“心灵史”，在将人与天相交互、并称的同时，也使文艺与“天”相交通，使相关的文艺美学也越出了先秦时代而有所发展，在原先“人学”的范畴内向前大大地推进了一步。董仲舒尽管消减了先秦儒者的原始民主精神、人道意识，将人纳入到神学目的论，成为“天”之神圣的证明；但转换角度看，却可以认为这无害于将人的地位提高到与宇宙天地相并，这实际上是另一种意义的挺立起人本精神。因此，汉乐府诗不仅有众多表现天人感应内容的郊祀歌之类作品，更有发扬《诗经》传统、变更《楚辞》面貌、以表现现实中人民丰富多彩生活为主的作品；汉大赋不仅有诸多“苞括宇宙，总览人物”的作品，又有在“润色鸿业”中内含讽谏之作；西汉文被刘熙载《艺概·文概》认为是“无体不备，言大道则董仲舒，该百家则《淮南子》，叙事则司马迁，论事则贾谊，辞章则司马相如”，而这诸多大家所关注的岂非主要在人间世?

由于天人感应论以天有仁义的属性，而天又是具有意志和感情、至高无上的权威，因此用天的仁义推之于民，是发扬了孔子“仁者爱人”的伟大命题，且使孔孟当时不能实行而流为“迂阔”的学说能多少施之于为政的实践中，遂使人民得到了生存权，也使统治者不能完全忽视人民的呼声，多少要以仁者之心关注人民的呐喊，使现实主义的文艺有了生存的土壤。董仲舒本人虽也曾遭受打击，并不处在权力中心的地位，但既然汉武帝采取其主张，实行“罢黜百家，独尊儒学”的方针，其思想自然在汉武帝的施政中发挥了作用。在为封建皇权服务同时，其天人感应论的积极意义也体现了出来，并表现在文艺创作和官方的文艺美学思想中。

西汉前期，不少思想家都为总结秦朝的亡国教训，以求汉朝的长治久安而思索着。较早的贾谊以其著名的《过秦论》细析秦之过，在此文最后提出：“野谚曰：‘前事不忘，后事之师也。’是以君子为国，观之上古，验之当世，参以人事，察盛衰之理，审群势之宜，去就有序，变化应时，故旷日长久，而社稷安矣。”如果说，贾谊重在“过秦”，董仲舒则重在“兴汉”，本着这一愿望，他努力思考统治者所应奉行的主张和方法。

董仲舒同样也对秦朝的灭亡予以认真的思考，他认为，秦用商鞅之法，“改帝王之制，除井田，民得买卖，富者田连仟伯，贫者无立锥之地。又颛川泽之利，管山林之饶，荒淫越制，逾侈以相高，邑有人君之尊，里有公侯之富，小民安得不困？又加月为更卒，已复为正，一岁屯戍，一岁力役，三十倍于古。……或耕豪民之田，见税什五，故贫民常衣牛马之衣，而食犬彘之食，重以贪暴之吏，刑戮妄加，民愁亡聊，亡逃山林，转为盗贼，赭衣半道，断狱岁以千万数。”前朝如此，本朝又如何呢？他紧接而论道：“汉兴，循而未改。”（《汉书·食货志》）因此，他认为，即使在自己所生活的时代，秦民的“以乱济乱”仍有很大的影响：“其遗毒馀烈，至今未灭，使习俗薄恶，人民嚚顽，抵冒殊扞，孰烂如此之甚者也。”（《汉书》本传）秦推行法家路线，虽有统一六国之功，其严刑苛法、刻薄寡恩、使民过度，终致二世而亡。有鉴于此，董仲舒提出了“法出而奸生，令下而诈起，如以汤止沸，抱薪救火，愈甚亡益也”（同上）。他认为应该缓和矛盾、化刚为柔、变进为退，并以教化为倡：“夫万民之从利也，如水之走下，不以教化提防之，不能止也。是故教化立而奸邪皆止者，其提防完也；教化废而奸邪并出，刑罚不能胜者，其提防坏也。”（同上）

与严刑苛法相对，董仲舒以行仁义为倡。他说：“《春秋》之所治，人与我也。所以治人与我者，仁与义也。以仁安人，以义正我。故人之为言人也，义之为言我也，言名以别矣。仁之于人，义之与我者，不可不察也。众人不察，乃以仁自裕，而以义设人。诡其处而逆其理，鲜不乱矣。是故人莫欲乱而大抵常乱，凡以暗于人我之分，而不省仁义之所在也。是故《春秋》为仁义法。仁之法在爱人，不在爱我；义之法在正我，不在正人。我不自正，虽能正人，弗予为义。人不被其爱，虽厚自爱，不予为仁，……故王者爱及四夷，霸者爱及诸侯，安者爱及封内，危者爱及旁侧，亡者爱及独身。……故曰：仁者爱人，不在爱我；此其法也。……义与人殊。仁谓往，义谓来。仁大远，义大近。爱在人谓之仁，义在我谓之义。仁主人，义主我也。故曰仁者人也，义者我也，此之谓也。”（《仁义法》，《繁露》卷八）所论突破了孔子的仁义观，明确提出仁在于爱人，义在于正我，且较孔子更见泛爱倾向，而与墨子的兼爱说颇有相似之处。

对于与教化相对应的刑罚，他虽取天人合一观而肯定其合理性：“天之道春暖以生，夏暑以养，秋清以杀，冬寒以藏。……圣人副天之所行以为政，故以庆副暖而当春，以赏副暑而当夏，以罚副清而当秋，以刑副寒而当冬。庆赏罚刑，异事而同功，皆王者之所以成德也。庆赏罚刑，与春夏秋冬，以类相应也，如合符。故曰，王者配天。”（《四时之副》）在用神学目的论的宇宙图式与人世间的关系阐释庆赏罚刑之后，董仲舒仍强调“故圣人多其爱而少其严，厚其德而简其刑，以此配天”（《基义篇》）。

董仲舒用“谴告”论告诫君主应顺天行事，并以天的权威来节制君主的权力，无疑又是对孔孟仁政思想的发扬，对文艺来说，则有利于继承和发扬《诗》的美刺传统，见之于创作，并使统治者能够接受。《春秋繁露·郊祭》曾将谴告论与《诗》相联系：“今灾害生，见天下未和平也。天下所未和平者，天子之教化不行也。《诗》曰：‘有觉德行，四海顺之。’觉者，著也，王者有明著之德行于世，则四方莫不响应，风化善于彼矣。”而《祭义》则对美刺说有较详尽的论述：“故圣人于鬼神也，……恃其公报有德也，幸其不私与人福也。其见于《诗》曰：‘嗟尔君子，毋恒安息，静共尔位，好是正直。神之听之，介尔景福。’正直者，得福也；不正者，不得福。此其法也。以《诗》为天下法矣，何谓不法哉！其辞直而重，有再叹之，欲人省其意也。孔子曰：‘书之重，辞之复，呜呼，不可不察也，其中必有美音焉。’此之谓也。”在董仲舒的理论被汉武帝采纳，成为官方的思想之后，原意在借谴告论以限制君权，给百姓以基本生存权利的政治学说，也对文学创作起了积极作用。以《诗》言“谴告”的思想和方法启示了文学，在诸如汉乐府诗歌的创作和流传中，使之保存了其中同情人民并为之呐喊的作品，因为最高统治者即使不相信天的“谴告”，但也懂得了解民情民意的重要。

汉武帝有其重用酷吏、提倡法治，阳儒阴法，“内多欲而外施仁义”（汲黯语），且个性专横，不无刚愎自用的一面，又因施展雄才大略而滥用民力，耗尽了“文景之治”数十年的积蓄，导致晚年国库空虚，户口减半，起义不断。但他顺应了时代发展趋势，完成了许多重大的历史使命，晚年又发布“轮台罪己诏”，检讨过失，力申“禁苛暴，止擅赋，力本农”三大政策，采取与民休息方针，避免了重蹈秦亡覆辙，其历史功绩是显见的。汉武帝自己颇有文采，其时大赋创作的兴盛与他本人对“润色鸿业”的需求有关，但我们更应看到他立乐府的动机和效果。据《汉书·礼乐志》载，武帝立乐府的经过和目的是：“定郊祀之礼，祀太一于甘泉，就乾位也。然后土于汾阴，泽中方丘也。乃立乐府，采诗夜诵。”又说：“自孝武立乐府而采歌谣，于是有赵代之讴，秦楚之风，皆感于哀乐，缘事而发。亦可以观风俗，知薄厚云。”所以，乐府之立虽出于祭祀、享乐，但“观风俗，知薄厚”同样是重要目的。后汉何休在《春秋公羊传·宣公十五年解诂》中说：“男女有所怨恨，相从而歌，饥者歌其食，劳者歌其事。男年六十，女年五十无子者，官衣食之，使之民间求诗。乡移于邑，邑移于国，国以闻于天子。”而《汉书·食货志》也说：“冬，民既入，妇人同巷相从夜绩。……男女有不得其所者，因相与歌咏，各言其伤。……孟春之月，群居者将散，行人振木铎徇于路以采诗。献之大师，比其音律，以闻于天子。故曰，王者不窥户牖而知天下。”可见，“王者”是要了解人民对政治的态度的，当政权还处在上升时期，统治者并非根本不想听见人民的声音。在经过了汉代多代君主的统治之后，《妇病行》、《孤儿行》、《平陵东》、《乌生》、《枯鱼过河泣》、《豫章行》，甚至《东门行》之类作品之能得以保存下来，不能说没有统治者以之警戒自己之意。的确，只要统治者稍存仁义之心，就不必防民之口甚于防川，在以言定罪尚未从我们亲历过的生活记忆中抹去时，我们又怎能将这些一概斥之为欺骗呢？后汉光武帝屡屡下令释放奴婢、善待奴隶，也使我们看到这些作品的现实主义基础，而帝王的这些诏令，不也是为人们所赞同、欢迎的仁义之举吗？

乐府民歌自不必说，即使班固的《咏史》诗，记录了汉文帝时太仓令淳于公之女缇萦请为父代刑一事，在歌颂缇萦的孝心孝行同时，也赞美了汉文帝的仁德，不也是体现出人本精神吗？诗云：“三王德弥薄，惟后用肉刑。太仓令有罪，就逮长安城。自恨身无子，困急独茕茕。小女痛父言，死者不可生。上书诣阙下，思古歌《鸡鸣》。忧心摧折裂，《晨风》扬激声。圣汉孝文帝，恻然感至情。百男何愦愦，不如一缇萦。”虽然汉文帝并未真正废止肉刑而只是减轻了刑罚，但其废除家族连坐，在我国刑法史上就是一个很大的进步。《史记·孝文本纪》赞其“专务以德化民，兴于礼义”，也表达了人民的对君主仁德的赞美和企盼。后世文学家在作品中或提倡、或呼唤、或讴歌仁义，不也是肇始于孔门、而发扬于董仲舒吗？

三

董仲舒将本不相属的自然律与道德律相统一，完成了他的天赋道德论。他吸收了驺衍的思想，描绘出这样的宇宙图式：“天地之气合而为一，分为阴阳，判为四时，列为五行。”（《五行相生》）对天地、阴阳、四时、五行与道德间的关系，他又有很详尽的论述。在此，我们实在难以作详尽的引述，而只能就其所论的主要点观之。他既在《阳尊阴卑》中论述了四季变化和阴阳关系后总结道：“天之任阳不任阴，好德不好刑，如是也。”又在将阴阳与四时、四方作了目的论的相配后说：“是故天以阴为权，以阳为经，阳出而南，阴出而北，经用于盛，权用于末，以此见天之显经隐权，前德而后刑也。”（《王道通三》）。

董仲舒还论述了五行相生的道德意义。他说五行是“相受而布”如“父子之序”的永恒的秩序：“是故木受水，而火受木，土受火，而金受土，水受金也。诸授之者皆其父也，受之者皆其子也。常因其父，以使其子，天之道也。是故木已生而火养之，金已死而水藏之，火乐木而养以阳，水克金而丧以阴，土之事天竭其忠。故五行者，乃孝子忠臣之行也。”（《五行之义》）还认为，道德、仁义不仅是对人民的要求，更应是“人主”“法天”所应遵循的行动：“为人主者法天之行，是故内深藏所以为神，外博观所以为明也，任群贤所以为受戒，乃不自劳于事，所以为尊也，泛爱群生，不以喜怒赏罚，所以为仁也。”

天人感应论为自然意义的天加上了人的道德属性，也在成为官方哲学并流行之后，能使人们逐渐以同样的眼光看待自然，逐渐在自己的头顶上树立起“天”的权威同时，交通天人，使道德被赋予了神圣的色彩，如董仲舒所说：“天积众精以自刚，圣人积众贤以自强，天序日月星辰以自光，圣人序爵禄以自明。”（《立元神》）这样，也使道德内容和道德批评成为文艺的重要课题，汉代文艺及相关的批评之不同于先秦，在很大程度上取决于这两者。董仲舒的道德、仁义说具有泛道德化的特点，又因其思想得到了统治者的支持，使此后的汉代文艺被道德学说所笼罩，批评也被所左右，较之于先秦文艺，两汉似乎更多道德的说教和内容，连汉乐府民歌也不例外。在文艺批评领域，先秦以孔子论诗的“兴观群怨”说为代表的标准，并无显见的道德意义，只是尽美尽善和“无邪”之说是偏在道德一侧。汉代则不然，司马迁、班固和王逸围绕着对屈原的评价，就体现出以道德相衡相取的倾向；而以《诗大序》为代表的经生之见，更是将《诗经》的爱情诗都看作是道德教本；扬雄《法言》的《吾子》和《君子》篇独强调“德”；王充是唯物主义的思想家、哲学家，与董、扬营垒不同，但其《论衡》的文学观仍以劝善惩恶为主要宗尚。这样，固然有无视或抹煞文艺的思想、艺术价值之弊，却对形成文艺批评重视道德取向的民族传统，有很大的推助。在我国历代以复古为革新的文学运动中，大都有因此前的文学发生了离异现实、重情而轻德的变化，因之也多有呼唤道德归来的指向。后来的宋代理学家之宣扬天赋道德，将宇宙论与伦理学结合在一起，应该说与董仲舒很有关系；如欧阳修等人之批判唐末五代进士道德沦落，以“立德”置于“立功”“立言”之上，以求重建士人的道德传统、规范，倘寻找前源，当看到董仲舒的影响。

董仲舒天人感应论的道德内容对先秦以来的“山水比德”也有发展。山水比德本是孔子之论，《论语·雍也》记其所云：“知者乐山，仁者乐水；知者动，仁者静；知者乐，仁者寿。”而在孔子之前，已有《诗·周颂·般》、《诗·鲁颂·閟宫》将山与国之德相联系的诗句，孔子之后，孟子和荀子也有进一步的发挥。如《孟子·尽心上》说：“孔子登东山而小鲁，登泰山而小天下，故观于海者难为水，游于圣人之门而难为言。……流水之为物也，不盈科不行；君子之志于道也，不成章不达。”《荀子·宥坐》更给流水赋予了德、义、道、勇、法、正、察、善化、志等道德精神上的属性。由于董仲舒以仁、德推之于天，屡谈天地之“仁”，故对山水比德说有新的论述。他在《王道通三》中写道：“仁之美者在于天。天者，仁也。天覆育万物，既化而生之，有养而成之，事功无已，终而复始，凡举归之以奉人。察于天之意，无穷极之仁也。”《天容》更以天“不阿党偏私，而美泛爱兼利。”以此推之于山水，他在《山川颂》中写道：“山则宠炭蔷崔，摧嵬嶵巍，久不崩陁，似乎仁人志士。……且积土成山，无损也，成其高，无害也，成其大，无亏也。小其上，泰其下，久长安，后世无有去就，俨然独处，惟山之意。《诗》云：‘节彼南山，惟石岩岩，赫赫师尹，民具尔瞻。’此之谓也。”“水则源泉混混沄沄，昼夜不竭，既似力者；盈科后行，既似持平者；循微赴下，不遗小间，既似察者；循溪谷不迷，或奏万里而必至，既似知者；鄣防山而能清净，既似知命者；不清而入，洁清而出，既似善化者；赴千仞之壑，入而不疑，既似勇者；物皆因于火，而水独胜之，既似武者；咸得之而生，失之而死，既似有德者。孔子在川上曰：‘逝者如斯夫，不舍昼夜。’此之谓也。”“山水比德”并非董仲舒一人之论，刘向《杂言》释“知者乐水，仁者乐山”亦从德、仁、义、知、勇、察、正、度、力、持平、有礼、知命、善化等各种美德而拟水；又从“万民之所观仰”，“育群物而不倦，四方并取而不限”说明“乐山”之缘由。他还言“玉之六美”：德、智、义、勇、仁、情。

可以认为，“山水比德”对文艺批评的道德标准之重视起了很大作用，对后来文艺创作之比兴、象征、寓意都有影响，如诗之写芳草贞禽，绘画的“岁寒三友”、“四君子”等皆是。清石涛在其《苦瓜和尚画语录·资任》章中，还从自己作为山水画家的角度，对山水比德说作了很生动形象的、新的表达与发挥。

此外，汉代盛行的风动教化说也与董仲舒的仁义道德之论很有关系。

刘向《说苑·修文》发挥了《国语》“乐以风德”之说，提出“乐者德之风”的观点：“凡从外入者莫深乎声音，变人最极，故圣人因而成之以德，曰‘乐’。乐者德之风。《诗》曰：‘威仪抑抑，德音秩秩。’谓礼乐也。故君子以礼正外，以乐正内。内须臾离乐则邪气生矣，外须臾离礼则慢行起矣。……乐之动于内，使人易道而好良；乐之动于外，使人温恭而文雅。雅颂之声动人而正气应之，……郑卫之声动人而淫气应之。是以君子慎其所以动人也。”《毛诗序》表述了更为系统的风动、教化说：“《关雎》，后妃之德也，风之始也，所以风天下而正夫妇也。……风。风也，教也；风以动之，教以化之。”“上以风化下，下以风刺上，主文而谲谏，言之者无罪，闻之者足以戒，故曰风。”“然则《关雎》、《麟趾》之化，王者之风，故系之周公。……《鹊巢》、《驺虞》之德，诸侯之风也，先王之所以教，故系之召公。”这风动教化说，可谓汉代经学关于文艺功能论的最重要的总结，即以德感动、感化之说，与“经夫妇，成孝敬，厚人伦，美教化，移风俗”一起，既是孔子“思无邪”、“兴观群怨”说的发展，又成为后代的创作批评准则，影响深远。从郑玄《诗谱序》、经《文心雕龙》而直到清人，都代有阐发。

四

我们在前面已引董仲舒在《人副天数》所说：“天地之精英所以生物者，莫贵于人。”及《立元神》之论：“天地人，万物之本也。天生之，地养之，人成之。……三者相为手足，合以成体，不可一无也。”可以认为，虽荀子已有“人定胜天”之说，在天人关系中，树起了人的主体精神，但却是董仲舒首次将人提到了如此的高度，在确立起了人本主义同时，也对人与自然的谐和、共存，有更为合理的看法。天人感应使人们培养、产生出与大自然的生命共感，在诸如“人副天数”的认识中，看到了人与自然的一致，使生命哲学有了独立的意义，并与文艺美学相结合，开启了后来如风骨、风神、气韵等概念的探讨，可以认为，天人感应论对南北朝的文艺理论其实是有先导和创始作用的。过去，论者对此多看到刘劭《人物志》的影响，从汉代相人以筋骨，魏晋识鉴在神明来寻找其间的联系，却很少上寻到董仲舒的，其实，董氏更应该是这一理论和方法的肇始者。

因天人感应论所生出的人与自然的生命共感，所引发的对生命哲学的重视，至少在以下三方面对文学有很大的影响。

一是文学的抒情性。董仲舒认为天有感情，《阴阳数》以天人合一观论道：“天亦有喜怒之气，哀乐之心，与人相副。以类合之，天人一也。”他还以文字训诂为法，论春之意为“偆偆”，是喜乐之貌，而秋之意为“湫湫”，是忧悲之状。又为春、夏、秋、冬四季分别加上爱、乐、严、哀的感情属性，并说“爱气以生物，严气以成功，乐气以养生，哀气以丧终”，而这些都是“天之志”。从农业文化相观照，他将天志、天意与感情相结合，作了如此的天人合一描画：“是故春气暖者，天之所以爱而生之，秋气清者，天之所以严而成之，夏气温者，天之所以乐而养之，冬气寒者，天之所以哀而藏之”（以上均见《阳尊阴卑》）。天人感应论为“天”加上了感情的属性，也使汉代文艺在经历过一段曲折之后，能自觉向着抒情方向发展，终于在魏晋以后使之加入到“文的自觉”行列中。先秦文艺（以诗经、楚辞为代表）固然是抒情的典范，汉代以大赋为“一代之文学”，却多客观的描绘，并不同程度地带上了天人感应论中的神学色彩，但汉代文艺又普遍地、不同程度地具有“究天人之际”的创作倾向，自有其更为开阔的眼界和意境，且逐渐重视感情的表达和传递。《史记》自是被鲁迅誉为“无韵之《离骚》”，带有强烈的抒情性，汉乐府民歌的“感于哀乐”，《古诗十九首》的“怊怅切情”（刘勰语），“惊心动魄，一字千金”（钟嵘语），也当是建安诗歌创作精神的先导。文论家一般都认为是到魏晋时期文学“自觉”，而玄学流行，又有关于圣人有情无情的讨论，遂使文艺对抒情性有普遍的重视。其实，似更应上推到董仲舒。

二是对文学主体与客体关系的重视。先秦文学主于主体的表述和抒情，《诗经》中客体的自然经常只是作为“比兴”的材料，《楚辞》虽有稍多的以景抒情，但还未见普遍性的情景交融。天人感应论导致对创作主体和客体两者的重视，改变了先秦时代的创作传统，先变为汉大赋的重在客观描写，再因天人合一、生命共感，而渐变为情景交融。汉武帝的《秋风辞》已肇其端，秋风黄叶感发了他的老大之伤，乐府诗中情景交融之作渐多，到《古诗十九首》和苏李诗，则更为成熟。可以认为，天人感应论对我国文艺普遍性的情景交融这一民族特征的形成，有很大的推助作用。一直到后来的佛教、尤其是禅宗，将教义推之于山水、花鸟、风云等，在自然中领悟生命的真趣，其实也与董仲舒天人感应论所开启的泛神思想不无关系。

三是“同类相动”之说。董仲舒本着天人感应的认识，将人的感情变化与天地、气候相联系。《阴阳尊卑》云：“夫喜怒哀乐之发，与清暖寒暑，其实一贯也。喜气为暖而当春，怒气为清而当秋，乐气为太阳而当夏，哀气为太阴而当冬。……人生于天，而取化于天。喜气者诸春，乐气者诸夏，怒气者诸秋，哀气者诸冬，四气之心也。”尽管不必拘泥于他所说的对应关系，现代的心理学知识足可以证明，人的感情变化与客观自然环境确有联系。后来的许多论者都对董仲舒的观点有所继承和发展。陆机《文赋》的“悲落叶于劲秋，喜柔条于芳春”，刘勰《文心雕龙·物色》所论的四季变化同人的感情变化的关系，是摒弃了董仲舒的神秘主义色彩，却继承了他正确的天人感应看法。而宋代以后随着山水画的发展，画家对山水自然的移情，也使之常有以人的感情看待山水四季景色变化之论。对于音乐上的共振、谐和现象，董仲舒也作了天人感应的解释，《春秋繁露》称之为“同类相动”，以此为名而论之：“百物去其所与异，而从其所与同，故气同则会，声比则应，其验皦然也。试调琴瑟而错之，鼓其宫，则他宫应之，鼓其商，则他商应之，五音比而自鸣，非有神，其数然也。”他就此还作进一步的推论：“美事召美类，恶事召恶类，类之相应而起也。如马鸣则马应之，牛鸣则牛应之……天将阴雨，人之病故为之先动，是阴阳相应而起也……非独阴阳之气可以类进退也，虽不祥祸福所从生，亦由是也。无非已先起之，而物以类应之而动者也。故聪明圣神，内视反听，言为明圣，内视反听，故独明圣者，知其本心皆在此耳。”尽管在现在看来，他关于灾祥祸福与阴阳变化相联系的看法很荒谬可笑，但不仅直到今天中医理论仍极其重视用阴阳学说解释病因病理，文艺理论也不能无视人与自然间的关系，异质同构或同形同构说仍在产生新的理论命题，“同类相动”的原则毕竟不是完全的唯心主义。

（原载《文艺理论研究》2004年第2期）

宋代文学的雅俗变化及成因

摘　要　宋代文学以雅为尚，与“雅儒”精神相关。宋代重“文”而趋“雅”，实属必然；宋代文学以南方成就为高，受传统影响，使之以雅为主；高官文学家易将文学导向台阁的典雅化。“雅”的内涵包括语言的雅洁，作品政治内涵的“正”，具有特殊的民族意义。宋代文学在以雅为宗同时，又呈雅俗结合的变化，原因在于：经济发达，城市繁荣，市民文化消费促使了俗文学的发展；其接受效应影响了雅文学作者的创作思想，使之转向了雅俗结合。宋代文人既能接受俗文学，又有意于改造传统雅文学，努力探讨雅俗结合的创作道路。

关键词　宋代文学　雅　俗　内涵　成因　途经

宋代文学以雅为主，但又有雅俗分流或雅俗结合的现象。就总体而言，多种文体并兴而见雅俗分流，就一体而言，则从严辨雅俗而至二者结合。究其原因，当是受制于宋代文化。因科举制的发展完善，精英文化已从唐代的进士文化成为此时的士大夫文化，而城市经济的发达，文化消费的产生，促使了大规模市民俗文化生成。文化变，文学不得不变，遂造成了上述特点。

一

宋代文学尚雅，既缘于相关背景，又根于文学内部。

从背景而言，首先，“雅儒”精神的确立，决定了文学尚雅的倾向。

宋朝科举取士的规模远过于唐朝。据统计，北宋开科69次，平均每年取士约360人，是唐朝的10多倍，也为明清两朝所不及。唐代不少著名诗人未登进士第，而宋代则有许多孤寒之士登第并踏上仕途，造就出文人、学者与高官的三位一体，这在我国历史上具有非常重要的意义。

自结束了春秋战国的百家争鸣后，到汉武帝时代，士主要分化为经生和赋家，各以通经或献赋得官，因此，不必待南朝范晔作《后汉书》始立《文苑传》，才有儒林与文苑之分。由于科举制度的发展、完善，宋代既近于填平了文人与官员之间的鸿沟，也模糊了儒林和文苑的传统，造成了一种新的士人精神，如果选择古代现成的名词，不妨可用“雅儒”称之。此说出于《荀子·儒效》：“故有俗人者，有俗儒者，有雅儒者，有大儒者。”由于具有特定的历史背景，我们仅取其名，而不论其内涵。

“雅儒”精神的建立，使得士大夫文化及相关的文学创作必有尚雅倾向。

其次，宋初以来所行的重文轻武政策，确立了文人的地位，由“文”而“雅”，实属必然。

宋自立国起，就不重武人，而文人却很关心国家的武备。宋仁宗时，屡败于西夏，使得兵甲财赋成为了由科考的策论到朝廷的奏折经常言及之事。面对输币渐多而边备日弛的局面，仁宗尤将注意力转向军事，造成了如《郡斋读书志》所说“元昊既叛，边将数败，朝廷颇访知兵者，士大夫人人言兵”的局面。被元好问讥为写“女郎诗”的秦观，青年时曾作《郭子仪单骑见虏赋》，《淮海集》中的《进策》颇多论兵将、边防等作，很有过人的见解。然而，宋代文人虽或能言兵，却处在难建边功的时代，更难有唐人的从军经历，也就不具备那样的强梁之气。且不说身有“胡气”、仰慕游侠的李白，连诗风冲淡的韦应物，也自谓“身作里中横，家藏亡命儿。朝持樗蒲局，暮窃东邻姬。”（《逢杨开府》）宋人与之相异，由文入雅，可谓逻辑的必然。

从文学内部而言，宋代文学以南方成就为高，由于传统的影响，使之以雅为主。

我国的文学传统历来是北方尚质而南方多文，正如李延寿在《北史·文苑传》中所说：“江左宫商发越，贵于清绮；河朔词义贞刚，重乎气质。气质则理胜其词，清绮则文过其意。理深者便于时用，文华者宜于咏歌。”南方文学的“宫商发越”、“清绮”、“文华”，尤见于诗赋骈文，而这些文体也确实比实用为主的古文更见典雅。新兴的曲子词是典型的南方文学，虽柳永一度使之“骫骳从俗”，但晏殊、欧阳修所作有士大夫情调，苏轼“指出向上一路”，是典型的诗人之词，更使之雅化。

黄公度《送郑少齐赴官严州序》说：“东南多文士，西北饶武夫，风声气俗，从古则然。”其实汉、唐文学兼跨南北而以北方为重心，宋代文学地图才发生了以南方为主的改变，南宋时期，政治、经济、文化中心南移，更加重了文学盛于南方之势。程民生《宋代地域文化》据《四库全书总目》152卷至155卷，列表统计了北宋时期有别集的作者，其中北方30人，南方50人①，其大概可见。而所列南方籍者尚未包括范仲淹、柳永、晏殊、欧阳修、苏洵、曾巩、王安石、苏轼、苏辙、黄庭坚、周邦彦等大家。南宋时期，除个别南渡作家外，文学家更基本上都是南方人。

《宋代地域文化》还据《四库全书总目》的介绍，在表格中列出了南北作者的风格，南方作者评语中带“雅”字者有10人，北方6人，由于所列表中南方为50人，北方仅30人，所占比例相同。不过，能够说明问题的是：除了带“雅”字的诸人外，其馀北方人只有魏野的“冲淡闲逸”，文彦博的“诗风秀逸”较接近“雅”，而南方人中如赵湘的“运意清新，而风骨不失苍秀”，林逋的“澄澹高逸”，夏竦的“辞藻赡逸，风骨高秀”，苏颂的“清丽雄赡”，王珪的“文博赡瑰丽，诗富丽细润”，沈遘的“词令庄重温厚，诗清俊流逸”，梅尧臣的“诗旨趣古淡”，王安礼的“制章典重可观”，秦观的“诗高古严重”，刘弇的“诗峭拔不俗”，谢逸的

---

① 程民生：《宋代地域文化》，河南大学出版社1997年版，第340—344页。

"风格儁拔，时露清新"，谢薖的"清逸可喜"，李新的"诗气格开朗，文俊迈可诵"，都与"雅"为近。可见，宋代文学以南方为重心，受传统影响，确实是以雅为主。

其次，文人成为高官，其文学观亦成主导，使得文学创作易于向台阁化的典雅方向发展。

西昆体就是一个典型的例子。西昆诸人专工律诗，长于用典，属对工巧，音节和谐，风格典雅。杨亿《西昆酬唱集序》云："余景德中忝佐修书之任，得接群公之游，时今紫微钱君希圣、秘阁刘君子仪，并负懿文，尤精雅道，雕章丽句，脍炙人口，予得以游其墙藩而咨其模楷。……因以历览遗编，研味前作，挹其芳润，发于希慕，更迭唱和，互相切劘……"[①] 明确宣称"懿文"、"雅道"的追求，并从"历览"前人作品中"挹其芳润"，可见其求雅的具体途经。

欧阳修《六一诗话》说："自《西昆集》出，时人争效之，诗体一变"[②]，西昆体的主导作用可见。

二

宋代文学尚雅的具体内涵是什么呢？不妨结合宋人所论而论之。

首先，"雅"属意于语言。

贾谊《新书·道术》云："辞令就得谓之雅，反雅为陋。"此处的"雅"即高尚、文明之意。《论语·述而》："子所雅言，诗、书、执礼，皆雅言也。"《集解》引孔安国、郑玄，训为"正言"，朱熹《集注》训为"常言"。若合上面二说，"雅言"应是"正常"之言："正式"、"经常"使用的高尚、文明的语言。

孙何《文箴》有云："天佑斯文，起我大君。蒲帛诏聘，鸿硕纷纶。邪返而正，漓澄而淳。凡百儒林，宜师帝心。语思其工，意思其深。勿听淫哇，丧其雅音。勿视彩饰，亡其正色。"这里所说的"勿听淫哇，丧其雅音"，既与"文"的"勿视彩饰，亡其正色"相关，又须是"语思其工，意思其深"。只有语言是"辞令就得"的"正言"且为之"常"，才能够"邪返而正，漓澄而淳"。姚铉编选《唐文粹》，其序言表明了"止以古雅为命，不以雕篆为工，故侈言蔓辞，率皆不取"[③] 的编选原则，所说不止是文风，也是语言问题，"古雅为命"必与"侈言蔓辞"划清了界限，因为"文"与"言"是紧密相关的。

语言是文学的基础，且决定了文学的风格。前引孔子的"诗、书、艺、礼，皆雅言也"，可见诗文是否能雅，雅言是很重要的判断标准。

苏轼《评诗人写物》云："诗人有写物之功……林逋梅花诗云：'疏影横斜水清浅，暗香浮动月黄昏。'决非桃、李诗。皮日休《白莲花》诗云：'无情有恨何人

---

① 杨亿：《西昆酬唱集》，上海商务印书馆 1936 年版。

② 何文焕：《历代诗话》，中华书局 1981 年版，第 270 页。

③ 姚铉：《唐文粹》，上海商务印书馆 1937 年版。

见，月晓风清欲堕时。’决非红莲诗。此乃写物之功。若石曼卿《红梅》诗云：‘认桃无绿叶，辨杏有青枝。’此至陋语，盖村学中体也。”① 对林逋和皮日休的赞扬，实有赞其雅人深致之意，而对石曼卿“村学体”之讥，实是因其俗，因为此体的“至陋语”，如贾谊所说，是“反雅为陋”。

黄庭坚《跋书柳子厚诗》说：“予友生王观复，作诗有古人态度。虽气格已超俗，但未能从容中玉佩之音，左准绳、右规矩尔。”② 所说王观复未能做到的，实即气格超俗以外还有语言的要求，赞赏之中是有所期待。晁补之认为：“鲁直于治心养气，能为人所不为。故用于读书，为文字，致思高远，亦似其为人。”（《书鲁直题高求父杨清亭诗后》）③ 则是对黄庭坚雅人风致成因的解释。

其次，“雅”具有对文学作品内容的要求，尤在于政治内涵的“正”。

我国古代文学受到政教观的制约，《诗大序》就是从这一角度阐释“六义”的，其中对“雅”的理解是：“言天下之事，形四方之风，谓之雅。雅者，正也，言王政之所由废兴也。政有大小，故有小雅焉，有大雅焉。”遍照金刚《文镜秘府论·地卷·六义》将此说与雅言说结合起来以释“雅”：“皎曰：‘正四方之风为雅。正有大小，故有大小雅焉。’王云：‘雅者，正也。言其雅言典切，为之雅也。’”④

且不说北宋诗文革新以来的文学主体，即以西昆体来说，其主导面如前所说的“懿文”、“雅道”和“芳润”，其“雅”也有特定的内涵。如王钦若向宋真宗密奏，说杨亿、刘筠、钱惟演相唱和的《宣曲》，意在寓讽，后来陆游《跋西昆酬唱集》指出其所讽者是：“《宣曲》见《东方朔传》，其诗盛传都下，而刘、杨方幸。或颇谓指宫掖，又二妃皆蜀人，诗中有‘取酒临邛远’之句。”刘、杨二妃在真宗为襄王时入宫，后来很得宠幸，以致有碍朝政，而真宗封刘妃为皇后，令杨亿草制，杨亿拒不奉旨。可见，后来常被人诟病的西昆体，其实在“雕章丽句”而“雅言典切”的台阁文学中，也有“雅”而“正”的“王政废兴”内容。

范仲淹评判诗歌史，肯定了唐人抒情的多样性，提出“此皆与时消息，不失其正者”的原则，反对“吟咏性情而不顾其分，风赋比兴而不观其时。故有非穷途而悲，非乱世而怨”。他叹赏“意必以真淳，语必以真。乐则歌之，忧则怀之。无虚美，无苟怨。隐居求志，多优游之咏。天下有道，无愤惋之作。《骚》《雅》之际，此无愧焉！览之者有以知诗道之艰，国风之正也。”（《唐异诗序》）⑤ 这里所说的，实际上是诗歌“雅”的政治内涵，和正确的感情、思想指向，不只是风格、用语问题。范仲淹《尹师鲁河南集序》还对韩愈以来的文学发展，发表了自己关于求雅的正途之见：“予观《尧典·舜歌》而下，文章之作，醇醨迭变，代无穷乎？惟抑末

① 苏轼：《苏轼全集》，上海古籍出版社2000年版，第2144—2145页。
② 黄庭坚：《豫章黄先生文集》，上海商务印书馆1936年版。
③ 晁补之：《鸡肋集》，上海商务印书馆1936年版。
④ 遍照金刚：《文镜秘府论》，中国社会科学出版社1983年版，第160页。
⑤ 范仲淹：《范文正公集》，上海商务印书馆1936年版。

扬本，去郑复雅，左右圣人之道者难之。”他肯定了韩愈“古道最盛”，五代“其体薄弱”，“皇朝柳仲涂起而麾之”，其门人也“能师经探道”。而学西昆体的错误，是在“有希仿佛”中导向了“专事藻饰”，其“未暇及古”使之“破碎大雅”，未得“雅”之根本，当然祈向也就不正确了。

如果说范仲淹所论的涵盖面较广，那么张方平的《诗变正论》所据则全为《诗大序》了，因之而有“雅者，正也。盖言王道以正九州”之说。他极力赞美杜甫的诗，原因在于杜诗“雅音还正始，感兴出《离骚》”（《读杜工部诗》），“正气自天降，至音感人深”（《读杜诗》）①，这也足可以说明“言王道以正九州”之涵义。

再次，宋代文学的“雅”具有特殊的民族意义。

汉族本土的传统文化，古人以“雅”目之，并以之与夷狄相对，《荀子·王制》“使夷俗邪音，不敢乱雅”一说可证。“四夷”对汉族的文化优势主要体现在音乐舞蹈上，对“夷音”的态度，大可看出雅俗观及其背后的民族内涵。白居易《法曲歌》云：“法曲法曲合夷歌，夷声邪乱华声和。以乱干和天宝末，明年胡尘犯宫阙。乃知法曲本华风，苟能审音与政通。一从胡曲相参错，不辨兴衰与哀乐。愿求牙旷正华音，不令夷夏相交侵。”安史乱后，反思历史，对雅乐地位和作用的重新认识，就是对华夏文化的维护。

北宋尚雅思想在音乐上的体现，同样具有民族矛盾的背景。欧阳修在《新唐书·礼乐志》所表达的看法，与白居易很相近：“……盖唐自太宗、高宗作三大舞，杂用于燕乐，其他诸曲出于一时之作，虽非纯雅，尚不至于淫放。”玄宗“开元二十四年，升胡部于堂上，而天宝乐曲皆以边地名，若《凉州》、《伊州》、《甘州》之类。后又诏道调、法曲与胡部新声合作。明年，安禄山反，凉州、伊州、甘州皆陷吐蕃。”陈旸《〈乐书〉序》也说：“声音所以不正者，以乐不正也；乐所以不正者，以经不明也。……其书冠以经义，所以正本也；图论冠以雅部，所以抑胡、郑也。……志在华国，义在尊君，庶几不失仲尼放郑声、恶乱雅之意云尔。”其《进〈乐书〉表》认为秦汉以后的音乐“或指羌调为和奏，或悦俗调为雅音”，希望当朝能“勿用裔以乱华，罔俾哇而害雅，息诸儒好异之说，归大乐统同之和”。可见，雅俗之分是与华夷之辨紧密相关的。

从华、夷角度看待雅、俗，在靖康之变后的词、乐及相关理论中，又掀起了高潮。鲖阳居士《复雅歌词序略》，和姜夔的《大乐议》，分为二者的代表。

《复雅歌词序略》指出：“更五胡之乱，北方分裂，元魏、高齐、宇文氏之国，咸以戎狄强种，雄踞中夏，故其讴谣，淆杂华夷，焦杀急促，鄙俚俗下，无复节奏，而古乐府之声律不传。……迄于开元、天宝间，君臣相与为淫乐，而明宗尤溺于夷音，天下熏然成俗。于是才士始依乐工拍弹之声，被之以辞，句之长短，各随曲度，

① 张方平：《乐全集》卷二，上海商务印书馆1934年版。

而愈失古之‘声依永’之理也。”对宋开国以来词作的判断是“蕴骚雅之趣者，百一二而已”①，词乐源于“夷音”而变，那么“复雅”而以“今之乐犹古之乐”相观，则音乐指向当在回复于华夏。姜夔《大乐议》以五行比五声，附会宋金南北对峙，虽十分牵强，但于此可见其议乐的动机是希望乐正人和、“华”强而“夷”弱。

音乐如此，必然影响了文学，与音乐密切相关的韵文文学，更应带有特定的“雅”意。

三

宋代文学尚雅的原因和“雅”的具体内涵，已大致如上述，但这只是问题的一个方面。另一方面是：在以雅为宗同时，又表现出雅俗结合的变化。

正如郑振铎先生所说：“正统文学的发展，和‘俗文学’的发展是息息相关的。许多的正统文学的文体原都是由‘俗文学’升格而来的。”② 俗文体既可以被文人所习，且在“升格”的过程中逐渐雅化，雅文学也可以接受审美情趣的改变，而渐染“俗气”。一时风气变，多种文体亦变，横向与纵向发展变化的交织，遂使整体的文学出现雅俗结合的变化。纵观宋代，传统的诗、文在尚雅的同时，也能与时而变，出现了雅俗结合的现象；“小道”的词渐变为雅，南宋更是一时作品皆以雅词命名；而俗文学的杂剧、小说则日见兴盛。

宋代文学的运行，总体呈现从以雅为宗到雅俗结合之势，后一变化亦与文化密切相关。

首先，经济发达，城市繁荣，造就出可观的市民队伍，其文化消费促使了俗文学的发展。

宋朝疆土狭小，又受到北方少数民族侵扰，但较长时期以来，社会较安定，农业有很大发展，粮食的增产使漕运量远胜唐代。南宋时，农业生产也恢复很快，江南膏腴之地更有“苏湖熟，天下足”之说。北宋的采矿、纺织、制瓷、造纸和造船业都很发达。南宋采矿和冶炼业不如北宋，而瓷器、造船和造纸、印刷业则远胜北宋。

农业发达，剩余农产品增多，传统的自然经济改变，促使了商业的发展。而手工业和商业的发达，造成了城市群的出现，开封、洛阳、扬州、杭州、成都，成为户数众多、商人云集的著名都会。南宋商业比北宋更发达，除临安府外，建康府、平江府、成都府和鄂州、福州、泉州、广州等城市，都是人口众多的著名商埠。尤其是临安，其物产、行市、商铺、食肆等，南宋人的笔记多有详尽记载。

商业与城市的发展，促使了市民文化的繁荣，使得宋代文艺具有了平民化、通俗化的特点。

---

① 施蛰存：《词籍序跋萃编》，中国社会科学出版社 1994 年版，第 658 页。

② 郑振铎：《中国俗文学史》，上海书店 1984 年版，第 2 页。

城市中除日常生活、经济活动的有关设施外，勾栏、瓦舍等娱乐性场所也较多，从《东京梦华录》卷五的《京瓦伎艺》一则，就很可见群众性娱乐活动的兴盛。南宋时，以临安为代表的城市非常繁华，市民文艺需求更旺。《都城纪胜》的《瓦舍众伎》则，《西湖老人繁胜录》的《瓦市》，《梦粱录》卷二十的《妓乐》、《百戏伎艺》、《小说讲经史》，以及《武林旧事》卷六、卷十等，对俗文艺的演出记载甚详。俗文艺具备了商品性，使文艺的功能发生了根本性改变，加以文艺在自身演变中，传统形式盛极难继，给新兴的通俗文艺形式腾出了发展空间。因此，市民的文化消费确实是俗文学兴盛的主因。

其次，宋代俗文学的接受效应，影响了雅文学作者的创作思想，使之从一味求雅转向了雅俗结合。

从《都城纪胜》的《瓦舍众伎》，可见宋代俗文学主要的样式及内容、特点：

> 散乐，传学教坊十三部，唯以杂剧为正色。……杂剧中，……大抵全以故事世务为滑稽，本是鉴戒，或隐为谏诤也，……
>
> 诸宫调，本京师孔三传编撰，传奇、灵怪、八曲、说唱。……
>
> 嘌唱，谓上鼓面唱令曲小词，驱驾虚声，纵弄宫调，与叫果子、唱耍曲儿为一体，本只街市，今宅院往往有之。……唱赚在京师日，有缠令、缠达；有引子、尾声为“缠令”；
>
> 引子后只以两腔递且，循环间用者，为“缠达”。……
>
> ……说话有四家：一者小说，谓之银字儿，如烟粉、灵怪、传奇。说公案，皆是搏刀赶棒，及发迹变泰之事。　说铁骑儿，谓士马金鼓之事。　说经，谓演说佛书。　说参请，谓宾主参禅悟道等事。　讲史书，讲说前代书史文传、兴废争战之事。

再如《梦粱录》卷二十的《妓乐》：

> ……杂剧中末泥为长，每一场四人或五人。先作寻常熟事一段，名曰“艳段”。次做正杂剧、通名两段。……大抵全以故事，务在滑稽唱念，应对通遍。此本是鉴戒，又隐于谏诤，故从便跳露，谓之“无过虫”耳。若欲驾前承应，亦无责罚。一时取圣颜笑。……又有杂扮，或曰“杂班”，……多是假借为山东、河北村叟，以资笑端。……又有“覆赚”，其中变化花前月下之情及铁骑之类。……今街市与宅院，往往效京师叫声，以市井诸色歌叫卖物之声，采合宫商成其词也。①

---

① 孟元老等：《东京梦华录·外四种》，文化艺术出版社1998年版，第302—304页。

这些演出能博得广大观众，杂剧竟然还可以“驾前承应，亦无责罚。一时取圣颜笑”，市民情趣和口味为什么不能逐渐影响文人雅士呢？

宋代印书业发达，为文学作品的传播提供了方便。通俗文艺要适应市场需要，雅文学也不能一味的自我欣赏，为了有更多的读者，适当的通俗化应是可行的道路。

这里仅举二例：欧阳修曾以民间说唱艺术的形式写过一组《渔家傲》鼓子词，分咏一年十二月的风物节序，可见出对群众性节日、民俗的兴趣。南宋时，曾身居相位的史浩，其《鄮峰真隐大曲》也有《采莲舞》、《花舞》之类的民间歌舞内容。二人所作都体现出雅俗结合的特点。

以上原因之外，宋代文人普遍悦禅，也影响到文学作品的通俗化。葛兆光《中国思想史》第二卷指出，禅宗在语言学上具有显著转变的特点：“……是经典中的书面语言被生活中的日常语言所替代，生活中的日常语言又被各种特意变异和扭曲的语言所替代，这种语言又逐渐转向充满机智和巧喻的艺术语言，……最后，中国特殊的知识语境与社会背景，又使这一思想领域内的宗教语言，逐渐演变成了文学中的语言艺术与语言游戏……”[①] 这正是悦禅的文人诗文由雅而俗的原因之一。

四

宋代文人学士对雅俗结合的文学是怎样认识的呢？

首先，表现出对俗文学乐于接受的态度。

王禹偁是宋初学习白居易诗的主要代表，写实主义以外，白诗的通俗平易也影响了他，故而颇喜欢民间的俗文学。其《唱山歌》可见：“滁民带楚俗，下俚同巴音。岁稔又时安，春来恣歌吟。接臂转若环，聚首丛如林。男女互相调，其词非奔淫。修教不易俗，吾亦弗之禁。夜阑尚未阕，其乐何愔愔。用此散楚兵，子房谋计深。乃知国家事，成败因人心。”

再如，秦观曾记载野闻，其《逆旅集序》云，因所集“虽有先王之馀论，周孔之遗言，而浮屠老子，卜医梦幻、神仙鬼物之说猥杂于其间”，引起人家的质疑。对此，他辩解道：“仆，野人也，拥肿是师，懈怠是习，仰不知雅言之可爱，俯不知俗论之可卑。偶有所闻，则随而记之耳，又安知其纯与驳耶？然观今世人，谓其言是，则矍然改容，谓其言信，则适然以喜，而终身未尝信也。则又安知彼之纯不为驳，而吾之驳不为纯乎？”[②] 其实，“仰不知雅言之可爱，俯不知俗论之可卑”只是托词，对野闻的兴趣，真实见出了秦观对俗文学的态度。

有的虽不对俗文学有很大兴趣，但也能通过具体记载或批评，在艺术上作出肯定。如刘辰翁评点《世说新语》，以《德行》中太丘所言“元方难为兄，季方难为弟”为“家翁语”，《任诞》中刘道真所说“去，去！无可复用相报”为“市井

---

① 葛兆光：《中国思想史》，复旦大学出版社 2004 年版，第 92—93 页。

② 秦观：《淮海集》，徐培均笺注，上海古籍出版社 2000 年版，第 1258 页。

语”，《容止》中王导见卫玠所说的“若不堪绮罗”为“妇人语”等，见出了他对俗语表现人物个性的肯定。

其次，有意于改造传统雅文学，力图探讨雅俗结合的创作道路。

自北宋起，就有不少名家论述雅俗结合的创作道路，这里仅就梅尧臣“以俗为雅”一说，及苏轼、黄庭坚的继续阐发而论之。

陈师道《后山诗话》载，梅尧臣曾答书“不用陈语常谈”的“闽士好诗者”，曰：“子诗诚工，但未能以故为新，以俗为雅尔。”① 梅诗的特点是平淡，他的《读邵不疑学士诗卷》说：“作诗无古今，惟造平淡难”，“平淡”除了“意新语工，得前人所未到者”外（欧阳修《六一诗话》引梅语）②，也如钱锺书先生所说，还包括将一些似乎不宜入诗的俗事写入诗中③。

苏轼《书黄子思诗集后》赞赏韦、柳、司空图的诗，《祭柳子玉文》不满“元轻白俗”；黄庭坚《书缯卷后》认为学书“俗便不可医”，屡以“韵”来论艺，都可见尚雅的指向。但另一方面，他们又不是一味排斥俗，而表现了兼容并包的态度，继承了梅尧臣的思想，提倡以俗为雅。

苏轼《书黄鲁直诗后》说：“鲁直诗文，如蝤蛑、江瑶柱，格韵高绝，盘飧尽废。然不可多食，多食则发风动气。”“格韵高绝”当然是雅之极致，他却以为多食会犯病。他在《题柳子厚诗二首》中说：“诗须要有为而作，用事当以故为新，以俗为雅。好奇务新，乃诗之病。”“以故为新，以俗为雅”，就是梅尧臣之见。周紫芝《竹坡诗话》还引了苏轼所说的“街谈市语，皆可入诗，但要人镕化耳。”④ 更见其对如何采俗语以入诗的看法。沈德潜《说诗晬语》卷下云：“苏子瞻胸有洪炉，金银铅锡，皆归熔铸。”⑤ 此说多少道出了苏诗善于熔铸语言、其中也包括俗语的特点。苏轼诗歌善用博喻，其中常有用俗物为喻者，而甚见形象生动。

黄庭坚《题意可诗后》云：“宁律不谐而不使句弱，用字不工不使语俗，此庾开府之所长也。然有意于为诗也，至于渊明，则所谓不烦绳削而自合者。虽然，巧于斧斤者，多疑其拙；窘于检括者，辄病其放。孔子曰：宁武子‘其智可及也，其愚不可及也’。渊明之拙与放，岂可为不知者道哉？道人曰：‘如我按指，海印发光；汝暂宁心，尘劳先起。’说者曰：若以法眼观，无俗不真；若以世眼观，无真不俗。渊明之诗，要当与一丘一壑者共之耳。”他排比众例，对雅俗的辨证关系阐发得非常全面、通达。其《再次韵杨明叔小序》继续梅尧臣所说，并出以形象的比喻：“盖以俗为雅，以故为新，百战百胜，如孙、吴之兵，棘端可以破镞，如甘蝇、

---

① 何文焕：《历代诗话》，中华书局 1981 年版，第 314 页。

② 何文焕：《历代诗话》，中华书局 1981 年版，第 267 页。

③ 钱锺书：《宋诗选注》，人民文学出版社 1979 年版，第 16—17 页。

④ 何文焕：《历代诗话》，中华书局 1981 年版，第 354 页。

⑤ 丁福保：《清诗话》，上海古籍出版社 1963 年版，第 544 页。

飞卫之射，此诗人之奇也。”① 他自己的“点铁成金”，在一定意义上也可以看成是以俗为雅之举。据孔平仲《孔氏谈苑》卷五载：“山谷云：作诗正如作杂剧，初时布置，临了须打诨，方是出场。”此说可见黄庭坚在诗歌创作中对俗文学的学习、汲取，而在他的作品中，也确实体现出这一方法的运用。他常先说一些难以理会的话，再用意挑明，确实类似于杂剧手法，或禅宗的和尚说法。这种作法，确能收到以奇破常的效果，当然另一面亦如苏轼所说，是“不可多食”。

南宋时期，因宋诗自身面貌已具，江西诗派大行于世，散文六大家的地位已经确立，使得文人学士深感继续开辟、创获之难。一方面是坚持雅的方向，另一方面则在探索传统雅文学的艺术表现时，考虑受众欣赏口味，努力寻求雅俗相兼的道路。

杨万里感慨为文之难：“甚矣文之难也！长于台阁之体者，或短于山林之味；谐于时世之嗜者，或漓于古雅之风。笺奏与记序异曲，五七与百千不同调。非文之难，兼之者难也”（《石湖先生大资参政范公文集序》）② 戴复古《论诗十绝》（之三）也说：“曾向吟边问古人，诗家气象贵雄浑。雕锼太过伤于巧，朴拙惟宜怕近村。”但杨万里并不止步于感慨，而是努力寻求新的表达途经。钱锺书先生《宋诗选注》认为，他“不掉书袋，废除古典，真能够做到平易自然，接近口语”，还引述了他自己的话：“诗固有以俗为雅，然亦须经前辈取熔，乃可因承尔，如李之‘耐可’、杜之‘遮莫’、唐人之‘里许’‘若箇’之类是也。……彼固未肯引里母田妇而坐之于平王之子、卫侯之妻之列也”。

杨万里的地位虽不能与苏黄相并，但他的努力探索，给南宋以至后来诗歌的发展，提供了“诚斋体”的成功范例。

（原载《求是学刊》2006 年第 4 期，刊发时有删节）

① 黄庭坚：《豫章黄先生文集》，上海商务印书馆 1936 年版。

② 杨万里：《诚斋集》，上海商务印书馆 1936 年版。。

北宋熙丰诗坛》，陈忻《南宋心学学派的文学研究》，钱建状《南宋初期的文化重组与文学新变》。2007年有4部：张培锋的《宋代士大夫佛学与文学》、复旦大学思想史研究中心主编《欧阳修与宋代士大夫》、杨柏岭《唐宋词审美文化阐释》、邓莹辉《两宋理学美学与文学研究》。

就论文言，宋代文学的文化研究也呈现逐年发展的趋势。1987—1989年为起始点，3年中仅发6篇，1990—1999年的10年中共22篇，与前面相近。进入新世纪之后，2000年形成了一个小高潮，共9篇，而2001—2002年又见回落，2年中仅6篇，2003—2005年为恢复期，其中2003年7篇，2004年9篇，2005年10篇。近两年为之突飞猛进：2006年29篇，2007年47篇。

以上的论文中，有些是很好的论题，如周本淳的《宋诗与宋代文化》（《淮阴师专学报》1991年3期），张毅的《苏轼朱熹文化人格之比较》（《文学遗产》1995年4期），孙维城的《"晋宋人物"与姜夔其人其词》（《文学遗产》1999年2期），及赵晓岚与之商榷的《也谈"晋宋人物"、"文化人格"及姜夔》（《文学遗产》2000年3期），许总的《论理学文化观念与宋代诗学》（《学术月刊》2000年6期），张玉璞的《宋代文人"居士"情结的社会文化阐释》（《山东社会科学》2002年3期），董希平的《宋初百年间词之功能的推移——宋代文化建构中的宋词》（《文学评论》2003年5期），杨海明的《论唐宋词对传统文化的传承——以苏轼的"士大夫化"为"切口"》（《江海学刊》2003年5期），林继中的《文化转型与宋代文学》（《长江学术》2006年1期），冯伟的《北宋初期科举文化与西昆体》（《中国韵文学刊》2007年2期），杨子怡的《韩愈刺韩与苏轼寓惠对地方文化影响比较论》（《汕头大学学报》2007年2期），孙昌武的《从佛教文化视角解读古代的士大夫文学——以宋代为中心》（《郑州大学学报》2007年4期），以及笔者的《词的由中唐至宋初之变与文化转换》（《文史哲》2004年4期）等文。

就理论而言，王水照先生在其主编的《宋代文学通论》中，撰写了该书的绪论《宋型文化与宋代文学》，为宋代文学的文化学研究，解决了不少学理性问题。如从整体上提出了以文化观照文学的新方法，对宋型文化作出了全面而新颖的定义，对宋朝"近代"的性质，文学的淑世精神，对宋学作为新儒学之关注"天人之际"，与文学的重理节情，以及宋代对传统文化的吸收整合，使得文学得以重建辉煌、盛极而变等，都作出了深刻的论述。该书且对宋代文学中的文体、体派、思想、题材体裁、以及相关的学术史问题，也有较为全面、新颖的论述。

仅以上所述即可见，宋代文学的文化学研究成果是十分喜人的。

二　三个重要论题及相关成果

笔者以为，对宋代文化与文学关系的研究，有几个较重要的论题，是近年来得到关注，且取得可喜成果的。

一是关于政治文化的党争，及其对文学造成的影响。

党争从北宋一直延续到南宋，对士人的人生境遇，对文学创作的文化生态，都有很大的影响，与宋代文学的题材、主张、风格等也有关系。

在关于宋代党争与文学的研究中，吴熊和先生指导的博士生作出了很大成绩，先后有沈松勤的《北宋文人与党争》，萧庆伟的《北宋新旧党争与文学》，及沈松勤的《南宋文人与党争》三著。《北宋文人与党争》涉及的北宋党争与文学关系问题，有因党争而引起的文人与文化命运的改变，包括兴治文字狱，以“文字”排击异党，因排斥异党而禁毁“文字”的党禁与文禁；还有北宋党争与文人的分野问题，包括王安石与新党文人群，苏轼与苏门“君子”，黄庭坚与“江西”诗人群；北宋党争与文学创作的互动，包括熙、丰的政见之争、元祐的意气之争、“绍述”的党锢，三者与文学创作的互动，涉及创作倾向、风格、文人的惧祸心理、价值取向、心态演变、主题取向。《南宋文人与党争》分为上、中、下三编，上编为南宋党争的背景与历程，中编为南宋党争的动力与文化性格，为历史学、政治学的研究，下编则专论南宋党争与文学命运。下编共分三章：文学群体的重组与文学命运的再造，高压政治与谄谀之风，畏祸心理与以理遣情。如果说北宋的党争主要是围绕着变法而展开，那么南宋则转为和战问题，“事实充分表明，以党争为首要环境因子的南宋文学生态，存在着多层面文化活动的结构性互动；在互动中，既有交叉又有渗透，既有排斥又有兼容，从而决定了文学的生成与繁荣，也影响了文学的演变与衰落。”①

如徐规先生所说，沈松勤对北宋新旧党之争的研究，“采取实事求是、不偏不倚的态度，脱出前贤的窠臼。至于党争与文人、文学的关系，世贤虽有所涉及，但沈君则在更广阔的视野上，用力给予较深入的探讨，创获良多。”② 然而，此书亦有不足，“如在论述党争的成因时，忽视了代表当时南北地域不同利益的士人的政见之争；在总结文士群体的分野时，只注意到了新党以及苏轼与‘苏门弟子’和黄庭坚与‘江西诗人’群，其实朔党、洛党也是因党争分野而形成的重要群体。对党争与文学关系的论析，虽抓住其要害，但如能进一步加强这方面的评述，当可更臻完善。”③ 至于南宋的党争与文学，沈书抓住了重要的专题，但有些问题还未进入研究视野。

二是关于制度文化的科举，以及与文学的关系。

科举始于隋，盛于唐，变于宋，且显见完善、进步。唐宋因这一制度的区别，也造成了二代主流、精英文化的不同与发展，且因二者文化精神的差异，也造就出二代文学的区别。

继程千帆先生之后，傅璇琮先生的唐代科举与文学研究，打开了新的局面，而

---

① 沈松勤：《南宋文人与党争》，人民出版社 2005 年版，第 7—8 页。

② 徐规：《北宋文人与党争序》，见沈松勤著《北宋文人与党争》，人民出版社 1998 年版，第 1 页。

③ 徐规：《北宋文人与党争序》，见沈松勤著《北宋文人与党争》，人民出版社 1998 年版，第 3—4 页。

近年研究宋代科举考试与文学关系者，有祝尚书的《宋代科举与文学考论》和林岩的《北宋科举考试与文学》二书。祝著是作者多年来研究宋代科举与文学的论文结集，对于宋代科举制度的沿革变迁，科举制度、科举考试与文学发展的关系，其间的利弊得失，都作了文史相兼、考论结合的研究，举凡发解、省试、殿试、诸科、制科、词科、糊名誊录、诗赋经义之争、时文的程式化、科举与理学、科举用书、登第进士的恩例与庆典等，属于宋代科举的重要问题，都有深入的涉及。傅璇琮先生说，此书“实际上是全面考论宋代科举的专著，并且将两宋科举制度的变化沿革与文学、理学、文化风尚、士人生活，甚至举子用书之刻印、发行等，作广泛而具体的探讨，这种细致的考索与极有新意的拓展，是近二十余年来宋代科举与文学、文化交结研究所未有的。”① 祝尚书先生在该书后记中表示，“将继续努力，以期撰成一部更为满意的专著《宋代科举与文学》来。”所以，我们也期待着能超越重在制度文化层面、确乎就科举与文学作全面文化考论的专著问世。

三是关于家族文化与文学的关系。

家族文化可追溯到六朝的贵族文化，晋室南渡后，琅邪王氏、陈郡谢氏等家族，都在江南地区逐渐形成了政治、文化大族。随着作为家族文化基础的庄园经济被唐代的均田制取代，唐太宗“欲崇重今朝冠冕，……不须论数世之前，止取今日官爵高下作等级。”② 但唐代仍有门阀之风，直到安史之乱后，门阀才遭到严重破坏。宋代由于宗族制度的发达，造成了新型的家族文化，也影响到家族相传的文学传统。

近年来，对家族文学的研究渐多，先是有几部关于六朝、隋唐的家族与文学的研究专著，而宋代的研究则以张剑的《宋代家族与文学——以澶州晁氏为中心》为代表。该书“运用了实证研究与统计分析的方法，……揭示了晁氏家族的‘祖宗家法’，晁氏天分、寿夭、婚姻、迁徙、卒葬对家族的影响以及家族的兴衰状况，又细致地论证晁氏家族文学与文化在宋代家族文学与文化中的典型性、独特性，论证晁氏家族的文学创作成就和所体现出的家法意识，以及其继承性与变异性等问题。在对晁氏家族文学这一个案的微观研究的基础上，又向广度和深度拓展，从总体上把握宋代家族文学的特征，努力探讨宋代家族对宋代文学的影响……”③ 晁氏家族一时成为了研究热门，除前面提到的刘焕阳《宋代晁氏家族及其文献研究》（齐鲁书社 2004 年版）外，还有何新所的博士论文《宋代昭德晁氏家族研究》（南京大学 2004 年），和李朝军的博士论文《宋代晁氏家族文学研究》（四川大学 2005 年）等。

关于家族与文学的研究论著，尚可再举汤江浩的《北宋临川王氏家族及文学考论——以王安石为中心》（人民文学出版社 2005 年），此书与张剑所作，都是博士

---

① 傅璇琮：《宋代科举与文学考论序》，见祝尚书著《宋代科举与文学考论》，大象出版社 2006 年版，第 1—2 页。

② 刘昫：《旧唐书》（卷六十五）“高士廉传”，上海古籍出版社，上海书店 1986 年版，第 3769 页。

③ 陶文鹏：《宋代家族与文学序言》，见张剑著《宋代家族与文学——以澶州晁氏为中心》，北京出版社 2006 年版，第 2 页。

论文，且不谋而合的是，都有“以……为中心”，前者的中心是澶州晁氏这一群体，后者是临川王氏中的王安石一人。汤著分为上下编，上编是临川王氏家族的溯源、迁徙与兴衰，王氏诸兄弟的生平、仕历与文艺，王安石诸妹、妹婿的生平及与王安石的文学交往，王安石的子女、从子女及归婿，王安石外家与曾巩的亲缘；下编论王安石诗的历代辨伪、辑佚，考论李壁注荆公诗，叶梦得论荆公诗，刘辰翁评点荆公诗与方回选评荆公诗。此著长于考证，言必有据，表现出良好的学风。

对家族文学的研究，似已成为当前宋代文学研究的潮流，尤其是不少博士论文都以此为题，相信不久后会有众多的成果问世。

三　从进士文化到士大夫文化

由于文史结合研究方法的渐被采用，近年来颇能从宋代历史对宋代文学作整体观照，而史观就尤显重要。不少学者都注意到日本内藤湖南关于中国历史的分期说，及其将宋代定义为近代之论，王水照先生在《宋代文学通论》的绪论中，就藉此而就宋代的近代特点，作了精到的阐发论述。笔者以为，若要深化对宋代文学的文化学研究，对宋史观与宋型文化，当结合起来研究，且要有认识的深化。

台湾傅乐成在1972年发表的《唐型文化与宋型文化》一文，[①] 已论唐宋文化的最大不同，如今，30多年过去了，对宋代文化的认识自不应停留在简单的与唐代比较之上，而应有更为深入的研究。

宋代承接唐五代，其文化特点确实要在与前代的比较中确立，而对照唐宋的主流、精英文化，由进士文化变为士大夫文化，无疑是两代最大的不同。

相对于六朝的贵族文化，唐代因推行科举且尤重进士制，逐渐形成了进士文化。笔者认为，进士文化的主要特点是：

其一，由九品中正行察举，改为士子主动参加科举考试，选官的制度文化之变引发了政治之变，导致了具有近代意义的社会逐渐生成。其二，因进士科取士较他科困难，在最为社会重视同时，又因进士考试行以诗赋取士，遂改变了儒学与文学的传统地位。其三，儒生与文士地位的倒转，造成了文化从制度进而到思想、行为层面的改变，“儒林”传统向“文苑”精神倾斜、转化，使得统治阶级的新成员——进士阶层，形成了一系列被视作“无行”、“轻薄”的特点。

鉴于晚唐五代的政治腐败与进士无行相关，自宋初始，不少有识之士已指出科举取士之弊，胡瑗、孙复等创办书院教育，以不求功名利禄为尚，努力于塑造士人的道德人格。胡瑗后任国子监直讲，为太学生授业，施行明体达用的教育方针，主张经义与实学并重。孙复批判文章的功利目的，其《答张洞书》矛头直指进士制，以“道”为教之本，文为道之用。而通过科举走上仕途的人物，也反思唐五代进士

---

① 傅乐成：《汉唐史论集》，中国台湾联经出版公司1977年版。

的堕落，如柳开、石介都提倡作古文还要行古人之道，要如孔、孟、扬雄、韩愈那样“道”“文”统一。宋仁宗即位之初，范仲淹在《奏上时务书》中要求改革政治、“兴复古道”，提出“救斯文之薄”，自己更以天下为己任，践履“古道”复兴。欧阳修以为文不可恃，屡薄尽心于文字者，基于文道合一而极力推重韩愈。

由于宋人之重道，加以科举制较唐代更为完善，较彻底地打破士庶之隔，真正实现了出身寒门亦能上升朝列，遂能变进士文化为士大夫文化。笔者以为，士大夫文化的基本涵义及主要特点是：

其一，在对进士文化的批判中，努力于儒学传统的重建，并在重“道”同时，又极为重德，思想修养追求明道见性，向往“内圣”境界，外现则为操守气节。

重道已如前所言，此处再举提倡笃敬自守、心定道纯之例。欧阳修《答祖择之书》云：

> 道尊然后笃敬，笃敬然后能自守，能自守然后果于用，果于用然后不畏而不迁。
>
> 意得则心定，心定则道纯，道纯则充于中者实，中充实则发为文者辉光，施于事者果致。①

其“内圣”色彩，并不亚于道学家。范仲淹直言谠论，三次被贬，人以之“三黜而三光”，朱熹赞其“大厉名节，振作士气，故振作士大夫之功为多。”② 苏轼则高度评价欧阳修：“宋兴七十余年，民不知兵，富而教之。至天圣、景祐极矣，而斯文终有愧于古。士亦因陋守旧，论卑气弱。自欧阳子出，天下争自濯磨，以通经学古为高，以救时行道为贤，以犯颜纳谏为忠。长育成就，至嘉祐末，号称多士，欧阳子之功为多。”③

其二，虽宋代文化较之唐代而见内倾性，然而士大夫文化却具有显见的“外王”指向。

理学或许更具宋代思想、哲学的代表资格，但主导着宋代政治的士大夫文化，却非理学之侧重内圣，而尤重“外王”的事功。

如吕夷简入仕之初即以直言知名，拜相后奏列八事，以期政治清明、国家强盛。范仲淹推行庆历新政，呈《上十事疏》，即明黜陟、抑侥幸、精贡举、择长官、均公田、厚农桑、修武备、减徭役、覃恩信、重命令。在此前后，富弼上安边十三策，韩琦先陈七事，再陈救弊八事。这些都足以说明北宋士大夫所造就的政治文化具有显著的“外王”特点。虽然因士大夫的多重人生角色，令所为之文亦有不同之用，

---

① 欧阳修：《欧阳文忠公集》卷一，四部丛刊本。

② 朱熹：《朱子语类》，黎靖德编，中华书局 1986 年版，第 3086 页。

③ 苏轼：《六一居士集》，《苏轼全集》，上海古籍出版社 2000 年版，第 852 页。

属于陈述政见者多非文学作品，然而仍不可避免地留有鲜明的印迹。即如“小道”之词，在常见的艳情、闲情之外，又有宦情与性情的加入，到南宋更有言恢复大计、表报国无门、温婉又悲凉的稼轩之词，及与之相近一派。

其三，政党政治的形成，为士大夫文化所特有，使得党争贯穿有宋一代。

孔子谓“君子群而不党”，《荀子·强国》亦云：“不比周，不朋党，倜然莫不明通而公也。古之士大夫也。”而由于宋代士大夫热心于政治事务，出于政见不同，自然就形成了朋党。欧阳修作《朋党论》，不讳言结党一事，而以为人主最需要的是明辨君子小人，君子以同道为朋，小人以同利为朋，应退小人之伪朋，用君子之真朋。对于政党政治，柳诒徵先生论其特点云：

> 盖宋之政治，士大夫之政治也。政治之纯出于士大夫之手者，惟宋为然。故惟宋无女主、外戚、宗王、强藩之祸。宦寺虽为祸而亦不多，而政党政治之风，亦开于宋。①
>
> 中国之有政党，殆自宋神宗时之新旧两党始。其后两党反复互争政权，……论史者恒以宋之党祸比于汉、唐，实则其性质大不相同。新旧两党各有政见，皆主于救国，而行其道特以方法不同，主张各异，……其党派分立之始，则固纯洁为国，初无私憾及利禄之见羼杂其间。此则士大夫与士大夫分党派以争政权，实吾国历史上仅有之事也。②

柳氏已辨明宋代党争与汉唐党祸之别，对士大夫政治文化的这一特点，应很好体会，而因政党政治所造成的党争，则对宋代文人与文学有极大影响，成为研究宋代文学不能忽略的背景和因素。

四　宋代文化的其他重要论题

士大夫文化可谓宋的“一代之文化”，对宋代文学有很大的影响与制约。此外，在由唐而宋的历史进程中，文化之变尚应注意以下三个问题。

1. 夷夏观与外来文化

在由唐而北宋、再到南宋历史进程中，与接受或排斥外来文化密切相关的夷夏观，有显著的变化。

早在春秋时代，华夏民族就有“裔不谋夏，夷不乱华”（《春秋左氏传·定公十年》）的观念，显然这是立足于民族自卫的。又因此时的戎狄侵华，遂有“尊王攘夷”的口号。管仲辅助齐桓公完成霸业，不受夷狄侵扰，故孔子赞曰：“管仲相桓公，霸诸侯，一匡天下，民到于今受其赐。微管仲，吾其被发左衽矣。”（《论语·

---

① 柳诒徵：《中国文化史》，东方出版中心 1988 年版，第 516 页。

② 柳诒徵：《中国文化史》，东方出版中心 1988 年版，第 518—519 页。

宪问》）孟子以舜为东夷人，文王为西夷人，却先后为圣，显然超越了“尊王攘夷”观，《孟子·滕文公上》进而提出了自己的文化观：“吾闻用夏变夷者，未闻变于夷者也。”在西汉的汉武帝全盛时期，“德泽洋溢，施虖方外，延及群生”①，而到五胡乱华时，又重申“华夷之辨”，江统《徙戎论》提出了徙戎于其旧地的主张，文中所云的“内诸夏而外夷狄”，本出于《公羊传·成公十五年》，而“非我族类，其心必异”，则出《左传·成公四年》。② 待结束了南北分裂，隋文帝可以宣称：“朕受命于天，抚育四海，望使一切生人皆以仁义相向。”③ 贞观四年，唐朝大破突厥，对如何处置十余万降众，朝臣各有所见，唐太宗独纳中书令温彦博之议，作了妥当安排，更有对中华、夷狄爱之如一之说。

入宋以后，因屡挫于外族，故石介《中国论》重申“内中夏而外夷狄”之理，治《春秋》者颇多，以至成为显学，“华夷之辨”又成宋人的重要论题。以苏轼言，他在嘉祐六年参加制科考试时写有《王者不治夷狄论》，沿袭《春秋》传统之见，将夷狄的秦、楚与华夏的齐、晋相比，所讨论的华夷间名分依据，在于“仁义”二字。元祐四年和八年，苏轼向朝廷奏进六篇札子，反对宋神宗的高丽政策。由于其时高丽已被契丹征服近百年，接受了辽的册封，因此建议宋朝应疏远高丽。他还认为，因高丽与辽“阴相计构”，故不宜将涉及山川险要、边防守备的《册府元龟》等书籍出售给高丽使者。与苏轼为敌党的程颐，亦申《春秋》谨华夷之辨的思想，再言“尊王攘夷”说，与苏轼所见并无不同。南宋初，宋高宗推崇左氏《春秋》，目的在于用尊王攘夷说树正统、斥伪齐；而胡安国作《春秋传》，则以此说作为抗金大业的思想基础，其序自云“用夏变夷，大法略具，庶几圣王经世之志，小有补云。”

无论是北宋还是南宋，都倡尊王攘夷之说，可以认为，由于宋的继迫于契丹、党项羌、女真和蒙古民族，因此宋人的夷夏观，实也成为了宋代爱国主义文学的思想基础。

2. 主流文化与多元文化

宋代的精英文化无疑是士大夫文化，是宋的“一代之文化”，也是主流文化，但是，宋代文化不是单一的，而是多元文化的构成格局，较唐代文化更为丰富多彩。

与士大夫文化具有相同或相近地位的是道学文化，它不仅是宋代思想文化的代表，是“一代之学术”，对宋代文学的创作思想也有很大影响。如果说士大夫文化与道学文化是近于平行的精英文化，那么在士大夫文化中也发展出新的次文化、子文化。如在这一文化所造成的政党政治中，士大夫受党争之害，使得自屈、贾以来的贬谪文化有了新的发展，而因宋代在思想文化上的三教合一，也使得贬谪文化与

---

① 班固：《前汉书》（卷五十六）“董仲舒传”，上海古籍出版社，上海书店 1986 年版，第 598 页。

② 详见《晋书·江统传》。

③ 长孙无忌：《隋书》（卷八十三）“吐谷浑传”，上海古籍出版社，上海书店 1986 年版，第 3468 页。

道佛文化相融，苏、黄就是很好的例子。若谓与道佛文化相融的贬谪文化，是士大夫文化中的一个新“变种”，那么，在士大夫文化之中，馆阁文化则是非常重要的新“品种”，宋代的右文政策，使得这一文化在宋代的文化建设、历史与文学中，都具有非常重要的意义。

士大夫文化是精英文化，具有“庙堂”性质，而由于宋代的近代性质，经济形式、城市建设的发展变化，使得市民阶层迅速壮大，“草根”的市井文化也随之发展，其中的青楼文化就是柳永俗词的催生剂、培养基。推而广之，宋代俗文学的发达，亦与市井文化大有关系。市井文化具有强大的生命力，在城市经济日益成熟，文化同样重视市场、文学不能无视传播的情况下，士大夫文人也不得不调整其文化策略，梅尧臣、苏轼等人提出的文学创作应“以故为新，以俗为雅”，就应是正视、关注市井文化的结果。

南宋在延续士大夫文化同时，发展出权相政治，在党争以新的形式出现同时，伴随着科举文化之变，加以地狭人稠，冗员增多，隐逸文化、江湖文化、幕客文化，以及因中心城市多种“社”、“会”而生成的社会文化，则又提供了不少文化新品种，也分别影响了文学的生态环境、创作条件、内容题材、艺术风格。

3. 地域文化与家族文化

唐宋两代的地域文化都很有特色，而宋代因宗法共同体的建立，家族文化尤为发达，地域与家族相结合，则成为宋代新的文化景观。

我国历来有地域文化之别，上世纪初的一些学术大师如王国维、梁启超、刘师培等，都曾论述南北文化的不同，陈寅恪《唐代政治史述论稿》中很正确地指出文化的地域性历史渊源及变化，他引了“山东之人尚婚娅，江左之人尚人物，关中之人尚冠冕，代北之人尚贵戚”之说，又云自东汉末中原丧乱以后学术虽变化，但通经义、励名行以求从政，形成了很好的门第之风，在河北即所谓山东地域尤为显著，[①] 并认为牛李党争实以科第分，即：牛党重科举，李党重门第。[②]

与唐代相比，宋代地域文化的最大变化就是文化重心逐渐向东南转移，并在北宋后期得以完成，这是几千年历史的唯一一次。对于宋代地域文化的研究，十年前已有程民生的专书，较之前人的粗略论述，显然极见深入周全。[③] 由于地域文化涉及风土民俗、人文素质、宗教信仰、官私教育、印刷出版、公私藏书、交通传播，以及儒学、宗教、学术、文学、艺术等传统的异同，对文学创作有显著的影响，故此结合地域文化研究宋代文学，应是大有可为的。

宋代文化的一大变化是宗族共同体的建立，[④] 不仅强化了伦常秩序，促进了小

---

① 陈寅恪：《唐代政治史述论稿》，上海古籍出版社 1997 年版，第 70—71 页。

② 陈寅恪：《唐代政治史述论稿》，上海古籍出版社 1997 年版，第 84 页。

③ 程民生：《宋代地域文化》，河南大学出版社 1997 年版。

④ 冯天瑜、何晓明、周积明：《中华文化史》第七章第三节，上海人民出版社 1990 年版。

农经济的稳定，得到了理学家的充分论证、肯定，还为家族文化的形成创造了条件。宋代的家族文化与六朝的家族贵族文化不同，代表了一种新的文化方向。

虽唐代也有因家族而成的文化传承，但地域性特点似更强于家族文化传统，宋代不然，地域性与家族性结合为一体，形成了许多著名的家族。如：宋初的临安钱氏，惟濬、惟治、惟演昆弟各有所成，寿州吕氏，自吕夷简起，几代一门数相，雍丘韩忆及其子韩绛、韩维、韩缜，吴县范仲淹及其子纯仁、纯礼；京兆蓝田吕氏，仙游蔡氏，南宋的四明史氏、鄱阳洪氏等，亦多显宦；眉山苏氏、巨野晁氏，多文学之传；洛阳程氏兄弟，崇安胡氏、婺源朱氏父子，则为道学名家。若从地域言，仅江西一地，除前说的鄱阳洪氏外，还有临川王氏（王安石、安礼、安国），南丰曾氏（曾巩、曾布、曾肇），新淦孔氏（孔文仲、平仲、武仲）等著名家族，对政治、学术、文学、艺术等产生了很大影响，形成了传统。

五　宋代文学的文化学研究还应关注什么

以上就宋代文化对唐代的发展，谈了一些看法。限于篇幅，难以在一篇文章中全面论述与宋代文学研究相关的文化问题，兹再举隅以见之。

笔者以为，以下三个问题，也是宋代文学研究需要关注的。

一是宋代文学与思想史、哲学史、制度史的关系。

前述马积高、许总、朱刚、罗立刚等老、中、青三代学者的著作，已属打通哲学与文学的研究，可惜的是，延续这一方向者，尚不多见。近年来，关于宋代思想、哲学的研究专著渐多，仅作者出身于浙江大学的，就有关长龙的《两宋道学命运的历史考察》，何俊的《南宋儒学建构》，以及刘成国的《荆公新学研究》诸著。关于宋代的制度史，十多年前河南大学出版社的《宋代研究丛书》，就有《宋代官员选任和管理制度》、《宋代监察制度》等著。由于学科的分科细密，在三级制的体系中，目前的研究很难打破“分疆而治”局面，然而，不仅是古代学术具有文史哲一体的特点，当今也很倡导跨学科的研究，因此，学科间的打通确实非常重要，也是宋代文学研究的方向所在。

罗宗强先生创立了文学思想史学科，其弟子张毅有《宋代文学思想史》，是第一部全面论述宋代文学思想史的专著，书中涉及到哲学对文学思想的影响，但由于学科的性质和研究范畴所限，故对于文学观、文学创作与哲学史、思想史相对应、相结合的全面研究，还有拓展的余地。

制度史中的教育与科举，对文学的研究很重要，虽已有祝尚书等人的研究，但是，在具体问题之外，仍有一些理论问题需关注。如唐宋两代科举的不同，后者的进步，以及宋代科举自身存在的弊病等，都可作进一步的深入研究。此处仅举后者一例：针对唐代进士科只重文才所造成的缺陷，仁宗之时，宋祁等人上奏：“……先策论，则文词者留心于治乱矣；简程式，则闳博者得以驰骋矣；问大义，则执经者不专于记诵矣”[①]，仁宗从之。后又有王安石的改革，但仍然自有其弊端。苏轼《日喻》即对王安石变法后科举取士的变化，发表自己的见解：“昔者以声律取士，士杂学而不志于道。今者以经术取士，士求道而不务学。”[②] 对这些问题，都可以就其本身或结合文学作深入的研究。

二是宋代文学与宋代学术、艺术的关系。

宋学有广狭之义，狭者专指理学及其所传，广者应指宋代学术之总和。胡瑗于苏湖二州教学之时，立经义、治事二斋，实际上将学问分为理论与致用二科，此即宋初学术之始。其后，理学作为新儒学逐渐为之建立，王安石创新学，张载创关学，周敦颐创濂学，二程创洛学，洛学的出现标志着新儒学的初步完成。多年来，学界联系新儒学以研究宋代文学，相对成果多些，且较有深度，展望未来，这一研究方向当然还可以持续并深入下去。此外，如易学、尚书学、诗经学、春秋学、诸子学、史学，以及政治学、谋略学、教育学等，也可关注它们与文学的关系。这些学科固然是独立的，但其治学思想，研究的观念、方法等，都不会因学科的独立性而与他科隔绝，尤因宋代士人常兼学者与文人的双重身份，治学对为文会有所影响，或在文学创作中会接受他人、他学的影响，因此，研究宋代文学不应是单纯、孤立的文学研究。无论从宋代自身的特点而言，还是从当前提倡学科交叉而言，关注文学与宋学的关系，都是宋代文学研究应继续开拓的方向。

宋代的文人，又常是艺术家或艺术理论家，由于文与艺的相通，对于宋代文学的研究，还应注重与绘画、书法、音乐及相关理论的联系。郑午昌先生将我国绘画的发展定为实用时期、礼教时期、宗教化时期、文学化时期，而宋代绘画则是文学化时期的开始，[③] 宋代不仅有众多的文人画家，产生了多种文人画题材，也是文人画理论全面奠基或成熟的时代，苏轼、文同、王诜、李公麟、米芾父子等，更是著名的文人画家。宋代在我国的书法史和书论史上也有重要地位，由唐的抒情、重法，转为尚意而多元，苏、黄、米、蔡是宋代书法的四大家，也是创立宋代书体的代表，南宋的姜夔、宋季入元的赵孟頫也是很有创新的书法家。而北宋沈括、南宋姜夔，则是真正知乐的音乐家。这些画家、书家和音乐家，又多是著名的文学家，他们的文学理论常与艺术理论综融贯通，由于创作思想并见于文学与艺术，因此，结合艺术实践或理论来研究文学，也是避免孤立、单一、割裂全人所应取的研究方法。

三是宏观的理论视野与延伸的学术眼光。

重视文献是十多年来宋代文学研究的一大特点，也是良好学风的体现，上面提到的三个重要论题及相关成果，都有坚实的文献基础。近年研究宋代文学的博士论文，也多具有扎实的文献功夫，重视材料的搜集，不作无根之论，不发空泛之言。

---

① 陈邦瞻：《宋史纪事本末》卷三十八“学校科举之制”，中华书局 1977 年版，第 369 页。

② 苏轼：《日喻》，《苏轼全集》，上海古籍出版社 2000 年版，第 2046 页。

③ 郑午昌：《中国画学全史》，上海古籍出版社 2001 年版。

但是，以笔者的阅读体会，或参与博士论文的评阅、答辩，也有一个感觉，即：个案的研究易于走入微观，对具体问题的考辨、描述、论列，可以做到非常周详细致，但在具有这一优点同时，却也多少可见出宏观视野的不同程度缺位，而这一点又与对一些重要的理论问题的探讨不足有关。因此，理论的修养与多学科的学习，对于今后的宋代文学研究者来说，是亟待加强的。

宋代文学的研究是断代的研究，却又非不涉他代的孤立研究。譬如，从学术史延伸的角度言，汉代分古今文，变之为南北学，再变而为汉宋学，汉、宋并称，但为何清人会走上弃宋而取汉的道路？这对清代学术与文学有何影响？也是应该考虑的问题。清初总结明亡教训，不仅抨击王氏左派，而且反思陆、王，也批判理学，而就学术言，则以宋人重义理为空疏，渐返回汉学的重训诂。宋代是华夏文化历数千年演进而“造极”的时代，清代则是我国学术集大成的时代，同样也是各种文体创作的大成期，对汉、宋之学的弃取，究竟于清人的学术、文学具有什么意义和作用，也是从事宋代文学研究的学者应予思考的。举诗经学一例，宋人如欧阳修的疑古，郑樵、程大昌、尤其是朱熹的攻《序》，对于汉代的诗经学无疑是一抉樊篱，但由于宋人的训诂功底不逮汉儒，清代考据学兴起后，渐揭汉学旗帜，斥宋学的空虚，陈启源、陈奂、马瑞臣、魏源、姚际恒、方玉润、崔述诸作问世，使诗经学为之大成，远在宋人之上。所以，从“研究的研究”角度言，宋代的“文学的研究”，及其成就高下的判断，又非一代之学可限。

对宋代文学的文化学研究，尚有许多方向、课题，以上仅是举隅而已。钱穆先生曾说：“文化异，斯学术亦异。中国重和合，西方重分别。民国以来，中国学术界分门别类，务为专家，与中国传统通人通儒之学大相违异。”① 当今的学术更是“分门别类，务为专家”，这固有专门、精深之长，却未免如乾嘉之学的走上窄而深一路；传统的通人通儒之学已不可再，但能否多少恢复“中国重和合”的文化精神呢？对于宋代文学的研究来说，因宋人的多种人生角色，多重知识结构，多元的学术、创作，至少文化学的研究是很需要“重和合”的。

（原载《学术研究》2008 年第 5 期）

---

① 钱穆：《现代中国学术论衡》序，三联书店 2001 年版，第 1 页。

存　目

1.《封建社会的君主专制与文艺功能论》，《浙江大学学报》，2003 年第 1 期。

2.《简论农业文化与古代文学的民族特征》，《中国文学研究》，2003 年第 2 期。

3.《论魏晋南北朝文化与文艺的多元》，《洛阳大学学报》，2002 年第 3 期。

4.《简论魏晋南北朝的人性主题与文艺自觉》，《珠海教育学院学报》，2003 年第 1 期。

5.《唐代道教对文艺的影响》，《常熟高专学报》，2002 年第 2 期。

（以上已分别写为《古代文艺的文化观照》各章节，不收入本卷）